CIRC

保险规章制度汇编

（2015—2016）

中国保险监督管理委员会 编

·北 京·

图书在版编目（CIP）数据

保险规章制度汇编（2015—2016）/中国保险监督管理委员会编．

北京：中国经济出版社，2017.7

ISBN 978-7-5136-4775-5

Ⅰ.①保… Ⅱ.①中… Ⅲ.①保险业—规章制度—汇编—中国—2015—2016 Ⅳ.①F842

中国版本图书馆 CIP 数据核字（2017）第 156450 号

组稿编辑　崔姜薇

责任编辑　葛　晶　郭书芳　张　博

责任印制　马小宾

封面设计　任燕飞装帧设计工作室

出版发行　中国经济出版社

印 刷 者　北京柏力行彩印有限公司

经 销 者　各地新华书店

开　　本　787mm×1092mm　1/16

印　　张　40.5

字　　数　1280 千字

版　　次　2017 年 7 月第一版

印　　次　2017 年 11 月第二次

定　　价　118.00 元

广告经营许可证　京西工商广字第 8179 号

中国经济出版社 **网址** www.economyph.com **社址** 北京市西城区百万庄北街 3 号 **邮编** 100037

本版图书如存在印装质量问题，请与本社发行中心联系调换（联系电话：010-68330607）

编辑说明

一、本书由中国保险监督管理委员会编辑。

二、主要内容和体例。

（一）本书收录了中国保监会自2015年1月1日至2016年12月31日通过的全部现行有效的规章和规范性文件，同时收入部分具有参考意义的公告、批复、复函。

（二）本书共四部分：第一部分为保监会规章；第二部分为保监会规范性文件，按内容分为综合类、财产保险类、人身保险类、资金运用类、财会类、统计与信息化类、中介类、稽查类；第三部分为公告；第四部分为批复、复函。此外，附录中还收入了相关法律、行政法规及相关部委规范性文件。

目　录

第一部分　规　章

第二部分　规范性文件

一、综合类

二、财产保险类

三、人身保险类

四、资金运用类

五、财会类

六、统计与信息化类

第四部分　批复、复函

附录一　法律、行政法规

附录二　相关部委规范性文件

第一部分

规　章

CIRC

保险违法行为举报处理工作办法

（保监会令〔2015〕1号　2015年1月4日）

第一章　总　则

第一条　为了规范中国保险监督管理委员会（以下简称“中国保监会”）及其派出机构的举报处理工作，保障举报处理工作顺利开展，维护保险市场秩序，根据《中华人民共和国保险法》等有关法律、行政法规，制定本办法。

第二条　本办法所称举报，是指举报人认为被举报人有保险违法行为，依法向中国保监会及其派出机构反映，申请其履行法定监管职责的行为。

本办法所称举报人，是指向中国保监会及其派出机构举报保险违法行为的公民、法人或者其他组织。

本办法所称保险违法行为，是指违反有关保险监管的法律、行政法规和中国保监会的规定，依法应当承担相应法律责任的行为。

本办法所称被举报人的范围，包括保险机构、保险中介机构和保险从业人员，以及涉嫌非法设立保险机构、保险中介机构和非法经营保险业务、保险中介业务的公民、法人或者其他组织。

第三条　举报处理工作应当遵循统一领导、分级负责的原则。

第四条　中国保监会及其派出机构应当健全举报处理工作制度机制，依法、公正、及时处理举报事项。

第五条　中国保监会及其派出机构应当在官方网站公开受理举报的通信地址、联系电话、传真号码、电子信箱等信息。

第二章　工作机构和职责

第六条　中国保监会履行下列职责：

（一）建立健全举报处理工作规章制度；

（二）建立完善举报管理信息系统；

（三）受理并调查处理涉及保险公司、保险集团公司和保险资产管理公司及相关保险从业人员的举报，涉及面广、影响大的举报，以及其他依法应当由中国保监会处理的举报；

（四）向派出机构交办举报事项；

（五）指导和督办举报处理；

（六）开展调查研究和统计分析；

（七）承办与举报处理相关的其他工作。

第七条　派出机构履行下列职责：

（一）受理并调查处理涉及本单位监管职责范围内的保险机构、保险中介机构以及上述机构的保险从业人员的举报，以及擅自设立保险机构或者保险中介机构，非法经营保险业务和保险中介业务的举报；

（二）调查处理中国保监会交办的举报事项；

（三）牵头处理或者协助其他派出机构处理跨区域举报；

（四）开展调查研究和统计分析，定期向中国保监会报告辖区内举报处理情况；

（五）承办与举报处理相关的其他工作。

第八条 中国保监会稽查局是举报处理工作的管理部门，负责对举报处理工作进行监督和管理。

派出机构应当指定处室负责辖区内举报处理工作。

第三章 举报的受理和答复

第九条 举报分为实名举报和非实名举报。举报人在举报时提供本人真实姓名（名称）、证件号码和有效联系电话等信息的属于实名举报。

举报人向中国保监会及其派出机构提出举报，可以采取邮寄、传真、电子邮件等方式，也可以采取电话、面谈等方式。

五名以上举报人拟采取面谈方式共同提出举报的，应当推选一至二名代表。

第十条 举报同时符合下列条件的，予以受理：

（一）举报事项属于本单位的监管职责范围；

（二）有明确的被举报人；

（三）有保险违法行为的具体事实，及相关的证据或者线索。

第十一条 有下列情形之一的，中国保监会及其派出机构不予受理：

（一）已经受理的举报，举报人在处理期间再次举报，且举报内容无新的事实、证据或者线索；

（二）已经办结的举报，举报人再次举报，且举报内容无新的事实、证据或者线索；

（三）已经或者依法应当由其他国家机关处理的。

第十二条 中国保监会及其派出机构应当在收到举报之日起10个工作日内审查决定是否受理。

实名举报人要求告知受理情况的，可以通过电话或者书面方式告知。

举报材料不符合本办法第十条第二项、第三项规定的实名举报，可以要求举报人补充提供有关材料。受理审查时限自收到完整材料之日起计算。

第十三条 对于不属于本单位负责处理的举报，应当在收到举报之日起5个工作日内转交其他有职责的单位。接受转交的单位应当在10个工作日内审查决定是否受理。

中国保监会可以将举报事项交派出机构调查处理。接受交办的派出机构应当按照中国保监会的要求及时反馈有关情况。

第十四条 对于属于信访或者消费投诉事项的，应当在收到相关材料之日起5个工作日内将该事项转至本单位信访或者消费投诉工作机构。

第十五条 举报涉及多个派出机构管辖的，由违法行为发生地派出机构受理。涉及多个违法行为发生地的，由第一个接到举报的派出机构受理，或者报请中国保监会指定一个派出机构受理，相关派出机构应当予以配合。

第十六条 中国保监会及其派出机构应当在受理后及时开展对举报的调查工作。自受理之日起60日内，应当将调查结论答复实名举报人，但因案件调查需保密的除外。

第四章 监督和管理

第十七条 中国保监会发现派出机构对举报处理有下列情形之一的，应当及时督办：

（一）未按规定程序处理举报的；

（二）存在推诿、敷衍、弄虚作假等情形的；

（三）存在需要督办的其他情形。

第十八条　中国保监会建立举报处理工作定期报告制度，派出机构应当分别于每年一月十日和七月十日前向中国保监会报告上一年度和上半年的举报处理情况。

第十九条　中国保监会及其派出机构应当充分运用信息技术，加强对举报处理工作的信息管理。

第二十条　中国保监会及其派出机构工作人员在举报处理工作中，应当遵守法律、行政法规以及保险监管人员行为准则和工作程序，严格执行保密制度。

第二十一条　举报人提出举报，应当遵守法律、行政法规，对所提供材料内容的真实性负责。举报人捏造、歪曲事实，诬告陷害他人的，依法承担法律责任。

第五章　附　则

第二十二条　对于外国保险机构擅自在中华人民共和国境内设立代表机构，以及外国保险机构驻华代表机构从事保险经营活动的举报，适用本办法。

第二十三条　本办法规定的举报，符合《保险消费投诉处理管理办法》第二条第三款规定情形的，适用《保险消费投诉处理管理办法》。

第二十四条　中国保监会对于与举报处理相关的监管职责另有规定的，从其规定。

第二十五条　本办法所称保险机构，是指经中国保监会或者派出机构批准设立的保险公司、保险集团公司、保险资产管理公司和上述机构的分支机构。

本办法所称保险中介机构，是指经中国保监会或者派出机构批准设立的保险专业代理公司、保险经纪公司、保险公估机构和上述机构的分支机构，以及保险兼业代理机构。

本办法所称的保险从业人员，是指保险机构工作人员、保险中介机构从业人员，以及其他为保险机构销售保险产品的保险销售从业人员。

第二十六条　本办法由中国保监会负责解释。

第二十七条　本办法自 2015 年 3 月 1 日起施行。

中国保险监督管理委员会关于修改《保险公司设立境外保险类机构管理办法》等八部规章的决定

（保监会令〔2015〕3号 2015年10月19日）

为贯彻落实国务院行政审批制度改革和注册资本登记制度改革要求，中国保险监督管理委员会决定对《保险公司设立境外保险类机构管理办法》等八部规章作如下修改：

一、对《保险公司设立境外保险类机构管理办法》作出修改

（一）删去第十二条。

（二）删去第十三条。

（三）将第十四条改为第十二条，删去“或者境外代表机构、联络机构、办事处等非营业性机构”。

（四）将第三十一条改为第二十九条，删去第二款。

二、对《保险公司管理规定》作出修改

（一）删去第二十六条第二项；将第五项改为第四项，修改为：“（四）变更营业场所；”

（二）将第七十四条修改为：“保险公司在境外设立子公司、分支机构，应当经中国保监会批准；其设立条件和管理，由中国保监会另行规定。”

三、对《保险专业代理机构监管规定》作出修改

（一）将第二条第二款修改为：“在中华人民共和国境内设立保险专业代理公司，应当符合中国保险监督管理委员会（以下简称中国保监会）规定的资格条件，取得经营保险代理业务许可证（以下简称许可证）。”

（二）将第十一条修改为：“保险专业代理公司分支机构包括分公司、营业部。保险专业代理公司设立分支机构应当具备下列条件：

“（一）内控制度健全；

“（二）注册资本达到本规定的要求；

“（三）现有机构运转正常，且最近1年内无重大违法行为；

“（四）拟任主要负责人符合本规定的任职资格条件；

“（五）拟设分支机构具备符合要求的营业场所和与经营业务有关的其他设施。”

（三）将第十二条第一款修改为：“中国保监会收到保险专业代理公司设立申请后，可以对申请人进行风险提示，就申请设立事宜进行谈话，询问、了解拟设公司的市场发展战略、业务发展计划、内控制度建设、人员结构等有关事项。”

（四）将第十三条修改为：“中国保监会依法批准设立保险专业代理公司的，应当向申请人颁发许可证。

“申请人收到许可证后，方可开展保险代理业务。”

（五）删去第十四条。

（六）删去第十五条。

（七）将第十六条改为第十四条，修改为：“保险专业代理机构有下列情形之一的，应当自事项发生之日起5日内，书面报告中国保监会：

“（一）变更名称或者分支机构名称；

“（二）变更住所或者分支机构营业场所；

“（三）发起人、主要股东变更姓名或者名称；

“（四）变更主要股东；

“（五）变更注册资本；

“（六）股权结构重大变更；

“（七）变更组织形式；

“（八）分立、合并；

“（九）修改公司章程；

“（十）设立、撤销分支机构。”

（八）将第十七条改为第十五条，修改为：“保险专业代理公司变更事项涉及许可证记载内容的，应当交回原许可证，领取新许可证，并按照《保险许可证管理办法》有关规定进行公告。”

（九）将第二十条改为第十八条，修改为：“保险专业代理机构拟任董事长、执行董事和高级管理人员应当具备下列条件，并报经中国保监会核准：

“（一）大学专科以上学历；

“（二）从事经济工作 2 年以上；

“（三）具有履行职责所需的经营管理能力，熟悉保险法律、行政法规及中国保监会的相关规定；

“（四）诚实守信，品行良好；

“（五）中国保监会规定的其他条件。

“从事金融工作 10 年以上，可以不受前款第（一）项的限制。”

（十）将第二十一条改为第十九条，并将“有《公司法》第一百四十七条规定的情形”修改为“有《公司法》第一百四十六条规定的情形”。

（十一）将第二十七条改为第二十五条，修改为：“保险专业代理公司应当将许可证置于住所或者营业场所显著位置。

“保险专业代理公司分支机构应当将公司许可证复印件（加盖所属法人机构公章）及营业执照置于营业场所显著位置。”

（十二）将第三十条改为第二十八条，删去第一款中的“持有中国保监会规定的资格证书”。

（十三）将第三十八条改为第三十六条，第一款修改为：“保险专业代理公司应当自取得许可证之日起 20 日内投保职业责任保险或者缴存保证金。”

（十四）将第四十条改为第三十八条，删去第三款中的“保证金存款协议中应当约定：‘未经中国保监会书面批准，保险专业代理公司不得擅自动用或者处置保证金。银行未尽审查义务的，应当在被动用保证金额度内对保险专业代理公司的债务承担连带责任。’”

（十五）将第四十一条改为第三十九条，修改为：“保险专业代理公司有下列情形之一的，可以动用保证金：

“（一）注册资本减少；

“（二）许可证被注销；

“（三）投保符合条件的职业责任保险；

“（四）中国保监会规定的其他情形。

“保险专业代理公司应当自动用保证金之日起 5 日内书面报告中国保监会。”

（十六）将第四十二条改为第四十条，修改为：“保险专业代理公司不得伪造、变造、出租、出借、转让许可证。”

（十七）删去第五十四条。

（十八）将第五十五条改为第五十二条，第一款修改为：“保险专业代理公司解散的，应当依法成立清算组进行清算，并自解散事由出现之日起 10 日内书面报告中国保监会。”

（十九）删去第五十九条。

（二十）将第七十一条改为第六十七条，修改为：“未取得许可证，非法从事保险代理业务的，由中国保监会予以取缔，没收违法所得，并处违法所得一倍以上五倍以下罚款，没有违法所得或者违法所得不足5万元的，处5万元以上30万元以下罚款。”

（二十一）将第七十二条改为第六十八条，修改为：“行政许可申请人隐瞒有关情况或者提供虚假材料申请设立保险专业代理公司或者申请其他行政许可的，中国保监会不予受理或者不予批准，并给予警告，申请人在1年内不得再次申请该行政许可。”

（二十二）将第七十三条改为第六十九条，修改为：“被许可人通过欺骗、贿赂等不正当手段设立保险专业代理公司或者取得中国保监会行政许可的，由中国保监会依法予以撤销，对被许可人给予警告，并处1万元罚款；申请人在3年内不得再次申请该行政许可。”

（二十三）删去第七十四条。

（二十四）将第七十五条改为第七十条，修改为：“保险专业代理机构发生第十四条、第三十九条、第五十二条所列事项未按规定报告的，由中国保监会责令改正，给予警告，没有违法所得的，处1万元以下罚款，有违法所得的，处违法所得三倍以下的罚款，但最高不得超过3万元；对该机构直接负责的主管人员和其他责任人员，给予警告，并处1万元以下罚款。”

（二十五）将第七十六条改为第七十一条，修改为：“保险专业代理机构聘任不具有任职资格的人员的，由中国保监会责令改正，处2万元以上10万元以下罚款；对该机构直接负责的主管人员和其他责任人员，给予警告，并处1万元以上5万元以下罚款。

“保险专业代理机构任用不符合规定条件的人员的，由中国保监会责令改正，给予警告，处1万元以下罚款；对该机构直接负责的主管人员和其他责任人员，给予警告，并处1万元以下罚款。”

（二十六）将第七十七条改为第七十二条，修改为：“保险专业代理公司出租、出借或者转让许可证的，由中国保监会责令改正，处1万元以上10万元以下罚款；情节严重的，责令停业整顿或者吊销许可证；对该公司直接负责的主管人员和其他责任人员，给予警告，并处1万元以上5万元以下罚款。”

（二十七）将第七十九条改为第七十四条，第一项修改为：“（一）未按规定缴存保证金或者违反规定动用保证金；”

（二十八）将第八十七条改为第八十二条，第二项修改为：“（二）未按规定在住所或者营业场所放置许可证或者许可证复印件（加盖所属法人机构公章）、营业执照；”

（二十九）将第八十八条改为第八十三条，修改为：“违反《保险法》第一百六十五条至一百七十条规定，情节严重的，中国保监会可以对其直接负责的主管人员和其他直接责任人员撤销任职资格。”

四、对《保险经纪机构监管规定》作出修改

（一）将第二条第二款修改为：“在中华人民共和国境内设立保险经纪公司，应当符合中国保险监督管理委员会（以下简称中国保监会）规定的资格条件，取得经营保险经纪业务许可证（以下简称许可证）。”

（二）将第十二条修改为：“保险经纪公司的分支机构包括分公司、营业部。保险经纪公司设立分支机构应当具备下列条件：

“（一）内控制度健全；

“（二）注册资本达到本规定的要求；

“（三）现有机构运转正常，且最近1年内无重大违法行为；

“（四）拟任主要负责人符合本规定的任职资格条件；

“（五）拟设分支机构具备符合要求的营业场所和与经营业务有关的其他设施。”

（三）将第十三条第一款修改为：“中国保监会收到保险经纪公司设立申请后，可以对申请人进行风险提示，就申请设立事宜进行谈话，询问、了解拟设公司的市场发展战略、业务发展计划、内控制度建设、人员结构等有关事项。”

（四）将第十四条修改为：“中国保监会依法批准设立保险经纪公司的，应当向申请人颁发许可证。

“申请人收到许可证后，方可开展保险经纪业务。”

（五）删去第十五条。

（六）删去第十六条。

（七）将第十七条改为第十五条，修改为：“保险经纪机构有下列情形之一的，应当自事项发生之日起5日内，书面报告中国保监会：

“（一）变更名称或者分支机构名称；

“（二）变更住所或者分支机构营业场所；

“（三）发起人、主要股东变更姓名或者名称；

“（四）变更主要股东；

“（五）变更注册资本；

“（六）股权结构重大变更；

“（七）变更组织形式；

“（八）分立、合并；

“（九）修改公司章程；

“（十）设立、撤销分支机构。”

（八）将第十八条改为第十六条，修改为：“保险经纪公司变更事项涉及许可证记载内容的，应当交回原许可证，领取新许可证，并按照《保险许可证管理办法》有关规定进行公告。”

（九）将第二十一条改为第十九条，修改为：“保险经纪机构拟任董事长、执行董事和高级管理人员应当具备下列条件，并报经中国保监会核准：

“（一）大学专科以上学历；

“（二）从事经济工作2年以上；

“（三）具有履行职责所需的经营管理能力，熟悉保险法律、行政法规及中国保监会的相关规定；

“（四）诚实守信，品行良好；

“（五）中国保监会规定的其他条件。

“从事金融工作10年以上，可以不受前款第（一）项的限制。”

（十）将第二十二条改为第二十条，并将“有《公司法》第一百四十七条规定的情形”修改为“有《公司法》第一百四十六条规定的情形”。

（十一）将第二十八条改为第二十六条，修改为：“保险经纪公司应当将许可证置于住所或者营业场所显著位置。

“保险经纪公司分支机构应当将公司许可证复印件（加盖所属法人机构公章）及营业执照置于营业场所显著位置。”

（十二）将第三十一条改为第二十九条，删去第一款中的“持有中国保监会规定的资格证书”。

（十三）将第三十八条改为第三十六条，修改为：“保险经纪公司应当自取得许可证之日起20日内投保职业责任保险或者缴存保证金。

“保险经纪公司应当自投保职业责任保险或者缴存保证金之日起10日内，将职业责任保险保单复印件或者保证金存款协议复印件、保证金入账原始凭证复印件报送中国保监会。”

（十四）将第四十条改为第三十八条，删去第三款中的“保证金存款协议中应当约定：‘未经中国保监会书面批准，保险经纪公司不得擅自动用或者处置保证金。银行未尽审查义务的，应当在被动用保证金额度内对保险经纪公司的债务承担连带责任。’”

（十五）将第四十一条改为第三十九条，修改为：“保险经纪公司有下列情形之一的，可以动用保证金：

“（一）注册资本减少；

“（二）许可证被注销；

“（三）投保符合条件的职业责任保险；

“（四）中国保监会规定的其他情形。

“保险经纪公司应当自动用保证金之日起5日内书面报告中国保监会。”

（十六）将第四十二条改为第四十条，修改为：“保险经纪公司不得伪造、变造、出租、出借、转让许可证。”

（十七）删去第五十二条。

（十八）将第五十三条改为第五十条，第一款修改为：“保险经纪公司解散的，应当依法成立清算组进行清算，并自解散事由出现之日起10日内书面报告中国保监会。”

（十九）删去第五十七条。

（二十）将第六十九条改为第六十五条，修改为：“未取得许可证，非法从事保险经纪业务的，由中国保监会予以取缔，没收违法所得，并处违法所得1倍以上5倍以下罚款；没有违法所得或者违法所得不足5万元的，处5万元以上30万元以下罚款。”

（二十一）将第七十条改为第六十六条，修改为：“行政许可申请人隐瞒有关情况或者提供虚假材料申请设立保险经纪公司或者申请其他行政许可的，中国保监会不予受理或者不予批准，并给予警告，申请人在1年内不得再次申请该行政许可。”

（二十二）将第七十一条改为第六十七条，修改为：“被许可人通过欺骗、贿赂等不正当手段设立保险经纪公司或者取得中国保监会行政许可的，由中国保监会依法予以撤销，对被许可人给予警告，并处1万元罚款；申请人在3年内不得再次申请该行政许可。”

（二十三）删去第七十二条。

（二十四）将第七十三条改为第六十八条，修改为：“保险经纪机构发生第十五条、第三十九条、第五十条所列事项未按规定报告的，由中国保监会责令改正，给予警告，没有违法所得的，处1万元以下罚款，有违法所得的，处违法所得3倍以下罚款，但最高不得超过3万元；对该机构直接负责的主管人员和其他责任人员，给予警告，并处1万元以下罚款。”

（二十五）将第七十四条改为第六十九条，修改为：“保险经纪机构聘任不具有任职资格的人员的，由中国保监会责令改正，处2万元以上10万元以下罚款；对该机构直接负责的主管人员和其他责任人员，给予警告，并处1万元以上5万元以下罚款。

“保险经纪机构任用不符合规定条件的人员的，由中国保监会责令改正，给予警告，处1万元以下罚款；对该机构直接负责的主管人员和其他责任人员，给予警告，并处1万元以下罚款。”

（二十六）将第七十五条改为第七十条，修改为：“保险经纪公司出租、出借或者转让许可证的，由中国保监会责令改正，处1万元以上10万元以下罚款；情节严重的，责令停业整顿或者吊销许可证；对该公司直接负责的主管人员和其他责任人员，给予警告，并处1万元以上5万元以下罚款。”

（二十七）将第七十六条改为第七十一条，第一项修改为：“（一）未按规定缴存保证金或者违反规定动用保证金；”

（二十八）将第八十五条改为第八十条，第二项修改为：“（二）未按规定在住所或者营业场所放置许可证或者许可证复印件（加盖所属法人机构公章）、营业执照；”

（二十九）将第八十六条改为第八十一条，修改为：“违反保险法第一百六十五条至一百七十条规定，情节严重的，中国保监会可以对其直接负责的主管人员和其他直接责任人员撤销任职资格。”

五、对《保险公估机构监管规定》作出修改

（一）删去第八条第二项，将第四项改为第三项，修改为：“（三）董事长、执行董事和高级管理人员符合规定的条件；”

（二）将第九条修改为：“保险公估机构的注册资本为在公司登记机关登记的全体股东认缴的出资额。”

（三）删去第十三条第二项，将第四项改为第三项，修改为：“（三）拟任主要负责人符合规定的条件；”

（四）删去第十四条。

（五）将第十六条改为第十五条，删去第二款、第三款。

（六）删去第十七条。

（七）将第二章第二节标题修改为“任职条件”。

（八）将第二十二条改为第二十条，修改为：“保险公估机构拟任董事长、执行董事和高级管理人员应当具备下列条件：

“（一）大学专科以上学历；

“（二）从事经济工作 2 年以上；

“（三）具有履行职责所需的经营管理能力，熟悉保险法律、行政法规及中国保监会的相关规定；

“（四）诚实守信，品行良好；

“（五）中国保监会规定的其他条件。

“从事金融或者评估工作 10 年以上，可以不受前款第（一）项限制。”

（九）将第二十三条改为第二十一条，并将“有《公司法》第一百四十七条规定的情形”修改为“有《公司法》第一百四十六条规定的情形”。

（十）删去第二十五条。

（十一）将第二十六条改为第二十三条，修改为：“保险公估机构任免董事长、执行董事和高级管理人员，应当自决定作出之日起 5 日内，书面报告中国保监会。

“中国保监会可以要求保险公估机构撤换不符合规定条件的董事长、执行董事和高级管理人员。”

（十二）将第三十二条改为第二十九条，删去第一款中的“持有中国保监会规定的资格证书”。

（十三）将第四十九条改为第四十六条，第一款修改为：“保险公估机构解散的，应当依法成立清算组进行清算，并自解散事由出现之日起 10 日内书面报告中国保监会。”

（十四）将第五十九条改为第五十六条，删去第二项。

（十五）将第六十七条改为第六十四条，修改为“未取得许可证，擅自以保险公估机构名义从事保险公估业务的，由中国保监会责令改正，给予警告，没有违法所得的，并处 1 万元罚款，有违法所得的，并处违法所得 3 倍罚款，但最高不得超过 3 万元。”

（十六）将第六十九条改为第六十六条，第三项修改为：“（三）聘任不符合规定条件的人员的。”

六、对《中国保险监督管理委员会行政处罚程序规定》作出修改

（一）删去第二条第九项中的“从业资格，或者吊销资格证书”。

（二）删去第四十五条第八项中的“从业资格，或者吊销资格证书”。

七、对《再保险业务管理规定》作出修改

（一）删去第二十三条。

（二）将第二十四条改为第二十三条，并删去“经批准的”。

八、对《人身保险公司保险条款和保险费率管理办法》作出修改

（一）将第三十四条第三项中“有《保险法》第一百三十七条规定情形的”修改为“有《保险法》第一百三十六条规定情形的”。

（二）将第四十条修改为：“保险公司应当指定法律责任人，并向中国保监会备案。”

（三）将第四十四条修改为：“保险公司报送法律责任人备案的，应当向中国保监会提交下列材料一式两份：

“（一）《法律责任人备案情况表》；

“（二）拟任人身份证明和住所证明复印件；

“（三）学历证明和专业资格证明复印件；

“（四）从业经历证明；

“（五）中国保监会规定的其他材料。”

（四）将第四十七条中的“依据《保险法》第一百六十五条进行处罚”修改为“依据《保险法》第一百六十四条进行处罚”。

（五）将第四十九条中的“依据《保险法》第一百七十一条进行处罚”修改为“依据《保险法》第一百六十九条进行处罚”。

（六）将第五十条修改为：“保险公司有下列行为之一的，由中国保监会依据《保险法》第一百七十条进行处罚：

“（一）报送审批、备案保险条款和保险费率时，编制或者提供虚假的报告、报表、文件、资料的；

“（二）报送法律责任人备案时，编制或者提供虚假的报告、报表、文件、资料的；

“（三）未按照规定使用经批准或者备案的保险条款、保险费率的。”

（七）将第五十二条中的“依据《保险法》第一百六十二条进行处罚”修改为“依据《保险法》第一百六十一条进行处罚”。

（八）将第五十三条修改为：“保险公司违反本办法规定，聘任不符合规定条件的法律责任人的，由中国保监会责令限期改正；逾期不改正的，给予警告，处1万元以下罚款。”

（九）将附件中“5、法律责任人资格审核申请表；”修改为“5、法律责任人备案情况表；”

本决定自公布之日起施行。

《保险公司设立境外保险类机构管理办法》、《保险公司管理规定》、《保险专业代理机构监管规定》、《保险经纪机构监管规定》、《保险公估机构监管规定》、《中国保险监督管理委员会行政处罚程序规定》、《再保险业务管理规定》、《人身保险公司保险条款和保险费率管理办法》根据本决定作相应修改，重新公布。

保险公估机构监管规定（2015年修订）

（2009年9月25日中国保险监督管理委员会令2009年第7号发布 根据2013年9月29日中国保险监督管理委员会令2013年第10号《关于修改〈保险公估机构监管规定〉的决定》第一次修订 根据2015年10月19日中国保险监督管理委员会令2015年第3号《关于修改〈保险公司设立境外保险类机构管理办法〉等八部规章的决定》第二次修订）

第一章 总 则

第一条 为了规范保险公估机构的经营行为，保护保险活动当事人的合法权益，维护市场秩序，促进保险业健康发展，根据《中华人民共和国保险法》（以下简称《保险法》）等法律、行政法规，制定本规定。

第二条 本规定所称保险公估机构是指接受委托，专门从事保险标的或者保险事故评估、勘验、鉴定、估损理算等业务，并按约定收取报酬的机构。

在中华人民共和国境内设立保险公估机构，应当符合中国保险监督管理委员会（以下简称中国保监会）规定的资格条件，取得经营保险公估业务许可证（以下简称许可证）。

第三条 保险公估机构应当遵守法律、行政法规和中国保监会有关规定，遵循独立、客观、公平、公正的原则。

第四条 保险公估机构依法从事保险公估业务受法律保护，任何单位和个人不得干涉。

第五条 保险公估机构在办理保险公估业务过程中因过错给保险公司或者被保险人造成损害的，应当依法承担赔偿责任。

第六条 中国保监会根据国务院授权，对保险公估机构履行监管职责。

中国保监会派出机构，在中国保监会授权范围内履行监管职责。

第二章 市场准入

第一节 机构设立

第七条 保险公估机构应当采取下列组织形式：

（一）有限责任公司；

（二）股份有限公司；

（三）合伙企业。

第八条 设立保险公估机构，应当具备下列条件：

（一）股东、发起人或者合伙人信誉良好，最近3年无重大违法记录；

（二）公司章程或者合伙协议符合有关规定；

（三）董事长、执行董事和高级管理人员符合规定的条件；

（四）具备健全的组织机构和管理制度；

（五）有与业务规模相适应的固定住所；

（六）有与开展业务相适应的业务、财务等计算机软硬件设施；

（七）法律、行政法规和中国保监会规定的其他条件。

第九条 保险公估机构的注册资本为在公司登记机关登记的全体股东认缴的出资额。

第十条 依据法律、行政法规规定不能投资企业的单位或者个人，不得成为保险公估机构的发起人、股东或者合伙人。

保险公司员工投资保险公估机构的，应当书面告知所在保险公司；保险公司、保险中介公司的董事、高级管理人员投资保险公估机构的，应当根据《中华人民共和国公司法》（以下简称《公司法》）有关规定取得股东会或者股东大会的同意。

第十一条 保险公估机构及其分支机构的名称中应当包含“保险公估”字样，且字号不得与现有的保险公估机构相同，中国保监会另有规定除外。

第十二条 申请设立保险公估机构，全体股东、全体发起人或者全体合伙人应当指定代表或者共同委托代理人，向中国保监会办理申请事宜。

第十三条 保险公估机构可以申请设立分公司、营业部。保险公估机构申请设立分支机构应当具备下列条件：

（一）内控制度健全；

（二）现有机构运转正常，且申请前1年内无重大违法行为；

（三）拟任主要负责人符合规定的条件；

（四）拟设分支机构具备符合要求的营业场所和与经营业务有关的其他设施。

第十四条 中国保监会收到保险公估机构设立申请后，可以对申请人进行风险提示，就申请设立事宜进行谈话，询问、了解拟设机构的市场发展战略、业务发展计划、内控制度建设、人员结构等有关事项。

中国保监会可以根据实际需要组织现场验收。

第十五条 中国保监会依法批准设立保险公估机构、保险公估分支机构的，应当向申请人颁发许可证。

第十六条 保险公估机构有下列情形之一的，应当自变更决议作出之日起5日内，书面报告中国保监会：

（一）变更名称或者分支机构名称；

（二）变更住所或者分支机构营业场所；

（三）发起人、主要股东或者出资人变更姓名或者名称；

（四）变更主要股东或者出资人；

（五）股权结构或者出资比例重大变更；

（六）变更注册资本或者出资；

（七）修改公司章程或者合伙协议；

（八）分立、合并、解散或者变更组织形式；

（九）撤销分支机构。

第十七条 保险公估机构及其分支机构变更事项涉及许可证记载内容的，应当交回原许可证，领取新许可证，并按照《保险许可证管理办法》有关规定进行公告。

第十八条 保险公估机构许可证的有效期为3年，保险公估机构应当在有效期届满30日前，向中国保监会申请延续。

保险公估机构申请延续许可证有效期的，中国保监会在许可证有效期届满前对保险公估机构前3年的经营情况进行全面审查和综合评价，并作出是否批准延续许可证有效期的决定。决定不予延续的，应当书面说明理由。

保险公估机构应当自收到决定之日起10日内向中国保监会缴回原证；准予延续有效期的，应当领取新许可证。

第二节 任职条件

第十九条 本规定所称保险公估机构高级管理人员是指下列人员：

（一）公司制保险公估机构的总经理、副总经理或者具有相同职权的管理人员；

（二）合伙制保险公估机构执行合伙企业事务的合伙人或者具有相同职权的管理人员；

（三）保险公估分支机构的主要负责人。

第二十条 保险公估机构拟任董事长、执行董事和高级管理人员应当具备下列条件：

（一）大学专科以上学历；

（二）从事经济工作 2 年以上；

（三）具有履行职责所需的经营管理能力，熟悉保险法律、行政法规及中国保监会的相关规定；

（四）诚实守信，品行良好；

（五）中国保监会规定的其他条件。

从事金融或者评估工作 10 年以上，可以不受前款第（一）项限制。

第二十一条 有《公司法》第一百四十六条规定的情形或者下列情形之一的，不得担任保险公估机构董事长、执行董事和高级管理人员：

（一）担任因违法被吊销许可证的保险公司、保险中介机构的董事、监事或者高级管理人员，并对被吊销许可证负有个人责任或者直接领导责任的，自许可证被吊销之日起未逾 3 年；

（二）因违法行为或者违纪行为被金融监管机构取消任职资格的金融机构的董事、监事或者高级管理人员，自被取消任职资格之日起未逾 5 年；

（三）被金融监管机构决定在一定期限内禁止进入金融行业的，期限未满；

（四）因违法行为或者违纪行为被吊销执业资格的资产评估机构、验证机构等机构的专业人员，自被吊销执业资格之日起未逾 5 年；

（五）受金融监管机构警告或者罚款未逾 2 年；

（六）正在接受司法机关、纪检监察部门或者金融监管机构调查；

（七）中国保监会规定的其他情形。

第二十二条 未经股东会或者股东大会同意，保险公估公司的董事和高级管理人员不得在存在利益冲突的机构中兼任职务。

保险公估机构的合伙人不得自营或者同他人合作经营与本机构相竞争的业务。

第二十三条 保险公估机构任免董事长、执行董事和高级管理人员，应当自决定作出之日起 5 日内，书面报告中国保监会。

中国保监会可以要求保险公估机构撤换不符合规定条件的董事长、执行董事和高级管理人员。

第二十四条 保险公估机构的董事长、执行董事和高级管理人员因涉嫌经济犯罪被起诉的，保险公估机构应当自其被起诉之日起 5 日内和结案之日起 5 日内，书面报告中国保监会。

第二十五条 保险公估机构在特殊情况下任命临时负责人的，应当自任命决定作出之日起 5 日内，书面报告中国保监会。临时负责人任职时间最长不得超过 3 个月。

第三章 经营规则

第一节 一般规定

第二十六条 保险公估机构及其分支机构应当将许可证置于住所或者营业场所显著位置。

第二十七条 保险公估机构可以经营下列业务：

（一）保险标的承保前和承保后的检验、估价及风险评估；

（二）保险标的出险后的查勘、检验、估损理算及出险保险标的残值处理；

（三）风险管理咨询；

（四）中国保监会批准的其他业务。

第二十八条 保险公估机构及其分支机构可以在中华人民共和国境内从事保险公估活动。

第二十九条 保险公估机构及其分支机构的从业人员应当符合中国保监会规定的条件。

本规定所称保险公估从业人员是指保险公估机构及其分支机构中从事保险标的承保前检验、估价及风险评估的人员，或者从事保险标的出险后的查勘、检验、估损理算等业务的人员。

第三十条 保险公估机构及其分支机构应当对本机构的从业人员进行保险法律和业务知识培训及职业道德教育。

第三十一条 保险公估机构及其分支机构应当建立专门账簿，记载保险公估业务收支情况。

保险公估机构及其分支机构应当建立完整规范的业务档案，业务档案应当包括下列内容：

（一）保险公估业务所涉及的主要情况，包括保险人、投保人、被保险人和受益人的名称或者姓名，保险标的、事故类型、估损金额等；

（二）报酬金额和收取情况；

（三）其他重要业务信息。

保险公估机构的记录应当完整、真实。

第三十二条 保险公估机构及其从业人员享有下列权利：

（一）根据执行业务的需要，要求委托人及其他相关当事人提供有关保险公估的文件、资料和其他必要协助；

（二）客观、公正从事保险公估活动，在当事人不提供协助或者要求出具虚假保险公估报告时，中止执行业务或者终止履行合同；

（三）法律、行政法规和中国保监会规定的其他权利。

第三十三条 保险公估机构及其从业人员应当履行下列义务：

（一）遵守法律、行政法规及中国保监会规定，接受行业管理，维护行业声誉；

（二）遵守评估准则、职业道德和有关标准；

（三）对使用的有关文件、证明、资料的真伪进行查验；

（四）法律、行政法规和中国保监会规定的其他义务。

第三十四条 保险公估机构、保险公估分支机构及其从业人员与保险公估活动当事人一方有利害关系的，应当告知其他当事人。

公估活动当事人有权要求与自身或者其他评估当事人有利害关系的保险公估机构或者保险公估从业人员回避。

第三十五条 保险公估从业人员开展保险公估业务的行为，由所属保险公估机构承担责任。

第三十六条 保险公估机构及其分支机构从事保险公估业务，应当与委托人签订书面委托合同，依法约定双方的权利义务及其他事项。委托合同不得违反法律、行政法规及中国保监会有关规定。

第三十七条 保险公估机构及其分支机构在开展业务过程中，应当制作规范的客户告知书，并在开展业务时向客户出示。

客户告知书应当至少包括保险公估机构及其分支机构的名称、营业场所、联系方式、业务范围等基本事项。

保险公估机构及其董事、高级管理人员与公估业务相关的保险公司、保险中介机构存在关联关系的，应当在客户告知书中说明。

第三十八条 保险公估机构、保险公估分支机构及其从业人员在开展公估业务过程中，应当勤勉尽职，保险公估报告不得存在重大遗漏。

保险公估报告中涉及赔款金额的，应当指明该赔款金额所依据的相应保险条款。

第二节　禁止行为

第三十九条　保险公估机构及其分支机构不得伪造、变造、出租、出借、转让许可证。

第四十条　保险公估从业人员不得以个人名义招揽、从事保险公估业务或者同时在两个以上保险公估机构中执业。

第四十一条　保险公估机构、保险公估分支机构及其从业人员在开展公估业务过程中，不得有下列欺骗投保人、被保险人、受益人或者保险公司的行为：

（一）向保险合同当事人出具虚假或者不公正的保险公估报告；

（二）隐瞒或者虚构与保险合同有关的重要情况；

（三）冒用其他机构名义或者允许其他机构以本机构名义执业；

（四）从业人员冒用他人名义或者允许他人以本人名义执业，或者代他人签署保险公估报告；

（五）串通投保人、被保险人或者受益人，骗取保险金；

（六）通过编造未曾发生的保险事故或者故意夸大已经发生保险事故的损失程度等进行虚假理赔；

（七）其他欺骗投保人、被保险人、受益人或者保险公司的行为。

第四十二条　保险公估机构、保险公估分支机构及其从业人员在开展公估业务过程中，不得有下列行为：

（一）虚假广告、虚假宣传；

（二）以捏造、散布虚假事实，利用行政处罚结果诋毁等方式损害其他保险中介机构的商业信誉，或者以其他不正当竞争行为扰乱市场秩序；

（三）利用行政权力、股东优势地位或者职业便利以及其他不正当手段强迫、引诱、限制投保人订立保险公估合同、接受保险公估结果或者限制其他保险中介机构正当的经营活动；

（四）给予或者承诺给予保险公司及其工作人员、投保人、被保险人或者受益人合同约定以外的其他利益；

（五）利用业务便利为其他机构或者个人牟取不正当利益；

（六）利用执行保险公估业务之便牟取其他非法利益；

（七）泄露在经营过程中知悉的投保人、被保险人、受益人或者保险公司的商业秘密及个人隐私；

（八）虚开发票、夸大公估费。

第四十三条　保险公估机构及其分支机构不得与非法从事保险业务或者保险中介业务的机构或者个人发生保险公估业务往来。

第四章　市场退出

第四十四条　保险公估机构有下列情形之一的，中国保监会不予延续许可证有效期：

（一）许可证有效期届满，没有申请延续；

（二）不再符合本规定除第八条第一项以外关于机构设立的条件；

（三）内部管理混乱，无法正常经营；

（四）存在重大违法行为，未得到有效整改；

（五）未按规定缴纳监管费。

第四十五条　保险公估机构因许可证有效期届满，中国保监会依法不予延续有效期，或者许可证依法被撤回、撤销、吊销的，应当依法组织清算或者对保险公估业务进行结算，向中国保监会提交清算报告或者结算报告。

第四十六条 保险公估机构解散的，应当依法成立清算组进行清算，并自解散事由出现之日起10日内书面报告中国保监会。

清算结束后，保险公估机构应当向中国保监会提交清算报告。

第四十七条 保险公估机构解散，在清算中发现已不能清偿到期债务，并且资产不足以清偿全部债务或者明显缺乏清偿能力的，应当依法提出破产申请，其财产清算与债权债务处理，按照法定破产程序进行。

第四十八条 保险公估机构被依法吊销营业执照、被撤销、责令关闭或者被人民法院依法宣告破产的，应当依法成立清算组，依照法定程序组织清算，并向中国保监会提交清算报告。

第四十九条 保险公估机构因下列情形之一退出市场的，中国保监会依法注销许可证，并予以公告：

（一）许可证有效期届满，中国保监会依法不予延续；

（二）许可证依法被撤回、撤销或者吊销；

（三）保险公估机构解散、被依法吊销营业执照、被撤销、责令关闭或者被依法宣告破产；

（四）法律、行政法规规定的其他情形。

被注销许可证的保险公估机构应当及时交回许可证原件。

第五十条 保险公估分支机构有下列情形之一的，中国保监会依法注销许可证，并予以公告：

（一）所属保险公估机构许可证被依法注销；

（二）被所属保险公估机构撤销；

（三）被依法责令关闭、吊销营业执照；

（四）许可证依法被撤回、撤销或者吊销；

（五）法律、行政法规规定应当注销许可证的其他情形。

被注销许可证的保险公估分支机构应当及时交回许可证原件。

第五章 监督检查

第五十一条 保险公估机构及其分支机构应当依照中国保监会有关规定及时、准确、完整地报送报表、报告、文件和资料，并根据中国保监会要求提交相关的电子文本。

保险公估机构及其分支机构报送的报表、报告和资料应当由法定代表人、执行合伙企业事务的合伙人、主要负责人或者其授权人签字，并加盖机构印章。

第五十二条 保险公估机构及其分支机构应当妥善保管业务档案、会计账簿、业务台账以及佣金收入的原始凭证等有关资料，保管期限自保险合同终止之日起计算，保险期间在1年以下的不得少于5年，保险期间超过1年的不得少于10年。

第五十三条 保险公估机构应当按规定将监管费交付到中国保监会指定账户。

第五十四条 保险公估机构应当在每一会计年度结束后3个月内聘请会计师事务所对本机构资产、负债、利润等财务状况进行审计，并向中国保监会报送相关审计报告。

中国保监会根据需要，可以要求保险公估机构或者保险公估分支机构提交专项外部审计报告。

第五十五条 中国保监会根据监管需要，可以对保险公估机构的董事长、执行董事或者高级管理人员进行监管谈话，要求其就经营活动中的重大事项作出说明。

第五十六条 中国保监会依法对保险公估机构及其分支机构进行现场检查，包括但不限于下列内容：

（一）机构设立、变更是否依法获得批准或者履行报告义务；

（二）业务经营状况是否合法；

（三）财务状况是否良好；

（四）向中国保监会提交的报告、报表及资料是否及时、完整、真实；

（五）内控制度是否完善，执行是否有效；

（六）任用董事长、执行董事和高级管理人员是否符合规定；

（七）是否有效履行从业人员管理职责；

（八）对外公告是否及时、真实；

（九）计算机配置状况和信息系统运行状况是否良好。

第五十七条　保险公估机构或者保险公估分支机构因下列原因接受中国保监会调查的，在被调查期间中国保监会有权责令其停止部分或者全部业务：

（一）涉嫌严重违反保险法律、行政法规；

（二）经营活动存在重大风险；

（三）不能正常开展业务活动。

第五十八条　保险公估机构及其分支机构应当按照下列要求配合中国保监会的现场检查工作，不得拒绝、妨碍中国保监会依法进行监督检查：

（一）按要求提供有关文件、资料，不得拖延、转移或者藏匿；

（二）相关管理人员、财务人员及从业人员应当按要求到场说明情况、回答问题。

第五十九条　保险公估机构及其分支机构有下列情形之一的，中国保监会可以将其列为重点检查对象：

（一）业务或者财务出现异动；

（二）不按时提交报告、报表或者提供虚假的报告、报表、文件和资料；

（三）涉嫌重大违法行为或者受到中国保监会行政处罚；

（四）中国保监会认为需要重点检查的其他情形。

第六十条　中国保监会可以在现场检查中，委托会计师事务所等社会中介机构提供相关服务；委托上述中介机构提供服务的，应当签订书面委托协议。

中国保监会应当将委托事项告知被检查的保险公估机构及其分支机构。

第六十一条　保险公估机构及其分支机构认为检查人员违反法律、行政法规及中国保监会有关规定的，可以向中国保监会举报或者投诉。

保险公估机构及其分支机构有权对中国保监会的行政处理措施提起行政复议或者行政诉讼。

第六章　法律责任

第六十二条　行政许可申请人隐瞒有关情况或者提供虚假材料申请设立保险公估机构或者申请其他行政许可的，中国保监会不予受理或者不予批准，并给予警告，申请人在1年内不得再次申请该行政许可。

第六十三条　被许可人通过欺骗、贿赂等不正当手段设立保险公估机构或者取得中国保监会行政许可的，由中国保监会依法予以撤销，对被许可人给予警告，并处1万元罚款，申请人在3年内不得再次申请该行政许可。

第六十四条　未取得许可证，擅自以保险公估机构名义从事保险公估业务的，由中国保监会责令改正，给予警告，没有违法所得的，并处1万元罚款，有违法所得的，并处违法所得3倍罚款，但最高不得超过3万元。

第六十五条　伪造、变造、出租、出借或者转让许可证的，由中国保监会责令改正，给予警告，没有违法所得的，并处1万元罚款，有违法所得的，并处违法所得3倍罚款，但最高不得超过3万元。

第六十六条　保险公估机构有下列情形之一的，由中国保监会责令改正，给予警告，并处1万元罚款：

（一）编制或者提供虚假的报告、报表、文件或者资料的；

（二）拒绝、妨碍依法监督检查的；

（三）聘任不符合规定条件的人员的。

第六十七条 保险公估机构、保险公估分支机构及其从业人员违反本规定第三十三条、第三十四条、第三十八条、第四十条的，由中国保监会责令改正，给予警告，没有违法所得的，处1万元以下罚款，有违法所得的，处违法所得3倍以下罚款，但最高不得超过3万元。

第六十八条 保险公估机构、保险公估分支机构及其从业人员有本规定第四十一条、第四十二条所列情形之一的，由中国保监会责令改正，给予警告，没有违法所得的，处1万元以下罚款，有违法所得的，处违法所得3倍以下罚款，但最高不得超过3万元。

第六十九条 保险公估机构及其分支机构有下列情形之一的，由中国保监会责令改正，给予警告，处1万元以下罚款：

（一）未按规定缴纳监管费；

（二）未按规定在住所或者营业场所放置许可证；

（三）未按规定办理许可证变更登记或者未按期申请延续许可证有效期；

（四）未按规定交回许可证；

（五）未按规定建立和保管专门账簿、业务档案；

（六）未按规定履行告知义务；

（七）未按规定进行公告；

（八）临时负责人任期超过规定期限；

（九）发生第十六条所列事项未按规定报告；

（十）未按规定报送有关报告、报表、文件或者资料；

（十一）与非法从事保险业务或者保险中介业务的单位或者个人发生保险公估业务往来。

第七十条 保险公估机构及其分支机构违反本规定的，中国保监会除依照本章规定对该机构给予处罚外，对其直接负责的主管人员和其他直接责任人给予警告，并处1万元以下罚款。

第七十一条 保险公估机构及其分支机构的董事、高级管理人员或者从业人员，离开该机构后被发现在该机构工作期间违反有关保险监督管理规定的，应当依法追究其责任。

第七十二条 中国保监会发现保险公估机构及其分支机构涉嫌逃避缴纳税款、非法集资、传销、洗钱等，需要由其他机关管辖的，应当向其他机关举报或者移送。

违反本规定，涉嫌构成犯罪的，中国保监会应当向司法机关举报或者移送。

第七章　附　则

第七十三条 本规定所称保险中介机构是指保险代理机构、保险经纪机构和保险公估机构及其分支机构。

第七十四条 经中国保监会批准设立的外资保险公估机构适用本规定。我国参加的有关国际条约和中国保监会另有规定的，适用其规定。

第七十五条 本规定要求提交的各种表格格式由中国保监会制定。

第七十六条 本规定中有关期限，除以年、月表示的以外，均以工作日计算，不含法定节假日。

本规定所称“以上”、“以下”包括本数。

第七十七条 本规定自2009年10月1日起施行，中国保监会2001年11月16日颁布的《保险公估机构管理规定》（保监会令2001年第3号）同时废止。

第七十八条 本规定施行前依法设立的保险公估机构继续保留，不完全具备本规定条件的，具体适用办法由中国保监会另行规定。

保险公司管理规定（2015年修订）

（2009年9月25日中国保险监督管理委员会令2009年第1号发布　根据2015年10月19日中国保险监督管理委员会令2015年第3号《关于修改〈保险公司设立境外保险类机构管理办法〉等八部规章的决定》修订）

第一章　总　则

第一条　为了加强对保险公司的监督管理，维护保险市场的正常秩序，保护被保险人合法权益，促进保险业健康发展，根据《中华人民共和国保险法》（以下简称《保险法》）、《中华人民共和国公司法》（以下简称《公司法》）等法律、行政法规，制定本规定。

第二条　中国保险监督管理委员会（以下简称中国保监会）根据法律和国务院授权，对保险公司实行统一监督管理。

中国保监会的派出机构在中国保监会授权范围内依法履行监管职责。

第三条　本规定所称保险公司，是指经保险监督管理机构批准设立，并依法登记注册的商业保险公司。

本规定所称保险公司分支机构，是指经保险监督管理机构批准，保险公司依法设立的分公司、中心支公司、支公司、营业部、营销服务部以及各类专属机构。专属机构的设立和管理，由中国保监会另行规定。

本规定所称保险机构，是指保险公司及其分支机构。

第四条　本规定所称分公司，是指保险公司依法设立的以分公司命名的分支机构。

本规定所称省级分公司，是指保险公司根据中国保监会的监管要求，在各省、自治区、直辖市内负责许可申请、报告提交等相关事宜的分公司。保险公司在住所地以外的各省、自治区、直辖市已经设立分公司的，应当指定其中一家分公司作为省级分公司。

保险公司在计划单列市设立分支机构的，应当指定一家分支机构，根据中国保监会的监管要求，在计划单列市负责许可申请、报告提交等相关事宜。

省级分公司设在计划单列市的，由省级分公司同时负责前两款规定的事宜。

第五条　保险业务由依照《保险法》设立的保险公司以及法律、行政法规规定的其他保险组织经营，其他单位和个人不得经营或者变相经营保险业务。

第二章　法人机构设立

第六条　设立保险公司，应当遵循下列原则：

（一）符合法律、行政法规；

（二）有利于保险业的公平竞争和健康发展。

第七条　设立保险公司，应当向中国保监会提出筹建申请，并符合下列条件：

（一）有符合法律、行政法规和中国保监会规定条件的投资人，股权结构合理；

（二）有符合《保险法》和《公司法》规定的章程草案；

（三）投资人承诺出资或者认购股份，拟注册资本不低于人民币2亿元，且必须为实缴货币资本；

（四）具有明确的发展规划、经营策略、组织机构框架、风险控制体系；

（五）拟任董事长、总经理应当符合中国保监会规定的任职资格条件；

（六）有投资人认可的筹备组负责人；

（七）中国保监会规定的其他条件。

中国保监会根据保险公司业务范围、经营规模，可以调整保险公司注册资本的最低限额，但不得低于人民币2亿元。

第八条 申请筹建保险公司的，申请人应当提交下列材料一式三份：

（一）设立申请书，申请书应当载明拟设立保险公司的名称、拟注册资本和业务范围等；

（二）设立保险公司可行性研究报告，包括发展规划、经营策略、组织机构框架和风险控制体系等；

（三）筹建方案；

（四）保险公司章程草案；

（五）中国保监会规定投资人应当提交的有关材料；

（六）筹备组负责人、拟任董事长、总经理名单及本人认可证明；

（七）中国保监会规定的其他材料。

第九条 中国保监会应当对筹建保险公司的申请进行审查，自受理申请之日起6个月内作出批准或者不批准筹建的决定，并书面通知申请人。决定不批准的，应当书面说明理由。

第十条 中国保监会在对筹建保险公司的申请进行审查期间，应当对投资人进行风险提示。

中国保监会应当听取拟任董事长、总经理对拟设保险公司在经营管理和业务发展等方面的工作思路。

第十一条 经中国保监会批准筹建保险公司的，申请人应当自收到批准筹建通知之日起1年内完成筹建工作。筹建期间届满未完成筹建工作的，原批准筹建决定自动失效。

筹建机构在筹建期间不得从事保险经营活动。筹建期间不得变更主要投资人。

第十二条 筹建工作完成后，符合下列条件的，申请人可以向中国保监会提出开业申请：

（一）股东符合法律、行政法规和中国保监会的有关规定；

（二）有符合《保险法》和《公司法》规定的章程；

（三）注册资本最低限额为人民币2亿元，且必须为实缴货币资本；

（四）有符合中国保监会规定任职资格条件的董事、监事和高级管理人员；

（五）有健全的组织机构；

（六）建立了完善的业务、财务、合规、风险控制、资产管理、反洗钱等制度；

（七）有具体的业务发展计划和按照资产负债匹配等原则制定的中长期资产配置计划；

（八）具有合法的营业场所，安全、消防设施符合要求，营业场所、办公设备等与业务发展规划相适应，信息化建设符合中国保监会要求；

（九）法律、行政法规和中国保监会规定的其他条件。

第十三条 申请人提出开业申请，应当提交下列材料一式三份：

（一）开业申请书；

（二）创立大会决议，没有创立大会决议的，应当提交全体股东同意申请开业的文件或者决议；

（三）公司章程；

（四）股东名称及其所持股份或者出资的比例，资信良好的验资机构出具的验资证明，资本金入账原始凭证复印件；

（五）中国保监会规定股东应当提交的有关材料；

（六）拟任该公司董事、监事、高级管理人员的简历以及相关证明材料；

（七）公司部门设置以及人员基本构成；

（八）营业场所所有权或者使用权的证明文件；

（九）按照拟设地的规定提交有关消防证明；

（十）拟经营保险险种的计划书、3 年经营规划、再保险计划、中长期资产配置计划，以及业务、财务、合规、风险控制、资产管理、反洗钱等主要制度；

（十一）信息化建设情况报告；

（十二）公司名称预先核准通知；

（十三）中国保监会规定提交的其他材料。

第十四条 中国保监会应当审查开业申请，进行开业验收，并自受理开业申请之日起 60 日内作出批准或者不批准开业的决定。验收合格决定批准开业的，颁发经营保险业务许可证；验收不合格决定不批准开业的，应当书面通知申请人并说明理由。

经批准开业的保险公司，应当持批准文件以及经营保险业务许可证，向工商行政管理部门办理登记注册手续，领取营业执照后方可营业。

第三章 分支机构设立

第十五条 保险公司可以根据业务发展需要申请设立分支机构。

保险公司分支机构的层级依次为分公司、中心支公司、支公司、营业部或者营销服务部。保险公司可以不逐级设立分支机构，但其在住所地以外的各省、自治区、直辖市开展业务，应当首先设立分公司。

保险公司可以不按照前款规定的层级逐级管理下级分支机构；营业部、营销服务部不得再管理其他任何分支机构。

第十六条 保险公司以 2 亿元人民币的最低资本金额设立的，在其住所地以外的每一省、自治区、直辖市首次申请设立分公司，应当增加不少于人民币 2 千万元的注册资本。

申请设立分公司，保险公司的注册资本达到前款规定的增资后额度的，可以不再增加相应的注册资本。

保险公司注册资本达到人民币 5 亿元，在偿付能力充足的情况下，设立分公司不需要增加注册资本。

第十七条 设立省级分公司，由保险公司总公司提出申请；设立其他分支机构，由保险公司总公司提出申请，或者由省级分公司持总公司批准文件提出申请。

在计划单列市申请设立分支机构，还可以由保险公司根据本规定第四条第三款指定的分支机构持总公司批准文件提出申请。

第十八条 设立分支机构，应当提出设立申请，并符合下列条件：

（一）上一年度偿付能力充足，提交申请前连续 2 个季度偿付能力均为充足；

（二）保险公司具备良好的公司治理结构，内控健全；

（三）申请人具备完善的分支机构管理制度；

（四）对拟设立分支机构的可行性已进行充分论证；

（五）在住所地以外的省、自治区、直辖市申请设立省级分公司以外其他分支机构的，该省级分公司已经开业；

（六）申请人最近 2 年内无受金融监管机构重大行政处罚的记录，不存在因涉嫌重大违法行为正在受到中国保监会立案调查的情形；

（七）申请设立省级分公司以外其他分支机构，在拟设地所在的省、自治区、直辖市内，省级分公司最近 2 年内无受金融监管机构重大行政处罚的记录，已设立的其他分支机构最近 6 个月内无受重大保险行政处罚的记录；

（八）有申请人认可的筹建负责人；

（九）中国保监会规定的其他条件。

第十九条 设立分支机构，申请人应当提交下列材料一式三份：

（一）设立申请书；

（二）申请前连续2个季度的偿付能力报告和上一年度经审计的偿付能力报告；

（三）保险公司上一年度公司治理结构报告以及申请人内控制度；

（四）分支机构设立的可行性论证报告，包括拟设机构3年业务发展规划和市场分析，设立分支机构与公司风险管理状况和内控状况相适应的说明；

（五）申请人分支机构管理制度；

（六）申请人作出的其最近2年无受金融监管机构重大行政处罚的声明；

（七）申请设立省级分公司以外其他分支机构的，提交省级分公司最近2年无受金融监管机构重大行政处罚的声明；

（八）拟设机构筹建负责人的简历以及相关证明材料；

（九）中国保监会规定提交的其他材料。

第二十条 中国保监会应当自收到完整申请材料之日起30日内对设立申请进行书面审查，对不符合本规定第十八条的，作出不予批准决定，并书面说明理由；对符合本规定第十八条的，向申请人发出筹建通知。

第二十一条 申请人应当自收到筹建通知之日起6个月内完成分支机构的筹建工作。筹建期间不计算在行政许可的期限内。

筹建期间届满未完成筹建工作的，应当根据本规定重新提出设立申请。

筹建机构在筹建期间不得从事任何保险经营活动。

第二十二条 筹建工作完成后，筹建机构具备下列条件的，申请人可以向中国保监会提交开业验收报告：

（一）具有合法的营业场所，安全、消防设施符合要求；

（二）建立了必要的组织机构和完善的业务、财务、风险控制、资产管理、反洗钱等管理制度；

（三）建立了与经营管理活动相适应的信息系统；

（四）具有符合任职条件的拟任高级管理人员或者主要负责人；

（五）对员工进行了上岗培训；

（六）筹建期间未开办保险业务；

（七）中国保监会规定的其他条件。

第二十三条 申请人提交的开业验收报告应当附下列材料一式三份：

（一）筹建工作完成情况报告；

（二）拟任高级管理人员或者主要负责人简历及有关证明；

（三）拟设机构营业场所所有权或者使用权证明；

（四）计算机设备配置、应用系统及网络建设情况报告；

（五）业务、财务、风险控制、资产管理、反洗钱等制度；

（六）机构设置和从业人员情况报告，包括员工上岗培训情况报告等；

（七）按照拟设地规定提交有关消防证明，无需进行消防验收或者备案的，提交申请人作出的已采取必要措施确保消防安全的书面承诺；

（八）中国保监会规定提交的其他材料。

第二十四条 中国保监会应当自收到完整的开业验收报告之日起30日内，进行开业验收，并作出批准或者不予批准的决定。验收合格批准设立的，颁发分支机构经营保险业务许可证；验收不合格不予批准设立的，应当书面通知申请人并说明理由。

第二十五条 经批准设立的保险公司分支机构，应当持批准文件以及分支机构经营保险业务许可证，向工商行政管理部门办理登记注册手续，领取营业执照后方可营业。

第四章　机构变更、解散与撤销

第二十六条　保险机构有下列情形之一的，应当经中国保监会批准：

（一）保险公司变更名称；

（二）变更注册资本；

（三）扩大业务范围；

（四）变更营业场所；

（五）保险公司分立或者合并；

（六）修改保险公司章程；

（七）变更出资额占有限责任公司资本总额5%以上的股东，或者变更持有股份有限公司股份5%以上的股东；

（八）中国保监会规定的其他情形。

第二十七条　保险机构有下列情形之一，应当自该情形发生之日起15日内，向中国保监会报告：

（一）变更出资额不超过有限责任公司资本总额5%的股东，或者变更持有股份有限公司股份不超过5%的股东，上市公司的股东变更除外；

（二）保险公司的股东变更名称，上市公司的股东除外；

（三）保险公司分支机构变更名称；

（四）中国保监会规定的其他情形。

第二十八条　保险公司依法解散的，应当经中国保监会批准，并报送下列材料一式三份：

（一）解散申请书；

（二）股东大会或者股东会决议；

（三）清算组织及其负责人情况和相关证明材料；

（四）清算程序；

（五）债权债务安排方案；

（六）资产分配计划和资产处分方案；

（七）中国保监会规定提交的其他材料。

第二十九条　保险公司依法解散的，应当成立清算组，清算工作由中国保监会监督指导。

保险公司依法被撤销的，由中国保监会及时组织股东、有关部门以及相关专业人员成立清算组。

第三十条　清算组应当自成立之日起10日内通知债权人，并于60日内在中国保监会指定的报纸上至少公告3次。

清算组应当委托资信良好的会计师事务所、律师事务所，对公司债权债务和资产进行评估。

第三十一条　保险公司撤销分支机构，应当经中国保监会批准。分支机构经营保险业务许可证自被批准撤销之日起自动失效，并应当于被批准撤销之日起15日内缴回。

保险公司合并、撤销分支机构的，应当进行公告，并书面通知有关投保人、被保险人或者受益人，对交付保险费、领取保险金等事宜应当充分告知。

第三十二条　保险公司依法解散或者被撤销的，其资产处分应当采取公开拍卖、协议转让或者中国保监会认可的其他方式。

第三十三条　保险公司依法解散或者被撤销的，在保险合同责任清算完毕之前，公司股东不得分配公司资产，或者从公司取得任何利益。

第三十四条 保险公司有《中华人民共和国企业破产法》第二条规定情形的，依法申请重整、和解或者破产清算。

第五章 分支机构管理

第三十五条 保险公司应当加强对分支机构的管理，督促分支机构依法合规经营，确保上级机构对管理的下级分支机构能够实施有效管控。

第三十六条 保险公司总公司应当根据本规定和发展需要制定分支机构管理制度，其省级分公司应当根据总公司的规定和当地实际情况，制定本省、自治区、直辖市分支机构管理制度。

保险公司在计划单列市设立分支机构的，应当由省级分公司或者保险公司根据本规定第四条第三款指定的分支机构制定当地分支机构管理制度。

第三十七条 分支机构管理制度至少应当包括下列内容：

（一）各级分支机构职能；

（二）各级分支机构人员、场所、设备等方面的配备要求；

（三）分支机构设立、撤销的内部决策制度；

（四）上级机构对下级分支机构的管控职责和措施。

第三十八条 保险公司分支机构应当配备必要数量的工作人员，分支机构高级管理人员或者主要负责人应当是与保险公司订立劳动合同的正式员工。

第三十九条 保险公司分支机构在经营存续期间，应当具有规范和稳定的营业场所，配备必要的办公设备。

第四十条 保险公司分支机构应当将经营保险业务许可证原件放置于营业场所显著位置，以备查验。

第六章 保险经营

第四十一条 保险公司的分支机构不得跨省、自治区、直辖市经营保险业务，本规定第四十二条规定的情形和中国保监会另有规定的除外。

第四十二条 保险机构参与共保、经营大型商业保险或者统括保单业务，以及通过互联网、电话营销等方式跨省、自治区、直辖市承保业务，应当符合中国保监会的有关规定。

第四十三条 保险机构应当公平、合理拟订保险条款和保险费率，不得损害投保人、被保险人和受益人的合法权益。

第四十四条 保险机构的业务宣传资料应当客观、完整、真实，并应当载有保险机构的名称和地址。

第四十五条 保险机构应当按照中国保监会的规定披露有关信息。

保险机构不得利用广告或者其他宣传方式，对其保险条款内容和服务质量等做引人误解的宣传。

第四十六条 保险机构对保险合同中有关免除保险公司责任、退保、费用扣除、现金价值和犹豫期等事项，应当依照《保险法》和中国保监会的规定向投保人作出提示。

第四十七条 保险机构开展业务，应当遵循公平竞争的原则，不得从事不正当竞争。

第四十八条 保险机构不得将其保险条款、保险费率与其他保险公司的类似保险条款、保险费率或者金融机构的存款利率等进行片面比较。

第四十九条 保险机构不得以捏造、散布虚假事实等方式损害其他保险机构的信誉。

保险机构不得利用政府及其所属部门、垄断性企业或者组织，排挤、阻碍其他保险机构开展保险业务。

第五十条 保险机构不得劝说或者诱导投保人解除与其他保险机构的保险合同。

第五十一条　保险机构不得给予或者承诺给予投保人、被保险人、受益人保险合同约定以外的保险费回扣或者其他利益。

第五十二条　除再保险公司以外，保险机构应当按照规定设立客户服务部门或者咨询投诉部门，并向社会公开咨询投诉电话。

保险机构对保险投诉应当认真处理，并将处理意见及时告知投诉人。

第五十三条　保险机构应当建立保险代理人的登记管理制度，加强对保险代理人的培训和管理，不得唆使、诱导保险代理人进行违背诚信义务的活动。

第五十四条　保险机构不得委托未取得合法资格的机构或者个人从事保险销售活动，不得向未取得合法资格的机构或者个人支付佣金或者其他利益。

第五十五条　保险公司应当建立健全公司治理结构，加强内部管理，建立严格的内部控制制度。

第五十六条　保险公司应当建立控制和管理关联交易的有关制度。保险公司的重大关联交易应当按照规定及时向中国保监会报告。

第五十七条　保险机构任命董事、监事、高级管理人员，应当在任命前向中国保监会申请核准上述人员的任职资格。

保险机构董事、监事、高级管理人员的任职资格管理，按照《保险法》和中国保监会有关规定执行。

第五十八条　保险机构应当依照《保险法》和中国保监会的有关规定管理、使用经营保险业务许可证。

第七章　监督管理

第五十九条　中国保监会对保险机构的监督管理，采取现场监管与非现场监管相结合的方式。

第六十条　保险机构有下列情形之一的，中国保监会可以将其列为重点监管对象：

（一）严重违法；

（二）偿付能力不足；

（三）财务状况异常；

（四）中国保监会认为需要重点监管的其他情形。

第六十一条　中国保监会对保险机构的现场检查包括但不限于下列事项：

（一）机构设立、变更是否依法经批准或者向中国保监会报告；

（二）董事、监事、高级管理人员任职资格是否依法经核准；

（三）行政许可的申报材料是否真实；

（四）资本金、各项准备金是否真实、充足；

（五）公司治理和内控制度建设是否符合中国保监会的规定；

（六）偿付能力是否充足；

（七）资金运用是否合法；

（八）业务经营和财务情况是否合法，报告、报表、文件、资料是否及时、完整、真实；

（九）是否按规定对使用的保险条款和保险费率报经审批或者备案；

（十）与保险中介的业务往来是否合法；

（十一）信息化建设工作是否符合规定；

（十二）需要事后报告的其他事项是否按照规定报告；

（十三）中国保监会依法检查的其他事项。

第六十二条　中国保监会对保险机构进行现场检查，保险机构应当予以配合，并按中国保监会的要求提供有关文件、材料。

第六十三条 中国保监会工作人员依法实施现场检查；检查人员不得少于2人，并应当出示有关证件和检查通知书。

中国保监会可以在现场检查中，委托会计师事务所等中介服务机构提供相关专业服务；委托上述中介服务机构提供专业服务的，应当签订书面委托协议。

第六十四条 保险机构出现频繁撤销分支机构、频繁变更分支机构营业场所等情形，可能或者已经对保险公司经营造成不利影响的，中国保监会有权根据监管需要采取下列措施：

（一）要求保险机构在指定时间内完善分支机构管理的相关制度；

（二）询问保险机构负责人、其他相关人员，了解变更、撤销的有关情况；

（三）要求保险机构提供其内部对变更、撤销行为进行决策的相关文件和资料；

（四）出示重大风险提示函，或者对有关人员进行监管谈话；

（五）依法采取的其他措施。

保险机构应当按照中国保监会的要求进行整改，并及时将整改情况书面报告中国保监会。

第六十五条 中国保监会有权根据监管需要，要求保险机构进行报告或者提供专项资料。

第六十六条 保险机构应当按照规定及时向中国保监会报送营业报告、精算报告、财务会计报告、偿付能力报告、合规报告等报告、报表、文件和资料。

保险机构向中国保监会提交的各类报告、报表、文件和资料，应当真实、完整、准确。

第六十七条 保险公司的股东大会、股东会、董事会的重大决议，应当在决议作出后30日内向中国保监会报告，中国保监会另有规定的除外。

第六十八条 中国保监会有权根据监管需要，对保险机构董事、监事、高级管理人员进行监管谈话，要求其就保险业务经营、风险控制、内部管理等有关重大事项作出说明。

第六十九条 保险机构或者其从业人员违反本规定，由中国保监会依照法律、行政法规进行处罚；法律、行政法规没有规定的，由中国保监会责令改正，给予警告，对有违法所得的处以违法所得1倍以上3倍以下罚款，但最高不得超过3万元，对没有违法所得的处以1万元以下罚款；涉嫌犯罪的，依法移交司法机关追究其刑事责任。

第八章　附　则

第七十条 外资独资保险公司、中外合资保险公司分支机构设立适用本规定；中国保监会之前作出的有关规定与本规定不一致的，以本规定为准。

对外资独资保险公司、中外合资保险公司的其他管理，适用本规定，法律、行政法规和中国保监会另有规定的除外。

第七十一条 除本规定第四十二条和第七十二条第一款规定的情形外，外国保险公司分公司只能在其住所地的省、自治区、直辖市行政辖区内开展业务。

对外国保险公司分公司的其他管理，参照本规定对保险公司总公司的有关规定执行，法律、行政法规和中国保监会另有规定的除外。

第七十二条 再保险公司，包括外国再保险公司分公司，可以直接在全国开展再保险业务。

再保险公司适用本规定，法律、行政法规和中国保监会另有规定的除外。

第七十三条 政策性保险公司、相互制保险公司参照适用本规定，国家另有规定的除外。

第七十四条 保险公司在境外设立子公司、分支机构，应当经中国保监会批准；其设立条件和管理，由中国保监会另行规定。

第七十五条 保险公司应当按照《保险法》的规定，加入保险行业协会。

第七十六条　本规定施行前已经设立的分支机构，无需按照本规定的设立条件重新申请设立审批，但应当符合本规定对分支机构的日常管理要求。不符合规定的，应当自本规定施行之日起 2 年内进行整改，在高级管理人员或者主要负责人资质、场所规范、许可证使用、分支机构管理等方面达到本规定的相关要求。

第七十七条　保险机构依照本规定报送的各项报告、报表、文件和资料，应当用中文书写。原件为外文的，应当附中文译本；中文与外文意思不一致的，以中文为准。

第七十八条　本规定中的日是指工作日，不含法定节假日；本规定中的以上、以下，包括本数。

第七十九条　本规定由中国保监会负责解释。

第八十条　本规定自 2009 年 10 月 1 日起施行。中国保监会 2004 年 5 月 13 日发布的《保险公司管理规定》（保监会令〔2004〕3 号）同时废止。

保险公司设立境外保险类机构管理办法（2015年修订）

（2006年7月31日中国保险监督管理委员会令2006年第7号发布　根据2015年10月19日中国保险监督管理委员会令2015年第3号《关于修改〈保险公司设立境外保险类机构管理办法〉等八部规章的决定》修订）

第一章　总　则

第一条　为了加强管理保险公司设立境外保险类机构的活动，防范风险，保障被保险人的利益，根据《中华人民共和国保险法》（以下简称《保险法》）等法律、行政法规，制定本办法。

第二条　本办法所称保险公司，是指经中国保险监督管理委员会（以下简称中国保监会）批准设立，并依法登记注册的商业保险公司。

第三条　本办法所称境外保险类机构，是指保险公司的境外分支机构、境外保险公司和保险中介机构。

本办法所称保险中介机构，是指保险代理机构、保险经纪机构和保险公估机构。

第四条　本办法所称设立境外保险类机构，是指保险公司的下列行为：

（一）设立境外分支机构、境外保险公司和保险中介机构；

（二）收购境外保险公司和保险中介机构。

第五条　本办法所称收购，是指保险公司受让境外保险公司、保险中介机构的股权、且其持有的股权达到该机构表决权资本总额20%及以上或者虽不足20%但对该机构拥有实际控制权、共同控制权或者重大影响的行为。

保险公司收购上市的境外保险公司、保险中介机构的，适用本办法。中国保监会另有规定的从其规定。

第六条　保险公司设立境外保险类机构应当遵守中国有关保险和外汇管理的法律、行政法规以及中国保监会相关规定，遵守境外的相关法律及规定。

保险公司收购境外保险公司和保险中介机构，应当执行现行保险外汇资金的有关规定。

第七条　中国保监会依法对保险公司设立境外保险类机构的活动实施监督管理。

第八条　保险公司在境外设立代表机构、联络机构或者办事处等非营业性机构的，适用本办法。

第二章　设立审批

第九条　保险公司设立境外保险类机构的，应当具备下列条件：

（一）开业2年以上；

（二）上年末总资产不低于50亿元人民币；

（三）上年末外汇资金不低于1500万美元或者其等值的自由兑换货币；

（四）偿付能力额度符合中国保监会有关规定；

（五）内部控制制度和风险管理制度符合中国保监会有关规定；

（六）最近2年内无受重大处罚的记录；

（七）拟设立境外保险类机构所在的国家或者地区金融监管制度完善，并与中国保险监管机构保持有效的监管合作关系；

（八）中国保监会规定的其他条件。

第十条　保险公司申请设立境外分支机构、境外保险公司和保险中介机构的，应当向中国保监会提交下列材料：

（一）申请书；

（二）国家外汇管理局外汇资金来源核准决定的复印件；

（三）上一年度经会计师事务所审计的公司财务报表及外币资产负债表；

（四）上一年度经会计师事务所审计的偿付能力状况报告；

（五）内部控制制度和风险管理制度；

（六）拟设境外保险类机构的基本情况说明，包括名称、住所、章程、注册资本或者营运资金、股权结构及出资额、业务范围、筹建负责人简历及身份证明材料复印件；

（七）拟设境外保险类机构的可行性研究报告、市场分析报告和筹建方案；

（八）拟设境外保险类机构所在地法律要求保险公司为其设立的境外保险类机构承担连带责任的，提交相关说明材料；

（九）中国保监会规定的其他材料。

保险公司在境外设立的保险公司、保险中介机构有其他发起人的，还应当提交其他发起人的名称、股份认购协议书复印件、营业执照以及上一年度经会计师事务所审计的资产负债表。

第十一条　保险公司申请收购境外保险公司和保险中介机构的，应当向中国保监会提交下列材料：

（一）申请书；

（二）国家外汇管理局外汇资金来源核准决定的复印件；

（三）上一年度经会计师事务所审计的公司财务报表及外币资产负债表；

（四）上一年度和最近季度经会计师事务所审计的偿付能力状况报告及其说明；

（五）内部管理制度和风险控制制度；

（六）拟被收购的境外保险类机构的基本情况说明，包括名称、住所、章程、注册资本或者营运资金、业务范围、负责人情况说明；

（七）拟被收购的境外保险类机构上一年度经会计师事务所审计的公司财务报表；

（八）收购境外保险类机构的可行性研究报告、市场分析报告、收购方案；

（九）中国保监会规定的其他材料。

拟被收购境外保险类机构为保险公司的，还应当提交其上一年度和最近季度经会计师事务所审计的偿付能力状况报告及说明。

第十二条　中国保监会应当依法对设立境外保险类机构的申请进行审查，并自受理申请之日起20日内作出批准或者不予批准的决定。决定不予批准的，应当书面通知申请人并说明理由。

第十三条　保险公司应当在境外保险类机构获得许可证或者收购交易完成后20日内，将境外保险类机构的下列情况书面报告中国保监会：

（一）许可证复印件；

（二）机构名称和住所；

（三）机构章程；

（四）机构的组织形式、业务范围、注册资本或者营运资金、其他股东或者合伙人的出资金额及出资比例；

（五）机构负责人姓名及联系方式；

（六）中国保监会规定的其他材料。

第十四条　保险公司应当在境外代表机构、联络机构或者办事处等非营业性机构设立后20日内，将境外代表机构、联络机构或者办事处等非营业性机构的下列情况书面报告中国保监会：

（一）登记证明的复印件；

（二）名称和住所；

（三）负责人姓名及联系方式；

（四）中国保监会规定的其他材料。

第三章 境外保险类机构管理

第十五条 保险公司应当对其设立的境外保险类机构进行有效的风险管理，并督促该类机构按照所在国法律和监管部门的相关规定，建立健全风险管理制度。

第十六条 保险公司应当严格控制其设立的境外保险类机构对外提供担保。

保险公司在境外设立的分支机构确需对外提供担保的，应当取得被担保人的资信证明，并签署具有法律效力的反担保协议书。以财产抵押、质押等方式提供反担保协议的，提供担保的金额不得超过抵押、质押财产重估价值的60%。

第十七条 保险公司在境外设立的分支机构，除保单质押贷款外，不得对外贷款。

第十八条 保险公司应当对派往其设立的境外保险类机构的董事长和高级管理人员建立绩效考核制度、期中审计制度和离任审计制度。

第十九条 保险公司设立的境外保险类机构清算完毕后，应当将清算机构出具的经当地注册会计师验证的清算报告，报送中国保监会。

第四章 监督检查

第二十条 保险公司应当按照中国会计制度及中国保监会的规定，在财务报告和偿付能力报告中单独披露其设立的境外保险类机构的经营成果、财务状况和偿付能力状况。

第二十一条 保险公司设立的境外保险类机构按照所在地保险监管机构要求编制偿付能力报告的，保险公司应当抄送中国保监会。

第二十二条 保险公司应当在其设立的境外保险类机构每一会计年度结束后5个月内，将该境外保险类机构上一年度的财务报表报送中国保监会。

第二十三条 保险公司应当在每年1月底之前，将其境外代表机构、联络机构或者办事处等非营业性机构的年度工作报告，报送中国保监会。

境外代表机构、联络机构或者办事处等非营业性机构的年度工作报告应当包括该机构的主要工作和机构变更情况。

第二十四条 保险公司设立的境外保险类机构发生下列事项的，保险公司应当在事项发生之日起20日内书面报告中国保监会：

（一）投资、设立公司的；

（二）分立、合并、解散、撤销或者破产的；

（三）机构名称或者注册地变更的；

（四）董事长和高级管理人员变动的；

（五）注册资本和股东结构发生重大变化的；

（六）调整业务范围的；

（七）出现重大经营或者财务问题的；

（八）涉及重大诉讼、受到重大处罚的；

（九）所在地保险监管部门出具监管报告或者检查报告的；

（十）中国保监会认为有必要报告的其他事项。

第二十五条　保险公司转让其境外保险类机构股权的，应当报经中国保监会批准。

第二十六条　保险公司对其境外保险类机构实施下列行为之一的，应当报经中国保监会批准，并按照本办法第十一条的规定提交材料：

（一）增持境外保险类机构股份的；

（二）增加境外保险类机构的资本金或者营运资金的。

第二十七条　保险公司应当建立控制和管理关联交易的相关制度。保险公司与其境外设立的保险公司和保险中介机构之间发生重大关联交易的，应当在交易完成后 15 日内向中国保监会报告。

前款规定的重大关联交易是指保险公司与其境外设立的保险公司和保险中介机构之间的下列交易活动：

（一）再保险分出或者分入业务；

（二）资产管理、担保和代理业务；

（三）固定资产买卖或者债权债务转移；

（四）大额借款；

（五）其他重大交易活动。

第二十八条　保险公司向中国保监会报送的境外保险类机构的各项材料，应当完整、真实、准确。

第五章　法律责任

第二十九条　未经中国保监会批准，擅自设立境外保险类机构的，由中国保监会责令改正，并处 5 万元以上 30 万元以下的罚款；情节严重的，可以限制业务范围、责令停止接受新业务或者吊销经营保险业务许可证。

第三十条　未按照本办法规定报送有关报告、报表、文件和资料的，由中国保监会责令改正，逾期不改正的，处以 1 万元以上 10 万元以下的罚款。

第三十一条　提供虚假的报告、报表、文件和资料的，由中国保监会责令改正，处以 10 万元以上 50 万元以下的罚款；情节严重的，可以限制业务范围、责令停止接受新业务或者吊销经营保险业务许可证。

第六章　附　则

第三十二条　保险集团公司、保险控股公司设立境外保险类机构和境外代表机构、联络机构、办事处等非营业性机构的，适用本办法。中国保监会另有规定的，从其规定。

第三十三条　保险公司在香港、澳门和台湾地区设立保险类机构和境外代表机构、联络机构、办事处等非营业性机构的，适用本办法。

第三十四条　保险公司按照本办法向中国保监会报送的各项报告、报表、文件和材料，应当使用中文。原件为外文的，应当附中文译本。中文与外文表述不一致的，以中文表述为准。

第三十五条　本办法所称的“日”是指工作日，不含节假日。

第三十六条　本办法由中国保监会负责解释。

第三十七条　本办法自 2006 年 9 月 1 日起施行。

保险经纪机构监管规定（2015 年修订）

（2009 年 9 月 25 日中国保险监督管理委员会令 2009 年第 6 号发布　根据 2013 年 4 月 27 日中国保险监督管理委员会令 2013 年第 6 号《关于修改〈保险经纪机构监管规定〉的决定》第一次修订　根据 2015 年 10 月 19 日中国保险监督管理委员会令 2015 年第 3 号《关于修改〈保险公司设立境外保险类机构管理办法〉等八部规章的决定》第二次修订）

第一章　总　则

第一条　为了规范保险经纪机构的经营行为，保护被保险人的合法权益，维护市场秩序，促进保险业健康发展，根据《中华人民共和国保险法》（以下简称《保险法》）等法律、行政法规，制定本规定。

第二条　本规定所称保险经纪机构是指基于投保人的利益，为投保人与保险公司订立保险合同提供中介服务，并按约定收取佣金的机构，包括保险经纪公司及其分支机构。

在中华人民共和国境内设立保险经纪公司，应当符合中国保险监督管理委员会（以下简称中国保监会）规定的资格条件，取得经营保险经纪业务许可证（以下简称许可证）。

第三条　保险经纪机构应当遵守法律、行政法规和中国保监会有关规定，遵循自愿、诚实信用和公平竞争的原则。

第四条　保险经纪机构因过错给投保人和被保险人造成损失的，应当依法承担赔偿责任。

第五条　中国保监会根据《保险法》和国务院授权，对保险经纪机构履行监管职责。

中国保监会派出机构，在中国保监会授权范围内履行监管职责。

第二章　市场准入

第一节　机构设立

第六条　除中国保监会另有规定外，保险经纪机构应当采取下列组织形式：

（一）有限责任公司；

（二）股份有限公司。

第七条　设立保险经纪公司，应当具备下列条件：

（一）股东、发起人信誉良好，最近 3 年无重大违法记录；

（二）注册资本达到《中华人民共和国公司法》（以下简称《公司法》）和本规定的最低限额；

（三）公司章程符合有关规定；

（四）董事长、执行董事和高级管理人员符合本规定的任职资格条件；

（五）具备健全的组织机构和管理制度；

（六）有与业务规模相适应的固定住所；

（七）有与开展业务相适应的业务、财务等计算机软硬件设施；

（八）法律、行政法规和中国保监会规定的其他条件。

第八条　设立保险经纪公司，其注册资本的最低限额为人民币 5000 万元，中国保监会另有规定的除外。

保险经纪公司的注册资本必须为实缴货币资本。

第九条　依据法律、行政法规规定不能投资企业的单位或者个人，不得成为保险经纪公司的发起人或者股东。

保险公司员工投资保险经纪公司的，应当书面告知所在保险公司；保险公司、保险中介机构的董事或者高级管理人员投资保险经纪公司的，应当根据《公司法》有关规定取得股东会或者股东大会的同意。

第十条　保险经纪机构的名称中应当包含“保险经纪”字样，且字号不得与现有的保险中介机构相同，中国保监会另有规定除外。

第十一条　申请设立保险经纪公司，全体股东、全体发起人应当指定代表或者共同委托代理人，向中国保监会办理申请事宜。

第十二条　保险经纪公司的分支机构包括分公司、营业部。保险经纪公司设立分支机构应当具备下列条件：

（一）内控制度健全；

（二）注册资本达到本规定的要求；

（三）现有机构运转正常，且最近 1 年内无重大违法行为；

（四）拟任主要负责人符合本规定的任职资格条件；

（五）拟设分支机构具备符合要求的营业场所和与经营业务有关的其他设施。

第十三条　中国保监会收到保险经纪公司设立申请后，可以对申请人进行风险提示，就申请设立事宜进行谈话，询问、了解拟设公司的市场发展战略、业务发展计划、内控制度建设、人员结构等有关事项。

中国保监会可以根据实际需要组织现场验收。

第十四条　中国保监会依法批准设立保险经纪公司的，应当向申请人颁发许可证。

申请人收到许可证后，方可开展保险经纪业务。

第十五条　保险经纪机构有下列情形之一的，应当自事项发生之日起 5 日内，书面报告中国保监会：

（一）变更名称或者分支机构名称；

（二）变更住所或者分支机构营业场所；

（三）发起人、主要股东变更姓名或者名称；

（四）变更主要股东；

（五）变更注册资本；

（六）股权结构重大变更；

（七）变更组织形式；

（八）分立、合并；

（九）修改公司章程；

（十）设立、撤销分支机构。

第十六条　保险经纪公司变更事项涉及许可证记载内容的，应当交回原许可证，领取新许可证，并按照《保险许可证管理办法》有关规定进行公告。

第十七条　保险经纪公司许可证的有效期为 3 年，保险经纪公司应当在有效期届满 30 日前，向中国保监会申请延续。

保险经纪公司申请延续许可证有效期的，中国保监会在许可证有效期届满前对保险经纪公司前 3 年的经营情况进行全面审查和综合评价，并作出是否批准延续许可证有效期的决定。决定不予延续的，应当书面说明理由。

保险经纪公司应当自收到决定之日起 10 日内向中国保监会缴回原证；准予延续有效期的，应当领取新许可证。

第二节　任职资格

第十八条　本规定所称保险经纪机构高级管理人员是指下列人员：

（一）保险经纪公司的总经理、副总经理或者具有相同职权的管理人员；

（二）保险经纪公司分支机构的主要负责人。

第十九条　保险经纪机构拟任董事长、执行董事和高级管理人员应当具备下列条件，并报经中国保监会核准：

（一）大学专科以上学历；

（二）从事经济工作 2 年以上；

（三）具有履行职责所需的经营管理能力，熟悉保险法律、行政法规及中国保监会的相关规定；

（四）诚实守信，品行良好；

（五）中国保监会规定的其他条件。

从事金融工作 10 年以上，可以不受前款第（一）项的限制。

第二十条　有《公司法》第一百四十六条规定的情形或者下列情形之一的人员，不得担任保险经纪机构董事长、执行董事或者高级管理人员：

（一）担任因违法被吊销许可证的保险公司或者保险中介机构的董事、监事或者高级管理人员，并对被吊销许可证负有个人责任或者直接领导责任的，自许可证被吊销之日起未逾 3 年；

（二）因违法行为或者违纪行为被金融监管机构取消任职资格的金融机构的董事、监事或者高级管理人员，自被取消任职资格之日起未逾 5 年；

（三）被金融监管机构决定在一定期限内禁止进入金融行业的，期限未满；

（四）受金融监管机构警告或者罚款未逾 2 年；

（五）正在接受司法机关、纪检监察部门或者金融监管机构调查；

（六）中国保监会规定的其他情形。

第二十一条　非经股东会或者股东大会批准，保险经纪公司的董事和高级管理人员不得在存在利益冲突的机构中兼任职务。

第二十二条　保险经纪机构向中国保监会提出董事长、执行董事和高级管理人员任职资格核准申请的，应当如实填写申请表、提交相关材料。

中国保监会可以对保险经纪机构拟任董事长、执行董事和高级管理人员进行考察或者谈话。

第二十三条　保险经纪机构董事长、执行董事和高级管理人员在保险经纪机构内部调任、兼任同级或者下级职务，无须重新核准任职资格。

保险经纪机构决定免除董事长、执行董事和高级管理人员职务或者同意其辞职的，其任职资格自决定作出之日起自动失效。

保险经纪机构任免董事长、执行董事和高级管理人员，应当自决定作出之日起 5 日内，书面报告中国保监会。

第二十四条　保险经纪机构的董事长、执行董事和高级管理人员因涉嫌经济犯罪被起诉的，保险经纪机构应当自其被起诉之日起 5 日内和结案之日起 5 日内，书面报告中国保监会。

第二十五条　保险经纪机构在特殊情况下任命临时负责人的，应当自任命决定作出之日起 5 日内，书面报告中国保监会。临时负责人任职时间最长不得超过 3 个月。

第三章　经营规则

第一节　一般规定

第二十六条　保险经纪公司应当将许可证置于住所或者营业场所显著位置。

保险经纪公司分支机构应当将公司许可证复印件（加盖所属法人机构公章）及营业执照置于营业场所显著位置。

第二十七条　保险经纪机构可以经营下列保险经纪业务：

（一）为投保人拟订投保方案、选择保险公司以及办理投保手续；

（二）协助被保险人或者受益人进行索赔；

（三）再保险经纪业务；

（四）为委托人提供防灾、防损或者风险评估、风险管理咨询服务；

（五）中国保监会批准的其他业务。

第二十八条　保险经纪机构可以在中华人民共和国境内从事保险经纪活动。

第二十九条　保险经纪机构从业人员应当符合中国保监会规定的条件。

本规定所称保险经纪从业人员是指保险经纪机构中，为投保人或者被保险人拟订投保方案、办理投保手续、协助索赔的人员，或者为委托人提供防灾防损、风险评估、风险管理咨询服务、从事再保险经纪等业务的人员。

第三十条　保险经纪机构应当对本机构的从业人员进行保险法律和业务知识培训及职业道德教育。

保险经纪从业人员上岗前接受培训的时间不得少于80小时，上岗后每人每年接受培训和教育的时间累计不得少于36小时，其中接受法律知识培训及职业道德教育的时间不得少于12小时。

第三十一条　保险经纪机构应当建立专门账簿，记载保险经纪业务收支情况。

保险经纪机构应当开立独立的客户资金专用账户。下列款项只能存放于客户资金专用账户：

（一）投保人、被保险人支付给保险公司的保险费；

（二）为投保人、被保险人和受益人代领的退保金、保险金。

第三十二条　保险经纪机构应当建立完整规范的业务档案，业务档案至少应当包括下列内容：

（一）通过本机构签订保单的主要情况，包括保险人、投保人、被保险人名称或者姓名，产品名称，保险金额，保险费，缴费方式等；

（二）佣金金额和收取情况；

（三）保险费交付保险公司的情况，保险金或者退保金的代领以及交付投保人、被保险人或者受益人的情况；

（四）其他重要业务信息。

保险经纪机构的记录应当真实、完整。

第三十三条　保险经纪机构从事保险经纪业务，应当与委托人签订书面委托合同，依法约定双方的权利义务及其他事项。委托合同不得违反法律、行政法规及中国保监会有关规定。

保险经纪机构应当按照与保险合同当事人的约定收取佣金。

第三十四条　保险经纪机构在开展业务过程中，应当制作规范的客户告知书。客户告知书至少应当包括保险经纪机构的名称、营业场所、业务范围、联系方式等基本事项。

保险经纪机构及其董事、高级管理人员与经纪业务相关的保险公司、保险中介机构存在关联关系的，应当在客户告知书中说明。

保险经纪从业人员开展业务，应当向客户出示客户告知书，并按客户要求说明佣金的收取方式和比例。

保险经纪机构应当向客户说明保险产品的承保公司，应当对推荐的同类产品进行全面、公平的分析。

第三十五条　保险经纪机构应当向投保人明确提示保险合同中责任免除或者除外责任、退保及其他费用扣除、现金价值、犹豫期等条款。

第三十六条　保险经纪公司应当自取得许可证之日起20日内投保职业责任保险或者缴存保证金。

保险经纪公司应当自投保职业责任保险或者缴存保证金之日起10日内，将职业责任保险保单复印件或者保证金存款协议复印件、保证金入账原始凭证复印件报送中国保监会。

第三十七条 保险经纪公司投保职业责任保险的，应当确保该保险持续有效。

保险经纪公司投保的职业责任保险对一次事故的赔偿限额不得低于人民币 500 万元，一年期保单的累积赔偿限额不得低于人民币 1000 万元，同时不得低于保险经纪机构上年营业收入的 2 倍。

职业责任保险累计赔偿限额达到人民币 5000 万元的，可以不再增加职业责任保险的赔偿额度。

第三十八条 保险经纪公司缴存保证金的，应当按注册资本的 5% 缴存，保险经纪公司增加注册资本的，应当相应增加保证金数额；保险经纪公司保证金缴存额达到人民币 100 万元的，可以不再增加保证金。

保险经纪公司的保证金应当以银行存款形式或者中国保监会认可的其他形式缴存。

保证金以银行存款形式缴存的，应当专户存储到商业银行。

第三十九条 保险经纪公司有下列情形之一的，可以动用保证金：

（一）注册资本减少；

（二）许可证被注销；

（三）投保符合条件的职业责任保险；

（四）中国保监会规定的其他情形。

保险经纪公司应当自动用保证金之日起 5 日内书面报告中国保监会。

第二节 禁止行为

第四十条 保险经纪公司不得伪造、变造、出租、出借、转让许可证。

第四十一条 保险经纪机构的经营范围不得超出本规定第二十七条规定的范围。

第四十二条 保险经纪机构从事保险经纪业务不得超出承保公司的业务范围和经营区域；从事保险经纪业务涉及异地共保、异地承保和统括保单，中国保监会另有规定的，从其规定。

第四十三条 保险经纪机构及其从业人员在开展经纪业务过程中，不得有下列欺骗投保人、被保险人、受益人或者保险公司的行为：

（一）隐瞒或者虚构与保险合同有关的重要情况；

（二）误导性销售；

（三）伪造、擅自变更保险合同，销售假保险单证，或者为保险合同当事人提供虚假证明材料；

（四）阻碍投保人履行如实告知义务或者诱导其不履行如实告知义务；

（五）未取得投保人、被保险人的委托或者超出受托范围，擅自订立或者变更保险合同；

（六）虚构保险经纪业务或者编造退保，套取佣金；

（七）串通投保人、被保险人或者受益人骗取保险金；

（八）其他欺骗投保人、被保险人、受益人或者保险公司的行为。

第四十四条 保险经纪机构及其从业人员在开展经纪业务过程中，不得有下列行为：

（一）利用行政权力、股东优势地位或者职业便利以及其他不正当手段强迫、引诱或者限制投保人订立保险合同或者限制其他保险中介机构正当的经营活动；

（二）挪用、截留、侵占保险费、退保金或者保险金；

（三）给予或者承诺给予保险公司及其工作人员、投保人、被保险人或者受益人合同约定以外的利益；

（四）利用业务便利为其他机构或者个人牟取不正当利益；

（五）泄露在经营过程中知悉的投保人、被保险人、受益人或者保险公司的商业秘密和个人隐私。

第四十五条 保险经纪机构不得以捏造、散布虚假事实等方式损害竞争对手的商业信誉，不得以虚假广告、虚假宣传或者其他不正当竞争行为扰乱保险市场秩序。

第四十六条 保险经纪机构不得与非法从事保险业务或者保险中介业务的机构或者个人发生保险经纪业务往来。

第四十七条 保险经纪机构不得以缴纳费用或者购买保险产品作为招聘业务人员的条件，不得承诺不合理的高额回报，不得以直接或者间接发展人员的数量或者销售业绩作为从业人员计酬的主要依据。

第四章 市场退出

第四十八条 保险经纪公司有下列情形之一的，中国保监会不予延续许可证有效期：

（一）许可证有效期届满，没有申请延续；

（二）不再符合本规定除第七条第一项以外关于公司设立的条件；

（三）内部管理混乱，无法正常经营；

（四）存在重大违法行为，未得到有效整改；

（五）未按规定缴纳监管费。

第四十九条 保险经纪公司因许可证有效期届满，中国保监会依法不予延续有效期，或者许可证依法被撤回、撤销、吊销的，应当依法组织清算或者对保险经纪业务进行结算，向中国保监会提交清算报告或者结算报告。

第五十条 保险经纪公司解散的，应当依法成立清算组进行清算，并自解散事由出现之日起 10 日内书面报告中国保监会。

清算结束后，保险经纪公司应当向中国保监会提交清算报告。

第五十一条 保险经纪公司解散，在清算中发现已不能清偿到期债务，并且资产不足以清偿全部债务或者明显缺乏清偿能力的，应当依法提出破产申请，其财产清算与债权债务处理，按照法定破产程序进行。

第五十二条 保险经纪公司被依法吊销营业执照、被撤销、责令关闭或者被人民法院依法宣告破产的，应当依法成立清算组，依照法定程序组织清算，并向中国保监会提交清算报告。

第五十三条 保险经纪公司因下列情形之一退出市场的，中国保监会依法注销许可证，并予以公告：

（一）许可证有效期届满，中国保监会依法不予延续；

（二）许可证依法被撤回、撤销或者吊销；

（三）保险经纪公司解散、被依法吊销营业执照、被撤销、责令关闭或者被依法宣告破产；

（四）法律、行政法规规定的其他情形。

被注销许可证的保险经纪公司应当及时交回许可证原件。

第五章 监督检查

第五十四条 保险经纪机构应当依照中国保监会有关规定及时、准确、完整地报送报表、报告、文件和资料，并根据中国保监会要求提交相关的电子文本。

保险经纪机构报送的报表、报告和资料应当由法定代表人、主要负责人或者其授权人签字，并加盖机构印章。

第五十五条 保险经纪机构应当妥善保管业务档案、会计账簿、业务台账以及佣金收入的原始凭证等有关资料，保管期限自保险合同终止之日起计算，保险期间在 1 年以下的不得少于 5 年，保险期间超过 1 年的不得少于 10 年。

第五十六条 保险经纪公司应当按规定将监管费交付到中国保监会指定账户。

第五十七条 保险经纪公司应当在每一会计年度结束后 3 个月内聘请会计师事务所对本公司的资产、负债、利润等财务状况进行审计，并向中国保监会报送相关审计报告。

中国保监会根据需要，可以要求保险经纪公司提交专项外部审计报告。

第五十八条 中国保监会根据监管需要，可以对保险经纪机构董事长、执行董事或者高级管理人员进行监管谈话，要求其就经营活动中的重大事项作出说明。

第五十九条 中国保监会依法对保险经纪机构进行现场检查，包括但不限于下列内容：

（一）机构设立、变更是否依法获得批准或者履行报告义务；

（二）资本金是否真实、足额；

（三）保证金提取和动用是否符合规定；

（四）职业责任保险是否符合规定；

（五）业务经营是否合法；

（六）财务状况是否良好；

（七）向中国保监会提交的报告、报表及资料是否及时、完整和真实；

（八）内控制度是否完善，执行是否有效；

（九）任用董事长、执行董事和高级管理人员是否符合规定；

（十）是否有效履行从业人员管理职责；

（十一）对外公告是否及时、真实；

（十二）计算机配置状况和信息系统运行状况是否良好。

第六十条 保险经纪机构因下列原因接受中国保监会调查的，在被调查期间中国保监会有权责令其停止部分或者全部业务：

（一）涉嫌严重违反保险法律、行政法规及本规定；

（二）经营活动存在重大风险；

（三）不能正常开展业务活动。

第六十一条 保险经纪机构应当按照下列要求配合中国保监会的现场检查工作，不得拒绝、妨碍中国保监会依法进行监督检查：

（一）按要求提供有关文件、资料，不得拖延、转移或者藏匿；

（二）相关管理人员、财务人员及从业人员应当按要求到场说明情况、回答问题。

第六十二条 保险经纪机构有下列情形之一的，中国保监会可以将其列为重点检查对象：

（一）业务或者财务出现异动；

（二）不按时提交报告、报表或者提供虚假的报告、报表、文件和资料；

（三）涉嫌重大违法行为或者受到中国保监会行政处罚；

（四）中国保监会认为需要重点检查的其他情形。

第六十三条 中国保监会可以在现场检查中，委托会计师事务所等社会中介机构提供相关服务；委托上述中介机构提供服务的，应当签订书面委托协议。

中国保监会应当将委托事项告知被检查的保险经纪机构。

第六十四条 保险经纪机构认为检查人员违反法律、行政法规及中国保监会有关规定的，可以向中国保监会举报或者投诉。

保险经纪机构有权对中国保监会的行政处理措施提起行政复议或者行政诉讼。

第六章 法律责任

第六十五条 未取得许可证，非法从事保险经纪业务的，由中国保监会予以取缔，没收违法所得，并处违法所得1倍以上5倍以下罚款；没有违法所得或者违法所得不足5万元的，处5万元以上30万元以下罚款。

第六十六条 行政许可申请人隐瞒有关情况或者提供虚假材料申请设立保险经纪公司或者申请其他行政

许可的，中国保监会不予受理或者不予批准，并给予警告，申请人在 1 年内不得再次申请该行政许可。

第六十七条 被许可人通过欺骗、贿赂等不正当手段设立保险经纪公司或者取得中国保监会行政许可的，由中国保监会依法予以撤销，对被许可人给予警告，并处 1 万元罚款；申请人在 3 年内不得再次申请该行政许可。

第六十八条 保险经纪机构发生第十五条、第三十九条、第五十条所列事项未按规定报告的，由中国保监会责令改正，给予警告，没有违法所得的，处 1 万元以下罚款，有违法所得的，处违法所得 3 倍以下罚款，但最高不得超过 3 万元；对该机构直接负责的主管人员和其他责任人员，给予警告，并处 1 万元以下罚款。

第六十九条 保险经纪机构聘任不具有任职资格的人员的，由中国保监会责令改正，处 2 万元以上 10 万元以下罚款；对该机构直接负责的主管人员和其他责任人员，给予警告，并处 1 万元以上 5 万元以下罚款。

保险经纪机构任用不符合规定条件的人员的，由中国保监会责令改正，给予警告，处 1 万元以下罚款；对该机构直接负责的主管人员和其他责任人员，给予警告，并处 1 万元以下罚款。

第七十条 保险经纪公司出租、出借或者转让许可证的，由中国保监会责令改正，处 1 万元以上 10 万元以下罚款；情节严重的，责令停业整顿或者吊销许可证；对该公司直接负责的主管人员和其他责任人员，给予警告，并处 1 万元以上 5 万元以下罚款。

第七十一条 保险经纪机构有下列情形之一的，由中国保监会责令改正，处 2 万元以上 10 万元以下罚款；情节严重的，责令停业整顿或者吊销许可证；对该机构直接负责的主管人员和其他责任人员，给予警告，并处 1 万元以上 10 万元以下罚款：

（一）未按规定缴存保证金或者违反规定动用保证金；

（二）未按规定投保职业责任保险或者未保持职业责任保险的有效性和连续性；

（三）未按规定设立专门账簿记载业务收支情况。

第七十二条 保险经纪机构超出核准的业务范围从事业务活动的，或者与非法从事保险业务或者保险中介业务的单位或者个人发生保险经纪业务往来的，由中国保监会责令改正，给予警告，没有违法所得的，处 1 万元以下罚款，有违法所得的，处违法所得 3 倍以下罚款，但最高不得超过 3 万元。

第七十三条 保险经纪机构违反本规定第三十四条，未按规定制作、出示客户告知书的，由中国保监会责令改正，给予警告，处 1 万元以下罚款；对该机构直接负责的主管人员和其他责任人员，给予警告，处 1 万元以下罚款。

第七十四条 保险经纪机构及其从业人员有本规定第四十三条、第四十四条所列情形之一的，由中国保监会责令改正，处 5 万元以上 30 万元以下罚款；情节严重的，吊销许可证；对该机构直接负责的主管人员和其他责任人员，给予警告，并处 3 万元以上 10 万元以下罚款。

第七十五条 保险经纪机构及其从业人员在开展保险经纪业务过程中，索取、收受保险公司及其工作人员给予的合同约定之外的酬金、其他财物的，或者利用执行保险经纪业务之便牟取其他非法利益的，由中国保监会给予警告，处 1 万元以下罚款。

第七十六条 保险经纪机构违反本规定第四十五条的，由中国保监会给予警告，没有违法所得的，处 1 万元以下罚款，有违法所得的，处违法所得 3 倍以下罚款，但最高不得超过 3 万元；对该机构直接负责的主管人员和其他责任人员，给予警告，处 1 万元以下罚款。

第七十七条 保险经纪机构有违反本规定第四十七条的，由中国保监会给予警告，并处 1 万元罚款；对该机构直接负责的主管人员和其他责任人员，给予警告，处 1 万元以下罚款。

第七十八条 保险经纪机构未按本规定报送或者保管有关报告、报表、文件或者资料的，或者未按照规定提供有关信息、资料的，由中国保监会责令限期改正；逾期不改正的，处 1 万元以上 10 万元以下罚款；对该机构直接负责的主管人员和其他责任人员，给予警告，并处 1 万元以上 5 万元以下罚款。

第七十九条 保险经纪机构有下列情形之一的，由中国保监会责令改正，处10万元以上50万元以下罚款；情节严重的，可以限制其业务范围、责令停止接受新业务或者吊销许可证；对该机构直接负责的主管人员和其他责任人员，给予警告，并处5万元以上10万元以下罚款：

（一）编制或者提供虚假的报告、报表、文件或者资料；

（二）拒绝、妨碍依法监督检查。

第八十条 保险经纪机构有下列情形之一的，由中国保监会责令改正，给予警告，没有违法所得的，处1万元以下罚款，有违法所得的，处违法所得3倍以下罚款，但最高不得超过3万元；对该机构直接负责的主管人员和其他责任人员，给予警告，处1万元以下罚款：

（一）未按规定缴纳监管费；

（二）未按规定在住所或者营业场所放置许可证或者许可证复印件（加盖所属法人机构公章）、营业执照；

（三）未按规定办理许可证变更登记或者未按期申请延续许可证有效期；

（四）未按规定交回许可证；

（五）未按规定进行公告；

（六）未按规定管理业务档案；

（七）未按规定使用独立的客户资金专用账户；

（八）临时负责人实际任期超过规定期限。

第八十一条 违反保险法第一百六十五条至一百七十条规定，情节严重的，中国保监会可以对其直接负责的主管人员和其他直接责任人员撤销任职资格。

第八十二条 违反法律和行政法规的规定，情节严重的，中国保监会可以禁止有关责任人员一定期限直至终身进入保险业。

第八十三条 保险经纪机构的董事、高级管理人员或者从业人员，离职后被发现在原工作期间违反保险监督管理规定的，应当依法追究其责任。

第八十四条 中国保监会发现保险经纪机构涉嫌逃避缴纳税款、非法集资、传销、洗钱等，需要由其他机关管辖的，应当向其他机关举报或者移送。

违反本规定，涉嫌构成犯罪的，中国保监会应当向司法机关举报或者移送。

第七章 附 则

第八十五条 本规定所称保险中介机构是指保险代理机构、保险经纪机构和保险公估机构及其分支机构。

第八十六条 经中国保监会批准设立的外资保险经纪机构适用本规定，我国参加的有关国际条约和中国保监会另有规定的，适用其规定。

合伙制保险经纪机构的设立和管理参照本规定，中国保监会另有规定的，适用其规定。

第八十七条 本规定要求提交的各种表格格式由中国保监会制定。

第八十八条 本规定中有关期限，除以年、月表示的以外，均以工作日计算，不含法定节假日。

本规定所称“以上”、“以下”均含本数。

第八十九条 本规定自2009年10月1日起施行，中国保监会2004年12月15日颁布的《保险经纪机构管理规定》（保监会令2004年第15号）同时废止。

第九十条 本规定施行前依法设立的保险经纪公司继续保留，不完全具备本规定条件的，具体适用办法由中国保监会另行规定。

保险专业代理机构监管规定（2015年修订）

（2009年9月25日中国保险监督管理委员会令2009年第5号发布 根据2013年4月27日中国保险监督管理委员会令2013年第7号《关于修改〈保险专业代理机构监管规定〉的决定》第一次修订 根据2015年10月19日中国保险监督管理委员会令2015年第3号《关于修改〈保险公司设立境外保险类机构管理办法〉等八部规章的决定》第二次修订）

第一章 总 则

第一条 为了规范保险专业代理机构的经营行为，保护被保险人的合法权益，维护市场秩序，促进保险业健康发展，根据《中华人民共和国保险法》（以下简称《保险法》）等法律、行政法规，制定本规定。

第二条 本规定所称保险专业代理机构是指根据保险公司的委托，向保险公司收取佣金，在保险公司授权的范围内专门代为办理保险业务的机构，包括保险专业代理公司及其分支机构。

在中华人民共和国境内设立保险专业代理公司，应当符合中国保险监督管理委员会（以下简称中国保监会）规定的资格条件，取得经营保险代理业务许可证（以下简称许可证）。

第三条 保险专业代理机构应当遵守法律、行政法规和中国保监会有关规定，遵循自愿、诚实信用和公平竞争的原则。

第四条 中国保监会根据《保险法》和国务院授权，对保险专业代理机构履行监管职责。

中国保监会派出机构，在中国保监会授权范围内履行监管职责。

第二章 市场准入

第一节 机构设立

第五条 除中国保监会另有规定外，保险专业代理机构应当采取下列组织形式：

（一）有限责任公司；

（二）股份有限公司。

第六条 设立保险专业代理公司，应当具备下列条件：

（一）股东、发起人信誉良好，最近3年无重大违法记录；

（二）注册资本达到《中华人民共和国公司法》（以下简称《公司法》）和本规定的最低限额；

（三）公司章程符合有关规定；

（四）董事长、执行董事、高级管理人员符合本规定的任职资格条件；

（五）具备健全的组织机构和管理制度；

（六）有与业务规模相适应的固定住所；

（七）有与开展业务相适应的业务、财务等计算机软硬件设施；

（八）法律、行政法规和中国保监会规定的其他条件。

第七条 设立保险专业代理公司，其注册资本的最低限额为人民币5000万元，中国保监会另有规定的除外。

保险专业代理公司的注册资本必须为实缴货币资本。

第八条 依据法律、行政法规规定不能投资企业的单位或者个人，不得成为保险专业代理公司的发起人或者股东。

保险公司员工投资保险专业代理公司的，应当书面告知所在保险公司；保险公司、保险中介机构的董事或者高级管理人员投资保险专业代理公司的，应当根据《公司法》有关规定取得股东会或者股东大会的同意。

第九条 保险专业代理机构的名称中应当包含“保险代理”或者“保险销售”字样，且字号不得与现有的保险中介机构相同，中国保监会另有规定除外。

第十条 申请设立保险专业代理公司，全体股东或者全体发起人应当指定代表或者共同委托代理人，向中国保监会办理申请事宜。

第十一条 保险专业代理公司分支机构包括分公司、营业部。保险专业代理公司设立分支机构应当具备下列条件：

（一）内控制度健全；

（二）注册资本达到本规定的要求；

（三）现有机构运转正常，且最近1年内无重大违法行为；

（四）拟任主要负责人符合本规定的任职资格条件；

（五）拟设分支机构具备符合要求的营业场所和与经营业务有关的其他设施。

第十二条 中国保监会收到保险专业代理公司设立申请后，可以对申请人进行风险提示，就申请设立事宜进行谈话，询问、了解拟设公司的市场发展战略、业务发展计划、内控制度建设、人员结构等有关事项。

中国保监会可以根据实际需要组织现场验收。

第十三条 中国保监会依法批准设立保险专业代理公司的，应当向申请人颁发许可证。

申请人收到许可证后，方可开展保险代理业务。

第十四条 保险专业代理机构有下列情形之一的，应当自事项发生之日起5日内，书面报告中国保监会：

（一）变更名称或者分支机构名称；

（二）变更住所或者分支机构营业场所；

（三）发起人、主要股东变更姓名或者名称；

（四）变更主要股东；

（五）变更注册资本；

（六）股权结构重大变更；

（七）变更组织形式；

（八）分立、合并；

（九）修改公司章程；

（十）设立、撤销分支机构。

第十五条 保险专业代理公司变更事项涉及许可证记载内容的，应当交回原许可证，领取新许可证，并按照《保险许可证管理办法》有关规定进行公告。

第十六条 保险专业代理公司许可证的有效期为3年，保险专业代理公司应当在有效期届满30日前，向中国保监会申请延续。

保险专业代理公司申请延续许可证有效期的，中国保监会在许可证有效期届满前对保险专业代理公司前3年的经营情况进行全面审查和综合评价，并作出是否批准延续许可证有效期的决定。决定不予延续的，应当书面说明理由。

保险专业代理公司应当自收到决定之日起 10 日内向中国保监会缴回原证；准予延续有效期的，应当领取新许可证。

第二节　任职资格

第十七条　本规定所称保险专业代理机构高级管理人员是指下列人员：

（一）保险专业代理公司的总经理、副总经理或者具有相同职权的管理人员；

（二）保险专业代理公司分支机构的主要负责人。

第十八条　保险专业代理机构拟任董事长、执行董事和高级管理人员应当具备下列条件，并报经中国保监会核准：

（一）大学专科以上学历；

（二）从事经济工作 2 年以上；

（三）具有履行职责所需的经营管理能力，熟悉保险法律、行政法规及中国保监会的相关规定；

（四）诚实守信，品行良好；

（五）中国保监会规定的其他条件。

从事金融工作 10 年以上，可以不受前款第（一）项的限制。

第十九条　有《公司法》第一百四十六条规定的情形或者下列情形之一的，不得担任保险专业代理机构董事长、执行董事或者高级管理人员：

（一）担任因违法被吊销许可证的保险公司或者保险中介机构的董事、监事或者高级管理人员，并对被吊销许可证负有个人责任或者直接领导责任的，自许可证被吊销之日起未逾 3 年；

（二）因违法行为或者违纪行为被金融监管机构取消任职资格的金融机构的董事、监事或者高级管理人员，自被取消任职资格之日起未逾 5 年；

（三）被金融监管机构决定在一定期限内禁止进入金融行业的，期限未满；

（四）受金融监管机构警告或者罚款未逾 2 年；

（五）正在接受司法机关、纪检监察部门或者金融监管机构调查；

（六）中国保监会规定的其他情形。

第二十条　未经股东会或者股东大会同意，保险专业代理机构的董事和高级管理人员不得在存在利益冲突的机构中兼任职务。

第二十一条　保险专业代理机构向中国保监会提出董事长、执行董事和高级管理人员任职资格核准申请的，应当如实填写申请表、提交相关材料。

中国保监会可以对保险专业代理机构拟任董事长、执行董事和高级管理人员进行考察或者谈话。

第二十二条　保险专业代理机构董事长、执行董事和高级管理人员在保险专业代理机构内部调任、兼任同级或者下级职务，无须重新核准任职资格。

保险专业代理机构免除董事长、执行董事、高级管理人员职务或者同意其辞职的，其任职资格自动失效。

保险专业代理机构任免董事长、执行董事和高级管理人员，应当自决定作出之日起 5 日内，书面报告中国保监会。

第二十三条　保险专业代理机构的董事长、执行董事和高级管理人员因涉嫌经济犯罪被起诉的，保险专业代理机构应当自其被起诉之日起 5 日内和结案之日起 5 日内，书面报告中国保监会。

第二十四条　保险专业代理机构在特殊情况下任命临时负责人的，应当自任命决定作出之日起 5 日内，书面报告中国保监会。临时负责人任职时间最长不得超过 3 个月。

第三章　经营规则

第一节　一般规定

第二十五条　保险专业代理公司应当将许可证置于住所或者营业场所显著位置。

保险专业代理公司分支机构应当将公司许可证复印件（加盖所属法人机构公章）及营业执照置于营业场所显著位置。

第二十六条　保险专业代理机构可以经营下列保险代理业务：

（一）代理销售保险产品；

（二）代理收取保险费；

（三）代理相关保险业务的损失勘查和理赔；

（四）中国保监会批准的其他业务。

第二十七条　保险专业代理公司在注册地以外的省、自治区或者直辖市开展保险代理活动，应当设立分支机构。

保险专业代理公司分支机构的经营区域不得超出其所在地的省、自治区或者直辖市。

第二十八条　保险专业代理机构从业人员应当符合中国保监会规定的条件。

本规定所称保险代理从业人员是指在保险代理机构中，从事销售保险产品或者进行相关损失查勘、理赔等业务的人员。

第二十九条　保险专业代理机构应当对本机构的从业人员进行保险法律和业务知识培训及职业道德教育。

保险代理从业人员上岗前接受培训的时间不得少于80小时，上岗后每人每年接受培训和教育的时间累计不得少于36小时，其中接受法律知识培训及职业道德教育的时间不得少于12小时。

第三十条　保险专业代理机构应当建立专门账簿，记载保险代理业务收支情况。

保险专业代理机构代收保险费的，应当开立独立的代收保险费账户进行结算。

第三十一条　保险专业代理机构应当建立完整规范的业务档案，业务档案应当至少包括下列内容：

（一）代理销售保单的基本情况，包括保险人、投保人、被保险人名称或者姓名，代理保险产品名称，保险金额，保险费，缴费方式等；

（二）保险费代收和交付被代理保险公司的情况；

（三）保险代理佣金金额和收取情况；

（四）其他重要业务信息。

保险专业代理机构的记录应当真实、完整。

第三十二条　保险专业代理机构应当妥善管理和使用被代理保险公司提供的各种单证、材料；代理关系终止后，应当在30日内将剩余的单证及材料交付被代理保险公司。

第三十三条　保险专业代理机构从事保险代理业务，应当与被代理保险公司签订书面委托代理合同，依法约定双方的权利义务及其他事项。委托代理合同不得违反法律、行政法规及中国保监会有关规定。

第三十四条　保险专业代理机构应当制作规范的客户告知书，并在开展业务时向客户出示。

客户告知书至少应当包括保险专业代理机构以及被代理保险公司的名称、营业场所、业务范围、联系方式等基本事项。

保险专业代理机构及其董事、高级管理人员与被代理保险公司或者相关中介机构存在关联关系的，应当在客户告知书中说明。

第三十五条　保险专业代理机构应当向投保人明确提示保险合同中免除责任或者除外责任、退保及其他费用扣除、现金价值、犹豫期等条款。

第三十六条　保险专业代理公司应当自取得许可证之日起 20 日内投保职业责任保险或者缴存保证金。

保险专业代理公司应当自投保职业责任保险或者缴存保证金之日起 10 日内，将职业责任保险保单复印件或者保证金存款协议复印件、保证金入账原始凭证复印件报送中国保监会。

第三十七条　保险专业代理公司投保职业责任保险的，应当确保该保险持续有效。

保险专业代理公司投保的职业责任保险保单对一次事故的赔偿限额不得低于人民币 100 万元，一年期保单的累计赔偿限额不得低于人民币 500 万元，同时不得低于保险专业代理机构上年营业收入的 2 倍。

职业责任保险累计赔偿限额达到人民币 5000 万元的，可以不再增加职业责任保险的赔偿额度。

第三十八条　保险专业代理公司缴存保证金的，应当按注册资本的 5% 缴存；保险专业代理公司增加注册资本的，应当相应增加保证金数额；保险专业代理公司保证金缴存额达到人民币 100 万元的，可以不再增加保证金。

保险专业代理公司的保证金应当以银行存款形式或者中国保监会认可的其他形式缴存。

保证金以银行存款形式缴存的，应当专户存储到商业银行。

第三十九条　保险专业代理公司有下列情形之一的，可以动用保证金：

（一）注册资本减少；

（二）许可证被注销；

（三）投保符合条件的职业责任保险；

（四）中国保监会规定的其他情形。

保险专业代理公司应当自动用保证金之日起 5 日内书面报告中国保监会。

第二节　禁止行为

第四十条　保险专业代理公司不得伪造、变造、出租、出借、转让许可证。

第四十一条　保险专业代理机构的经营范围不得超出本规定第二十六条规定的范围。

第四十二条　保险专业代理机构从事保险代理业务不得超出被代理保险公司的业务范围和经营区域；从事保险代理业务涉及异地共保、异地承保和统括保单，中国保监会另有规定的，从其规定。

第四十三条　保险专业代理机构及其从业人员在开展保险代理业务过程中，不得有下列欺骗投保人、被保险人、受益人或者保险公司的行为：

（一）隐瞒或者虚构与保险合同有关的重要情况；

（二）误导性销售；

（三）伪造、擅自变更保险合同，销售假保险单证，或者为保险合同当事人提供虚假证明材料；

（四）阻碍投保人履行如实告知义务或者诱导其不履行如实告知义务；

（五）虚构保险代理业务或者编造退保，套取保险佣金；

（六）虚假理赔；

（七）串通投保人、被保险人或者受益人骗取保险金；

（八）其他欺骗投保人、被保险人、受益人或者保险公司的行为。

第四十四条　保险专业代理机构及其从业人员在开展保险代理业务过程中，不得有下列行为：

（一）利用行政权力、股东优势地位或者职业便利以及其他不正当手段，强迫、引诱或者限制投保人订立保险合同或者限制其他保险中介机构正当的经营活动；

（二）挪用、截留、侵占保险费、退保金或者保险金；

（三）给予或者承诺给予保险公司及其工作人员、投保人、被保险人或者受益人合同约定以外的利益；

（四）利用业务便利为其他机构或者个人牟取不正当利益；

（五）泄露在经营过程中知悉的投保人、被保险人、受益人或者保险公司的商业秘密和个人隐私。

第四十五条 保险专业代理机构不得以捏造、散布虚假事实等方式损害竞争对手的商业信誉，不得以虚假广告、虚假宣传或者其他不正当竞争行为扰乱保险市场秩序。

第四十六条 保险专业代理机构不得与非法从事保险业务或者保险中介业务的机构或者个人发生保险代理业务往来。

第四十七条 保险专业代理机构不得坐扣保险佣金。

第四十八条 保险专业代理机构不得代替投保人签订保险合同。

第四十九条 保险专业代理机构不得以缴纳费用或者购买保险产品作为招聘业务人员的条件，不得承诺不合理的高额回报，不得以直接或者间接发展人员的数量或者销售业绩作为从业人员计酬的主要依据。

第四章 市场退出

第五十条 保险专业代理公司有下列情形之一的，中国保监会不予延续许可证有效期：

（一）许可证有效期届满，没有申请延续；

（二）不再符合本规定除第六条第一项以外关于公司设立的条件；

（三）内部管理混乱，无法正常经营；

（四）存在重大违法行为，未得到有效整改；

（五）未按规定缴纳监管费。

第五十一条 保险专业代理公司因许可证有效期届满，中国保监会依法不予延续有效期，或者许可证依法被撤回、撤销、吊销的，应当依法组织清算或者对保险代理业务进行结算，向中国保监会提交清算报告或者结算报告。

第五十二条 保险专业代理公司解散的，应当依法成立清算组进行清算，并自解散事由出现之日起10日内书面报告中国保监会。

清算结束后，保险专业代理公司应当向中国保监会提交清算报告。

第五十三条 保险专业代理公司解散，在清算中发现已不能清偿到期债务，并且资产不足以清偿全部债务或者明显缺乏清偿能力的，应当依法提出破产申请，其财产清算与债权债务处理，按照法定破产程序进行。

第五十四条 保险专业代理公司被依法吊销营业执照、被撤销、责令关闭或者被人民法院依法宣告破产的，应当依法成立清算组，依照法定程序组织清算，并向中国保监会提交清算报告。

第五十五条 保险专业代理公司因下列情形之一退出市场的，中国保监会依法注销许可证，并予以公告：

（一）许可证有效期届满，中国保监会依法不予延续；

（二）许可证依法被撤回、撤销或者吊销；

（三）保险专业代理公司解散、被依法吊销营业执照、被撤销、责令关闭或者被依法宣告破产；

（四）法律、行政法规规定的其他情形。

被注销许可证的保险专业代理公司应当及时交回许可证原件。

第五章 监督检查

第五十六条 保险专业代理机构应当依照中国保监会有关规定及时、准确、完整地报送有关报告、报表、文件和资料，并根据中国保监会要求提交相关的电子文本。

保险专业代理机构报送的报表、报告和资料应当由法定代表人、主要负责人或者其授权人签字，并加盖机构印章。

第五十七条　保险专业代理机构应当妥善保管业务档案、会计账簿、业务台账以及佣金收入的原始凭证等有关资料，保管期限自保险合同终止之日起计算，保险期间在 1 年以下的不得少于 5 年，保险期间超过 1 年的不得少于 10 年。

第五十八条　保险专业代理机构应当按规定将监管费交付到中国保监会指定账户。

第五十九条　保险专业代理公司应当在每一会计年度结束后 3 个月内聘请会计师事务所对本公司的资产、负债、利润等财务状况进行审计，并向中国保监会报送相关审计报告。

中国保监会根据需要，可以要求保险专业代理公司提交专项外部审计报告。

第六十条　中国保监会根据监管需要，可以对保险专业代理机构的董事长、执行董事或者高级管理人员进行监管谈话，要求其就经营活动中的重大事项作出说明。

第六十一条　中国保监会依法对保险专业代理机构进行现场检查，包括但不限于下列内容：

（一）机构设立、变更是否依法获得批准或者履行报告义务；

（二）资本金是否真实、足额；

（三）保证金提取和动用是否符合规定；

（四）职业责任保险是否符合规定；

（五）业务经营是否合法；

（六）财务状况是否良好；

（七）向中国保监会提交的报告、报表及资料是否及时、完整和真实；

（八）内控制度是否完善，执行是否有效；

（九）任用董事长、执行董事和高级管理人员是否符合规定；

（十）是否有效履行从业人员管理职责；

（十一）对外公告是否及时、真实；

（十二）计算机配置状况和信息系统运行状况是否良好。

第六十二条　保险专业代理机构因下列原因接受中国保监会调查的，在被调查期间中国保监会有权责令其停止部分或者全部业务：

（一）涉嫌严重违反保险法律、行政法规；

（二）经营活动存在重大风险；

（三）不能正常开展业务活动。

第六十三条　保险专业代理机构应当按照下列要求配合中国保监会的现场检查工作，不得拒绝、妨碍中国保监会依法进行监督检查：

（一）按要求提供有关文件、资料，不得拖延、转移或者藏匿；

（二）相关管理人员、财务人员及从业人员应当按要求到场说明情况，回答问题。

第六十四条　保险专业代理机构有下列情形之一的，中国保监会可以将其列为重点检查对象：

（一）业务或者财务出现异动；

（二）不按时提交报告、报表或者提供虚假的报告、报表、文件和资料；

（三）涉嫌重大违法行为或者受到中国保监会行政处罚；

（四）中国保监会认为需要重点检查的其他情形。

第六十五条　中国保监会可以在现场检查中，委托会计师事务所等社会中介机构提供相关服务；委托上述中介机构提供服务的，应当签订书面委托协议。

中国保监会应当将委托事项告知被检查的保险专业代理机构。

第六十六条　保险专业代理机构认为检查人员违反法律、行政法规及中国保监会有关规定的，可以向中国保监会举报或者投诉。

保险专业代理机构有权对中国保监会的行政处理措施提起行政复议或者行政诉讼。

第六章　法律责任

第六十七条　未取得许可证，非法从事保险代理业务的，由中国保监会予以取缔，没收违法所得，并处违法所得一倍以上五倍以下罚款，没有违法所得或者违法所得不足5万元的，处5万元以上30万元以下罚款。

第六十八条　行政许可申请人隐瞒有关情况或者提供虚假材料申请设立保险专业代理公司或者申请其他行政许可的，中国保监会不予受理或者不予批准，并给予警告，申请人在1年内不得再次申请该行政许可。

第六十九条　被许可人通过欺骗、贿赂等不正当手段设立保险专业代理公司或者取得中国保监会行政许可的，由中国保监会依法予以撤销，对被许可人给予警告，并处1万元罚款；申请人在3年内不得再次申请该行政许可。

第七十条　保险专业代理机构发生第十四条、第三十九条、第五十二条所列事项未按规定报告的，由中国保监会责令改正，给予警告，没有违法所得的，处1万元以下罚款，有违法所得的，处违法所得三倍以下的罚款，但最高不得超过3万元；对该机构直接负责的主管人员和其他责任人员，给予警告，并处1万元以下罚款。

第七十一条　保险专业代理机构聘任不具有任职资格的人员的，由中国保监会责令改正，处2万元以上10万元以下罚款；对该机构直接负责的主管人员和其他责任人员，给予警告，并处1万元以上5万元以下罚款。

保险专业代理机构任用不符合规定条件的人员的，由中国保监会责令改正，给予警告，处1万元以下罚款；对该机构直接负责的主管人员和其他责任人员，给予警告，并处1万元以下罚款。

第七十二条　保险专业代理公司出租、出借或者转让许可证的，由中国保监会责令改正，处1万元以上10万元以下罚款；情节严重的，责令停业整顿或者吊销许可证；对该公司直接负责的主管人员和其他责任人员，给予警告，并处1万元以上5万元以下罚款。

第七十三条　保险专业代理机构有下列情形之一的，由中国保监会责令改正，给予警告，没有违法所得的，处1万元以下罚款，有违法所得的，处违法所得三倍以下的罚款，但最高不得超过3万元：

（一）超出核准的业务范围、经营区域从事业务活动；

（二）超出被代理保险公司的业务范围、经营区域从事业务活动；

（三）与非法从事保险业务或者保险中介业务的单位或者个人发生保险代理业务；

（四）未按规定管理、使用保险公司交付的各种单证、材料。

第七十四条　保险专业代理机构有下列情形之一的，由中国保监会责令改正，处2万元以上10万元以下罚款；情节严重的，责令停业整顿或者吊销许可证；对该机构直接负责的主管人员和其他责任人员，给予警告，并处1万元以上10万元以下罚款：

（一）未按规定缴存保证金或者违反规定动用保证金；

（二）未按规定投保职业责任保险或者未保持职业责任保险的有效性和连续性；

（三）未按规定设立专门账簿记载业务收支情况。

第七十五条　保险专业代理机构违反本规定第三十四条，未按规定制作、出示客户告知书的，由中国保监会责令改正，给予警告，处1万元以下罚款；对该机构直接负责的主管人员和其他责任人员，给予警告，处1万元以下罚款。

第七十六条　保险专业代理机构及其从业人员有本规定第四十三条、第四十四条所列情形之一的，由中国保监会责令改正，处5万元以上30万元以下罚款；情节严重的，吊销许可证；对该机构直接负责的主管人员和其他责任人员，给予警告，并处3万元以上10万元以下罚款。

第七十七条　保险专业代理机构及其从业人员在开展保险代理业务过程中利用执行保险代理业务之便牟取非法利益的，由中国保监会给予警告，处 1 万元以下罚款。

第七十八条　保险专业代理机构违反本规定第四十五条的，由中国保监会给予警告，没有违法所得的，处 1 万元以下罚款，有违法所得的，处违法所得三倍以下的罚款，但最高不得超过 3 万元；对该机构直接负责的主管人员和其他责任人员，给予警告，处 1 万元以下罚款。

第七十九条　保险专业代理机构有违反本规定第四十九条的，由中国保监会给予警告，并处 1 万元罚款；对该机构直接负责的主管人员和其他责任人员，给予警告，处 1 万元以下罚款。

第八十条　保险专业代理机构未按本规定报送或者保管有关报告、报表、文件或者资料的，或者未按规定提供有关信息、资料的，由中国保监会责令限期改正；逾期不改正的，处 1 万元以上 10 万元以下罚款；对该机构直接负责的主管人员和其他责任人员，给予警告，并处 1 万元以上 5 万元以下罚款。

第八十一条　保险专业代理机构有下列情形之一的，由中国保监会责令改正，处 10 万元以上 50 万元以下罚款；情节严重的，可以限制其业务范围、责令停止接受新业务或者吊销许可证；对该机构直接负责的主管人员和其他责任人员，给予警告，并处 5 万元以上 10 万元以下罚款：

（一）编制或者提供虚假的报告、报表、文件或者资料；

（二）拒绝、妨碍依法监督检查。

第八十二条　保险专业代理机构有下列情形之一的，由中国保监会责令改正，给予警告，没有违法所得的，处 1 万元以下罚款，有违法所得的，处违法所得三倍以下的罚款，但最高不得超过 3 万元；对该机构直接负责的主管人员和其他责任人员，给予警告，处 1 万元以下罚款：

（一）未按规定缴纳监管费；

（二）未按规定在住所或者营业场所放置许可证或者许可证复印件（加盖所属法人机构公章）、营业执照；

（三）未按规定交回许可证；

（四）未按规定办理许可证变更登记或者未按期申请延续许可证；

（五）未按规定管理业务档案；

（六）未按规定使用独立账户代收保险费；

（七）临时负责人实际任期超过规定期限；

（八）未按规定进行公告；

（九）从代收保险费中坐扣代理佣金；

（十）代投保人签订保险合同。

第八十三条　违反《保险法》第一百六十五条至一百七十条规定，情节严重的，中国保监会可以对其直接负责的主管人员和其他直接责任人员撤销任职资格。

第八十四条　违反法律和行政法规的规定，情节严重的，中国保监会可以禁止有关责任人员一定期限直至终身进入保险业。

第八十五条　保险专业代理机构的董事、高级管理人员或者从业人员，离职后被发现原工作期间违反保险监督管理规定的，应当依法追究其责任。

第八十六条　中国保监会发现保险专业代理机构涉嫌逃避缴纳税款、非法集资、传销、洗钱等，需要由其他机关管辖的，应当向其他机关举报或者移送。

违反本规定，涉嫌构成犯罪的，中国保监会应当向司法机关举报或者移送。

第七章　附　则

第八十七条　本规定所称保险中介机构是指保险代理机构、保险经纪机构和保险公估机构及其分支机构。

第八十八条 经中国保监会批准设立的外资保险专业代理机构适用本规定，我国参加的有关国际条约和中国保监会另有规定的，适用其规定。

合伙制保险专业代理机构的设立和管理参照本规定，中国保监会另有规定的，适用其规定。

第八十九条 本规定要求提交的各种表格格式由中国保监会制定。

第九十条 本规定中有关期限，除以年、月表示的以外，均以工作日计算，不含法定节假日。

本规定所称“以上”、“以下”均含本数。

第九十一条 本规定自2009年10月1日起施行，中国保监会2004年12月1日颁布的《保险代理机构管理规定》（保监会令2004年第14号）同时废止。

第九十二条 本规定施行前依法设立的保险专业代理机构继续保留，不完全具备本规定条件的，具体适用办法由中国保监会另行规定。

人身保险公司保险条款和保险费率管理办法（2015年修订）

（2011年12月30日中国保险监督管理委员会令2011年第3号发布　根据2015年10月19日中国保险监督管理委员会令2015年第3号《关于修改〈保险公司设立境外保险类机构管理办法〉等八部规章的决定》修订）

第一章　总　则

第一条　为了加强人身保险公司（以下简称保险公司）保险条款和保险费率的监督管理，保护投保人、被保险人和受益人的合法权益，维护保险市场竞争秩序，鼓励保险公司创新，根据《中华人民共和国保险法》（以下简称《保险法》）等有关法律、行政法规，制定本办法。

第二条　中国保险监督管理委员会（以下简称中国保监会）依法对保险公司的保险条款和保险费率实施监督管理。中国保监会派出机构在中国保监会授权范围内行使职权。

第三条　保险公司应当按照《保险法》和中国保监会有关规定，公平、合理拟订保险条款和保险费率，不得损害投保人、被保险人和受益人的合法权益。保险公司对其拟订的保险条款和保险费率承担相应责任。

第四条　保险公司应当按照本办法规定将保险条款和保险费率报送中国保监会审批或者备案。

第五条　保险公司应当建立科学、高效、符合市场需求的人身保险开发管理机制，定期跟踪和分析经营情况，及时发现保险条款、保险费率经营管理中存在的问题并采取相应解决措施。

第六条　保险公司应当充分发挥核心竞争优势，合理配置公司资源，围绕宏观经济政策、市场需求、公司战略目标开发保险险种。

第二章　设计与分类

第七条　人身保险分为人寿保险、年金保险、健康保险、意外伤害保险。

第八条　人寿保险是指以人的寿命为保险标的的人身保险。人寿保险分为定期寿险、终身寿险、两全保险等。

定期寿险是指以被保险人死亡为给付保险金条件，且保险期间为固定年限的人寿保险。

终身寿险是指以被保险人死亡为给付保险金条件，且保险期间为终身的人寿保险。

两全保险是指既包含以被保险人死亡为给付保险金条件，又包含以被保险人生存为给付保险金条件的人寿保险。

第九条　年金保险是指以被保险人生存为给付保险金条件，并按约定的时间间隔分期给付生存保险金的人身保险。

第十条　养老年金保险是指以养老保障为目的的年金保险。养老年金保险应当符合下列条件：

（一）保险合同约定给付被保险人生存保险金的年龄不得小于国家规定的退休年龄；

（二）相邻两次给付的时间间隔不得超过一年。

第十一条　健康保险是指以因健康原因导致损失为给付保险金条件的人身保险。健康保险分为疾病保险、医疗保险、失能收入损失保险、护理保险等。

疾病保险是指以保险合同约定的疾病发生为给付保险金条件的健康保险。

医疗保险是指以保险合同约定的医疗行为发生为给付保险金条件，按约定对被保险人接受诊疗期间的医疗费用支出提供保障的健康保险。

失能收入损失保险是指以因保险合同约定的疾病或者意外伤害导致工作能力丧失为给付保险金条件，按约定对被保险人在一定时期内收入减少或者中断提供保障的健康保险。

护理保险是指以因保险合同约定的日常生活能力障碍引发护理需要为给付保险金条件，按约定对被保险人的护理支出提供保障的健康保险。

第十二条 意外伤害保险是指以被保险人因意外事故而导致身故、残疾或者发生保险合同约定的其他事故为给付保险金条件的人身保险。

第十三条 人寿保险和健康保险可以包含全残责任。

健康保险包含两种以上健康保障责任的，应当按照一般精算原理判断主要责任，并根据主要责任确定险种类别。长期健康保险中的疾病保险，可以包含死亡保险责任，但死亡给付金额不得高于疾病最高给付金额。其他健康保险不得包含死亡保险责任，但因疾病引发的死亡保险责任除外。

医疗保险和疾病保险不得包含生存保险责任。

意外伤害保险可以包含由意外伤害导致的医疗保险责任。仅包含由意外伤害导致的医疗保险责任的保险应当确定为医疗保险。

第十四条 保险公司应当严格遵循本办法所规定的人寿保险、年金保险、健康保险、意外伤害保险的分类标准，中国保监会另有规定的除外。

第十五条 人身保险的定名应当符合下列格式：

“保险公司名称” +“吉庆、说明性文字” +“险种类别” +“（设计类型）”

前款规定的保险公司名称可用全称或者简称；吉庆、说明性文字的字数不得超过10个。

附加保险的定名应当在“保险公司名称”后标注“附加”字样。

团体保险应当在名称中标明“团体”字样。

第十六条 年金保险中的养老年金保险险种类别为“养老年金保险”，其他年金保险险种类别为“年金保险”；意外伤害保险险种类别为“意外伤害保险”。

第十七条 人身保险的设计类型分为普通型、分红型、投资连结型、万能型等。

第十八条 分红型、投资连结型和万能型人身保险应当在名称中注明设计类型，普通型人身保险无须在名称中注明设计类型。

第三章 审批与备案

第十九条 保险公司总公司负责将保险条款和保险费率报送中国保监会审批或者备案。

第二十条 保险公司下列险种的保险条款和保险费率，应当在使用前报送中国保监会审批：

（一）关系社会公众利益的保险险种；

（二）依法实行强制保险的险种；

（三）中国保监会规定的新开发人寿保险险种；

（四）中国保监会规定的其他险种。

前款规定以外的其他险种，应当报送中国保监会备案。

第二十一条 保险公司报送保险条款和保险费率备案的，应当提交下列材料：

（一）《人身保险公司保险条款和保险费率备案报送材料清单表》；

（二）保险条款；

（三）保险费率表；

（四）总精算师签署的相关精算报告；

（五）总精算师声明书；

（六）法律责任人声明书；

（七）中国保监会规定的其他材料。

第二十二条　保险公司报送分红保险、投资连结保险、万能保险保险条款和保险费率备案的，除提交第二十一条规定的材料以外，还应当提交下列材料：

（一）财务管理办法；

（二）业务管理办法；

（三）信息披露管理制度；

（四）业务规划及对偿付能力的影响；

（五）产品说明书。

分红保险，还应当提交红利计算和分配办法、收入分配和费用分摊原则；投资连结保险和万能保险，还应当提交包括销售渠道、销售区域等内容的销售管理办法。

保险公司提交的上述材料与本公司已经中国保监会审批或者备案的同类险种对应材料完全一致的，可以免于提交该材料，但应当在材料清单表中予以注明。

第二十三条　保险公司报送保险条款和保险费率审批的，除提交第二十一条第（二）项至第（七）项以及第二十二条规定的材料外，还应当提交下列材料：

（一）《人身保险公司保险条款和保险费率审批申请表》；

（二）《人身保险公司保险条款和保险费率审批报送材料清单表》；

（三）保险条款和保险费率的说明材料，包括保险条款和保险费率的主要特点、市场风险和经营风险分析、相应的管控措施等。

第二十四条　保险公司报送下列保险条款和保险费率审批或者备案的，除分别按照第二十一条、第二十二条、第二十三条规定报送材料以外，还应当按照下列规定提交材料：

（一）具有现金价值的，提交包含现金价值表示例的书面材料以及包含各年龄现金价值全表的电子文档；

（二）具有减额交清条款的，提交包含减额交清保额表示例的书面材料以及包含各年龄减额交清保额全表的电子文档；

（三）中国保监会允许费率浮动或者参数调整的，提交由总精算师签署的费率浮动管理办法或者产品参数调整办法；

（四）保险期间超过一年的，提交利润测试模型的电子文档。

第二十五条　保险公司报送保险条款和保险费率审批或者备案的，提交的精算报告至少应当包括下列内容：

（一）数据来源和定价基础；

（二）定价方法和定价假设，保险期间超过一年的，还应当包括利润测试参数、利润测试结果以及主要参数变化的敏感性分析；

（三）法定准备金计算方法；

（四）主要风险及相应管理意见；

（五）总精算师需要特别说明的内容；

（六）中国保监会规定的其他内容。

第二十六条　保险公司报送下列保险条款和保险费率审批或者备案的，提交的精算报告除符合第二十五条规定外，还应当符合下列规定：

（一）具有现金价值的，列明现金价值计算方法；

（二）具有减额交清条款的，列明减额交清保额的计算方法；

（三）具有利益演示的，列明利益演示的计算方法。

第二十七条 中国保监会收到保险公司报送的保险条款和保险费率审批申请后，应当根据下列情况分别作出处理：

（一）申请材料不齐全的，自收到材料之日起 5 日内一次告知保险公司需要补正的全部内容；

（二）申请材料齐全或者保险公司按照规定提交全部补正申请材料的，受理该申请，并向保险公司出具加盖受理专用印章的书面凭证。

第二十八条 中国保监会应当自受理保险条款和保险费率审批申请之日起 20 日内作出批准或者不予批准的决定。20 日内不能作出决定的，经中国保监会负责人批准，审批期限可以延长 10 日。中国保监会应当将延长期限的理由告知保险公司。

决定批准的，中国保监会应当将批准决定在保监会文告或者网站上向社会公布；决定不予批准的，中国保监会应当书面通知保险公司，说明理由并告知其享有依法申请行政复议或者提起行政诉讼的权利。

第二十九条 中国保监会可以对审批的保险条款和保险费率进行专家评审，并将专家评审所需时间书面告知保险公司。

中国保监会对涉及社会公共利益的保险条款和保险费率可以组织听证，并根据《中华人民共和国行政许可法》有关规定予以实施。

专家评审时间和听证时间不在本办法第二十八条规定的审批期限内计算。

第三十条 保险公司在保险条款和保险费率审批申请受理后、审批决定作出前，撤回审批申请的，应当向中国保监会提交书面申请，中国保监会应当及时终止对保险条款和保险费率审批申请的审查，并将审批申请材料退回保险公司。

第三十一条 保险公司在保险条款和保险费率审批申请受理后、审批决定作出前，对申报的保险条款和保险费率进行修改的，应当向中国保监会申请撤回审批。

保险公司有前款规定情形的，审批期限自中国保监会收到修改后的完整申请材料之日起重新计算。

第三十二条 保险公司对于未获批准的保险条款和保险费率，可以在修改后重新报送中国保监会审批。

第三十三条 保险公司报送保险条款和保险费率备案，不得迟于使用后 10 日。

第三十四条 中国保监会收到备案材料后，应当根据下列情况分别作出处理：

（一）备案材料不齐全的，一次告知保险公司在 10 日内补正全部备案材料；

（二）备案材料齐全或者保险公司按照规定提交全部补正材料的，将备案材料存档，并向保险公司出具备案回执；

（三）发现备案的保险条款和保险费率有《保险法》第一百三十六条规定情形的，责令保险公司立即停止使用。

第四章 变更与停止使用

第三十五条 保险公司变更已经审批或者备案的保险条款和保险费率，改变其保险责任、险种类别或者定价方法的，应当将保险条款和保险费率重新报送审批或者备案。

第三十六条 保险公司变更已经审批或者备案的保险条款和保险费率，且不改变保险责任、险种类别和定价方法的，应当在发生变更之日起 10 日内向中国保监会备案，并提交下列材料：

（一）《变更备案报送材料清单表》；

（二）变更原因、主要变更内容的对比说明；

（三）已经审批或者备案的保险条款；

（四）变更后的相关材料；

（五）总精算师声明书；

（六）法律责任人声明书；

（七）中国保监会规定的其他材料。

保险公司名称变更导致人身保险定名发生变更，但其他内容未变更的，可以不提交前款第（三）、（四）、（五）项规定的材料。

第三十七条　保险公司决定在全国范围内停止使用保险条款和保险费率的，应当在停止使用后10日内向中国保监会提交报告，说明停止使用的原因、后续服务的相关措施等情况，并将报告抄送原使用区域的中国保监会派出机构。

保险公司决定在部分区域停止使用保险条款和保险费率的，不得以停止使用保险条款和保险费率进行宣传和销售误导。

保险公司省级分公司及以下分支机构，不得决定停止使用保险条款和保险费率。

第三十八条　保险公司决定重新销售已经停止使用的保险条款和保险费率的，应当在重新销售后10日内向中国保监会提交报告，说明重新使用的原因、管理计划等情况，并将报告抄送拟使用区域的中国保监会派出机构。

第五章　总精算师和法律责任人

第三十九条　保险公司总精算师应当对报送审批或者备案的保险条款和保险费率出具总精算师声明书，并签署相关的精算报告、费率浮动管理办法或者产品参数调整办法。

保险公司总精算师对报送审批或者备案的保险条款和保险费率承担下列责任：

（一）分类准确，定名符合本办法规定；

（二）精算报告内容完备；

（三）精算假设和精算方法符合一般精算原理和中国保监会的精算规定；

（四）具有利益演示的险种，利益演示方法符合一般精算原理和中国保监会的有关规定；

（五）保险费率厘定合理，满足充足性、适当性和公平性原则；

（六）中国保监会规定的其他责任。

第四十条　保险公司应当指定法律责任人，并向中国保监会备案。

第四十一条　保险公司指定的法律责任人应当符合下列条件：

（一）在中华人民共和国境内有住所；

（二）具有本科以上学历；

（三）具有中国律师资格证书或者法律职业资格证书；

（四）属于公司正式员工，且在公司内担任部门负责人及以上职务；

（五）具有5年以上国内保险或者法律从业经验，其中包括三年以上在保险行业内的法律从业经验；

（六）过去3年内未因违法执业行为受到行政处罚；

（七）未受过刑事处罚；

（八）中国保监会规定的其他条件。

第四十二条　保险公司法律责任人履行下列职责：

（一）参与制定人身保险开发策略；

（二）审核保险条款的相关材料；

（三）定期分析由保险条款引发的诉讼案件；

（四）及时向中国保监会报告保险条款的重大风险隐患；

（五）中国保监会或者保险公司章程规定的其他职责。

第四十三条 保险公司法律责任人应当对报送审批或者备案的保险条款出具法律责任人声明书，并承担下列责任：

（一）保险条款公平合理，不损害社会公共利益，不侵害投保人、被保险人和受益人的合法权益；

（二）保险条款文字准确，表述严谨；

（三）具有产品说明书的，产品说明书符合条款表述，内容全面、真实，符合中国保监会的有关规定；

（四）保险条款符合《保险法》等法律、行政法规和中国保监会有关规定；

（五）中国保监会规定的其他责任。

第四十四条 保险公司报送法律责任人备案的，应当向中国保监会提交下列材料一式两份：

（一）《法律责任人备案情况表》；

（二）拟任人身份证明和住所证明复印件；

（三）学历证明和专业资格证明复印件；

（四）从业经历证明；

（五）中国保监会规定的其他材料。

第四十五条 保险公司应当加强对法律责任人管理，建立法律责任人相关制度，向法律责任人提供其承担工作职责所必需的信息，并保证法律责任人能够独立地履行职责。

第四十六条 法律责任人因辞职、被免职或者被撤职等原因离职的，保险公司应当自作出批准辞职或者免职、撤职等决定之日起30日内，向中国保监会报告，并提交下列材料：

（一）法律责任人被免职或者被撤职的原因说明；

（二）免职、撤职或者批准辞职等有关决定的复印件；

（三）法律责任人作出的离职报告或者保险公司对未作离职报告的法律责任人作出的离职说明报告。

第六章 法律责任

第四十七条 保险公司未按照规定申请批准保险条款、保险费率的，由中国保监会依据《保险法》第一百六十四条进行处罚。

第四十八条 保险公司使用的保险条款和保险费率有下列情形之一的，由中国保监会责令停止使用，限期修改；情节严重的，可以在一定期限内禁止申报新的保险条款和保险费率：

（一）损害社会公共利益；

（二）内容显失公平或者形成价格垄断，侵害投保人、被保险人或者受益人的合法权益；

（三）条款设计或者费率厘定不当，可能危及保险公司偿付能力；

（四）违反法律、行政法规或者中国保监会的其他规定。

第四十九条 保险公司有下列行为之一的，由中国保监会依据《保险法》第一百六十九条进行处罚：

（一）未按照规定报送保险条款、保险费率备案的；

（二）未按照规定报送停止使用保险条款和保险费率相关报告的；

（三）未按照规定报送或者保管与保险条款、保险费率相关的其他报告、报表、文件、资料的，或者未按照规定提供有关信息、资料的。

第五十条 保险公司有下列行为之一的，由中国保监会依据《保险法》第一百七十条进行处罚：

（一）报送审批、备案保险条款和保险费率时，编制或者提供虚假的报告、报表、文件、资料的；

（二）报送法律责任人备案时，编制或者提供虚假的报告、报表、文件、资料的；

（三）未按照规定使用经批准或者备案的保险条款、保险费率的。

第五十一条　保险公司违反本办法第三十七条第三款的由中国保监会给予警告，处3万元以下罚款。

第五十二条　保险公司以停止使用保险条款和保险费率进行销售误导的，由中国保监会依据《保险法》第一百六十一条进行处罚。

第五十三条　保险公司违反本办法规定，聘任不符合规定条件的法律责任人的，由中国保监会责令限期改正；逾期不改正的，给予警告，处1万元以下罚款。

第七章　附　则

第五十四条　中国保监会对保险公司总精算师、法律责任人另有规定的，适用其规定。

团体保险的保险条款和保险费率的管理，中国保监会另有规定的，适用其规定。

第五十五条　本办法规定的期限以工作日计算。

第五十六条　本办法由中国保监会负责解释。

第五十七条　本办法自颁布之日起施行。中国保监会2000年3月23日发布的《人身保险产品定名暂行办法》（保监发〔2000〕42号）、2000年5月16日发布的《关于放开短期意外险费率及简化短期意外险备案手续的通知》（保监发〔2000〕78号）、2004年6月30日发布的《人身保险产品审批和备案管理办法》（保监会令〔2004〕6号）以及2004年7月1日发布的《关于〈人身保险产品审批和备案管理办法〉若干问题的通知》（保监发〔2004〕76号）同时废止。

附件：人身保险公司保险条款和费率管理办法格式文本

附件 1

人身保险公司保险条款和保险费率审批申请表

<table>
<tr><td>公司名称</td><td colspan="2"></td></tr>
<tr><td>险种名称</td><td colspan="2"></td></tr>
<tr><td>险种类别</td><td colspan="2"></td></tr>
<tr><td>销售渠道</td><td colspan="2"></td></tr>
<tr><td>报送日期</td><td colspan="2"></td></tr>
<tr><td>申请审批的主要原因</td><td colspan="2"></td></tr>
<tr><td>保险责任</td><td colspan="2"></td></tr>
<tr><td>责任免除</td><td colspan="2"></td></tr>
<tr><td colspan="2">公司文号及公司印章

年　月　日</td><td>保监会受理时间及印章

年　月　日</td></tr>
</table>

附件 2

人身保险公司保险条款和保险费率审批报送材料清单表

公司名称	
险种名称	
险种类别	
销售渠道	
报送日期	

（续表）

<table>
<tr><td rowspan="2">报送材料清单</td><td colspan="2">材料齐全检查</td></tr>
<tr><td>公司报送</td><td>保监会核实</td></tr>
<tr><td>1. 人身保险公司保险条款和保险费率审批申请表</td><td></td><td></td></tr>
<tr><td>2. 人身保险公司保险条款和保险费率审批报送材料清单表</td><td></td><td></td></tr>
<tr><td>3. 保险条款和保险费率的说明材料</td><td></td><td></td></tr>
<tr><td>4. 保险条款</td><td></td><td></td></tr>
<tr><td>5. 保险费率表</td><td></td><td></td></tr>
<tr><td>6. 现金价值表（示例）#</td><td></td><td></td></tr>
<tr><td>7. 减额交清保额表（示例）#</td><td></td><td></td></tr>
<tr><td>8. 费率浮动管理办法（或产品参数调整办法，须总精算师签字）#</td><td></td><td></td></tr>
<tr><td>9. 精算报告（须总精算师签字）</td><td></td><td></td></tr>
<tr><td>10. 总精算师声明书（须总精算师签字）</td><td></td><td></td></tr>
<tr><td>11. 法律责任人声明书（须法律责任人签字）</td><td></td><td></td></tr>
<tr><td>12. 财务管理办法#</td><td></td><td></td></tr>
<tr><td>13. 业务管理办法#</td><td></td><td></td></tr>
<tr><td>14. 信息披露管理制度#</td><td></td><td></td></tr>
<tr><td>15. 业务规划及对偿付能力的影响#</td><td></td><td></td></tr>
<tr><td>16. 产品说明书文稿#</td><td></td><td></td></tr>
<tr><td>17. 分红保险的红利计算和分配办法</td><td></td><td></td></tr>
<tr><td>18. 分红保险的收入分配和费用分摊原则</td><td></td><td></td></tr>
<tr><td>19. 利润测试模型的电子文档#</td><td></td><td></td></tr>
<tr><td>20. 中国保监会规定的其他材料#</td><td></td><td></td></tr>
<tr><td>公司声明：
本公司《××》保险条款和保险费率不违反法律、行政法规或者中国保监会的其他规定；不损害社会公共利益；不存在内容显失公平或者形成价格垄断的情况，不侵害投保人、被保险人或者受益人的合法权益；条款设计或者费率厘定适当，不危及本公司偿付能力。
公司文号：　　　　公司印章
年　月　日</td><td colspan="2">保监会备注：
你公司应该依法合规使用保险条款和保险费率，不得侵害投保人、被保险人或者受益人的合法权益。
年　月　日</td></tr>
</table>

注：1. 带#号材料为特定险种提供的材料；

2. 第17、18项仅对分红保险要求；

3. 公司声明中的“《××》”为险种名称；

4. 保险公司填报“材料齐全检查”项时，应在“公司报送”栏内填写报送份数，如无，则注明原因。

附件 3

人身保险公司保险条款和保险费率备案报送材料清单表

<table>
<tr><td>公司名称</td><td colspan="4"></td></tr>
<tr><td>险种名称</td><td colspan="4"></td></tr>
<tr><td>险种类别</td><td colspan="2"></td><td>销售渠道</td><td></td></tr>
<tr><td>销售时间</td><td colspan="2"></td><td>报送日期</td><td></td></tr>
<tr><td colspan="3" rowspan="2">报送材料清单</td><td colspan="2">材料齐全检查</td></tr>
<tr><td>公司报送</td><td>保监会核实</td></tr>
<tr><td colspan="3">1. 人身保险公司保险条款和保险费率备案报送材料清单表</td><td></td><td></td></tr>
<tr><td colspan="3">2. 保险条款</td><td></td><td></td></tr>
<tr><td colspan="3">3. 保险费率表</td><td></td><td></td></tr>
<tr><td colspan="3">4. 现金价值表（示例）[#]</td><td></td><td></td></tr>
<tr><td colspan="3">5. 减额交清保额表（示例）[#]</td><td></td><td></td></tr>
<tr><td colspan="3">6. 费率浮动管理办法（或产品参数调整办法，须总精算师签字）[#]</td><td></td><td></td></tr>
<tr><td colspan="3">7. 精算报告（须总精算师签字）</td><td></td><td></td></tr>
<tr><td colspan="3">8. 总精算师声明书（须总精算师签字）</td><td></td><td></td></tr>
<tr><td colspan="3">9. 法律责任人声明书（须法律责任人签字）</td><td></td><td></td></tr>
<tr><td rowspan="8">10. 分红保险、万能保险、投资连结保险的其他材料</td><td colspan="2">分红保险、万能保险、投资连结保险的财务管理办法</td><td></td><td></td></tr>
<tr><td colspan="2">分红保险、万能保险、投资连结保险的业务管理办法</td><td></td><td></td></tr>
<tr><td colspan="2">分红保险、万能保险、投资连结保险的信息披露管理制度</td><td></td><td></td></tr>
<tr><td colspan="2">分红保险、万能保险、投资连结保险的业务规划及对偿付能力的影响</td><td></td><td></td></tr>
<tr><td colspan="2">分红保险、万能保险、投资连结保险的产品说明书文稿</td><td></td><td></td></tr>
<tr><td colspan="2">分红保险的红利计算和分配办法</td><td></td><td></td></tr>
<tr><td colspan="2">分红保险的收入分配和费用分摊原则</td><td></td><td></td></tr>
<tr><td colspan="2">万能保险、投资连结保险的销售管理办法</td><td></td><td></td></tr>
<tr><td colspan="3">11. 利润测试模型的电子文档[#]</td><td></td><td></td></tr>
<tr><td colspan="3">12. 中国保监会规定的其他材料[#]</td><td></td><td></td></tr>
</table>

（续表）

<table>
<tr><td>公司声明：
本公司《××》保险条款和保险费率不违反法律、行政法规或者中国保监会的其他规定；不损害社会公共利益；不存在内容显失公平或者形成价格垄断的情况，不侵害投保人、被保险人或者受益人的合法权益；条款设计或者费率厘定适当，不危及本公司偿付能力。
公司文号： 公司印章
年 月 日</td><td>保监会备注：
你公司应该依法合规使用保险条款和保险费率，不得侵害投保人、被保险人或者受益人的合法权益。
年 月 日</td></tr>
</table>

注：1. 带[#]号材料为特定险种提供的材料；
2. 保险公司填报“销售时间”时，如果尚未销售则填写“尚未销售”，已经销售则填写开始销售日期；
3. 第10项仅对分红保险、万能保险、投资连结保险要求；
4. 公司声明中的“《××》”为险种名称；
5. 保险公司填报“材料齐全检查”项时，应在“公司报送”栏内填写报送份数，如无，则注明原因。

附件4

变更备案报送材料清单表

<table>
<tr><td>公司名称</td><td colspan="4"></td></tr>
<tr><td>险种名称</td><td colspan="4"></td></tr>
<tr><td>险种类别</td><td></td><td>销售渠道</td><td colspan="2"></td></tr>
<tr><td>历次审批或备案时间</td><td></td><td>报送日期</td><td colspan="2"></td></tr>
<tr><td colspan="3" rowspan="2">报送材料清单</td><td colspan="2">材料齐全检查</td></tr>
<tr><td>公司报送</td><td>保监会核实</td></tr>
<tr><td colspan="3">1. 变更备案报送材料清单表</td><td></td><td></td></tr>
<tr><td colspan="3">2. 变更原因、主要变更内容的对比说明</td><td></td><td></td></tr>
<tr><td colspan="3">3. 已经审批或者备案的保险条款</td><td></td><td></td></tr>
<tr><td colspan="2" rowspan="2">4. 变更后的相关材料（注明每一项材料的名称）</td><td>材料1</td><td></td><td></td></tr>
<tr><td>材料2</td><td></td><td></td></tr>
<tr><td colspan="2">5. 总精算师声明书（须总精算师签字）</td><td>……</td><td></td><td></td></tr>
<tr><td colspan="3">6. 法律责任人声明书（须法律责任人签字）</td><td></td><td></td></tr>
<tr><td colspan="3">7. 中国保监会规定的其他材料[#]</td><td></td><td></td></tr>
</table>

（续表）

<table>
<tr><td>公司声明：
本公司《××》保险条款和保险费率不违反法律、行政法规或者中国保监会的其他规定；不损害社会公共利益；不存在内容显失公平或者形成价格垄断的情况，不侵害投保人、被保险人或者受益人的合法权益；条款设计或者费率厘定适当，不危及本公司偿付能力。
公司文号：　　　　公司印章
年　月　日</td><td>保监会备注：
你公司应该依法合规使用保险条款和保险费率，不得侵害投保人、被保险人或者受益人的合法权益。
年　月　日</td></tr>
</table>

注：1. 带#号材料为特定险种提供的材料；

2. 历次审批或备案时间：经中国保监会审批的保险条款和保险费率，审批时间为中国保监会批复文件的时间；2004 年 7 月 1 日之前报送中国保监会备案的保险条款和保险费率，备案时间为中国保监会备案该险种的时间（以备案表中有关时间为准）；2004 年 7 月 1 日之后报送中国保监会备案的保险条款和保险费率，备案时间为保险公司报送该险种的时间（以清单表中报送日期为准）；

3. 若涉及多项材料的变更，应将变更材料一一列明在报送材料清单中，并注明材料名称；

4. 保险公司名称变更导致其定名发生变更，但其他内容未变更的，可以不提交第 3、4、5 项材料；

5. 公司声明中的“《××》”为险种名称；

6. 保险公司填报“材料齐全检查”项时，应在“公司报送”栏内填写报送份数，如无，则注明原因。

附件 5

法律责任人备案情况表

<table>
<tr><td>姓名</td><td></td><td>性别</td><td>男/女</td><td>民族</td><td></td><td rowspan="3">贴照片处</td></tr>
<tr><td>出生年月</td><td></td><td>政治面貌</td><td></td><td>国籍</td><td></td></tr>
<tr><td>护照号码</td><td></td><td>身份证号</td><td></td><td></td><td></td></tr>
<tr><td>学历</td><td></td><td>专业</td><td colspan="4"></td></tr>
<tr><td>专业资格</td><td></td><td>专业资格
授予单位</td><td colspan="2"></td><td>专业资格
授予时间</td><td></td></tr>
<tr><td>现任职务</td><td colspan="6"></td></tr>
<tr><td>办公电话</td><td></td><td>移动电话</td><td colspan="2"></td><td>传真</td><td></td></tr>
<tr><td colspan="2">通讯地址及邮编</td><td colspan="5"></td></tr>
<tr><td colspan="2">家庭住址</td><td colspan="5"></td></tr>
<tr><td rowspan="2">学习经历</td><td>起止年月</td><td colspan="2">院校</td><td colspan="2">专业</td><td>学历</td></tr>
<tr><td></td><td colspan="2"></td><td colspan="2"></td><td></td></tr>
<tr><td rowspan="2">工作经历</td><td>起止年月</td><td colspan="4">工作单位、部门</td><td>职务</td></tr>
<tr><td></td><td colspan="4"></td><td></td></tr>
</table>

（续表）

保险公司意见	1. 以上内容真实； 2. ××在过去三年内未因违法执业行为受到行政处罚； 3. ××未受过刑事处罚； 4. 同意××担任我公司法律责任人。 单位公章 年　月　日

注：填写时若无对应内容则填写“无”。

附件 6

总精算师声明书

中国保险监督管理委员会：

本人已恪尽对××保险公司××保险条款和保险费率精算审核的职责，现确认如下事项：

一、分类准确，定名符合中国保监会有关规定；

二、精算报告内容完备；

三、精算假设和精算方法符合一般精算原理和中国保监会精算规定；

四、利益演示方法符合一般精算原理和中国保监会有关规定；（本条适用于有利益演示的险种）

五、保险费率厘定合理，满足充足性、适当性和公平性原则；

六、其他需要特别声明的事项。

总精算师：

年　月　日

注：

对于保险条款和保险费率报送审批的，或者按照本办法第三十六条报送备案的，总精算师可以根据本办法对总精算师应当承担责任的要求和具体情况出具声明书；对于其他保险条款和保险费率报送备案的，总精算师应当严格按照本格式出具声明书。

附件 7

法律责任人声明书

中国保险监督管理委员会：

本人已恪尽对××保险公司××保险条款法律审核的职责，现确认如下事项：

一、保险条款公平合理，不损害社会公共利益，不侵害投保人、被保险人和受益人的合法权益；

二、保险条款文字准确，表述严谨；

三、产品说明书符合条款表述，内容全面、真实，符合中国保监会有关规定；（本条适用于有产品说明书的险种）

四、保险条款符合《中华人民共和国保险法》等法律、行政法规和中国保监会的有关规定；

五、其他需要特别声明的事项。

法律责任人：

年 月 日

注：

对于保险条款和保险费率报送审批的、或者按照本办法第三十六条报送备案的，法律责任人可以根据本办法对法律责任人应当承担责任的要求和具体情况出具声明书；对于其他保险条款和保险费率报送备案的，法律责任人应当严格按照本格式出具声明书。

再保险业务管理规定（2015年修订）

（2010年5月21日中国保险监督管理委员会令2010年第8号发布 根据2015年10月19日中国保险监督管理委员会令2015年第3号《关于修改〈保险公司设立境外保险类机构管理办法〉等八部规章的决定》修订）

第一章 总 则

第一条 为了规范和发展再保险市场，加强对再保险业务的管理，实现保险业健康协调可持续发展，依据《中华人民共和国保险法》（以下简称《保险法》）、《中华人民共和国外资保险公司管理条例》以及有关法律、行政法规，制定本规定。

第二条 本规定所称再保险，是指保险人将其承担的保险业务，部分转移给其他保险人的经营行为。

本规定所称直接保险，也称原保险，是相对再保险而言的保险，由投保人与保险人直接订立保险合同的保险业务。

本规定所称转分保，是指再保险接受人将其分入的保险业务，转移给其他保险人的经营行为。

本规定所称合约分保，是指保险人与其他保险人预先订立合同，约定将一定时期内其承担的保险业务，部分向其他保险人办理再保险的经营行为。

本规定所称临时分保，是指保险人临时与其他保险人约定，将其承担的保险业务，部分向其他保险人办理再保险的经营行为。

本规定所称比例再保险，是指以保险金额为基础确定再保险分出人自留额和再保险接受人分保额的再保险方式。

本规定所称非比例再保险，是指以赔款金额为基础确定再保险分出人自负责任和再保险接受人分保责任的再保险方式。

第三条 本规定所称再保险分出人，是指将其承担的保险业务，部分转移给其他保险人的保险人；本规定所称再保险接受人，是指承接其他保险人转移的保险业务的保险人。

本规定所称分出业务，是指再保险分出人转移出的保险业务；本规定所称分入业务，是指再保险接受人接受分入的保险业务。

本规定所称直接保险公司，也称原保险公司，是相对再保险人而言，是指直接与投保人订立保险合同的保险人。

本规定所称保险联合体，是指为了处理单个保险人无法承担的特殊风险或者巨额保险业务，或者按照国际惯例，由两个或两个以上保险人联合组成、按照其章程约定共同经营保险业务的组织。

本规定所称保险经纪人，是指接受再保险分出人委托，基于再保险分出人利益，为再保险分出人与再保险接受人办理再保险业务提供中介服务，并按约定收取佣金的保险经纪机构。

第四条 在中华人民共和国境内（不含港澳台）设立的保险人、保险联合体以及保险经纪人或其他保险机构办理再保险业务，应当遵守本规定。

第五条 保险人、保险联合体和保险经纪人办理再保险业务，应当遵循审慎和最大诚信原则。

第六条 再保险分出人、再保险接受人和保险经纪人，对在办理再保险业务中知悉的商业秘密，应当负有保密义务。

第七条 中国保险监督管理委员会（以下简称中国保监会）鼓励保险人、保险联合体和保险经纪人积极为农业保险和地震、台风、洪水等巨灾保险提供保险及再保险服务。

第八条 中国保监会依法对再保险业务实施监督和管理。

第二章 业务经营

第九条 再保险业务分为寿险再保险和非寿险再保险。保险人对寿险再保险和非寿险再保险应当单独列账、分别核算。

第十条 保险人应当依照《保险法》规定，确定当年总自留保险费和每一危险单位自留责任；超过的部分，应当办理再保险。

第十一条 除航空航天保险、核保险、石油保险、信用保险外，直接保险公司办理合约分保或者临时分保的，应当符合下列规定：

（一）以比例再保险方式分出财产险直接保险业务时，每一危险单位分给同一家再保险接受人的比例，不得超过再保险分出人承保直接保险合同部分的保险金额或者责任限额的80%；

（二）每一临时分保合同分给投保人关联企业的保险金额或者责任限额，不得超过直接保险业务保险金额或者责任限额的20%。

第十二条 保险人对危险单位的划分应当符合中国保监会的相关规定，并于每年3月31日之前，将危险单位的划分方法报中国保监会备案。

第十三条 保险人应当根据实际情况，科学、合理安排巨灾再保险，并于每年6月30日之前，将巨灾风险安排方案报中国保监会备案。

第十四条 保险人应当按照中国保监会的规定办理再保险，并审慎选择再保险接受人，选择再保险接受人应当符合中国保监会的有关规定。

第十五条 再保险分出人应当将影响再保险定价和分保条件的重要信息向再保险接受人书面告知。再保险合同成立后，再保险分出人应及时向再保险接受人提供重大赔案信息、赔款准备金等对再保险接受人的准备金建立及预期赔付有重大影响的信息。

第十六条 保险人和保险经纪人可以利用金融工具开发设计新型风险转移产品。保险人应当按照有关规定向中国保监会报告。

第十七条 中国境内的专业再保险接受人，应当配备在中国境内有住所的专职再保险核保人和再保险核赔人。

第三章 再保险经纪业务

第十八条 保险经纪人从事再保险经纪业务，不得损害保险人的信誉和合法权益。

第十九条 保险经纪人可以根据业务需要引进或者设计再保险合同。

第二十条 保险经纪人应当按照与再保险分出人的约定，及时寄送账单、结算再保险款项以及履行其他义务，不得挪用或者截留再保险费、摊回赔款、摊回手续费以及摊回费用。

保险经纪人应当将再保险接受人的有关信息及时、准确地告知再保险分出人。

第二十一条 应再保险接受人的要求，保险经纪人应当按照与再保险分出人的约定，将其知道的再保险分出人的自留责任以及直接保险的有关情况书面告知再保险接受人。

第二十二条 应再保险分出人或者再保险接受人的要求，保险经纪人应当按照合同约定配合进行赔案的理赔工作。

第四章　监督管理

第二十三条　外资保险公司应当定期向中国保监会提交下列材料：

（一）外资保险公司与关联企业签订合约再保险合同后，应当在合同生效后一个月，将再保险合同简要文本（Slip）上报中国保监会；同时，在每季度结束后一个月内，将上季度与关联企业签订的生效的临分再保险合同简要文本（Slip）上报中国保监会。

（二）外资保险公司应当对其与每一个关联企业的再保险交易进行单独统计，并按中国保监会的要求报送相关资料。

第二十四条　保险人办理再保险业务，应当按照精算的原理、方法，评估各项准备金，并按照中国保监会有关规定准确、足额提取和结转各项准备金。

对于同一笔寿险业务，在法定责任准备金下，再保险接受人与再保险分出人在评估准备金时，应采用一致的评估方法与假设。

第二十五条　保险人偿付能力报告中涉及再保险业务的内容，应当符合保险公司偿付能力报告编报规则的要求。

第二十六条　外国再保险公司分公司的偿付能力状况，按照其总公司的偿付能力状况认定。

外国再保险公司分公司自留保费以其总公司直接授权的额度为限。

第二十七条　直接保险公司应当在每年 4 月 30 日以前，向中国保监会提交下列材料：

（一）以比例再保险方式分出财产险直接保险业务时，除航空航天保险、核保险、石油保险、信用保险外，上一会计年度办理合约分保和临时分保的，每一危险单位分给同一家再保险接受人的业务，超过再保险分出人承保直接保险合同部分的保险金额或者责任限额 50% 的交易情况；

（二）本会计年度合约分保中，对于 4 月 30 日之后签署的合约，应当于合约生效后一个月内上报下列资料：

1. 合约名称及有效期；

2. 续转或新签情况；

3. 再保险合约文本复印件；其中，对人身保险公司，只需上报新增的或者有变动的再保险合约文本复印件；

4. 直接分出情况：再保险接受人名称（注明首席接受人或最大份额接受人）及份额、资本金、资本公积、信用评级、签约再保险接受人所在国家或地区；

5. 经纪人安排情况：经纪人名称、份额、所在国家或地区，通过经纪人分出的再保险接受人的有关情况，包括再保险接受人的名称（注明首席接受人或最大份额接受人）及份额、资本金、资本公积、信用评级、签约再保险接受人所在国家或地区。

（三）财产保险公司上一会计年度以及本会计年度每一危险单位的最大净自留额；

（四）财产保险公司、人身保险公司本会计年度再保险安排的变动情况，主要包括再保合约的增加或减少、合约分保首席接受人或最大份额接受人的变化等。

第二十八条　财产保险公司应当建立再保险信息定期报告制度，按照中国保监会相关规定于每季度结束后一周内，将上一季度有关情况上报中国保监会。

第二十九条　保险公司应当在每年 4 月 30 日以前，向中国保监会提交下列报告：

（一）上一会计年度再保险业务经营情况，主要从再保险业务规模、手续费以及摊回、赔款以及摊回等分入、分出两方面表述。

（二）总精算师或精算责任人签署的、有关再保险业务的各类准备金提取办法和金额。

第三十条 直接保险公司应当将重大保险赔案及其再保险安排情况、再保险政策的重大调整等情况，及时向中国保监会报告。

前款所称重大保险赔案是指在一次保险事故中，财产损失赔偿在5000万元以上，或者人身伤亡赔付在3000万元以上的理赔案件。

第三十一条 外国再保险公司分公司应当按照下列要求向中国保监会提交有关报告：

（一）在每年7月31日以前，提交其总公司注册地保险监管机构根据当地法律出具的有关其总公司偿付能力状况的意见书或者经营状况意见书；

（二）在每年12月31日以前，提交其总公司下一年度授权的承保权限和自留保费额度；

（三）在每年1月31日和7月31日以前，提交有关转分保业务情况的报告，包括转分保分入公司名称、业务种类、合同形式、分出保费、摊回赔款以及摊回手续费等。

第三十二条 保险联合体应当在每年4月30日以前，向中国保监会报告上一年度的财务报告、业务分析报告以及与境外再保险交易情况。

第五章　法律责任

第三十三条 保险公司、保险经纪人违反本规定办理再保险分出业务的，由中国保监会责令改正，并处以5万元以上30万元以下罚款；情节严重的，可以限制业务范围、责令停止接受新业务或者吊销经营保险业务许可证。

对未按照本规定办理再保险的行为负直接责任的主管人员和其他直接责任人员给予警告，并处1万元以上10万元以下的罚款；情节严重的，撤销任职资格或从业资格；并可以禁止有关责任人员一定期限直至终身进入保险业。

第六章　附　则

第三十四条 政策性保险公司办理再保险业务参照适用本规定。不能适用本规定的，政策性保险公司应当在3个月内向中国保监会报告有关情况。

第三十五条 本规定由中国保监会负责解释。

第三十六条 本规定自2010年7月1日起施行。中国保监会2005年10月14日发布的《再保险业务管理规定》（保监会令〔2005〕2号）同时废止。

中国保险监督管理委员会行政处罚程序规定（2015 年修订）

（2010 年 4 月 27 日中国保险监督管理委员会令 2010 年第 5 号发布 根据 2015 年 4 月 21 日中国保险监督管理委员会令 2015 年第 2 号《关于修改〈中国保险监督管理委员会行政处罚程序规定〉的决定》第一次修订 根据 2015 年 10 月 19 日中国保险监督管理委员会令 2015 年第 3 号《关于修改〈保险公司设立境外保险类机构管理办法〉等八部规章的决定》第二次修订）

第一章 总 则

第一条 为了规范和保障中国保险监督管理委员会（以下简称中国保监会）及中国保监会派出机构（以下简称派出机构）依法实施行政处罚，维护保险市场秩序，保护保险机构、保险资产管理机构、保险中介机构、外国保险机构驻华代表机构、保险从业人员、其他组织和公民（以下简称当事人）的合法权益，根据《中华人民共和国行政处罚法》（以下简称《行政处罚法》）、《中华人民共和国保险法》（以下简称《保险法》）及其他有关法律、行政法规，制定本规定。

第二条 当事人违反有关保险管理的法律、行政法规和中国保监会规定的，中国保监会及派出机构应当依法查处，并依法作出下列行政处罚：

（一）警告；

（二）罚款；

（三）没收违法所得；

（四）限制业务范围；

（五）责令停止接受新业务；

（六）责令停业整顿；

（七）吊销业务许可证；

（八）撤销外国保险机构驻华代表机构；

（九）撤销任职资格；

（十）责令撤换外国保险机构驻华代表机构的首席代表；

（十一）禁止进入保险业；

（十二）法律、行政法规规定的其他行政处罚。

中国保监会及派出机构实施前款所列的行政处罚，应当遵循本规定的程序，中国保监会另有规定的除外。

没有法定依据或者不遵守法定程序的，行政处罚无效。

第三条 中国保监会及派出机构实施行政处罚，应当遵循以下原则：

（一）公正、公开；

（二）保护当事人的合法权益；

（三）处罚与教育相结合；

（四）事实清楚，证据确凿，定性准确，适用依据正确，处罚适当；

（五）程序合法。

第四条 中国保监会及派出机构实施行政处罚，依法实行回避制度。

监管人员与当事人有直接利害关系或者其他关系，可能影响公正执法的，应当回避。

第五条 中国保监会及派出机构实施行政处罚，实行立案、调查与审理、决定相分离的制度。

第六条 中国保监会及派出机构在作出行政处罚决定之前，应当告知当事人作出行政处罚决定的事实、理由及依据，并告知当事人依法享有的权利。

第七条 当事人对中国保监会及派出机构所给予的行政处罚，享有陈述权、申辩权；对行政处罚不服的，有权依法申请行政复议或者提起行政诉讼。

当事人因中国保监会及派出机构违法给予行政处罚受到损害的，有权依法提出赔偿要求。

第八条 中国保监会及派出机构必须充分听取当事人的意见，复核当事人提出的事实、理由和证据；当事人提出的事实、理由或者证据成立的，应当采纳。

第九条 本规定所称保险机构，是指经保险监督管理机构批准设立，并依法登记注册的保险公司及其分支机构。

本规定所称保险资产管理机构，是指经保险监督管理机构批准设立，并依法登记注册的保险资产管理公司及其分支机构。

本规定所称保险中介机构，是指保险代理机构、保险经纪机构和保险公估机构及其分支机构。

本规定所称业务许可证，是指保险公司法人许可证、经营保险业务许可证、保险营销服务许可证、经营保险代理业务许可证、保险兼业代理业务许可证、经营保险经纪业务许可证、经营保险公估业务许可证、保险资产管理公司法人许可证和经营保险资产管理业务许可证。

第二章 管 辖

第十条 派出机构负责对辖区内下列机构及其从业人员的保险违法行为实施行政处罚：

（一）保险公司分支机构；

（二）保险中介机构；

（三）保监会规定的其他机构。

第十一条 派出机构负责对辖区内下列违法行为实施行政处罚：

（一）擅自设立保险公司的；

（二）非法从事商业保险业务活动的；

（三）擅自设立保险资产管理公司的；

（四）擅自设立专业保险代理机构、保险经纪机构、保险公估机构的；

（五）非法从事保险代理业务或者经纪业务活动的。

派出机构对上述违法行为实施行政处罚时，应当依照《保险法》、《非法金融机构和非法金融业务活动取缔办法》及中国保监会的有关规定执行。

第十二条 派出机构实施下列行政处罚，应当报中国保监会批准：

（一）吊销由中国保监会颁发的业务许可证；

（二）撤销由中国保监会核准的任职资格。

第十三条 派出机构管辖以外的保险违法行为，由中国保监会管辖。

第十四条 中国保监会可以直接查处派出机构管辖范围内的保险违法行为，也可以委托派出机构查处中国保监会管辖范围内的保险违法行为。

派出机构接受中国保监会委托查处保险违法行为的，应当将查处结果向中国保监会报告。

第十五条 异地实施保险违法行为的，由违法行为发生地的派出机构管辖。违法行为发生地的派出机构应当及时通知实施违法行为主体所在地的派出机构。实施违法行为主体所在地的派出机构应当积极配合违法行为的查处。

第十六条　两个以上派出机构对同一保险违法行为都有管辖权的或者保险违法行为地难以查明的，由最先立案的派出机构管辖。

两个以上派出机构因管辖权发生争议的，应当报请中国保监会指定管辖。

第十七条　派出机构发现所查处的保险违法行为不属于自己管辖时，应当及时将案件移送有管辖权的派出机构。受移送的派出机构对管辖权有异议的，不得自行移送，应当报请中国保监会指定管辖。

第三章　立案与调查

第一节　立　案

第十八条　中国保监会及派出机构发现当事人涉嫌违反有关保险管理的法律、行政法规和中国保监会规定，依法应当受到行政处罚的，应当立案调查。

第十九条　立案应当填写《行政处罚立案审批表》，由案件调查部门负责人或者派出机构负责人批准，决定立案或者不予立案。

第二十条　案件调查部门应当在决定立案之日起3日内指定案件调查人员。

调查人员的回避应当由案件调查部门负责人或者派出机构负责人决定。

第二节　调查取证

第二十一条　调查人员应当对案件事实进行全面、客观、公正的调查，并依法收集证据。

第二十二条　调查人员调查取证时，不得少于两人，并应当向当事人或者有关人员出示中国保监会或者派出机构合法证件和监督检查、调查通知书。

调查人员少于两人或者未出示合法证件和监督检查、调查通知书的，被检查单位和个人有权拒绝。

第二十三条　调查人员调查案件，应当充分收集证据。

第二十四条　调查人员应当收集、调取与案件有关的原始凭证作为书证。调取原始证据有困难的，可以复制，复制件应当标明“经核对与原件无误”，并由书证出具人签名或者盖章。

第二十五条　调查人员可以要求当事人及证人提供证据材料或者与违法行为有关的其他材料，并由材料提供人在有关材料上签名或者盖章。拒绝签名或者盖章的，应当在材料上注明。

第二十六条　调查人员可以询问当事人及证人。询问应当个别进行。询问前应当告知其有如实陈述事实、提供证据的义务。

询问应当制作《调查笔录》，《调查笔录》应当交被调查人核对；对没有阅读能力的，应当向其宣读。笔录如有差错、遗漏，应当允许其更正或者补充。经核对无误后，由被调查人逐页在笔录上签名或者盖章。调查人员应当在笔录的最后签名。被调查人拒绝签名或者盖章的，应当在笔录上注明。

第二十七条　调查人员对涉嫌违法的物品进行现场勘验时，应当有当事人在场，并制作《现场勘验笔录》；当事人拒绝到场的，应当在《现场勘验笔录》中注明。

第二十八条　抽样取证，应当有当事人在场，并开具物品清单，由调查人员和当事人签名或者盖章。

第二十九条　对可能被转移、隐匿或者毁损的文件和资料可以予以封存。

第三十条　在证据可能灭失或者以后难以取得的情况下，可以采取先行登记保存措施。

采取先行登记保存措施，应当填写《先行登记保存证据审批书》，并由中国保监会负责人或者派出机构负责人批准。

第三十一条　先行登记保存证据的，应当签发《先行登记保存证物通知书》，填写《登记保存物品清单》，由当事人签字或者盖章确认，并加封中国保监会或者派出机构先行登记保存封条，就地由当事人保存。

登记保存证据期间，当事人或者有关人员不得损毁、销毁或者转移证据。

对于先行登记保存的证据，应当在 7 日内作出处理决定。

第三十二条 案件调查部门可以委托其他派出机构协助调查、取证，但必须出具书面委托证明，受委托的派出机构应当积极予以协助。

第三十三条 案件调查部门可以聘请资信良好的会计师事务所和律师事务所等社会中介机构参与调查，但必须要求其出具专业报告。

第三十四条 对有证据证明已经或者可能转移、隐匿违法资金等涉案财产或者隐匿、伪造、损毁重要证据的，经中国保监会主要负责人或者派出机构主要负责人批准，可以申请人民法院予以冻结或者查封。

第三节 移 交

第三十五条 案件调查终结，案件调查部门应当制作《案件调查报告书》，报部门负责人批准。《案件调查报告书》至少应当包括下列内容：

（一）当事人的基本情况；

（二）调查的基本情况及相关证据；

（三）处理建议及相关依据。

前款“处理建议”包括给予行政处罚、不予行政处罚、不应给予行政处罚或者移送司法机关处理的建议。

第三十六条 案件调查终结后，案件调查部门认为需要予以行政处罚的，应当将《案件移交书》、《行政处罚立案审批表》、《案件调查报告书》、相关证据等案件卷宗材料一并移交案件审理部门。

第三十七条 案件审理部门依法对案件卷宗材料进行审查，卷宗不够规范的，退回案件调查部门补充完善后再行移交。

第三十八条 案件调查部门在调查过程中发现违法事实涉嫌犯罪，依法需要追究刑事责任的，应当依照《行政执法机关移送涉嫌犯罪案件的规定》、《中国保监会关于在行政执法中及时移送涉嫌犯罪案件的规定》及其它相关规定，及时向司法机关移送。

第四章 处 罚

第一节 审 理

第三十九条 案件审理部门受理案件后，从调查程序、违法事实认定、行为定性、证据采信、处罚种类与幅度等方面对案件进行审理。其中重大、复杂的案件，应当由案件审理部门集体讨论决定。

第四十条 案件审理后，案件审理部门应当制作《案件审理报告》，根据案件有关情况分别提出以下处理意见：

（一）案件主要事实不清或者主要证据不足的，退回案件调查部门补充调查；

（二）不构成行政违法的，不予处罚；

（三）虽构成行政违法但情节轻微可不予行政处罚，需要采取非行政处罚监管措施的，交由案件调查部门处理；

（四）应当予以行政处罚的，提出处罚意见；

（五）涉嫌构成犯罪的，移送司法机关。

第二节 权利告知

第四十一条 拟作出行政处罚决定的，案件审理部门应当在作出决定前向当事人进行权利告知。

告知应当制作《行政处罚事先告知书》，告知当事人拟作出行政处罚决定的事实、理由及依据，并告知当事人有权进行陈述和申辩。

第四十二条　当事人有权进行陈述和申辩。自《行政处罚事先告知书》送达之日起 10 日内，未行使陈述权、申辩权的，视为放弃权利。

第四十三条　当事人要求陈述和申辩的，应当提交书面材料。当事人有特殊情况，经中国保监会或者派出机构批准，可以适当延长提交书面材料的期限。

案件审理部门应当充分听取当事人的意见，对当事人提出的事实、理由和证据，认真进行复核。当事人提出的事实、理由或者证据成立的，应当予以采纳。

不得因当事人申辩而加重处罚。

第四十四条　拟作出行政处罚决定的事实、理由、依据有改变的，应当重新制作《行政处罚事先告知书》并送达当事人。

第三节　听　证

第四十五条　案件审理部门拟作出下列行政处罚的，应当在《行政处罚事先告知书》中一并告知当事人有要求举行听证的权利：

（一）对保险机构及保险资产管理机构法人处以 100 万元以上的罚款或者对其分支机构处以 20 万元以上的罚款；对保险中介机构法人处以 30 万元以上的罚款或者对其分支机构处以 10 万元以上的罚款；

（二）对个人处以 5 万元以上的罚款；

（三）限制业务范围；

（四）责令停止接受新业务；

（五）责令停业整顿；

（六）吊销业务许可证；

（七）撤销外国保险机构驻华代表机构；

（八）撤销任职资格；

（九）责令撤换外国保险机构驻华代表机构的首席代表；

（十）禁止进入保险业；

（十一）法律、行政法规和中国保监会规章规定可以要求听证的其他处罚。

第四十六条　当事人要求听证的，应当自《行政处罚事先告知书》送达之日起 3 日内提出。

当事人也可以选择陈述和申辩。当事人选择陈述和申辩的，案件审理部门应当依照本规定第四十三条的规定予以复核。

第四十七条　当事人要求听证的，案件审理部门应当确定听证主持人。

第四十八条　听证主持人在听证程序中可以行使下列职权：

（一）决定举行听证的时间和地点；

（二）决定听证的延期、中止或者终结；

（三）询问听证参加人；

（四）调取并审核有关证据；

（五）维护听证秩序，对违反听证秩序的人员进行警告，情节严重者，可以责令其退场；

第四十九条　听证主持人在听证程序中应当承担下列义务：

（一）公开、公正地履行主持听证职责，保证当事人依法行使陈述权、申辩权和质证权；

（二）保守听证案件涉及的国家秘密、商业秘密和个人隐私；

（三）不得徇私枉法，包庇纵容违法行为。

第五十条　听证记录员在听证程序中应当承担下列义务：

（一）将《行政处罚听证通知书》及时送达当事人及相关人员；

（二）应当认真、如实制作听证笔录；

（三）保守听证案件涉及的国家秘密、商业秘密和个人隐私。

第五十一条 案件调查人员、当事人、第三人、委托代理人、证人、鉴定人、勘验人、翻译人员是听证参加人。

第五十二条 当事人享有下列权利：

（一）申请听证主持人回避；

（二）亲自参加听证或者委托一至两名代理人参加听证；

（三）就案件调查人员提出的事实、证据和依据进行申辩；

（四）就案件的证据向调查人员及其证人进行质证；

（五）听证结束前进行最后陈述；

（六）审核听证笔录。

第五十三条 当事人和其他听证参加人应当承担下列义务：

（一）按时参加听证；

（二）依法举证；

（三）如实回答听证主持人的询问；

（四）遵守听证秩序。

第五十四条 案件审理部门根据听证主持人的决定，确定听证的时间和地点后，应当制作《行政处罚听证通知书》，在举行听证7日前送达当事人及其他听证参加人。

第五十五条 与听证案件有利害关系的其他公民、法人或者组织可以申请参加听证。

第五十六条 当事人委托他人代理参加听证的，应当向听证主持人提交由其本人签名或者盖章的授权委托书。

授权委托书应当载明委托事项及权限。

第五十七条 案件调查人员应当参加听证，向听证主持人提出当事人违法的事实、证据和行政处罚建议。

第五十八条 听证主持人可以通知与听证案件有关的证人、鉴定人、勘验人、翻译人员参加听证。

第五十九条 听证公开举行的，听证主持人应当在办公地点先期公告当事人姓名或者名称、案由、听证时间和地点。

对涉及国家秘密、商业秘密或者个人隐私不公开举行听证的案件，听证主持人应当向当事人说明不公开听证的理由。

第六十条 听证开始前，听证记录员应当查明听证参加人是否到场，并宣布以下听证纪律：

（一）未经听证主持人允许不得发言、提问；

（二）未经听证主持人允许不得录音、录像和摄影；

（三）未经听证主持人允许听证参加人不得退场；

（四）不得大声喧哗，不得鼓掌、哄闹或者进行其他妨碍听证秩序的活动。

第六十一条 听证主持人核对听证参加人身份，宣布听证主持人、听证记录员名单，告知听证参加人在听证中的权利义务，询问当事人是否申请听证主持人回避。

第六十二条 听证应当按照下列程序进行：

（一）听证主持人宣布听证开始，宣布案由；

（二）案件调查人员提出当事人违法的事实、证据、行政处罚的依据和建议等；

（三）当事人及其委托代理人就调查人员提出的违法事实、证据、行政处罚的依据和建议进行申辩，并可以出示无违法事实、违法事实较轻，或者减轻、免除行政处罚的证据材料；

（四）经听证主持人允许，案件调查人员和当事人可以就有关证据相互质证，也可以向到场的证人、鉴定人、勘验人发问；

（五）当事人作最后陈述；

（六）听证主持人宣布听证结束。

第六十三条 出现下列情形之一的，听证主持人应当延期举行听证：

（一）当事人因不可抗拒的事由无法到场的；

（二）当事人临时申请听证主持人回避的；

（三）其他应当延期的情形。

第六十四条 出现下列情形之一的，听证主持人可以中止听证：

（一）需要通知新的证人到场，调取新的证据或者需要重新鉴定、调查或者需要补充调查的；

（二）当事人因不可抗拒的事由，无法继续参加听证的；

（三）法人或者其他组织终止，尚未确定权利义务承继人；自然人丧失行为能力或者死亡，尚未确定法定代理人或者需要等待继承人表明是否参加听证的；

（四）其他应当中止听证的情形。

第六十五条 延期、中止听证的情形消失后，听证主持人应当恢复听证，并将听证的时间、地点通知听证参加人。

第六十六条 出现下列情形之一的，听证主持人应当终止听证：

（一）当事人撤回听证要求的；

（二）当事人无正当理由不参加听证，或者未经听证主持人允许中途退场的；

（三）当事人死亡、丧失行为能力或者终止满3个月后，未确定法定代理人或者权利义务承继人的；

（四）拟作出的行政处罚决定改变，不需要举行听证的；

（五）其他应当终结听证的情形。

当事人撤回听证要求的，听证记录员应当在听证笔录上记明，并由当事人签名或者盖章。

第六十七条 听证记录员应当如实、全面地记录听证的全过程，听证主持人和听证记录员应当在听证笔录上签名。

听证笔录应当经当事人和案件调查人员当场签名或者盖章。

当事人拒绝签名或者盖章的，听证记录员应当在听证笔录上记明情况。

第四节 处罚决定

第六十八条 案件审理部门应当根据《案件调查报告书》和当事人陈述、申辩的情况及听证情况拟定《行政处罚决定书》，报中国保监会负责人或者派出机构负责人批准。

第六十九条 《行政处罚决定书》应当包括下列内容：

（一）当事人的姓名或者名称、住所；

（二）违反法律、行政法规或者规章的事实和证据；

（三）行政处罚的种类和依据；

（四）行政处罚的履行方式和期限；

（五）不服行政处罚决定，申请行政复议或者提起行政诉讼的途径和期限；

（六）作出行政处罚决定的机关名称及作出决定的日期。

第七十条 《行政处罚决定书》必须盖有作出行政处罚决定的机关的印章。

第七十一条 中国保监会及派出机构应当将《行政处罚决定书》送达当事人。

第七十二条 中国保监会或者派出机构应当在作出行政处罚决定之日起20日内，将行政处罚决定的内容在中国保监会或者派出机构的网站上公布。

第五章　执　行

第七十三条　行政处罚决定依法作出后，当事人应当在行政处罚决定规定的期限内履行。

第七十四条　当事人对中国保监会或者派出机构的行政处罚决定不服申请行政复议或者提起行政诉讼的，行政处罚不停止执行，法律另有规定的除外。

第七十五条　当事人逾期不履行行政处罚决定的，作出行政处罚决定的中国保监会或者派出机构可以采取下列措施：

（一）到期不缴纳罚款的，每日按照罚款数额的3%加处罚款；

（二）申请人民法院强制执行；

（三）法律、行政法规规定的其他措施。

第七十六条　当事人确有经济困难，需要延期或者分期缴纳罚款的，经当事人申请和作出行政处罚决定的机关批准，可以暂缓或者分期缴纳。

第七十七条　除依法应当予以销毁的物品外，依法没收的非法财物，必须按照国家规定公开拍卖或者按照国家有关规定处理。

没收的票据交有关部门统一处理。

销毁物品，按照国家有关规定处理；没有规定的，经作出行政处罚决定的机关负责人批准，由两名以上执法人员监督销毁，并制作销毁记录。

物品处理，应当制作清单。

第七十八条　吊销业务许可证的，应当收缴业务许可证，并在中国保监会指定的报纸和中国保监会或者派出机构的网站上予以公告。

公告应当包括下列内容：

（一）被处罚机构的名称；

（二）作出处罚决定的理由和法律依据；

（三）其他需要公告的事项。

第七十九条　罚没款及没收物品的变价款，必须全部上缴国库，任何单位和个人不得截留、私分或者变相私分。

第六章　附　则

第八十条　本规定未规定的行政处罚程序，适用《行政处罚法》。

第八十一条　本规定期间的计算和行政处罚文书的送达，依照民事诉讼法及中国保监会关于期间、送达的规定执行。

本规定有关期限的“日”是指工作日，不含节假日。

第八十二条　本规定所称中国保监会负责人是指中国保监会主席或者经授权的副主席。

本规定所称派出机构负责人是指派出机构局长或者经授权的副局长。

第八十三条　本规定由中国保监会负责解释。

第八十四条　本规定自2010年5月28日起施行；中国保监会2005年11月8日发布的《中国保险监督管理委员会行政处罚程序规定》（保监会令2005年第3号）同时废止。

中国保险监督管理委员会派出机构监管职责规定

（保监会令〔2016〕1号　2016年1月11日）

第一条　为了明确派出机构监管工作职责，完善对保险业的监督管理，促进保险业健康发展，根据《中华人民共和国保险法》等法律、行政法规，制定本规定。

第二条　本规定所称派出机构，是指中国保险监督管理委员会（以下简称中国保监会）派驻各省、自治区、直辖市和计划单列市的监管局。

本规定所称保险公司分支机构，是指保险公司依法设立的分公司、中心支公司、支公司、营业部、营销服务部和专属机构。

本规定所称保险中介机构，是指依法设立的保险代理机构、保险经纪机构、保险公估机构和上述机构的分支机构。

第三条　中国保监会对派出机构实行垂直领导、统一管理。各派出机构直接对中国保监会负责，根据中国保监会的授权履行监管职责。

中国保监会和省（自治区、直辖市）监管局可以授权监管分局履行监管职责，监管分局直接对其所在省（自治区、直辖市）的监管局负责。

第四条　派出机构履行监管职责，应当遵循依法、公开、公正的原则，维护保险市场秩序，保护投保人、被保险人和受益人等保险消费者的合法权益。

第五条　派出机构负责辖区内保险公司分支机构和保险中介机构的市场准入、退出和机构监管。

第六条　派出机构负责辖区内保险公司分支机构和保险中介机构的保险许可证颁发、送达和更换。

第七条　派出机构负责辖区内保险公司分支机构高级管理人员的任职资格核准和监管，负责辖区内保险公司营销服务部负责人的监管。

第八条　派出机构负责辖区内保险中介机构的董事长、执行董事和高级管理人员的任职资格核准和监管，以及保险销售从业人员、保险经纪从业人员和保险公估从业人员的监管。

第九条　派出机构对辖区内保险产品的销售、理赔等服务进行监管，对辖区内保险公司分支机构保险条款、保险费率的执行情况以及保险产品信息的披露情况进行监管。

第十条　派出机构对辖区内保险中介机构的业务、财务、产品信息披露、保证金和职业责任保险投保情况进行监管。

第十一条　派出机构负责辖区内下列监管工作：

（一）消费者权益保护；

（二）信访和举报处理，政府信息公开；

（三）反洗钱、反保险欺诈、反非法集资、案件风险管理；

（四）查处非法经营商业保险业务或者非法从事保险代理业务、保险经纪业务；

（五）保险信息安全管理；

（六）保险业信用体系建设。

第十二条　派出机构负责辖区内保险统计信息的审核、管理，对当地保险市场运行状况和发展趋势进行调查研究，并及时向中国保监会报告有可能影响当地保险市场正常运行的重大事项。

第十三条　派出机构根据中国保监会的规定，履行偿付能力监管的有关职责。

第十四条　派出机构负责对辖区内下列机构实施现场检查和非现场监管：

（一）保险公司分支机构和保险中介机构；

（二）依法可以实施现场检查和非现场监管的其他机构；

（三）中国保监会授权或者委托派出机构实施现场检查和非现场监管的其他机构。

第十五条 派出机构根据中国保监会的规定，对辖区内保险公司法人机构有关事项进行监管。

第十六条 派出机构根据中国保监会的规定，实施行政处罚或者采取其他监管措施。

第十七条 辖区内设有监管分局的派出机构履行下列监管职责：

（一）受理以辖区内监管分局为被申请人的行政复议；

（二）受理对辖区内监管分局处理意见不服的信访复查请求；

（三）受理对辖区内监管分局作出的保险消费投诉处理决定有异议的核查申请。

第十八条 派出机构应当与辖区内其他金融监管机构以及政府有关部门建立分工合作的协作机制。

第十九条 派出机构依法指导、监督辖区内保险公司分支机构和保险中介机构的高级管理人员培训工作。

派出机构依法指导、监督辖区内保险行业协会、保险中介行业协会、保险学会等行业社团组织。

第二十条 中国保监会对于派出机构的监管职责另有规定的，从其规定。

第二十一条 本规定由中国保监会负责解释。

第二十二条 本规定自2016年3月1日起施行。中国保监会2004年6月30日发布的《中国保险监督管理委员会派出机构监管职责规定》（保监会令〔2004〕7号）同时废止。

保险资金间接投资基础设施项目管理办法

（保监会令〔2016〕2号 2016年6月14日）

第一章 总 则

第一条 为了加强对保险资金间接投资基础设施项目的管理，防范和控制管理运营风险，确保保险资金安全，维护保险人、被保险人和各方当事人的合法权益，促进保险业稳定健康发展，根据《中华人民共和国保险法》、《中华人民共和国信托法》、《中华人民共和国合同法》等法律、行政法规，制定本办法。

第二条 本办法所称保险资金间接投资基础设施项目，是指委托人将其保险资金委托给受托人，由受托人按委托人意愿以自己的名义设立投资计划，投资基础设施项目，为受益人利益或者特定目的，进行管理或者处分的行为。

第三条 委托人投资受托人设立的投资计划，应当聘请托管人托管投资计划的财产。受益人应当聘请独立监督人监督投资计划管理运营的情况。

第四条 委托人、受托人、受益人、托管人、独立监督人以及参与投资计划的其他当事人应当依法从事相关业务活动，并按照本办法规定，签订书面合同，载明各方的权利、义务。

第五条 投资计划财产独立于受托人、托管人、独立监督人及其他为投资计划管理提供服务的自然人、法人或者组织的固有财产及其管理的其他财产。受托人因投资计划财产的管理、运用、处分或者其他情形取得的财产和收益，应当归入投资计划财产。

第六条 受托人、托管人、独立监督人及其他为投资计划管理提供服务的自然人、法人或者组织，因依法解散、被依法撤销或者被依法宣告破产等原因进行终止清算的，投资计划财产不属于其清算财产。

投资计划财产的债权，不得与受托人、托管人、独立监督人及其他为投资计划管理提供服务的自然人、法人或者组织的固有财产产生的债务相抵销。不同投资计划财产的债权债务，不得相互抵销。

非因执行投资计划产生债务，不得对投资计划财产强制执行。

第七条 保险资金间接投资基础设施项目，应当遵循安全性、收益性、流动性和资产负债匹配原则。委托人应当审慎投资，防范风险。受托人、托管人、独立监督人及其他为投资计划管理提供服务的自然人、法人或者组织，应当恪尽职守，履行诚实、信用、谨慎、勤勉的义务。

第八条 中国保险监督管理委员会（以下简称中国保监会）负责制定保险资金间接投资基础设施项目的有关政策。

中国保监会与有关监管部门依法对保险资金间接投资基础设施项目的各方当事人和相关业务活动进行监督管理。

第二章 投资计划

第九条 本办法所称投资计划，是指各方当事人以合同形式约定各自权利义务关系，确定投资份额、金额、币种、期限或者投资退出方式、资金用途、收益支付和受益凭证转让等内容的金融工具。

第十条 投资计划可以采取债权、股权、物权及其他可行方式投资基础设施项目。

投资计划采取债权方式投资基础设施项目的，应当具有明确的还款安排。采取股权、政府和社会资本合作模式投资基础设施项目的，应当选择收费定价机制透明、具有预期稳定现金流或者具有明确退出安排的项目。

第十一条 投资计划投资的基础设施项目应当符合下列条件：

（一）符合国家产业政策和有关政策；

（二）项目立项、开发、建设、运营等履行法定程序；

（三）融资主体最近2年无不良信用记录；

（四）中国保监会规定的其他条件。

第十二条 投资计划不得投资有下列情形之一的基础设施项目：

（一）国家明令禁止或者限制投资的；

（二）国家规定应当取得但尚未取得合法有效许可的；

（三）主体不确定或者权属不明确等存在法律风险的；

（四）融资主体不符合融资的法定条件的；

（五）中国保监会规定的其他情形。

第十三条 投资计划至少应当包括下列法律文书：

（一）投资计划募集说明书；

（二）委托人与受托人签订的受托合同，合同至少应当包括投资计划名称、管理方式、各方当事人权利义务、期限或者投资退出方式、金额、投资计划财产的收益分配和支付、管理费用和报酬、投资计划财产损失后的承担主体和承担方式、违约赔偿责任和纠纷解决方式等内容；

（三）委托人与托管人签订的托管合同，合同至少应当包括托管财产范围、投资计划财产的收益划拨、资金清算、会计核算及估值、费用计提、违约赔偿责任等内容；

（四）受托人与融资主体签订的投资合同或者相关协议，至少应当包括投资金额、期限或者投资退出方式、资金用途及划拨方式、项目管理方式、运营管理、违约赔偿责任等内容；

（五）受益人与独立监督人签订的监督合同，合同至少应当包括独立监督人的监督范围，超过限额的资金划拨确认以及资金划拨方式、项目管理运营、建设质量监督、违约赔偿责任等内容；

（六）受益人大会章程；

（七）投资计划具有信用增级安排的，应当包括信用增级的法律文件；

（八）中国保监会规定的其他法律文书。

前款第（二）、（三）、（四）、（五）、（六）项规定的法律文书应当载明其他当事人参与的有关受托、托管、项目投资、监督等事项。

第十四条 投资计划募集说明书至少应当载明下列事项：

（一）投资和管理风险；

（二）投资计划目的和基础设施项目基本情况，包括项目资金用途、金额、期限或者投资退出方式、还款方式、保证条款及违约责任、信息披露等；

（三）各方当事人基本情况，包括名称、住所、联系方式及其关联关系；

（四）投资可行性分析；

（五）投资计划业务流程，包括登记及托管事项、投后管理、风险及控制措施、流动性安排、收益分配及账户管理；

（六）投资计划的设立和终止；

（七）投资计划的纳税情况；

（八）投资计划约定或者法律、行政法规以及中国保监会规定的其他内容。

投资和管理风险应当在投资计划募集说明书的显著位置加以提示。

第十五条　投资计划各方当事人应当在投资计划中书面约定受托管理费、托管费、监督费和其他报酬的计提标准、计算方法、支付方式、保证履约条款以及违约责任等内容。

各方当事人应当按照市场公允原则，综合考虑运营成本、履职需要等因素合理确定相关费率水平。有关当事人经协商同意，可以增减约定报酬的数额，修改有关报酬的约定。

第十六条　投资计划的受益权应当分为金额相等的份额。

受益人通过受益凭证表明受益权。受益人可以转让受益凭证。受益凭证的受让方应当是具有风险识别和承受能力的合格投资者。受益凭证转让的，受让人承继原受益人的权利义务，投资计划其他各方当事人的权利义务不因转让发生变化。

投资计划受益凭证转让规则，由中国保监会另行制定。

第十七条　有下列情形之一的，投资计划终止：

（一）发生投资计划约定的终止事由；

（二）投资计划的存续违反投资计划目的；

（三）投资计划目的已经实现或者不能实现；

（四）投资计划被撤销或者解除；

（五）投资计划当事人协商同意；

（六）投资计划约定或者法律、行政法规以及中国保监会规定的其他情形。

第十八条　投资计划终止后，受托人应当在终止之日起 90 日内，完成投资计划清算工作，并向有关当事人和监管部门出具经审计的清算报告。

受益人、投资计划财产的其他权利归属人以及投资计划的相关当事人应当在收到清算报告之日起 30 日内提出意见。未提书面异议的，视为其认可清算报告，受托人就清算报告所列事项解除责任，但受托人有不当行为的除外。

第十九条　投资计划的各方当事人应当严格按照投资计划约定的时间和程序，分配投资计划收益和有关财产。

第二十条　受托人、托管人、独立监督人违反本办法规定或者投资计划约定，造成投资计划财产损失的，应当依法承担相应赔偿责任。

第三章　委托人

第二十一条　本办法所称委托人，是指在中华人民共和国境内，经中国保监会批准设立的保险公司、保险集团公司和保险控股公司（以下简称保险机构）以及其他具有风险识别和承受能力的合格投资者。

一个或者多个委托人可以投资一个投资计划，一个委托人可以投资多个投资计划。

第二十二条　保险机构作为投资计划委托人，应当符合下列条件：

（一）具有公司董事会或者董事会授权机构批准投资的决议；

（二）建立了完善的投资决策和授权机制、风险控制机制、业务操作流程、内部管理制度和责任追究制度；

（三）引入了投资计划财产托管机制；

（四）拥有一定数量的相关专业投资人员；

（五）最近 3 年无重大投资违法违规记录；

（六）偿付能力符合中国保监会有关规定；

（七）中国保监会规定的其他条件。

保险机构委托保险资产管理公司等专业管理机构，代其履行委托人相关权利义务的，不受前款第（四）

项限制。

第二十三条 委托人应当履行下列职责：

（一）评估投资计划的投资可行性；

（二）测试投资计划风险及承受能力，制定风险防范措施和预案；

（三）选择受托人和托管人，约定受益人权利；

（四）与受托人签订受托合同，确定投资计划管理方式，约定受托人管理、运用及处分权限，监督受托人履行职责的情况；

（五）监督托管人履行职责的情况；

（六）约定有关当事人报酬的计提方法和支付方式；

（七）定期向有关当事人了解投资计划财产的管理、运用、收支和处分情况及项目建设和管理运营信息，并要求其作出具体说明；

（八）根据有关法律、行政法规规定以及投资计划的约定或者因未能预见的特别事由致使投资计划不符合受益人利益的，要求受托人调整投资计划财产的管理方法；

（九）受托人违反有关法律规定和投资计划约定，造成投资计划财产损失的，要求受托人恢复投资计划财产原状、给予赔偿；

（十）受托人、托管人违反投资计划目的处分投资计划财产或者管理、运用、处分投资计划财产有重大过失的，根据投资计划的约定和本办法的规定解任受托人、托管人；

（十一）保存投资计划投资会计账册、报表等；

（十二）接受中国保监会的监督管理，及时报送相关文件及材料；

（十三）投资计划约定或者法律、行政法规以及中国保监会规定的其他职责。

第二十四条 委托人不得有下列行为：

（一）投资未依照有关规定注册的投资计划；

（二）利用投资计划违法转移保险资金、向关联方输送不正当利益；

（三）妨碍相关当事人履行投资计划约定的职责；

（四）投资计划约定或者法律、行政法规以及中国保监会禁止的行为。

第四章 受托人

第二十五条 本办法所称受托人，是指根据投资计划约定，按照委托人意愿，为受益人利益，以自己的名义投资基础设施项目的信托公司、保险资产管理公司、产业投资基金管理公司或者其他专业管理机构。

受托人与托管人、独立监督人、融资主体不得为同一人，且受托人与独立监督人、融资主体不得具有关联关系。

受托人与托管人具有关联关系的，应当及时向投资计划各方当事人披露，并向中国保监会报告。

第二十六条 受托人设立投资计划，应当具备相应的投资管理能力。具体规则由中国保监会另行制定。

第二十七条 受托人设立投资计划，应当向中国保监会指定的注册机构注册。

受托人应当按照注册机构的要求报送注册材料。受托人报送的注册材料应当真实、完备、规范。

注册机构对注册材料的完备性和合规性进行程序性审核，不对投资计划的投资价值及风险作实质性判断。

第二十八条 受托人应当履行下列职责：

（一）调查投资项目情况，出具尽职调查报告；

（二）选择基础设施项目，评估项目投资价值及管理运营风险；

（三）设立投资计划，与委托人签订受托合同；

（四）与融资主体签订投资合同或者相关协议，约定融资主体书面承诺接受独立监督人的监督并为独立监督人实施监督提供便利；

（五）代表委托人与托管人签订托管合同，为每个投资计划开立一个独立的投资计划财产银行账户；

（六）代表受益人与独立监督人签订独立监督合同，为受益人最大利益，谨慎处理投资计划事务，保障投资计划财产安全；

（七）在投资计划授权额度内，及时向托管人下达项目资金划拨指令；

（八）及时向受益人分配并支付投资计划收益，将到期投资计划财产归还受益人；

（九）协助受益人办理受益凭证转让事宜；

（十）及时披露投资计划信息，接受有关当事人查询，如实提供相关材料，报告项目管理运营情况；

（十一）持续管理和跟踪监测基础设施项目建设或者运营情况，要求融资主体履行相关信息披露义务；

（十二）编制投资计划管理及财务会计报告；

（十三）聘请会计师事务所等中介机构审计投资计划管理和投资项目运营情况；

（十四）保存处理投资计划事务的完整记录及投资项目的会计账册、报表等；

（十五）依法保守投资计划的商业机密；

（十六）受益人大会实质性变更投资计划的，及时将有关投资计划变更的文件资料报送中国保监会；

（十七）遇有突发紧急事件，及时向有关当事人、中国保监会和有关监管部门报告；

（十八）主动接受有关当事人、中国保监会和有关监管部门的监督，报送相关文件及资料；

（十九）投资计划约定或者法律、行政法规以及中国保监会规定的其他职责。

第二十九条　受托人按照投资计划约定取得报酬。

受托人违反投资计划约定处分投资计划财产，或者因违背管理职责、处理投资计划不当致使投资计划财产损失的，在未恢复投资计划财产原状或者未予赔偿前，不得请求给付报酬。

第三十条　受托人违反投资计划约定，致使对第三方所负债务或者自己受到的损失，以其固有财产承担。

受托人违背受托合同约定，管理、运用、处分投资计划财产取得的不正当利益，应当归入投资计划财产；导致投资计划财产受到损失的，应当承担赔偿责任。

受托人提供虚假或者模糊信息，误导独立监督人，造成投资计划财产损失的，应当承担赔偿责任。

第三十一条　有下列情形之一的，受托人职责终止：

（一）受托人被依法暂停或者终止从事受托业务；

（二）受托人被委托人或者受益人大会解任；

（三）受托人依法解散、被依法撤销、被依法接管或者被依法宣告破产；

（四）投资计划约定的其他情形。

第三十二条　受托人职责终止的，委托人或者受益人大会应当在30日内委任新的受托人。

受托人职责终止的，新受托人继任前，原受托人应当继续履行有关职责，妥善保管有关资料，及时办理受托管理业务移交手续。新受托人应当承继原受托人处理投资计划事务的职责。

受托人出现第三十一条第（三）项情形时，委托人或者受益人大会应当指定临时受托人负责投资计划的相关事宜。

投资计划终止时，受托人应当继续履行有关职责，直至清算结束。

第三十三条　受托人职责终止的，应当聘请会计师事务所对其受托管理投资计划的行为进行审计，将审计结果书面通报投资计划的其他当事人，并报送中国保监会和有关监管部门。

第三十四条　受托人不得有下列行为：

（一）挪用投资计划财产；

（二）将投资计划财产用于信用交易；
（三）以投资计划财产为他人提供担保或者向融资主体之外的人提供贷款；
（四）将投资计划财产与其固有财产、他人财产混合管理；
（五）将不同投资计划财产混合管理；
（六）利用投资计划财产牟取约定报酬以外的利益，或者为他人牟取不正当利益；
（七）以任何方式提供保本或者最低投资收益承诺；
（八）不公平管理不同投资计划财产；
（九）将受托人固有财产与投资计划财产进行交易或者将不同投资计划财产进行相互交易；
（十）从事导致投资计划财产承担无限责任的投资；
（十一）投资计划约定或者法律、行政法规以及中国保监会禁止的行为。

第五章　受益人

第三十五条　本办法所称受益人，是指持有投资计划受益凭证，享有投资计划受益权的人。

投资计划受益人可以为委托人。受益人可以兼任独立监督人。

委托人是唯一受益人的，委托人可以要求解除投资计划。投资计划另有约定的，从其约定。

第三十六条　保险机构受让投资计划的受益凭证，应当符合本办法第二十二条规定的条件。

第三十七条　投资计划生效后，受益人依法享有下列权利：

（一）分享投资计划财产收益；
（二）参与分配清算后的剩余投资计划财产；
（三）依法转让其持有的投资计划受益凭证；
（四）按规定要求召开或者召集受益人大会，按其持有投资计划受益凭证份额或者投资计划约定行使表决权；
（五）向投资计划有关当事人了解投资计划管理及项目建设和运营信息，监督有关当事人履职情况；
（六）投资计划约定或者法律、行政法规以及中国保监会规定的其他权利。

第三十八条　受益人为两人以上的，应当设立受益人大会。受益人大会依法行使下列职权：

（一）审议受益人大会章程和独立监督合同；
（二）决定提前终止受托合同或者延长投资计划期限；
（三）决定改变投资计划财产投资方式；
（四）决定更换受托人、托管人、独立监督人；
（五）决定调整受托人、托管人以及投资计划的其他当事人报酬标准；
（六）投资计划约定的其他职权。

第三十九条　受益人大会由持有投资计划 1/3 以上受益凭证份额的受益人或者受托人提议召开。除突发紧急事件外，召集人应当至少提前 10 日通知受益人大会的召开时间、会议形式、审议事项、议事程序和表决方式等事项，同时报告中国保监会。中国保监会可以委派监管人员作为会议观察员列席会议。

受益人大会召开、提交议题和审议表决等事项按照受益人大会章程和有关规定执行。

第四十条　投资计划终止或者受益人将其投资计划受益凭证全部转让后，其受益人权利义务自行终止。

第四十一条　受益人不得有下列行为：

（一）授意受托人违法违规投资；
（二）损害其他受益人利益；
（三）妨碍其他当事人依法履行职责；

（四）投资计划约定或者法律、行政法规以及中国保监会禁止的行为。

第六章　托管人

第四十二条　本办法所称托管人，是指根据投资计划约定，由委托人聘请，负责投资计划财产托管的商业银行或者其他专业金融机构。

一个投资计划选择一个托管人。托管人不得与受托人、融资主体为同一人，且不得与融资主体具有关联关系。

托管人与受益人为同一人、托管人与受益人或者受托人具有关联关系的，应当及时向投资计划各方当事人披露，并向中国保监会报告。

第四十三条　托管人应当符合中国保监会规定的有关条件，并已取得相关托管业务资格。

第四十四条　托管人应当履行下列职责：

（一）忠实履行托管职责；

（二）根据不同投资计划，分别设置专门账户，保证投资计划财产独立和安全完整；

（三）根据委托人指令，及时托管投资计划财产，办理委托人的资金划拨；

（四）根据投资计划约定，审核受托人指令，及时办理投资计划的资金划拨，将投资收益及到期投资计划财产划入受益人指定账户；

（五）确保融资主体支付投资收益和清算财产分配进入投资计划专门账户；

（六）负责投资计划的会计核算，复核、审查受托人计算的投资计划财产价值；

（七）了解并获取投资计划管理运营的有关信息，要求受托人、融资主体作出说明；

（八）监督投资计划资金使用及回收、投资计划收益计算及分配情况，发现受托人违规操作的，应当及时向其他当事人及中国保监会和有关监管部门报告；

（九）定期编制托管报告；

（十）及时披露投资计划信息，如实提供相关材料，报告投资计划执行情况，接受委托人、受益人及独立监督人的查询；

（十一）保存投资计划资金划拨指令、收益计算、支付及分配的会计账册、报表等；

（十二）主动接受委托人、受益人以及中国保监会和有关监管部门的监督，向其报送相关文件及资料；

（十三）投资计划约定或者法律、行政法规以及中国保监会规定的其他职责。

第四十五条　托管人按照投资计划约定取得报酬。

托管人因未履行托管义务造成投资计划财产损失的，应当承担赔偿责任。

第四十六条　有下列情形之一的，托管人职责终止：

（一）托管人被依法暂停或者终止从事托管业务；

（二）托管人被委托人或者受益人大会解任；

（三）托管人依法解散、被依法撤销、被依法接管或者被依法宣告破产；

（四）投资计划约定的其他情形。

第四十七条　托管人职责终止的，委托人或者受益人大会应当在30日内委任新托管人。

托管人职责终止的，新托管人继任前，原托管人应当继续履行有关职责，妥善保管托管管理资料，及时办理托管业务移交手续。新托管人应当承继原托管人处理投资计划事务的职责。

托管人出现本办法第四十六条第（三）项情形时，委托人或者受益人大会可以指定临时托管人负责相关托管事宜。

第四十八条　托管人职责终止的，应当聘请会计师事务所对其托管投资计划财产进行审计，将审计结果通报其他投资计划当事人，并报送中国保监会和有关监管部门。

第四十九条 托管人不得有下列行为：

（一）挪用其托管的投资计划财产；

（二）将其托管的投资计划财产与其固有财产混合管理；

（三）将其托管的不同投资计划财产混合管理；

（四）将其托管的投资计划财产转交他人托管；

（五）与受托人、融资主体、独立监督人合谋，损害受益人利益；

（六）投资计划约定或者法律、行政法规以及中国保监会禁止的行为。

第七章 独立监督人

第五十条 本办法所称独立监督人，是指根据投资计划约定，由受益人聘请，为维护受益人利益，对受托人管理投资计划和融资主体具体运营情况进行监督的专业管理机构。

一个投资计划选择一个独立监督人，项目建设期和运营期可以分别聘请独立监督人，投资计划另有约定的除外。独立监督人与受托人、融资主体不得为同一人，不得具有关联关系。

第五十一条 独立监督人可由下列机构担任：

（一）投资计划受益人；

（二）最近一年国内评级在 AA 级以上的金融机构；

（三）国家有关部门已经颁发相关业务许可证的专业机构；

（四）中国保监会认可的其他机构。

第五十二条 独立监督人应当符合下列条件：

（一）具有良好的诚信和市场形象；

（二）具有完善的内部管理、项目监控和操作制度，并且执行规范；

（三）具备承担独立监督职责的专业知识及技能；

（四）从事相关业务 3 年以上并有相关经验；

（五）近 3 年未被主管部门或者监管部门处罚；

（六）中国保监会规定的其他条件。

第五十三条 独立监督人应当履行下列职责：

（一）遵守职业准则，忠实履行监督职责；

（二）必要时聘请法人、自然人及其他组织，协助完成独立监督职责；

（三）监督受托人管理投资计划以及履行法定、投资计划约定职责的情况；

（四）跟踪监测融资主体管理的基础设施项目情况，包括但不限于投资计划资金投向，项目期限、质量、成本、运营以及履行合同情况。发现融资主体财务状况严重恶化、担保方不能继续提供有效担保等重大情况，应当及时向有关当事人以及中国保监会和有关监管部门报告；

（五）分析项目建设及运营风险，及时提出防范和化解建议；

（六）了解、获取投资计划管理及项目运营的有关信息，并要求受托人、融资主体作出说明；

（七）列席受益人大会；

（八）向受益人和中国保监会提交监督报告，主动接受受益人以及中国保监会和有关监管部门的监督检查，报送相关文件及资料；

（九）投资计划约定或者法律、行政法规以及中国保监会规定的其他职责。

第五十四条 独立监督人按照投资计划约定取得报酬。

独立监督人因监督不力造成投资计划财产损失的，应当承担赔偿责任。

第五十五条　有下列情形之一的，独立监督人职责终止：

（一）独立监督人被依法暂停或者终止从事独立监督业务；

（二）独立监督人被受益人大会解任；

（三）独立监督人依法解散、被依法撤销、被依法接管或者被依法宣告破产；

（四）投资计划约定的其他情形。

第五十六条　独立监督人职责终止的，受益人大会应当在30日内委任新独立监督人。

独立监督人职责终止的，新独立监督人继任前，原独立监督人应当继续履行有关职责，妥善保管监督资料，及时办理监督业务移交手续。新独立监督人应当承继原独立监督人处理投资计划事务的职责。

独立监督人出现本办法第五十五条第（三）项情形时，受益人大会可以指定临时独立监督人负责相关独立监督事宜。

第五十七条　独立监督人职责终止的，应当通报其他当事人，并报告中国保监会。

第五十八条　独立监督人不得有下列行为：

（一）与受托人、托管人和融资主体合谋，损害受益人利益；

（二）投资计划约定或者法律、行政法规以及中国保监会禁止的行为。

第八章　信息披露

第五十九条　各方当事人应当根据投资计划约定或者法律、行政法规、中国保监会以及有关部门的规定，完整保存投资计划相关资料，履行信息披露义务，保证有关当事人可以查阅或者复制。

各方当事人应当按照投资计划约定的时间和方式，准确、及时、规范报送有关投资计划管理运营、监督情况的文件资料，并对其真实性和完整性负责。

第六十条　受托人应当按照本办法第十三条的规定，向委托人提供投资计划法律文书和法律意见书等书面文件，充分披露相关信息，明示投资计划要素，揭示并以醒目方式提示各类风险以及风险承担原则。

第六十一条　受托人应当按照投资计划约定向委托人、受益人、托管人和独立监督人披露下列信息：

（一）投资计划设立情况，包括委托人和受益人范围和数量、资金总额等；

（二）投资计划运作管理情况，包括受托人、项目、融资主体、信用增级最新情况、收益和本金支付情况、投资管理情况、投资计划终止以及财产的归属和分配情况、投资计划协助关联方与投资计划相关当事人发生他项交易的情况等；

（三）重大事项、突发紧急事件和拟采取的措施；

（四）投资计划季度、半年、年度管理报告，其中年度管理报告应当附经会计师事务所审计的财务会计报告；

（五）投资计划约定或者法律、行政法规以及中国保监会和有关监管部门规定披露的信息。

第六十二条　受托人应当向中国保监会报告本办法第六十一条规定的各项信息。

向中国保监会提交的年度管理报告还应当包括下列信息：

（一）相关子公司或者事业部运营状况；

（二）相关管理人员履职情况。

第六十三条　保险机构作为委托人或者受益人，应当按照中国保监会的规定提交投资情况的报告。

受益人召开受益人大会的，应当及时向所有受益人披露受益人大会的决议和有关情况。

第六十四条　托管人、独立监督人应当向委托人、受益人以及中国保监会和有关监管部门披露、报告下列信息和事项：

（一）受托人履行职责情况；

（二）投资计划收益及财产现状；

（三）托管报告及监督报告；

（四）其他需要披露及报告的事项。

第六十五条 受托人、独立监督人应当采取必要措施，促使融资主体详尽充分披露有关信息。

第六十六条 各方当事人提供报告和披露信息时，应当保证所提供报告和信息真实、有效、完整，不得虚假陈述、诋毁其他当事人，不得做出违反法律、行政法规和本办法规定的承诺。

第六十七条 除本办法规定的内容外，凡有可能对委托人、受益人决策或者利益产生实质性影响的信息，各方当事人均有义务履行披露职责。

第九章 风险管理

第六十八条 委托人、受益人应当对投资计划风险进行实质性评估，根据资金性质、投资管理能力和风险管理能力，合理制定投资方案，履行相应的内部审核程序，自主投资、自担风险。

第六十九条 受托人应当建立有效的风险控制体系，覆盖项目开发、项目评审、审批决策、风险监控等关键环节。受托人董事会负责定期审查和评价业务开展情况，并承担风险管理的最终责任。

第七十条 受托人应当健全投资问责制度，建立风险责任人机制，切实发挥风险责任人对业务运作的监督作用。受托人向委托人、受益人和中国保监会提交相关报告，须由风险责任人签字确认。

第七十一条 受托人应当建立相应的净资本管理机制和风险准备金机制，确保满足抵御业务不可预期损失的需要。风险准备金从投资计划管理费收入中计提，计提比例不低于10%，主要用于赔偿受托人因违法违规、违反受托合同、未尽责履职等给投资计划财产造成的损失。不足以赔偿上述损失的，受托人应当使用其固有财产进行赔偿。

第七十二条 受托人应当恪尽职守，勤勉尽职，加强对融资主体、信用增级、投资项目等的跟踪管理和持续监测，及时掌握资金使用及投资项目运营情况，根据投资计划投资方式制定相应的风险控制措施，切实履行受托职责。

第七十三条 委托人、受益人应当充分发挥投资者监督作用，及时与受托人、托管人、独立监督人通报相关信息，跟踪监测投资计划执行和具体管理情况。

第七十四条 委托人、受益人应当每年对受托人、托管人和独立监督人进行尽职评估，必要时按照投资计划约定予以更换。

第七十五条 投资计划存续期间发生异常、重大或者突发等风险事件，各方当事人应当采取积极措施，尽可能降低投资计划财产损失。

受托人应在知悉或者应当知悉风险事件发生之日起5日内向委托人、受益人等相关当事人履行信息披露义务，并向中国保监会报告。

第七十六条 各方当事人不得违反投资计划约定或者法律、行政法规以及中国保监会规定，泄露与投资计划相关的商业秘密。

第十章 监督管理

第七十七条 中国保监会依法对投资计划当事人的经营活动进行监督，必要时可以责令各方当事人聘请具有相应资格的会计师事务所审计投资计划业务和财务状况。各方当事人应当积极配合，不得发生以下行为：

（一）拒绝、阻挠监管人员的监督检查；

（二）拒绝、拖延提供与检查事项有关的资料；

（三）隐匿、伪造、变造、毁弃会计凭证、会计账簿、会计报表以及其他有关资料；

（四）中国保监会规定的其他禁止行为。

有关监管部门按照各自职责，依法对受托人、托管人和独立监督人等有关当事人的业务情况进行监督检查。

第七十八条　中国保监会建立责任追究制度，负责对委托人、受益人及其高级管理人员和主要业务人员进行检查和问责。对违反有关法律、行政法规和本办法规定的行为进行质询和监管谈话，并依法给予行政处罚。

委托人、受益人的高级管理人员和主要业务人员离任后，发现其在该机构工作期间违反有关法律、行政法规和本办法规定的，应当依法追究责任。

第七十九条　受托人、托管人、独立监督人违反有关法律、行政法规和本办法规定的，中国保监会将记录其不良行为。情节严重的，中国保监会可以依法暂停其从事保险资金间接投资基础设施项目的业务，并会同有关监管部门依法给予行政处罚。

中国保监会可以限制、禁止委托人、受益人投资有不良记录的受托人、托管人和独立监督人参与的投资计划。受益人已经投资该类投资计划的，中国保监会可以要求其转让受益凭证。

第八十条　为投资计划提供服务的专业中介服务机构及其有关人员，应当遵守执业规范和职业道德，客观公正、勤勉尽责，独立发表专业意见。相关中介服务机构或人员未尽责履职，或其出具的报告含有虚假记载、误导性陈述或者重大遗漏的，应当承担相应法律责任。

第八十一条　中国保监会可以根据市场变化和投资运作情况，适时调整本办法规定有关当事人的资格条件、投资基础设施项目的投资范围。

第十一章　附　则

第八十二条　本办法所称关联关系是指有关当事人在股份、出资方面存在控制关系或者在股份、出资方面同为第三人所控制。

第八十三条　保险机构担任投资计划委托人或者受益人，投资于投资计划的具体比例，应当符合保险资金比例监管的有关规定。

第八十四条　非保险机构担任投资计划委托人或者受益人，还应当遵守其他相关法律、行政法规和有关监管部门的规定。

第八十五条　保险资金以投资计划形式间接投资非基础设施类不动产等项目，参照本办法执行。

第八十六条　本办法中的以上包括本数。

第八十七条　本办法由中国保监会负责解释、修订。

第八十八条　本办法自2016年8月1日起施行。中国保监会2006年3月14日发布的《保险资金间接投资基础设施项目试点管理办法》（保监会令2006年第1号）同时废止。

第二部分

规范性文件

CIRC

一、综合类

关于印发《相互保险组织监管试行办法》的通知

（保监发〔2015〕11号　2015年1月23日）

机关各部门，各保监局，培训中心，中国保险行业协会，中国保险学会，中国精算师协会，中国保险资产管理业协会，中国保险保障基金有限责任公司，中国保险信息技术管理有限责任公司：

为加强对相互保险组织的监督管理，促进相互保险组织规范健康发展，我会制定了《相互保险组织监管试行办法》，现印发给你们，请结合实际，认真遵照执行。

相互保险组织监管试行办法

第一章　总　则

第一条　为加强对相互保险组织的监督管理，规范相互保险组织的经营行为，根据《中华人民共和国保险法》、《农业保险条例》等相关法律、法规，制定本办法。

第二条　本办法所称相互保险是指，具有同质风险保障需求的单位或个人，通过订立合同成为会员，并缴纳保费形成互助基金，由该基金对合同约定的事故发生所造成的损失承担赔偿责任，或者当被保险人死亡、伤残、疾病或者达到合同约定的年龄、期限等条件时承担给付保险金责任的保险活动。

本办法所称相互保险组织是指，在平等自愿、民主管理的基础上，由全体会员持有并以互助合作方式为会员提供保险服务的组织，包括一般相互保险组织，专业性、区域性相互保险组织等组织形式。

第三条　中国保险监督管理委员会（以下简称“中国保监会”）根据法律、法规和国务院授权，对相互保险组织和相互保险活动进行统一监管。

中国保监会的派出机构在中国保监会授权范围内行使对相互保险组织的监督管理职能。

第四条　相互保险组织从事保险活动，必须遵守法律、法规，遵守社会公德，不得从事与章程规定无关的经营活动。

第二章　设　立

第五条　相互保险组织应当经中国保监会批准设立，并在工商行政管理部门依法登记注册。

第六条　相互保险组织名称中必须有“相互”或“互助”字样。

第七条　设立一般相互保险组织，应当具备以下条件：

（一）具有符合本办法规定的主要发起会员和一般发起会员。其中，主要发起会员负责筹集初始运营资金，一般发起会员承诺在组织成立后参保成为会员，一般发起会员数不低于500个。

（二）有不低于1亿元人民币的初始运营资金；

（三）有符合法律、法规及本办法规定的章程；

（四）有具备任职所需专业知识和业务工作经验的董（理）事、监事和高级管理人员；

（五）有健全的组织机构和管理制度；

（六）有符合要求的营业场所和与经营业务有关的其他设施；

（七）中国保监会规定的其他条件。

第八条 设立专业性、区域性相互保险组织，应当具备下列条件：

（一）具有符合本办法规定的主要发起会员和一般发起会员，一般发起会员数不低于100个；

（二）有不低于1000万元的初始运营资金；

（三）在坚持会员制和封闭性原则基础上，针对特定风险开展专门业务或经营区域限定在地市级以下行政区划；

（四）其他设立条件参照一般相互保险组织。

第九条 以农民或农村专业组织为主要服务对象的涉农相互保险组织，或其他经保险监督管理机构认可的专业性、区域性相互保险组织，可以在前款规定的基础上适当降低设立标准，但初始运营资金不得低于100万元。

第十条 初始运营资金由主要发起会员负责筹集，可以来自他人捐赠或借款，必须以实缴货币资金形式注入。

在弥补开办费之前，相互保险组织不得偿还初始运营资金。初始运营资金为债权的，在盈余公积与未分配利润之和达到初始运营资金数额后，经会员（代表）大会表决通过，并报保险监督管理机构批准，可以分期偿还初始运营资金本金和利息。当偿付能力不足时，应停止偿还初始运营资金本息。其他形式的初始运营资金偿付和回报方式由相互保险组织章程另行规定。

第十一条 相互保险组织的主要发起会员应当信誉良好，具有持续出资能力，其资质要求参照《中华人民共和国保险法》、《保险公司股权管理办法》中主要股东条件，主要发起会员为个人的除外。

第十二条 相互保险组织的设立程序，适用中国保监会关于保险公司设立的一般规定。

第十三条 一般相互保险组织董（理）事、监事和高级管理人员任职资格管理按照《中华人民共和国保险法》和中国保监会有关规定执行；专业性、区域性相互保险组织董（理）事、监事和高级管理人员任职资格标准可根据实际情况适度予以降低，但不得违反法律、法规、规章的禁止性要求。

第三章　会　员

第十四条 相互保险组织会员是指承认并遵守相互保险组织章程并向其投保的单位或个人。

第十五条 相互保险组织会员享有下列权利：

（一）参加会员（代表）大会，并享有表决权、选举权、被选举权和参与该组织民主管理的权利；

（二）按照章程规定和会员（代表）大会决议分享盈余的权利；

（三）按照合同约定享受该组织提供的保险及相关服务的权利；

（四）对该组织工作的批评建议权及监督权；

（五）查阅组织章程、会员（代表）大会记录、董（理）事会决议、监事会决议、财务会计报告和会计账簿的权利；

（六）章程规定的其他权利。

第十六条 相互保险组织会员应履行以下义务：

（一）遵守组织章程；

（二）执行会员（代表）大会和董（理）事会的决议；

（三）按照保险合同约定缴纳保费，并以所缴纳保费为限对该组织承担责任，章程另有规定的除外；

（四）不得滥用会员权利损害相互保险组织或者其他会员的利益；

（五）章程规定的其他义务。

第十七条 主要发起会员的权利、义务可由相互保险组织章程规定。

第十八条 有下列情形之一的，会员资格自动终止：

（一）保险合同终止；

（二）章程规定事由发生。

第四章 组织机构

第十九条 相互保险组织应当设立会员（代表）大会，决定该组织重大事项。会员（代表）大会由全体会员（代表）组成，是相互保险组织的最高权力机构，原则上采取一人一票的表决方式。

除章程另有规定外，会员（代表）大会的权力和组织程序参照《中华人民共和国公司法》有关股东大会的规定。

第二十条 会员（代表）大会选举或者作出决议，应当由出席会议的会员或会员代表表决权总数过半数通过；作出修改章程或者合并、分立、解散的决议以及制定支付初始运营资金本息、分配盈余、保额调整等方案应当由出席会议的会员或会员代表表决权总数的四分之三以上通过。

第二十一条 相互保险组织章程应当包括下列事项：

（一）名称和住所；

（二）宗旨、业务范围和经营地域；

（三）发起会员与一般会员资格及其权利、义务；

（四）组织机构及其产生办法、职权、任期和议事规则；

（五）初始运营资金的筹集方式、使用条件以及偿付办法；

（六）财务管理制度和盈余分配办法；

（七）发生重大保险事故导致偿付困难时的风险控制机制；

（八）章程的修改程序；

（九）解散事由和清算办法；

（十）应当由章程规定的其他事项。

第二十二条 相互保险组织应当设立董（理）事会、监事会。一般相互保险组织董（理）事会应建立独立董（理）事制度。

除章程另有规定外，相互保险组织的董（理）事会、监事会适用《中华人民共和国公司法》关于股份有限公司董事会、监事会的规定。

第二十三条 相互保险组织召开会员（代表）大会、董（理）事会，应提前 7 个工作日通知保险监督管理机构，保险监督管理机构有权列席会议。

会员（代表）大会、董（理）事会决议应在会后 7 个工作日内报保险监督管理机构备案。

第二十四条 相互保险组织可以申请设立分支机构。根据业务发展需要，相互保险组织也可以通过提供初始运营资金和再保险支持等方式，申请设立经营同类业务的相互保险子组织，并实施统一管理。具体设立条件和方式由中国保监会另行规定。

第五章 业务规则

第二十五条 相互保险组织的业务范围由保险监督管理机构依法核定。

第二十六条 相互保险组织应当按照章程规定，加强内部管理，建立完善的内部控制制度。

第二十七条 相互保险组织应根据保障会员利益原则，按照企业会计准则和中国保监会有关规定评估保险责任准备金。

第二十八条 相互保险组织的保险条款和保险费率，适用中国保监会有关保险条款、保险费率的规定。

第二十九条 相互保险组织的资金应实行全托管制度。相互保险组织应在保证资金安全性的前提下，按照中国保监会有关规定进行资金运用。其中，专业性、区域性相互保险组织实行自行投资的，其资金运用限于下列形式：

（一）银行存款；

（二）国债及其他中国保监会认可的低风险固定收益类产品；

（三）经中国保监会批准的其他形式。

专业性、区域性相互保险组织委托经中国保监会认可的专业投资机构进行投资的不受上述形式限制。

第三十条 相互保险组织应审慎经营，严格进行风险管理，依据实际情况进行再保险分保业务，并建立重大风险事故的应对预案。

第三十一条 相互保险组织参照保险公司缴纳保险保障基金，具体缴纳方式和标准由中国保监会另行规定。

第三十二条 相互保险组织应当按照企业会计准则进行会计核算，并建立符合相互制经营特色的财务管理制度。

第三十三条 相互保险组织应当建立适合相互保险组织经营特点的信息披露制度，保障会员作为保险消费者和相互保险组织所有者的合法权益，使用通俗易懂的语言定期向会员披露产品信息、财务信息、治理信息、风险管理状况信息、偿付能力信息、重大关联交易信息及重大事项信息。

第三十四条 相互保险组织应当建立健全监督审计制度。监督审计情况应当向会员（代表）大会报告。一般相互保险组织应当聘请外部审计机构进行年度审计。高管人员离任的，应当进行离任审计。

第六章 监督管理

第三十五条 保险监督管理机构按照审慎监管要求对相互保险组织进行持续、动态监管。

第三十六条 保险监督管理机构对相互保险组织的监督管理，采取现场监管与非现场监管相结合的方式。

第三十七条 保险监督管理机构对相互保险组织的监管包括但不限于下列事项：

（一）组织设立、变更是否依法经批准或者向保险监督管理机构报告；

（二）董（理）事、监事、高级管理人员任职资格是否依法经核准；

（三）初始运营资金、各项准备金是否真实、充足；

（四）内控制度和内部治理是否符合保险监督管理机构的规定；

（五）偿付能力是否充足；

（六）资金运用是否合法；

（七）信息披露是否充分；

（八）业务经营和财务情况是否合法，报告、报表、文件、资料是否及时、完整、真实；

（九）保险条款和费率是否按规定报经审批或者备案；

（十）需要事后报告的其他事项是否按照规定报告；

（十一）保险监督管理机构依法规定的其他事项。

第三十八条 相互保险组织偿付能力管理参照保险公司偿付能力管理规定执行，中国保监会另有规定的从其规定。当偿付能力不足时，相互保险组织应当向会员及时进行风险警示，并在两个月内召开会员（代表）大会确定改善偿付能力措施。

第三十九条 相互保险组织应当按照有关规定报送统计报表，做好保险统计工作。一般相互保险组织应当按照规定及时向保险监督管理机构报送偿付能力报告、财务会计报告、精算报告、合规报告及其他有关报告、报表、文件和资料；专业性、区域性相互保险组织应当及时向保险监督管理机构报送偿付能力报告、财务会计报告、营业报告及其他有关报告、报表、文件和资料。

第七章　附　则

第四十条　相互保险公司、合作保险组织经营保险业务，参照本办法执行。

第四十一条　本办法由中国保监会负责解释。

第四十二条　本办法自发布之日起施行。

中国保监会办公厅关于贯彻实施《中国保险业信用体系建设规划（2015—2020年）》的通知

（保监厅发〔2015〕19号　2015年3月4日）

机关各部门，各保监局，培训中心，中国保险行业协会，中国精算师协会，中国保险资产管理业协会，中国保险信息技术管理有限责任公司：

为贯彻落实《中国保险业信用体系建设规划（2015—2020年）》（保监发〔2015〕16号，以下简称《规划》），现将有关事宜通知如下：

一、提高认识，加强领导。各单位要充分认识信用体系建设对加快现代保险服务业的重要意义，切实把推进保险业信用体系建设纳入整体工作布局，主要领导亲自抓，分管领导具体抓，明确专人跟进落实，一级抓一级，层层抓落实。

二、做好宣传，密切协作。各单位要开展形式多样的宣传活动，积极探索将《规划》宣传解读与“3·15”国际消费者权益保护日活动相结合，为《规划》的贯彻落实创造良好的社会环境和舆论氛围。要将《规划》列入行业培训内容，加大培训力度，提高全行业对《规划》的理解和认识。各保监局要推动建立辖区内保险业信用体系建设联席会议制度，积极融入地方信用体系建设大局，密切与地方社会信用体系建设牵头部门的沟通协作。

三、落实责任，严格考核。各单位要根据《规划》及《重点任务分工及时间进度表》（附件1），按年度制定本单位保险业信用体系建设工作方案，细化目标任务，明确责任领导、责任人、牵头部门、协办部门等。各保监局要定期对辖区保险机构信用体系建设情况进行督导，对推进信用体系建设成绩突出的单位予以表彰，对推进不力、失信现象多发单位依法实施行政问责。

请各牵头部门及各保监局确定信用体系建设工作负责人及联络员，于2015年3月15日前通过保监会电子文件传输系统报至保监会保险消费者权益保护局。

联系人：寇江华　张永蓉

联系电话：（010）66286092　（010）66286897

附件：1. 重点任务分工及时间进度表

2. 联系人名单

附件 1

重点任务分工与时间进度表

主要任务	细化分解项目	牵头部门	配合部门	时间进度
深入推进保险商务诚信建设	推进产品开发诚信建设	产险部、寿险部	消保局、行业协会、精算协会	持续推进
	推进保险销售诚信建设	产险部、寿险部、中介部	消保局、稽查局、各保监局，行业协会	持续推进
	推进保险服务诚信建设	产险部、寿险部	发改部，各保监局，行业协会	持续推进
	推进资金运用诚信建设	资金部	资管协会	持续推进
深入推进保险政务诚信建设	坚持依法行政	消保局	办公厅，法规部，人教部，监察局，各保监局	持续推进
	发挥诚信建设示范作用	消保局	机关各部门，各保监局	持续推进
	加快守信践诺体系建设	消保局	人教部、监察局，各保监局	持续推进
完善保险业信用体系制度机制	构建守信激励和失信惩戒机制	发改部	消保局、产险部、寿险部、中介部、稽查局、监察局，各保监局，行业协会	2015 年启动，2016 年底前基本完成
	建立健全保险业信用制度和标准体系	消保局	发改部，法规部，各保监局，行业协会，保信公司	2015 年底前完成
	培育和规范信用服务市场	消保局	各保监局	持续推进
加快推进保险业信用信息系统建设	信用信息系统建设	消保局统信部	机关各部门，各保监局，行业协会，保信公司	2015 年启动，2018 年基本建成
	加强保险征信系统建设	消保局统信部	行业协会，保信公司	2016 年启动，2018 年基本建成
	推进信用信息的交换与共享	消保局统信部	行业协会，保信公司	2016 年启动
加强保险业诚信教育与诚信文化建设	加强从业人员诚信教育	消保局	人教部，培训中心，各保监局，行业协会	持续推进
	加强消费者诚信教育	消保局	行业协会，各保监局	持续推进
	普及诚信教育	消保局	办公厅，党委宣传部，各保监局，行业协会	持续推进
	加强诚信文化建设	党委宣传部	办公厅、消保局，各保监局，行业协会	持续推进
建立实施支撑体系		消保局	产险部、寿险部、中介部、法规部、稽查局、资金部，各保监局，行业协会，保信公司	2015 年完成

附件 2

联系人名单

单位名称：

	姓名	所在部门	职务	办公电话	手机	电子邮件
负责人						
联络员						

中国保监会关于取消和调整一批行政审批项目等事项的通知

（保监发〔2015〕35号　2015年3月31日）

各保监局，各保险公司：

根据《国务院关于取消和调整一批行政审批项目等事项的决定》（国发〔2015〕11号）要求，保监会将取消保险公司股权转让及改变组织形式审批、保险公司从事机动车交通事故责任强制保险业务审批、投资连结保险的投资账户设立、合并、分立、关闭、清算等事项审批等7项行政审批项目，并将保险资产管理公司及其分支机构设立审批、保险集团公司及保险控股公司设立审批等2项工商前置审批事项改为后置审批，现就有关事项通知如下：

一、自2015年4月1日起，保监会及各保监局不再受理已取消项目的申请。对已经受理的申请，应继续按照相关法律法规做好审批工作。

二、保监会及各保监局应按照《中国保监会取消的行政审批项目及后续管理措施表》（附件1）执行取消项目的后续管理措施。

三、保监会及各保监局应按照《中国保监会改为后置审批的工商登记前置审批事项及后续管理措施表》（附件2）执行改为后置审批的工商登记前置审批事项的后续管理措施。

四、请各保监局收到本通知后，及时转发辖内各保险公司分支机构、保险中介机构及其分支机构、国外保险机构驻华代表机构、保险行业协会、保险学会，并按照《中国保监会行政审批事项目录》（附件3）要求，做好行政审批有关工作。

附件：1. 中国保监会取消的行政审批项目及后续管理措施表
　　　2. 中国保监会改为后置审批的工商登记前置审批事项及后续管理措施表
　　　3. 中国保监会行政审批事项目录

附件 1

中国保监会取消的行政审批项目及后续管理措施表

序号	项目名称	设定依据	后续监管措施
1	保险公司股权转让及改变组织形式审批	《国务院对确需保留的行政审批项目设定行政许可的决定》（国务院令第412号）	根据《保险法》第八十四条要求，保险公司变更5%以上股权，仍需前置审批。保险公司变更5%以下股权或变更组织形式，需报我会备案并向社会公告。
2	保险公司从事机动车交通事故责任强制保险业务审批	《机动车交通事故责任强制保险条例》（国务院令第630号）	取消保险公司从事机动车交通事故责任强制保险业务审批后，根据《保险法》第一百三十六条及《财产保险公司保险条款和保险费率管理办法》的相关规定，研究和发布《机动车交通事故强制责任保险产品审批办法》，明确机动车交通事故责任强制保险产品审批流程及相关要求。
3	投资连结保险的投资账户设立、合并、分立、关闭、清算等事项审批	《国务院对确需保留的行政审批项目设定行政许可的决定》（国务院令第412号）	将投连账户相关审批事项变为事后报告程序。已于2014年起草《中国保监会关于规范投资连结保险投资账户有关事项的通知》（征求意见稿），并进行多轮征求意见与修改完善工作。征求意见稿进一步明确了投资连结保险投资账户的经营资质要求和账户管理规范。目前，征求意见稿内容较为完善，发文条件较为成熟。根据原定工作计划，将根据国务院行政审批制度改革进度，按照统一部署推进发文进度，并指导行业完成相关业务切换工作。
4	保险公司资本保证金处置审批	《中华人民共和国保险法》《保险公司资本保证金管理办法》（保监发〔2011〕39号）	由审批改为备案。
5	保险公司可投资企业债券的信用评级机构核准	《国务院对确需保留的行政审批项目设定行政许可的决定》（国务院令第412号）	一是建立行业自律管理机制。由中国保险业相关协会组织自律管理，每年组织保险机构对评级机构评级质量进行评价并公布评价结果。通过市场化评价机制，督促评级机构提高评级服务质量。二是建立评级机构报告制度和持续能力评估机制。中国保监会将跟踪监测、定期检验评级机构的能力变化情况及评级行为，评级机构不再符合规定的能力条件，予以市场退出。

（续表）

序号	项目名称	设定依据	后续监管措施
6	外资保险公司再保险关联交易审批	《中华人民共和国外资保险公司管理条例》（国务院令第636号）	一是发布《中国保监会关于实施再保险登记管理有关事项的通知》（保监发〔2015〕28号），建立再保险登记制度，对外资保险公司再保险交易关联方的信用风险进行持续有效监管。二是通过偿二代引导外资保险公司调整再保险策略。
7	保险机构经营农业保险业务审批	《农业保险条例》（国务院令第629号）	将农业保险市场准入从审批制修改为目录制。已于2014年完成改革方案，并起草《关于改革农业保险市场准入管理制度的通知（征求意见稿）》，并进行多轮征求意见与修改完善。下一步，将根据《农业保险条例》修改进度，按照统一部署尽快下发文件。

附件2

中国保监会改为后置审批的工商登记前置审批事项及后续管理措施表

序号	项目名称	设定依据	后续监管措施
1	保险资产管理公司及其分支机构设立审批	《中华人民共和国保险法》《国务院对确需保留的行政审批项目设定行政许可的决定》（国务院令第412号）	对保险资产管理公司设立，修改《保险资产管理公司管理暂行办法》等文件，对有关设立方式、申报材料的规定进行调整；对保险资产管理公司的分支机构加强事后监管和现场检查。
2	保险集团公司及保险控股公司设立审批	《国务院对确需保留的行政审批项目设定行政许可的决定》（国务院令第412号）	就保险集团（控股）公司设立问题专门发文，对有关设立方式、申报材料的规定进行调整。

附件 3

中国保监会行政审批事项目录

项目编码	审批部门	项目名称	子项	审批类别	设定依据	共同审批部门	审批对象	备注
45001	保监会	保险公司及其分支机构设立、保险公司终止（解散、破产）审批	无	行政许可	《中华人民共和国保险法》第 67 条：“设立保险公司，必须经国务院保险监督管理机构批准。”第 74 条：“保险公司在中华人民共和国境内设立分支机构，应当经保险监督管理机构批准。”第 89 条：“保险公司因分立、合并需要解散，或者股东会、股东大会决议解散，或者公司章程规定的解散事由出现，经国务院保险监督管理机构批准后解散。”第 90 条：“保险公司有《中华人民共和国企业破产法》第二条规定情形的，经国务院保险监督管理机构同意，保险公司或其债权人可以依法向人民法院申请重整、和解或者破产清算。”第 185 条：“中外合资保险公司、外资独资保险公司、外国保险公司分公司适用本规定；法律、行政法规另有其他规定的，适用其规定。”	无	企业	
45002	保监会	保险机构在境外设立代表机构审批	无	行政许可	《中华人民共和国保险法》第 79 条：“保险公司在中华人民共和国境外设立子公司、分支机构、代表机构，应当经国务院保险监督管理机构批准。”	无	企业	
45003	保监会	保险资产管理公司及其分支机构设立和终止（解散、破产和分支机构撤销）审批	无	行政许可	《中华人民共和国保险法》第 107 条：“经国务院保险监督管理机构会同国务院证券监督管理机构批准，保险公司可以设立保险资产管理公司。保险资产管理公司的管理办法，由国务院保险监督管理机构会同国务院有关部门制定。” 《国务院对确需保留的行政审批项目设定行政许可的决定》（国务院令第 412 号）附件第 403 项“保险资产管理公司及其分支机构设立和终止（解散、破产和分支机构撤销）审批”。	无	企业	

（续表）

项目编码	审批部门	项目名称	子项	审批类别	设定依据	共同审批部门	审批对象	备注
45004	保监会	专属自保组织和相互保险组织设立、合并、分立、变更和解散审批	无	行政许可	《国务院对确需保留的行政审批项目设定行政许可的决定》（国务院令第 412 号）附件第 409 项“专属自保组织和相互保险组织设立、合并、分立、变更和解散审批”。	无	企业	
45005	保监会	外国保险机构驻华代表机构设立及重大事项变更审批	无	行政许可	《中华人民共和国保险法》第 80 条：“外国保险机构在中华人民共和国境内设立代表机构，应当经国务院保险监督管理机构批准。代表机构不得从事保险经营活动。” 《国务院对确需保留的行政审批项目设定行政许可的决定》（国务院令第 412 号）附件第 429 项“外国保险机构驻华代表机构设立及重大事项变更审批”。	无	企业	
45006	保监会	保险集团公司及保险控股公司设立、合并、分立、变更、解散审批	无	行政许可	《国务院对确需保留的行政审批项目设定行政许可的决定》（国务院令第 412 号）附件第 402 项“保险集团公司及保险控股公司设立、合并、分立、变更、解散审批”。	无	企业	
45007	保监会	保险公司重大事项变更审批	无	行政许可	《中华人民共和国保险法》第 84 条：“保险公司有下列情形之一的，应当经保险监督管理机构批准：（一）变更名称；（二）变更注册资本；（三）变更公司或者分支机构的营业场所；（四）撤销分支机构；（五）公司分立或者合并；（六）修改公司章程；（七）变更出资额占有限责任公司资本总额百分之五以上的股东，或者变更持有股份有限公司股份百分之五以上的股东；（八）国务院保险监督管理机构规定的其他情形。”	无	企业	
45008	保监会	保险资产管理公司重大事项变更审批	无	行政许可	《国务院对确需保留的行政审批项目设定行政许可的决定》（国务院令第 412 号）附件第 404 项“保险资产管理公司重大事项变更审批”。	无	企业	

（续表）

项目编码	审批部门	项目名称	子项	审批类别	设定依据	共同审批部门	审批对象	备注
45010	保监会	关系社会公众利益的保险险种、依法实行强制保险的险种和新开发的人寿保险险种等的保险条款和保险费率审批	无	行政许可	《中华人民共和国保险法》第 136 条："关系社会公众利益的保险险种、依法实行强制保险的险种和新开发的人寿保险险种等的保险条款和保险费率，应当报国务院保险监督管理机构批准。"	无	企业	
45013	保监会	保险集团公司、保险控股公司及专属自保、相互保险等组织高级管理人员资格核准	无	行政许可	《国务院对确需保留的行政审批项目设定行政许可的决定》（国务院令第 412 号）附件第 405 项"保险集团公司、保险控股公司及专属自保、相互保险等组织高级管理人员资格核准"。	无	企业	
45014	保监会	保险资产管理公司高级管理人员资格核准	无	行政许可	《国务院对确需保留的行政审批项目设定行政许可的决定》（国务院令第 412 号）附件第 406 项"保险资产管理公司高级管理人员资格核准"。	无	企业	
45015	保监会	保险公司的董事、监事和高级管理人员任职资格审批	无	行政许可	《中华人民共和国保险法》第 81 条："保险公司的董事、监事和高级管理人员，应当品行良好，熟悉与保险相关的法律、行政法规，具有履行职责所需的经营管理能力，并在任职前取得保险监督管理机构核准的任职资格。保险公司高级管理人员的范围由国务院保险监督管理机构规定。"	无	企业	
45016	保监会	保险公司次级定期债发行审批	无	行政许可	《国务院对确需保留的行政审批项目设定行政许可的决定》（国务院令第 412 号）附件第 408 项"保险公司次级定期债发行审批"。	无	企业	
45020	保监会	保险公司拓宽保险资金运用形式审批	无	行政许可	《国务院对确需保留的行政审批项目设定行政许可的决定》（国务院令第 412 号）附件第 439 项"保险公司拓宽保险资金运用形式审批"。	无	企业	

（续表）

项目编码	审批部门	项目名称	子项	审批类别	设定依据	共同审批部门	审批对象	备注
45022	保监会	保险销售从业人员资格核准	无	行政许可	《中华人民共和国保险法》第122条：“个人保险代理人、保险代理机构的代理从业人员、保险经纪人的经纪从业人员，应当具备国务院保险监督管理机构规定的资格条件，取得保险监督管理机构颁发的资格证书。” 《中华人民共和国保险法》第111条：“保险公司从事保险销售的人员应当符合国务院保险监督管理机构规定的资格条件，取得保险监督管理机构颁发的资格证书。”	无	个人	
45023	保监会	保险经纪从业人员资格核准	无	行政许可	《中华人民共和国保险法》第122条：“个人保险代理人、保险代理机构的代理从业人员、保险经纪人的经纪从业人员，应当具备国务院保险监督管理机构规定的资格条件，取得保险监督管理机构颁发的资格证书。”	无	个人	
45024	保监会	设立保险公估机构审批	无	行政许可	《国务院对确需保留的行政审批项目设定行政许可的决定》（国务院令第412号）附件第412项“设立保险公估机构审批”。 《保险公估机构监管规定》（保监会令2009年7号）第81条：“经中国保监会批准设立的外资保险公估机构适用本规定。”	无	企业	
45025	保监会	保险代理机构设立审批	无	行政许可	《中华人民共和国保险法》第119条：“保险代理机构、保险经纪人应当具备国务院保险监督管理机构规定的条件，取得保险监督管理机构颁发的经营保险代理业务许可证、保险经纪业务许可证。” 《保险专业代理机构监管规定》（保监会令2013年7号）第92条：“经中国保监会批准设立的外资保险专业代理机构适用本规定。”	无	企业	

（续表）

项目编码	审批部门	项目名称	子项	审批类别	设定依据	共同审批部门	审批对象	备注
45026	保监会	保险经纪机构设立审批	无	行政许可	《中华人民共和国保险法》第 119 条："保险代理机构、保险经纪人应当具备国务院保险监督管理机构规定的条件，取得保险监督管理机构颁发的经营保险代理业务许可证、保险经纪业务许可证。" 《保险经纪机构监管规定》（保监会令 2013 年 6 号）第 91 条："经中国保监会批准设立的外资保险经纪机构适用本规定。"	无	企业	
45027	保监会	保险专业代理机构分立、合并、变更组织形式、设立分支机构及解散退出审批	无	行政许可	《中华人民共和国保险法》第 132 条："保险专业代理机构、保险经纪人分立、合并、变更组织形式、设立分支机构或者解散的，应当经保险监督管理机构批准。"	无	企业	
45028	保监会	保险经纪机构分立、合并、变更组织形式、设立分支机构及解散退出审批	无	行政许可	《中华人民共和国保险法》第 132 条："保险专业代理机构、保险经纪人分立、合并、变更组织形式、设立分支机构或者解散的，应当经保险监督管理机构批准。"	无	企业	
45030	保监会	保险代理机构高级管理人员任职资格核准	无	行政许可	《国务院对确需保留的行政审批项目设定行政许可的决定》（国务院令第 412 号）附件第 418 项"保险代理机构高级管理人员任职资格核准"。	无	企业	
45031	保监会	保险经纪机构高级管理人员任职资格核准	无	行政许可	《中华人民共和国保险法》第 121 条："保险专业代理机构、保险经纪人的高级管理人员，应当品行良好，熟悉保险法律、行政法规，具有履行职责所需的经营管理能力，并在任职前取得保险监督管理机构核准的任职资格。"	无	企业	

（续表）

项目编码	审批部门	项目名称	子项	审批类别	设定依据	共同审批部门	审批对象	备注
45032	保监会	保险代理机构动用保证金审批	无	行政许可	《中华人民共和国保险法》第124条：“保险代理机构、保险经纪人应当按照国务院保险监督管理机构的规定缴存保证金或者投保职业责任保险。未经保险监督管理机构批准，保险代理机构、保险经纪人不得动用保证金。”	无	企业	
45033	保监会	保险经纪机构动用保证金审批	无	行政许可	《中华人民共和国保险法》第124条：“保险代理机构、保险经纪人应当按照国务院保险监督管理机构的规定缴存保证金或者投保职业责任保险。未经保险监督管理机构批准，保险代理机构、保险经纪人不得动用保证金。”	无	企业	

中国保监会关于进一步规范保险公司关联交易有关问题的通知

（保监发〔2015〕36 号　2015 年 4 月 1 日）

各保监局，各保险集团（控股）公司、保险公司、保险资产管理公司：

为进一步规范保险公司关联交易行为，有效防范经营风险，保护保险消费者合法权益，根据《保险公司关联交易管理暂行办法》等规定，现就有关问题通知如下：

一、在过去 12 个月内或者根据相关协议安排在未来 12 月内，存在《保险公司关联交易管理暂行办法》第七条、第八条和第九条规定的情形之一的，视同保险公司关联方。

二、以下情形属于《保险公司关联交易管理暂行办法》第十条第一项所称“保险公司资金的投资运用和委托管理”：

（一）保险公司在关联方办理银行存款（活期存款及在大型国有商业银行的存款除外）业务；

（二）保险公司投资关联方的股权、不动产及其他资产；

（三）保险公司投资关联方发行的金融产品，或投资基础资产包含关联方资产的金融产品；

（四）保监会认定的其他关联交易行为。

三、保险公司资金运用关联交易应符合以下比例要求：

（一）在保险公司投资未上市权益类资产、不动产类资产、其他金融资产的账面余额中，对关联方的投资金额分别不得超过该类资产投资限额的 50%。

（二）保险公司对关联方中单一法人主体的投资余额，合计不得超过保险公司上季末总资产的 15% 与该法人主体上季末总资产的 5% 二者孰高。

（三）保险公司对关联方的全部投资余额，合计不得超过保险公司上季末总资产的 30%，并不得超过保险公司上季末净资产。

在计算人身保险公司和再保险公司总资产时，其高现金价值产品对应的资产按 50% 折算。

四、保险公司重大关联交易应由董事会批准的，董事会会议所作决议须经非关联董事 2/3 以上通过。

已设立独立董事的保险公司与主要股东及其关联方的重大关联交易，必须获得独立董事的一致同意，同时主要股东应向保监会提交关于不存在不当利益输送的书面声明。

五、保险公司应当按照《保险公司信息披露管理办法》《保险公司资金运用信息披露准则第 1 号：关联交易》等有关规定，对重大关联交易和资金运用关联交易，于签订交易协议后 10 个工作日内（无交易协议的，自事项发生之日起 10 个工作日内），在保险公司网站和中国保险行业协会网站进行披露。

保险公司应当自本通知下发之日起一个月内，对 2013 年至 2015 年 1 季度的关联交易情况进行系统梳理和排查，并向保监会上报关联交易总体报告及统计表。对关联交易超过规定比例的，不得新增此类关联交易。自 2015 年 2 季度起，保险公司应于每季度结束后 25 日内向保监会报送关联交易季度报告。

六、对于保险公司未能履行相关信息披露和报告义务的，保监会可以结合相关情况，调整该保险公司分类监管的评价类别。

对于保险公司独立董事在审核关联交易过程中未能履行勤勉义务的，保监会可以对其进行监管谈话，并计入履职记录。监管谈话超过三次的，保监会可以限制其保险公司独立董事资格。

对于保险公司股东利用关联交易严重损害保险公司利益的，保监会可以按照《中华人民共和国保险法》第 152 条规定，采取限制股东权利、责令改正、责令转让股权等监管措施。

对会计师事务所、专业评估机构、律师事务所等中介机构未能如实反映保险公司关联交易程序合法性、定价公允性等情形的，保监会可以设立诚信档案，并将有关情况通报其行业主管部门；情节严重的，保监会可以通报保险集团（控股）公司、保险公司、保险资产管理公司，三年内不得与其从事相关业务，并商有关监管部门依法给予行政处罚。

七、保险集团（控股）公司的关联交易适用本通知。保险集团（控股）公司与其保险子公司（包括保险资产管理公司），以及保险子公司之间发生的关联交易，不适用本通知第三条和第四条。

附件：1. 关联交易报告模板
2. 关联交易季度报告模板

附件 1

公司关联交易报告范本

保险公司关联交易报告

报告期间：2013 年至 2015 年一季度
报告人：×××××××××公司
报告时间：××××年××月××日

一、关联交易情况

2013 年至 2015 年一季度发生情况。

二、资金运用关联交易比例情况

1. 关联交易相关比例情况；

2. 对不符合比例的进行说明并提交整改方案。

三、关联交易管理制度报备和修订情况

四、关联交易内部决策程序执行情况

五、关联交易信息披露情况

附件：1. 保险公司关联交易明细表
　　　2. 保险公司资金运用关联交易统计表（略）

保险公司关联交易明细表

公司名称： 报告期间：2013 年—2015 年 1 季度 单位：亿元

<table>
<tr><th rowspan="2">期间</th><th rowspan="2">序号</th><th rowspan="2">交易时间</th><th rowspan="2">交易对象</th><th rowspan="2">关联关系说明</th><th colspan="2">关联交易内容</th><th rowspan="2">交易金额</th><th rowspan="2">合计</th></tr>
<tr><th>类型</th><th>交易概述</th></tr>
<tr><td rowspan="4">2013 年</td><td></td><td></td><td></td><td></td><td></td><td></td><td></td><td rowspan="4"></td></tr>
<tr><td></td><td></td><td></td><td></td><td></td><td></td><td></td></tr>
<tr><td></td><td></td><td></td><td></td><td></td><td></td><td></td></tr>
<tr><td></td><td></td><td></td><td></td><td></td><td></td><td></td></tr>
<tr><td rowspan="4">2014 年</td><td></td><td></td><td></td><td></td><td></td><td></td><td></td><td rowspan="4"></td></tr>
<tr><td></td><td></td><td></td><td></td><td></td><td></td><td></td></tr>
<tr><td></td><td></td><td></td><td></td><td></td><td></td><td></td></tr>
<tr><td></td><td></td><td></td><td></td><td></td><td></td><td></td></tr>
<tr><td rowspan="4">2015 年
1 季度</td><td></td><td></td><td></td><td></td><td></td><td></td><td></td><td rowspan="4"></td></tr>
<tr><td></td><td></td><td></td><td></td><td></td><td></td><td></td></tr>
<tr><td></td><td></td><td></td><td></td><td></td><td></td><td></td></tr>
<tr><td></td><td></td><td></td><td></td><td></td><td></td><td></td></tr>
<tr><td colspan="8" align="right">合计</td><td></td></tr>
</table>

附件 2

公司关联交易季报范本

保险公司关联交易季度报告

报告人：×××××××××公司

报送时间：××××年××月××日

一、关联交易情况

1. 本季度发生情况；

2. 截至本季度累计发生情况。

二、资金运用关联交易比例情况

1. 关联交易相关比例情况；

2. 对不符合比例的进行说明并提交整改方案。

三、关联交易管理制度报备和修订情况

四、关联交易内部决策程序执行情况

五、关联交易信息披露情况

附件：1. 保险公司关联交易季度明细表

2. 保险公司资金运用关联交易季度统计表（略）

保险公司关联交易季度明细表

公司名称：　　　　　　　　　　　　报告时间：　　　　　　　　　　　　单位：亿元

<table>
<tr><th rowspan="2">季度</th><th rowspan="2">序号</th><th rowspan="2">交易时间</th><th rowspan="2">交易对象</th><th rowspan="2">关联关系说明</th><th colspan="2">关联交易内容</th><th rowspan="2">交易金额</th><th rowspan="2">合计</th></tr>
<tr><th>类型</th><th>交易概述</th></tr>
<tr><td rowspan="3">第一季度</td><td></td><td></td><td></td><td></td><td></td><td></td><td></td><td rowspan="3"></td></tr>
<tr><td></td><td></td><td></td><td></td><td></td><td></td><td></td></tr>
<tr><td></td><td></td><td></td><td></td><td></td><td></td><td></td></tr>
<tr><td rowspan="3">第二季度</td><td></td><td></td><td></td><td></td><td></td><td></td><td></td><td rowspan="3"></td></tr>
<tr><td></td><td></td><td></td><td></td><td></td><td></td><td></td></tr>
<tr><td></td><td></td><td></td><td></td><td></td><td></td><td></td></tr>
<tr><td rowspan="3">第三季度</td><td></td><td></td><td></td><td></td><td></td><td></td><td></td><td rowspan="3"></td></tr>
<tr><td></td><td></td><td></td><td></td><td></td><td></td><td></td></tr>
<tr><td></td><td></td><td></td><td></td><td></td><td></td><td></td></tr>
<tr><td rowspan="3">第四季度</td><td></td><td></td><td></td><td></td><td></td><td></td><td></td><td rowspan="3"></td></tr>
<tr><td></td><td></td><td></td><td></td><td></td><td></td><td></td></tr>
<tr><td></td><td></td><td></td><td></td><td></td><td></td><td></td></tr>
<tr><td colspan="8" align="right">合计</td><td></td></tr>
</table>

中国保监会关于印发《保险机构董事、监事和高级管理人员培训管理办法》的通知

（保监发〔2015〕43号　2015年4月10日）

机关各部门、培训中心，各保监局，中国保险行业协会，中国保险学会，中国精算师协会，中国保险资产管理业协会，中国保险保障基金有限责任公司，中国保险信息技术管理有限责任公司，各保险集团（控股）公司、保险公司、保险资产管理公司、保险中介公司：

为推进保险机构董事、监事和高级管理人员培训工作，培养一支具备合规经营理念、风险防范意识、科学发展能力的董事、监事和高级管理人员队伍，我会制定了《保险机构董事、监事和高级管理人员培训管理办法》。现印发给你们，请认真贯彻执行。

保险机构董事、监事和高级管理人员培训管理办法

第一章　总　则

第一条　为推进保险机构董事、监事和高级管理人员培训工作，培养一支具备合规经营理念、风险防范意识、科学发展能力的董事、监事和高级管理人员队伍，依据《中华人民共和国保险法》（以下简称《保险法》）、《保险公司董事、监事和高级管理人员任职资格管理规定》和有关法律、行政法规，制定本办法。

第二条　本办法所称保险机构是指经中国保险监督管理委员会（以下简称中国保监会）批准设立的保险集团（控股）公司、保险公司及其分支机构、保险资产管理公司等。

第三条　保险机构董事、监事和高级管理人员培训工作应遵循以下原则：

（一）联系实际，学以致用。培训内容紧扣保险业发展的形势和特点，提升解决实际问题的能力。

（二）分类分级，按需施教。在做好综合性培训的基础上，根据培训对象工作性质和职务的不同，分类分级地开展培训，增强培训的针对性。

（三）统筹规划，整体推进。对保险机构董事、监事和高级管理人员培训进行统一规划部署，明确相应的责任主体和工作侧重点，形成整体推进合力。

（四）与时俱进，改革创新。积极适应保险业改革发展的需要，推进培训内容、形式、方法、制度等方面的创新。

第四条　保险机构董事、监事和高级管理人员培训工作由中国保监会统一指导、监督，中国保监会及其派出机构与保险机构分工合作、共同组织完成。

第二章　培训对象

第五条　保险机构董事、监事和高级管理人员在任职期间，须接受中国保监会及其派出机构组织的培训并满足相关要求；根据履职需要，积极参加所在保险机构、保险业社团组织和其他社会机构举办的各类培训。

第六条　本办法所称保险机构高级管理人员包括：

（一）总公司总经理、副总经理、总经理助理；

（二）总公司董事会秘书、合规负责人、总精算师、财务负责人、审计责任人和首席风险管理执行官；

（三）分公司、中心支公司总经理、副总经理和总经理助理；

（四）支公司、营业部经理；

（五）与上述高级管理人员具有相同职权的管理人员。

第七条　保险机构董事、监事和高级管理人员应根据不同情况参加相应培训：

（一）在职期间更新知识、提升能力的各类岗位培训；

（二）首次担任董事、监事和相应层级高级管理人员的任职培训；

（三）应对解决行业发展重点、难点问题的专门业务培训；

（四）其它培训。

第八条　保险机构董事、监事和高级管理人员参加培训每年不少于100学时，其中董事，监事，总公司、分公司、中心支公司高级管理人员参加中国保监会及其派出机构举办培训每年不少于10学时。

第九条　保险机构董事、监事和高级管理人员应遵守培训纪律要求，完成规定的培训任务。中国保监会对未按规定参加培训的个人及所在机构视情况采取通报、监管谈话、发监管函等相应措施。

第三章　培训内容

第十条　保险机构董事、监事和高级管理人员的培训内容主要包括形势政策、法律法规、专业知识与职业规范等方面：

（一）形势政策培训主要包括国家经济金融形势与政策、《国务院关于加快发展现代保险服务业的若干意见》、保险业改革发展形势与政策、保险业发展理论、国际保险业发展趋势与经验等；

（二）法律法规培训主要包括《保险法》等法律法规及中国保监会的有关监管规定；

（三）专业知识培训主要包括保险机构经营管理、内部控制、风险管理、创新发展等；

（四）职业规范培训主要包括保险机构的社会责任、保险消费者权益保护、职业道德与诚信以及董事、监事和高级管理人员的权利义务等。

第十一条　董事的培训内容应突出国家经济金融形势与政策、保险业改革与发展理论、保险业发展形势、依法合规与公司治理、资本运作与战略管理、投资决策分析、董事的基本权利义务和法律责任等。

第十二条　监事的培训内容应突出依法合规与公司治理、保险机构发展战略、内部稽核和内部控制、保险机构财务报表解读、监事的基本权利义务和法律责任等。

第十三条　总经理的培训内容应突出国家经济金融形势与政策、保险业改革与发展理论、保险业发展形势、依法合规与公司治理、保险消费者权益保护、资本运作与战略管理、投资决策分析等。

第十四条　副总经理、总经理助理的培训内容应突出保险业改革与发展理论、保险业发展形势、依法合规经营、国内外保险市场发展的现状与趋势、保险消费者权益保护、资本运作与战略管理、投资决策分析、所分管领域专业知识等。

第十五条　董事会秘书的培训内容应突出依法合规与公司治理、保险机构规范化运作、财务报表分析、保险公司信息披露、董事会秘书的基本权利义务和法律责任等。

第十六条　合规负责人的培训内容应突出保险机构运作的法律法规及有关监管规定、保险机构内部规范运作、合规报告的编制、合规风险的识别和规范、合规负责人的基本权利义务和法律责任等。

第十七条　总精算师的培训内容应突出保险机构风险管理和资产负债匹配管理、精算财务制度、产品开发定价原则、偿付能力管理、总精算师的基本权利义务和法律责任等。

第十八条　财务负责人的培训内容应突出保险机构会计核算与财务管理、财务报告编制、会计准则、企业会计制度执行与会计政策选择、偿付能力管理、财务负责人的基本权利义务和法律责任等。

第十九条 审计责任人的培训内容应突出依法合规与公司治理、保险机构财务管理、保险机构审计原则与要求、审计责任人的基本权利义务和法律责任等。

第二十条 首席风险管理执行官的培训内容应突出保险资产配置与投融资决策、保险资金运用流程、保险资金运用风险管理、首席风险管理执行官的基本权利义务和法律责任等。

第二十一条 保险机构分支机构高级管理人员的培训内容应突出保险监管相关法律法规、保险机构分支机构规范运作的实务操作等。

第四章 培训组织实施

第二十二条 制定培训计划与实施方案，对培训工作的推进步骤与实施进度加强管控。

第二十三条 统筹培训资源，针对不同的培训主题协调配备适当的课程、师资、场地、设施等各方面资源。

第二十四条 丰富培训形式，综合运用讲授式、研究式、案例式、模拟式、体验式等教学方法。

第二十五条 创新培训方式，充分利用现代信息技术，积极发展网络课堂、微学习等新途径、新手段。

第二十六条 加强培训考核，采取结业考试、随堂测验、在线测试、提交论文等多种形式，促进参训人员对培训内容的掌握。

第二十七条 建立培训需求调研制度，构建以培训需求为导向的培训内容更新机制。

第二十八条 完善培训效果评估，加强对课程设置、师资配备、组织管理、教学效果等方面的测评，提升培训工作水平。

第五章 保险监管机构职责

第二十九条 中国保监会对保险机构董事、监事和高级管理人员培训进行整体规划、宏观指导、协调服务、督促检查、制度规范与资源整合，并立足监管机构职责举办行业发展形势、法律法规、监管政策、风险防范等方面的培训。

第三十条 中国保监会培训中心是保险机构董事、监事和高级管理人员培训工作的主要责任单位，具体承担中国保监会对保险机构董事、监事和高级管理人员培训的各项管理职能，并负责相关培训班的组织实施工作，主要职责包括：

（一）制定保险机构董事、监事和高级管理人员培训总体规划、行业标准、实施细则、年度培训要点等；

（二）建立中国保监会保险机构董事、监事和高级管理人员网络培训平台；

（三）举办总公司董事、监事和高级管理人员培训与总公司部门主要负责人、省级分公司总经理示范性培训，承办中国保监会机关各部门举办的董事、监事和高级管理人员培训，并将相关信息记入保险机构董事、监事和高级管理人员网络培训平台；

（四）对中国保监会派出机构开展高级管理人员培训进行业务指导和资源统筹；

（五）对保险法人机构开展董事、监事和高级管理人员培训进行指导、考核、监督和评估；

（六）组织编写保险业董事、监事和高级管理人员培训教材；

（七）统筹建立保险业董事、监事和高级管理人员培训师资库与课程库；

（八）对承办中国保监会及其派出机构培训班的社会机构进行评估备案；

（九）承担董事、监事和高级管理人员培训的其它工作。

第三十一条 中国保监会各派出机构对辖区保险机构分支机构高级管理人员培训进行指导、监督，并立足监管机构职责举办相关培训，主要职责包括：

（一）举办辖区保险机构分支机构高级管理人员培训班或组织其利用中国保监会保险机构董事、监事和高级管理人员网络培训平台参加培训，并记录相关培训信息；

（二）对辖区保险机构分支机构开展高级管理人员培训进行指导、考核、监督和评估；

（三）根据辖区的实际情况，制定具体的培训办法与实施细则；

（四）承担高级管理人员培训的其它工作。

第三十二条　中国保监会各派出机构应明确高级管理人员培训工作负责处室，做好机制建设、人员配备等工作。

第三十三条　中国保监会及其派出机构举办的保险机构董事、监事和高级管理人员培训可单独组织实施或委托已备案的社会机构具体承办。委托社会机构承办培训的，应做好课程设置、教学质量、组织水平、收费标准等方面的监督工作。

第三十四条　中国保监会及其派出机构举办的保险机构董事、监事和高级管理人员培训由参训单位承担师资聘请、场地租用等相关费用，并严格遵循“以支定收，收支平衡”的原则。

第三十五条　中国保监会及其派出机构将保险机构董事、监事和高级管理人员是否按要求参加培训作为其后续任职资格核准的一项内容。

第六章　保险机构职责

第三十六条　保险机构应根据发展需要，围绕公司战略、管理实践、技能发展、领导力提升等内容，积极开展董事、监事和高级管理人员培训。

第三十七条　保险机构应积极利用社会优质培训资源，通过多种方式提升董事、监事和高级管理人员培训工作水平与实效性。

第三十八条　保险机构应建立董事、监事和高级管理人员培训档案，如实记录董事、监事和高级管理人员参加的各项培训。

第三十九条　保险机构应确保董事、监事和高级管理人员培训工作具备充足的工作人员、经费等。

第四十条　保险机构应将培训情况纳入董事、监事和高级管理人员的考核，并作为其薪酬、任职等事项的参考。

第四十一条　保险机构应确定董事、监事和高级管理人员培训工作的负责部门和联络人，加强与中国保监会及其派出机构的工作联系。

第四十二条　各保险机构开展董事、监事和高级管理人员培训应接受中国保监会及其派出机构的指导和监督，按期完成信息反馈、资料报送等工作。

第七章　附　则

第四十三条　保险业社团组织应立足自身专业优势，开展相关专业技术类培训，并接受中国保监会及其派出机构的指导和监督，按期完成信息反馈、资料报送等工作。

第四十四条　经中国保监会批准设立的全国性保险专业代理机构及其分支机构、保险经纪机构及其分支机构、保险公估机构及其分支机构、其它保险组织参照执行本办法。

第四十五条　本办法由中国保监会负责解释。

第四十六条　本办法自发布之日起施行。中国保监会 2008 年 4 月 15 日发布的《保险公司董事、监事及高级管理人员培训管理暂行办法》（保监发〔2008〕27 号）同时废止。

中国保监会关于进一步规范报送《保险公司治理报告》的通知

（保监发改〔2015〕95 号 2015 年 6 月 1 日）

各保险集团（控股）公司、保险公司、保险资产管理公司：

为进一步简化行政程序，提高监管效率，我会将保险公司治理报告、内部审计工作报告、内部控制报告和薪酬管理报告进行了整合，形成了统一的《保险公司治理报告范本》。现将有关报送要求通知如下：

一、报送主体和报送时间

在中国境内依法设立的保险公司和保险资产管理公司应于每年 5 月 15 日前向中国保监会报送上一年度公司治理报告。

二、报送方式

各公司应按照《中国保监会办公厅关于规范保险公司使用电子文件传输系统报送文件有关事宜的通知》（保监厅发〔2014〕70 号）的要求，向中国保监会报送公司治理报告纸质版和电子版。纸质版报告应单独行文，不得与其他报告合并报送。

三、报告编制

1. 各公司应当严格按照本通知所附《保险公司治理报告范本》（电子版可在中国保监会网站下载）的内容和格式编制公司治理报告。不得漏填、错填，不得增加、删减及更改范本格式和内容。

2. 公司应根据监管要求，认真开展公司治理情况自查，并根据自查结果如实对公司治理情况进行自我评价。公司自我评价情况将作为公司治理监管的重要依据。

3. 公司治理报告由董事长牵头负责起草，经董事会审议通过后，报送中国保监会。独立董事对公司治理报告内容有不同意见的，公司应将独立董事意见一并报送。在董事会审议之前，董事会提名薪酬委员会应对《保险公司治理报告范本》中的第二部分激励约束机制内容进行审议，审计委员会应对《保险公司治理报告范本》中的第三部分内部控制评估内容和第四部分内部审计内容进行审议。

4. 截至上一年度末，开业时间不足 3 个月的新设公司，可以不用报送上一年度公司治理报告。

四、相关要求

1. 各公司应当高度重视公司治理报告编制和报送工作，确保报告内容真实性和报送及时性。

2. 公司董事长应当加强督导，董事会秘书和审计责任人应当切实负责，严格按照本通知要求，按时向中国保监会报送公司治理报告。对于公司治理报告内容不完整、形式不符合要求以及不能按时报送报告的公司，我会将对其采取监管谈话或下发监管函等措施，并相应扣减公司治理监管评价得分。

3. 本通知施行后，各保险公司无需再按照《保险公司内部审计指引（试行）》（保监发〔2007〕26 号）第三十四条、《保险公司内部控制基本准则》（保监发〔2010〕69 号）第五十五条以及《保险公司薪酬管理规范指引（试行）》（保监发〔2012〕63 号）第二十七条的要求，报送《保险公司内部审计工作报告》《保险公司内部控制评估报告》和《保险公司薪酬管理报告》。中国保监会 2012 年 2 月 10 日发布的《关于进一步做好〈保险公司治理报告〉报送工作的通知》（保监发改〔2012〕124 号）同时废止。

4. 本通知自发布之日起施行。

附件：保险公司治理报告范本

附件

（保险公司治理报告范本）

××公司
××年度公司治理报告

公司声明

本报告于×年×月×日召开的公司第×届董事会第×次会议审议通过。公司董事会保证本报告所载资料不存在任何虚假记载、误导性陈述或重大遗漏，内容真实、准确、完整，并就此承担个别和连带的法律责任。

特此声明

董 事 长：
董事会秘书：

20××年×月×日

目　录

第一部分　公司治理运作

1. 公司基本信息

公司名称	××股份有限/有限责任公司		
成立时间	××××年××月××日		
注册资本	×××，×××…元		
（单位：百万元）	2×××年/截止2×××年12月31日（本年）	2×××年/截止2×××年12月31日（上年）	变化（%）
总资产			
净资产			
原保费收入/营业收入			
净利润			
每股收益（元）			
每股分红（元）			
投资收益率（%）			
寿险一年新业务价值			
产险综合成本率（%）			
偿付能力充足率（%）			
备注			

说明：1. 每股分红是指现金分红，如采用转增股本等方式，请予说明。

2. 备注中请说明通过分红决议的股东（大）会表决情况，有弃权或反对票的，应说明弃权或反对的股东名称，持股比例及理由（上市公司仅说明投弃权或反对票的股东持股比例除外）。

3. 本年度不实施分红的，请在备注中说明原因。

2. 股东结构与股权变更情况

2.1　报告期末公司股东结构

股东名称	持股数量（股）	持股比例（%）	股份性质	备注

说明：1. 上市公司仅需填写报告期末持股5%以上的股东。

2. 股份性质是指国有、民营或外资，其中国有控股的以国有论，民营控股的以民营论。

3. 备注说明该股东是发起人还是后续加入。

4. 股东之间存在关联关系的，应在备注中特别说明。

2.2　报告期内公司股权变更情况

股东名称	持股数量（股）		持股比例（%）		每股价格（元）	变更方式	变更时间	备注
	变更前	变更后	变更前	变更后				

说明：1. 变更方式指股权转让、增资、公积金转增股本等方式。

2. 上市公司仅统计报告期内持股5%以上股东的股权变更情况。

3. 报告期内，同一股东持股份额多次变更的，请在备注予以中说明。变更后的持股比例（数量）是指报告期内最后一次变更后的持股比例（数量）。

4. 变更时间指批准时间或报备案时间，批准时间指股权变更获得监管机构批准的时间；报备案时间指股权变更向监管机构报备的时间。

5. 备注说明公司注册资本金变更情况。

2.3　报告期内公司股权担保、冻结、纠纷及诉讼情况

股东名称	担保		冻结		涉诉纠纷	
	涉及股份数量及占比	担保情况	涉及股份数量及占比	冻结情况	涉及股份数量及占比	纠纷情况

说明：1. 上市公司仅统计持股5%以上股东所持5%以上股份的担保、冻结、诉讼和仲裁情况。

2. 担保情况要说明担保双方关系、担保金额、担保期限等。

3. 冻结情况要说明冻结起始时间、期限及原因。

4. 涉诉纠纷包括法律诉讼和仲裁等，纠纷情况要说明纠纷双方名称、纠纷原因及目前进展状况。

3. 董事、监事、高级管理人员及变动情况

3.1　报告期末董事、监事和高级管理人员基本情况

3.1.1　董事会成员

序号	姓名	类别	职务		提名股东	备注
			董事会任职	管理层任职		

说明：1. 董事类别是指执行董事、非执行董事和独立董事。

2. 董事会任职是指董事长、副董事长和一般董事；管理层任职是指担任公司总经理、常务副总、副总经理、总经理助理、合规负责人、审计责任人及其他相当职位等。

3. 提名股东栏仅适用于非独立董事，请注明委派或提名产生该董事的股东名称，两名或多名股东联合提名的，应一并具体列出。

4. 章程规定董事人数和实际人数不一致的，请在备注中说明。

3.1.2 监事会成员

序号	姓名	类别	职务	代表股东	备注

说明：1. 监事类别是指股东监事、职工监事，其他类别如独立董事，请备注说明。
2. 职务是指监事长、副监事长或一般监事。
3. 职工监事还应在备注中注明其在公司担任的具体职务。
4. 股东监事请注明代表的股东名称。
5. 监事（包括监事长、副监事长）在公司经营管理中有分管业务部门的，请备注说明。
6. 章程规定的监事人数和公司实际监事人数不一致的，请备注说明。

3.1.3 高级管理人员

姓名	职务	任职时间	分管领域	备注

说明：1. 职务包括总公司总经理、常务副总、副总经理、总经理助理、总精算师、董事会秘书及与上述人员具有相同职权的人。
2. 任职时间是指被任命现任职务的时间，应具体到月份。

3.2 报告期内董事、监事、高级管理人员变动情况

	姓名	新任/离任职务	变动时间	变动原因	变动内容
董事会成员					
监事会成员					
高级管理人员					

说明：1. 董事会、监事会成员：①变动原因填写换届、增补、股东单位更替等。②变动内容填写前后任董事姓名，所代表股东等。
2. 高级管理人员：①变动原因包括职务调整、分管部门变化，离职退休等。②变动内容应说明前后任高管的姓名，原任高管去向，现任高管来处等。

4. 三会运作情况

4.1　制度建设

4.1.1　报告期内公司章程修改情况

修改时间	修改原因	主要内容	表决情况	核准情况	备注

说明：1. 修改时间是指报告期内公司修改章程的股东（大）会决议做出的日期。

2. 修改原因包括相关监管制度发生变化和公司实际情况发生变更。

3. 章程修改内容较多的，可以后附修改对照表。

4. 表决情况是指股东（大）会审议章程修正案时的表决结果，有投反对或弃权票的，请列出投弃权或反对票的股东名称、持股数量和比例（上市公司除外）。

5. 核准情况是指核准的时间和批复文号，如未获得核准的，请说明原因。

6. 备注中请填写需要说明的其他情况。

4.1.2　报告期内三会议事规则及其他制度的制定修改情况

	类别	时间	制定或修改原因	主要修改内容
三会议事规则				
其他公司治理制度				

说明：1. 三会议事规则是指股东（大）会、董事会、监事会议事规则，其他公司治理制度为除公司章程、三会议事规则外的其他主要公司治理类管理制度，如独立董事工作制度等。

2. 类别是指制定或修改。

3. 如报告期内多次修改的，内容较多的，可以后附修改对照表。

4.2　股东（大）会

会议名称	时间地点	召开方式	召集人	议题	出席情况	表决情况	会议通知报告的时间和文号	会议决议报告的时间和文号

说明：1. 临时会议的，应当在会议名称中表明。

2. 召开方式是指现场会议还是通讯表决。

3. 召集人是指董事会、监事会还是股东。

4. 议题是指该次会议审议的全部议题，会议通知发出后议题有变动的，以会议最终审议的议题为准，但应说明变化原因和相关程序。

5. 出席情况请注明未出席会议的股东名称、持股比例，委托表决的，请注明。上市公司仅注明未出席股东的持股比例。
6. 表决情况是指参会股东对议题的投票表决情况，有反对或弃权的，请注明投反对票或弃权票的股东名称、持股比例和原因，上市公司仅注明投反对和弃权票股东的持股比例。
7. 没有报送会议通知和决议的，请说明原因。

4.3 董事会以及董事会各专业委员会

4.3.1 董事参会情况

姓名	应参会议次数	亲自参会次数	授权委托次数	缺席次数	备注

说明：1. 授权委托的请注明受托人和不能亲自参加原因。
2. 缺席的请注明原因。

4.3.2 董事会会议召开情况

会议名称	时间地点	召开方式	主持人	议题	出席情况	表决情况	会议通知报告的时间和文号	会议决议报告的时间和文号

说明：1. 临时会议的，应当在会议名称中表明。
2. 召开方式是指现场会议还是通讯表决。
3. 主持人是指董事长、副董事长还是其他董事，会议由副董事长或其他董事主持的请说明原因。
4. 议题是指该次会议审议的全部议题，会议通知发出后议题有变动的，以会议最终审议的议题为准，但应说明变化原因和相关程序。
5. 出席情况请注明未出席会议的董事姓名，委托表决的，请注明。
6. 表决情况是指参会董事对议题的投票表决情况，有反对或弃权的，请注明投反对票或弃权票的董事姓名和原因。
7. 没有报送会议通知和决议的，请说明原因。

4.3.3 董事会专业委员会设置情况

名称	主任委员	委员	备注

说明：1. 成员栏应列出该委员会的成员姓名。
2. 主任委员应注明是否为独立董事。
3. 报告期内委员会成员发生变更的，应在备注中予以说明，包括变更时间、原因，前后任成员姓名等。

4.3.4　董事会专业委员会运作情况

专业委员会名称	会议名称	时间地点	召开方式	主持人	议题	出席情况	审议情况

说明：1. 会议名称请注明是临时会议还是定期会议。

2. 主持人是主任委员还是其他委员，并注明姓名。

3. 议题是指该次会议审议的全部议题，会议通知发出后议题有变动的，以会议最终审议的议题为准，但应说明变化原因和相关程序。

4.3.5　董事尽职评价

是否实行董事尽职评价，如实行，请简要说明有关情况，包括评价流程、内容和结果等。

4.4　监事会

4.4.1　监事参会情况

姓名	应参会议次数	亲自参会次数	授权委托次数	缺席次数	备注

说明：1. 授权委托的请注明受托人和不能亲自参加原因。

2. 缺席的请注明原因。

4.4.2　监事会会议召开情况

会议名称	时间地点	召开方式	召集人	议题	出席情况	表决情况

说明：1. 临时会议的，应当在会议名称中标明。

2. 召开方式是指现场会议还是通讯表决。

3. 召集人是指监事长、副监事长还是其他监事，会议由副监事长或其他监事主持的，请说明原因。

4. 议题是指该次会议审议的全部议题，会议通知发出后议题有变动的，以会议最终审议的议题为准，但应说明变化原因和相关程序。

5. 出席情况请注明未出席会议的监事姓名，委托表决的，请注明。

6. 表决情况是指参会监事对议题的投票表决情况，有反对或弃权的，请注明投反对票或弃权票的监事姓名和原因。

4.4.3 监事会的监督职责履行情况

履职事项	履职行为	
监督检查高管人员履职活动		
监督检查公司财务		

5. 独立董事履职情况

5.1 独立董事基本情况

姓名	专业及职称	公司任职	提名人	社会任职	聘任起讫时间	声明情况

说明：1. 公司任职是指是否在公司董事会专业委员会担任主任委员。

2. 社会任职是指在现任工作单位所担职务及其他社会任职；已经退休的，应注明原工作单位和所任职务。

3. 提名人是指该董事是由股东提名，还是由监事会、提名薪酬委员会提名，股东提名的，应注明股东名称。

4. 聘任起讫时间应具体到月份。

5. 声明情况是指在哪一期报纸刊发。

5.2 独立董事参加董事会情况

姓名	应参会议次数	亲自参会次数	授权委托次数	缺席次数	表决情况

说明：1. 授权委托的请注明受托人和不能亲自参加原因。

2. 缺席的请注明原因。

3. 表决情况有弃权或反对票的，应当注明相关议题名称。

5.3 独立董事发表意见情况

姓名	会议届次	会议议题	发表意见情况

说明：此表仅在独立董事投弃权和反对票时填写，发表意见情况中需列明投弃权或者反对票的情况及原因，以及无法发表意见的情况及原因

6. 信息披露情况

6.1 信息披露制度制定与修改

制度名称	制定时间	修改时间	修改情况

6.2 信息披露制度执行情况

类型	名称	内容	次数	载体
定期报告	××公司××年度报告			
临时报告	重大事项			
	重大关联交易			

说明：1. 内容是指《保险公司信息披露管理办法》规定的重大事项和重大关联交易事项。

2. 次数指年度内重大关联交易和重大事项披露次数。

3. 载体是指刊载披露信息的媒介，如交易所网站、公司网站、协会网站、报纸等。

4. 保险集团公司暂不填报信息披露情况。

7. 关联交易情况

7.1 关联交易管理制度及执行情况

制度安排	制度名称	
	制定时间	
	报备情况	
	修改情况	
关联方信息更新	关联法人	
	关联自然人	
	其他组织	
专项审计情况		

说明：1. 制定时间是指股东（大）会或董事会审议批准关联交易管理制度的时间。

2. 报备情况是指向保监会报送的时间及文件编号。

3. 报告期内多次修改的，请分别说明。

4. 关联信息更新填写截至年末的关联法人和自然人数目。

5. 专项审计情况是指概述本年度关联交易专项审计结论。

7.2 重大关联交易管理

交易事项概要	交易标的		
	交易对方		
	关联关系		
	交易时间		
	交易金额		
	报备情况		
	信息披露		
关联交易审批			
审批方式	表决结果	独董意见	关联方回避
股东（大）会/董事会	持股比例/董事人数		

说明：1. 交易时间是指重大关联交易合同签订时间或持续关联交易累计达到重大标准的时间。

2. 报备情况是指按规定向保监会报备案的时间与文号。

8. 违规情况

机构	处罚日期	文书编号	检查机关	处罚对象	违法事实	处罚措施

9. 报告期内，公司履行社会责任的有关情况，包括但不限于设立慈善基金、捐赠等。

10. 报告期内，公司在完善公司治理结构方面的创新做法有哪些？请具体阐述。

第二部分　激励约束机制

1. 非执行董事、独立董事及监事薪酬（津贴）

（单位：万元）

姓名	类别	金额	备注

说明：1. 类别是指非执行董事、独立董事、监事。

2. 备注请说明薪酬（津贴）构成

2. 执行董事、高管人员、关键岗位人员薪酬情况

2.1 薪酬基本情况

（单位：万元）

姓名	现任职务	任职时间	基本薪酬	目标绩效薪酬	绩效薪酬	其他货币化的福利性收入	是否有中长期激励
高管1							
高管2							
关键岗位人员1							
……							

说明：1. 基本薪酬、目标绩效薪酬、绩效薪酬、其他货币化的福利性收入填写税前数字，单位万元。

2. 绩效薪酬根据当年绩效考核结果确定，不包括前几年度递延至当年发放的绩效薪酬。

3. 是否有中长期激励一栏填写是或者否。

2.2 福利性收入分类表

（单位：万元）

姓名	法定福利	补充福利	津补贴	福利性收入占基本薪酬的比例（%）
	五险一金	补充住房公积金	交通补贴＊	
高管1				
高管2				
关键岗位人员1				
……				

2.3 延期支付情况

延期支付对象	绩效薪酬	当年发放绩效薪酬	比例	次年发放绩效薪酬	比例	第3年发放绩效薪酬	比例	第N年发放绩效薪酬	比例	是否存在前几年度递延至当年发放的绩效薪酬，如果有，请列出
高管1										
高管2										
关键岗位人员1										
……										
自评										

说明：1. 绩效薪酬根据当年绩效考核结果确定，不包括前几年度递延至当年发放的绩效薪酬。

2. 在自评一栏中请自我评估延期支付政策的适用范围、期限和比例是否符合监管要求。

3. 执行董事、高管人员、关键岗位人员业绩考核情况

姓名	主要职责	考核指标	描述及目标	比重	达成情况
高管 1					
高管 2					
关键岗位人员 1					
……					
备注					

说明：在备注栏中可以对绩效考核指标的相关情况做补充说明。

4. 董事、监事、高管人员受处罚情况

姓名	职务	处罚内容	时间及文号	备注
董事 1				
监事 1				
高管 1				
……				

5. 董事、监事、高管人员持股情况

姓名	职务	股份类别	年初持股数	本年增持股份数量	本年减持股份数量	年末持股数	变动原因

6. 股权激励和员工持股情况

实施时间	实施方式	持股数量及比例	变化情况	备注

说明：1. 实施时间是指股东（大）会或董事会通过股权激励或员工持股方案的时间。

2. 实施方式包括股份奖励、股票增值权、虚拟股权及其他方式。

3. 持股数量及比例是指报告期末公司员工（包括董事和高管）持有的全部股份数量及占比。

4. 变化情况是指报告期内公司董事高管行权情况、员工持股数量变化等。

7. 公司自评

7.1　薪酬管理自评

项目	内容	公司自评
薪酬管理制度	薪酬管理制度是否完备？是否针对不同对象制定了相应的管理制度？	
薪酬管理流程	薪酬管理流程是否规范？不同层级的考核人、考核对象及考核程序是否清晰合理？	
董事会及薪酬委员会	董事会是否下设薪酬委员会？是否由独立董事担任主任委员？	
	董事会对薪酬管理的哪些内容进行过审核？	
	薪酬委员会是否对董事会议案进行过充分研究和讨论并提出专业意见和建议？	
风险管控部门	风险、合规和审计部门是否对薪酬管理制度相关的绩效考核指标和绩效目标提出过意见？	
责任追究	公司是否发现工作人员存在违反薪酬管理程序擅自发放薪酬、擅自增加薪酬激励项目或者在绩效考核中弄虚作假的情况？如果有，是否进行了责任追究？	
薪酬水平	公司薪酬总体水平是否符合行业发展阶段和公司实际，公司高管人员薪酬水平是否充分考虑了公司财务状况、经营结果、风险控制等多种因素？	

7.2　绩效考核自评

项目	内容	公司自评
绩效考核机制	公司是否建立了指标科学完备、流程清晰规范、结果与实际薪酬密切关联的绩效考核机制？	
绩效考核指标	公司是否制定了公司总体绩效考核指标和每一工作岗位的考核指标？	
	公司总体绩效考核指标是否包括经济效益指标和风险合规指标，各自的权重如何？如果风险合规指标作为调节性指标，请说明相关情况。	
	岗位考核指标是否能充分体现该岗位的业绩贡献和风险合规要求，同时也与业务单位和公司总体绩效相挂钩？	

（续表）

项目	内容	公司自评
风险合规指标和风险调整	风险合规指标具体包括哪些？是否参照保监会有关分类监管的规定，重点反映了偿付能力充足率；公司治理、内控和合规等方面的风险？	
	公司是否根据保监会分类监管确定的风险类别（C、D）进行了风险调整？	
	公司（A、B类）是否自行根据分类监管部分指标评价结果对相应岗位的高管人员薪酬进行了调整？	
风险管控部门薪酬确定	风险、合规和审计部门工作人员的薪酬是否与其所监控业务领域的合规和风险状况关联，是否独立于该领域的财务绩效？	

第三部分　内部控制评估

1. 内部控制评价结果

1.1　内部控制审计意见（上市公司适用，由外部会计师事务所出具的审计意见）		
审计意见分类	说明	本年度内控审计意见（请在结果后打钩√）
无保留意见	符合以下条件： （一）企业按照《企业内部控制基本规范》、《企业内部控制应用指引》、《企业内部控制评价指引》以及企业自身内部的控制制度的要求，在所有重大方面保持了有效的内部控制。 （二）注册会计师已经按照《企业内部控制审计指引》的要求计划和实施审计工作，在审计过程中未受到限制。	
带强调事项段的无保留意见	注册会计师认为财务报告内部控制虽不存在重大缺陷，但仍有一项或者多项重大事项需要提请内部控制审计报告使用者注意。	
否定意见	注册会计师认为财务报告内部控制存在一项或多项重大缺陷，除审计范围受到限制的情况。	
无法表示意见	注册会计师认为审计范围受到限制。	

（续表）

<table>
<tr><td colspan="5">1.2　内部控制评估结论（由公司内控评估实施部门填写）</td></tr>
<tr><td colspan="2">评价结果分类</td><td colspan="2">评价标准</td><td>本年度内部控制评估结论（请在结果后打钩√）</td></tr>
<tr><td colspan="2">合格</td><td colspan="2">保险公司内部控制基本健全、合理、有效。</td><td></td></tr>
<tr><td colspan="2">一般缺陷</td><td colspan="2">保险公司内部控制设计基本合理，基本覆盖重要业务环节和高风险领域，但无法保证有效执行，存在运行缺陷。</td><td></td></tr>
<tr><td colspan="2">重大缺陷</td><td colspan="2">保险公司内部控制未能完全覆盖重要业务环节和高风险领域，且无法保证有效执行，同时存在设计缺陷和运行缺陷。</td><td></td></tr>
<tr><td colspan="2">实质性漏洞</td><td colspan="2">保险公司因内部控制设计或运行的严重缺陷，导致公司发生重大风险事件或重大舞弊行为，造成公司财务或声誉损失，严重影响经营目标实现。</td><td></td></tr>
<tr><td colspan="5">1.3　本公司内部控制存在的主要缺陷（依据内外部评估结果）</td></tr>
<tr><td colspan="2">缺陷类别</td><td colspan="2">说明</td><td>本公司是否存在（是/否）</td></tr>
<tr><td colspan="2">实质性漏洞</td><td colspan="2">一个或多个控制缺陷的组合，可能导致企业严重偏离控制目标。</td><td></td></tr>
<tr><td colspan="2">重大缺陷</td><td colspan="2">一个或多个控制缺陷的组合，其严重程度和经济后果低于重大缺陷，但仍有可能导致企业偏离控制目标。</td><td></td></tr>
<tr><td colspan="2">一般缺陷</td><td colspan="2">除重大缺陷、重要缺陷之外的其他缺陷。</td><td></td></tr>
<tr><td rowspan="5">1.3.1
重大缺陷</td><td>序号</td><td>缺陷描述</td><td>风险及影响</td><td>改进措施和应对方案</td></tr>
<tr><td>1</td><td></td><td></td><td></td></tr>
<tr><td>2</td><td></td><td></td><td></td></tr>
<tr><td>3</td><td></td><td></td><td></td></tr>
<tr><td></td><td></td><td></td><td></td></tr>
<tr><td rowspan="5">1.3.2
实质性漏洞</td><td>序号</td><td>缺陷描述</td><td>风险及影响</td><td>改进措施和应对方案</td></tr>
<tr><td>1</td><td></td><td></td><td></td></tr>
<tr><td>2</td><td></td><td></td><td></td></tr>
<tr><td>3</td><td></td><td></td><td></td></tr>
<tr><td></td><td></td><td></td><td></td></tr>
</table>

说明：若存在实质性漏洞或重大缺陷，请详细填列“缺陷描述”、“风险及影响”、“改进措施和应对方案”

2. 本公司内部控制评估工作情况

2.1 内部控制评估的范围（纳入内控评估范围的高风险领域和单位）		
序号	评估范围（具体单位全称）	主要风险领域
1		
2		
3		
2.2 内部控制评估的依据（对所参照的外部监管制度、公司制度中内部控制评估要求和依据进行描述）		
序号	制度文号	制度名称
1		
2		
3		
2.3 内部控制评估的程序、方法和标准		
对本年度内部控制评估的实施步骤，包括计划编制和审核、现场测试、质量复核等进行介绍，以及内部控制评估工作的抽样方法、风险识别和评估方法等自查技术，缺陷认定标准进行说明［具体描述］		

3. 本公司内部控制体系的工作情况

内部控制的组织架构	内部控制体系中的职责分工
董事会（审计委员会/风险委员会）	
监事会	
经营管理层	
业务单位	
内控职能部门	
内部审计部门	

4. 本公司内部控制的基本框架和主要政策

内控要素	内部控制活动及变化情况		
	政策与制度	流程与系统	其他
4.1 内部环境			
4.2 风险评估			
4.3 控制活动			
4.3.1 销售控制			
4.3.2 运营控制			

（续表）

内控要素	内部控制活动及变化情况		
	政策与制度	流程与系统	其他
4.3.3　基础管理控制			
4.3.4　资金运用控制			
4.4　信息与沟通			
4.5　内部监督			

说明：请从内控五要素维度，对公司主要内部控制活动和基本政策进行简要描述。

5. 本公司内部控制缺陷的整改情况

内控缺陷类别	序号及描述	整改情况（请在结果后打钩√）			
		整改完毕	按计划整改中	未整改	备注
重大缺陷	1				
	2				
	3				
实质性漏洞	1				
	2				
	3				

说明：对未整改完毕的情况在备注中予以说明

第四部分　内部审计

1. 内部审计组织体系建设

1.1　机构设置及人员配备			
机构设置	相关要求	本公司执行情况（是/否）	备注
董事会审计委员会	在董事会下设立审计委员会		
	由三名以上不在管理层任职的董事组成		
	由独立董事担任主任委员		
审计责任人	设立审计责任人职位		
内部审计部门	建立了内部审计部门		
	配备足够数量、符合任职要求的内审人员		
1.2　内审职责、工作机制与制度建设			

（续表）

相关要求		本公司执行情况（是/否）	公司制度依据	备注
1.2.1 内审职责	明确董事会审计委员会在内部审计体系中的职责			
	明确保险公司总经理在内部审计体系中的职责			
	明确审计责任人在内部审计体系中的职责			
	明确内部审计部门的主要职责，并确保内部审计部门及专职内部审计人员履行职责所需的权限			
1.2.2 内审制度建设	建立内审人员管理、培训教育、操作规范等方面的内部审计管理制度			
	建立审计复议制度			
	建立投诉举报机制			
1.2.3 内审工作机制	定期实施审计质量自我评估			
	建立内部审计信息系统			

1.3 报告路线		
相关要求	本公司执行情况（是/否）	备注
审计责任人定期向审计委员会和管理层提交内部控制评估报告		
审计责任人定期向审计委员会和管理层提交审计工作报告		
1.4 审计独立性		
相关要求	本公司执行情况（是/否）	备注
审计计划经董事会审计委员会批准		
审计预算经董事会审计委员会批准		

说明：若“本公司执行情况”一栏填“否”，需在“备注”栏内填写原因

2. 内部审计工作开展情况

2.1 本年度开展的审计项目类型
2.2 本年度内部审计工作中发现的主要问题
2.3 后续审计

（续表）

相关要求	本公司执行情况（是/否）	备注
对被审计单位整改情况进行后续审计		
2.4　辅助管理决策		
相关要求	本公司执行情况（是/否）	备注
将内审结果作为公司经营管理、人事任免等决策依据		
2.5　内审工作创新情况		
2.6　结果报送		
相关要求	本公司执行情况（是/否）	备注
由分支机构按时向当地保监局报送内部审计报告		

说明：1. 审计项目类型包括经济责任审计、董事及高管人员审计、关联交易审计、信息系统审计、内控审计、经济效益审计及其他。

2. 若“本公司执行情况”一栏填“否”，需在“备注”栏内填写原因

第五部分　公司治理评价

具体评价指标和方法，见下表：《保险法人机构公司治理自评表》。

保险法人机构公司治理自评表					
指标类别	指标事项	指标说明	分值	自我评价	得分
职责边界	股东（大）会、董事会和管理层职责	股东（大）会、董事会和管理层的职责清晰	1		
	主要负责人权力制衡	对主要负责人的授权明确	1		
		对主要负责人的授权不过于集中	1		
	内部授权体系	重大决策有明确标准	1		
		有明确的重大决策审议程序并实际执行	1		
	部门设置及部门职责分工制度	有明确制度界定各部门职责分工	1		
	对分支机构授权	公司的IT系统能对分支机构的财务、业务进行有效的监控	1		
胜任能力	主要股东持续出资能力及股权结构稳定性	主要股东在过去三年未连续亏损	2		
		主要股东未频繁变更	2		

（续表）

保险法人机构公司治理自评表					
指标类别	指标事项	指标说明	分值	自我评价	得分
胜任能力	董事专业能力及董事会专业结构	董事的能力和经验胜任	1		
		董事会的专业结构合理	1		
	监事会专业结构	监事会的专业结构合理	1		
	管理层成员专业能力及团队配合	管理层成员的经验和管理能力胜任	1		
		管理层成员间的配合协调	2		
	董事、监事及高管人员培训	建立了董事、监事和高管人员培训制度并严格执行	1		
	董事会及管理层稳定性	董事会及管理层成员未频繁变动	2		
		不存在董事长、总经理或关键岗位长期空缺的情况	2		
运行控制		定期充分公平地向股东报送或披露公司业务、财务和管理信息			
		及时充分地向股东披露公司重大事项	2		
	董事对公司财务、业务和管理信息的获取及熟悉程度	定期向董事报送公司业务、财务和管理信息	1		
		对公司会计政策进行讨论，包括会计政策的合规性以及是否真实公允反映公司财务状况和经营成果等	1		
		董事对公司重大事项知情	1		
	董事会会议发言及表决情况	董事会会议对议案进行详细说明	1		
		董事相互信任、相互尊重，积极健康地讨论议案	2		
		董事积极发言并提出有价值的专业性意见或建议	2		
	董事会对公司战略目标和业务计划执行情况的定期审查	董事会制定清晰的公司战略目标并定期检视	2		
		董事会定期审查管理层对业务、财务计划的执行情况	2		
	公司经营预算和财务预算的制定情况	董事会及时、认真制定公司经营预算和财务预算	2		

（续表）

保险法人机构公司治理自评表					
指标类别	指标事项	指标说明	分值	自我评价	得分
运行控制	董事会对公司风险状况的定期评估	董事会积极推动公司建立风险管理体系	1		
		是否要求管理层定期报告风险管理工作及公司风险状况	1		
		定期对公司风险状况进行全面评估并跟踪整改情况	1		
	董事长与总经理的沟通协调	董事长与总经理间工作沟通配合顺畅、协调	1		
	专业委员会运作情况	及时召开会议对重大事项进行专题审议	1		
		对重大事项进行深入讨论形成专业意见并对风险作充分提示	1		
	独立董事的独立性	独立董事有充分的独立性	2		
	独立董事的勤勉尽职情况	独立董事对重大事项资料进行认真审议	1		
		能有效地利用自己的知识、经验和专业技术，帮助公司解决所面临的问题	1		
		能与其他董事进行有效沟通，并保持独立判断	1		
		独立董事说明弃权或反对的原因	1		
	法人事务管理情况	资本规划和资本管理合理	1		
		业务范围变更符合要求	1		
		变更营业场所经保监会审批	1		
		住所变更及时报备	1		
		公司章程、股东名册及工商登记文件与实际情况一致	1		
	股权管理情况	无股权委托代持行为	1		
		股权没有频繁、高比例质押	1		
		及时将公司股东的控股股东、实际控制人及其变更情况和股东之间的关联关系报告保监会	1		
		按照《保险公司股权管理办法》第 22 条要求，将股东相关事项及时报告保监会	1		

（续表）

保险法人机构公司治理自评表					
指标类别	指标事项	指标说明	分值	自我评价	得分
运行控制	关联交易管理情况	收集并及时更正关联方信息	1		
		资金运用关联交易符合比例要求	2		
		关联交易按照相关规定进行信息披露	2		
		关联交易按规定进行内部审查	2		
		每年对关联交易进行审计	2		
考核激励	董事、监事及高管薪酬水平	薪酬水平与公司业务规模、盈利状况相匹配	2		
	高管人员绩效考核指标的合理性	考核指标纳入偿付能力、企业价值、业务质量及风险等因素	2		
		考核结果能科学反映高管人员对公司的贡献	2		
	董事会对高管业绩考核指标体系建立及执行的参与度	高管人员薪酬考核指标由薪酬委员会主导制定	1		
	薪酬管理情况	薪酬管理程序严格明确	1		
		不存在在业务计划执行末期调整考核标准的情形	1		
	董事会自我评价制度的建立及执行情况	已建立和落实董事会自我评价制度	1		
	职务消费制度的建立及执行情况	有明确制度规定高管人员职务消费并有效执行	1		
监督问责	监事会对董事会决议及董事和高管人员行为的监督	监事会能够对董事会决议提出意见或建议	2		
		监事会对高管人员进行监督谈话或调查	2		
	管理层及分支机构高管人员离任审计	对管理层或分公司高管人员进行离任审计	1		
	内审的健全性和独立性	审计人员数量和结构符合监管要求或满足工作需要	1		
		采取审计集中制或垂直管理	1		

（续表）

<table>
<tr><th colspan="6">保险法人机构公司治理自评表</th></tr>
<tr><th>指标类别</th><th>指标事项</th><th>指标说明</th><th>分值</th><th>自我评价</th><th>得分</th></tr>
<tr><td rowspan="9">监督问责</td><td>内审工作的覆盖面和频率</td><td>不存在主要业务单位连续两年未被审计的情况</td><td>1</td><td></td><td></td></tr>
<tr><td rowspan="2">内审结果与薪酬考核、职务任免和责任追究的关联性</td><td>建立了审计问题整改的跟踪、督促制度</td><td>2</td><td></td><td></td></tr>
<tr><td>内审结果在被审计对象的考核任免中得到体现</td><td>2</td><td></td><td></td></tr>
<tr><td>外部审计</td><td>及时出具外审报告</td><td>1</td><td></td><td></td></tr>
<tr><td>内部举报机制的健全性和有效性</td><td>建立通畅的举报机制并及时处理举报</td><td>1</td><td></td><td></td></tr>
<tr><td>重要工作岗位的委派制度</td><td>建立人事、财务和审计等重要岗位的委派制度</td><td>1</td><td></td><td></td></tr>
<tr><td rowspan="2">董事、监事及高管人员问责制度的建立和执行</td><td>董事和高管人员没有违反公司章程、股东会决议及董事会决议的情形</td><td>2</td><td></td><td></td></tr>
<tr><td>有明确制度规定董事、监事及高管人员的责任追究</td><td>2</td><td></td><td></td></tr>
<tr><td colspan="3">自评得分</td><td>100</td><td></td><td></td></tr>
<tr><td colspan="6">填报说明：</td></tr>
<tr><td colspan="6">1. 由各公司在“自我评价”栏下填写“是”或“否”，其中，“是”得分，“否”不得分。</td></tr>
<tr><td colspan="6">2. 人寿集团和出口信保对董事会的相关指标不予填报。阳光集团、太保集团、平安集团、中再集团及太平集团 5 家集团（控股）公司的下属子公司对独立董事、董事会专业委员会的相关指标可以不予填报。财产险公司、资产管理公司可以不填写总精算师指标。外资保险公司对独立董事、专业委员会、监事会相关指标可以暂不填报。外国保险公司在中国设立的分公司不参与评价。</td></tr>
<tr><td colspan="6">3. 主要负责人包括董事长、首席执行官、总经理、财务负责人及与上述人员具有相同或相似职权的人。</td></tr>
<tr><td colspan="6">4. 主要股东是指持有公司 15% 以上股份（上市公司为 5%）或其持有股份不足 15%（上市公司为 5%），但以其出资额或持有的股份所享有的表决权足以对公司股东（大）会、董事会决议产生重大影响的股东。</td></tr>
<tr><td colspan="6">5. 主要股东频繁变更是指在过去两年内，公司有 25% 的主要股东的持股比例发生变化；董事和高管频繁变动是指在过去两年内公司有 25% 的董事和高管离职、职级或职责分工发生变动。</td></tr>
<tr><td colspan="6">6. 关键岗位是指合规负责人、总精算师、财务负责人、审计责任人和财务部门负责人等。</td></tr>
<tr><td colspan="6">7. 重大事项是指涉及利润分配、薪酬、董事和高管任免及占公司净资产的百分之一以上的重大投资及资产处置事项。</td></tr>
</table>

中国保监会关于优化保险公司章程修改等审批程序的通知

（保监厅发〔2015〕42号　2015年6月7日）

各保险集团（控股）公司、保险公司、保险资产管理公司：

为贯彻落实行政审批制度改革，简化审批程序，进一步提高工作效率，现就优化保险公司章程修改等审批程序有关事项通知如下：

一、保险集团公司、保险公司和保险资产管理公司在下列事项发生变更时，可一并报送公司章程修改的请示：

（一）变更注册资本；

（二）变更公司营业场所；

（三）变更出资额占有限责任公司资本总额5%以上的股东，或者变更持有股份有限公司股份5%以上的股东；

（四）变更业务范围；

（五）变更名称。

二、对章程中除上述事项以外其他条款进行修改的，仍按照《关于规范保险公司章程的意见》（保监发〔2008〕57号）规定的程序单独报送。

三、因公司组织形式变更而变更名称的，不适用本通知第一条第五项，应单独报送章程修改请示。

四、本通知适用于在中华人民共和国境内依法设立的中资保险集团（控股）公司、中资保险公司和中资保险资产管理公司。

本通知自发布之日起施行。

中国保监会关于加强保险公司筹建期治理机制有关问题的通知

（保监发〔2015〕61号　2015年7月1日）

各保险集团（控股）公司、保险公司、保险资产管理公司筹备组：

为规范保险公司筹建行为，在源头上健全保险公司的治理结构，防范有关风险，现就保险公司筹建期治理机制有关问题通知如下：

一、筹备组负责保险公司筹建和开业的各项工作，筹备组负责人和具体职责应由全体股东共同书面确认，拟任董事长、拟任总经理应在筹备组总体框架下参与筹建和开业工作。

二、筹备组应当在收到中国保监会批准筹建通知后30日内提交筹建开业时间表，并按月就筹建工作进度及各方工作情况向中国保监会提交书面报告。

三、未经中国保监会同意，筹建期内不得变更股东、拟任董事长或拟任总经理。筹备组变更股权占比30%以上股东，或同时变更拟任董事长和拟任总经理的，还需提交保险法人机构准入审核委员会审议。

四、筹备组在创立大会召开前应组织全体股东就以下事项充分讨论：董事、监事和高级管理人员的提名规则；公司章程及股东大会（股东会）、董事会、监事会议事规则草案；内部管理制度草案等。

五、创立大会、首次股东会会议需由全体股东以现场会议的方式召开，中国保监会可以派员列席。

创立大会、首次股东会会议对以下事项进行审议：公司筹建情况的报告；公司筹办费用的报告；公司三年发展规划；公司章程及股东大会（股东会）、董事会、监事会议事规则；董事、监事薪酬管理及尽职考核评价制度；选举董事、董事长；组建董事会专业委员会并通过其议事规则；选举监事、监事长；聘任高级管理人员；确定公司内部管理机构的设置；确定公司基本管理制度；对办理公司设立手续的授权。

六、新设保险公司的章程应明确股东委托行使表决权的具体方式、委托期限和比例要求等，不得通过委托行使表决权规避中国保监会对股东资质的实质审核。

七、新设保险公司的章程应设立专章明确以下事项：董事长、总经理无法正常履职时的替代和递补机制；针对治理机制失灵的内部纠正程序和申请监管指导程序；出现重大财务困境或者经营失败后的系统处置方案。

八、新设保险公司的董事会成员中应当有财务、投资、精算和法律方面的专业人士；未设执行董事的，至少应有两名董事具有保险从业经历或专业研究能力。

九、新设保险公司应当按照市场化、专业化原则选聘高级管理人员，主要股东特别是国有企业股东要规范有度行使高级管理人员提名权。未经市场化选聘、无金融保险从业经验的高级管理人员原则上不得超过2名。

十、董事、监事、高级管理人员应确保谨慎勤勉履职的必要时间和精力。拟任董事长、拟任总经理不得兼任，且至少有一人应具有保险从业经历。高级管理人员不得在其他单位担任董事、监事以外的职务，但在保险集团内担任管理职务的除外。

十一、新设保险公司应当建立对董事、监事和高级管理人员候选人的历史评价机制，结合候选人的学历、工作经历与业绩、最近3年任中及专项审计结果、离任审计结果、最近3年曾任职单位鉴定意见，以及其本人的自我评价结果，对其任职资格与履职能力进行综合鉴定。筹备组应将候选人的鉴定材料作为任职资格申请材料的一部分提交中国保监会。

十二、筹备组向中国保监会提交保险公司开业申请时，应当同时提交拟任董事、监事和高级管理人员的任职资格申请。中国保监会在下发开业批复时，对拟任董事、监事和高级管理人员的任职资格一并予以批复。

十三、新设保险公司应开立验资专用账户缴存资本金，加强账户开立、资金划转、单证保管等操作环节管理，确保合规运作。在中国保监会下发开业批复前，不得擅自动用出资款项。

十四、新设保险公司可以使用依托于云计算模式的电子商务系统等应用系统，但应明确与虚拟化资源相对应的具体物理机器设备，以满足中国保监会检查工作的需要。

十五、针对新设保险公司在筹建期间的不规范行为，中国保监会可以采取下发监管函、监管谈话等措施，并将相关情况纳入不良记录。

十六、本通知适用于发布后批准筹建的保险集团（控股）公司、保险公司和保险资产管理公司。

中国保监会关于印发《互联网保险业务监管暂行办法》的通知

（保监发〔2015〕69号　2015年7月22日）

各保监局、中国保险行业协会、各保险集团（控股）公司、各保险公司、各保险专业中介机构：

为规范互联网保险业务经营行为，保护保险消费者合法权益，促进互联网保险业务健康发展，我会制定了《互联网保险业务监管暂行办法》，现印发给你们，请遵照执行。

保险机构已经开展的互联网保险业务与本办法不符的，应按照有关规定认真整改；本办法实施后仍不能符合要求的，应立即停止相关互联网保险业务的开展。

关于印发《保险公司服务评价管理办法（试行）》的通知

（保监发〔2015〕75号　2015年7月31日）

各保监局、各保险公司、中国保险行业协会、中国保险信息技术管理有限责任公司、中国保险报业股份有限公司：

《保险公司服务评价管理办法（试行）》已经主席办公会议审议通过，现予发布，请遵照执行。

各单位要高度重视保险公司服务评价工作，预先做好相关准备措施。在具体执行中发现的问题，请及时向我会报告。

保险公司服务评价管理办法（试行）

第一章　总　则

第一条　为科学评价保险公司服务质量，促进保险公司改进服务，提升保险业社会信誉，增强保险消费者信心，推动保险行业持续健康发展，制定本办法。

第二条　服务评价工作遵循下列原则：

（一）消费者导向。服务评价以消费者体验与感受为核心，引导保险公司树立客户至上的经营理念。

（二）全流程覆盖。服务评价覆盖保险服务的各个环节，全方位、多角度评价保险公司服务水平。

（三）客观公正。服务评价力求过程科学规范，结果客观公正。

（四）持续改进。适应形势变化，逐步完善评价体系。同时发挥服务评价导向作用，引导保险公司不断改善服务水平。

第三条　设立“保险公司服务评价委员会”（以下简称“评委会”）。评委会由保监会分管消费者权益保护工作的领导担任主任，成员包括：保监会机关有关部门及部分保监局，中国消费者协会、中国保险行业协会，中国保险信息技术管理有限责任公司（以下简称“中国保信”），中国保险报业股份有限公司，有关专家学者、新闻工作者及保险消费者代表等。

评委会主要职责是组织开展服务评价工作，具体包括：制定服务评价工作方案；确定评价指标体系及评分规则；明确重大服务创新及重大负面事件加减分标准；审定服务评价结果。

第四条　评价工作每年开展一次。评价结果由保险监管部门对外发布。

第二章　评价范围

第五条　开业满一个会计年度的财产保险公司、人身保险公司纳入服务评价范围。养老保险公司、农业保险公司、政策性保险公司视条件成熟逐步纳入评价范围。

第六条　服务评价范围包括保险公司总公司和省级（含计划单列市）分公司两个层级。

第七条　服务评价范围覆盖保险公司销售、承保、保全、理赔、咨询、回访、投诉等所有服务环节和渠道（包括保险公司授权委托提供销售及其他服务的第三方渠道）。

第三章　评价体系

第八条　服务评价体系按财产保险和人身保险分别设定两套定量指标，并在此基础上对重要服务创新和重大负面事件分别进行加减分。

第九条　定量指标是以保险监管部门、中国保信以及保险公司系统数据为基础，根据统计标准和计算公式，对保险公司与消费者各环节接触点的服务质量和效率进行量化评价的客观数值。定量指标评价采用百分制。

第十条　重要服务创新是指保险公司在改进服务质量、提高服务效率、提升消费者满意度等方面取得实际应用效果的保险服务重大创新项目。根据实际应用效果加 1 -5 分。

第十一条　重大负面事件是指因保险服务存在严重问题而导致重要媒体负面报道、重大群体性事件或经评委会认定的其他保险服务突出问题。根据问题严重程度扣 1 -5 分。

第四章　评价方法

第十二条　建立与监管部门、保险公司、中国保信等多方对接的服务评价系统，接收并处理服务评价数据。

第十三条　保险公司和相关单位按照保监会要求改造业务系统，提取相关定量指标数据，并于规定的时间内上传至服务评价系统。

保险公司分公司的服务创新举措同时报送至各保监局。

第十四条　各保监局根据服务评价系统内提取的指标数据及相关材料，按照评分规则分别计算出辖区内各分公司的定量指标、重要服务创新和重大负面事件得分，并将分公司综合评价结果上传至服务评价系统。

第十五条　评委会根据各保监局对分公司的综合评价结果，按照科学的权重计算出各保险公司总公司的最终得分。

第五章　服务评级

第十六条　根据得分高低，保险公司总公司服务评级分为 A、B、C、D 四大类，具体包括 AAA、AA、A、BBB、BB、B、CCC、CC、C、D 共 10 级。

（一）A 类是指总体服务质量优秀的公司。其中 95 分（含）以上为 AAA，90 分（含）-95 分为 AA，85 分（含）-90 分为 A。

（二）B 类是指总体服务质量较好的公司。其中 80 分（含）-85 分为 BBB，75 分（含）-80 分为 BB，70 分（含）-75 分为 B。

（三）C 类是指总体服务质量较差的公司。其中 65 分（含）-70 分为 CCC，60 分（含）-65 分为 CC，55 分（含）-60 分为 C。

（四）D 类是指总体服务质量差的公司。55 分以下为 D。

第十七条　对保险公司分公司的服务评价只评分，不评级。

第六章　保障措施

第十八条　保险公司服务评价系统由保监会统筹组织开发，中国保信负责建设及运行维护。

第十九条 定量指标数据由保险公司总公司统一提取、审校、上传。

第二十条 全部指标数据应当由系统自动生成，保险公司不得人为操控，并应保留完整日志，确保测评过程和结果的可验证性。

第二十一条 保险公司业务数据以及消费者个人信息，不得向外界泄露。

第二十二条 保险公司及其代理机构不得利用评价结果进行销售误导或同业诋毁。

第七章 附 则

第二十三条 本办法由保监会负责解释和修订。

第二十四条 本办法自印发之日起生效，《人身保险公司服务评价管理办法》（保监发〔2013〕73 号）同时废止。

附件：1. 财产保险公司服务评价定量指标

2. 人身保险公司服务评价定量指标

附件 1

财产保险公司服务评价定量指标

指标定义及统计说明	
1. 电话呼入人工接通率（10%）	
名称	定义
评价对象	评价保险公司：反映保险公司接通消费者来电的水平。
计算公式	电话呼入人工接通率 = 消费者来电选择人工服务键后专线人员接通的电话数/所有请求人工服务电话数 × 100%
计算口径	1. 呼入件数为电话呼入转人工服务的申请件数（请求人工服务量）。 2. 呼入接通件数为电话呼入转人工服务并被人工应答的件数。
数据来源	保险公司报送，系统供数。
指标说明	该指标考察保险公司电话服务中心专线人员处理消费者人工服务请求的效率。
特别说明	如公司电话服务系统由总公司集中统一管理，无法区分地区数据，各省分公司数据可用总公司数据代替。
2. 客服代表服务满意率（10%）	
名称	定义
评价对象	评价保险公司：反映客服专员服务水平。
计算公式	客服代表服务满意率 = （1 − 客户评价不满意笔数/客户评价总笔数） × 100%
计算口径	统计期内，客户对客服代表处理结果的满意率。
数据来源	保险公司报送，系统供数。
指标说明	该指标考察保险公司服务专线服务质量。
特别说明	
3. 承保理赔查询异议信息 5 日处理率（10%）	
名称	定义
评价对象	评价保险公司：反映承保理赔异议信息处理效率。
计算公式	承保理赔查询异议信息 5 日处理率 = 5 日内已向消费者反馈处理情况的件数/所有接到消费者异议信息件数 × 100%
计算口径	统计期内，保险公司收到异议信息五日内已向消费者反馈处理情况的件数比例。
数据来源	保险公司报送，系统供数。
指标说明	该指标要求保险公司 5 日内完成消费者异议信息处理反馈。
特别说明	

（续表）

指标定义及统计说明	
4. 立案结案率（20%）	
名称	定义
评价对象	评价保险公司：反映保险公司全部赔案的结案效率。
计算公式	立案结案率＝统计期内已决案件数量/立案数量＊100%
计算口径	统计期内已决的赔案数量占统计期内已立案的赔案数量的比率。
数据来源	保险公司报送，系统供数。
指标说明	该指标考察保险公司统计期内全部赔案的结案效率
特别说明	1. 已决案件数量指的是统计期内全部已决赔案的件数 2. 立案数量指在统计期内保险公司理赔系统中处于已立案状态（包含人工立案和系统强制立案）的赔案案件总数 3. 已决赔案指已发生已立案，并作正常结案、拒赔、零结案、注销处理的赔案。 4. 正常结案是指在一个赔案中保险公司财务系统发出最后一次支付赔款（不含理赔费用）指令成功，且理赔系统标记结案动作后的状态。
5. 案均报案支付周期（20%）	
名称	定义
评价对象	评价保险公司：反映保险公司小额赔案的结案时效。
计算公式	案均报案支付周期＝$\sum$ 结案金额万元以下案件的［支付时点－报案时点］/万元以下正常结案数量
计算口径	统计期内正常结案赔案中保险公司财务系统支付该赔案下最后一笔赔款（不含理赔费用）指令发送成功的系统时间相对于报案时点的平均延迟时长。
数据来源	保险公司报送，系统供数。
指标说明	该指标考察保险公司小额案件从接到消费者报案到支付赔款的处理效率。
特别说明	1. 该指标只统计万元以下（含万元）赔案的数据。 2. 车险指标定义及统计规则与“中国保监会关于印发《机动车保险理赔基础指标第1号（试行）》的通知”保持一致，且不包含盗抢险案件。 3. 报案时点指保险公司理赔系统生成赔案报案号的系统时间。 4. 支付时点指保险公司财务系统支付该赔案下最后一笔赔款（不含理赔费用）指令发送成功的系统时间。 5. 正常结案指在一个赔案中保险公司财务系统发出最后一次支付赔款（不含理赔费用）指令成功，且理赔系统标记结案动作后的状态。 6. 正常结案数量指在统计期内，已决赔案中扣除拒赔、零结案、注销赔案后的赔案件数。 7. 零赔付赔案指对被保险人的赔付金额为零、可正常支付直接理赔费用的赔案，简称“零结案”。 8. 已决赔案指已发生已立案，并作正常结案、拒赔、零结案、注销处理的赔案。

（续表）

指标定义及统计说明	
6. 理赔获赔率（5%）	
名称	定义
评价对象	评价保险公司：反映已决赔案中实际获赔的比率。
计算公式	理赔获赔率 = 统计期内正常结案数量/统计期内（正常结案数量 + 拒赔案件数量）* 100%
计算口径	统计期内获赔案件占已决赔案数量的比率。
数据来源	保险公司报送，系统供数。
指标说明	该指标考察保险公司已决赔案中客户实际获赔的比例。
特别说明	1. 正常结案数量指在统计期内，已决赔案中扣除拒赔、零结案、注销赔案后的赔案件数。 2. 已决赔案指已发生已立案，并作正常结案、拒赔、零结案、注销处理的赔案。
7. 投诉率（15%）	
（1）亿元保费投诉量（7.5%）	
名称	定义
评价对象	评价保险公司：反映消费者投诉发生情况。
计算公式	亿元保费投诉量 = 有效投诉件数总量/统计期内保费收入总量（单位：件/亿元）
计算口径	保监消保〔2013〕162 号文
数据来源	保险监管机构。
指标说明	该指标考核保险公司消费者投诉比例。
特别说明	
（2）千张保单投诉量（7.5%）	
名称	定义
评价对象	评价保险公司：反映消费者投诉发生情况。
计算公式	千张保单投诉量 = 有效投诉件数总量/统计期内有效保单总量 * 1000（单位：件/千张）
计算口径	保监消保〔2013〕162 号文
数据来源	保险监管机构。
指标说明	该指标考核保险公司消费者投诉比例。
特别说明	
8. 投诉件办理及时率（10%）	
名称	定义
评价对象	评价保险公司：反映消费者投诉办理情况。

（续表）

指标定义及统计说明	
计算公式	投诉件办理及时率＝按时处理并反馈的有效投诉件数量/收到的监管机构转办有效投诉件总量×100%
计算口径	保监消保〔2013〕162号文
数据来源	保险监管机构。
指标说明	该指标考核保险公司消费者投诉处理及时率。
特别说明	

备注：

1. 指标中涉及天数均以自然日计算（个别指标以特别标明为准），且最小单位时间为“天”。
2. 指标中涉及的日期计算方式均为T+1天，其中T＝终期－起期。

附件 2

人身保险公司服务评价定量指标

指标定义及统计说明	
1. 保单 15 日送达率（15%）	
名称	定义
评价对象	评价保险公司：反映新契约出单时效。
计算公式	保单 15 日送达率 = 评价区间内从消费者填写投保单信息之日起至消费者签收保单回执之日止的时间小于或等于 15 天的保单件数/评价区间内所有承保保单件数 ×100%
计算口径	1. 该指标中的个人业务仅指来源于代理人和保险经纪公司以及保险代理公司渠道的个人业务，不含银保、电销和网销业务。 2. 该指标中保单的统计范围是指投保人为个人且保险期限在一年及以上的人身保险新保业务，不含契撤件、附加险。 3. 起期和终期： （1）起期：消费者提交投保单日期（在投保单上签字日期）。 （2）终期：消费者签收保单回执时的日期。
数据来源	保险公司报送，系统供数。
指标说明	1. 反映保险公司承保服务质量，从消费者角度衡量，可量化。 2. 以消费者感知为中心，不区分渠道差异。
特别说明	
2. 电话呼入人工接通率（5%）	
名称	定义
评价对象	评价保险公司：反映保险公司接通消费者来电的水平。
计算公式	电话呼入人工接通率 = 消费者来电选择人工服务键后专线人员接通的电话数/所有请求人工服务电话数 ×100%
计算口径	1. 呼入件数为电话呼入转人工服务的申请件数（请求人工服务量）。 2. 呼入接通件数为电话呼入转人工服务并被人工应答的件数。
数据来源	保险公司报送，系统供数。
指标说明	该指标考察保险公司电话服务中心专线人员处理消费者人工服务请求的效率。
特别说明	如公司电话服务系统由总公司集中统一管理，各省分公司数据可用总公司数据代替。

（续表）

指标定义及统计说明	
3. 犹豫期内电话回访成功率（10%）	
名称	定义
评价对象	评价保险公司：反映犹豫期回访效率。
计算公式	犹豫期内电话回访成功率 = 评价区间内新单犹豫期电话回访成功件数/评价区间内新单犹豫期应电话回访总件数 × 100%
计算口径	1. 应电话回访的新单指保险期限在一年以上（不含一年）、承保日期在评价区间内的个人业务，不包括犹豫期解除合同和犹豫期理赔终止的新单，以及附加险和消费者拒绝回访的新单。上述业务中虽然犹豫期在统计日期外、但回访成功的保单件数应计入分子。 2. “犹豫期”是指从投保人收到保单（包括纸质保单、电子保单等多种形式）并签收之日起（个险、网销及电销渠道业务为 10 日，银保渠道为 15 日）的这段时期。保险公司给予消费者超过 10/15 日时间犹豫期的，可按规定的犹豫期处理。 3. 电话回访成功的认定标准是指回访人员将回访需要告知和询问的内容在上述“犹豫期”时段内用电话方式全部完成。如果下发工单核实联系电话并在犹豫期内按照前述认定标准完成电话回访的，视为犹豫期回访成功。
数据来源	保险公司报送，系统供数。
指标说明	1. 保证保险消费者在犹豫期的合法权益，通过电话回访可以更有效的发现销售环节的问题。 2. 完成犹豫期回访规定告知和确认事项即为成功，如回访发现问题则按相关规定跟进处理和解决，不影响回访成功率的计算。
特别说明	
4. 理赔服务时效（20%）	
名称	定义
评价对象	评价保险公司：反映理赔服务效率。
计算公式	理赔服务时效 = 评价区间内所有已决赔案出险日至结案的天数总和/评价区间内所有已决赔案件数
计算口径	1. 起期：消费者提交理赔申请日期。 2. 终期：公司做出理赔决定且需赔付的案件提交付款动作的时间。
数据来源	保险公司报送，系统供数。
指标说明	主要考核保险公司理赔结案情况，以客观评估保险公司整体案件处理效率。
特别说明	
5. 理赔获赔率（15%）	
名称	定义
评价对象	评价保险公司：反映已决赔案中实际获赔的比率。

（续表）

指标定义及统计说明	
计算公式	理赔获赔率 = 评价区间内实际获赔的案件数/评价区间内已决赔案件数 * 100%
计算口径	理赔获赔包括正常理赔、协议理赔等。
数据来源	保险公司报送，系统供数。
指标说明	把握实际理赔占已决赔案数量，进一步了解拒绝给付的案例原因。
特别说明	
6. 保全时效（10%）	
名称	定义
评价对象	评价保险公司：反映保全环节的服务时效。
计算公式	保全时效 = 评价区间内申请保全件自申请至结案天数总和/评价区间内全部申请且已经结案的保全件
计算口径	1. 包含评价区间内所有保全件，不分保全类别。 2. 统计日期以保全作业的各系统操作时间为准： （1）起期：保全件申请日期。 （2）终期：保全件审核通过日期，不含付款时效，不含收款时效。
数据来源	保险公司报送、系统供数。
指标说明	衡量保全业务处理效率。
特别说明	
7. 投诉率（15%）	
（1）亿元保费投诉量（7.5%）	
名称	定义
评价对象	评价保险公司：反映消费者投诉发生情况。
计算公式	亿元保费投诉量 = 有效投诉件数总量/统计期内保费收入总量（单位：件/亿元）
计算口径	保监消保〔2013〕162 号文
数据来源	保险监管机构。
指标说明	该指标考核保险公司消费者投诉比例。
特别说明	
（2）千张保单投诉量（7.5%）	
名称	定义
评价对象	评价保险公司：反映消费者投诉发生情况。
计算公式	千张保单投诉量 = 有效投诉件数总量/期末有效保单总量 * 1000（单位：件/千张）
计算口径	保监消保〔2013〕162 号文
数据来源	保险监管机构。

（续表）

指标定义及统计说明	
指标说明	该指标考核保险公司消费者投诉比例。
特别说明	
8. 投诉件办理及时率（10%）	
名称	定义
评价对象	评价保险公司：反映消费者投诉办理情况。
计算公式	投诉件办理及时率 = 按时处理并反馈的有效投诉件数量/收到的监管机构转办有效投诉件总量 ×100%
计算口径	保监消保〔2013〕162 号文
数据来源	保险监管机构。
指标说明	该指标考核保险公司消费者投诉处理及时率。
特别说明	

备注：

1. 指标中涉及天数均以自然日计算（个别指标以特别标明为准），且最小单位时间为“天”。
2. 指标中涉及的日期计算方式均为 T+1 天，其中 T = 终期 - 起期。

中国保监会关于取消和调整一批行政审批事项的通知

（保监发〔2015〕78号　2015年8月7日）

各保监局，各保险公司：

根据2015年4月24日《全国人民代表大会常务委员会关于修改〈中华人民共和国计量法〉等五部法律的决定》对《中华人民共和国保险法》作出的修改，“保险机构在境外设立代表机构审批”“保险代理机构动用保证金审批”“保险经纪机构动用保证金审批”“保险专业代理机构分立、合并、变更组织形式、设立分支机构及解散退出审批”“保险经纪机构分立、合并、变更组织形式、设立分支机构及解散退出审批”“保险销售从业人员资格核准”及“保险经纪从业人员资格核准”等7项行政审批事项已无法律依据，“保险代理机构设立审批”“保险经纪机构设立审批”等2项应改为工商登记后置审批。

按照《国务院审改办关于填报立法修法涉及行政审批事项调整情况和依法及时调整行政审批事项清单的函》（审改办函〔2015〕49号）要求，保监会将取消和调整上述9项行政审批事项，现就有关事项通知如下：

一、中国保监会及各保监局不得受理已取消项目的申请。已经受理的申请，应继续做好相关工作。

二、取消事项及改为后置审批的行政审批事项，其后续管理措施，按照《中国保监会取消和调整的行政审批项目及后续管理措施表》（详见附件1）执行。

三、请各保监局收到本通知后，及时转发辖内各保险公司分支机构、保险中介机构及其分支机构、国外保险机构驻华代表机构、保险行业协会，并按照《中国保监会行政审批事项目录》（详见附件2）要求，做好行政审批有关工作。

附件：1. 中国保监会取消和调整的行政审批项目及后续管理措施表

2. 中国保监会行政审批事项目录

附件1

中国保监会拟取消和调整的行政审批项目及后续管理措施表

序号	项目名称	调整方式	设定依据	后续监管措施
1	保险机构在境外设立代表机构审批	取消	《中华人民共和国保险法》第79条："保险公司在中华人民共和国境外设立子公司、分支机构、代表机构，应当经国务院保险监督管理机构批准。"	中资保险机构在境外设立代表机构，应依照《保险公司设立境外保险类机构管理办法》的规定，在完成设立后20个工作日内，将境外代表机构的有关情况报告中国保监会。
2	保险经纪机构动用保证金审批	取消	《中华人民共和国保险法》第124条："保险代理机构、保险经纪人应当按照国务院保险监督管理机构的规定缴存保证金或者投保职业责任保险。未经保险监督管理机构批准，保险代理机构、保险经纪人不得动用保证金。"	动用保证金应符合现行《中华人民共和国保险法》《保险经纪机构监管规定》规定动用的条件，并在发生之日起5个工作日内，向当地保监局书面报告。
3	保险代理机构动用保证金审批	取消	《中华人民共和国保险法》第124条："保险代理机构、保险经纪人应当按照国务院保险监督管理机构的规定缴存保证金或者投保职业责任保险。未经保险监督管理机构批准，保险代理机构、保险经纪人不得动用保证金。"	动用保证金应符合现行《中华人民共和国保险法》《保险专业代理机构监管规定》规定动用的条件，并在发生之日起5个工作日内，向当地保监局书面报告。
4	保险专业代理机构分立、合并、变更组织形式、设立分支机构及解散退出审批	取消	《中华人民共和国保险法》第132条："保险专业代理机构、保险经纪人分立、合并、变更组织形式、设立分支机构或者解散的，应当经保险监督管理机构批准。"	明确应符合现行《中华人民共和国保险法》《保险专业代理机构监管规定》相关要求。保险专业代理机构分立、合并、变更组织形式、设立分支机构应在发生之日起5个工作日内，向当地保监局书面报告；解散退出应在事由出现之日起10个工作日内，向当地保监局书面报告。

（续表）

序号	项目名称	调整方式	设定依据	后续监管措施
5	保险经纪机构分立、合并、变更组织形式、设立分支机构及解散退出审批	取消	《中华人民共和国保险法》第132条："保险专业代理机构、保险经纪人分立、合并、变更组织形式、设立分支机构或者解散的，应当经保险监督管理机构批准。"	明确应符合现行《中华人民共和国保险法》《保险经纪机构监管规定》相关要求。保险经纪机构分立、合并、变更组织形式、设立分支机构应在发生之日起5个工作日内，向当地保监局书面报告；解散退出应在事由出现之日起10个工作日内，向当地保监局书面报告。
6	保险销售从业人员资格核准	取消	《中华人民共和国保险法》第122条："个人保险代理人、保险代理机构的代理从业人员、保险经纪人的经纪从业人员，应当具备国务院保险监督管理机构规定的资格条件，取得保险监督管理机构颁发的资格证书。" 《中华人民共和国保险法》第111条："保险公司从事保险销售的人员应当符合国务院保险监督管理机构规定的资格条件，取得保险监督管理机构颁发的资格证书。"	一是各保监局不再受理保险销售从业资格考试报名，不再颁发《保险销售从业人员资格证书》。二是继续进行执业登记管理。为确保行业组织和市场主体对从业人员进行有序管理，保险销售从业人员执业前，所属机构应当在保监会指定的信息系统进行执业登记。
7	保险经纪从业人员资格核准	取消	《中华人民共和国保险法》第122条："个人保险代理人、保险代理机构的代理从业人员、保险经纪人的经纪从业人员，应当具备国务院保险监督管理机构规定的资格条件，取得保险监督管理机构颁发的资格证书。"	一是各保监局不再受理保险经纪从业资格考试报名，不再颁发《保险经纪从业人员资格证书》。二是继续进行执业登记管理。为确保行业组织和市场主体对从业人员进行有序管理，保险经纪从业人员执业前，所属机构应当在保监会指定的信息系统进行执业登记。
8	保险代理机构设立审批	改为后置审批	《中华人民共和国保险法》第119条："保险代理机构、保险经纪人应当具备国务院保险监督管理机构规定的条件，取得保险监督管理机构颁发的经营保险代理业务许可证、保险经纪业务许可证。" 《保险专业代理机构监管规定》第92条："经中国保监会批准设立的外资保险专业代理机构适用本规定。"	调整申请人申请材料，不再提交"企业名称预先核准通知书复印件"和"住所证明文件"，要求提交"企业法人营业执照复印件"等文件资料。

（续表）

序号	项目名称	调整方式	设定依据	后续监管措施
9	保险经纪机构设立审批	改为后置审批	《中华人民共和国保险法》第119条："保险代理机构、保险经纪人应当具备国务院保险监督管理机构规定的条件，取得保险监督管理机构颁发的经营保险代理业务许可证、保险经纪业务许可证。" 《保险经纪机构监管规定》第91条："经中国保监会批准设立的外资保险经纪机构适用本规定。"	调整申请人申请材料，不再提交"企业名称预先核准通知书复印件"和"住所证明文件"，要求提交"企业法人营业执照复印件"等文件资料。

注：本表"设定依据"所涉《中华人民共和国保险法》条文均为2015年4月24日修正前的条文。

附件 2

中国保监会行政审批事项目录（18 项）

项目编码	审批部门	项目名称	子项	审批类别	设定依据	共同审批部门	审批对象	备注
45001	保监会	保险公司及其分支机构设立、保险公司终止（解散、破产）审批	无	行政许可	《中华人民共和国保险法》第 67 条："设立保险公司应当经国务院保险监督管理机构批准。"第 74 条："保险公司在中华人民共和国境内设立分支机构，应当经保险监督管理机构批准。"第 89 条："保险公司因分立、合并需要解散，或者股东会、股东大会决议解散，或者公司章程规定的解散事由出现，经国务院保险监督管理机构批准后解散。"第 90 条："保险公司有《中华人民共和国企业破产法》第二条规定情形的，经国务院保险监督管理机构同意，保险公司或其债权人可以依法向人民法院申请重整、和解或者破产清算。"第 185 条："中外合资保险公司、外资独资保险公司、外国保险公司分公司适用本规定；法律、行政法规另有其他规定的，适用其规定。"	无	企业	
45003	保监会	保险资产管理公司及其分支机构设立和终止（解散、破产和分支机构撤销）审批	无	行政许可	《中华人民共和国保险法》第 107 条："经国务院保险监督管理机构会同国务院证券监督管理机构批准，保险公司可以设立保险资产管理公司。保险资产管理公司的管理办法，由国务院保险监督管理机构会同国务院有关部门制定。" 《国务院对确需保留的行政审批项目设定行政许可的决定》（国务院令第 412 号）附件第 403 项"保险资产管理公司及其分支机构设立和终止（解散、破产和分支机构撤销）审批"。	无	企业	
45004	保监会	专属自保组织和相互保险组织设立、合并、分立、变更和解散审批	无	行政许可	《国务院对确需保留的行政审批项目设定行政许可的决定》（国务院令第 412 号）附件第 409 项"专属自保组织和相互保险组织设立、合并、分立、变更和解散审批"。	无	企业	

（续表）

项目编码	审批部门	项目名称	子项	审批类别	设定依据	共同审批部门	审批对象	备注
45005	保监会	外国保险机构驻华代表机构设立及重大事项变更审批	无	行政许可	《中华人民共和国保险法》第80条："外国保险机构在中华人民共和国境内设立代表机构，应当经国务院保险监督管理机构批准。代表机构不得从事保险经营活动。" 《国务院对确需保留的行政审批项目设定行政许可的决定》（国务院令第412号）附件第429项"外国保险机构驻华代表机构设立及重大事项变更审批"。	无	企业	
45006	保监会	保险集团公司及保险控股公司设立、合并、分立、变更、解散审批	无	行政许可	《国务院对确需保留的行政审批项目设定行政许可的决定》（国务院令第412号）附件第402项"保险集团公司及保险控股公司设立、合并、分立、变更、解散审批"。	无	企业	
45007	保监会	保险公司重大事项变更审批	无	行政许可	《中华人民共和国保险法》第84条："保险公司有下列情形之一的，应当经保险监督管理机构批准：（一）变更名称；（二）变更注册资本；（三）变更公司或者分支机构的营业场所；（四）撤销分支机构；（五）公司分立或者合并；（六）修改公司章程；（七）变更出资额占有限责任公司资本总额百分之五以上的股东，或者变更持有股份有限公司股份百分之五以上的股东；（八）国务院保险监督管理机构规定的其他情形。	无	企业	
45008	保监会	保险资产管理公司重大事项变更审批	无	行政许可	《国务院对确需保留的行政审批项目设定行政许可的决定》（国务院令第412号）附件第404项"保险资产管理公司重大事项变更审批"。	无	企业	
45010	保监会	关系社会公众利益的保险险种、依法实行强制保险的险种和新开发的人寿保险险种等的保险条款和保险费率审批	无	行政许可	《中华人民共和国保险法》第135条："关系社会公众利益的保险险种、依法实行强制保险的险种和新开发的人寿保险险种等的保险条款和保险费率，应当报国务院保险监督管理机构批准。"	无	企业	

（续表）

项目编码	审批部门	项目名称	子项	审批类别	设定依据	共同审批部门	审批对象	备注
45013	保监会	保险集团公司、保险控股公司及专属自保、相互保险等组织高级管理人员资格核准	无	行政许可	《国务院对确需保留的行政审批项目设定行政许可的决定》（国务院令第 412 号）附件第 405 项“保险集团公司、保险控股公司及专属自保、相互保险等组织高级管理人员资格核准”。	无	企业	
45014	保监会	保险资产管理公司高级管理人员资格核准	无	行政许可	《国务院对确需保留的行政审批项目设定行政许可的决定》（国务院令第 412 号）附件第 406 项“保险资产管理公司高级管理人员资格核准”。	无	企业	
45015	保监会	保险公司的董事、监事和高级管理人员任职资格审批	无	行政许可	《中华人民共和国保险法》第 81 条：“保险公司的董事、监事和高级管理人员，应当品行良好，熟悉与保险相关的法律、行政法规，具有履行职责所需的经营管理能力，并在任职前取得保险监督管理机构核准的任职资格。保险公司高级管理人员的范围由国务院保险监督管理机构规定。”	无	企业	
45016	保监会	保险公司次级定期债发行审批	无	行政许可	《国务院对确需保留的行政审批项目设定行政许可的决定》（国务院令第 412 号）附件第 408 项“保险公司次级定期债发行审批”。	无	企业	
45020	保监会	保险公司拓宽保险资金运用形式审批	无	行政许可	《国务院对确需保留的行政审批项目设定行政许可的决定》（国务院令第 412 号）附件第 439 项“保险公司拓宽保险资金运用形式审批”。	无	企业	
45024	保监会	设立保险公估机构审批	无	行政许可	《国务院对确需保留的行政审批项目设定行政许可的决定》（国务院令第 412 号）附件第 412 项“设立保险公估机构审批”。《保险公估机构监管规定》第 77 条：“经中国保监会批准设立的外资保险公估机构适用本规定。 《国务院关于取消和调整一批行政审批项目等事项的决定》（国发〔2014〕50 号）	无	企业	

（续表）

项目编码	审批部门	项目名称	子项	审批类别	设定依据	共同审批部门	审批对象	备注
45025	保监会	保险代理机构设立审批	无	行政许可	《中华人民共和国保险法》第119条："保险代理机构、保险经纪人应当具备国务院保险监督管理机构规定的条件，取得保险监督管理机构颁发的经营保险代理业务许可证、保险经纪业务许可证。" 《保险专业代理机构监管规定》第93条："经中国保监会批准设立的外资保险专业代理机构适用本规定。"	无	企业	
45026	保监会	保险经纪机构设立审批	无	行政许可	《中华人民共和国保险法》第119条："保险代理机构、保险经纪人应当具备国务院保险监督管理机构规定的条件，取得保险监督管理机构颁发的经营保险代理业务许可证、保险经纪业务许可证。" 《保险经纪机构监管规定》第91条："经中国保监会批准设立的外资保险经纪机构适用本规定。"	无	企业	
45030	保监会	保险代理机构高级管理人员任职资格核准	无	行政许可	《国务院对确需保留的行政审批项目设定行政许可的决定》（国务院令第412号）附件第418项"保险代理机构高级管理人员任职资格核准"。	无	企业	
45031	保监会	保险经纪机构高级管理人员任职资格核准	无	行政许可	《中华人民共和国保险法》第121条："保险专业代理机构、保险经纪人的高级管理人员，应当品行良好，熟悉保险法律、行政法规，具有履行职责所需的经营管理能力，并在任职前取得保险监督管理机构核准的任职资格。"	无	企业	

中国保监会关于印发《保险公司经营评价指标体系（试行）》的通知

（保监发〔2015〕80号　2015年8月7日）

各保监局，中国保险行业协会，各财产保险公司、人身保险公司：

为综合评价保险公司经营状况，加强保险监管，促进保险公司改进经营管理、转变发展方式，我会制定了《保险公司经营评价指标体系（试行）》（以下简称《指标体系》），现予印发，并将有关实施要求通知如下，请遵照执行。

一、科学的评价体系是引导市场发展和加强保险监管的重要手段。《指标体系》通过对保险公司速度规模、效益质量、社会贡献三个方面进行综合评价，引导保险公司提高经营管理水平，加快转变发展方式，对推动行业持续健康发展、充分发挥保险业对国民经济社会的服务功能具有重要意义。各保监局、中国保险行业协会、各地方保险行业协会、各保险公司要认真学习《指标体系》，深刻领会其重要意义。

二、中国保险行业协会和各地方保险行业协会应当按照《指标体系》的要求，建立经营评价指标体系的评价工作机制，明确职责分工和工作要求，做好数据收集、指标评价和信息披露等相关工作。

三、各保险公司应当严格按照《指标体系》的要求，及时、准确填报相关数据，并将责任落实到人。各公司应当将经营评价指标与公司内部考核相挂钩，通过经营评价指标，分析自身存在的不足，不断提高经营管理水平。

四、请各保监局将此文转发当地保险行业协会，支持和指导当地保险行业协会开展对保险公司分支机构的综合经营评价工作。

五、各单位在实施中如遇到问题，请及时向中国保监会反映。

保险公司经营评价指标体系（试行）

为科学评价保险公司经营状况，促进保险公司改进经营管理，转变发展方式，加强保险监管，制定保险公司经营评价指标体系。

一、评价对象

（一）经营评价指标体系适用保险公司法人机构和分支机构。

（二）经营不满一个完整会计年度的保险公司法人机构和分支机构不纳入评价范围。

（三）再保险公司、不经营保险业务的养老保险公司和政策性保险公司不适用本指标体系。

二、评价类别

根据保险公司和分支机构的经营状况，将其分为A、B、C、D四类：

（一）A类公司是指在速度规模、效益质量和社会贡献等各方面经营状况良好的公司；

（二）B类公司是指在速度规模、效益质量和社会贡献等各方面经营正常的公司；

（三）C类公司是指在速度规模、效益质量和社会贡献某方面存在问题的公司；

（四）D类公司是指在速度规模、效益质量和社会贡献等方面存在严重问题的公司。

三、评价指标

根据保险公司经营状况，对经营评价指标设定如下：

（一）由定量指标组成，不包括定性指标。

（二）保险公司法人机构经营评价指标由速度规模、效益质量和社会贡献三大类指标构成。产险公司12个评价指标，寿险公司14个评价指标，具体指标分别见附件1、附件2。

（三）保险公司分支机构经营评价指标由速度规模、效益质量和社会贡献三大类指标构成。其中，产险公司分支机构10个评价指标，寿险公司分支机构13个评价指标，具体指标分别见附件3、附件4。

四、评价方法

（一）中国保险行业协会（以下简称“中保协”）负责对保险公司法人机构的经营状况进行评价；各省（自治区、直辖市、计划单列市）保险行业协会（以下简称“地方行业协会”）负责对保险公司分支机构的经营状况进行评价。

（二）地方行业协会应将某保险公司在其辖区内的所有分支机构作为一个整体进行评价，即本指标体系适用于地方行业协会对保险公司省级（计划单列市）分公司进行评价。

（三）经营评价采用十分制，满分为10分。每项评价指标都有具体评分规则（见附件）。中保协和地方行业协会根据评分规则，对每项评价指标打分，加总得到保险公司和分支机构的得分。

（四）法人机构和分支机构的经营评价指标得分大于等于8分，为A类机构；得分小于8分但大于等于4分的，为B类机构；得分小于4分但大于等于2分的，为C类机构；得分小于2分的，为D类机构。

五、评价频率

中保协和地方行业协会每年评价一次保险公司法人机构和分支机构的经营状况。

六、评价结果

（一）中保协和地方行业协会在每年6月底前公布保险公司法人机构和分支机构上一年度的评价类别、评价指标的行业均值和中位数，供社会各界查阅。

（二）中保协和地方行业协会可以采取在官方网站上披露等方式进行公布。

七、解释与修订

本指标体系由保监会负责解释与修订。

附件：1. 产险公司法人机构经营评价指标
2. 寿险公司法人机构经营评价指标
3. 产险公司分支机构经营评价指标
4. 寿险公司分支机构经营评价指标

附件 1

产险公司法人机构经营评价指标

指标类别	指标名称	指标口径	分值	评分规则
速度规模（共 3 分）	1. 保费增长率	本期保费收入 ÷ 去年同期保费收入 ×100% −1 保费收入 = 利润表保险业务收入的金额	1	−10% ≤指标值≤60%，得 1 分； −30% ≤指标值 < −10% 或 60% < 指标值≤100%，得 0.5 分； 否则，得 0 分。
	2. 自留保费增长率	本期自留保费 ÷ 去年同期自留保费 ×100% −1	1	−10% ≤指标值≤60%，得 1 分； −30% ≤指标值 < −10% 或 60% < 指标值≤100%，得 0.5 分； 否则，得 0 分。
	3. 总资产增长率	期末总资产 ÷ 期初总资产 ×100% −1 总资产应扣除卖出回购金融资产款。	1	−10% ≤指标值≤60%，得 1 分； −30% ≤指标值 < −10% 或 60% < 指标值≤100%，得 0.5 分； 否则，得 0 分。
效益质量（共 5 分）	4. 综合成本率	（赔付支出 + 分保赔付支出 + 再保后未决赔款准备金提取额 − 摊回分保赔款 + 业务及管理费 + 佣金及手续费 + 营业税及附加 + 分保费用 − 摊回分保费用）÷ 已赚保费 ×100%	1	≤100%，得 1 分； 100% < 指标值≤105%，得 0.5 分； 否则，得 0 分。
	5. 综合赔付率	（赔付支出 + 分保赔付支出 + 再保后未决赔款准备金提取额 − 摊回分保赔款）÷ 已赚保费 ×100%	1	≤行业均值，得 1 分； 行业均值 < 指标值≤（行业均值 +5%），得 0.5 分； 否则，得 0 分。

（续表）

指标类别	指标名称	指标口径	分值	评分规则
效益质量（共5分）	6. 综合投资收益率	（投资收益＋公允价值变动损益＋汇兑损益＋当期可供出售金融资产的公允价值变动净额－投资资产减值损失－利息支出）÷资金运用平均余额×100% 投资收益＝利润表投资收益的金额（包括存款、债券等投资资产的利息收入） 资金运用平均余额＝（期初资金运用余额＋∑本期每月月末资金运用余额）÷（本期月份数＋1） 资金运用余额应扣除独立账户的投资资产。	1	≥行业均值，得1分； （行业均值－1%）≤指标值<行业均值，得0.5分； 否则，得0分。
	7. 净资产收益率	本期净利润÷净资产×100% 净资产＝（期初净资产＋∑本期每月月末净资产）÷（本期月份数＋1）	1	≥行业中位数，得1分； 否则，得0分。
	8. 百元保费经营活动净现金流	本期经营活动净现金流÷（本期保费收入÷100） 经营活动净现金流＝利润表经营活动产生的现金流量净额	1	≥行业中位数，得1分； 否则，得0分。
社会贡献（共2分）	9. 风险保障贡献度	公司经营的各险种保险金额之和÷产险行业保险金额总和×100%	0.5	≥1%，得0.5分； 0.5%≤指标值<1%，得0.4分； 0.1%≤指标值<0.5%，得0.3分； 否则，得0分。
	10. 赔付贡献度	公司赔付金额÷产险行业赔付金额总和×100% 赔付金额＝赔付支出＋分保赔付支出＋未决赔款准备金提取额	0.5	≥1%，得0.5分； 0.5%≤指标值<1%，得0.4分； 0.1%≤指标值<0.5%，得0.3分； 否则，得0分。

（续表）

指标类别	指标名称	指标口径	分值	评分规则
社会贡献（共2分）	11. 纳税增长率	本期纳税额÷去年同期纳税额×100% －1 纳税额是指保险公司扣除当期税金返还后实际缴纳（包括预缴）的企业所得税、营业税、印花税等各项税金的总和（包括代扣代缴的个人所得税、代征的车船税等税金）。	0.5	≥0，得0.5分； －20%≤指标值＜0，得0.3分； 否则，得0分。
	12. 增加值增长率	增加值增长率＝（本期增加值－去年同期增加值）÷去年同期增加值的绝对值×100% 增加值＝劳动者报酬＋生产税净额＋固定资产折旧＋营业盈余 其中： （1）劳动者报酬＝职工工资及福利费＋支付给个人代理人的佣金＋劳动保险费＋待业保险费＋住房公积金＋社会统筹保险＋取暖降温费 （2）生产税净额＝营业税金及附加＋印花税＋房产税＋车船使用税＋土地使用税 （3）固定资产折旧＝本年折旧 （4）营业盈余＝营业利润－公允价值变动收益	0.5	≥行业中位数，得0.5分； 行业中位数×0.8（或1.2）≤指标值＜行业中位数，得0.3分； 否则，得0分。 注：当行业中位数为负值时，第二条评分规则左侧取“行业中位数×1.2”。

附件2

寿险公司法人机构经营评价指标

指标类别	指标名称	指标口径	分值	评分规则
速度规模（共3分）	1. 保费收入增长率	本期保费收入÷去年同期保费收入×100% -1 保费收入=利润表保险业务收入的金额（下同）	1	-10%≤指标值≤60%，得1分； -30%≤指标值<-10%或60%<指标值≤100%，得0.5分； 否则，得0分。
	2. 规模保费增长率	本期规模保费÷去年同期规模保费×100% -1 规模保费是指保险公司按照保险合同约定向投保人收取的全部保费（下同）。	1	-10%≤指标值≤60%，得1分； -30%≤指标值<-10%或60%<指标值≤100%，得0.5分； 否则，得0分。
	3. 总资产增长率	期末总资产÷期初总资产×100% -1 总资产应扣除卖出回购金融资产款。	1	-10%≤指标值≤60%，得1分； -30%≤指标值<-10%或60%<指标值≤100%，得0.5分； 否则，得0分。
效益质量（共5分）	4. 综合投资收益率	（投资收益+公允价值变动损益+汇兑损益+当期可供出售金融资产的公允价值变动净额-投资资产减值损失-利息支出）÷资金运用平均余额×100% 投资收益=利润表投资收益的金额（包括存款、债券等投资资产的利息收入） 资金运用平均余额=（期初资金运用余额+$\sum$本期每月月末资金运用余额）÷（本期月份数+1） 资金运用余额应扣除独立账户的投资资产。	1	≥行业均值，得1分； （行业均值-1%）≤指标值<行业均值，得0.5分； 否则，得0分。
	5. 净资产收益率	本期净利润÷净资产×100% 净资产=（期初净资产+$\sum$本期每月月末净资产）÷（本期月份数+1）	0.5	≥行业中位数，得0.5分； 否则，得0分。

（续表）

指标类别	指标名称	指标口径	分值	评分规则
效益质量（共5分）	6. 新业务利润率	本期新业务的首日利得÷新业务各期保费收入之和×100% 首日利得是指新业务在首次进行准备金评估时的剩余边际。 各期保费收入之和是指在不考虑退保、贴现等条件下的首期保费收入与所有续期保费收入的总和。	1	≥行业中位数，得1分； 行业中位数×0.6≤指标值<行业中位数，得0.5分； 否则，得0分。
	7. 内含价值增长率	本期末的内含价值÷去年期末的内含价值×100%	0.5	≥行业中位数，得0.5分； 否则，得0分。
	8. 综合退保率	（退保金+保户储金及投资款的退保金+投资连接保险独立账户的退保金）÷（期初长期险责任准备金+保户储金及投资款期初余额+独立账户负债期初余额+本期规模保费）×100%	0.5	≤行业均值，得0.5分； 行业均值<指标值≤（行业均值+3%），得0.3分； 否则，得0分。
	9. 13个月保单继续率	评价期前溯12个月承保的期交新单在首个保单年度宽限期内实收的规模保费÷评价期前溯12个月承保的期交新单实收的规模保费×100% 评价期前溯12个月是指评价期初前推12个月和评评价期末前推12个月之间的时间。 期交新单指投保人为个人的期交保单，不包含趸交件、犹豫期撤单件、发生理赔终止件、免缴、注销、迁出、效力中止及转换终止的保单。	1	≥行业中位数，得1分； 行业均值<指标值≤（行业均值+5%），得0.5分； 否则，得0分。
	10. 综合费用率	（业务及管理费+佣金及手续费+营业税金及附加）÷规模保费×100% 佣金及手续费包含在其他业务成本中进行核算的，未通过重大风险测试的保险合同相关手续费及佣金支出。	0.5	≤行业均值，得0.5分； 行业均值<指标值≤（行业均值+5%），得0.3分； 否则，得0分。

（续表）

指标类别	指标名称	指标口径	分值	评分规则
社会贡献（共2分）	11. 风险保障贡献度	公司经营的各类人身保险产品本期累计新增保险金额之和÷寿险行业本期累计新增保险金额总和×100%	0.5	≥1%，得0.5分； 0.5%≤指标值<1%，得0.4分； 0.1%≤指标值<0.5%，得0.3分； 否则，得0分。
	12. 赔付贡献度	公司赔付金额÷寿险行业赔付金额总和×100% 赔付金额=利润表中本期的赔付支出金额	0.5	≥1%，得0.5分； 0.5%≤指标值<1%，得0.4分； 0.1%≤指标值<0.5%，得0.3分； 否则，得0分。
	13. 纳税增长率	本期纳税额÷去年同期纳税额×100%－1 纳税额是指保险公司扣除当期税金返还后实际缴纳（包括预缴）的企业所得税、营业税、印花税等各项税金的总和（包括代扣代缴的个人所得税、代征的车船税等税金）。	0.5	≥0，得0.5分； －20%≤指标值<0，得0.3分； 否则，得0分。
	14. 增加值增长率	增加值增长率=（本期增加值－去年同期增加值）÷去年同期增加值的绝对值×100% 增加值=劳动者报酬+生产税净额+固定资产折旧+营业盈余 其中： （1）劳动者报酬=职工工资及福利费+支付给个人代理人的佣金+劳动保险费+待业保险费+住房公积金+社会统筹保险+取暖降温费 （2）生产税净额=营业税金及附加+印花税+房产税+车船使用税+土地使用税 （3）固定资产折旧=本年折旧 （4）营业盈余=营业利润－公允价值变动收益	0.5	≥行业中位数，得0.5分； 行业中位数×0.8（或1.2）≤指标值<行业中位数，得0.3分； 否则，得0分。 注：当行业中位数为负值时，第二条评分规则左侧取“行业中位数×1.2”。

附件 3

产险公司分支机构经营评价指标

指标类别	指标名称	指标口径	分值	评分规则
速度规模（共 3 分）	1. 车险保费增长率	本期车险保费收入 ÷ 去年同期车险保费收入 ×100% −1 保费收入 = 利润表保险业务收入的金额（下同）	1.5	−10% ≤指标值≤60%，得 1.5 分； −30% ≤指标值 < −10% 或 60% < 指标值≤100%，得 1 分； 否则，得 0 分。
	2. 非车险保费增长率	本期非车险保费收入 ÷ 去年同期非车险保费收入 × 100% −1	1.5	−10% ≤指标值≤60%，得 1.5 分； −30% ≤指标值 < −10% 或 60% < 指标值≤100%，得 1 分； 否则，得 0 分。
效益质量（共 5 分）	3. 综合成本率	（赔付支出 + 分保赔付支出 + 再保后未决赔款准备金提取额 − 摊回分保赔款 + 业务及管理费 + 佣金及手续费 + 营业税及附加 + 分保费用 − 摊回分保费用）÷ 已赚保费 ×100% 业务及管理费不包括总公司向分支机构分摊的各类费用。	2	≤100%，得 2 分； 100% < 指标值≤103%，得 1.5 分； 103% < 指标值≤106%，得 1 分； 否则，得 0 分。
	4. 综合赔付率	（赔付支出 + 分保赔付支出 + 再保后未决赔款准备金提取额 − 摊回分保赔款）÷ 已赚保费 ×100%	1	≤行业均值，得 1 分； 行业均值 < 指标值≤（行业均值 +5%），得 0.5 分； 否则，得 0 分。
	5. 车险销售费用率	（车险业务直接的员工工资和福利支出 + 车险业务的佣金及手续费 + 车险业务的营业税及附加）÷ 车险业务的保费收入 ×100%	1	≤行业均值，得 1 分； 行业均值 < 指标值≤（行业均值 +5%），得 0.5 分； 否则，得 0 分。
	6. 百元保费经营活动净现金流	本期经营活动净现金流 ÷（本期保费收入 ÷100） 经营活动净现金流 = 利润表经营活动产生的现金流量净额	1	≥行业中位数，得 1 分； 否则，得 0 分。

（续表）

指标类别	指标名称	指标口径	分值	评分规则
社会贡献（共2分）	7. 风险保障贡献度	分支机构经营的各险种保险金额之和÷本地区产险行业保险金额总和×100%	0.5	≥1%，得0.5分； 0.5%≤指标值<1%，得0.4分； 0.1%≤指标值<0.5%，得0.3分； 否则，得0分。
	8. 赔付贡献度	分支机构赔付金额÷本地区产险行业赔付金额总和×100% 赔付金额=赔付支出+未决赔款准备金提取额	0.5	≥1%，得0.5分； 0.5%≤指标值<1%，得0.4分； 0.1%≤指标值<0.5%，得0.3分； 否则，得0分。
	9. 纳税增长率	本期纳税额÷去年同期纳税额×100%－1 纳税额是指保险公司扣除当期税金返还后实际缴纳（包括预缴）的企业所得税、营业税、印花税等各项税金的总和（包括代扣代缴的个人所得税、车船税等税金）。	0.5	≥0，得0.5分； －20%≤指标值<0，得0.3分； 否则，得0分。
	10. 增加值增长率	增加值增长率＝（本期增加值－去年同期增加值）÷去年同期增加值的绝对值×100% 增加值＝劳动者报酬＋生产税净额＋固定资产折旧＋营业盈余 其中： （1）劳动者报酬＝职工工资及福利费＋支付给个人的佣金＋劳动保险费＋待业保险费＋住房公积金＋社会统筹保险＋取暖降温费 （2）生产税净额＝营业税金及附加＋印花税＋房产税＋车船使用税＋土地使用税 （3）固定资产折旧＝本年折旧 （4）营业盈余＝营业利润－公允价值变动收益	0.5	≥行业中位数，得0.5分； 行业中位数×0.8（或1.2）≤指标值<行业中位数，得0.3分； 否则，得0分。 注：当行业中位数为负值时，第二条评分规则左侧取“行业中位数×1.2”。

注：1. 行业均值和行业中位数应根据本地区产险行业相关数据统计计算。

2. 若某分支机构不经营车险或非车险业务，相关指标直接得满分。

附件 4

寿险公司分支机构经营评价指标

指标类别	指标名称	指标口径	分值	评分规则
速度规模（共 3 分）	1. 保费收入增长率	本期保费收入÷去年同期保费收入×100% -1 保费收入=利润表保险业务收入的金额（下同）	1	-10%≤指标值≤60%，得 1 分； -30%≤指标值<-10%或 60%<指标值≤100%，得 0.5 分； 否则，得 0 分。
	2. 规模保费增长率	本期规模保费÷去年同期规模保费×100% -1 规模保费是指保险公司按照保险合同约定向投保人收取的全部保费（下同）。	1	-10%≤指标值≤60%，得 1 分； -30%≤指标值<-10%或 60%<指标值≤100%，得 0.5 分； 否则，得 0 分。
	3. 新单保费增长率	本期新单规模保费÷去年同期新单规模保费×100% -1	1	-10%≤指标值≤60%，得 1 分； -30%≤指标值<-10%或 60%<指标值≤100%，得 0.5 分； 否则，得 0 分。
效益质量（共 5 分）	4. 个险期交业务费用率	个险期交业务的手续费及佣金支出÷本期个险渠道期交业务的规模保费×100% 个险期交业务是指个人代理渠道投保人为个人的期交业务。 手续费及佣金支出包含其他业务成本中个险期交业务的手续费及佣金支出。	1	≤行业均值，得 1 分； 行业均值<指标值≤（行业均值+5%），得 0.5 分； 否则，得 0 分。

（续表）

指标类别	指标名称	指标口径	分值	评分规则
效益质量（共5分）	5. 个险趸交业务费用率	个险趸交业务的手续费及佣金支出÷本期个险渠道趸交业务的规模保费×100% 个险趸交业务是指个人代理渠道投保人为个人的趸交业务。 手续费及佣金支出包含其他业务成本中个险趸交业务的手续费及佣金支出。	0.5	≤行业均值，得0.5分； 否则，得0分。
	6. 银邮期交业务费用率	银邮期交业务的手续费及佣金支出÷本期银邮渠道期交业务的规模保费×100% 银邮期交业务是指银邮代理渠道投保人为个人的期交业务。 手续费及佣金支出包含其他业务成本中银邮期交业务的手续费及佣金支出。	0.5	≤行业均值，得0.5分； 否则，得0分。
	7. 银邮趸交业务费用率	银邮趸交业务的手续费及佣金支出÷本期银邮渠道趸交业务的规模保费×100% 银邮趸交业务是指银邮代理渠道投保人为个人的趸交业务。 手续费及佣金支出包含其他业务成本中银邮趸交业务的手续费及佣金支出。	1	≤行业均值，得1分； 行业均值<指标值≤（行业均值+3%），得0.5分； 否则，得0分。
	8. 综合退保率	（退保金+保户储金及投资款的退保金+投资连接保险独立账户的退保金）÷（期初长期险责任准备金+保户储金及投资款期初余额+独立账户负债期初余额+规模保费）×100%	1	≤行业均值，得1分； 行业均值<指标值≤（行业均值+3%），得0.5分； 否则，得0分。

（续表）

指标类别	指标名称	指标口径	分值	评分规则
效益质量（共5分）	9.13个月保单继续率	评价期前溯12个月承保的期交新单在首个保单年度宽限期内实收的规模保费÷评价期前溯12个月承保的期交新单实收的规模保费×100% 评价期前溯12个月是指评价期初前推12个月和评价期末前推12个月之间的时间。 期交新单指投保人为个人的期交保单，不包含趸交件、犹豫期撤单件、发生理赔终止件、免缴、注销、迁出、效力中止及转换终止的保单。	1	≥行业中位数，得1分； 行业均值<指标值≤（行业均值+5%），得0.5分； 否则，得0分。
社会贡献（共2分）	10. 风险保障贡献度	分支机构经营的各类人身保险产品本期累计新增保险金额之和÷本地区寿险行业本期累计新增保险金额总和×100%	0.5	≥1%，得0.5分； 0.5%≤指标值<1%，得0.4分； 0.1%≤指标值<0.5%，得0.3分； 否则，得0分。
	11. 赔付贡献度	分支机构赔付金额÷本地区寿险行业赔付金额总和×100% 赔付金额=公司利润表中本期的赔付支出金额	0.5	≥1%，得0.5分； 0.5%≤指标值<1%，得0.4分； 0.1%≤指标值<0.5%，得0.3分； 否则，得0分。
	12. 纳税增长率	本期纳税额÷去年同期纳税额×100%－1 纳税额是指保险公司扣除当期税金返还后实际缴纳（包括预缴）的企业所得税、营业税、印花税等各项税金的总和（包括代扣代缴的个人所得税、代征的车船税等税金）。	0.5	≥0，得0.5分； －20%≤指标值<0，得0.3分； 否则，得0分。

（续表）

指标类别	指标名称	指标口径	分值	评分规则
社会贡献（共2分）	13. 增加值增长率	增加值增长率 = （本期增加值 - 去年同期增加值）÷去年同期增加值的绝对值 ×100% 增加值 = 劳动者报酬 + 生产税净额 + 固定资产折旧 + 营业盈余其中： （1）劳动者报酬 = 职工工资及福利费 + 支付给个人的佣金 + 劳动保险费 + 待业保险费 + 住房公积金 + 社会统筹保险 + 取暖降温费（2）生产税净额 = 营业税金及附加 + 印花税 + 房产税 + 车船使用税 + 土地使用税（3）固定资产折旧 = 本年折旧 （4）营业盈余 = 营业利润 - 公允价值变动收益	0.5	≥行业中位数，得0.5分； 行业中位数 ×0.8（或1.2）≤指标值 < 行业中位数，得0.3分； 否则，得0分。 注：当行业中位数为负值时，第二条评分规则左侧取“行业中位数 ×1.2”。

注：1. 行业均值和行业中位数应根据本地区寿险行业相关数据统计算。

2. 若某分支机构未开展个人代理或银邮代理等业务，相关指标直接得满分。

中国保监会关于印发《保险小额理赔服务指引（试行）》的通知

（保监消保〔2015〕201号　2015年10月24日）

各保监局、中国保险行业协会、中国保险信息技术管理有限责任公司、各保险公司：

为深入贯彻落实《国务院关于加快发展现代保险服务业的若干意见》和《中国保监会关于加强保险消费者权益保护工作的意见》，提高保险理赔服务水平，促进保险理赔服务简单、方便、快捷、透明，切实保护保险消费者合法权益，我会制定了《保险小额理赔服务指引（试行）》（以下简称《指引》）。现印发给你们，并就有关事项通知如下：

一、高度重视，加强领导

加强和改进保险小额理赔服务是深入治理“理赔难”的重要举措，各单位要充分认识做好此项工作的重要意义。各保险公司要高度重视保险小额理赔服务工作，将其纳入日常重点工作，加强组织领导，加大资源投入，统筹推进，不断改善保险小额理赔服务。各保监局要加强理赔服务督导，适时督促检查辖内保险机构的执行情况，加强统筹协调和指导，促进保险小额理赔服务水平提升，切实保护消费者合法权益。

二、明确责任，确保落实

各保险公司要认真对照《指引》，研究制定具体落实方案，明确责任部门和工作任务，落实责任。中国保险行业协会要加强统筹协调，促进行业加强小额理赔服务能力建设，提升理赔服务质量和水平。中国保险信息技术管理有限责任公司要不断完善信息平台建设，协助做好保险小额理赔服务监测和信息披露工作。各保监局要督促辖内的保险机构认真贯彻落实《指引》的相关要求，并适时披露辖内各保险公司小额理赔服务监测指标数据。

三、立足长远，注重实效

加强和改进保险小额理赔服务是一项长期系统性工作。各单位贯彻落实《指引》时要立足长远，提前谋篇布局。要结合工作实际，不断创新服务方式，丰富服务内容，提升服务标准，形成持续改进理赔服务质量的良性循环和长效机制。在《指引》试行过程中，各单位如有问题和建议，请及时反馈我会保险消费者权益保护局。

保险小额理赔服务指引（试行）

第一条　为贯彻落实《中国保监会关于加强保险消费者权益保护工作的意见》，提高保险理赔服务水平，促进保险理赔工作标准化、透明化和信息化，提升保险业社会信誉和保险消费者满意度，特制定本指引。

第二条　本指引所称保险小额理赔是指消费者索赔金额较小、事实清晰、责任明确的机动车辆保险（以下简称车险）和个人医疗保险理赔。

车险小额理赔是指发生事故仅涉及车辆损失（不涉及人伤、物损），事实清晰、责任明确，且索赔金额在5000元以下的车险理赔。

个人医疗保险小额理赔是指索赔金额在3000元以下，事实清晰、责任明确，且无需调查的费用补偿型、定额给付型个人医疗保险理赔。

第三条 保险公司应建立全天候接报案服务制度，确保“365 天 ×24 小时”报案渠道畅通，并在营业网点和互联网向社会公示统一报案电话，提示和引导消费者出险后及时报案。

第四条 对车险理赔，保险公司接到报案时应准确记录报案信息，提醒报案人需注意的事项，告知报案受理结果，及时进行查勘调度，并将报案号、理赔人员联系方式通过电话、短信、即时通讯工具等方式告知报案人。已建立交通事故快赔处理机制的地区，应引导报案人按照当地快赔处理模式处理。保险公司理赔查勘人员接到调度指令后，应及时联系报案人，告知理赔查勘人员的姓名和联系方式、核对报案信息、确认查勘地点，并向报案人告知索赔事项。

第五条 对于个人医疗保险理赔，保险公司接到报案后应在 1 个工作日内以电话、短信、即时通讯工具等方式告知消费者索赔事项。

第六条 对于身患残疾、卧病在床等有特殊困难不便到理赔服务窗口提交索赔申请材料的消费者，保险公司应推行上门受理等便捷服务。

第七条 保险公司应在符合风险管控及监管要求的前提下，最大限度简化保险小额理赔索赔资料，除索赔申请类、身份证明类、责任认定及金额确定证明类和支付信息类材料外，一般不应再要求消费者提供其他资料。

第八条 在风险可控的前提下，保险公司应逐步推行索赔单证电子化，减少纸质单证使用。

第九条 对于车险小额理赔，按以下要求简化索赔单证：

（一）合并索赔单证。保险公司应将索赔申请、委托授权、转账授权、查勘记录、损失确认和索赔告知等内容整合到机动车辆保险小额理赔申请书中，推行“多合一”单证。

（二）简化证件证明。对于单方事故，消费者仅需出示“三证一卡”（行驶证、驾驶证、被保险人有效身份证明、收款人银行卡或账户），由保险公司进行原件验真后拍照留存；对于非单方事故，消费者还需提供责任认定及金额确定证明类材料。鼓励保险公司创新证件、证明信息采集途径和方式。

（三）减免维修发票。车辆损失金额 2000 元以下的，保险公司根据与消费者确认的损失结果，可减免汽车维修发票直接赔付给消费者（代领赔款的除外）。超出 2000 元的，保险公司可要求消费者提交发票或发票原件照片。消费者如到保险公司合作的维修企业维修车辆的，可由保险公司与维修企业直接交接发票，消费者不再提供。

（四）减免气象证明。发生大面积气象灾害，保险公司理赔时应以气象部门公布的气象报告为准，不应要求消费者提供气象证明。

第十条 个人医疗保险小额理赔，按以下要求简化索赔单证：

（一）合并索赔单证。保险公司应将索赔申请、委托授权、转账授权等内容整合到理赔申请书中，推行“多合一”单证。

（二）减免索赔单证。保险公司不应要求消费者在索赔时重复提供已留存并可查询验证的资料，包括保单正本、保费收据等。

（三）减免意外事故证明。个人医疗保险小额理赔中，除有公安机关等第三方介入的情况外，保险公司一般不应要求消费者提供意外事故证明。

第十一条 保险公司应多措并举加快理赔时效。保险小额理赔自消费者提交索赔申请、交齐索赔资料之日起 5 个自然日内结案率不低于 80%；保险公司的平均索赔支付周期不应超过 5 个自然日。

第十二条 保险公司应准确记录和保存与消费者信息交互服务触点的时间和内容，并将接报案、立案、索赔资料接收齐全、结案支付等理赔节点信息和结果通过适当方式主动告知消费者。

第十三条 保险公司应做到理赔全流程透明管理，建立健全理赔信息便捷查询通道，确保消费者通过营业网点、电话、互联网等渠道查询包括理赔进度、节点时间、理算过程、理赔结果等关键信息。

第十四条 保险公司应依据不同险种类型的理算特点，将赔款金额、免赔额、赔付比例等理赔结果信息告知消费者。

第十五条　保险公司应加快推进理赔系统智能化建设，根据理赔风险级别，逐步提高保险小额理赔自动化处理比例，减少人工处理环节，提升理赔处理效率。

第十六条　保险公司应当建立健全营业网点、电话、互联网等多样化服务渠道，主动前伸服务触点，以满足不同类型消费者服务需求。

第十七条　保险公司应加大资源投入，加强服务创新，加快新技术应用，大力推进 O2O 服务模式，完善线上报案、受理、单证提交、审核反馈等功能，加强线上线下协同，实现快速服务响应，提升消费者服务体验。

第十八条　保险公司应建立保险小额理赔服务监测指标体系，主要指标为保险小额理赔五日结案率、保险小额理赔平均索赔支付周期、保险小额理赔获赔率等。保险公司应加强对上述服务指标的动态监测，促进保险小额理赔服务水平提升。

第十九条　中国保监会负责制定相关数据报送规则，适时披露保险小额理赔服务监测指标。保险公司应按规定报送保险小额理赔服务相关数据。

第二十条　保险公司委托外部机构实施的保险小额理赔服务标准参照本指引。

第二十一条　本指引由中国保监会负责解释和修订。

第二十二条　本指引自发布之日起施行。

附件：1. 参照标准

2. 保险小额理赔服务监测指标说明

附件 1

个人医疗保险小额理赔索赔单证参照标准

索赔资料类型	索赔资料	备注
索赔申请类	理赔申请书	
身份证明类	被保险人身份证明资料	①委托办理的，需提供受委托人身份证明 ②若被保险人未成年，需提供监护人身份证明及关系证明
责任认定及金额确定证明类	①出院小结（门/急诊病历） ②医疗费用收据（发票）原件、费用清单	①门/急诊发生的医疗费用索赔，需提供门/急诊病历 ②住院津贴索赔可提供医疗费用收据（发票）和费用清单的复印件 ③有公安机关等第三方介入的意外事故，需提供意外事故证明 ④手术津贴索赔需提供手术记录
支付信息类	银行账户（银行卡）照片或复印件	

车险小额理赔索赔单证参照标准

索赔资料类型	索赔资料	备注
索赔申请类	机动车辆保险小额理赔申请书	代位求偿案件需提供《机动车辆索赔权转让书》
身份证明类	①驾驶证 ②行驶证 ③被保险人有效身份证明	①消费者只需出具原件 ②委托办理的，需提供受委托人身份证明
责任认定及金额确定证明类	①汽车维修发票 ②事故证明（交通事故认定书/简易事故处理书/交通事故自行协商处理协议书、调解书） ③已向受害者支付赔款的凭证	①车辆损失金额 2000 元以下可免提供汽车维修发票（代领赔款除外） ②非单方事故，经保险公司现场查勘，责任明确的可免提供事故证明（代位求偿案件除外）
支付信息类	银行账户（银行卡）照片或复印件	委托领取赔款需提供转账授权书及被委托人身份证明

附件 2

保险小额理赔服务监测指标说明

一、保险小额理赔案件统计口径

为便于实际统计操作，正常结案案件以保险公司结案时的赔付金额作为“索赔金额”进行统计；拒赔案件以保险公司立案时的预估赔付金额作为“索赔金额”进行统计。

注：正常结案指在一个赔案中，保险公司财务系统发出最后一笔赔款（不含理赔费用）支付指令成功，且理赔系统标记为结案状态的案件。

正常结案数量指在统计期内，已决赔案中扣除拒赔、零结案、注销赔案后的赔案件数。

已决赔案指已发生已立案，并作正常结案、拒赔、零结案、注销处理的赔案。

二、保险小额理赔 5 日结案率

保险小额理赔 5 日结案率 = 统计期内保险小额理赔 5 日正常结案数量/统计期内保险小额理赔正常结案总数量 × 100%

注：“统计期内保险小额理赔 5 日结案数量”指统计期内保险小额理赔支付结案案件中，最后一笔支付时间与索赔资料接收齐全时间的差小于等于 5 个自然日的案件数量。

三、保险小额理赔获赔率

保险小额理赔获赔率 = 统计期内保险小额理赔正常结案数量/（统计期内保险小额理赔正常结案数量 + 统计期内保险小额理赔拒赔案件数量） × 100%

四、保险小额理赔平均索赔支付周期

保险小额理赔平均索赔支付周期 = $\sum$［统计期内保险小额理赔支付时点 - 统计期内保险小额理赔索赔资料接收齐全时点］/统计期内小额理赔正常结案数量

注：支付时点指正常结案的赔案中，保险公司财务系统发出最后一笔赔款（不含理赔费用）支付指令成功的系统时间。

中国保监会关于保险业服务京津冀协同发展的指导意见

（保监发〔2015〕106号 2015年12月3日）

各保险公司、北京保监局、天津保监局、河北保监局、中国保险行业协会、中国保险学会、中国保险保障基金有限责任公司、中国保险信息技术管理有限责任公司：

为深入贯彻落实党中央、国务院在新的历史条件下作出的推动京津冀协同发展的重大决策部署，按照《京津冀协同发展规划纲要》要求，现就推动保险业更好服务京津冀协同发展提出如下意见。

一、指导思想

为全面贯彻党的十八大和十八届三中、四中、五中全会精神，落实《京津冀协同发展规划纲要》以及《国务院关于加快发展现代保险服务业的若干意见》要求，践行“创新、协调、绿色、开放、共享”的发展理念，坚持改革创新，坚持重点突破，坚持需求导向，抓住京津冀区域协同发展带来的战略机遇，发挥保险功能作用，着力做好北京非首都功能疏解以及产业升级转移的保险配套服务，着力探索区域保险市场协同发展的路径，更加注重优化发展结构和转变发展方式，更加注重深化改革和创新驱动，更加注重特色发展和竞争力提升，加快发展现代保险服务业，使现代保险服务业成为推动京津冀协同发展的重要抓手。

二、基本原则

坚持政策引导、市场主导。将落实《京津冀协同发展规划纲要》和《国务院关于加快发展现代保险服务业的若干意见》相结合，推动行业与政府开展积极有效的合作，营造有利于保险业发挥作用的政策环境。通过简政放权，着重发挥市场配置资源的决定性作用，激发保险主体活力，创新保险产品和服务，满足京津冀协同发展对保险业的现实需求。

坚持改革推动、创新驱动。落实三地金融市场一体化改革要求，打破区域保险市场隐形壁垒，深入探索保险跨区经营，通过竞争效应和带动效应，缩小区域保险业发展差距，提升整体发展水平。在京津冀地区开展新型保险业态、组织形式、新型业务以及对内对外开放等创新试点，释放发展潜力，形成北方创新高地，发挥示范效应。

坚持统筹推进、差异化发展。统筹好京津冀三地保险市场协同发展与全国保险市场整体推进的关系，在条件成熟的领域开展跨区域监管创新试点，逐步积累经验，推广到全国市场。推进三地保险市场协同发展进程中，允许和鼓励各地结合实际，积极参与区域创新示范区建设，在业务结构、经营模式等方面差异化、特色化发展，形成各自比较优势，与经济社会发展更相匹配。

三、充分发挥保险功能作用，服务京津冀协同发展大局

（一）支持疏解北京非首都功能。

根据三地产业分工和经济社会发展需求，在机构批设等方面，有针对性地引导保险法人机构落户天津、河北。鼓励保险公司适应京津冀协同发展要求合理布局分支机构，减轻北京地区机构设置压力。支持河北建设保险后援基地，集聚数据中心、呼叫中心等后台服务机构，鼓励保险机构将现有在京的资源消耗型和劳动力密集型后台服务机构迁移至河北。鼓励保险机构在河北、天津统筹布局养老、医疗产业，引导向京外疏解养老需求和就医压力。

（二）支持京津冀交通一体化发展。

鼓励保险机构发挥保险资金优势，为京津冀地区高速铁路、高速公路、航空、城际快速轨道交通、津冀港口建设、国际航空枢纽等重点领域和重点项目提供长期资金支持，全力服务京津冀区域便捷高效、互联互通的综合交通体系建设。推动中国保险投资基金发起设立专项投资基金，支持京津冀交通一体化等重大基础

设施建设。在风险可控和依法合规的前提下，进一步拓展京津冀基础设施项目的行业范围，丰富增信措施和交易结构，创新保险资金运用方式。加快建立三地一体化的机动车保险电子保单机制和机动车辆交通事故快处快赔机制，统一交通事故查勘定损和理赔服务标准，促进道路畅通和安全出行。

（三）支持京津冀产业升级转移。

鼓励保险机构根据三省市产业发展定位，为京津冀产业升级转移提供资金支持和配套保险服务。搭建京津冀协同发展保险资金运用对接平台，通过项目洽谈会、项目库等形式，加强政府部门与投融资主体间对接沟通。鼓励保险机构通过投资企业股权、债权、基金、资产支持计划等方式，为科技型企业、小微企业、医疗养老产业、战略性新兴产业等发展提供资金支持，服务京津冀产业转型升级。探索设立夹层基金、并购基金、不动产基金等私募基金，支持保险资金投资创业投资基金，为天津滨海、河北曹妃甸、黄骅等新型园区建设助力。

不断提高配套保险服务的有效性和针对性，加大对京津冀产业升级转移的保险支持力度。鼓励保险机构根据企业转移过程中的特殊风险保障需求，积极发展营业中断保险、货物运输保险、企业财产保险、工程保险、责任保险、信用保证保险、治安保险等个性化的保险产品服务，提供一揽子保险解决方案，化解京津冀产业转移过程中出现的各类潜在风险，减轻政府和企业负担。创新发展科技保险，为科技企业的自主创业、融资、企业并购等提供全方位保险支持，服务京津冀创新驱动发展战略。大力发展出口信用保险、投资保险和航运保险，服务京津冀产业“引进来”和“走出去”。支持京津冀发展特色农业保险产品，更好服务京津都市现代农业和河北高产高效生态农业发展。

（四）支持京津冀公共服务一体化。

大力发展商业养老保险和健康保险，积极争取将京津冀三省市共同纳入个人税收递延型养老保险试点和个人税收优惠型健康保险试点区域范围，推动京津冀地区养老健康保障服务一体化和均等化。结合三地医疗养老体制改革，大力发展商业健康保险、商业养老保险、企业年金、职业年金等业务和服务，为产业转移企业职工的医疗养老提供保险保障，解决后顾之忧。支持保险机构与三地政府创新推广老年人意外保险、公共场所责任保险等，运用商业保险机制服务京津冀基本公共服务均等化发展。健全商业保险与社会保险的衔接合作机制，不断拓宽商业保险机构受托管理新型农村合作医疗、新型农村社会养老保险以及城镇职工和城镇居民基本社会保障服务的渠道，支持商业保险机构积极参与基本养老保险基金投资管理，推动三地基本养老、医疗保险关系顺利衔接，为京津冀地区提供无差异的优质保险经办服务。依托保险机构的服务网络优势，促进大病保险等服务一体化，逐步实现大病保险三地同城化报销。探索搭建一体化的灾害救助机制，推动三地联合建立涵盖地震、暴雨、洪水等灾害的巨灾保险制度，保护人民群众的生命财产安全。

（五）支持京津冀生态建设率先突破。

在京津冀地区的涉重金属行业、石油化工行业等环境高危行业，推进环境污染强制责任保险发展，充分利用保险费率杠杆机制引导企业加强节能减排工作，完善京津冀地区环保联防联控机制。积极发展绿色保险、科技保险、森林保险等保险业务，鼓励保险资金优先投资京津冀地区环保、清洁能源等领域，促进京津冀绿色循环低碳经济发展。

四、推进保险市场一体化，促进京津冀保险业协同发展

（六）推进业务经营一体化。

允许京津冀保险公司打破经营区域限制，在三地保险监管机构备案后开展异地业务，推动京津冀保险市场均衡化发展。鼓励和放开对保险专业代理机构的经营区域限制，进一步完善保险产业链，为三地保险市场提供多元化的配套服务。鼓励保险机构适应协同发展需求，在各地分支机构设立、业务政策制定、考核评价体系、产品服务对接等方面建立内部协同机制，更好支持京津冀协同发展。

（七）推进人员流动一体化。

简化京津冀保险公司分支机构高管人员任职资格行政审批程序，对于已取得任职资格的高管在京津冀区域跨省市跨公司调任同类型保险公司的同级或下级分支机构高管，取消该任职资格事前审批，由调入保监局

实施备案管理，促进高管人员有序流动。允许独立个人保险代理人在京津冀三地试点。

（八）推进保险服务一体化。

全面建立京津冀三地保险理赔通赔通付制度，优化理赔流程、提高服务便捷性，对于异地出险的案件，由出险地保险公司分支机构代为查勘、理赔，进一步方便保险消费者。鼓励三地保险机构开展服务资源共享和业务合作，统筹调配京津冀三地保险服务力量。加快推进京津冀三地保险承保理赔服务标准化建设，为三地保险消费者提供无差异保险服务。

（九）推进行业技术和信息一体化。

加强三地保险数据积累和使用，进一步提升保险产品开发和精算能力，促进三地保险数据与医疗、健康、交通、农业等领域的数据交换和共享，为三地协同发展提供有针对性的产品。大力推动信息化基础建设，鼓励中国保险信息技术管理有限责任公司充分发挥保险业信息平台的功能和作用，为保险参与三地经济建设和社会治理的相关领域优先提供技术支持和数据服务，不断发挥信息化建设在服务京津冀协同发展等方面的作用。

五、发挥监管引领作用，强化协同发展政策支撑

（十）创新京津冀三地监管与行业自律合作机制。

建立京津冀保险监管联席会议制度，由保监会有关部门牵头，三地保监局及行业协会参加，促进监管政策的协调统一，共同推动三地市场一体化发展。联席会议下设综合协调办公室，负责保险业服务京津冀协同发展的总体规划设计、整合和优化区域资源协调等。发挥行业协会自律与服务职能，强化三地行业协会的沟通合作，由中国保险行业协会牵头建立京津冀保险行业自律工作机制，整合三地行业资源，系统梳理京津冀三地行业自律规范文件，建立一体化的行业自律服务平台，推动三地保险市场互联互通。

（十一）完善京津冀三地监管制度。

充分考虑京津冀协同发展的特点，有针对性加以修订、补充或出台配套文件，推动区域监管标准一体化，消除政策壁垒，营造促进三地协同发展更为宽松的制度环境。探索建立联动检查机制和一体化的违规机构、人员“黑名单”制度，统一开展三地舆情监控和数据分析，及时发现风险隐患，防范风险跨区域传递。建立京津冀保险合同纠纷异地调处机制，为跨区域流动保单持有人提供便利。

（十二）协调争取三地政府保险支持政策。

建立由保险监管机构、三地金融办（局）、保险行业协会、保险机构、高校科研院所共同参与的保险业服务京津冀协同发展机制，根据地方需求和保险业实际，研究明确保险业服务协同发展的重点，共同推进保险业参与和服务京津冀协同发展国家战略。根据京津冀协同发展的战略定位和产业转移升级需求，积极争取三地政府为京津冀保险市场一体化提供必要的政策支持，协调三地保险支持政策有序衔接。

中国保监会关于印发《保险机构内部审计工作规范》的通知

（保监发〔2015〕113 号　2015 年 12 月 7 日）

各保险集团（控股）公司、保险公司、保险资产管理公司：

为规范保险机构内部审计工作，提高保险机构风险防范能力，提升公司治理水平，我会制定了《保险机构内部审计工作规范》，现印发给你们，请遵照执行。

保险机构内部审计工作规范

第一章　总　则

第一条　为规范保险机构内部审计工作，提高保险机构风险防范能力，根据《中华人民共和国保险法》、《中华人民共和国公司法》、《中华人民共和国审计法》等有关法律法规及行业规范，制定本规范。

第二条　本规范所称保险机构是指在中华人民共和国境内依法设立的保险集团（控股）公司、保险公司、保险资产管理公司、再保险公司及其分支机构等。

经保险监督管理部门批准设立的其他保险机构可参照执行本规范。

保险监督管理部门有 IT 审计专门规范和要求的，保险机构 IT 审计工作应从其规范。

第三条　本规范所称的保险机构内部审计是一种独立、客观的确认和咨询活动，它通过运用系统化和规范化的方法，审查、评价并改善保险机构的业务活动、内部控制和风险管理的适当性和有效性，以促进保险机构完善治理、增加价值和实现目标。

第四条　保险机构应健全内部审计体系，按照相关要求开展内部审计工作，及时发现问题，有效防范经营风险，促进公司的稳健发展。

第五条　中国保险监督管理委员会（以下简称“中国保监会”）及其派出机构根据法律、行政法规、监管规定以及本规范的规定，依法对保险机构内部审计工作实施指导、监督和评价。

第二章　一般原则

第六条　保险机构应建立与公司目标、治理结构、管控模式、业务性质和规模相适应，预算管理、人力资源管理、作业管理等相对独立的内部审计体系。

内部审计部门的工作不受其他部门的干预或者影响。内部审计人员不得参与被审计对象业务活动、内部控制和风险管理等有关的决策和执行。

第七条　保险机构内部审计的范围应包括所属保险机构及其直接或间接控制的境内、外保险分支机构和非保险子公司。

第八条　保险机构应逐步建立完善非现场内部审计监测、操作及管理功能在内的内部审计信息系统。鼓励保险机构探索创新内部审计科技手段和技术方法，提升内部审计的信息化水平和审计效率。

第九条　保险机构应建立完善内部审计质量控制制度和程序，系统实施指导、监督、分级复核和内部审计质量评估，定期实施内部审计质量自我评估，并接受内部审计质量外部评估。

第十条 保险机构应建立和实施内部审计人员录用、继续教育、培训、考核评价和激励约束等人力资源管理制度，确保内部审计人员具有与其从事业务相适应的专业胜任能力。

内部审计人员应通过后续教育和职业实践等途径，了解、学习和掌握相关法律法规、专业知识、技术方法和审计实务的发展变化，保证和提升专业胜任能力。保险机构应保证内部审计人员平均每年不低于40小时的后续教育时间。

第十一条 内部审计人员应遵守职业道德，保持并提高专业胜任能力，诚信正直地实施内部审计，客观公正地作出审计职业判断，并遵循保密原则，按照规定使用其在履行职责时所获取的信息。

第三章 内部审计机构和人员

第十二条 保险机构应以制度形式明确董事会、审计委员会、审计责任人和内部审计部门及人员职责及权限，并统一制定各级内审机构和人员的管理制度，包括：岗位设置、岗位责任、任职条件、考核办法、薪酬制度、轮岗制度、培训制度等。

第十三条 保险机构董事会对内部审计体系的建立、运行与维护负有最终责任。没有设立董事会的，由保险机构法定代表人或负责人履行有关职责。

第十四条 保险机构应建立独立的内部审计体系，内部审计应垂直管理，鼓励有条件的保险机构实行内部审计集中化管理，进一步强化内部审计体系的独立性。规模较小或实行集中化管理的保险公司省级及以下分支机构，在满足内部审计工作需要的前提下，可不再设置单独的审计部门或岗位。法律法规对上市公司内部审计设置另有规定的，从其规定。

（一）内部审计垂直化管理是指保险机构分级设置独立的内部审计部门，总部对各级内部审计部门进行统一管理和计划安排，各级内部审计部门分级承担内部审计职责并上报审计结果。

（二）内部审计集中化管理是指保险机构设置专门的内部审计机构或部门，统一制定实施预算管理、人力资源管理、作业管理等内部审计管理制度，其他各级机构（含保险子公司及各分支机构）可不再设置内部审计部门和岗位。

（三）实行垂直管理的各保险机构审计部门人员应实施委派制，各级机构审计部门负责人的聘任、考核和薪酬应由上级机构或者总公司统一管理、逐级考核，被审计对象不应参与内部审计部门和内部审计人员的考核。

第十五条 保险机构应在董事会下设立审计委员会。审计委员会成员由不少于3名不在管理层任职的董事组成。已建立独立董事制度的，应由独立董事担任审计委员会主任委员。

审计委员会成员应具备胜任工作职责的专业知识和经验。

第十六条 保险机构董事会审计委员会在内部审计工作中履行的职责，包括但不限于：

（一）审核保险机构内部审计管理制度并向董事会提出建议。

（二）指导保险机构内部审计有效运作，审核保险机构年度内部审计计划、内部审计预算和人力资源计划，并向董事会提出建议，董事会审议通过后负责管理实施。

（三）审阅内部审计工作报告，评估内部审计工作的结果，督促重大问题的整改。

（四）评估审计责任人工作并向董事会提出意见，至少每季度一次听取审计责任人关于审计工作进展情况的报告。

第十七条 保险机构应设立审计责任人职位。审计责任人纳入保险机构高级管理人员任职资格核准范围，对董事会负责，向董事会审计委员会报告工作；同时负责与管理层沟通，并通报审计结果。

审计责任人由董事长或审计委员会提名，报董事会聘任。没有设立董事会的保险公司，审计责任人由管理层聘任。审计责任人不得同时兼任保险机构财务或者业务工作的领导职务。

审计责任人岗位变动要按相关规定事后向中国保监会报告。

第十八条　审计责任人应在任职前取得中国保监会核准的任职资格，符合以下条件：

（一）大学本科以上学历或者学士以上学位。

（二）从事审计、会计或财务工作 5 年以上或者金融工作 8 年以上，熟悉金融保险业务。

（三）具有在企事业单位或者国家机关担任领导或者管理职务的任职经历。

（四）中国保监会关于高级管理人员任职资格的其他规定。

第十九条　保险机构审计责任人履行的职责，包括但不限于：

（一）指导编制保险机构年度内部审计计划、内部审计预算和人力资源计划。

（二）组织实施内部审计项目，确保内部审计质量。

（三）向审计委员会报告，与管理层沟通，报告内部审计工作进展情况。

（四）及时向审计委员会或管理层报告内部审计发现的重大问题和重大风险隐患。

（五）协调处理内部审计部门与其他机构和部门的关系。

第二十条　保险机构内部审计部门履行的职责，包括但不限于：

（一）拟定保险机构内部审计制度。

（二）编制年度内部审计计划、内部审计预算和人力资源计划。

（三）实施年度内部审计计划，跟踪整改情况，开展后续审计。

（四）法律、法规、监管规定和保险机构确定的其他内部审计职责。

第二十一条　保险机构应配备足够数量的内部审计人员。专职内部审计人员数量原则上应不低于保险机构员工人数的 5‰，且配备专职内部审计人员不少于三名。

其中持有注册内部审计师、注册会计师等证书或具有与会计、审计、信息技术、投资等内审工作相关的中级以上专业技术资格的人员应不低于专职内部审计人员的 35%。

第二十二条　内部审计人员应具备相应的专业从业资格：

（一）专业水平。内部审计人员应具备大学本科及以上学历，掌握与保险机构内部审计相关的专业知识，熟悉金融保险相关法律法规及内部控制制度。

（二）道德准则。内部审计人员应具有正直、客观、廉洁、公正的职业操守，且无不良记录。

第二十三条　保险机构总经理应确保内部审计部门的独立性及履职所需资源与权限。内部审计部门和内部审计人员履职所需的资源，包括经审计委员会批准的内部审计预算和人力资源计划，以及必要的办公场地、系统、设备等。内部审计部门和内部审计人员履行职责时享有下列权限：

（一）实时查阅与被审计对象经营活动有关的文件、资料等，包括电子数据。

（二）参加或者列席保险机构经营管理的重要会议，参加相关业务培训。

（三）有权进行现场实物勘查，或者就与审计事项有关的问题对有关机构和个人进行调查、质询和取证。

（四）对可能被转移、隐匿、篡改、毁弃的相关资料、资产，有权采取相应的保全措施。

（五）对内部审计发现的违反法律、法规、监管规定或者内部管理制度的行为予以制止，对相关机构和人员提出责任追究或者处罚建议。

（六）向董事会或者管理层提出改进管理、提高效益的意见或建议。

第二十四条　保险机构监事会可以对内部审计工作进行指导和监督。

第二十五条　对于认真履职并发现重大案件、揭示重大风险的内部审计人员，经审计委员会批准后，保险机构可给予特别嘉奖。

第二十六条　实行内部审计集中化管理的保险集团（控股）公司，其控股的保险子公司审计责任人应由母公司派驻。其他实行内部审计集中化管理的保险机构，可按照独立法人主体分别设置审计责任人。

实行内部审计集中化管理的保险机构，通过应用审计信息化平台、提升内部审计人员专业胜任能力、聘请中介机构承担内部审计项目等方式，基本满足内部审计业务需要的，专职内部审计人员数量可适当放宽至不低于保险机构员工人数的4‰。

第四章 内部审计作业管理

第二十七条 内部审计部门和内部审计人员应全面关注保险机构的风险，以风险为导向组织实施内部审计。

第二十八条 内部审计人员应充分运用重要性原则，考虑差异或者缺陷的性质、数量等因素，合理确定重要性水平。

第二十九条 内部审计部门应根据法律法规，结合公司发展战略，在风险评估的基础上，编制年度内部审计计划，审计重点、审计频率和频度应与保险机构业务性质、复杂程度、风险状况和管理水平相适应。

年度内部审计计划应包括监管制度要求的审计内容。

第三十条 内部审计部门和内部审计人员应严格按照规范的审计流程和适当的审计方法实施审计：

（一）根据年度内审计划，编制项目审计方案，做好审计项目实施前的准备工作。

（二）依照公司制度，在实施审计前一定时间向被审计单位或者被审计人员下发审计通知书。特殊情况下，审计通知书可以在实施审计时送达。

（三）按照项目审计方案，运用审核、观察、监盘、访谈、调查、函证、计算和分析程序等方法，获取相关、可靠和充分的审计证据，并在审计工作底稿中记录审计程序执行过程、审计证据与结论。实施内部审计的人员不得少于2人。

（四）按照审计质量控制制度和程序，及时编制、复核、报送审计报告。

第三十一条 内部审计部门应在实施必要的审计程序后，及时出具审计报告。审计报告应当符合以下要求：

（一）客观、完整、清晰、简洁，具有建设性并体现重要性原则。

（二）包括审计概况、审计范围、审计内容、审计方法、审计依据、审计发现、审计结论、审计意见或审计建议。

（三）不得有虚假记载、误导性陈述和重大遗漏。

第三十二条 内部审计部门应建立健全审计报告分级复核制度，明确规定各级复核人员的要求和责任。

第三十三条 内部审计部门应建立健全审计质量控制制度和程序，将审计结果形成审计报告，征求被审计对象的意见后，报送审计责任人或其授权人员签发，并发送至被审计对象和适当管理层，审计责任人对审计报告负有最终责任。

第三十四条 内部审计部门应建立健全内部审计档案管理制度，整理、立卷、定期交档案管理部门或者档案工作人员集中妥善保管内部审计档案资料，自审计报告之日起计算，不得少于五年。

第三十五条 内部审计部门应建立健全内部审计项目外包管理制度。根据工作需要，经董事会或管理层批准后，内部审计部门可以聘请外部机构承担内部审计项目。所聘请的外部机构应具备足够的独立性、客观性和专业胜任能力，并遵守本规范中有关审计作业管理的规定。董事会或管理层应当对外部审计机构的独立性出具书面意见。委托外部机构开展内部审计的，应向保监会报告。

第三十六条 鼓励内部审计人员在不承担管理职责的前提下，充分发挥独立、客观、专业的优势，通过提供建议、培训、增值服务等咨询活动，改善保险机构的业务活动、内部控制和风险管理。

第五章 内部审计结果运用

第三十七条 保险机构董事会和管理层应采取有效措施，确保内部审计结果得以充分利用。

内部审计结果包括审计结论、审计意见或审计建议、咨询活动结果等。

内部审计结果可作为中国保监会及其派出机构日常监管的参考依据。

第三十八条　保险机构应对审计发现问题及时组织整改，并按规定严格追究相关责任人的责任。

对审计发现问题未按照要求及时进行整改处理的，保险机构应对有关负责人问责。

第三十九条　保险机构在考核经济目标、任免所属单位负责人之前，应将内部审计结果作为重要依据。保险机构任命分公司及以上主要负责人之前，应听取审计责任人的意见。

第四十条　被审计单位应承担未及时纠正审计发现问题所产生的责任和风险。内部审计人员应履行法律法规赋予的职责和权力，通过后续审计跟踪评价被审计单位管理层所采取的纠正措施是否及时、合理、有效，并可将后续审计作为下次审计工作的一部分。

第六章　内部审计监督

第四十一条　中国保监会及其派出机构依法对保险机构内部审计工作实施指导、检查和评价：

（一）实行内部审计集中化管理的保险机构，由中国保监会统一指导、检查。

（二）实行内部审计垂直化管理的保险机构，由中国保监会协同派出机构实施对口指导、检查。

（三）中国保监会根据本规范，组织开展对保险机构内部审计工作的评价。

第四十二条　保险机构应按照以下要求向中国保监会报告：

（一）每年 5 月 15 日前向中国保监会提交上一年度的内部审计工作报告，报告中应包括公司年度审计工作计划和内部审计工作总结。

（二）及时向中国保监会报告审计中发现的重大风险问题。

（三）内部审计机构对省级分公司及其分支机构的审计报告，由省级分公司在报告完成后 10 个工作日内报送当地保监局。

（四）保险机构对内部审计中发现的重大问题未予有效整改处理的，审计责任人应直接向中国保监会报告相关情况。

（五）中国保监会要求的其他事项。

第七章　内部审计责任追究

第四十三条　保险机构董事和高级管理人员在组织实施内部审计工作中有如下情形的，中国保监会将依照相关规定追究责任：

（一）保险机构董事会未按照本规范第十三条有效履行职责的，中国保监会将追究保险机构董事会相关人员责任。

（二）保险机构审计委员会未按照本规范第十六条有效履行职责的，中国保监会将追究审计委员会成员的责任。

（三）保险机构审计责任人未按照本规范第十九条有效履行职责的，中国保监会将追究其责任。

（四）保险机构总经理未按照本规范第二十三条有效履行职责的，中国保监会将追究其责任。

（五）保险机构未及时按照本规范第三十八条的规定对审计发现问题问责的，中国保监会将追究管理层及相关董事的责任。

第四十四条　审计人员有下列情形之一的，保险机构应进行处理：

（一）对于保险机构发生须追究责任的案件，根据中国保监会有关规定，保险机构在追究直接责任人和间接责任人的责任之外，如存在内部审计人员因严重过失未能揭示相关风险的情况，应对相关人员予以追究责任，但有证据表明其已经履行了岗位职责的除外。

（二）对于滥用职权、徇私舞弊、隐瞒问题、玩忽职守、泄漏秘密的内部审计人员，保险机构应依照国家和保险机构有关规定进行处理；涉嫌犯罪的，依法移交司法机关。

第四十五条 被审计对象有下列情形之一的，保险机构应及时制止，严肃处理有关单位和人员，并追究相关人员管理责任和间接责任：

（一）拒绝或者不配合内部审计工作。

（二）拒绝、拖延提供与内部审计事项有关的资料，或者提供资料不真实、不完整的。

（三）打击报复或陷害审计人员。涉嫌犯罪的，依法移交司法机关。

第八章 附 则

第四十六条 除另有说明，本规范所称“以上”“以下”含本数。

第四十七条 保险机构应依照本规范制定实施细则。

第四十八条 本规范由中国保监会负责解释。

第四十九条 本规范自发布之日起施行，中国保监会2007年4月9日发布的《保险公司内部审计指引（试行）》（保监发〔2007〕26号）同时废止。本规范颁布之前有关保险机构内部审计工作的规范性文件与本规范不符的，以本规范为准。

中国保监会关于印发《保险法人机构公司治理评价办法（试行）》的通知

（保监发〔2015〕112号　2015年12月7日）

各保险集团（控股）公司、保险公司、保险资产管理公司：

为综合评价保险公司治理状况，进一步完善保险法人机构治理结构，提升行业公司治理水平，我会制定了《保险法人机构公司治理评价办法（试行）》，现予印发，请遵照执行。

保险法人机构公司治理评价办法（试行）

第一章　总　则

第一条　为完善保险法人机构公司治理结构，提高公司治理水平，进一步改善公司治理监管和分类监管，防范化解风险，维护保险消费者合法权益，推进保险业治理能力和治理体系现代化建设，根据《中华人民共和国公司法》、《中华人民共和国保险法》、《保险公司管理规定》等法律法规，制定本办法。

第二条　本办法适用于在中国境内依法设立的保险公司、保险集团（控股）公司和保险资产管理公司。保险资产管理公司另有规定的从其规定。

第三条　本办法所称公司治理评价是指中国保监会依法对保险法人机构公司治理水平和风险状况的判断、评价和分类，评价结果主要依据保险法人机构开展的自评和中国保监会实施的监管评价得出。

第四条　保险法人机构对公司治理自评的真实性、准确性、及时性负责。

中国保监会负责对各保险法人机构的公司治理进行监管评价，并综合公司自评和监管评价情况得出评价结果。

第五条　保险法人机构公司治理评价遵循以下原则：

（一）公正透明。评价以事实为基础，以法律法规、监管要求为准则，力求标准统一，程序严格，信息公开。

（二）突出重点。评价重点关注保险法人机构在公司治理方面的问题和风险点，着重防范系统性和综合性的公司治理风险。

（三）动态评价。中国保监会根据现场和非现场监管以及公司具体情况的变化实施动态评价，每季度更新评价结果。

第二章　评价内容和标准

第六条　公司治理评价主要包括信息采集、信息整理、信息更新、形成评价结果等步骤。

第七条　中国保监会根据评价需要，全面收集反映保险法人机构公司治理状况的信息。信息采集渠道包括：

（一）非现场检查。包括保险法人机构的报告、报批文件及召开的股东大会、董事会等。

（二）现场检查。中国保监会通过现场检查形成的检查报告、行政处罚、监管谈话、监管函等。

（三）新闻报道和独立评级机构的评价。

（四）保险法人机构的公开披露。

（五）可反映公司治理状况信息的其他渠道。

第八条 中国保监会对采取的信息进行鉴别和筛选，建立各保险法人机构的公司治理情况档案，收录公司治理基本情况、存在问题等信息，对有关问题逐项列明发现时间、发现方式、问题原因、公司整改方案、整改情况及可能采取的后续监管措施等。

第九条 中国保监会动态更新各保险法人机构的公司治理情况档案，及时更新基本情况，并对经整改已解决的问题及时予以注销，同时将已解决的问题记录存档，对未按监管要求进行整改的问题持续跟踪至整改完成。

第十条 监管评价采用评分制，分值由机构自评分和监管评分加权得出，记为综合得分，满分 100 分。其中，机构自评分权重 40%，初始分值为 0，最高不超过 100 分；监管评分权重为 60%，初始分值为 100，最低不小于 0 分。

第十一条 保险法人机构每年开展一次公司治理自评，并于次年 5 月 15 日前将自评表连同公司治理报告向中国保监会报送，结果经中国保监会核实后作为次年整个年度的机构自评分。中国保监会可根据现场和非现场监管情况对机构自评分进行调整。

保险法人机构从职责边界、胜任能力、运行控制、考核激励、监督问责等五个方面进行自评，具体指标及评分标准详见附件。

第十二条 中国保监会从依法合规方面对保险法人机构实施监管评价，根据评价结果得到监管评分，每季度更新一次。

监管评价指标分为约束性指标、遵循性指标及调节性指标：

（一）约束性指标：反映保险法人机构在公司治理方面是否违反现行有效的法律法规。

（二）遵循性指标：反映保险法人机构在公司治理方面是否遵循现行有效的监管性指引。该类指标适用“遵循或解释”原则，未遵循有关指引但能给予合理解释的，分值不作特别处理。

（三）调节性指标：描述保险法人机构是否存在以下特定情形：

1. 因公司治理问题被下发监管函；

2. 有关公司的媒体负面报道或举报经中国保监会认定属实且对公司治理造成重大影响；

3. 最近一年公司董事及高级管理人员被监管谈话三次以上；

4. 公司自评分与监管评分偏差度大于等于 25%；

5. 其他经中国保监会认定的特殊情形。

第三章 评级方法

第十三条 中国保监会根据公司治理评分对保险法人机构评级，评级结果分为优质、合格、重点关注、不合格四级。

第十四条 中国保监会每季度更新一次公司治理评级结果，必要时可以调整评价周期。

第十五条 等级划分标准为：综合评分大于等于 90 分，小于等于 100 分的保险法人机构定级为优质；综合评分大于等于 70 分，小于 90 分的保险法人机构定级为合格；综合评分大于等于 60 分，小于 70 分的保险法人机构定级为重点关注；综合评分小于 60 分的保险法人机构定级为不合格。

第十六条 保险法人机构存在公司治理僵局等经中国保监会认定的其他重大公司治理风险，直接定级为不合格。

第十七条 中国保监会实施红、黄牌警告制度。对首次未按监管要求整改或整改不力的保险法人机构，出示黄牌，直接降级为重点关注，并对整改情况持续跟踪；就同一问题经两次监管要求仍不予整改或整改不力的，对保险法人机构出示红牌，将其直接降级为不合格，并采取相应级别的监管措施。

第十八条　中国保监会有权根据保险法人机构公司治理的实际情况，按照评级方法对其重新进行评级，并给出相应说明。

第十九条　中国保监会可根据评价工作需要调整评价指标，并制定评分规则。

第二十条　中国保监会认为有必要的，可聘请独立的信用评级机构对保险法人机构开展公司治理评价。

第四章　评价结果应用

第二十一条　中国保监会将保险法人机构公司治理评价结果用于非现场监管，并根据非现场监管结果实施分类监管。

第二十二条　中国保监会进行行政许可审核时，对许可条件包含公司治理内容的，将评级结果作为审核依据之一。

第二十三条　中国保监会根据评级结果对保险法人机构依法采取不同的监管措施：

（一）对优质类公司，不采取特别的监管措施；

（二）对合格类公司，可依法采取以下一项或多项监管措施：

1. 监管谈话；

2. 书面风险提示；

3. 要求公司限期整改所存在的问题。

（三）对重点关注类公司，除可采取对合格类公司的监管措施外，还可依法采取以下一项或多项监管措施：

1. 要求提交改善公司治理的计划；

2. 针对所存在的问题进行现场检查；

3. 要求调整负责人及有关管理人员。

第二十四条　对不合格类公司，除可采取对合格类、重点关注类公司的监管措施外，还可以依法采取整顿、接管以及中国保监会认为必要的其他监管措施。

第五章　附　则

第二十五条　本办法由中国保监会负责解释和修订。

第二十六条　本办法自发布之日起施行。

附件：1. 保险法人机构公司治理自评表

2. 保险法人机构公司治理监管评价表

附件 1

保险法人机构公司治理自评表

指标类别	指标事项	指标说明	分值	自我评价	得分
职责边界	股东（大）会、董事会和管理层职责	股东（大）会、董事会和管理层的职责清晰	1		
	主要负责人权力制衡	对主要负责人的授权明确	1		
		对主要负责人的授权不过于集中	1		
	内部授权体系	重大决策有明确标准	1		
		有明确的重大决策审议程序并实际执行	1		
	部门设置及部门职责分工制度	有明确制度界定各部门职责分工	1		
	对分支机构授权	公司的 IT 系统能对分支机构的财务、业务进行有效的监控	1		
胜任能力	主要股东持续出资能力及股权结构稳定性	主要股东在过去三年未连续亏损	2		
		主要股东未频繁变更	2		
	董事专业能力及董事会专业结构	董事的能力和经验胜任	1		
		董事会的专业结构合理	1		
	监事会专业结构	监事会的专业结构合理	1		
	管理层成员专业结构及配合能力	管理层成员的经验和管理能力胜任	1		
		管理层成员专业结构合理、团队配合协调	2		
	董事、监事及高管人员培训	建立了董事、监事和高管人员培训制度并严格执行	1		
	董事会及管理层稳定性	董事会及管理层成员未频繁变动	2		
		不存在董事长、总经理或关键岗位长期空缺的情况	2		
运行控制	股东对公司业务和管理信息的获取及熟悉程度	定期充分公平地向股东报送或披露公司业务、财务和管理信息	2		
		及时充分地向股东披露公司重大事项	2		

（续表）

指标类别	指标事项	指标说明	分值	自我评价	得分
运行控制	董事对公司财务、业务和管理信息的获取及熟悉程度	定期向董事报送公司业务、财务和管理信息	1		
		对公司会计政策进行讨论，包括会计政策的合规性以及是否真实公允反映公司财务状况和经营成果等	1		
		董事对公司重大事项知情	1		
运行控制	董事会会议发言及表决情况	董事会会议对议案进行详细说明	1		
		董事相互尊重，积极充分地讨论议案	2		
		董事积极发言并提出有价值的专业性意见或建议	2		
	董事会对公司战略目标和业务计划执行情况的定期审查	董事会制定清晰的公司战略目标并定期审查	2		
		董事会定期审查管理层对业务、财务计划的执行情况	2		
	公司经营预算和财务预算的制定情况	董事会及时、认真制定公司经营预算和财务预算	2		
	董事会对公司风险状况的定期评估	董事会积极推动公司建立风险管理体系	1		
		要求管理层定期报告风险管理工作及公司风险状况	1		
		定期对公司风险状况进行全面评估并跟踪整改情况	1		
	董事长与总经理的沟通协调	董事长与总经理间工作沟通配合顺畅、协调	1		
	专业委员会运作情况	及时召开会议对重大事项进行专题审议	1		
		对重大事项进行深入讨论形成专业意见并对风险作充分提示	1		
	独立董事的独立性	独立董事有充分的独立性	2		
	独立董事的勤勉尽职情况	独立董事对重大事项资料进行认真审议	1		
		能有效的利用自己的知识、经验和专业技术，帮助公司解决所面临的问题	1		
		能与其他董事进行有效沟通，并保持独立判断	1		
		独立董事说明弃权或反对的原因	1		

（续表）

指标类别	指标事项	指标说明	分值	自我评价	得分
运行控制	法人事务管理情况	资本规划和资本管理合理	1		
		业务范围变更符合要求	1		
		变更营业场所经保监会审批	1		
		住所变更及时报备	1		
		公司章程、股东名册及工商登记文件与实际情况一致	1		
	股权管理情况	无股权委托代持行为	1		
		股权没有频繁、高比例质押	1		
		及时将公司股东的控股股东、实际控制人及其变更情况和股东之间的关联关系报告保监会	1		
运行控制	股权管理情况	按照《保险公司股权管理办法》第22条要求，将股东相关事项及时报告保监会	1		
	关联交易管理情况	收集并及时更正关联方信息	1		
		资金运用关联交易符合比例要求	2		
		关联交易按照相关规定进行信息披露	2		
		关联交易按规定进行内部审查	2		
		每年对关联交易进行审计	2		
	信息披露管理	建立信息披露内部管理制度并报保监会	1		
		指定专人负责信息披露事务	1		
		根据保监会监管要求，在保险公司网站等信息披露载体上披露公司治理、风险管理、重大关联交易、重大事项和资金运用关联交易等信息	1		
考核激励	董事、监事及高管薪酬水平	薪酬水平与公司业务规模、盈利状况相匹配	1		
	高管人员绩效考核指标的合理性	考核指标纳入偿付能力、企业价值、业务质量及风险等因素	1		
		考核结果能科学反映高管人员对公司的贡献	1		

（续表）

指标类别	指标事项	指标说明	分值	自我评价	得分
考核激励	董事会对高管业绩考核指标体系建立及执行的参与度	高管人员薪酬考核指标由薪酬委员会主导制定	1		
	薪酬管理情况	薪酬管理程序严格明确	1		
		不存在在业务计划执行末期调整考核标准的情形	1		
	董事会自我评价制度的建立及执行情况	已建立和落实董事会自我评价制度	1		
	职务消费制度的建立及执行情况	有明确制度规定高管人员职务消费并有效执行	1		
监督问责	监事会对董事会决议及董事和高管人员行为的监督	监事会能够对董事会决议提出意见或建议	2		
		监事会对高管人员进行监督谈话或调查	2		
	管理层及分支机构高管人员离任审计	对管理层或分公司高管人员进行离任审计	1		
	内审的健全性和独立性	审计人员数量和结构符合监管要求或满足工作需要	1		
		采取审计集中制或垂直管理	1		
	内审工作的覆盖面和频率	不存在主要业务单位连续两年未被审计的情况	1		
	内审结果与薪酬考核、职务任免和责任追究的关联性	建立了审计问题整改的跟踪、督促制度	2		
		内审结果在被审计对象的考核任免中得到体现	2		
监督问责	外部审计	及时出具外审报告	1		
	内部举报机制的健全性和有效性	建立通畅的举报机制并及时处理举报	1		
	重要工作岗位的委派制度	建立人事、财务和审计等重要岗位的委派制度	1		
	董事、监事及高管人员问责制度的建立和执行	董事和高管人员没有违反公司章程、股东会决议及董事会决议的情形	2		
		有明确制度规定董事、监事及高管人员的责任追究	2		

（续表）

<table>
<tr><td>指标类别</td><td>指标事项</td><td>指标说明</td><td>分值</td><td>自我评价</td><td>得分</td></tr>
<tr><td colspan="3">自评得分</td><td>100</td><td></td><td></td></tr>
<tr><td colspan="6">填报说明：</td></tr>
<tr><td colspan="6">1. 由各公司在“自我评价”栏下填写“是”或“否”，其中，“是”得分，“否”不得分。</td></tr>
<tr><td colspan="6">2. 人寿集团和出口信保对董事会的相关指标不予填报。阳光集团、太保集团、平安集团、中再集团及太平集团5家集团（控股）公司的下属子公司对独立董事、董事会专业委员会的相关指标可以不予填报。财产险公司、资产管理公司可以不填写总精算师指标。外资保险公司对独立董事、专业委员会、监事会相关指标可以暂不填报。外国保险公司在中国设立的分公司不参与评价。</td></tr>
<tr><td colspan="6">3. 主要负责人包括董事长、首席执行官、总经理、财务负责人及与上述人员具有相同或相似职权的人。</td></tr>
<tr><td colspan="6">4. 主要股东是指持有公司15%以上股份（上市公司为5%）或其持有股份不足15%（上市公司为5%），但以其出资额或持有的股份所享有的表决权足以对公司股东（大）会、董事会决议产生重大影响的股东。</td></tr>
<tr><td colspan="6">5. 主要股东频繁变更是指在过去两年内，公司有两家以上主要股东的持股比例发生变化；董事和高管频繁变动是指在过去两年内公司有25%的董事和高管离职、职级或职责分工发生变动。</td></tr>
<tr><td colspan="6">6. 关键岗位是指合规负责人、总精算师、财务负责人、审计责任人和财务部门负责人等。</td></tr>
<tr><td colspan="6">7. 重大事项是指涉及利润分配、薪酬、董事和高管任免及占公司净资产的百分之一以上的重大投资及资产处置事项。</td></tr>
<tr><td colspan="6">8. “明确”、“清晰”、“胜任”、“合理”、“充分”等主观性指标的得分标准为：符合相关法律法规要求；与保险公司经营管理要求相匹配；独立董事认可。</td></tr>
<tr><td colspan="6">9. “频繁”指次数大于一次。</td></tr>
<tr><td colspan="6">10. 各公司应按照实际情况开展自评，确保评分的真实性和准确性。</td></tr>
<tr><td colspan="6">11. 各公司应于每年5月15日前报送《保险公司治理报告》时报送本表，《关于进一步规范报送〈保险公司治理报告〉的通知》（保监发改〔2015〕95号）附件中的《保险法人机构公司治理自评表》作废</td></tr>
</table>

附件 2

保险法人机构公司治理监管评价表

<table>
<tr><th>指标类别</th><th colspan="2">指标事项</th><th>指标说明</th><th>分值</th><th>评价</th><th>得分</th></tr>
<tr><td rowspan="12">约束性指标</td><td rowspan="12">依法合规</td><td rowspan="12">法律法规规定</td><td>完备的公司章程</td><td>1</td><td></td><td></td></tr>
<tr><td>依法设立股东（大）会</td><td>1</td><td></td><td></td></tr>
<tr><td>依法设立董事会</td><td>1</td><td></td><td></td></tr>
<tr><td>依法设立监事会</td><td>1</td><td></td><td></td></tr>
<tr><td>有明确的股东（大）会议事规则</td><td>1</td><td></td><td></td></tr>
<tr><td>股东大会每年召开一次年会</td><td>1</td><td></td><td></td></tr>
<tr><td>有明确的董事会议事规则</td><td>1</td><td></td><td></td></tr>
<tr><td>董事会有明确的董事人数</td><td>1</td><td></td><td></td></tr>
<tr><td>有明确的监事会议事规则</td><td>1</td><td></td><td></td></tr>
<tr><td>监事会每六个月至少召开一次会议</td><td>1</td><td></td><td></td></tr>
<tr><td>监事会成员不少于三人</td><td>1</td><td></td><td></td></tr>
<tr><td>职工代表监事的比例不低于三分之一</td><td>1</td><td></td><td></td></tr>
<tr><td rowspan="12">遵循性指标</td><td rowspan="12">组织架构</td><td rowspan="5">董事会</td><td>董事会构成明确（执行董事、非执行董事、独立董事人数明确）</td><td>1</td><td></td><td></td></tr>
<tr><td>董事会成员中有财务和法律方面的专业人士</td><td>1</td><td></td><td></td></tr>
<tr><td>明确规定董事会会议召开形式</td><td>1</td><td></td><td></td></tr>
<tr><td>董事会会议档案完整并永久保存</td><td>1</td><td></td><td></td></tr>
<tr><td>董事会定期会议每年不少于四次</td><td>1</td><td></td><td></td></tr>
<tr><td rowspan="7">专业委员会</td><td>董事会下设审计委员会</td><td>1</td><td></td><td></td></tr>
<tr><td>董事会下设提名薪酬委员会</td><td>1</td><td></td><td></td></tr>
<tr><td>有明确的审计委员会议事规则</td><td>1</td><td></td><td></td></tr>
<tr><td>有明确的提名薪酬委员会议事规则</td><td>1</td><td></td><td></td></tr>
<tr><td>明确规定了审计委员会、提名薪酬委员会职责</td><td>1</td><td></td><td></td></tr>
<tr><td>审计委员会委员由三名以上不在管理层任职的董事组成</td><td>1</td><td></td><td></td></tr>
<tr><td>审计委员会主任委员由独立董事担任</td><td>1</td><td></td><td></td></tr>
</table>

（续表）

指标类别	指标事项		指标说明	分值	评价	得分
遵循性指标	组织架构	专业委员会	审计委员会成员具备与其职责相适应的财务和法律等方面的专业知识，有1名以上的财务或审计方面的专业人士	1		
			提名薪酬委员会委员由三名以上不在管理层任职的董事组成	1		
			提名薪酬委员会主任委员由独立董事担任	1		
			建立发展规划委员会（或明确其他专业委员会代行职责），设置专职部门（或指定相关部门代行职责）	1		
		相关管理部门	设立独立的审计部门	1		
			设立风险管理部门	1		
			设立合规管理部门	1		
			合规管理部门独立于业务和财务部门	1		
		关键岗位人员	设立合规负责人职位。人身保险公司应当设立总精算师职位	1		
			设立财务负责人职位	1		
			设立审计责任人职位	1		
			审计责任人的聘任和解聘向保监会报告	0.5		
			不存在审计责任人同时兼任公司财务或者业务工作领导职务的情况	1		
			设立董事会秘书职位	1		
		独立董事	建立独立董事制度	1		
			取得保监会任职资格核准	0.5		
			在保监会指定媒体上就独立性及尽职承诺作出公开声明	1		
			声明发表后10个工作日内向保监会备案	1		
			独立董事人数至少两名（总资产超过五十亿元后一年内，独立董事占董事会成员比例在三分之一以上）	1		
			未亲自出席董事会会议的连续次数少于两次	1		
			任期内未亲自出席董事会会议次数少于三次	1		
			任期内被提示次数少于两次	1		

（续表）

指标类别	指标事项			指标说明	分值	评价	得分
遵循性指标	运行控制	报告报备	公司章程	编制发起人表	1		
				编制股份结构表	1		
				在股份结构表备注中注明历次股份转让情况	1		
				股东大会通过修改公司章程的决议后十个工作日内报保监会核准	1		
				有明确的董事提名及选举机制	1		
			会议通知及决议	董事会定期会议召开10日前将会议通知以书面和电子邮件的方式报告保监会	1		
				股东大会、董事会的决议在作出后30日内报告保监会	1		
			其他报告	每年5月15日前向保监会提交公司治理报告	1		
				每季度结束后25日内向保监会报送关联交易季度报告	1		
				向保监会报送董事尽职报告	0.5		
				向保监会报送监事尽职报告	0.5		
				向保监会报送独立董事尽职报告	0.5		
		公司规划		公司规划经董事会审议后报股东大会批准。（新设立公司规划经公司创立大会审议通过）	1		
				评估报告经董事会审议	1		
		信息披露		建立信息披露内部管理制度并报保监会	0.5		
				指定专人负责信息披露事务	0.5		
				根据保监会监管要求，在保险公司网站等信息披露载体上披露公司治理、风险管理、重大关联交易、重大事项和资金运用关联交易等信息	1		
		董事会运作情况		采取一事一授的授权方式	1		
				采取逐一审议、逐一表决的审议表决方式	1		
				会议记录完整、准确	0.5		
				会议名称规范，按照董事会届数和会议次序命名，定期会议和临时会议连续编号	0.5		

（续表）

指标类别	指标事项		指标说明	分值	评价	得分
遵循性指标	运行控制	监事会运作情况	对内部审计工作进行指导和监督	1		
		专业委员会运作情况	审计委员会对内部审计部门提交的内控评估报告、风险管理部门提交的风险评估报告以及合规管理部门提交的合规报告定期审查，并就公司的内控、风险和合规方面的问题向董事会提出意见和改进建议	1		
			审计委员会至少每半年一次向董事会报告审计工作情况，并通报管理层和监事会	1		
			提名薪酬委员会对董事及高管人员的选任制度、考核标准、薪酬激励措施、对董事及高管人员的人选等进行审查	1		
		董事任职情况	有完善的董事任免制度	1		
			任职资格经保监会核准	0.5		
			未亲自出席董事会会议、也未委托其他董事出席会议的连续次数少于2次	1		
			一年内未亲自出席董事会会议次数累计少于2次	1		
		监事任职情况	任职资格经保监会核准	0.5		
		高管人员任职情况	任职资格经保监会核准	0.5		
			不存在董事长、总经理或关键岗位长期空缺的情况	1		
		关联交易管理情况	有明确的关联交易管理制度并报保监会	1		
			关联方信息档案完备，并及时进行更新	1		
			关联交易根据公司关联交易管理制度规定进行内部审查	1		
			重大关联交易发生后十五个工作日内报保监会	1		
			已设立独立董事的保险公司与主要股东及其关联方的重大关联交易要经独立董事一致同意，同时主要股东应向保监会提交关于不存在不当利益输送的书面声明	1		

（续表）

指标类别	指标事项		指标说明	分值	评价	得分
遵循性指标	运行控制	关联交易管理情况	关联股东、董事回避表决关联议题	1		
			公司股东就其与保险公司其他股东、其他股东的实际控制人之间的关联关系做出书面说明	1		
		风险与合规	有完善的风险与合规制度	1		
			风险、合规管理体系覆盖所有业务流程和操作环节	1		
			有完善的应急管理机制	0.5		
			有完善的信息沟通机制	0.5		
			有通畅的投诉举报机制	0.5		
		资金运用	投资未上市权益类资产、不动产类资产、其他金融资产的账面余额中，对关联方的投资金额分别不超过该类资产投资限额的50%	1		
			对关联方中单一法人主体的投资余额，合计不超过保险公司上季末总资产的15%与该法人主体上季末总资产的5%二者孰高	1		
			对关联方的全部投资余额，合计不超过保险公司上季末总资产的30%，并不得超过保险公司上季末净资产	1		
	考核激励	薪酬管理	有明确的薪酬管理制度	0.5		
			绩效薪酬在基本薪酬的3倍以内	1		
			目标绩效薪酬不低于基本薪酬	1		
			每年支付给董事、监事和高管人员的现金福利和津补贴不超过其基本薪酬的10%。（外资保险公司股东另行支付的现金福利和津补贴除外）	1		
			有明确的绩效薪酬延期支付制度	1		
			董事、监事、高管人员和关键岗位人员绩效薪酬实行延期支付，延期支付比例不低于40%。董事长和总经理不低于50%	1		
			绩效薪酬支付期限不少于三年	1		
	监督评价	评价考核	有明确的董事尽职考核评价制度	0.5		
			有明确的独立董事评价和考核制度	0.5		

（续表）

指标类别	指标事项		指标说明	分值	评价	得分
遵循性指标	监督评价	内审内控	有明确的内部控制评价制度	0.5		
			关联交易专项审计每年不少于一次	1		
			专职内部审计人员不低于公司员工人数的千分之五（保险公司员工人数不足一百人的，至少有一名专职内部审计人员）	1		
			审计责任人每年向审计委员会和管理层提交内部控制评估报告和审计工作报告不少于一次	1		
			有明确的审计复议制度	1		
			有明确的内部审计信息系统	1		
			对高管人员实施任中审计的间隔时间不超过三年	1		
		问责机制	有明确的董事、监事和高管人员问责机制	0.5		
合计得分				100		
调节性指标	如存在与《公司法》、《保险法》、《保险公司股权管理办法》等法律法规不符的情况，每一处扣20分					
	如存在与公司治理有关规范性文件不符的情况，每一处扣15分（如能给予合理解释不作特别处理）					
	因公司治理问题被下发监管函，扣15分					
	有关公司的媒体负面报道或举报经保监会认定属实且对公司治理造成较大影响，扣15分					
	最近一年公司董事及高级管理人员被监管谈话三次以上，扣15分					
	自评分与监管评分偏差度大于等于25%的，在加权得分基础上扣15分					
	存在保监会认为有必要调整分值的其他情况					
监管评分						

备注：监管机构在评价栏下填写“是”或“否”来打分，采取扣分制，初始分值100分。填“是”不扣分，填“否”扣分；如存在“调节性指标”中所列情况，监管机构可对监管评分进行调整。

中国保监会关于保险业履行社会责任的指导意见

（保监发〔2015〕123号　2015年12月24日）

各保险公司、各保险资产管理公司、各保险中介机构、中国保险行业协会、中国保险学会、中国保险保障基金有限责任公司、中国保险信息技术管理有限责任公司：

为进一步推动保险企业积极履行社会责任，促进现代保险服务业更好地适应经济社会发展需求，现提出以下意见。

一、树立社会责任理念，服务经济社会发展大局

（一）正确认识社会责任的意义和内涵。企业社会责任是增强经济社会发展整体性，体现国家软实力的重要方面。保险企业积极履行社会责任，对于提升和改善行业声誉和形象，推动现代保险业更好地适应经济社会发展具有重要意义。保险企业在发展战略、经营管理、市场行为中，要承担促进社会公共利益的相关义务，最大限度地追求对全社会有利的长期目标。

（二）履行社会责任的方式和目标。注重在保险企业经营管理各方面贯彻社会责任理念，通过经济、法律、道德等方面的行为和措施，有效管理企业经营对社会各方面的影响，加强与政府部门、社会团体、公众的互动，加大对社会公共事业的支持力度，实现经济、环境和社会综合效益的统一。

（三）突出保险行业特点履行社会责任。注重促进社会资源优化配置，服务经济提质增效、转型发展。围绕人民群众健康、医疗、养老等方面的保险需求，参与构建多层次的社会保障体系。完善经济补偿机制，在灾害救助和可持续发展中发挥更大作用。发挥保险风险管理功能，提高社会治理水平。

二、提升经营管理绩效，实现经济社会效益共赢

（四）在经营管理中体现社会责任。改善企业管理，降低经营成本，提高投入产出水平，持续为股东、客户和社会创造价值，增强保险行业在金融市场中的竞争力。将社会责任指标融入产品研发中，提供具有社会效益的产品和服务。

（五）在提升透明度中体现社会责任。优化治理结构和机制，遵守法律法规和行业规范，在经营决策中充分考虑社会效益。坚持诚信经营，及时准确向社会公众披露信息，重视保护消费者知情权，自觉接受利益相关方的监督。

（六）在优化服务中体现社会责任。聚焦主业做好服务，支持技术进步和创新，推动运用新技术创新保险服务方式，提升客户服务水平。注重保护保险消费者个人信息安全，妥善处理消费者提出的投诉和建议，切实保护保险消费者权益。

三、推动创新融合发展，构建开放共享和谐社会

（七）积极融入国家重大战略。推动企业战略与国家战略相融合，支持和参与国家重大项目和工程建设，拓展保险服务实体经济和改善民生的领域，创新保险行业服务国家重大战略的机制和手段。

（八）参与公共服务共建共享。融入社区和新农村建设，积极参与政府购买社会服务项目。推广治安保险、社区综合保险，农村小额人身保险等产品。开发针对弱势群体的创新公益保险产品，积极支持教育助学、养老医疗、孤残帮扶、疾病研究等社会事业。鼓励员工开展各类志愿服务。

（九）让员工分享企业发展成果。重视员工发展，依法与员工签订并履行劳动合同，杜绝任何形式的歧视。建立员工薪酬正常增长机制，实施员工福利计划，实现员工价值和企业发展融合。加强工会组织建设和职业教育培训，推进企业民主管理，为员工创造平等发展机会。

四、坚持绿色发展思维，保护环境建设生态文明

（十）落实企业环境管理责任。建立环境管理长效机制，制定节能降耗政策，认真落实节能减排责任，实现绿色运营。加强员工教育，提高全体员工节约资源、保护环境、绿色发展的意识。

（十一）在保险产业链中树立绿色导向。在企业管理和采购中积极采用环保技术和产品，在合作方选择中注重考察环境指标，促进上下游产业链实现绿色发展。

（十二）发展绿色保险促进环境保护。创新环境保护机制，推广绿色保险，优化环境污染相关的责任保险产品，推动生产企业加强环境风险管理。

（十三）利用科技保险支持环保科技创新。加大对环保科技创新的支持力度，为新能源、清洁生产、环境治理、循环经济等产业提供更好的保险服务，促进生态环境改善。

五、制定社会责任规划，健全社会责任工作体系

（十四）加强社会责任工作统筹规划。学习先进企业的社会责任管理与实践经验，编制社会责任工作规划。健全社会责任组织体系，明确领导机构和管理部门，切实保障工作规划实施，促使全体员工实现岗位职责和社会责任融合，在日常工作中履行社会责任。

（十五）提高社会责任报告编制质量。参照国内外主流的社会责任报告编写标准，每年4月30日之前编制和发布上一年度企业社会责任年度报告，披露企业在经济、社会、环境等方面的履责理念、措施和绩效。

（十六）完善社会责任报告编制和发布流程。编制工作做到及时、规范、持续、创新。不断完善和创新发布形式，在保监会指定的信息披露载体发布之外，注重利用新媒体提升发布和传播效果。通过编制和发布社会责任报告，提升企业社会责任管理水平。

六、加强行业内外协作，提高社会责任管理成效

（十七）积极承担保险行业协作义务。积极参与和支持保险行业社团建设，推广保险教育和宣传活动，深化保险文化、学科建设，通过塑造行业文化履行社会责任，提升保险行业声誉和形象。不断深化企业社会责任理念、特色和亮点，逐步打造保险行业相关活动品牌。

（十八）重视与专业机构交流与合作。加大与科研院所、第三方机构合作，支持对社会责任领域的研究和实践，积极探索建立保险业履行社会责任的统一规范和标准。

（十九）逐步推进社会责任绩效考核。积极推进将社会责任核心指标纳入到企业整体绩效考核。定期评估社会责任规划、社会责任沟通、社会责任考核、利益相关方关系的成效，不断提升企业社会责任管理水平。

（请各保监局代转给辖区内的保险中介机构）

中国保监会关于印发《关于规范保险机构董事、监事和高级管理人员任职资格考试工作的实施方案》的通知

（保监发〔2015〕122号　2015年12月24日）

机关各部门，各保监局，中国保险行业协会、中国保险学会、中国精算师协会、中国保险资产管理业协会，中国保险保障基金有限责任公司、中国保险信息技术管理有限责任公司，各保险公司、保险资产管理公司：

现将《关于规范保险机构董事、监事和高级管理人员任职资格考试工作的实施方案》印发给你们，请遵照执行。

关于规范保险机构董事、监事和高级管理人员任职资格考试工作的实施方案

为深入贯彻落实党中央、国务院关于转变职能、简政放权的精神，加强保险机构董事、监事和高级管理人员任职资格考试组织管理（以下简称任职资格考试）工作，提升任职资格考试工作规范化水平，特制定以下方案。

一、基本原则

1. 简政优化。认真贯彻落实党中央、国务院关于转变职能、简政放权的精神，取消部分高级管理人员的任职资格考试，逐步精简考试范围，优化考试资源配置，提高考试工作水平。

2. 集中统一。建立和完善管理集中、上下一致、运行规范的考试机制，统一考试题库和考试形式，考试成绩全国互认。

3. 考审分离。将任职资格考试和任职资格核准划分为两个环节，分别组织实施，考试环节前置，先考试后核准。

4. 依法规范。严格依法依规，坚持公平公正，严明纪律要求，保证考试的严肃性和权威性。细化工作标准，优化考试程序，提高考试的规范性。

二、主要目标

通过对任职资格考试工作进行统筹规划、清理归并、集中管理，解决标准不一、效率不高、重复考试的问题，有效理顺任职资格核准工作流程。通过统一考试形式、优化考试流程，规范考试机制，促进任职资格考试工作的规范和统一。

三、规范内容

（一）精简考试范围。对已核准任职资格的保险机构董事、监事和高级管理人员，取消在同类保险机构任职同类岗位时需重新核准的考试；对已核准任职资格的保险机构高级管理人员，在同一保险机构内调任、兼任同级或者下级高级管理人员职务，无须重新考试，但中国保监会对拟任职务的资格条件有特别规定的除外。

根据经营性质，保险机构类别分为保险集团公司、财产保险公司、人身保险公司、资产管理公司、再保险公司、专属自保公司、相互保险组织等7类；根据工作性质，岗位类别分为董事、监事、总经理（副总经理、总经理助理）、董事会秘书、合规负责人、总精算师、财务负责人、审计责任人、保险资产管理公司首席风险管理执行官、外国保险机构驻华代表机构首席代表等10类。

（二）考试集中管理。任职资格考试工作由保监会人事教育部统筹负责资源整合和标准制定，确保考试

工作依法规范和科学有效。培训中心承办具体考试工作，做好日常考务管理。发展改革部、财务会计部等有关部门承担相应考试题库的建设和更新，不再负责具体考试工作。

（三）实行考审分离。调整考审流程，将任职资格考试与任职资格核准划分为两个独立的工作环节，任职资格考试环节前置。实行定期集中考试，拟任职人员须先通过任职资格考试，再递交任职资格申请。任职资格考试成绩1年内有效，考试通过后1年内可以申请核准对应的任职资格，超过1年未提交申请或未予核准，或者任职中断超过1年的，需重新参加考试。

（四）统一考试方式。建设任职资格考试系统，实行电子化考试，统一考试流程，完善考试题库。

（五）规范工作机制。制定保险机构董事、监事和高级管理人员任职资格考试管理办法，明确考试范围、参考人员、考试标准和流程、题库管理、考试纪律等，提高考试工作的制度化和科学化水平。

四、工作措施

（一）建设电子化考试场地。本着勤俭节约的原则，利用现有资源，建设专用考试场地。考试场地要按照标准要求配齐计算机等考试设备，达到标准化考场建设要求。

（二）开发任职资格考试系统。主要实现考试报名、成绩查询、题库管理、考试抽题组卷、自动阅卷评分、成绩单打印和成绩统计分析等功能。

（三）建立完善考试题库。

1. 考试内容和分类。按照考试内容分别建立相应题库。考试内容兼顾基础知识的普及性和专业知识的针对性，包括公共知识、专业知识和岗位要求知识等3部分。

2. 试题类型及组卷阅卷。考试试题由客观试题和主观试题构成。客观试题由计算机自动抽题并阅卷。主观试题由计算机抽题、组卷，人工阅卷。成立阅卷专家库，由保监会机关业务骨干和保险行业专家组成。客观试题、主观试题分值分别为60分和40分，二者相加60分（含）以上者视为考试合格。对于部分特殊岗位，可以根据实际情况酌情调整主观试题、客观试题分值比例。

（四）优化考试流程。

1. 考试报名。保险机构应当指定专人负责考试报名事宜，报名工作通过任职资格考试系统进行。考试安排发布以后，考生如需请假，须由保险机构人力资源部门报送书面请假函。对无故缺考人员，一律视为自动放弃，保监会将予以通报；1年内无故缺考2次的人员，从第2次缺考之日起1年内不得报名。

2. 考试安排。保监会根据报名情况，原则上每两月安排1次任职资格考试，可视报名情况适当增加考试频次。遇到其他特殊情况的，可以进行调整或另行安排。

3. 考试实施。培训中心指定专人负责考试实施工作。现场考试严格按照公正保密的原则，客观试题考试后在后台当场生成成绩，主观试题试卷要对考生信息进行密封。对于不精通中文的外籍考试人员，单独安排考试场次，允许其带1名翻译参加考试，并适当延长考试时间。

4. 结果公布。考试结束后，培训中心组织专家批阅主观试题试卷，在综合客观试题和主观试题成绩后，将考试结果录入系统，机关相关部门、保险机构及参加考试人员可按照不同权限查询考试结果。

5. 后续管理。考试没有通过的人员，可以申请参加补考，每人每年参加补考不得超过2次。

五、工作保障

（一）加强组织领导。成立任职资格考试工作领导小组，分管副主席任组长，相关部门、培训中心负责同志任成员，人事教育部承担领导小组办公室职责，统筹负责任职资格考试规范工作。

（二）明确责任分工。细化工作任务，制定工作任务分解表（详见附件），明确责任部门和完成时限。培训中心要不断总结任职资格考试组织实施工作经验，完善工作机制，及时反馈问题。各有关部门应按照任务分工，进一步强化责任意识，加强协调，共同做好任职资格考试规范工作。

（三）加强协调配合。规范任职资格考试工作涉及多个部门，有关部门要各司其职、各负其责、各尽其力、协同配合，妥善处理好新旧考试组织形式的衔接，实现平稳过渡。

六、有关要求

（一）本方案自2016年1月1日起正式实施。考试范围按本方案执行。

（二）保险专业中介机构高级管理人员任职资格考试由保险中介监管部统筹负责，具体考试工作由各保监局负责组织实施。

（三）各保监局要按照本方案精神对保险分支机构高级管理人员任职资格考试工作进行规范，集中管理、考审分离、统一方式，在2016年6月底前完成辖区内任职资格考试的规范工作。保监会机关与保监局实现题库共享，考试成绩在全国范围内相互认可。

（四）各保险机构要按照本方案做好相关准备工作。

附件：规范任职资格考试工作任务分工表

附件

规范任职资格考试工作任务分工表

序号	具体任务	牵头单位	配合单位	完成时限
1	研究开发任职资格考试系统	人事教育部	财务会计部、统计信息部、培训中心	2015年年底
2	落实任职资格考试场地，达到电子化考试标准要求	人事教育部	办公厅、财务会计部、统计信息部、培训中心	2015年年底
3	完成任职资格考试试题命制和考试题库更新工作	人事教育部	发展改革部、政策研究室、财务会计部、保险消费者权益保护局、财产保险监管部、人身保险监管部、资金运用监管部、国际部、法规部、培训中心	2015年年底
4	开展运行测试工作，对系统的准确度、安全性、便捷性和稳定性等进行分析和调试	统计信息部	培训中心	2015年年底
5	组织考务人员开展考试系统操作培训	统计信息部	培训中心	2015年年底
6	制定保险机构董事、监事和高级管理人员任职资格考试管理办法，明确任职资格考试工作流程、考试纪律等	人事教育部	培训中心	2015年年底
7	建设保险专业中介结构高管人员任职资格考试题库，制定考试管理办法和工作流程等	保险中介监管部		2016年年中

关于印发《中国保险监督管理委员会政务信息工作办法》的通知

（保监发〔2015〕128号 2015年12月29日）

机关各部门，各保监局，培训中心，中国保险行业协会、中国保险学会、中国精算师协会、中国保险资产管理业协会，中国保险保障基金有限责任公司、中国保险信息技术管理有限责任公司，各保险公司：

为进一步推进保监会政务信息工作科学化、规范化，更加及时、准确、全面地收集和报送政务信息，服务领导科学决策，我们对《保险政务信息工作管理办法》（保监发〔2004〕151号）进行了修订，制定了《中国保险监督管理委员会政务信息工作办法》，现与中国保险监督管理委员会办公厅政务信息刊物及报送方式简介一并印发给你们，请遵照执行。

附件：中国保险监督管理委员会办公厅政务信息刊物及报送方式简介

第一章 总 则

第一条 为进一步加强中国保险监督管理委员会（以下简称“保监会”）政务信息工作，实现政务信息工作的科学化和规范化，根据中共中央办公厅、国务院办公厅政务信息工作有关规定，结合保险监管和保险业工作实际，制定本办法。

第二条 保监会政务信息工作是保险监管部门收集和掌握保险业重要情况，向党中央、国务院及时反映行业动态、监管工作以及政策性意见建议的重要渠道；是监管部门了解市场一线情况和主体诉求，服务监管科学决策的重要方式；是保险业总结经验、交流情况，促进共同发展的重要平台。保监会政务信息通过办公厅政务信息渠道收集和发送。

第三条 做好政务信息工作是保险监管部门、保险社团组织以及保险机构（以下统称各单位）的重要职责。各单位应落实工作责任，建立工作制度，健全信息渠道，确保政务信息工作持续有效开展，全面、准确、及时收集和报送信息。

第四条 中国保险监督管理委员会（以下简称保监会）办公厅是政务信息工作的归口管理部门，负责对保监会政务信息工作进行组织、协调、指导、监督和检查。

第二章 政务信息工作主体

第五条 保监会政务信息工作的主体是保监会机关各部门、各保监局、保监会会管单位以及各保险社团组织、各保险机构。

办公厅可根据工作需要，选取部分保监分局、区域性保险社团组织、保险分支机构等作为信息直报点，以减少中间环节，及时反映基层情况和意见建议。

第六条 各单位应确定政务信息工作部门，负责组织开展本单位政务信息工作。政务信息工作部门的职责是：

（一）制定工作制度，完善工作机制；

（二）建立工作网络，全面采集并向保监会办公厅报送信息；

（三）制定信息报送计划和重点，定期组织信息会商，对本单位报送信息进行协调、指导、修改、把关；

（四）对信息报送及采用情况进行反馈、汇总和通报；

（五）与保监会办公厅建立沟通联系机制等。

第七条　各单位应建立业务部门和政务信息工作部门共同参与、通力合作的信息采集报送机制，推动信息与业务工作同部署、同开展，形成信息来源于工作、服务于工作的格局。

第八条　各单位应指定1至2名人员担任信息工作联络员（简称信息员），具体负责本单位的信息采集、综合、分析和上报工作。

信息员要保持相对稳定，确保信息渠道联络畅通。信息员变动后，应及时补充并在10个工作日内报保监会办公厅备案。

第九条　信息员应具备的基本条件是：

（一）热爱信息工作，有较强的事业心和责任感；

（二）熟悉国家政策尤其是保险、金融、经济等领域的大政方针和本单位各项工作开展情况；

（三）具有较高的理论文字水平和较强的组织协调能力；

（四）善于把握大局，有较强的政治敏感性和鉴别力，能够及时发现、捕捉、反映各类重要信息。

第十条　各单位要为信息员提供查阅文件、列席会议、了解领导批示指示、调研学习等方面的机会和条件，确保信息员顺利开展工作。

第十一条　各单位应根据需要不定期举办政务信息写作培训，提高信息撰写及编辑人员的理论水平和实际工作能力。

保监会办公厅适时组织针对监管系统和全行业的政务信息工作培训，提升政务信息工作整体水平。

第三章　政务信息报送

第十二条　各单位政务信息报送的主要内容是：

（一）贯彻落实党中央、国务院政策方针和保监会工作部署的情况，保险业参与社会治理、服务政府职能转变和改善民生方面的做法及经验；

（二）党中央、国务院及各部委、各省（自治区、直辖市、计划单列市）领导对保险业的重要批示指示，相关政府部门对保险业实施的重要政策措施；

（三）各单位重点工作开展情况，工作新思路、新经验、新举措及其成效，工作中遇到的困难、问题和政策建议；

（四）保险业的热点、难点、焦点问题；保险市场变化情况和趋势性、苗头性、风险性问题；

（五）社会重大突发事件保险业应对情况，保险业重大突发事件，涉及保险业的敏感问题、重大舆情、群体性事件等；

（六）宏观政策、法律环境对保险业发展的影响，国际金融保险市场和监管动态，保险市场调研报告、考察报告、专题研究报告等；

（七）专家学者、保险消费者以及社会公众的意见建议；

（八）保监会办公厅布置的信息收集或调研任务。

第十三条　各单位报送的政务信息要做到事实确凿、主题鲜明、格式规范、言简意赅、文字通顺、专业术语准确。

信息内容应符合以下要求：

（一）准确：信息涉及到的主体、时间、地点、事实、数据、概念等必须真实可靠；

（二）全面：从多侧面、多角度采集信息，做到点面结合、喜忧结合，辩证反映事物全貌，防止以偏概全；

（三）适用：紧密围绕领导决策需求，结合各单位自身工作重点和特点，有针对性地报送信息，做到适用对路；

（四）深入：要透过表面现象，揭示事物的本质和深层次问题，努力做到有情况、有分析、有预测、有建议。

第十四条 政务信息报送的时限要求：

（一）党中央、国务院和各部委、各省（自治区、直辖市、计划单列市）领导对保险业的重要批示指示，应在获知后的2个工作日内报送；

（二）党中央、国务院和保监会出台的重要决策部署，内容与本单位有关的，应及时收集报送贯彻落实情况，并在一个时期后报送阶段性进展；

（三）重大突发事件、敏感舆情事件应按照保监会有关规定报送信息；

（四）新闻发布的内容如需报送政务信息的，一般应在对外发布之前报送。

第十五条 保监会办公厅负责组织向党中央、国务院报送重要的政务信息。

各单位应与办公厅密切协作，共同做好向党中央、国务院的政务信息报送工作，积极反映本领域、本单位的工作情况和市场状况，保险业改革发展中面临的困难和问题，提出有关政策建议。

第十六条 政务信息报送前，须经本单位政务信息工作部门负责人或分管领导签发，重要信息应送主要负责人审签。对重要的突发性事件，在无法向领导请示的情况下可直接报送，但要在事后补办签批手续。

第十七条 政务信息应通过保监会办公厅指定的方式报送。各单位的内部信息刊物，不能作为向保监会报送政务信息的载体。

第十八条 各单位应加强涉密信息管理，对有密级的政务信息按照保密管理有关规定进行报送和处理。

第四章 政务信息刊发

第十九条 政务信息刊发要在稿件筛选、内容核实、文字加工、送审印发、核稿校对等各个环节规范流程和标准，实行严格的责任制，确保工作质量和信息安全。

第二十条 政务信息刊发的载体是保监会办公厅的政务信息刊物，具体包括：保监会专报信息、保监会简报、保监会值班信息、送阅信息、参阅件、保险监管参考、值班要情、保监会舆情专报等。

保监会办公厅可根据需要，对政务信息刊物的名称种类、发送范围及方式、采用分数等进行调整。

第二十一条 保监会办公厅应及时收集已刊发信息的领导批示，并进行登记和反馈报送单位。

第二十二条 已刊发信息的原件、签批件应按照档案管理有关要求进行保管和归档。

第二十三条 保监会办公厅可根据信息反映的问题，结合领导工作需求，适时组织开展信息调研。

信息调研采取实地调研、委托调研以及信息约稿等多种形式。相关单位对办公厅开展的信息调研任务应积极配合完成。

第二十四条 保监会办公厅定期通报政务信息刊发和采用情况，对近期信息报送工作重点进行提示。

第二十五条 保监会办公厅根据政务信息报送及采用情况，对优秀单位、个人及优秀信息进行通报表扬。

各单位可结合实际对优秀单位及个人给予鼓励。

第五章 附 则

第二十六条 本办法所称各保险机构，是指各保险集团公司、保险控股公司、保险公司、再保险公司、保险资产管理公司以及保险专业中介机构等。

本办法所称各保险社团组织，是指全国性保险社团组织。

第二十七条　本办法由保监会办公厅负责解释。

第二十八条　本办法自发布之日起施行。2005 年 1 月 1 日起施行的《保险政务信息工作管理办法》（保监发〔2004〕151 号）同时废止。

附件

中国保险监督管理委员会办公厅
政务信息刊物及报送方式简介

一、保监会专报信息

《保监会专报信息》是保监会向中共中央办公厅、国务院办公厅报送日常政务信息的重要载体。主要内容为：保监会和保险业贯彻落实党中央、国务院决策部署情况，保监会重要的监管政策措施，保险市场运行情况和保险业改革发展情况，服务经济社会所发挥的功能作用，需要上级部门协调解决的有关问题及政策建议等。不定期编发。报送体例分为动态和综合两类，动态类信息一般300－500字，综合类信息一般2000－3000字。

发送范围：中共中央办公厅和国务院办公厅信息工作部门，经采用后刊发在中共中央办公厅和国务院办公厅的信息刊物上。

报送方式：保监会机关部门通过保监会内网OA系统“政务信息报送”流程；其他单位通过保监会官方网站“办事服务－信息报送”系统。

二、保监会值班信息

《保监会值班信息》是保监会向中共中央办公厅、国务院办公厅报送应急信息的重要载体。主要内容为：保险业参与应对处置重大突发事件情况，防范保险业风险工作情况。根据工作需要编发。

发送范围：中共中央办公厅值班室、国务院办公厅值班室。

报送方式：各单位以传真方式报送保监会值班室，必要时电话联系，电话：010－66286339，传真：010－66025862；也可同时报送保监会官方网站“办事服务－信息报送”系统。

三、保监会简报

《保监会简报》是向党中央、国务院和政府有关部门反映保险业发展成效、推介典型经验的重要载体，也是保险监管系统和行业内部交流工作的重要平台。主要内容为：各地保险业贯彻落实党和国家方针政策，服务经济社会发展、参与社会治理和社会保障体系建设过程中取得的积极成效、工作亮点、创新探索和经验启示；重要监管工作进展、国际保险监管动态；基层监管经验及保险经营创新做法等。不定期编发。2000字左右。

发送范围：中共中央办公厅、国务院办公厅，中央国家机关有关部门；各省（自治区、直辖市、计划单列市）人民政府、金融办；保监会、各保监局，中国保险行业协会、中国保险学会、中国精算师协会、中国保险资产管理业协会，中国保险保障基金有限责任公司、中国保险信息技术管理有限责任公司，各保险公司等。

报送方式：保监会机关部门通过保监会内网OA系统“政务信息报送”流程，其他单位通过保监会官方网站“办事服务－信息报送”系统。

四、保险监管参考

《保险监管参考》是面向监管系统和保险业的研究思考类信息刊物。主要内容为：我国保险业和监管工作热点难点问题调查研究报告；行业发展的前瞻性、趋势性问题研究，宏观环境变化影响研究；国际金融保险业发展情况、相关领域研究报告及监管经验借鉴等。不定期编发。字数4000字左右。

发送范围：中央政策研究室、国务院研究室；保监会、各保监局，中国保险行业协会、中国保险学会、中国精算师协会、中国保险资产管理业协会，中国保险保障基金有限责任公司、中国保险信息技术管理有限责任公司，各保险公司等。

报送方式：保监会机关部门通过保监会内网 OA 系统“政务信息报送”流程，其他单位通过保监会官方网站“办事服务 - 信息报送”系统。

五、送阅信息、参阅件

《送阅信息》《参阅件》是向保监会领导和相关部门反映市场真实情况、风险问题以及监管政策建议的信息刊物。主要内容为：各单位贯彻落实保监会工作部署情况、遇到的困难和问题，监管政策的市场反映及意见建议；市场苗头性、趋势性、风险性问题及其处置情况；创新性工作思路及试点开展情况；专家学者对保险业发展和监管的观点建议等。《送阅信息》主要反映涉及全局的重大问题，《参阅件》主要反映某一专业领域的问题。不定期编发。字数 2000 字以内。

发送范围：《送阅信息》为保监会领导和相关部门，《参阅件》为保监会分管领导和相关部门。

报送方式：保监会机关部门通过保监会内网 OA 系统“政务信息报送”流程，其他单位通过保监会官方网站“办事服务 - 信息报送”系统。

六、情况通报

《情况通报》是面向监管系统和保险业通报重要情况的信息刊物。主要内容为：保监会领导重要讲话，经保监会领导批示应予全系统周知的重要情况、值得学习借鉴的经验做法和研究报告等。不定期编发。

发送范围：保监会、各保监局，中国保险行业协会、中国保险学会、中国精算师协会、中国保险资产管理业协会，中国保险保障基金有限责任公司、中国保险信息技术管理有限责任公司，各保险公司等。

报送方式：保监会机关部门通过保监会 OA 系统“政务信息报送”流程。

七、值班要情

《值班要情》是保监会内部反映领导活动和监管动态的信息刊物。主要内容为：领导批示、领导动态、重要信息和发文情况等。每个工作日 1 期。每条 300 字以内。

发送范围：保监会领导，机关各部门、各保监局，中国保险行业协会、中国保险学会、中国精算师协会、中国保险资产管理业协会，中国保险保障基金有限责任公司、中国保险信息技术管理有限责任公司主要负责人。

报送方式：保监会机关部门通过保监会 OA 系统“政务信息报送”流程，其他单位通过保监会官方网站“办事服务 - 信息报送”系统。

八、保监会舆情专报

《保监会舆情专报》是办公厅向保监会领导反映保险舆情问题、处置情况及建议的信息刊物，其主要内容为：各保监局辖区内重大负面和敏感舆情及其处置情况，机关各部门、各派出机构舆情处置工作成效、存在的困难和问题。不定期编发。字数根据工作需要而定。

发送范围：保监会领导，机关相关部门、相关保监局。

报送方式：yuqingguanli@ circ. gov. cn。

注：1. 所有涉密信息应通过刻录光盘形式报送办公厅。

联系人：信息调研处　庞世之　电话：（010）66286815

2. 保险公司可向办公厅申请登录保监会官方网站“办事服务 - 信息报送”系统的用户名和密码，并按操作规程进行信息报送。

联系人：电子政务处　钱邈辉　电话：（010）66286075

中国保监会办公厅、北京市金融工作局、北京市石景山区人民政府关于印发《关于加快推动北京保险产业园创新发展的实施办法》的通知

（保监厅发〔2015〕83号 2015年12月30日）

机关各部门，北京保监局，中国保险行业协会、中国保险学会、中国精算师协会、中国保险资产管理业协会，中国保险保障基金有限责任公司、中国保险信息技术管理有限责任公司，各保险公司，北京市各有关单位：

为贯彻落实《中国保险监督管理委员会 北京市人民政府关于加快推动北京保险产业园创新发展的意见》（保监发〔2014〕20号），完善支持北京保险产业园发展的政策体系，进一步推动北京保险产业园创新发展，我们制定了《关于加快推动北京保险产业园创新发展的实施办法》，现予印发，请遵照执行。

关于加快推动北京保险产业园创新发展的实施办法

第一章 总 则

第一条 为抓住京津冀协同发展重大历史机遇，助力首都构建高精尖经济结构，提升首都核心功能，深入贯彻《国务院关于加快发展现代保险服务业的若干意见》（国发〔2014〕29号）、《中国保险监督管理委员会 北京市人民政府关于加快推动北京保险产业园创新发展的意见》（保监发〔2014〕20号）和《北京市人民政府关于加快发展现代保险服务业的实施意见》（京政发〔2015〕44号），落实首都金融业发展支持政策及中关村国家自主创新示范区、石景山国家服务业综合改革试点区的相关政策，优化发展环境，加快推动北京保险产业园创新发展，根据国家和北京市有关法律、法规，制定本办法。

第二条 本办法所指的“北京保险产业园”（以下简称“保险产业园”）位于石景山国家服务业综合改革试点区。本办法适用于在保险产业园进行工商注册和税务登记的保险机构。保险行业组织等相关机构可参照执行。

第三条 北京保险产业园的总体发展目标是立足首都城市战略定位和京津冀协同发展战略，按照“政府推动、市场运作”的原则，高起点、高标准、高水平推动保险产业园开发建设，加强创新引领，打造以保险产业为主体的国家级金融创新示范区。

第二章 加强组织创新，完善保险市场体系

第四条 积极发展符合首都功能定位的高端保险产业。进一步完善现代保险市场体系，支持符合准入条件的各类资本在保险产业园设立保险机构。

第五条 提高保险业对外开放水平。落实国务院批复的北京服务业扩大开放综合试点实施方案，支持境外保险机构在保险产业园发展；支持设立外资健康医疗保险机构；支持保险机构服务国家“一带一路”战略，扩大保险服务出口，为境内外企业提供风险保障。

第六条 推进保险业基础设施建设。支持在保险产业园建设全行业的资产托管中心、保险资产交易平

台、再保险交易所等。支持中国保险信息技术管理有限责任公司发挥示范引领作用，发展数据收集分析、研发应用、资金支付结算等金融保险业务，为提升保险业风险保障水平，促进行业转型升级提供支持。

第七条　鼓励创新型保险业态发展。支持在保险产业园设立专业性保险公司、相互保险组织、自保公司、信用保险公司、互联网保险公司等保险机构。

第八条　鼓励保险中介机构专业化发展，鼓励在保险产业园设立保险中介机构。

第九条　鼓励发展保险行业服务类公司。支持在保险产业园设立风险评估、损失理算、保险精算、咨询服务等专业服务机构，完善保险产业链，提高行业服务水平。

第十条　稳步推进保险交易所试点建设。探索开展保单贴现交易，积极研究建立财产保险、人身保险、保险衍生品等场内集中交易场所。

第十一条　探索在保险产业园建立巨灾风险证券化交易场所，试点开发巨灾债券、巨灾期货等金融工具，吸引社会资本参与巨灾风险管理，完善巨灾风险分散机制。

第三章　开展产品创新，促进经济社会发展

第十二条　探索运用保险机制创新公共服务提供方式。充分发挥保险风险管理功能及保险机构的网络、专业技术优势，开发相关保险产品，通过市场化机制，降低公共服务运行成本，提高社会管理效率。

第十三条　鼓励保险机构开发创新各类具有社会保障功能的商业养老和健康保险产品。按照国家有关政策在个人所得税和保险公司所得税、营业税、产品开发成本费用扣除等方面给予支持。

第十四条　大力发展食品安全、生态环境治理、安全生产等与公众利益密切相关的责任保险，创新社会治理方式，提升城市治理水平。

第十五条　服务创新驱动战略。加大科技保险的开发和创新力度，支持国家科技创新中心建设，推动大众创业、万众创新。鼓励保险机构积极开展演艺、赛事、旅游、会展等保险业务，促进保险与文化产业融合发展。

第十六条　推动保险业与医疗、社保、教育等行业和部门的合作，支持搭建保险机构与医疗机构的对接服务平台，构筑多功能、全方位和高效率的合作共赢机制，促进保险业与相关行业的互动发展。

第十七条　探索保险产品区域性创新试点。在风险可控的前提下，在费率自主化等方面探索经验。

第四章　加快服务创新，提升社会保障水平

第十八条　支持保险机构参与养老健康服务产业链整合。支持符合条件的保险机构投资养老健康服务业。鼓励保险机构创新养老保险服务，为不同群体提供个性化、差异化养老保障。支持保险机构提供与商业健康保险产品相结合的疾病预防、健康维护、慢性病管理等健康管理服务，提高生活性服务业品质。

第十九条　鼓励保险机构探索建立综合性社区保险服务网点，集医疗、健康咨询、财富管理、人身和财产保险产品咨询、销售及服务为一体，实现对风险的全面管理。

第二十条　鼓励保险机构运用网络、云计算、大数据、移动互联网等技术促进保险业销售渠道和服务模式创新。

第二十一条　支持保险机构与商业银行、证券公司、小额贷款公司、融资性担保公司、商业保理公司、互联网企业等各类型机构进行业务合作，鼓励其在服务领域融合发展。

第二十二条　推动京津冀保险业合作。落实京津冀协同发展战略，鼓励保险机构开发适合京津冀协同发展特点的保险产品和服务，优化服务流程，规范服务标准，为保险消费者提供专业、便捷的保险服务。

第五章　探索资金运用创新，支持经济转型升级

第二十三条　支持保险机构以债权投资计划、股权投资计划、夹层基金等形式参与京津冀协同发展、首都城市基础设施等重大项目建设，对项目规划、退出机制、增信措施等进行统筹安排，为保险资金运用与京津冀协同发展提供支撑。

第二十四条　鼓励保险机构通过投资企业股权、债权、基金、资产支持计划等形式，在合理管控风险的前提下，为科技型企业、中小企业、战略性新兴产业提供资金支持。

第二十五条　探索保险机构投资、发起资产证券化产品，积极培育另类投资市场，支持保险机构境外投资。

第二十六条　鼓励符合资质的保险资产管理机构探索与北京市社会保障基金和医疗保险基金的合作模式，提高基金市场化运作水平。

第二十七条　鼓励保险机构设立不动产、基础设施、养老、健康等专业保险资产管理机构。支持保险资产管理机构设立夹层基金、并购基金、不动产基金等私募基金。鼓励保险机构开展设立基金管理公司试点。

第六章　推进监管创新，防范化解风险

第二十八条　开展负面清单管理，创新保险监管体制和方式。试点开展保险公司省级以下分支机构设立及高管人员任职资格备案制管理。

第二十九条　经监管部门认定，符合保险产业园发展导向并且具有重大创新示范意义的新型法人机构，可以适当优化审批环节和流程。

第三十条　推进监管体系和监管能力现代化建设。加强京津冀监管合作，建立健全风险监测预警机制，完善风险应急预案，优化风险处置流程，提高风险处置能力。

第七章　培育保险文化，引领行业发展

第三十一条　积极践行“守信用、担风险、重服务、合规范”的保险行业核心价值理念，建立健全行业自律规则体系，提升保险产业园发展水平。

第三十二条　打造弘扬保险文化、展示保险形象的高水平宣传阵地。建设保险研究机构、保险博物馆、资料馆、档案馆等保险文化基础设施。

第三十三条　推动保险教育和培训产业发展。借助北京智力资源丰富的优势，加大对风险管理、精算、财务、核保核赔、资产管理等专业技术人才的培养力度，为行业发展提供人才支持。

第八章　加大服务保障，优化发展环境

第三十四条　加强对保险机构的支持力度。对新设立或新迁入的具有独立法人资格的保险机构，依照北京市促进金融产业发展政策给予支持。

第三十五条　加强对保险机构办公用地、用房支持力度。

（一）在符合首都战略定位、城市规划和土地利用规划的前提下，保险产业园土地实行分类保障。经认定符合相关条件的，由保险机构投资且自持自用的建设项目，经市政府批准，参照现有促进金融发展政策执行。

（二）保险机构租赁办公用房且从事保险业务的，依照北京市促进金融产业发展相关政策给予支持。

第三十六条 加强保险人才服务力度。

（一）加大对高端人才的奖励力度。对符合条件的保险机构高端人才，按照其贡献度由属地给予奖励。

（二）加大对高端人才的服务水平。加强在人才引进、住房保障、医疗健康、教育培训、子女入学等方面的服务。

（三）保险机构可按不超过职工工资总额12%的比例为职工缴存住房公积金，职工住房公积金不受月缴存额上限限制。

（四）推动在保险产业园开展个人税收递延型商业养老保险试点。

第三十七条 加强规划建设服务保障。

（一）健全工作机制。建立中国保监会发改部、北京市相关部门和石景山区政府参加的保险产业园建设工作联席会议制度，统筹协调解决建设发展中的重大问题。

（二）对园区内的重大项目和重点工程，纳入北京市绿色通道，提高服务保障效率。

（三）建立保险机构落户代理服务制，在工商注册、税务办理等方面，开展全程代办服务。

第九章 附 则

第三十八条 本办法由发文单位负责解释、实施和修改。

第三十九条 本办法自发布之日起实施。

中国保监会关于印发《保险机构董事、监事和高级管理人员任职资格考试管理暂行办法》的通知

（保监发〔2016〕6号 2016年1月18日）

机关各部门，各保监局，中国保险行业协会、中国保险学会、中国精算师协会、中国保险资产管理业协会，中国保险保障基金有限责任公司、中国保险信息技术管理有限责任公司，各保险公司、保险资产管理公司：

现将《保险机构董事、监事和高级管理人员任职资格考试管理暂行办法》印发给你们，请遵照执行。

保险机构董事、监事和高级管理人员任职资格考试管理暂行办法

第一章 总 则

第一条 为加强保险机构董事、监事和高级管理人员任职资格考试（以下简称任职资格考试）组织管理工作，提高任职资格考试的科学化和规范化水平，根据《中华人民共和国保险法》、《保险公司董事、监事和高级管理人员任职资格管理规定》、《关于规范保险机构董事、监事和高级管理人员任职资格考试工作的实施方案》等法律法规和规章制度，制定本办法。

第二条 任职资格考试是评价保险机构拟任董事、监事和高级管理人员是否具备任职所必需的知识和能力水平的制度安排，考试成绩是核准保险机构董事、监事和高级管理人员任职资格的重要依据。

第三条 保险机构类别分为保险集团公司、财产保险公司、人身保险公司、资产管理公司、再保险公司、专属自保公司、相互保险组织等7类。

第四条 岗位类别分为董事、监事、总经理（副总经理、总经理助理）、董事会秘书、合规负责人、总精算师、财务负责人、审计责任人、保险资产管理公司首席风险管理执行官、外国保险机构驻华代表机构首席代表等10类。

第二章 考试内容和题库管理

第五条 考试内容包括公共知识、专业知识和岗位要求等3部分。

公共知识主要是指经济金融基础知识、保险原理、国家相关保险政策及通用法律法规和监管规则等。

专业知识主要是指各类保险机构相对应的保险专业知识和监管规则等。

岗位要求主要是指各类岗位要求的拟任职人员的知识结构和能力水平等。

第六条 考试试题由客观试题和主观试题构成。

客观试题题型包括单项选择题、多项选择题和判断题，考试时由计算机随机自动抽题、组卷并阅卷。

主观试题题型包括论述题和案例分析题，考试时由计算机随机抽题、组卷，人工阅卷。

第七条 中国保监会建立试题库并定期更新，同时根据法律法规的修订、调整情况随时更新。

第三章 考试方式和成绩标准

第八条 任职资格考试按照机构性质和岗位类别区分，定期集中组织考试。

第九条　任职资格考试采取闭卷机考方式进行。试卷总分值100分，60分以上为合格。

第十条　任职资格考试成绩1年内有效，考试通过后1年内可以申请核准对应的任职资格，超过1年未提交申请或未予核准，或者任职中断超过1年的，需重新参加考试。

第十一条　对已核准任职资格的保险机构董事、监事和高级管理人员，转任同类保险机构同类岗位，无需重新考试；对已核准任职资格的保险机构高级管理人员，在同一保险机构内调任、兼任同级或者下级高级管理人员职务，无需重新考试，但中国保监会对拟任职务的资格条件有特别规定的除外。

第四章　组织实施

第十二条　中国保监会人事教育部负责任职资格考试统筹管理工作，培训中心负责具体实施，相关业务部门负责题库建设和更新。

第十三条　拟任保险机构董事、监事和高级管理人员应于提交任职资格核准申请前通过任职资格考试。

第十四条　保险机构应做好考试人员的组织工作，指定专人负责考试报名事宜。保险机构应严格按照相关岗位要求推荐考试人员。

报名工作通过任职资格考试系统进行。保险机构应按照系统要求提交报名信息。

对于不精通中文的外籍考试人员，单独安排考试场次，允许其带1名翻译参加考试，并适当延长考试时间。

第十五条　任职资格考试原则上每两月安排1次，遇特殊情况，可临时调整或另行安排。

第十六条　培训中心应根据报名情况，制定当期考试安排，至少提前7个工作日发布考试安排，并指定专人负责考试实施工作。

第十七条　客观试题考试后在系统后台当场生成成绩，主观试题由阅卷专家匿名阅卷。

第十八条　培训中心在考试后7个工作日内发布考试成绩。保险机构及考试人员可在任职资格考试系统查询结果。

第十九条　考试未通过人员可以申请补考，每人每年补考不得超过2次。

第五章　考试纪律

第二十条　考试人员凭有效证件进入考场，并严格遵守考试纪律。未携带有效证件的，不得参加考试。

第二十一条　考试人员有以下行为的，当场取消考试资格，1年内不得参加任职资格考试，并对有关人员及其所属保险机构进行通报：

（一）由他人冒名顶替参加考试；

（二）携带资料抄袭，参加人员相互抄袭等舞弊行为；

（三）考试期间查看、使用手机等通讯工具；

（四）违反考场纪律、影响考场秩序，不服从监考人员管理；

（五）其他严重违反考试纪律的行为。

第二十二条　因故不能参加考试的，须由保险机构人力资源部门报送书面请假函。无故缺考的，一律视为自动放弃。1年内无故缺考2次的，从第2次缺考之日起1年内不得报考。

第二十三条　培训中心每年向行业通报任职资格考试情况，并及时通报违纪处理等情况。

第六章　保险分支机构高级管理人员任职资格考试

第二十四条　各保监局负责保险分支机构高级管理人员任职资格考试工作，并应遵循“精简范围，集中管理，考审分离，统一方式”的原则组织考试。

第二十五条　任职资格考试成绩全国互认，1年内有效。

第二十六条　对已核准任职资格的保险分支机构高级管理人员，转任同类同级保险分支机构同类岗位，无需重新考试；对已核准任职资格的保险分支机构高级管理人员，在同一保险机构内调任、兼任同级或者下级高级管理人员职务，无需重新考试，但中国保监会对拟任职务的资格条件有特别规定的除外。

第七章　附　则

第二十七条　本办法由中国保监会人事教育部负责解释。

第二十八条　本办法自印发之日起施行。

中国保监会关于全面推进保险法治建设的指导意见

（保监发〔2016〕7号　2016年1月18日）

机关各部门，培训中心，各保监局，中国保险行业协会、中国保险学会、中国精算师协会、中国保险资产管理业协会，中国保险保障基金有限责任公司、中国保险信息技术管理有限责任公司，各保险公司、保险资产管理公司：

为深入贯彻落实《中共中央关于全面推进依法治国若干重大问题的决定》《法治政府建设实施纲要（2015—2020年）》和《国务院关于加快发展现代保险服务业的若干意见》，更好发挥法治对保险业发展的引领、规范和推动作用，促进保险监管机构依法监管和保险行业依法经营水平迈上新台阶，现就全面推进保险法治建设提出如下指导意见。

一、全面推进保险法治建设的重要性紧迫性和总体要求

（一）全面推进保险法治建设的重要性紧迫性。党的十八届四中全会提出，必须全面推进依法治国，加快建设社会主义法治国家。落实依法治国基本方略，全面推进保险法治建设是保险业科学发展的重要基础。特别是，当前保险业正面临前所未有的发展机遇，迫切需要良好的法治环境和坚实的法治保障。长期以来，保监会深入推进保险法治建设，保险法律制度体系初步形成，依法监管水平不断提高，行业依法合规意识明显增强。但保险法治建设还存在许多不适应、不符合保险市场发展的问题，行业尊法信法守法用法意识不强，有法不依、执法不严、违法不究现象依然存在。各级领导干部要充分认识全面加强保险法治建设的重要意义，准确把握保险改革发展的新形势，切实增强紧迫感、责任感、使命感，把保险法治建设作为一项长期性、基础性、全局性工作抓紧抓好，不断提高保险工作的法治化水平。

（二）总体要求。当前和今后一个时期，要深入贯彻落实党的十八大、十八届三中、四中、五中全会精神和习近平总书记系列重要讲话精神，坚定不移走中国特色社会主义法治道路，坚持深化改革和法治建设共同推进，逐步形成完备的保险法律规范体系、高效的保险法治实施体系、严格的保险法治监督体系、有力的保险法治保障体系，积极营造良好的保险法治环境，努力实现科学立法、严格执法、行业守法，为保险业深化改革、加快发展提供有力法治保障。

二、坚持立法先行，不断完善保险法律制度体系

（三）构建多层次的保险法律制度体系。保险法是保险法律制度体系的核心，是保险业发展和保险监管的根本制度基础。要深化论证研究，主动适应行业发展的新常态，大力推动保险法不断完善，进一步规范保险市场活动，释放行业发展活力，丰富保险监管手段，保障保险消费者合法权益，使保险法体现时代性、把握规律性、富于前瞻性，为形成内容科学、协调统一、运行有效的保险法律制度体系奠定坚实框架。保险行政法规是保险法律制度体系的主干，要加大工作力度，推动加快相关行政法规的立法进程，将实践中成熟的监管规则上升为行政法规，提升监管规则的权威性。规章、规范性文件是保险法律制度体系的重要组成部分，要充分发挥其对完善监管规则的积极作用。

（四）加快重点领域立法。坚持改革决策和立法决策统筹衔接，做好相关法律法规的立改废释，确保改革于法有据。按照政府审批制度改革的要求，及时修订相关制度规范。抓紧健全市场主体经营活动规则，着眼于各类保险市场主体的全流程监管，逐步完善对保险集团、相互保险组织、自保公司等组织业态的监管规则，加强在保险公司准入退出、公司治理、偿付能力、风险处置等方面的制度建设。坚持鼓励创新发展与有效管控风险相结合，加强在保险产品创新、互联网保险业务、保险资金运用、保险基础设施等方面的制度建设。着眼于保险服务国家治理现代化，加强在巨灾保险、农业保险、责任保险、信用保证保险、大病保险、

养老保险、健康保险等方面的制度建设。依法保护保险消费者合法权益，努力构建权利义务明确、救济渠道畅通的保险消费者权益保护制度。

（五）提高制度建设质量。深入推进科学立法、民主立法、依法立法，努力使保险立法适应实际情况、反映人民意愿、符合发展规律。完善立法项目征集和论证制度。加强和改进立法调研工作，增强调研的针对性和实效性。有序拓宽公民参与立法途径，健全法规草案公开征求意见机制，广泛凝聚社会共识。起草与保险公司经营活动密切相关的法规草案，注意听取保险公司和行业组织、保险消费者、专家学者及相关单位的意见。着眼于增强法律制度的协调性和可操作性，加强立法后评估。加强对国际保险规则制度的研究，使保险法律制度既符合国际惯例，又体现我国特色。

（六）加强规范性文件管理。严格贯彻落实规范性文件制定管理办法，充分发挥法制部门在规范性文件制定管理中的法律审核作用，确保规范性文件的合法性。保监会机关相关部门和派出机构制定规范性文件，应当遵循精简高效的原则，充分征求各界意见，同时及时了解本部门本机构所制定的规范性文件实施情况，定期进行分析、评估，并在此基础上修改、完善，提高规范性文件的合理性和协调性。逐步建立定期清理与专项清理相结合的机制，由起草部门对规范性文件每隔 2 年进行一次清理，并按法制部门要求报送规范性文件名录。同时，结合法律法规和政策变化，及时对相关规范性文件进行专项清理。

三、落实依法行政，推进严格规范公正监管

（七）严格依法行使监管职权。坚持法定职责必须为、法无授权不可为，坚决纠正不作为、乱作为。禁止法外设定监管权力，没有法律法规依据不得作出减损公民、法人和其他组织合法权益或者增加其义务的决定。深化行政审批制度改革，进一步规范行政许可，优化行政审批流程，推进政府职能转变和管理方式创新，加强事中事后监管。探索保险监管权力清单制度，坚决消除权力设租寻租空间。进一步明确保监会和派出机构之间事权的划分，理顺监管体制，形成监管合力。

（八）积极推进依法决策。完善重大监管决策程序，将公众参与、专家论证、风险评估、合法性审查、集体讨论决定等纳入监管决策过程。建立内部重大决策合法性审查机制，未经合法审查或经审查不合法的，不得提交讨论。积极推行法律顾问制度，发挥法律顾问在决策重大监管事项、推进依法监管中的积极作用。逐步建立重大决策终身责任追究制度及责任倒查机制。

（九）完善监管执法程序。强化程序意识，严格按法定程序执法。加强程序制度建设，不断完善行政审批、现场检查、行政处罚、消费投诉处理、违法举报处理等监管执法程序，细化执法流程，明确执法环节和步骤，保障程序公正。探索建立现场检查启动机制，以风险为导向确定检查对象范围，采用随机抽取方式选择检查对象。健全行政执法调查规则，规范取证活动。严格执行重大监管执法法制审核制度。规范执法文书格式，逐步统一执法文书标准。严格按程序规定做好政府信息依申请公开工作。

（十）提高行政处罚工作质量。依法惩处各类保险违法行为，加大关系保险消费者合法权益、影响行业持续发展的重点领域执法力度。完善行政处罚裁量标准，进一步规范行政处罚裁量权，逐步推进行政处罚裁量工作的规范化和科学化，提升监管执法水平和公信力。加强处罚实践问题研究，出台相关指导意见。

四、加强监督制约，切实提高依法监管水平

（十一）切实增强执法监督指导。加强对贯彻执行法律法规情况的监督检查，重点监督制约行政许可、行政处罚、行政强制中的立案销案、自由裁量权行使等关键环节，减少行政执法的随意性。加强对派出机构执法行为的监督，探索执法监督通知书、执法监督意见书等制度。充分利用信息化手段开展执法案卷评查、质量考核等工作，加强执法评议考核。完善行政复议、行政处罚、行政诉讼通报制度，加强执法工作指导。全面落实行政执法责任制，加大对违法违规执法案件的行政执法责任和过错责任追究力度。

（十二）充分发挥复议的内部监督作用。加强行政复议工作，提高行政复议办案质量，注重听取行政法律关系双方当事人的意见，注重对第三人程序权利和实体权利的保护。严格依法审理行政复议案件，审查标准逐步向司法裁判标准靠拢，对于存在法律瑕疵的监管执法行为绝不护短、绝不姑息，坚决依法予以纠正。采取后续跟进、定期督办、发送行政复议意见书等措施，强化硬性约束。完善复议工作制度，推进设有分局的保监局承担复议办理职责。做好行政复议与行政诉讼的衔接。

（十三）做好行政应诉工作。主动接受司法监督，对人民法院受理的行政案件，依法积极应诉，按规定向人民法院提交作出行政行为的依据、证据和其他相关材料。健全行政应诉工作机制，强化被诉行政行为承办部门或者机构的应诉责任，发挥法制工作部门的组织、协调和指导作用，形成共同应诉的合力。认真查找行政诉讼案件中反映的问题，及时总结反馈、提示风险。对于因不履行法定程序、违法使用行政权力造成的行政败诉案件，要追究有关部门和人员的责任。完善派出机构行政诉讼报告制度。

五、增强法治观念，提升保险业依法经营水平

（十四）充分树立合规导向。加强保险监管，依法规范保险公司的经营行为和从业人员行为，严厉打击保险违法违规行为。不断丰富监管手段和方式，将保险机构的合规建设水平作为各类监管评价的重要指标，规范和引导保险公司合规经营、公平竞争，遵守和执行法律法规和监管制度。开展对保险公司及分支机构合规管理工作的监督检查，适时通报保险公司的合规情况。完善合规工作报告制度。

（十五）提高保险业法治意识。保险公司要坚持依法治企、依章办事，深入学法守法用法，自觉把法律要求作为行动准则，真正树立合规创造价值的观念，在社会上塑造守法诚信、合规经营的良好形象。大力倡导和培育合规文化，形成高管重视、合规人人有责的合规文化。保险行业协会及其他行业组织要积极发挥行业自律和专业服务等功能，搭建法律合规工作交流平台。

（十六）加强合规能力建设。保险公司要按照监管要求完善合规管理制度体系，明确合规管理组织框架和管理职能，强化合规工作的独立性，充实合规工作力量，积极开展合规培训。合规负责人全面负责本机构的合规管理工作，保险公司要为合规负责人履行工作职责提供保障。发挥保险公司的法律合规部门在依法合规经营、法律审核把关、维护合法权益等方面的积极作用。

六、注重多措并举，积极营造良好保险法治环境

（十七）强化法治宣传教育培训。深入开展法治宣传教育，积极开展各种法律法规培训。结合国家普法规划，科学制定保险业的普法规划，组织开展形式多样、内容丰富的法治宣传教育活动，在全社会大力普及保险法律知识。完善学法用法制度，将法律法规列入党委中心组学习内容，列为党校培训、公务员初任培训的必修课；列为保险公司高管任职资格考试和培训班的重要内容。编制保险法律合规教材、知识读本。大力弘扬保险监管核心价值、保险行业核心价值，以此滋养法治精神，强化支撑作用。

（十八）健全依法维权和化解纠纷机制。强化法律法规在维护保险消费者合法权益、化解矛盾纠纷中的权威地位，引导和支持保险消费者理性表达诉求、依法维护权益。健全保险消费纠纷预防化解机制，完善调解、仲裁、民事诉讼、行政复议、行政诉讼等有机衔接、相互协调的多元化纠纷解决机制。进一步强化保险机构在消费投诉处理工作中的主体责任，妥善处理纠纷，维护消费者合法权益。

（十九）加强法治工作沟通与联系。密切立法工作联系，积极协调立法部门，推进相关法律法规的制定和修改。加强与其他经济管理、金融监管部门的工作交流，优化保险法治环境。积极与司法部门沟通联系，配合做好相关司法解释的废、改、立工作，共同做好保险纠纷的诉讼与调解对接工作。与高等院校法律院系、学术团体加强合作，支持开展保险法治基础理论研究。

七、加大保障力度，确保保险法治建设取得实效

（二十）健全组织领导。全面推进保险法治建设是依法治国方略在保险业的具体实现。各单位主要负责人要履行本单位推进保险法治建设第一责任人职责，加强对保险法治工作的领导部署和统筹协调，定期听取保险法治建设专题汇报，定期研究部署推进保险法治建设的具体任务措施，及时解决遇到的突出问题。对各项任务，要做到有布置、有督促、有检查，确保不折不扣完成。

（二十一）强化考核评估。各单位要坚持业务工作与法治工作两手抓，两手硬，时刻绷紧依法办事这根弦。将法治工作情况纳入保险监管和保险业发展目标责任考核，探索建立法治考核量化评价标准，把法治工作成效作为衡量保监会派出机构领导班子和领导干部工作实绩的重要内容。探索建立法治工作报告制度。

（二十二）提升信息化水平。借助信息化手段，实现保险法治资源的合理配置和整合增效。研究开发保

险法治工作信息平台管理系统，逐步实现对保险监管法律法规、行政处罚、行政复议、行政诉讼案件的系统化、信息化管理，为保监会各部门和保监局提供法治工作监管平台、法治信息共享平台和法治研究学习平台。通过官网、微博、微信等多种方式丰富保险法治宣传内容，拓展保险法治宣传范围。

（二十三）夯实工作基础。推进执法队伍建设，提升依法行政能力。加强保险法制工作队伍建设，着力培养一支讲政治、懂法律、熟业务的保险法制工作队伍，建立健全法制重点人才库。探索设立公职律师和公司律师、公司总法律顾问制度，有条件的地区或公司可以先行试点，促进依法办事，防范法律风险。加强行业法律人才建设。加大经费保障力度，保证立法调研、行政复议、法治教育培训以及聘请法律顾问和律师等方面的经费需求。

中国保监会关于调整保险业监管费收费标准等有关事项的通知

（保监发〔2016〕9号　2016年1月25日）

各保监局，各保险公司、保险资产管理公司，各保险中介机构，外国保险机构代表处：

根据《财政部　国家发展改革委关于重新发布中国保险监督管理委员会行政事业性收费项目的通知》（财税〔2015〕22号，见附件1）和《国家发展改革委财政部关于重新核发银监会证监会保监会监管费等收费标准的通知》（发改价格〔2016〕14号，见附件2）规定，现将保险业监管费收费标准等有关事项通知如下：

一、保险业监管收费范围

（一）各类保险公司（含保险集团、控股公司）

（二）保险资产管理公司

（三）专门从事保险中介业务的机构（含保险中介集团公司）

（四）外国保险机构代表处

（五）其他经批准成立的保险机构

二、保险业监管收费标准

保险业监管费由机构监管费和业务监管费两部分组成，具体收费标准如下：

（一）机构监管费。

1. 对各类保险公司按照注册资本金（外国保险公司分公司按照营运资金）的0.4‰收取，其中，保险集团公司、保险控股公司每年每家不超过200万元。

2. 对保险资产管理公司按照注册资本金的1‰收取，每年每家不低于30万元，最高不超过100万元。

3. 对专门从事保险中介业务的保险代理、保险经纪、保险公估机构以及保险中介集团公司按照注册资本金的0.4‰收取，每年每家不低于3000元，最高不超过5万元。

4. 对外国保险机构代表处按照每年每家2万元收取。

（二）业务监管费。

降低对保险公司和专门从事保险中介业务的机构收取的业务监管费收费标准。

1. 对保险公司经营的责任保险、信用保险和短期健康保险按年度自留保费的0.6‰收取；对意外伤害保险、除责任保险和信用保险以外的其他财产保险按年度自留保费的0.8‰收取；对人寿保险、长期健康保险业务按年度自留保费的0.4‰收取。上述自留保费是指保费加上分入保费减去分出保费。保费是指投保人按照保险合同约定向保险公司支付的全部款项。分出保费是指保险机构向境内保险机构分出的保费（不含向境外保险机构分出的保费）。

其中：对于在会计核算时，区分保险风险和其他风险进行分拆处理和重大保险风险测试后，不确认为保费收入的部分（涉及分红险、投连险、万能险、变额年金和非寿险投资型等业务），按照年度销售额的0.4‰收取。

2. 对专门从事保险中介业务的机构按年度代办业务营业收入的0.4‰收取。

按照"优化收费结构、减轻企业负担"原则，对因监管费政策调整导致缴费增加的保险机构，其2014年和2015年应缴监管费仍按照本通知印发前规定的2013年收费标准执行；其2016年和2017年应缴监管费按照本通知规定执行。

三、保险业监管收费减免范围

（一）对政策性保险公司免收保险机构监管费，对政策性保险公司经营的政策性业务免收保险业务监管费。

（二）对农村保险互助社免收保险机构监管费和业务监管费。

（三）对保险公司经营的农业保险、新型农村合作医疗保险、农村小额人身保险、计划生育保险和城乡居民大病保险业务免收保险业务监管费。

农业保险是指保险机构根据农业保险合同，对被保险人在种植业、林业、畜牧业和渔业生产中因保险标的遭受约定的自然灾害、意外事故、疫病、疾病等保险事故所造成的财产损失，承担赔偿保险金责任的保险活动。

（四）对开业不满（含）3 年（以开业时间的自然年份计算）的保险公司和专门从事保险中介业务的机构，减半收取保险机构监管费。

四、缴费事项

（一）缴费主体。保险公司、保险资产管理公司、专门从事保险中介业务的机构由其法人机构统一缴纳。外国保险公司分公司和外国保险机构代表处由各分公司和代表处缴纳。

（二）缴费基数。机构监管费的缴费基数为上年末注册资本金（新设机构为当年注册资本金），业务监管费的缴费基数为经外部审计机构审计的上年度相关财务报表数据。

（三）缴费时间。各保险机构应于每年的 7 月 15 日至 31 日缴纳当年的保险业监管费，同时向执收单位报送经外部审计机构审计的保险业监管费报告单（含电子数据）。保险机构应于 2016 年 2 月 29 日前完成 2014 年和 2015 年的监管费汇算清缴，并报送保险业监管费报告单（附件 3）。

（四）执收单位。中国保监会及所属保监局为监管费执收单位，设立财政汇缴专户。各保险公司、保险资产管理公司和外国保险机构代表处的保险业监管费缴入保监会财政汇缴专户；专门从事保险中介业务的机构的保险业监管费缴入所属地保监局财政汇缴专户（附件 4）。

（五）收费票据。执收单位收到缴款后开具《非税收入一般缴款书》，并将票据邮寄缴款机构。缴款机构应将票据复印件送财政部驻所在地省（自治区、直辖市、计划单列市）财政监察专员办事处备案。

五、监督检查

中国保监会及所属保监局负责对缴款机构进行监督检查。对违反规定少缴、迟缴保险业监管费的，责令其补缴或限期缴纳；对拒不缴纳的，依法予以行政处罚。

本通知自 2014 年 1 月 1 日起执行，有效期 4 年。自本通知发布之日起，《关于调整保险业务监管费收费标准等有关事项的通知》（保监发〔2012〕10 号）同时废止。

附件：1. 财政部、国家发展改革委关于重新发布中国保险监督管理委员会行政事业性收费项目的通知（财税〔2015〕22 号）

2. 国家发展改革委、财政部关于重新核发银监会证监会保监会监管费等收费标准的通知（发改价格〔2016〕14 号）

3. 保险业监管费报告单（略）

4. 执收单位中央财政汇缴专户明细表（略）

（请各保监局代转给辖区内的保险中介机构、外国保险机构代表处）

附件 1

财政部、国家发展改革委关于重新发布中国保险监督管理委员会行政事业性收费项目的通知

（财税〔2015〕22 号　2015 年 1 月 27 日）

中国保险监督管理委员会：

按照《国务院机构改革和职能转变方案》的要求，为进一步规范行政事业性收费管理，现将重新审核后的中国保险监督管理委员会（以下简称保监会）行政事业性收费项目及有关问题通知如下：

一、保险业监管费

（一）保监会对纳入监管范围的各类保险公司（含保险集团、控股公司）、保险资产管理公司、专门从事保险中介业务的机构（含保险中介集团公司）、外国保险机构代表处和其他经批准设立的保险机构（以下称被监管单位），收取机构监管费。其中：对保险公司、保险资产管理公司、专门从事保险中介业务的机构按其上年末注册资本金（新设机构按当年注册资本金）一定比例收取；对外国保险公司分公司按其上年末营运资金（新设机构按当年营运资金）一定比例收取；对外国保险机构代表处按定额收取。

注册资本金、营运资金的具体数额以外部审计机构审计的上年末会计报表为准。

（二）保监会对纳入监管范围的各类保险公司、专门从事保险中介业务的机构收取业务监管费。其中：对保险公司按其上年自留保费一定比例收取。在会计核算时，区分保险风险和其他风险进行分拆处理和重大保险风险测试后，不确认为保费收入部分（涉及分红险、投连险、万能险、变额年金和非寿险投资型等业务），按其上年销售额一定比例收取；对专门从事保险中介业务的机构按其上年代办业务营业收入一定比例收取。

自留保费是指保费加上分入保费减去分出保费。保费是指投保人按保险合同约定向保险公司支付的全部款项。分出保费是指保险机构向境内保险机构分出的保费（不包括向境外保险机构分出的保费）。

自留保费、销售额、代办业务营业收入的具体数额以外部审计机构审计的上年末会计报表为准。

（三）保险公司、保险资产管理公司、专门从事保险中介业务的机构应缴纳的保险业监管费，由其法人机构统一缴纳。外国保险公司分公司和外国保险机构代表处应缴纳的保险业监管费，由各分公司和代表处缴纳。被监管单位应于每年 7 月 31 日前缴纳当年的保险业监管费。

（四）对下列情形减免保险业监管费：

1. 对政策性保险公司免收保险机构监管费，对政策性保险公司经营的政策性业务免收保险业务监管费。

2. 对农村保险互助社免收保险机构监管费和业务监管费。

3. 对保险公司经营的农业保险、新型农村合作医疗保险、农村小额人身保险、计划生育保险和城乡居民大病保险业务免收保险业务监管费。

农业保险是指保险机构根据农业保险合同，对被保险人在种植业、林业、畜牧业和渔业生产中因保险标的遭受约定的自然灾害、意外事故、疫病、疾病等保险事故所造成的财产损失，承担赔偿保险金责任的保险活动。

4. 对开业不满（含）3 年（以开业时间的自然年份计算）的保险公司、外国保险公司分公司和专门从事保险中介业务的机构，减半收取保险机构监管费。

二、保险代理人资格考试费和保险经纪人资格考试费

保监会在组织保险代理人资格考试和保险经纪人资格考试时，向报名参加考试人员收取考试费。

三、上述收费项目的具体收费标准由国家发展改革委、财政部另行制定。

四、收费单位应按规定使用财政部统一印制的票据。

五、上述收费收入全额缴入中央国库，纳入中央财政预算管理。具体收缴办法按照财政国库集中收缴的有关规定执行。被监管单位将保险业监管费缴入中央国库后，要将缴款凭证复印件分送被监管单位企业法人（或外国保险公司分公司和外国保险机构代表处）所在地保监局和财政部驻所在地省（自治区、直辖市、计划单列市）财政监察专员办事处备案。保监会开展保险业监管及组织考试工作所需经费，由财政部通过部门预算统筹安排。

六、收费单位应严格按上述规定执行，不得自行增加收费项目、扩大收费范围或调整收费标准，并自觉接受财政、价格、审计部门的监督检查。对违规多征、减免或缓征收费的，依照《财政违法行为处罚处分条例》和《违反行政事业性收费和罚没收入收支两条线管理规定行政处分暂行规定》等国家有关规定追究法律责任。

七、本通知自发布之日起执行。《财政部 国家计委关于批准收取保险业务监管费的通知》（财综字〔1999〕123 号）、《财政部 国家计委关于中国精算师（准精算师部分）和保险中介人资格考试收费有关问题的通知》（财规〔2000〕37 号）、《财政部 国家计委关于同意继续收取保险业务监管费的复函》（财综〔2001〕86 号）以及其他与本通知不符的规定同时废止。

附件 2

国家发展改革委、财政部关于重新核发银监会证监会保监会监管费等收费标准的通知

（发改价格〔2016〕14 号　2016 年 1 月 4 日）

银监会、证监会、保监会：

财政部、国家发展改革委已印发《关于重新发布中国证券监督管理委员会行政事业性收费项目的通知》（财税〔2015〕20 号）、《关于重新发布中国银行业监督管理委员会行政事业性收费项目的通知》（财税〔2015〕21 号）和《关于重新发布中国保险监督管理委员会行政事业性收费项目的通知》（财税〔2015〕22 号），按照总体不增加被监管单位负担的原则，重新审核了银监会、证监会和保监会监管费等收费标准，现将收费标准及有关问题通知如下：

一、银监会、证监会和保监会监管费收费项目主要包括机构监管费和业务监管费。证监会和保监会收费项目还包括相关从业人员资格考试费。

二、银监会、证监会和保监会监管费收费标准分别按照附件 1、附件 2 和附件 3 规定执行。证监会、保监会相关从业人员资格考试费按照《国家发展改革委财政部关于改革全国性职业资格考试收费标准管理方式的通知》（发改价格〔2015〕1217 号）有关规定执行，在国家规定的收费标准上限范围内按成本补偿原则自行确定。

三、收费单位应严格执行本通知规定，不得擅自增加收费项目、扩大收费范围和提高收费标准，并自觉接受价格、财政部门的监督检查。

四、银监会、证监会的监管费收费标准自 2015 年 1 月 1 日起执行；保监会的监管费收费标准自 2014 年 1 月 1 日起执行；有效期均截至 2017 年 12 月 31 日。有效期满后，相关收费单位向国家发展改革委、财政部重新申报收费标准。

自本通知发布之日起，《国家发展改革委财政部关于降低证券期货市场监管费收费标准等问题的通知》（发改价格〔2012〕2119 号）、《国家发展改革委财政部关于降低保险业务监管费收费标准等有关问题的通知》（发改价格〔2011〕3228 号）和《国家发展改革委财政部关于重新核定银行业监管收费标准及有关问题的通知》（发改价格〔2014〕168 号）同时废止。

附件：1. 银行业监管费收费标准

2. 证券期货业监管费收费标准

3. 保险业监管费收费标准

附件1

银行业监管费收费标准

一、机构监管费

对纳入监管范围的各类商业银行、信用社、财务公司、信托投资公司、金融租赁公司、邮政储蓄机构等被监管单位收取的机构监管费，按被监管单位上年末实收资本的一定比例并考虑风险因素计收。

具体收费标准为：机构监管费=上年末实收资本×0.05%×风险调整系数。风险调整系数根据被监管单位的监管评级确定，其中一级为0.85，二级为0.92，三级为1，四级为1.08，五级为1.15。

二、业务监管费

对纳入监管范围的单位收取业务监管费，按被监管单位上年末资产总额减去上年末实收资本后的一定比例分档累加并考虑风险因素计收。

具体标准为：业务监管费=（上年末资产总额-上年末实收资本）×分档费率×风险调整系数-境外分支机构向所在国家缴纳的监管费。

2015至2017年的分档费率为：6万亿元（含6万亿元）以下部分为0.03483‰，6万亿元以上至9万亿元（含9万亿元）部分为0.0243‰，9万亿元以上至12万亿元（含12万亿元）部分为0.0162‰，12万亿元以上至15万亿元（含15万亿元）部分为0.0081‰，15万亿元以上部分免收。

风险调整系数根据被监管单位的监管评级确定，其中一级为0.85，二级为0.92，三级为1，四级为1.08，五级为1.15。

被监管单位的境外分支机构上一年度向所在地缴纳的监管费，可抵扣境内法人计缴的业务监管费，但抵扣总额不得超过该境外分支机构按上述标准计收的业务监管费数额。

上述规定自2015年1月1日起执行。

附件 2

证券期货业监管费收费标准

一、机构监管费

对在中国境内登记注册的证券公司、基金管理公司、期货经纪公司收取机构监管费。

具体收费标准为：对证券公司和基金管理公司每年按注册资本金的 0.5‰收取，最高不超过 30 万元；对期货经纪公司每年按注册资本金的 0.5‰收取，最高不超过 5 万元。

二、业务监管费

对上海、深圳证券交易所收取证券业务监管费，按股票年交易额的 0.02‰收取。对上海期货交易所、郑州商品交易所、大连商品交易所和中国金融期货交易所收取期货业务监管费，按年交易额的 0.001‰收取。

上述规定自 2015 年 1 月 1 日起执行。

附件3

保险业监管费收费标准

一、机构监管费

对纳入监管范围的各类保险公司（含保险集团、控股公司）、保险资产管理公司、专门从事保险中介业务的机构（含保险中介集团公司）、外国保险机构代表处和其他经批准成立的保险机构等收取机构监管费。

具体收费标准为：对各类保险公司按照注册资本金（外国保险公司分公司按照营运资金）的0.4‰收取，其中，保险集团公司、保险控股公司每年每家不超过200万元。对保险资产管理公司按照注册资本金的1‰收取，每年每家不低于30万元，最高不超过100万元。对专门从事保险中介业务的保险代理、保险经纪、保险公估机构以及保险中介集团公司按照注册资本金的0.4‰收取，每年每家不低于3000元，最高不超过5万元。对外国保险机构代表处按照每年每家2万元收取。

二、业务监管费

对纳入监管范围的保险公司和专门从事保险中介业务的机构收取业务监管费。

具体收费标准为：对保险公司经营的责任保险、信用保险和短期健康保险业务，按年度自留保费的0.6‰收取；对意外伤害保险、除责任保险和信用保险以外的其他财产保险业务，按年度自留保费的0.8‰收取；对人寿保险业务、长期健康保险业务，按年度自留保费的0.4‰收取。对专门从事保险中介业务的机构按每年代办业务营业收入的0.4‰收取。

上述自留保费是指保费加上分入保费减去分出保费。保费是指投保人按照保险合同约定向保险公司支付的全部款项。分出保费是指保险机构向境内保险机构分出的保费（不含向境外保险机构分出的保费）。其中，对于在会计核算时，区分保险风险和其他风险进行分拆处理和重大保险风险测试后，不确认为保费收入的部分（涉及分红险、投连险、万能险、变额年金和非寿险投资型等业务），按照年度销售额的0.4‰收取。

监管费政策调整后应缴监管费增加的保险公司和机构，其2014年和2015年应缴监管费仍按照本通知印发前规定的收费标准执行；其2016年和2017年应缴监管费按照本通知规定执行。

上述规定自2014年1月1日起执行，保监会按照原收费标准预收的监管费，应按照本通知规定的收费标准汇算清缴。

附件 3

保险业监管费报告单（一）

填报单位：（公章） 缴费年度： 开业时间： 单位：元

保险机构	类别	项目			栏次	缴费基数	费率	应缴金额	实缴金额	差额	备注
						1	2	3 = 1 × 2	4	5 = 3 − 4	6
保险公司	业务监管费	缴纳范围	保险合同	责任保险	1		0.6‰		——	——	
				信用保险	2		0.6‰		——	——	
				其他财产保险	3		0.8‰		——	——	
				短期健康保险	4		0.6‰		——	——	
				意外伤害保险	5		0.8‰		——	——	
				人寿保险	6		0.4‰		——	——	
				长期健康保险	7		0.4‰		——	——	
				小计	8 = 1 + 2 + 3 + 4 + 5 + 6 + 7	0	——	0.00	——	——	
			非保险合同	保户储金及投资款本年新增	9		0.4‰		——	——	
				独立账户负债本年新增	10		0.4‰		——	——	
				……	11		0.4‰		——	——	
				小计	12 = 9 + 10 + 11	0	——	0.00	——	——	
			合计		13 = 8 + 12	0	——	0.00	——	——	
		减免范围	农业保险		14				——	——	
			新型农村合作医疗保险		15				——	——	
			……		16				——	——	
			合计		17 = 14 + 15 + 16	0	——	0.00	——	——	
		计缴净额			18 = 13 − 17	0	——	0.00	——	——	

（续表）

保险机构	类别	项目		栏次	缴费基数	费率	应缴金额	实缴金额	差额	备注
					1	2	3 = 1 × 2	4	5 = 3 − 4	6
保险公司	机构监管费	注册资本	保险公司	19		0.4‰		——	——	其中保险集团公司、保险控股公司每年每家不超过 200 万元
			保险资产管理公司	20		1‰		——	——	每年每家不低于 30 万元，最高不超过 100 万元
		营运资金（外国保险公司分公司）		21		0.4‰		——	——	
	总计			22 = 18 + 19(20)(21)	——	——	0.00		0.00	
保险中介机构	业务监管费	营业收入		23		0.4‰		——		
	机构监管费	注册资本		24		0.4‰		——		每年每家不低于 3000 元，最高不超过 5 万元
	总计			25 = 23 + 24	——	——	0.00		0.00	
公司财务负责人：				会计机构负责人：		制表人：		制表人电话：		
第三方审计机构：（公章）						注册会计师：				
票据邮寄地址：					收件人：		电话：		邮编：	

附件 4

执收单位中央财政汇缴专户明细表

序号	单位名称	开户银行	账号
1	中国保险监督管理委员会	中信银行北京万达广场支行	7112410189800000130
2	中国保险监督管理委员会北京监管局	中信银行北京万达广场支行	7112410189800000517
3	中国保险监督管理委员会天津监管局	中信银行天津分行营业部	7231110189800000185
4	中国保险监督管理委员会河北监管局	中国建设银行石家庄铁道支行	13001615408058000888
5	中国保险监督管理委员会山西监管局	中国建设银行太原城建支行	14001815408058077777
6	中国保险监督管理委员会内蒙古监管局	中国建设银行呼和浩特新城西街支行	15001706632058000008
7	中国保险监督管理委员会辽宁监管局	中国建设银行沈阳北站开发区支行	21001450008058000003
8	中国保险监督管理委员会吉林监管局	中国建设银行长春西安大路支行	22001450100058330090
9	中国保险监督管理委员会黑龙江监管局	中国建设银行黑龙江省分行营业部	23001868851058000026
10	中国保险监督管理委员会上海监管局	中国建设银行上海浦东分行	31001520313058000011
11	中国保险监督管理委员会江苏监管局	中信银行南京山西路支行	7329210189800000189
12	中国保险监督管理委员会浙江监管局	中国建设银行浙江省分行营业部	33001613535058070806
13	中国保险监督管理委员会安徽监管局	中国建设银行合肥蒙城路支行	34001464508058668899
14	中国保险监督管理委员会福建监管局	中国建设银行福州天福支行	35001895200058000888
15	中国保险监督管理委员会江西监管局	中国建设银行南昌永叔支行	36001050100058552890
16	中国保险监督管理委员会山东监管局	中信银行济南分行营业部	7372010189800000291
17	中国保险监督管理委员会河南监管局	中信银行郑州分行营业部	7391010189800000176
18	中国保险监督管理委员会湖北监管局	中国建设银行武汉梨园支行	42001865757058901344
19	中国保险监督管理委员会湖南监管局	中国建设银行长沙窑岭支行	43001532061058001997

（续表）

序号	单位名称	开户银行	账号
20	中国保险监督管理委员会广东监管局	中国建设银行广州东宝大厦分理处	44001400115058900000
21	中国保险监督管理委员会广西监管局	中国建设银行南宁嘉宾路支行	45001604667058000003
22	中国保险监督管理委员会海南监管局	中国建设银行海口国贸支行	46001003636058999999
23	中国保险监督管理委员会重庆监管局	中国建设银行重庆分行营业部	50001333600058067698
24	中国保险监督管理委员会四川监管局	中信银行成都东城根街支行	7411510189800000112
25	中国保险监督管理委员会贵州监管局	中国建设银行贵阳新华支行	52001614236058099999
26	中国保险监督管理委员会云南监管局	中国建设银行昆明北京路支行	53001975036058006699
27	中国保险监督管理委员会陕西监管局	中国建设银行西安高新技术开发区支行	61001920900058900001
28	中国保险监督管理委员会甘肃监管局	中国建设银行甘肃省分行营业部	62001400001058171717
29	中国保险监督管理委员会青海监管局	中国建设银行青海电力支行	63001883637058026823
30	中国保险监督管理委员会宁夏监管局	中国建设银行银川玉皇阁北街支行	64001121700058224610
31	中国保险监督管理委员会新疆监管局	中国建设银行乌鲁木齐红山路支行南湖南路分理处	65001619700058235883
32	中国保险监督管理委员会深圳监管局	中国建设银行深圳分行营业部	44201501100058363636
33	中国保险监督管理委员会大连监管局	中国建设银行大连人民路支行	21201500250058709709
34	中国保险监督管理委员会宁波监管局	中国建设银行宁波第一支行	33101984436058000107
35	中国保险监督管理委员会青岛监管局	中国建设银行青岛市南第三支行	37101986610058123123
36	中国保险监督管理委员会厦门监管局	中国建设银行厦门分行营业部	35101535001058000002

中国保监会关于印发《深化保险标准化工作改革方案》的通知

（保监发〔2016〕15 号　2016 年 2 月 2 日）

机关各部门，各保监局，培训中心，中国保险保障基金有限责任公司、中国保险信息技术管理有限责任公司、中国保险报业股份有限公司、中保投资有限责任公司、上海保险交易所筹备组，中国保险行业协会、中国保险学会、中国精算师协会、中国保险资产管理业协会，各保险公司、保险资产管理公司，各保险专业中介机构：

为深入贯彻落实《国务院关于印发深化标准化工作改革方案的通知》（国发〔2015〕13 号）和《国务院关于加快发展现代保险服务业的若干意见》（国发〔2014〕29 号）精神，切实发挥标准对建设现代保险服务业的基础支撑和引领示范作用，中国保监会制定了《深化保险标准化工作改革方案》，现印发给你们，请认真贯彻执行。

会机关各部门要从各自业务条线出发，积极提出监管业务标准需求，承担标准制定任务，推动标准贯彻落实。各保监局要统筹做好辖区标准化贯彻落实、督促检查工作。各保险机构、保险专业中介机构要发挥好市场主体作用，积极承担和参与保险标准制（修）订工作，切实加强保险标准应用实施，让标准成为对服务和产品质量的“硬约束”。行业各信息化基础设施建设运营单位要大力推动标准落地实施，促进信息共享。中国保险行业协会等社会组织要积极开展团体标准试点等工作，承接做好市场主导类标准制定任务。

保监发 15 号印发文件 . pdf

联系人：张玥明　陈鑫

联系电话：010－66286298　66286963

（请各保监局将此文转发至辖区保险专业中介机构）

中国保监会关于取消一批行政审批中介服务事项的通知

（保监发〔2016〕21 号　2016 年 3 月 3 日）

各保监局，各保险公司：

根据《国务院关于第二批清理规范 192 项国务院部门行政审批中介服务事项的决定》（国发〔2016〕11 号）要求，中国保监会将取消 15 项行政审批中介服务事项，现就有关事项通知如下：

一、中国保监会及各保监局不再将取消的 15 项行政审批中介服务事项作为行政审批的受理条件；取消的行政审批中介服务事项，其后续措施按照国发〔2016〕11 号文件有关决定执行。

二、请各保监局收到本通知后，及时转发至辖区内各保险公司分支机构、保险中介机构及其分支机构、国外保险机构驻华代表机构、保险行业协会，按照要求做好行政审批有关工作。

附件：中国保监会取消的行政审批中介服务事项表

附件：保监发 21 号附件 . xlsx

附件

中国保监会取消的行政审批中介服务事项表

序号	中介服务事项名称	涉及的审批事项项目名称	审批部门	中介服务设定依据	中介服务实施机构	处理决定
1	保险经纪机构设立审计（验资）	保险经纪机构设立审批	保监会	《关于贯彻落实〈保险专业代理机构监管规定〉、〈保险经纪机构监管规定〉、〈保险公估机构监管规定〉有关事宜的通知》（保监发〔2009〕130号） 注：审批工作中要求申请人委托有关机构编制审计（验资）报告	会计师事务所	不再要求申请人提供审计（验资）报告；审批部门严格审核申请人的银行入资单、银行账单等注册资本证明文件及法人股东财务报告等材料
2	设立保险公估机构审计（验资）	设立保险公估机构审批	保监会	《关于贯彻落实〈保险专业代理机构监管规定〉、〈保险经纪机构监管规定〉、〈保险公估机构监管规定〉有关事宜的通知》（保监发〔2009〕130号） 注：审批工作中要求申请人委托有关机构编制审计（验资）报告	会计师事务所	不再要求申请人提供审计（验资）报告；审批部门严格审核申请人的银行入资单、银行账单等注册资本证明文件及法人股东财务报告等材料
3	保险代理机构设立审计（验资）	保险代理机构设立审批	保监会	《关于贯彻落实〈保险专业代理机构监管规定〉、〈保险经纪机构监管规定〉、〈保险公估机构监管规定〉有关事宜的通知》（保监发〔2009〕130号） 注：审批工作中要求申请人委托有关机构编制审计（验资）报告	会计师事务所	不再要求申请人提供审计（验资）报告；审批部门严格审核申请人的银行入资单、银行账单等注册资本证明文件及法人股东财务报告等材料
4	设立外资保险公司相关材料公证	保险公司及其分支机构设立、保险公司终止（解散、破产）审批	保监会	《中华人民共和国外资保险公司管理条例实施细则》（保监会令2004年第4号）	申请人所在国家或者地区依法设立的公证机构	不再要求申请人提供设立外资保险公司相关材料公证，保留申请人相关材料需经中国驻该国使、领馆认证的要求

（续表）

序号	中介服务事项名称	涉及的审批事项项目名称	审批部门	中介服务设定依据	中介服务实施机构	处理决定
5	外国保险机构驻华代表机构设立及重大事项变更相关材料公证	外国保险机构驻华代表机构设立及重大事项变更审批	保监会	《外国保险机构驻华代表机构管理办法》（保监会令 2006 年第 5 号） 《中国保监会关于适用〈外国保险机构驻华代表机构管理办法〉若干问题的解释》（保监发〔2008〕101 号）	申请人所在国家或者地区依法设立的公证机构	不再要求申请人提供设立及重大事项变更相关材料公证，保留申请人相关材料需经中国驻该国使、领馆认证的要求
6	保险公司的董事、监事和高级管理人员任职材料中文译本公证	保险公司的董事、监事和高级管理人员任职资格审批	保监会	《保险公司董事、监事和高级管理人员任职资格管理规定》（保监会令 2014 年第 1 号）	中国的公证机构	不再要求申请人提供中文译本公证
7	出具保险公司重大事项变更财务意见	保险公司重大事项变更审批	保监会	《保险公司收购合并管理办法》（保监发〔2014〕26 号）	会计师事务所	不再要求申请人提供重大事项变更财务意见；审批部门严格审核与重大事项变更相关的股东的审计报告
8	出具保险公司重大事项变更法律意见书	保险公司重大事项变更审批	保监会	《保险公司收购合并管理办法》（保监发〔2014〕26 号）	律师师事务所	不再要求申请人提供重大事项变更法律意见书；审批部门严格审核申请人公司章程、决定等文书的合法性、合规性
9	保险公司国有股权转让资产评估	保险公司重大事项变更审批	保监会	《保险公司收购合并管理办法》（保监发〔2014〕26 号）	专业评估机构	不再要求申请人提供国有股权转让资产评估报告；国有股权转让审批、备案等工作依法由国有资产监督管理、财政等部门开展
10	出具保险资产管理公司重大事项变更财务意见	保险资产管理公司重大事项变更审批	保监会	《保险公司收购合并管理办法》（保监发〔2014〕26 号）	会计师事务所	不再要求申请人提供重大事项变更财务意见；审批部门严格审核与重大事项变更相关的股东的审计报告

（续表）

序号	中介服务事项名称	涉及的审批事项项目名称	审批部门	中介服务设定依据	中介服务实施机构	处理决定
11	出具保险资产管理公司重大事项变更法律意见书	保险资产管理公司重大事项变更审批	保监会	《保险公司收购合并管理办法》（保监发〔2014〕26 号）	律师事务所	不再要求申请人提供重大事项变更法律意见书；审批部门严格审核申请人公司章程、决议等文书的合法性、合规性
12	保险资产管理公司国有股权转让资产评估	保险资产管理公司重大事项变更审批	保监会	《保险公司收购合并管理办法》（保监发〔2014〕26 号）	专业评估机构	不再要求申请人提供国有股权转让资产评估报告；国有股权转让审批、备案等工作依法由国有资产监督管理、财政等部门开展
13	出具保险公司发行私募次级债法律意见书	保险公司次级定期债发行审批	保监会	《保险公司次级定期债务管理办法》（保监会令 2011 年第 2 号）	律师事务所	不再要求申请人提供发行私募次级债法律意见书；审批部门严格审核申请人申请材料的真实性、合规性，加强对申请人发债合规性的事后检查
14	出具保险公司公开发行次级债法律意见书	保险公司次级定期债发行审批	保监会	中国人民银行、保监会公告〔2015〕第 3 号	律师事务所	不再要求申请人提供公开发行次级债法律意见书；审批部门严格审核申请人申请材料的真实性、合规性，加强对申请人发债合规性的事后检查
15	保险公司公开发行次级债信用评级	保险公司次级定期债发行审批	保监会	中国人民银行、保监会公告〔2015〕第 3 号	信用评级机构	不再要求申请人提供公开发行次级债信用评级材料；审批部门严格审核申请人发债条款，通过系统内部信息核查申请人有关信用情况，防范信用风险

中国保监会办公厅关于进一步加强保险业信访工作的指导意见

（保监厅发〔2016〕24号 2016年3月23日）

各保监局，各保险公司：

为进一步加强保险业信访工作，切实维护好群众合法权益，促进保险业健康发展，维护社会和谐稳定，现提出以下指导意见。

一、要着力把握新形势、新要求，增强大局意识。各单位要紧紧围绕保险业工作大局，积极适应新常态、树立新观念，坚持目标导向和问题导向相统一，深入落实信访工作制度改革。要深刻认识和把握新形势对保险业信访工作的新要求，进一步增强工作的预见性、可控性，充分发挥信访化解保险运营风险、促进社会和谐稳定的职能作用。

二、要牢固树立信访法治思维，加强宣传引导。各单位要坚持在全面依法治国的大背景下思考和谋划信访工作，自觉将法治思维贯穿其中，运用法治思维把握信访工作方向，形成与法治要求相适应、相统一的信访工作新格局。要加强信访法制化建设，全力打造“阳光信访”“责任信访”和“法治信访”，形成符合法治要求、管用有效的信访法治体系，大力推动解决信访问题。要充分发挥法治的引领和保障作用，进一步加强法治宣传教育，丰富宣传形式，扩展宣传内容，引导群众依法理性表达诉求，依法逐级有序反映诉求，用法治方式解决信访问题。

三、要严格落实各级领导职责，确保责任到位。各单位要自觉把信访工作当作政治任务列入议事日程，强化领导责任，健全完善“主要领导负总责、分管领导具体抓、其他领导一岗双责”的领导体制，严格落实领导接访制度。要强化首办责任，按照“属地管理、分级负责，谁主管、谁负责”的原则，第一时间、第一地点做好信访纠纷化解工作，防止矛盾激化，减少信访上行。对重点疑难信访问题，主要领导要亲自挂帅，切实做好思想疏导、政策宣传和化解稳定工作，确保保险业信访工作不发生进京上访、不发生越级上访、不发生赴省市集体访、不发生有影响的个人极端事件、不发生因工作不当引起的负面炒作。

四、要切实加强信访舆情监测，搞好隐患排查。各单位要建立健全信访风险舆情预警防控机制，认真分析核查重大紧急信访信息，对有极端行为倾向、可能形成大规模聚集的信访案件，做到早预警、早处置。要建立保险信访隐患定期排查工作制度，坚持每月一次小排查、每季一次大排查，层层明确责任，切实将不稳定因素排查清楚。要对排查出的信访问题隐患建立台账，梳理分析，对重大保险纠纷和不稳定因素要及时报告，切实掌握信访隐患动态。要做好信访人员的安抚和把控，将责任落实到人，把矛盾纠纷化解在初始、把问题解决在基层、把人员安抚在当地。各保监局要继续坚持每月矛盾纠纷排查“零报告”制度，有事报情况，无事报平安。

五、要多措并举化解信访积案，力争“清仓见底”。各单位要对本单位、本系统信访积案进行全面梳理，做到底数清、情况明。要明确责任单位、责任人和化解时限，因案施策，采取切实有效的措施，集中力量分类化解。要加强统筹协调，与政府相关部门密切协作，对积案比较集中的单位实行挂牌督办，对重要信访积案实行“一案一督”，通过集中攻坚克难，力争实现保险业信访积案“清仓见底”。

六、要积极推进信访协作机制，形成工作合力。各单位要建立信访联合接访制度，加大组织协调，推动相关单位、部门协作做好信访工作，督导问题落实。要注重协调动员社会力量，鼓励和支持具有法律专业知识和有群众工作经验的人员参与协调保险信访工作，通过购买服务的方式，引入律师、心理咨询疏导和专业社会服务等第三方，为信访群众提供法律和心理咨询疏导服务，形成合力化解信访问题。

七、要周密制定信访应急预案，确保掌控有力。各单位要充分认识当前信访形势，始终保持忧患意识，制定切实可行的应急处置预案，从组织领导、责任分工、现场指挥、力量配备、处置措施等方面积极准备，增强预案的针对性、操作性和实用性，做到重点信访不漏项、重点事项不漏人，确保信访应急情况处置掌控有力。要加强重大活动和重要敏感时段信访应急处置预案设置，与公安、政法等有关部门协同应急处置，依法处理重大群诉群访等信访违法行为，管控好信访秩序。

八、要依法分类解决信访问题，维护社会稳定。各单位要严格按照涉法涉诉信访工作要求，积极支持公安、政法机关依法处理涉法涉诉的保险信访问题，把涉法涉诉信访问题导入司法渠道解决，维护司法权威；要坚持依法按政策办事，对提出不合法、不合理诉求的，要积极引导，不能突破法律法规和政策底线，不能为一时一事的解决而引发新的矛盾和问题；要依法处理以反映诉求为名，缠访闹访、滋事扰序等行为，树立依法理性表达诉求的正确导向，切实维护良好的社会秩序。

中国保监会关于进一步加强保险公司合规管理工作有关问题的通知

（保监发〔2016〕38号　2016年5月6日）

机关各部门，各保监局，各保险公司、保险资产管理公司：

为进一步规范保险公司合规负责人的任职管理工作，现就有关事宜通知如下：

一、保险公司应当设立合规负责人。合规负责人全面负责保险公司的合规管理工作，是保险公司的高级管理人员。保险公司应当在任命合规负责人前向中国保监会申请核准该拟任人员的任职资格，未经核准不得以任何形式任命。

二、合规负责人应当具备诚实信用的品行、良好的合规经营意识和履行职务必需的经营管理能力，并通过中国保监会认可的保险法规及相关知识测试。

担任合规负责人，除应当具备前款规定的条件外，还应当具备下列条件：

（一）大学本科以上学历；

（二）熟悉保险法律、行政法规和基本的民事法律，熟悉保险监管规定和行业自律规范；

（三）熟悉合规工作，具有一定年限的合规从业经历，从事5年以上法律、合规、稽核、财会或者审计等相关工作，或者在金融机构的业务部门、内控部门或者风险管理部门等相关部门工作5年以上；

（四）具备一定的合规管理能力，在金融机构、大中型企业或者国家机关担任过2年以上管理职务；

（五）具备在中国境内正常履行职务必需的时间；

（六）中国保监会规定的其他条件。

拟任合规负责人具有5年以上金融监管部门工作经历的，不受前款第（三）、（四）项规定的限制。

三、存在《保险公司董事、监事和高级管理人员任职资格管理规定》规定的禁止担任高级管理人员情形的，不得担任合规负责人。

四、保险公司任命合规负责人，应当在任命前向中国保监会提交下列材料：

（一）拟任合规负责人任职资格核准申请书；

（二）董事、监事和高级管理人员任职资格申请表；

（三）拟任合规负责人已通过中国保监会认可的保险法规及相关知识测试的证明或者说明材料；

（四）拟任合规负责人身份证、学历证书等有关证书复印件，有护照的应当同时提供护照复印件；

（五）对拟任合规负责人品行、合规意识、法律专业知识、合规管理能力、合规工作业绩等方面的综合鉴定；

（六）拟任合规负责人劳动合同签章页复印件；

（七）拟任合规负责人最近两年未受反洗钱重大行政处罚的声明；有境外金融机构从业经验的，应当提交最近两年未受金融机构所在地反洗钱重大行政处罚的声明；

（八）拟任合规负责人接受反洗钱培训情况报告及本人签字的履行反洗钱义务的承诺书；

（九）中国保监会规定的其他材料。

拟任合规负责人兼任其他高级管理职务的，还应当提交任职期间不兼管业务部门和财务部门的声明。

五、保险公司应当保障合规负责人享有履行职责所需的知情权和调查权。保险公司的董事、监事、高级管理人员和各部门、各分支机构应当支持和配合合规负责人的工作，不得以任何理由限制、阻挠合规负责人履行职责。

六、保险公司应当为合规负责人、合规管理部门、合规岗位履行职责提供必要的物力、财力和技术保障。

七、对境外保险公司分公司的合规管理，适用中国保监会对保险公司总公司的有关规定，中国保监会另有规定的除外。

境外保险公司应当加强对中国境内分公司合规事务的指导和监督，督促中国境内分公司切实履行中国保监会的合规管理规定。

境外保险公司分公司总经理负责按照规定履行董事会合规管理职责。

八、境外保险公司在中国境内设立多个分公司的，可以由其中一个分公司统一建立合规管理制度、设立合规负责人和合规管理部门，指定或者变更该分公司的，应当及时向中国保监会报告。

九、对合规负责人的管理，适用《保险公司董事、监事和高级管理人员任职资格管理规定》；该规定未作规定的，适用本通知以及中国保监会对合规负责人的其他规定。

十、本通知自2016年6月1日起施行。中国保监会2008年4月18日发布的《关于〈保险公司合规管理指引〉具体适用有关事宜的通知》（保监发〔2008〕29号）同时废止。

中国保监会关于印发《广西辖区保险公司分支机构市场退出管理指引》的通知

（保监发〔2016〕53号　2016年6月27日）

各保监局，各保险集团（控股）公司、保险公司、保险资产管理公司：

为全面深化市场准入退出机制改革，规范保险公司分支机构市场退出行为，防范和化解经营风险，我会决定在广西辖区开展市场退出机制试点工作，并制定了《广西辖区保险公司分支机构市场退出管理指引》，现印发给你们，请遵照执行。

广西辖区保险公司分支机构市场退出管理指引

第一章　总　则

第一条　为规范保险公司分支机构市场退出行为，保护保险消费者合法权益，防范和化解保险经营风险，根据《中华人民共和国保险法》《保险公司管理规定》等有关法律法规及监管规定，结合广西保险业实际，制定本指引。

第二条　本指引所称的保险公司分支机构是指经广西保监局批准，在广西行政辖区内设立的保险公司市级分公司、中心支公司、支公司、营业部、营销服务部、专属机构等分支机构。

第三条　本指引所称市场退出，是指保险公司分支机构因撤销或被吊销经营许可证，退出保险市场。市场退出包括主动退出、劝导退出和强制退出。

第四条　保险公司分支机构市场退出，应坚持下列原则：

（一）程序规范，控制风险；

（二）审慎决策，妥善处理；

（三）保护保险消费者合法权益。

第二章　主动退出

第五条　主动退出是指保险公司根据经营战略及运营实际，主动申请撤销分支机构，广西保监局对其申请依法予以许可，被撤销机构退出保险市场的行为。

第六条　保险公司分支机构主动退出市场的，省级分公司应当根据《保险法》《保险公司管理规定》等法律法规的规定，持总公司批准文件向广西保监局提出申请，且申请撤销理由充分，善后事宜处理妥当。

第七条　保险公司分支机构主动退出市场的，其经营保险业务许可证自广西保监局批准撤销之日起失效。

第三章　劝导退出

第八条　劝导退出指保险公司分支机构在经营过程中存在不具备基本经营条件、服务能力严重欠缺、严重损害保险消费者合法权益或严重扰乱当地保险市场秩序、存在重大风险隐患等情形时，广西保监局可通过下发风险提示函或监管建议函的方式，要求省级分公司对该机构进行整改、建议在一定期限内停止该机构的相关销售渠道或相关业务、建议撤销该机构。

第九条　保险公司分支机构存在下列情形之一的，广西保监局可以要求省级分公司对该机构进行整改或者建议直接撤销该机构：

（一）自登记成立取得营业执照后无正当理由超过 6 个月未开业的，或者开业后自行停业连续 6 个月以上的；

（二）连续 6 个月以上无规范的营业场所的；

（三）1 年内变更营业场所 3 次以上，对经营造成不利影响的；

（四）连续 6 个月以上无符合监管要求的高级管理人员的；

（五）连续 6 个月以上无关键岗位工作人员或者缺乏必要的办公设备、客户服务设施的；

（六）其他不具备基本经营条件情形的。

第十条　保险公司市级分公司、中心支公司存在下列情形之一的，广西保监局可以要求省级分公司对该机构进行整改，建议在一定期限内停止该机构的相关销售渠道或相关业务、建议撤销该机构：

（一）2 年内本级机构发生 2 次以上因损害保险消费者合法权益引发的 50 人以上的群访群诉事件，或 3 年内本级及辖属分支机构发生 3 次以上因损害保险消费者合法权益引发的 50 人以上的群访群诉事件，影响较为恶劣的；

（二）2 年内本级机构发生 2 次以上因损害保险消费者合法权益引发的超过 100 人的非正常集中退保、给付事件，或 3 年内本级及辖属分支机构发生 3 次以上因损害保险消费者合法权益引发的超过 100 人的非正常集中退保、给付事件，影响较为恶劣的；

（三）2 年内本级机构因发生重大违法、违规行为而受到金融监管机构 2 次以上从重处罚，或 3 年内本级及辖属分支机构因发生重大违法、违规行为而受到金融监管机构 3 次以上从重处罚的；

（四）2 年内本级机构发生 2 起以上造成损失金额在 200 万元以上单个重大案件，或 3 年内本级及辖属分支机构发生 3 起以上造成损失金额在 200 万元以上单个重大案件的；

（五）其他重大风险危及机构正常运营，或其他严重损害保险消费者合法权益、影响较为恶劣的情形。

第十一条　保险公司支公司及以下层级分支机构存在下列情形之一的，广西保监局可以要求省级分公司对该机构进行整改、建议在一定期限内停止该机构相关销售渠道或相关业务、建议撤销该机构：

（一）2 年内发生 2 次以上因损害保险消费者合法权益引发的 30 人以上的群访群诉事件，影响较为恶劣的；

（二）2 年内发生 2 次以上因损害保险消费者合法权益引发的超过 50 人以上的非正常集中退保、给付事件，影响较为恶劣的；

（三）2 年内因发生侵害保险消费合法权益的重大违法、违规行为而受到金融监管机构 2 次以上从重处罚的；

（四）2 年内发生 2 起以上造成损失金额在 100 万元以上单个重大案件的；

（五）其他重大风险危及机构正常运营，或其他严重损害保险消费者合法权益、影响较为恶劣的情形。

第十二条　保险公司分支机构存在下列情形之一的，广西保监局可以要求省级分公司对该机构进行整改、建议一定期限内停止该机构相关销售渠道或相关业务、建议撤销该分支机构：

（一）财产保险公司市级分公司、中心支公司在广西保监局或当地保险行业协会根据《机动车辆保险理赔服务质量测评指标体系》（DB45/T 1100—2014）及其他机动车辆保险理赔服务规范组织的车辆理赔服务测评中 2 年内累计 3 次不及格的，或市级分公司、中心支公司本级及辖属各分支机构在车辆理赔服务测评中 3 年内累计 5 次不及格的；

（二）财产保险公司县支公司（含县级营业部或营销服务部）在广西保监局或当地保险行业协会根据

《机构车辆保险理赔服务质量测评指标体系》（DB45/T 1100—2014）及其他机动车辆保险理赔服务规范组织的车辆理赔服务测评中2年内累计3次不及格的；

（三）人身保险公司市级分公司、中心支公司在广西保监局或当地保险行业协会根据相关服务规范组织的服务测评中2年内累计3次不及格的，或市级分公司、中心支公司本级及辖属各分支机构在服务测评中3年内累计5次不及格的；

（四）人身保险公司县支公司（含县级营业部或营销服务部）在广西保监局或当地保险行业协会根据相关服务规范组织的服务测评中2年内累计3次不及格的。

第十三条 保险公司省级分公司根据广西保监局的监管建议对分支机构进行整改的，应制定整改方案，并将整改方案报送广西保监局。

保险公司分支机构因出现本指引第九条被广西保监局要求进行整改的，整改期限不得超过3个月；因出现本指引第十、十一、十二条规定的情形被广西保监局要求进行整改的，整改期限不得超过6个月。

第十四条 保险公司省级分公司根据广西保监局的监管建议一定期限内停止分支机构相关销售渠道或相关业务的，省级分公司应在业务系统停止该机构相关渠道或相关业务的出单权，并将情况报送广西保监局。

第十五条 保险公司省级分公司根据广西保监局的监管建议撤销保险公司分支机构的，应当制定善后处理措施和应急预案，并按照有关规定提交撤销申请材料，经批准后依法撤销该分支机构。其经营保险业务许可证自批准撤销之日起失效。

保险公司分支机构因严重侵害保险消费合法权益引发群访群诉事件、非正常集中退保、给付事件而被广西保监局建议撤销的，保险公司省级分公司应在风险处置完毕后启动撤销程序。

第四章　强制退出

第十六条 强制退出是指保险公司分支机构因违反法律法规和监管规定被撤销行政许可或被吊销许可证等而被强制退出保险市场。

第十七条 强制退出的具体情形包括：

（一）因出现《行政许可法》第六十九条第二款规定情形导致行政许可被撤销的；

（二）因违反《保险法》《机动车交通事故责任强制保险条例》《农业保险条例》等法律法规导致经营保险业务许可证被依法吊销的；

（三）因出现《保险法》第七十八条规定情形导致经营保险业务许可证失效但仍然开展业务的；

（四）因出现《反洗钱法》第三十二条情形导致经营许可证被依法吊销的。

（五）法律法规和中国保监会规定的其他情形。

第十八条 保险公司分支机构被强制退出市场的，自出现本指引第十七条规定的情形之日起停止所有销售业务，其经营保险业务许可证同时失效。

第五章　监测及预警

第十九条 保险公司省级分公司应当建立分支机构运营状况监测预警机制，对辖属分支机构进行日常监测的同时，每半年开展一次运营状况专项排查。

第二十条 保险公司省级分公司应当根据日常监测和专项排查获取的信息对分支机构进行评估，将分支机构分为正常类机构、关注类机构和不良类机构。

正常类机构是指各类设施齐备、外部形象良好、员工队伍稳定、

内部管理规范、经营质量较好、客户服务水平较高、业务发展正常、保险消费投诉处理机制健全且矛盾

纠纷化解能力较强的分支机构。

关注类机构是指存在营业场所建设不规范、设施配备不齐全、外部形象不佳、基础管理薄弱、管理人员配备不足、保险消费投诉处理机制缺失或者矛盾纠纷化解能力较弱等情形但尚未达到不良标准的分支机构，以及按照公司考核评价制度的规定被评为经营异常、重点关注的分支机构。

不良类机构是指存在本指引第九、十、十一、十二条规定情形的机构。

第二十一条　保险公司省级分公司对关注类机构应当投入必要的资源，加大扶持力度，加强营业场所和员工队伍建设，夯实管理基础，促使其持续健康发展。

第二十二条　保险公司省级分公司对不良类机构应当实施重点监测，分析主客观原因，并主动采取相应的处理措施：

（一）决定予以保留的，应制定切实可行的整改措施，给予人、财、物等政策扶持，改善经营条件，加强风险管控，促使其规范管理，提高经营能力；

（二）决定予以撤销的，应在制定善后处理措施和应急预案后按规定程序办理分支机构撤销手续。

第二十三条　保险公司省级分公司应分别于每年的 7 月 31 日和 1 月 31 日前向广西保监局提交分支机构运营状况报告。分支机构运营状况报告应反映辖区分支机构的基本经营情况和分类结果。对不良类分支机构应说明具体情况，并附整改方案或撤销计划。

第二十四条　广西保监局对各保险公司省级分公司提交的分支机构运营状况报告进行审核，并运用非现场监管、调研巡查、现场检查等方式核查报告的真实性，重点核查是否存在应报未报的不良类分支机构及相应处理措施。

广西保监局运用日常监管获取的数据核查分支机构的分类结果，对不准确的分类结果进行必要的调整，并予以通报。

第二十五条　广西保监局对于存在不良类分支机构但不按照本指引第二十二条规定采取相应处理措施的保险公司省级分公司，将向其发出风险提示函或监管建议函，要求其限期整改，或者建议一定期限人停止相关销售渠道或相关业务，直至建议撤销分支机构。

第二十六条　保险公司省级分公司应于不良分支机构整改结束后向广西保监局报送整改报告，整改报告应至少包括：采取的整改措施、整改的效果、下一阶段的工作措施等内容。

第二十七条　广西保监局对公司报送的不良类分支机构整改报告进行审核，视情况进行现场核查，并采取相应的处理措施。

（一）对整改后达到法律法规规定的经营条件，经营管理状况明显改善的，视作正常经营机构，允许继续经营。

（二）对整改后虽然达到法律法规规定的基本经营条件，但仍然存在本指引第二十条第三款规定情形的，转为关注类机构，并给予半年的观察期。观察期结束，经营管理状况明显改善的，视作正常经营机构，允许继续经营，经营管理状况改善无望的，建议省级分公司撤销该分支机构。

（三）对整改后既未达到法律法规规定的基本经营条件，经营管理状况也无改善希望的，建议省级分公司撤销该分支机构。

第六章　市场退出后续处理

第二十八条　保险公司分支机构退出市场的，省级分公司应当在收到监管机构的相关文件之日起 15 个工作日内交回其经营保险业务许可证，依法办理注销手续，并在指定报纸或认可的媒体予以公告。

公告内容应至少包括退出分支机构的基本信息、未满期保险责任承继机构的客户服务电话、联系人电话及省级分公司投诉电话等。

第二十九条 保险公司分支机构退出市场的，省级分公司应成立工作领导小组并指定部门和专人负责退出机构的客户后续服务、资产清理、行政事务、人员安置、公告发布等善后事宜。

保险公司省级分公司应当在善后事宜处理完毕后及时将有关情况书面报告广西保监局。

第三十条 保险公司省级分公司应当妥善做好市场退出机构的客户服务工作，并以书面、电话、短信等方式通知有关投保人、被保险人或者受益人，对交付保险费、领取保险金事宜进行充分告知，确保客户合法权益得到有效维护。

第三十一条 保险公司省级分公司应当指定相关部门负责退出机构存量客户的后续服务工作，接受投保人、被保险人或者受益人的咨询，受理保全、理赔、交付续期保险费、领取保险金等事宜。

保险公司省级分公司委托其他保险机构代为处理退出机构存量客户后续服务工作的，应当签订委托代理协议，确定双方的权利和义务，明确委托事项的工作内容、要求和质量，指定相关部门对受托机构给予指导，进行监督。

第三十二条 保险公司省级分公司应及时清理和妥善管理退出机构的印章、档案资料，及时回销单证，到银行、工商、税务等部门办理注销登记，确保不留风险隐患。

保险公司省级分公司应当指定相关部门妥善保管退出机构的客户身份资料和交易记录，防止客户身份资料和交易记录的缺失、损毁，防止泄露客户身份信息和交易信息。

第三十三条 保险公司省级分公司应当妥善安置退出机构的工作人员和业务人员，并采取有效措施防止因机构退出引发群体性事件。

第三十四条 保险公司分支机构退出市场的，其下辖分支机构可以继续经营，但省级分公司应指定上级直接管理机构，并确保能够实施有效管控。

保险公司分支机构退出市场的，保险公司应按照《保险统计管理规定》和属地原则统计和报送其存续业务的相关数据。

第三十五条 保险公司分支机构市场退出过程中，因退出风险防范工作不到位，后续工作措施不当引发重大负面社会影响的，广西保监局将依法追究省级公司及相关责任人的责任。

第三十六条 保险机构、其他单位或个人故意引发或造成群访群诉事件或非正常集中退保、给付事件的，广西保监局将依法会同有关国家机关采取相应的法律措施。

第七章　附　则

第三十七条 本指引下列用语的含义：

（一）规范的营业场所，是指按照总公司规定的标准装修并配置办公设备、客户服务设施，且符合《广西辖区保险公司分支机构建设及高级管理人员管理指引》要求的营业场所。

（二）关键岗位工作人员，是指除机构负责人外维持机构正常运转所必须的下列岗位或承担下列岗位职责的工作人员：

1. 财产保险公司市级分公司、中心支公司的出单岗、查勘定损岗、理赔内勤岗、财务岗、统计岗（可兼任）、反洗钱岗（可兼任）、单证管理岗（可兼任）、投诉处理岗（可兼任）等岗位工作人员及部门负责人；支公司的出单岗、查勘定损岗、理赔内勤岗（可兼任）、反洗钱岗（可兼任）、单证管理岗（可兼任）等岗位工作人员，营销服务部的综合柜员。

2. 人身保险公司市级分公司、中心支公司销售管理岗、培训岗、保全岗、理赔岗、财务岗、统计岗（可兼任）、反洗钱岗（可兼任）、单证管理岗（可兼任）、投诉处理岗（可兼任）等岗位工作人员及部门负责人，支公司销售管理岗、培训岗、综合柜员（录单、保全、理赔）、反洗钱岗（可兼任）、单证管理岗（可兼任）等岗位工作人员；营销服务部综合柜员（乡镇营销服务部除外）。

（三）从重处罚，是指在法律、行政法规和规章规定的处罚种类及其幅度内，适用较重的处罚，但适用警告和没收违法所得的除外。

（四）案件，是指中国保监会《保险机构案件责任追究指导意见》第三条规定的案件。

（五）相关服务规范，是指中国保监会、广西保监局及中国保险行业协会等单位制定的保险服务规范或标准。

（六）“以上”，包括本数。

第三十八条　本指引由中国保监会负责解释。

第三十九条　本指引自印发之日起施行。

中国保监会关于进一步加强保险公司关联交易信息披露工作有关问题的通知

（保监发〔2016〕52 号　2016 年 6 月 30 日）

各保监局，各保险集团（控股）公司、保险公司、保险资产管理公司：

根据《保险公司关联交易管理暂行办法》《保险公司信息披露管理办法》等规定，为进一步加强保险公司关联交易信息披露工作，保护保险消费者合法权益，现将有关事项通知如下：

一、保险公司以下关联交易应当逐笔报告和披露：

（一）资金运用类关联交易，包括资金的投资运用和委托管理；

（二）与关联自然人交易金额在 30 万元以上或与关联法人交易金额在 300 万元以上的资产类关联交易，包括固定资产、无形资产的买卖、租赁和赠与；

（三）与关联自然人交易金额在 30 万元以上或与关联法人交易金额在 300 万元以上的利益转移类关联交易，包括提供财务资助、债权债务转移或重组、签订许可协议、捐赠、抵押等导致公司财产或利益转移的交易活动。

二、需要逐笔报告和披露的，保险公司应当在签订交易协议后 10 个工作日内（无交易协议的，自事项发生之日起 10 个工作日内）报告中国保监会，同时在公司网站、中国保险行业协会网站披露。报告和披露内容包括：

（一）关联交易概述及交易标的的基本情况；

（二）交易对手情况：包括关联自然人基本情况、与保险公司存在的关联关系说明；关联法人名称、企业类型、经营范围、注册资本、与保险公司存在的关联关系说明、组织机构代码或统一社会信用代码（如有）；

（三）关联交易的主要内容和定价政策；

（四）本年度与该关联方已发生的关联交易累计金额；

（五）中国保监会认为需要披露的其他事项。

三、除本通知第一条规定以外的其它一般关联交易应当按交易类型分类合并披露，包括：

（一）未达到逐笔披露标准的资产类、利益转移类关联交易；

（二）保险业务和保险代理业务；

（三）再保险的分出或分入业务；

（四）为保险公司提供审计、精算、法律、资产评估、广告、职场装修等劳务或服务。

四、分类合并披露应当每季度进行一次，保险公司应当在每季度结束后 25 日内在公司网站、中国保险行业协会网站披露以下内容：

（一）本季度各类关联交易总量及明细表，明细表应列明交易时间、交易对手、与保险公司存在的关联关系说明、交易内容、交易金额；

（二）本年度各类关联交易累计金额；

（三）中国保监会认为需要披露的其他事项。

五、保险公司不得通过隐瞒关联关系或者采取其他手段，规避关联交易审议程序和信息披露义务。保险公司按照本通知要求披露的关联交易信息应当真实、准确、完整、及时，不得存在虚假记载、误导性陈述和重大遗漏。

六、保险公司董事会对本公司关联交易的合规性承担最终责任。董事会秘书是关联交易信息披露责任人，应当对本公司关联交易信息披露的真实性、准确性、完整性、及时性负责，但有充分证据表明其已经履行勤勉尽责义务的除外；未设董事会的保险公司应由公司指定的高级管理人员负责。

七、保险公司违反本通知要求的，中国保监会责令改正，并可根据相关情况，采取调整分类监管评价、调整公司治理评级等监管措施。对拒不改正或情节严重的，依照相关法律法规予以处罚。

八、对保险公司关联交易信息披露责任人及其他董事、监事、高级管理人员违反本通知要求的，中国保监会可以采取以下监管措施：

（一）责令改正；

（二）监管谈话；

（三）将其违规行为记入履职记录，进行行业通报；

（四）认定为不适当人选；

（五）依法可以采取的其他监管措施。

九、重大关联交易认定标准调整为："保险公司与一个关联方之间单笔交易额占保险公司上一年度末净资产的1%以上或超过3000万元，或者一个会计年度内保险公司与一个关联方的累计交易额占保险公司上一年度末净资产的5%以上的交易"。

重大关联交易除按照《保险公司关联交易管理暂行办法》《保险公司信息披露管理办法》规定报告和披露外，还应当按照本通知第二条规定增加报告和披露内容。

十、保险公司按本通知要求披露的关联交易信息，因涉及国家秘密或其他原因依法不得公开披露的，应当至少于信息披露规定期限届满前5个工作日内，向中国保监会书面说明情况，并依法不予披露。

十一、统一交易协议签订和续签情况应当逐笔报告和披露，统一交易协议执行情况可按季度合并披露。

十二、资金运用类关联交易信息披露按照《保险公司资金运用信息披露准则》有关规定执行，但应在本通知规定时限内向中国保监会报告。

十三、本通知适用于在中国境内依法设立的保险集团（控股）公司、保险公司和保险资产管理公司。保险集团（控股）公司与其保险子公司（包括保险资产管理公司），以及保险子公司之间发生的关联交易，不适用本通知第三条和第四条规定。

十四、本通知自发布之日起施行。有关规定与本通知不一致的，以本通知为准。

中国保监会关于进一步规范保险理赔服务有关事项的通知

（保监寿险〔2016〕131号　2016年7月21日）

各保监局、中国保险行业协会、各保险公司：

为保护保险消费者合法权益，方便群众理赔，避免出现保险公司在意外险理赔过程中要求理赔当事人提供“非打架斗殴受伤证明”等不合理证明资料的问题，现就进一步规范保险理赔服务有关事项通知如下：

一、保险公司在理赔过程中要求理赔相关当事人提供证明资料应严格遵守保险合同的约定，不得随意增加证明事项。按照保险合同约定确需相关当事人提供但因客观原因无法出具的，保险公司应主动考虑要求其提供具有同等效力的证明资料替代，严禁刁难相关当事人。

二、保险公司要在全系统内对不合理证明资料问题开展自查整改，并坚决予以杜绝。要重新审视和评估现行理赔制度、流程、手续，修改和清理其中不合理、不必要的环节，简化优化服务流程，创新服务方式，为群众提供高效、优质、便捷的理赔服务。

三、各保监局要进一步加强保险理赔服务监管，有针对性地开展现场检查，并将有关情况纳入保险公司分支机构的分类监管。对自查整改不到位、理赔投诉较多、群众反映较强烈的公司严肃问责，并依法采取监管措施，着力维护保险消费者合法权益。

四、保险行业协会要进一步发挥行业自律作用，采取有效措施切实解决投诉中涉及的理赔服务问题，不断提高行业理赔服务水平。

中国保监会关于进一步加强保险公司股权信息披露有关事项的通知

（保监发〔2016〕62号　2016年7月15日）

各保险集团（控股）公司、保险公司、保险资产管理公司：

为落实《保险公司信息披露管理办法》《保险公司股权管理办法》的有关要求，进一步强化社会监督和提高审核工作透明度，规范保险公司筹建及股权变更行为，确保资金来源真实、合法、有效，现将有关事项通知如下：

一、保险公司应在股东（大）会审议通过变更注册资本方案后的10个工作日内，在公司官方网站和中国保险行业协会网站发布信息披露公告，公开披露以下信息：

（一）决策程序，包括股东（大）会决议、议案概述及表决情况等；

（二）变更注册资本的方案，包括增（减）资规模、各股东增（减）资金额、增（减）资前后股权结构对照表（上市保险公司披露到5%以上的股东）等；

（三）增资资金来源的声明；

（四）股东之间关联关系的说明；

（五）中国保监会基于审慎监管认为应当披露的其他信息。

二、保险公司应在收到持股5%以上股东变更有关申请材料后的10个工作日内，在公司官方网站和中国保险行业协会网站发布信息披露公告，公开披露以下信息：

（一）决策程序；

（二）变更股东的有关情况，包括转让方、受让方、股份数（出资金额）、股权比例等；

（三）资金来源声明；

（四）股东之间关联关系的说明；

（五）中国保监会基于审慎监管认为应当披露的其他信息。

三、关于新设保险公司筹建申请的有关情况，由中国保监会在官方网站或指定统一信息平台进行公开披露。

四、投资人和保险公司按照本通知规定披露的信息，应当真实、准确、完整、规范，不得存在虚假记载、误导性陈述或者重大遗漏。如发现存在不符合本办法披露要求的有关行为，经查实后，中国保监会将依据《保险法》有关规定进行处罚。

五、保险公司应当在向中国保监会提交有关申请材料时提供履行信息披露的有关证明。

六、保险集团（控股）公司、保险资产管理公司参照保险公司管理。

七、本通知自发布之日起实施。

附件：1. ××公司关于变更注册资本有关情况的信息披露公告

2. ××公司关于变更股东有关情况的信息披露公告

3. 关于拟设立××公司有关情况的信息披露公告

附件 1

××公司关于变更注册资本有关情况的信息披露公告

根据中国保监会《关于进一步加强保险公司股权信息披露有关事项的通知》的有关规定，现将我公司关于变更注册资本的有关情况披露如下：

一、变更注册资本决议情况

1. 变更注册资本决议议案概述。

2. 表决情况。

二、变更注册资本的方案

1. 包括增（减）资规模、各股东增（减）资金额、有无新增股东。

2. 新增股东名称、持股数量（增资金额）、持股比例。

3. 增（减）资前后股权结构对照表（上市保险公司披露到5%以上的股东）。

三、增资资金来源的声明（现有股东与新增股东均适用）

股东就增资资金来源作出说明，如为自有资金，股东作出以下承诺。如为非自有资金，说明详细情况和依据。

××公司承诺：我公司严格按照国家法律法规及相关监管要求，投资××公司资金，源于合法的自有资金，并非使用任何形式的金融机构贷款或其他融资渠道资金。

四、关联关系声明及逐级披露（参与增资的股东适用）

××公司声明：

经认真对照《公司法》、《企业会计准则》等法律、法规和监管规则的有关规定，

（如有关联关系）我公司、我公司实际控制人与其他股东、投资人之间存在以下关联关系：

（如无关联关系）我公司、我公司实际控制人与其他股东、投资人之间不存在关联关系，也不存在股权代持或其他安排。

股权结构披露情况（上溯一级，上市公司披露到持股5%以上股东）

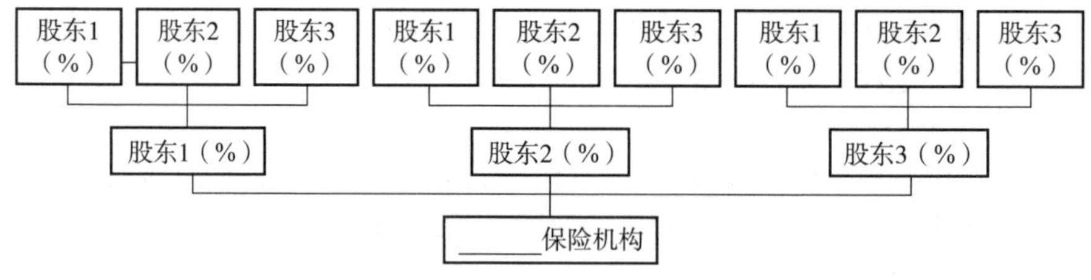

五、其他需要披露的信息

上述变更注册资本事项待中国保监会批准后生效。我公司承诺：对本公告所披露信息的真实性、准确性、完整性和合规性负责，愿意接受有关方面监督。对本公告所披露信息如有异议，可以于本公告发布之日起10个工作日内发送邮件至iad@ circ. gov. cn。

附件2

××公司关于变更股东有关情况的信息披露公告

根据中国保监会《关于进一步加强保险公司股权信息披露有关事项的通知》的有关规定，现将我公司变更股东有关情况披露如下：

一、变更股东决议情况（如有）

1. 变更股东决议议案概述。

2. 表决情况。

二、变更股东的有关情况

1. 股权转让方、股权受让方情况介绍（现有股东或者新增股东）

2. 转让的股份数量（出资金额）、股权比例。

3. 股东变更前后对照表。

4. 发生分立、合并等其他情形。

三、资金来源的声明

股权受让方就投资资金来源作出说明，如为自有资金，需作出以下承诺。如为非自有资金，说明详细情况和依据。

××公司承诺：我公司严格按照国家法律法规及相关监管要求，投资XX公司资金，源于合法的自有资金，并非使用任何形式的金融机构贷款或其他融资渠道资金。

四、关联关系声明及逐级披露（参与投资的股东适用）

××公司声明：

经认真对照《公司法》、《企业会计准则》等法律、法规和监管规则的有关规定，

（如有关联关系）我公司、我公司实际控制人与其他股东、投资人之间存在以下关联关系：

（如无关联关系）我公司、我公司实际控制人与其他股东、投资人之间不存在关联关系，也不存在股权代持或其他安排。

股权结构披露情况（上溯一级，上市公司披露到持股5%以上股东）

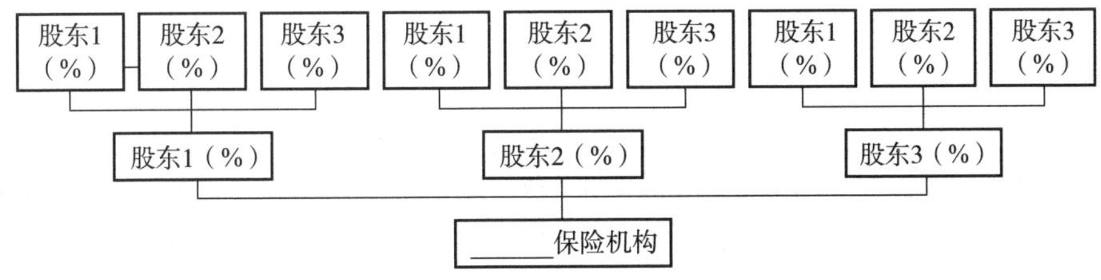

五、其他需要披露的信息

上述变更股东事项待中国保监会批准后生效。我公司承诺：对本公告所披露信息的真实性、准确性、完整性和合规性负责，愿意接受有关方面监督。对本公告所披露信息如有异议，可以于本公告发布之日起10个工作日内发送邮件至iad@circ.gov.cn。

附件 3

关于拟设立××公司
有关情况的信息披露公告

根据中国保监会《关于进一步加强保险公司股权信息披露有关事项的通知》的相关规定，现将拟设立××公司有关情况披露如下：

一、拟设立××公司的筹建方案

1. 公司名称、注册资本、注册地（营业场所）和业务范围等情况。

2. 股权结构、各投资人持股数量（出资金额）、持股比例等情况。

二、资金来源的声明

各投资人就投资资金来源作出说明，如为自有资金，需作出以下承诺。如为非自有资金，说明详细情况和依据。

我公司严格按照国家法律法规及相关监管要求，投资××公司资金，源于合法的自有资金，并非使用任何形式的金融机构贷款或其他融资渠道资金。

三、关联关系声明

我公司声明：

经认真对照《公司法》、《企业会计准则》等法律、法规和监管规则的有关规定，

（如有关联关系）我公司、我公司实际控制人与其他股东、投资人之间存在以下关联关系：

（如无关联关系）我公司、我公司实际控制人与其他股东、投资人之间不存在关联关系，也不存在股权代持或其他安排。

股权结构披露情况（上溯一级，上市公司披露到持股 5% 以上股东）

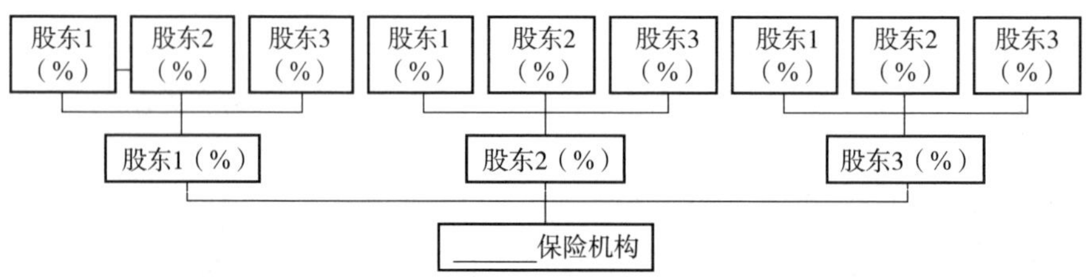

四、其他需要披露的信息

上述××公司设立申请待中国保监会批准后生效。我筹备组及各投资人承诺：对本公告所披露信息的真实性、准确性、完整性和合规性负责，愿意接受有关方面监督。对本公告所披露信息如有异议，可以于本公告发布之日起 10 个工作日内发送邮件至 iad@ circ. gov. cn。

中国保监会关于保险公司在全国中小企业股份转让系统挂牌有关事项的通知

（保监发〔2016〕71 号　2016 年 8 月 10 日）

各保险集团（控股）公司、保险公司、保险资产管理公司：

为支持保险公司在全国中小企业股份转让系统（以下简称全国股份转让系统）挂牌，健全公司价值发现机制，拓宽市场化资本补充渠道，进一步完善公司治理，根据《中华人民共和国保险法》《保险公司股权管理办法》等有关规定，现就有关事项通知如下：

一、中国保监会支持符合条件的保险公司在全国股份转让系统挂牌，鼓励挂牌保险公司采取做市方式或竞价方式进行挂牌股份转让。

二、保险公司在全国股份转让系统挂牌，应当符合中国保监会有关审慎监管指标，最近三年内无重大违法违规行为。

三、保险公司向全国股份转让系统申请挂牌前，需取得中国保监会的监管意见。

四、保险公司通过全国股份转让系统非公开发行股票的，需在发行前取得中国保监会的监管意见。

保险公司应当在非公开发行股票完成之日起 30 日内，按照有关规定向中国保监会提交变更注册资本和修改章程的行政许可申请。

五、保险公司根据本通知第三、四条规定，申请中国保监会出具监管意见时，应当提交以下材料：

（一）公司股东大会通过的在全国股份转让系统挂牌或非公开发行股票的决议，以及授权董事会处理有关事宜的决议；

（二）在全国股份转让系统挂牌或非公开发行股票的方案，方案应明确挂牌或发行后股份转让的方式，非公开发行股票的方案中还应明确拟发行对象的基本情况、财务状况等信息；

（三）在全国股份转让系统挂牌或非公开发行股票后的股权结构变化情况；

（四）偿付能力与公司治理状况说明；

（五）经营业绩与财务状况说明；

（六）中国保监会规定的其他材料。

六、投资人通过全国股份转让系统持有挂牌保险公司已发行的股份达到 5% 以上的，应当在该事实发生之日起 15 日内，由保险公司报中国保监会批准。中国保监会有权要求不符合条件的投资人转让所持有的股份。

七、投资人通过全国股份转让系统以协议方式受让挂牌保险公司股份不足 5% 的，应当在该事实发生之日起 15 日内，由保险公司报中国保监会备案；以做市方式或竞价方式受让挂牌保险公司股份不足 5% 的，参照上市保险公司监管要求，不再履行备案手续。

八、投资人通过全国股份转让系统投资挂牌保险公司股份，应当符合中国保监会规定的条件。

保险公司选择协议方式挂牌的，投资人应当符合《保险公司股权管理办法》非上市保险公司股东资格的相关规定；保险公司选择做市方式或竞价方式挂牌的，投资人资格参照适用上市保险公司监管要求，允许自然人等合格投资者投资挂牌保险公司股份。

九、本通知第七、八条所称做市，是指由证券公司担任做市商的做市交易方式。

十、本办法所称保险公司，包括保险集团（控股）公司、保险公司和保险资产管理公司。中国保监会对保险资产管理公司股权监管另有规定的，从其规定。

十一、本通知自发布之日起施行。

中国保监会关于印发《中国保险业发展“十三五”规划纲要》的通知

（保监发〔2016〕74 号 2016 年 8 月 23 日）

机关各部门，各保监局，培训中心，中国保险保障基金有限责任公司、中国保险信息技术管理有限责任公司、中保投资有限责任公司、中国保险交易所股份有限公司、中国保险报业股份有限公司，中国保险行业协会、中国保险学会、中国精算师协会、中国保险资产管理业协会，各保险公司、保险资产管理公司、保险专业中介机构：

“十三五”时期是我国全面建成小康社会决胜阶段，也是保险业从保险大国迈向保险强国的关键时期。根据《中华人民共和国国民经济和社会发展第十三个五年规划纲要》和《国务院关于加快发展现代保险服务业的若干意见》，我们编制了《中国保险业发展“十三五”规划纲要》（以下简称《纲要》）。《纲要》明确了今后五年保险业发展的目标、任务和举措，是全行业的行动纲领。

各保监局要结合《纲要》精神和当地保险市场实际，提出落实《纲要》的具体措施，做好与当地国民经济和社会发展规划的有机衔接。中国保险行业协会、中国保险学会要加强对会员单位的指导与协调，组织做好《纲要》的学习和宣传工作，推动各会员单位深入贯彻落实《纲要》。各保险机构要根据《纲要》要求，紧密联系本公司实际，按照《保险公司发展规划管理指引》，认真编制和落实本公司发展规划。

中国保险业发展“十三五”规划纲要

《中国保险业发展“十三五”规划纲要》（以下简称《纲要》），根据《中华人民共和国国民经济和社会发展第十三个五年规划纲要》和《关于加快发展现代保险服务业的若干意见》（国发〔2014〕29 号）编制，主要明确“十三五”时期（2016－2020 年）我国保险业的指导思想、发展目标、重点任务和政策措施，是未来五年保险业科学发展的宏伟蓝图，是全行业改革创新的行动纲领，是保险监管部门履行职责的重要依据。

第一章　加快发展现代保险服务业的指导思想和主要目标

“十三五”时期是我国全面建成小康社会、实现第一个百年奋斗目标的决胜阶段，将为实现第二个百年奋斗目标、实现中华民族伟大复兴的中国梦奠定更加坚实的基础。我国保险业要立足新起点，持续推进行业改革创新，更好地支持经济社会建设，为服务国家治理体系和治理能力现代化作出更大贡献。

（一）“十二五”时期我国保险业发展的基本情况

“十二五”时期是我国保险业发展很不平凡的五年。全行业在党中央、国务院正确领导下，主动适应、准确把握经济新常态，坚持“抓服务、严监管、防风险、促发展”的工作思路，全面推进保险发展和监管各项工作，顺利完成了“十二五”规划的主要目标和任务，开创了行业改革发展新局面。

——综合实力显著增强。我国保费收入从 2010 年的 1.3 万亿元，增长到 2015 年的 2.4 万亿元，年均增长 13.4%。保险业总资产从 2010 年的 5 万亿元，增长到 2015 年的 12 万亿元，成功实现翻番。全行业净资产达到 1.6 万亿元，保险行业偿付能力总体充足。行业利润从 2010 年的 837 亿元，增长到 2015 年的 2824 亿元，增加2.4倍。保险深度达到3.6%，保险密度达到1768元/人。我国保险市场规模先后赶超德国、法国、英国，全球排名由第六位升至第三位。

——保险改革全面突破。市场准入退出机制不断优化，综合性、专业性、区域性和集团化保险机构齐头并进，8家保险机构在境内外实现上市，自保、相互、互联网等新型主体创新发展，统一开放、协调发展、充满活力的现代保险市场体系日益完善。全面实施寿险产品费率市场化改革，稳步推进商业车险条款费率管理制度改革，市场配置资源的决定性作用得到有效发挥。保险资金运用体制改革深入推进，保险资金配置多元化格局初步形成。

——服务能力不断提升。"十二五"期间，保险业为全社会提供保险赔款与给付3.1万亿元，较好地发挥了经济补偿和社会风险管理作用。大病保险覆盖全国31个省（区、市），覆盖人口达9.2亿。农业保险累计为10.4亿户次农户提供风险保障6.5万亿元，向1.2亿户次农户支付赔款914亿元。责任保险涵盖公共服务各领域，交强险投保率从2010年的79%提升至2015年的92%。出口信用保险累计提供风险保障近1.6万亿美元，有力促进了外向型经济发展。保险业共发起债权、股权和项目资产支持计划499项，合计备案注册规模1.3万亿元。

——发展环境不断优化。国务院发布《关于加快发展现代保险服务业的若干意见》、《关于加快发展商业健康保险的若干意见》，把保险业的战略定位提升到了前所未有的历史新高度。35个省（区、市）出台了促进保险业发展的文件，中国保监会与26个地方政府签署合作备忘录，在深圳、宁波等6个地方建立保险创新综合示范区，政府推动和政策支持的力度空前提升。推动修订《保险法》，正式实施《农业保险条例》，巨灾保险制度建设取得突破性进展，保险业发展的制度基础进一步夯实。

——监管创新深入推进。初步构建中国特色的保险公司治理监管制度体系，公司治理监管进入量化评级新阶段，引领国际监管规则新趋势。建成第二代偿付能力监管制度体系，对全球保险市场发展和国际保险监管规则建设产生重要影响。不断加强市场行为监管力度，开通12378维权热线，开展诉调对接，推进行业信用体系建设，综合治理车险理赔难和人身险销售误导，消费者权益得到有效保护。多边和双边国际保险监管合作不断推进，当选亚洲保险监督官论坛轮值主席，主导通过《科伦坡宣言》，我国在国际保险监管领域的话语权不断增强。构建全面、立体、高效的风险防范体系，守住了不发生系统性区域性风险的底线。

（二）"十三五"时期我国保险业发展环境的基本特征

"十三五"时期，世情国情继续发生深刻变化，我国经济社会发展呈现新的阶段性特征。综合判断国内国际形势，我国发展仍处于可以大有作为的重要战略机遇期，但同时面临诸多问题和挑战。

从社会发展来看，我国人口老龄化进程加快，二孩政策全面放开，家庭结构发生变化，养老和医疗保障不足的矛盾凸显，商业保险在社会保障体系中的作用不断提升。随着政府职能逐步转变，社会管理方式不断创新，运用市场化手段满足社会管理和公共服务需求成为必然选择，商业保险成为国家治理体系和治理能力现代化的重要手段。社会发展日趋多元，消费结构不断升级，公众保险意识不断增强，保险需求更加多样，商业保险发展空间更加广阔。

从经济形势来看，我国经济长期向好，各领域改革全面发力，社会大局和谐稳定，为保险业平稳较快发展奠定坚实的经济基础。"一带一路"、京津冀协同发展、长江经济带等国家重大战略部署，为保险业带来新的发展机遇。供给侧改革深入推进，供给体系质量和效率逐步提升，经济结构转型升级，企业发展活力和消费者潜力得到释放，保险需求日趋多元。互联网、大数据、云计算等新技术快速发展，催生保险新产品、新技术、新模式不断涌现，为保险业创新发展提供有力支撑。

从国际环境来看，经济全球化深度推进，和平发展、合作共赢仍是当今世界的主流。我国与全球经济的联系和影响日益加深，国际交流合作不断深化，我国经济增长对全球经济复苏的外溢作用逐步明显，为保险业更好地利用国际市场创造了良好环境。全球保险发展日新月异，保险监管的理念和方式不断优化，各国监管部门合作加深，为我国保险业更好地利用国际资本、技术和人才提供了契机。

同时，我们也看到，全球经济仍处于深度调整阶段，贸易保护主义强化，国际金融市场波动加大，风险的跨境传递加快，经济复苏面临不少新的不确定因素。我国经济正处于“三期叠加”阶段，经济增长新旧动能处于转换之中，长期积累的结构性矛盾逐步显现，经济金融综合经营加快，增加了保险市场稳定运行和风险防范的压力。保险行业发展不平衡、不协调的问题仍然突出，经营管理水平不高，创新能力不强，保险产品和服务不能完全满足市场需求，保险发展和监管面临新的压力和挑战。

（三）“十三五”时期我国保险业发展的指导思想

全面贯彻党的十八大和十八届三中、四中、五中全会精神，以邓小平理论、“三个代表”重要思想、科学发展观为指导，深入贯彻习近平总书记系列重要讲话精神，立足于服务国家治理体系和治理能力现代化，主动适应经济发展新常态的形势和要求，以供给侧结构性改革为主线，扩大有效保险供给、满足社会日益增长的多元化保险服务需求为出发点，牢固树立和贯彻落实创新、协调、绿色、开放、共享的发展理念，提高发展质量和效益，建设有市场竞争力、富有创造力和充满活力的现代保险服务业。

——优化供给，创新发展。深刻把握发展新特征，以创新驱动激发供给侧新动力，着力提高供给体系质量和效率。充分运用新理念、新思维、新技术，积极探索新产品、新渠道、新模式，加快形成以创新为主的保险业发展新业态、新动力。

——深化改革，协调发展。深化保险发展和监管改革进程，加大结构性改革力度，促进行业转型升级，实现需求升级与供给升级协调共进。优化市场主体结构和区域布局，提高保险业发展的均衡水平和整体效能。

——提质增效，科学发展。充分发挥市场在资源配置中的决定性作用，实现发展重速度规模与重质量效益相统一。注重精准施策，坚持统筹兼顾，开创更有活力、更富品质的发展境界。

——融入全球，开放发展。以开放促改革、促发展、促创新，不断丰富对外开放内涵，提升对外开放水平，引入先进经营管理理念和技术，综合运用国际国内两个市场、两种资源，重视国内外保险市场联动效应，更加积极主动融入全球发展。

——以人为本，共享发展。坚持以保险消费者为中心，把服务人民群众生产生活、满足多样化风险保障需求作为保险发展的出发点和落脚点，让人民群众共享保险改革发展成果，努力实现“保险让生活更美好”。

——依法监管，健康发展。加快推进保险监管现代化，强化依法监管理念，完善监管制度体系，提升监管的科学性和有效性，营造公平公正、有序竞争的市场环境。建立全方位、多层次的风险防范体系和风险化解机制，维护保险市场稳定和金融经济安全。

（四）“十三五”时期我国保险业发展的主要目标

到2020年，基本建成保障全面、功能完善、安全稳健、诚信规范，具有较强服务能力、创新能力和国际竞争力，与我国经济社会发展需求相适应的现代保险服务业，努力由保险大国向保险强国转变，使保险成为政府、企业、居民风险管理和财富管理的基本手段，成为提高保障水平和保障质量的重要渠道，成为政府改进公共服务、加强社会治理和推进金融扶贫的有效工具。我国保险业在世界保险市场地位进一步提升。具体目标是：

——保险业实现中高速增长。到2020年，全国保险保费收入争取达到4.5万亿元左右，保险深度达到5%，保险密度达到3500元/人，保险业总资产争取达到25万亿元左右。大型保险集团综合实力和国际影响力稳步提高，中小型保险公司实现差异化、特色化发展，保险市场体系丰富多元。

——产品和服务供给更优。多层次、个性化保险需求得到基本满足，保险服务品质大幅改善。保险服务国家重大战略、经济转型升级、民生保障职能显著发挥，对扶贫攻坚支撑作用明显。科技与保险深度融合。有利于创新的体制机制初步形成，创新要素配置更加高效。

——行业影响力显著增强。现代保险服务业成为促进经济提质增效升级的高效引擎、创新社会治理的有效机制、改善民生保障的有力支撑、完善金融体系的支柱力量，保险知识普及水平大幅提高，在经济损失补偿、灾害事故应对、促进资金融通、完善社会治理、优化资源配置等领域的作用日益提升。

——消费者满意度普遍提高。理赔难、销售误导等突出问题得到有效化解，消费者投诉率大幅下降，保险纠纷多元化解决机制基本完善，消费者合法利益得到有效保护。保险服务手段更加丰富，服务效率和质量进一步提高，行业赢得全社会的广泛认可。

——法治化水平显著提高。修订《保险法》，加快重点领域立法，构建多层次的保险法律制度体系。严格依法行使监管职权，探索保险监管权力清单制度，完善监管执法程序。健全市场主体经营活动规则，强化保险公司合规经营，积极完善合规管控制度。

——监管现代化不断深入。第二代偿付能力监管制度有效施行，保险业资本补充机制不断完善。保险公司治理监管体制机制覆盖全面、运行有效，监管方式不断创新，风险预测、防范和处置机制不断优化。市场行为监管的针对性、科学性和有效性不断提高，市场秩序不断规范。

第二章　深化改革，增强行业可持续发展动力

进一步解放思想，主动作为，聚焦重点领域和关键环节，提高改革效应，放大制度优势，促进行业发展方式转变和结构调整，为行业健康发展提供持续动力。

（一）完善现代保险市场体系

深化准入机制改革，推动市场主体层次、业务结构和区域布局优化升级，统筹培育与实体经济发展和金融改革创新相适应的现代保险市场体系。扩大专业互联网保险公司试点，积极发展自保、相互等新型市场主体，不断丰富新业务形态和新商业模式。鼓励区域性、专业性保险公司发展，支持中小保险公司创新发展，形成特色化经营模式，满足人民群众多样化保险需求。持续推动上海保险交易所的建设发展，以社会公众的保险服务需求和保险行业的经营管理需求为导向，按照“公司化、市场化、专业化”原则，建设创新型、智慧型的保险综合服务平台和保险运营基础平台，提升中国保险行业的服务能力、创新能力和管理能力。联动各地政府合作共建保险改革创新示范园区，积极推进保险改革创新试点。合理布局保险市场主体和分支机构，加大对中西部地区保险资源的均衡配置，促进区域协调发展。深化退出机制改革，建立法律和市场手段为主、行政手段为辅、具有刚性约束的多层次市场退出机制。

（二）继续深化保险公司改革

加快建立现代保险企业制度，支持符合条件的国有资本、民营资本和境外资本投资保险公司，鼓励资本多元化和股权多元化，推进保险公司混合所有制改革。继续深化国有保险公司改革。推动保险集团公司完善治理结构，加强风险管控，促进资源整合和战略协同，提升保险集团综合竞争力。支持符合条件的保险机构在境内外上市和挂牌。规范保险公司并购重组。加强保险公司控股股东和实际控制人管理，优化股权结构，完善公司治理。增强经营管理层的执行力，强化公司内审内控管理，优化内部组织体系。鼓励保险公司在资本、业务等方面与银行、证券、基金等其他金融领域开展多层次合作，探索金融综合经营。

（三）加快发展再保险市场

健全再保险市场体系，适度增加再保险市场主体，发展区域再保险中心，提升我国在全球再保险市场的定价权、话语权。加大再保险对农业、交通、能源、化工、水利、航空航天、核电等国家重点项目的保障力度。发挥再保险对保险市场的创新引领作用，鼓励再保险公司与原保险公司在产品开发、服务网络、数据共享等方面开展深度合作，扩大我国保险市场的承保能力。支持再保险公司参与行业数据平台、灾害管理、风险管理服务体系等基础设施建设，推动行业数据经验分析。完善再保险登记制度，研究制定离岸再保险人保证金制度，防范金融风险通过再保险业务跨境传递。

（四）稳步推进保险中介市场发展

建立多层次、多成分、多形式的保险中介服务体系，培育具有专业特色和国际竞争力的龙头型中介机构，发展小微型、社区化和门店化经营的区域性专业代理机构，鼓励保险销售多元化发展，探索独立个人代理人制度。改进准入管理，加强退出管理，推动保险中介市场要素有序流动，鼓励专业中介机构兼并重组。

提升中介机构的专业技术能力，在风险定价、产品开发、防灾防损、理赔服务、反欺诈等方面发挥积极作用，提供增值服务。夯实保险中介市场基础建设，强化自律管理，构筑市场化的中介职业责任和风险承担体系。加强中介信息披露，强化专业中介机构内控治理和兼业代理机构保险业务管理，落实法人机构和高管人员管理责任。

（五）全面推进保险费率市场化

全面推开商业车险条款费率管理制度改革，建立以行业纯风险保费为基准、公司自主确定附加费用率和部分费率调整系数的定价机制。加强与相关部委沟通协调，推进交强险制度改革。继续深化寿险费率市场化改革，完善寿险费率形成机制配套制度。探索开展意外险市场化定价机制改革，研究建立意外险赔付率调节机制和定价回溯制度。推动保险产品自主注册改革，鼓励保险公司提供个性化、定制化保险服务，健全产品监管事后抽查和产品退出机制。

第三章　开拓创新，提高服务经济社会发展能力

围绕服务经济社会发展的重点方向，在经济转型、社会治理、灾害救助、三农服务等领域，创新保险服务机制和手段，提升服务水平。

（一）支持经济转型升级

发挥保险经济补偿功能，服务高端制造装备研发和生产，促进工业经济结构调整，健全首台（套）重大技术装备保险风险补偿机制，助力我国实施制造强国战略。加快发展科技保险，推进专利保险试点，为科技企业自主创新、融资、并购等提供全方位的保险服务。配合国家新能源战略，加快发展绿色保险，完善配套保险产品研发。积极落实“互联网+”行动，鼓励围绕互联网开展商业模式、销售渠道、产品服务等领域的创新，促进互联网保险健康发展。积极推动小额贷款保证保险业务发展，为大众创业、万众创新提供融资增信服务。积极发展文化产业保险、物流保险，探索演艺、会展责任险等新兴保险业务，促进第三产业发展。稳步发展住房、汽车、教育、旅游等领域保险服务，促进居民消费升级。

（二）服务社会治理创新

建立政府引导、市场运作、立法保障的责任保险发展模式，把与公众利益关系密切的环境污染、医疗责任、食品安全、安全生产、建筑工程质量等领域作为责任保险发展重点，探索开展强制责任保险试点。加快发展雇主责任保险、职业责任保险、产品责任保险和公众责任保险，鼓励发展治安保险、社区综合保险等新兴业务，充分发挥责任保险在事前风险预防、事中风险控制、事后理赔服务等方面的功能作用，用经济杠杆化解民事责任纠纷。完善交通事故快撤理赔机制，鼓励保险机构参与交通事故社会救助基金管理，增强保险业参与交通管理的能力。

（三）参与国家灾害救助体系建设

争取各级政府支持，将保险纳入灾害事故防范救助体系和特大型城市公共安全管理体系，建立救援人员人身安全保险制度，提升企业和居民利用商业保险应对灾害事故风险的意识，提高保险参与灾害应对的能力。充分发挥保险费率杠杆的激励约束作用，强化事前风险防范，完善突发事件应急管理。推动出台《地震巨灾保险条例》，落实《建立城乡居民住宅地震巨灾保险制度实施方案》。研究建立覆盖洪水、台风等多灾因巨灾保险制度。研究建立地震巨灾保险基金，完善中国城乡居民住宅地震巨灾保险共同体运行机制，探索符合我国国情的巨灾指数保险试点，推动巨灾债券的应用，逐步形成财政支持下的多层次巨灾风险分散机制。推动建立核保险巨灾责任准备金制度。研究建立巨灾风险管理数据库。

（四）创新支农惠农方式

落实《农业保险条例》，出台促进农业保险健康发展的指导意见，完善农业保险制度，扩大保险覆盖面，提高保障水平。积极争取财政税收优惠政策，加大农业保险政策支持力度。完善中国农业保险再保险共

同体机制，推动建立财政支持的农业保险大灾风险分散机制。积极开展地方特色农产品保险、天气指数保险、价格指数保险试点，稳步扩大渔业保险、森林保险、农房保险、农机具保险覆盖范围，鼓励开展多种形式的农业互助合作保险，满足新型农业经营主体多样化风险管理需求。探索建立农业补贴、涉农信贷、农产品期货和农产品保险联动机制，稳步扩大“保险 + 期货”试点，推动保险支农融资业务创新。完善农业保险服务体系，健全保险机构与灾害预报部门、农业主管部门的合作机制，加快推进农业保险信息平台建设。

（五）提高保险服务创新能力

坚持需求引领、供给创新，充分运用物联网、大数据等科技手段，完善企业财产保险、家庭财产保险、货运保险、意外伤害保险等险种的风险保障功能，增强全社会抵御风险的能力。不断丰富商业车险示范产品体系，完善商业车险创新型产品形成机制，提高服务精准化、精细化水平。鼓励保险公司开发具备资产保值增值、财富传承等不同功能的创新型产品。优化保险业创新环境，建立健全保险产品和服务创新保护机制。大力推进保单通俗化、标准化和承保理赔便捷化、规范化，运用电子保单、远程理赔等新的服务方式，提升保险机构管理水平和服务质量。

第四章　服务民生，构筑保险民生保障网

建立与国家脱贫攻坚战相适应的保险服务体制机制。积极参与社会保障体系建设，把商业保险建成社会保障体系的重要支柱，使保险逐步成为个人和家庭商业保障计划的主要承担者、企事业单位发起的养老健康保障计划的重要提供者、社会保险市场化运作的主要参与者。

（一）保险助推扶贫攻坚

精准对接脱贫攻坚多元化的保险需求。积极开发扶贫农业保险产品，满足贫困农户多样化、多层次的保险需求。针对低收入人群的疾病、死亡、残疾等风险提供保障，防止因意外致贫返贫。研究推动大病保险向贫困人口予以倾斜。积极探索扶贫小额贷款保证保险等信贷扶贫模式，完善风险补偿机制。积极开展针对贫困家庭大中学生的助学贷款保证保险。推动保险参与转移就业扶贫。强化保险与事故救援、医疗救助、疾病应急救助及慈善救助等制度间的互补联动。健全保险服务网络，完善贫困地区保险服务体系，依托村委会、居委会建设农村、社区保险服务站，开展面向基层群众的保险惠民服务。支持保险机构将资源向贫困地区和贫困人群倾斜。发挥保险资金优势，支持贫困地区重大基础设施项目建设。积极主动承担定点扶贫任务，建立扶贫工作的考核评价机制，推动脱贫攻坚目标早日实现。大力发展普惠保险，开发各类保障适度、保费低廉的小额保险产品。组织引导城乡居民在参加社会医疗保险的基础上，再投保小额人身保险等商业保障产品。鼓励企业投保补充工伤保险，减轻企业负担，保障劳动者权益。

（二）拓展多层次养老保险服务

创新发展多种形式的商业养老保险产品，积极参与多层次社会养老保障体系建设，满足更高层次、差异化的社会保障需求。积极争取商业养老保险税收优惠政策，推出个人所得税递延型商业养老保险，为民众建立便携、透明的个人税延商业养老保险账户并不断丰富账户产品类型。扩大老年人住房反向抵押养老保险试点范围，发展独生子女家庭保障计划，探索对独生子女伤残、死亡家庭保障及无子女家庭保障的新模式。创新发展商业团体养老保险和养老保障管理业务，支持符合条件的保险机构参与企业年金和职业年金基金管理，积极发展与企业年金、职业年金领取相衔接的商业养老保险产品，满足企业年金、职业年金年金化终身领取需求。支持符合条件的保险机构参与基本养老保险基金和全国社会保障基金投资管理。支持保险机构参与各类社会基本养老保险经办和养老服务业综合改革。支持保险机构以投资新建、参股、并购、租赁、托管等方式兴办养老社区等服务机构，增加社会养老资源供给，促进保险业与养老服务产业的融合发展。

（三）发展多元化健康保险

完善商业健康保险顶层设计，鼓励发展与基本医疗保险相衔接的补充医疗保险，大力开发各类医疗、疾

病保险和失能收入损失保险等商业健康保险产品，全面推开个人税收优惠型商业健康保险。鼓励发展多种形式的商业护理保险，积极参与国家长期护理保险制度建设和试点工作。积极开发和提供疾病预防、健康体检、健康咨询、健康维护、慢性病管理、养生保健等健康管理服务，探索管理式医疗，降低医疗费用支出。支持保险机构运用股权投资、战略合作等方式，设立医疗机构和参与公立医院改制。鼓励具有资质的商业保险机构深入参与各类医保经办，扩大经办服务覆盖范围，提升管理效率。

（四）促进大病保险稳健运行

提升大病保险的统筹层级，积极推进市（地）级统筹，鼓励省级统筹或全省（区、市）统一政策、统一组织实施，提高抗风险能力。完善大病保险投标管理、规范服务、财务核算、退出制度，优化政策制定和方案设计，提高保障水平和效率。推动大病保险与基本医保、医疗救助、商业健康保险等医疗保障制度的有效衔接，尽快实现商业保险信息与公共卫生、医疗服务、基本医保、医疗救助等信息共享，简化报销手续，优化服务流程，完善“一站式”大病保险服务。加强大病保险监管，确保大病保险规范运行。

第五章　提效升级，发挥保险资金支持经济建设作用

发挥保险资金期限长、规模大、供给稳的独特优势，扩大保险投资领域，创新资金运用方式，优化保险资金配置，提高保险资金服务实体经济效率。

（一）拓宽保险资金服务领域

积极支持保险资金服务实体经济发展和经济转型升级。鼓励保险资金以多种方式支持重大基础设施、棚户区改造、城镇化建设等国家重大项目和民生工程。支持保险资金以债权、股权、股债结合、创投基金、私募基金等方式，向高新技术产业、战略性新兴产业、现代制造业、现代农业等提供长期稳定资金，助力我国新技术、新业态和新产业发展。引导保险资金参与国有企业改革，服务政府投融资体制改革，通过公私合营模式（PPP）、资产支持计划等方式满足实体经济融资需求。支持符合资质的保险机构开展境外投资业务，拓展保险资金境外投资范围，规范保险资金境外投资行为。推动全球化资产配置达到新水平。

（二）创新保险资金运用方式

不断深化保险资金运用市场化改革，发挥市场主体的自主决策机制，把更多投资选择权和风险责任赋予市场主体。进一步发挥保险公司机构投资者作用，为股票市场、债券市场长期稳定发展提供有力支持。鼓励设立不动产、基础设施、养老等专业保险资产管理机构，允许专业保险资产管理机构设立夹层基金、并购基金、不动产基金等。探索保险资金开展抵押贷款，支持保险资金参与资产证券化业务。积极推进保险资产管理产品发展和创新，深化注册制改革。提高保险资产管理产品化水平。建立保险资产交易机制，推动保险资产集中登记交易平台建设。积极培育保险资产交易市场。

（三）加强保险资金运用风险管控

进一步健全和完善保险资金运用政策法规和监管制度，积极构建现代化多层次的保险资金运用监管体系。加强保险资金运用现场和非现场监管，完善风险监测和预警机制。建立保险机构资产负债匹配监管的长效机制，完善承保业务和投资业务匹配管理，促进保险资产负债管理由软约束向硬约束转变，实现安全性、流动性和收益性的统一。强化保险资金运用事中事后监管，加强信息披露、关联交易、内部控制和资产托管等方面的监管力度。不断完善保险资金运用监管信息系统建设，提升监管信息化水平。推进保险资金运用属地监管，加强保险资产管理业协会自律。

第六章　开放发展，提升保险业国际竞争力

积极落实国家建设开放型经济新体制的战略部署，主动对接“一带一路”、自由贸易区建设等国家重大

战略，推动保险企业和保险监管“走出去”，开创高水平双向开放新格局。

（一）服务“一带一路”战略

建立保险业服务“一带一路”战略的工作机制，参与制定国家相关政策，引导行业积极提供配套保险服务，条件成熟时颁布行业指导意见。扩大中长期出口信用保险覆盖面，增强交通运输、电力、电信、建筑等对外工程承包重点行业的竞争能力，支持“一带一路”示范项目及相关共建行动的落实。稳步放开短期出口信用保险市场，增加经营主体，鼓励保险公司开发短期出口信用保险产品。鼓励政策性保险公司加大海外投资保险的发展力度，积极争取财政支持政策。鼓励保险机构扩大对“一带一路”项目的承保支持、技术支持和本地服务支持，构建境外服务网络，实现风险的全球分散。

（二）参与自由贸易区建设

将自贸区作为保险业改革开放的“试验田”和“窗口”，主动对接自贸区建设需求，努力探索可复制、可推广的保险改革发展之路。积极推动自贸区与香港、澳门和台湾地区的保险产品互认、资金互通、市场互联、人才互动。鼓励境内外航运保险机构落户自贸区，推动国际航运保险中心建设。推动出台离岸保险税收及支持政策，鼓励离岸保险制度在自贸区落地实施。鼓励保险机构开展外汇长期寿险、跨境人民币再保险、自贸区养老保险、影视文化保险、平行进口车保险、保税仓储物流责任保险等业务创新。推动自贸区内保险资金跨境双向投融资试点，支持保险资金参与自贸区内各类国际交易市场。

（三）提升保险业对外开放水平

推动保险市场进一步对内对外开放，实现“引进来”和“走出去”更好结合，以开放促改革、促发展。鼓励中资保险机构尝试多渠道、多层次走出去，扩大保险服务出口，为我国海外企业提供风险保障。支持保险企业在综合考虑自身实力基础上，通过新设、参股及兼并收购境外保险机构的方式，完善全球经营网络布局，提高国际化经营水平。加强中外保险企业合作，积极引入国际先进管理技术和经验。鼓励港、澳、台保险机构与内地保险机构开展深度合作，加快粤港澳合作平台建设。支持中资保险公司参与国际资本市场投融资，稳步推进保险资源配置的全球化。

（四）深度参与国际规则制定

深入参与国际保险监督官协会的规则制定工作，加强与国际保险监管机构的交流合作，推进亚洲保险监督官论坛（AFIR）秘书处工作，提升我国在国际保险监管规则制定中的话语权。加强第二代偿付能力监管制度的国际宣传和推广力度，加快与香港、澳门保险监管体系的等效互认以及与欧盟偿付能力Ⅱ的等效评估工作。与发达国家和地区保险监管机构建立双边、多边监管合作机制，强化对国内保险公司境外机构的监管，完善跨境危机管理和解决机制，切实防范金融风险跨境传递。

第七章　加强监管，筑牢风险防范底线

坚持机构监管与功能监管相统一，宏观审慎监管与微观审慎监管相统一，风险防范与消费者权益保护并重，完善公司治理、偿付能力和市场行为“三支柱”监管制度，建立全面风险管理体系，牢牢守住不发生系统性区域性风险底线。

（一）健全现代保险监管体系

按照“放开前端、管住后端”的要求，正确处理市场与政府的关系，全面落实简政放权转变职能要求，进一步简化审批程序，实施负面清单模式下的监管制度。进一步加强保险集团监管，建立全集团风险监管框架，深化并表监管和非保险子公司监管，有效防范保险集团经营风险。推进保险监管组织体系现代化，完善中国保监会机关部门与派出机构之间的纵向联动机制，加强统筹协调、沟通会商和信息共享。建立健全监管绩效评价机制，促进监管统一规范。加强与党政部门、司法机关、其他金融监管机构等的沟通合作，推动社团组织发挥自律、维权、协调等作用，支持新闻媒体、会计审计、评级机构、消费者等发挥监督作用，形成

专业监管、部门协作、行业规范、社会监督的现代监管体系。

（二）完善保险“三支柱”监管制度

全面实施中国风险导向的偿付能力体系，建立偿二代监管信息系统，出台具体配套规则。完善保险公司资本补充机制，拓宽资本补充渠道，创新资本工具，优化资本结构，加强资本管理。健全具有较高国际水准、符合中国特色、引领国际监管规则的公司治理监管体系。围绕内审内控、关联交易、独立董事、薪酬管理、信息披露等关键环节，增强公司治理监管的刚性约束。建立完善公司治理监管信息系统，搭建公司治理风险模型，实现公司治理风险的实时监测、预警和管理。加强市场行为监管，加大保险市场秩序整顿规范力度，统一行政执法行为标准，完善现场检查、非现场检查和行政处罚工作机制。严厉查处违法违规经营行为，建立与相关职能部门的联动执法检查制度，强化监管效能，营造公平竞争市场环境。

（三）构建防范化解风险长效机制

加强风险动态监测和预警，不断完善风险动态监测工具，提高风险识别和预判能力。建立保险风险定期排查制度，加强风险监测和分类研究，防范偿付能力不足风险、满期给付风险、退保风险、流动性风险等，完善应急预案。搭建国内系统重要性保险机构监管体系，提高应对和处置危机能力，切实防范系统性金融风险，维护保险市场安全稳定。加强创新型业务监管，防范交叉性金融产品风险和金融风险跨境跨市场传递。加强信息系统风险监测和外部渗透性测试工作力度，进一步提升保险机构网络与信息安全风险防范能力。修订保险保障基金制度相关法律法规，加强保险保障基金的专业化管理，推进基金筹集方式改革，进一步明确基金救济范围和标准，丰富风险处置工具，优化风险处置流程，健全风险处置和救助机制。

（四）加强保险消费者权益保护

加大保险产品条款费率公平性、合理性审查，探索开展第三方评估机制。着力解决销售误导、理赔难等消费者普遍反映的突出问题，建立和完善销售、承保、回访、保全和理赔给付等各环节服务标准。加强12378热线和投诉管理系统建设，健全保险纠纷诉调对接机制。完善保险消费者教育机制，加强风险提示工作，培养消费者依法维权意识，引导消费者合法、高效行使维权权利。研究设立中国保险消费者权益保护中心和保险消费者保护基金。加强信息披露，严格要求保险机构及时披露与消费者权益相关的产品和服务信息。加强透明度监管，开展保险公司服务质量评价、投诉处理考评、消费者满意度和消费者信心指数测评，并将评价和测评结果向社会公布。

第八章　夯实基础，持续改善保险业发展环境

坚持依法合规，秉持诚信立业，凝聚智力支持，完善基础设施，提升保险意识，为保险业健康发展提供坚实基础，营造良好的社会环境。

（一）强化保险业法治建设

出台全面推进保险法治建设的指导性文件，提高行业法治化水平。推动《保险法》修订，加快保险监管制度的“废改立”工作，完善保险法律体系。健全依法监管体制机制，进一步完善行政处罚程序，加大行政行为合法性审查，增强复议监督功能，健全完善行政应诉工作机制。加强立法协调，在社会治理、社会保障、财政税收、公共安全等各领域立法中体现保险业功能。加强与公安机关、司法机关、仲裁机构的沟通合作，优化保险业发展的法治环境。

（二）全面推进保险信用体系建设

加快保险业信用信息系统建设，扩大信用记录覆盖面，建立涵盖保险企业信用、保险从业人员信用和保险消费者信用在内的保险业信用信息数据库。加强保险征信系统建设，促进市场化征信服务，满足保险征信需求。加快建设保险信用信息平台，推进信用信息交换与共享，推进保险机构与社保平台、身份识别系统的数据对接。搭建保险业信用管理标准体系，建立守信激励、失信惩戒约束机制，探索建立保险公司、保险中

介机构信用评级制度。推动保险反欺诈制度建设和技术发展，推动发挥大数据在反欺诈和信用评估中的作用。加强保险诚信文化建设，营造和谐发展环境，切实提升保险业社会形象。

（三）加强保险业基础设施建设

加快编制车险纯保费表和第三套经验生命表，完善科学定价基础。鼓励发展第三方费率测算机构。加强行业信息标准化建设，加快行业风险数据库、数据灾备中心、信息共享平台、保单登记管理信息平台等基础设施建设。加大与医疗卫生、道路交通、银行征信等相关部门的沟通协调，进一步扩大行业共享数据来源。加强统计基础建设，构建以保险功能服务和风险监测为核心的统计指标体系，探索建立与其他金融监管部门常态化的统计信息共享机制。推动云计算、大数据在保险行业的创新应用，加快数据采集、整合和应用分析。加快中国保险信息技术有限责任公司发展。加强信息安全基础设施建设，建立完善的信息安全保障体系，提升保险机构信息安全综合防范能力。

（四）加快新型保险智库建设

提高全行业理论和政策研究层次，推动保险理论创新，加强对前瞻性、基础性和战略性问题研究，引领保险实践向大格局、宽领域发展。健全保险发展和监管决策智力支持系统，加快重大决策专家咨询制度建设，调动国内外一流思想及研究能力，进一步提高决策的科学性和有效性。加快建设一批具有较强研究能力和社会影响力的保险智库，发展壮大保险研究学术团体。与国家相关部门及教育科研单位展开合作，在地震、台风、洪水、火灾、农业、医疗、海洋、交通运输等领域建立风险和保险实验室，建立保险业科学支撑平台。

（五）提升全社会保险意识

发挥新闻媒体的正面宣传和引导作用，鼓励新闻媒体利用广播、电视、平面及互联网等开办专门的保险频道或节目栏目，在全社会形成学保险、懂保险、用保险的氛围。加强大中小学、职业院校学生风险管理与保险意识教育。鼓励各地保险监管部门、行业协会、学会、高等院校及保险企业整合宣传力量，推进保险知识进学校、进社区、进农村、进机关、进企业。厚植保险行业监管价值理念和保险行业价值理念，推进保险系统文化工程建设，构建保险文化建设长效机制和交互平台，促进保险文化传播和落地，树立行业正面形象。

第九章　人才为本，建设高素质人才队伍

全面实施人才兴业战略，坚持以人为本，提升人才素质，优化人才结构，建立适应行业发展的管理人才、技术人才、营销人才和监管人才队伍，夯实保险业科学发展的人才基础。

（一）建立科学选人用人机制

加大对产品研发、核保核赔、资产管理、风险管理、国际业务、精算、财务、法律、互联网等专业人才的培养力度，造就一批具有国际视野、富有改革创新精神的高素质人才队伍。加大保险监管专业人才引进和培养力度，创新完善监管专业人才教育培训体系，提升监管技术支持水平。实施开放的人才政策，努力扩大引入海外人才、跨界人才，打造高层次人才向保险业聚集的整体态势。优化行业人才结构，改革人才选拔使用方式，建立市场化的人力资源管理机制，加强保险人才流动的政策引导，畅通人才流动渠道。鼓励企业实施高管人员市场化选聘任用与管理，实行与经营业绩相挂钩的差异化薪酬分配办法，突出专业人才的价值创造。坚持党管人才，建立组织选拔、市场配置和依法管理的国有保险公司领导干部选拔任用制度。

（二）健全教育培训体系

增加教育培训投入，建立健全监管干部人才、保险经营管理人才、专业技术人才教育培训体系。认真抓好监管干部教育培训工作，完善培训内容，改进培训方式，整合培训资源，增强培训的针对性和有效性，全面提高教育培训的质量和效益。构建行业高管培训一体化格局，统筹行业培训资源，强化培训激励约束机

制，引领行业培训工作规范开展。倡导企业建立多层次、全方位的人才培养体系，加快国际化、综合型人才培养。鼓励保险企业与国内外大专院校、科研机构建立长效合作机制，探索建立微培训、云培训等新型培训平台，营造开放式的教育培训环境。健全适应人才成长需要的资格认证体系，加强统一管理，完善职业资格考试及认证管理制度，积极探索职业资格国际、地区间互认。

（三）建立人才激励约束机制

建立符合国情和行业实际的激励体系，坚持物质激励和精神激励相结合，注重增强优秀人才的成就感和荣誉感，健全从业人员收入正常合理的增长机制。在符合国家政策、条件成熟时，允许企业探索实施员工持股计划、高级管理人员事业合伙人、内部创业、跟投等多种市场化的体制机制创新。以合规为导向，完善兼顾公平与效率的绩效管理、奖惩问责制度，加强对经营管理者履职情况的考核约束。深入推进监管机构和国有企业的党风廉政建设，不断强化作风建设。

第十章　科学统筹，保证《纲要》顺利实施

《纲要》集中凝聚了行业的智慧与共识，广泛吸纳了社会意见及建议，明确了“十三五”时期的主要目标和任务，我们要周密部署、精心组织、稳步推进，扎扎实实把各项工作任务落到实处。

保险业各级党委必须发挥领导核心作用，为《纲要》顺利实施提供坚强保证。要着力提升领导班子执政能力和干部工作水平，完善党领导保险工作的体制、机制和方式，提升领导保险业发展的能力和水平。强化基层党组织整体功能，发挥战斗堡垒作用和党员先锋模范作用。各级党委必须深入开展党风廉政建设，推进反腐倡廉制度创新，为保险业发展创造良好环境。

中国保监会做好《纲要》实施工作的统一部署，根据国家宏观经济金融形势，适时调整相关政策措施和力度，确保规划目标的顺利实现。完善《纲要》实施评估机制，强化实施年度评价制度，加大实施情况监测和评估力度，把监测评估结果作为改进工作和绩效考核的重要依据。

中国保监会各派出机构要在中国保监会统一领导下，把握当地经济社会发展实际和保险市场特点，提出具体实施措施，服务当地经济社会建设。要加强《纲要》实施在本地区的动态监测，及时发现重大问题、重大风险报告中国保监会和相关部门。

充分发挥社会组织桥梁和纽带作用。中国保险行业协会、中国保险学会等行业社团充分发挥好职能作用，推动各会员单位认真学习和贯彻落实《纲要》。北京保险研究院等学术团体要做好《纲要》解读工作，推动全行业提高认识，更新理念。

各保险法人机构按照《纲要》确定的战略目标和主要任务，结合工作实际，将本单位发展战略规划与《纲要》密切衔接，形成规划合力。

培育和营造积极向上的《纲要》实施舆论氛围。全面准确地宣传解读《纲要》，及时报道《纲要》实施新机制新做法，充分反映实施新进展新成效。加大《纲要》实施国际传播力度，积极介绍中国保险业发展的新举措，广泛赢得国际社会的理解和认同。

“十三五”时期是我国全面建成小康社会决胜阶段，也是加快建设现代保险强国的关键时期。《纲要》对我国保险业未来五年的发展进行了全面规划，是保险业发展的行动纲领。我们要在党中央、国务院的坚强领导下，紧密地团结在以习近平同志为总书记的党中央周围，高举中国特色社会主义伟大旗帜，深入贯彻习近平总书记系列重要讲话精神，振奋精神、扎实工作、开拓创新、驱动发展，为实现保险业发展“十三五”规划目标而努力奋斗！

二、财产保险类

中国保监会关于深化商业车险条款费率管理制度改革的意见

（保监发〔2015〕18号　2015年2月3日）

各保监局、各财产保险公司、中国保险行业协会：

为进一步保护投保人、被保险人合法权益，维护财产保险市场正常秩序，促进财产保险市场持续健康发展，现就深化商业车险条款费率管理制度改革提出以下意见。

一、指导思想、基本原则和主要目标

（一）指导思想。

深入贯彻党的十八届三中全会精神，认真落实国务院《关于加快发展现代保险服务业的若干意见》，努力营造公平竞争、优胜劣汰的市场环境，更好地发挥市场配置资源的决定性作用。引导财产保险公司提高自主经营意识，增强财产保险行业可持续发展能力。加快转变政府职能，更好地发挥政府的作用。加大简政放权力度，强化事中事后监管，不断提高财产保险监管的科学化、现代化水平。

（二）基本原则。

1. 坚持市场化方向。构建统一开放、竞争有序、监管有力的商业车险市场体系，建立健全市场化的商业车险条款费率形成机制，激发财产保险公司发展创新的活力与动力，引导财产保险公司在商业车险品牌、管理、渠道、价格、服务等方面开展全方位、多层次、差异化的市场竞争，提升财产保险行业准确评估标的风险、有效管控经营成本、持续改善服务质量的能力。

2. 保护保险消费者合法权益。加大保险监管力度，监督财产保险公司全面履行对消费者的各项义务，严肃查处损害保险消费者知情权、自主选择权、公平交易权等合法权益的行为，引导财产保险公司为保险消费者提供更多优质优价的商业车险产品和服务。加强保险意识教育，普及车险基础知识，规范保险信息披露，强化保险说明义务，帮助保险消费者科学合理选择商业车险产品和服务。

3. 积极稳妥推进改革。按照总体规划、分步实施、试点先行、全面推进的工作思路，把握好各项政策措施出台的时机、力度和重点，处理好改革、发展与稳定的关系，做到改革措施稳步推进，政策效应有序释放。

（三）主要目标。

建立健全科学合理、符合我国国情的商业车险条款费率管理制度。以行业示范条款为主体，创新型条款为补充，建立标准化、个性化并存的商业车险条款体系。以大数法则为基础，市场化为导向，逐步扩大财产保险公司商业车险费率厘定自主权。以动态监管为重点，偿付能力监管为核心，加强和改善商业车险条款费率监管。

二、建立健全商业车险条款形成机制

（一）建立行业示范条款制度。

中国保险行业协会负责拟定并不断丰富商业车险示范条款体系。商业车险示范条款的保障范围应满足社会公众的合理预期，条款文字应严谨、规范、明确、通俗。中国保险行业协会应根据政策法律变化和保险市场发展情况，及时对商业车险示范条款进行动态修订和完善，积极推进保险条款的标准化、通俗化进程，不断增强商业车险示范条款的适应性。

（二）建立创新型条款形成机制。

鼓励财产保险公司积极开发商业车险创新型条款。引导财产保险公司为保险消费者提供多样化、个性化、差异化的商业车险保障和服务，满足社会公众不同层次的保险需求。支持中国保险行业协会成立商业车险创新型条款专家评估委员会，建立科学、公正、客观的创新型条款评估机制。探索建立保险产品创新保护机制。

三、建立健全商业车险费率形成机制

（一）建立行业基准纯风险保费的形成、调整机制。

中国保险行业协会应按照大数法则要求，建立财产保险行业商业车险损失数据的收集、测算、调整机制，动态发布商业车险基准纯风险保费表，为财产保险公司科学厘定商业车险费率提供参考，防范财产保险公司在商业车险费率厘定过程中产生大的偏差和风险，提高财产保险行业商业车险经营的科学性、稳定性和规范性。

中国保险行业协会应不断推进行业数据积累和精算工作，逐步提高商业车险基准纯风险保费表的精确性和适应性。

（二）逐步扩大财产保险公司费率厘定自主权。

赋予财产保险公司一定的商业车险费率厘定自主权，由市场主体根据自身实际情况科学测算基准附加保费，合理确定自主费率调整系数及其调整标准。推动财产保险公司逐步提升经营管理效率，提高风险定价能力，支持财产保险公司将经营管理优势合理转化为价格和服务优势，促使商业车险费率与财产保险公司经营成本、标的风险更好地匹配，提升财产保险行业商业车险费率厘定的科学化、精细化、专业化水平。

根据保险市场发展情况和保险市场成熟程度，逐步扩大财产保险公司商业车险费率厘定自主权，最终形成高度市场化的商业车险费率形成机制。

四、加强和改善商业车险条款费率监管

（一）建立对条款费率的动态监管机制。

加强对财产保险公司商业车险条款费率拟订和使用情况的日常监控。发现违法违规问题的，责令财产保险公司停止使用并限期修改。情节严重的，可以在一定期限内禁止申报新的商业车险条款费率。

在完善商业车险单独核算管理制度的基础上，建立对财产保险公司商业车险费率厘定和使用情况的回溯分析机制。及时验证商业车险费率厘定和使用过程中精算假设的合理性、责任准备金提取的合规性和财务业务数据的真实性，深入排查因商业车险费率拟订不科学、不公平、不合理所带来的风险隐患，有效防止因商业车险费率过高损害社会公众利益、或因费率过低形成不正当竞争、扰乱商业车险市场正常经营秩序的行为。

（二）完善偿付能力监管制度。

不断加强偿付能力监管制度建设，完善偿付能力监管制度体系，推动财产保险公司建立健全全面风险管理制度，引导财产保险公司通过规范商业车险经营行为、改善商业车险承保效益提升偿付能力。提高偿付能力监管制度执行力，强化偿付能力刚性约束，严守不发生系统性区域性风险的底线。

五、做好改革组织实施工作

（一）统一思想，加强领导。

深化商业车险条款费率管理制度改革工作重要性强，涉及面广，社会关注度高，时间紧迫，任务繁重。保险监管机构、保险行业协会和财产保险公司应及时成立由主要负责人牵头、各相关部门共同参加的商业车险条款费率管理制度改革领导小组和工作组，制定实施方案，落实各项措施，确保改革顺利推进。

（二）制订预案，平稳过渡。

财产保险公司应根据自身能力审慎制定商业车险发展规划，妥善处理商业车险新旧产品衔接问题，大力提升承保理赔服务水平，切实防范定价风险和偿付能力风险。保险监管机构、保险行业协会和财产保险公司要做好商业车险条款费率管理制度改革启动前的各项准备工作，关注改革实施中的问题和隐患，制订突发事件应急预案，促进财产保险行业平稳发展。

（三）加强宣传，提升意识。

保险监管机构、保险行业协会和财产保险公司要组织开展商业车险条款费率管理制度改革的政策宣导，重点做好商业车险条款费率的解释说明，普及保险知识，提升保险意识，为深化商业车险条款费率管理制度改革创造良好环境。

中国保监会关于开展首台（套）重大技术装备保险试点工作的指导意见

（保监发〔2015〕15 号　2015 年 2 月 2 日）

各财产保险公司，各保监局，中国保险行业协会：

财政部、工业和信息化部、保监会三部委联合发布《关于开展首台（套）重大技术装备保险补偿机制试点工作的通知》（以下简称《通知》），决定建立首台（套）重大技术装备保险补偿机制。重大技术装备是关系国家安全和国民经济命脉的战略产品，是国家核心竞争力的重要标志。为首台（套）重大技术装备创新成果转化引入保险补偿机制，是发挥市场机制决定性作用、加快重大技术装备自主化、服务国家创新驱动发展战略的重要举措，对于促进装备制造业高端转型，打造中国制造升级版具有重要意义。为贯彻落实《通知》要求，做好试点工作，现提出以下指导意见：

一、首台（套）重大技术装备保险试点坚持“政府引导、市场化运作”原则。重大技术装备制造企业自主投保，保险公司提供定制化综合保险产品进行承保，购买首台（套）重大技术装备产品的用户为保险受益人，中央财政对符合条件的投保企业提供保费补贴。

二、首台（套）重大技术装备保险标的为列入工业和信息化部《首台（套）重大技术装备推广应用目录》的装备产品。

三、首台（套）重大技术装备保险产品为保障质量风险和责任风险的创新型综合保险产品，由中国保险行业协会制定统一的示范条款，并公开发布。其中，质量险主要保障因产品缺陷导致用户要求修理、更换或退货的风险；责任险主要保障因产品质量缺陷造成用户财产损失或发生人身伤亡的风险。

对飞机、船舶及海工装备、核电装备等单价金额巨大的重大技术装备，由投保企业与保险公司双方自主协商，可以选择按国际通行保险产品条款进行承保。

四、首台（套）重大技术装备具有价值量大、创新性强、风险大的特点，缺乏历史风险经验数据。试点期间鼓励保险公司自主组成共保体开展试点工作，共保体应制定共保体章程，明确运作模式、成员进入退出机制和行为规范等；应签订共保体合作协议明确各成员权利义务；应使用统一的示范产品条款。共保体应及时将章程、协议、产品等报中国保监会发改部。保险公司也可单独承保，但应参照示范条款设计保险产品，并事先向中国保监会发改部报告，单独承保的项目不得再与共保体成员或其他保险公司共保。

参与试点的共保体成员公司和单独承保的保险公司名单将在财政部、工业和信息化部和保监会三部委的官方网站公布，方便企业投保查询。

五、保险公司自主组成的首台（套）重大技术装备保险共保体应满足以下条件：

（一）共保体成员合计注册资本金应不低于 200 亿元；

（二）各成员近三年偿付能力均不低于 150%；

（三）应由风险管理能力强、机构网络健全、承保理赔服务优质、且具备首台（套）重大技术装备保险项目相关经验的公司担任首席承保人；

（四）保险监督管理机构要求的其他条件。

六、单独承保首台（套）重大技术装备保险的保险公司应满足以下条件：

（一）注册资本金应不低于 50 亿元；

（二）近三年偿付能力均不低于 150%；

（三）风险管理能力强、机构网络健全、承保理赔服务优质、具备首台（套）重大技术装备保险项目相关经验；

（四）保险监督管理机构要求的其他条件。

七、鼓励首台（套）重大技术装备保险共保体由首席承保人统一出单、统一理赔，并为被保险人提供高质量的承保、理赔等保险服务；共保体成员也可直接与制造企业签订投保合同并出具保险单，保险赔款由出单公司支付，保费分配与赔款分担由共保体章程和共保体合作协议进行明确。

八、财政部、工业和信息化部和保监会三部委每年将联合对参保首台（套）重大技术装备保险的保险标的进行复核，符合条件的投保企业可以获得中央财政提供的保费补贴。

九、参与试点的保险公司应高度重视试点工作，加强内控管理，完善承保、理赔、财务等相关制度，组建总公司直接领导的首台（套）保险专业团队，积极开展产品和服务创新，不断优化首台（套）重大技术装备保险产品方案和服务。

十、试点保险公司应严格财务管理，不得在该业务中列支中介手续费、佣金及其他与业务无关的管理费用，可列支项目应据实列支。保监会将联合财政部、工业和信息化部定期开展业务检查，对存在违规行为的公司进行处罚，并取消试点资格。

十一、试点保险公司应做好承保管理、风险评估、防灾防损、损失核算等基础数据的积累和试点经验的总结，为建立科学合理的产品定价机制奠定基础。

十二、试点保险公司应于每季度首月 15 日前向中国保监会发改部报送上一季度首台（套）重大技术装备保险承保项目、保费收入、保险金额、赔款支出等相关信息。

十三、试点保险公司对承保的涉及国家秘密、商业秘密项目，应严格遵守国家保密相关法律法规，加强保密管理，强化泄密责任追究。

十四、各保监局应加强与当地财政部门、工业和信息化主管部门的沟通协调，向辖内装备制造企业做好政策宣讲，推动首台（套）重大技术装备保险试点相关政策的贯彻落实。各保险公司应深入市场一线，加大宣传力度，提高重大技术装备制造企业的参保积极性。

中国保监会关于实施再保险登记管理有关事项的通知

（保监发〔2015〕28号　2015年3月5日）

各保险公司、再保险公司、保险经纪公司：

为了进一步规范再保险信用风险管理，加强对再保险接受人和再保险经纪人的监管，实现再保险市场健康协调发展，中国保监会决定建立再保险登记管理制度。现将有关事项通知如下：

一、本通知所称再保险接受人是指承接其他保险人转移的保险业务的保险人。包括保险公司、再保险公司、自保公司、互助保险组织、再保险共同体、劳合社及辛迪加，以及中国保监会认定的其他类型保险机构（以下统称保险机构）。

本通知所称再保险经纪人是指基于再保险分出公司利益、为再保险分出公司与分入公司订立再保险合同提供中介服务、并依法收取佣金的机构。

二、适用范围

（一）所有与在中华人民共和国境内（不含港、澳、台地区，下同）注册的分出公司开展再保险业务（以下简称参与中国境内再保险业务）的再保险接受人和再保险经纪人，均应按照本通知要求在中国保监会建立的再保险登记系统（以下简称登记系统）进行登记。

（二）中国境内的再保险接受人、再保险经纪人，及经其授权的分支机构作为一个用户，由其总公司统一注册并登记。

中国境外的再保险接受人、再保险经纪人，及参与中国境内再保险业务的每一个分支机构均应单独注册并登记信息。

劳合社及其参与中国境内再保险业务的每一个辛迪加均应单独注册并登记信息。

再保险共同体作为一个用户，注册并登记信息。

中国境内仅分出、不分入保险业务的保险机构可只注册，不需登记信息。

三、登记管理

（一）中国境内的再保险接受人和再保险经纪人向中国保监会提交注册申请后，获得用户名和初始密码，注册后在登记系统登记信息。

（二）中国境外的再保险接受人和再保险经纪人在注册前，需由中国境内已在登记系统注册的保险机构或再保险经纪人向中国保监会引荐，并在登记系统上传《引荐函》（格式见附件）。

引荐机构应与被引荐机构已有再保险合作，或者即将开展再保险合作。

被引荐机构可自行选择一家引荐机构。境外被引荐机构如果在境内有关联企业的，应由关联企业进行引荐。

每次引荐有效期为三年。在有效期到期前，被引荐机构可选择原引荐机构继续引荐，也可重新选择引荐机构。

（三）根据引荐机构的申请，登记系统向被引荐机构预留的邮箱自动发送注册账户和初始密码。被引荐机构应在收到登记系统注册邮件15日内在登记系统注册。超过注册有效期，账户和密码将自动失效。

（四）中国境内注册用户遗失密码，应向中国保监会提交密码重置申请；中国境外注册用户遗失密码，应由引荐机构向中国保监会提交密码重置申请。

（五）在登记系统进行登记的再保险接受人或再保险经纪人经登记系统审核通过后，成为有效的再保险接受人或再保险经纪人，并在有效清单中列明，有效期为三个月。

超过有效期未更新信息或引荐函过期的，登记系统自动将其从有效清单中剔除，直至其更新信息或重新获得引荐并审核通过后恢复有效状态。超过有效期截止日三个月仍未更新信息或仍未获得重新引荐的，需按照新用户重新申请注册。

四、审核标准

（一）再保险接受人应符合以下要求：

1. 合约再保险业务的首席接受人或合约再保险业务的最大份额接受人最新财务实力评级至少应符合下列标准之一：

（1）标准普尔（Standard & Poor's）评级应不低于 A－；

（2）A. M. Best 评级应不低于 A－；

（3）穆迪（Moody's）评级应不低于 A3；

（4）惠誉（Fitch）评级应不低于 A－。

合约再保险业务的其他再保险接受人最新财务实力评级至少应符合下列标准之一：

（1）标准普尔（Standard & Poor's）评级应不低于 BBB；

（2）A. M. Best 评级应不低于 B＋＋；

（3）穆迪（Moody's）评级应不低于 Baa；

（4）惠誉（Fitch）评级应不低于 BBB。

2. 再保险接受人的实有资本金加公积金之和不得低于 2 亿元人民币或等值货币，并且当合约再保险业务的首席接受人或合约再保险业务的最大份额接受人为非专业再保险机构时，其实有资本金加公积金之和不得低于 10 亿元人民币或等值货币。

3. 再保险接受人的偿付能力应当符合其注册地监管当局的要求。

4. 再保险接受人在再保险合同起期前的两个会计年度无重大违法违规行为。

如再保险接受人为分支机构，则其总公司应符合上述有关要求。

专业再保险机构成立四年内，可不受第 1 项限制。中国核保险共同体、中国农业保险再保险共同体或成员公司、中国保监会认可的其他保险组织，及保险机构通过上述组织开展相关业务时，可不受第 1、2 项限制。

（二）再保险经纪人应合法经营，遵循自愿、诚实信用和公平竞争的原则开展业务，并投保职业责任保险。中国保监会对再保险经纪人另有规定的，从其规定。

五、登记内容

（一）保险公司、再保险公司、自保公司、互助保险组织在登记系统进行登记，需提供以下信息：

1. 公司名称；

2. 公司地址；

3. 注册地保险监管部门营业许可；

4. 公司营业执照或同等效力证明文件；

5. 最近三年经审计的年度财务报告，开业不足三年的，提供开业至今的财务报告；

6. 前三大股东的名称及份额，股东不足三个的，按实际情况提供（互助保险组织选填）；

7. 标准普尔（Standard & Poor's）、贝氏（A. M. Best）、穆迪（Moody's）或惠誉（Fitch）财务实力评级及评级报告（选填）；

8. 资本金加公积金之和（互助保险组织填写净资产）；

9. 注册地保险监管机构出具的最近两年无重大违法违规行为的证明；

10. 注册地保险监管机构出具的偿付能力满足当地相关法律法规的证明；

11. 相关再保险业务数据；

12. 再保险结算银行账户信息；

13. 联系人及联系方式；

14. 母公司名称及注册地（仅子公司适用）；

15. 总公司名称及注册地（仅分公司适用）；

16. 中国保监会规定的其他内容。

（二）再保险共同体在登记系统进行登记，需提供以下信息：

1. 再保险共同体名称；

2. 管理机构所在国家或者地区；

3. 管理机构地址；

4. 成员公司名单及所在国家或地区；

5. 所有成员公司向各自注册地保险监管机构报告的最近一期偿付能力状况（偿付能力充足率以及是否符合当地保险监管要求）；

6. 标准普尔（Standard & Poor's）、贝氏（A. M. Best）、穆迪（Moody's）或惠誉（Fitch）财务实力评级及评级报告（选填）；

7. 业务范围；

8. 最近三年年度经营数据，成立不足三年的，提供开业至今的经营数据；

9. 相关再保险业务数据；

10. 再保险结算银行账户信息；

11. 联系人及联系方式；

12. 中国保监会规定的其他内容。

（三）劳合社在登记系统进行登记，需提供以下信息：

1. 名称；

2. 注册地监管部门营业许可；

3. 营业执照或同等效力的证明文件；

4. 净资产；

5. 标准普尔（Standard & Poor's）、贝氏（A. M. Best）、穆迪（Moody's）或惠誉（Fitch）财务实力评级及评级报告（选填）；

6. 最近三年经审计的年度财务报告；

7. 注册地保险监管机构出具的最近两年无重大违法违规行为的证明；

8. 注册地保险监管机构出具的偿付能力满足当地相关法律法规的证明；

9. 相关再保险业务数据；

10. 联系人及联系方式；

11. 中国保监会规定的其他内容。

辛迪加在登记系统进行登记，需提供以下信息：

1. 辛迪加代码；

2. 组成辛迪加的成员名单；

3. 辛迪加最近三年经审计的年度财务报告；

4. 标准普尔（Standard & Poor's）、贝氏（A. M. Best）、穆迪（Moody's）或惠誉（Fitch）国际信用评级机构的财务实力评级及评级报告（选填）；

5. 相关再保险业务数据；

6. 辛迪加管理代理公司名称；

7. 辛迪加管理代理公司简介；

8. 再保险结算银行账户信息；

9. 联系人及联系方式；
10. 中国保监会规定的其他内容。
（四）再保险经纪人在登记系统进行登记，需提供以下信息：
1. 公司名称；
2. 公司地址；
3. 注册地监管部门营业许可（选填）；
4. 公司营业执照或同等效力证明文件；
5. 最近三年经审计的年度财务报告；
6. 前三大股东的名称及份额；
7. 资本金；
8. 母公司名称及注册地（仅子公司适用）；
9. 总公司名称及注册地（仅分公司适用）；
10. 公司高管人员名单及简历；
11. 职业责任保单及责任限额；
12. 相关再保险业务数据；
13. 再保险结算银行账户信息；
14. 联系人及联系方式；
15. 中国保监会规定的其他内容。

六、信息披露

（一）再保险接受人在出现下列情况之一时，应在 15 日内在登记系统中披露：
1. 偿付能力低于注册地保险监督机构的监管要求；
2. 折偿（commutation）；
3. 财务实力评级降级；
4. 兼并或重组；
5. 合并、转让、分设；
6. 因重大违法违规行为受到监管部门处罚；
7. 被监管部门接管；
8. 破产清算；
9. 中国保监会规定的其他情形。
（二）再保险经纪人在出现下列情况之一时，应在 15 日内在登记系统中披露：
1. 兼并或重组；
2. 合并、转让、分设；
3. 因重大违法违规行为受到监管部门处罚；
4. 被监管部门接管；
5. 破产清算；
6. 中国保监会规定的其他情形。

七、监督管理

（一）再保险接受人、再保险经纪人应本着最大诚信原则，真实、准确、完整、及时地登记相关信息。如果委托其他机构代为登记，所填信息全部视同自主填写，并对信息内容的真实性、准确性和及时性负全部责任。但与该机构存在再保险利益关系的机构不得代为登记，包括但不限于再保险分出公司、再保险经纪人和关联企业。

（二）登记系统根据本通知第四条规定的标准对再保险接受人、再保险经纪人登记的信息自动审核。符合标准的再保险接受人自动进入合约首席及最大份额接受人有效清单、其他合约接受人有效清单和临分接受人有效清单，符合标准的再保险经纪人自动进入再保险经纪人有效清单。

（三）在登记系统中注册的中国境内保险机构和再保险经纪人，具有查询再保险接受人和再保险经纪人信息、有效清单和发现举报不实信息的权利。

中国保监会负责确定和调整可查询信息的范围。

（四）中国境内的保险机构在选择再保险接受人或再保险经纪人时，应在登记系统生成的有效清单中选择，不得与有效清单之外的再保险接受人或再保险经纪人开展再保险业务。

（五）当登记系统中有效的再保险接受人、再保险经纪人变为无效状态时，再保险分出公司应该立即停止与该再保险接受人或再保险经纪人订立新的再保险合同，直到该再保险接受人或再保险经纪人恢复至有效状态。

（六）如再保险接受人、再保险经纪人故意隐瞒信息或者故意发布虚假信息，经确认属实后，将被从有效清单中剔除，并列入黑名单，且2年内不得恢复、不得再次登记。

对于多次故意隐瞒信息或者故意发布虚假信息，经确认属实后，将被从有效清单中剔除，并列入黑名单，且10年内不得恢复、不得再次登记。

（七）中国境内的再保险分出公司与登记系统有效清单之外的再保险接受人或者再保险经纪人开展业务的，将按照《中华人民共和国保险法》等法律法规追究责任。

（八）所有中国境内注册用户对通过登记系统知悉的信息负有保密义务，不得将其用于本机构再保险业务安排之外的用途。如有违反，经确认属实后，列入黑名单。

八、其他

（一）转分保接受人和转分保经纪人适用本通知。

（二）本通知自2016年1月1日起执行。《关于再保险业务安全性有关问题的通知》（保监发〔2007〕112号）和《关于建立再保险信息定期报告制度的通知》（保监发〔2009〕25号）同时废止。

（三）关于登记系统的启用时间和操作方法，另行通知。

附件：引荐函（样本）

附件

引荐函
（样本）

中国保监会：

按照《中国保监会关于实施再保险登记管理的通知》（保监发〔2015〕28 号）要求，我公司拟引荐___________为我公司再保险接受人/经纪人。___________的基本情况如下：

引荐公司名称：	
引荐函编号：	机构代码 +“OR”（Offshore Reinsurer 代表离岸再保人）或“OB”（Offshore Broker 代表离岸再保经纪人）”+6 位自然编码
被引荐公司名称：	
被引荐公司所在国家或地区：	
被引荐公司是否为分公司：	是/否
引荐公司与被引荐公司是否有再保险合作：	是/否
引荐公司与被引荐公司是否是关联企业：	是/否
被引荐公司申请登记的电子邮箱：	
被引荐公司联系人姓名：	
被引荐公司联系人电话：	

引荐公司的名称及签章

××××年××月××日

中国保监会关于印发《机动车保险理赔基础指标第1号（试行）》的通知

（保监发〔2015〕27号 2015年2月26日）

各保监局，各财产保险公司，中国保险行业协会，中国精算师协会：

为落实全国保险监管工作会议精神，提高机动车保险理赔管理和服务标准的统一性和规范性，确保机动车保险理赔信息的一致性和可比性，督促财产保险公司提升车险理赔管理水平和服务质量，根据《保险法》《机动车辆保险理赔管理指引》等法律法规，我会研究制定了《机动车保险理赔基础指标第1号（试行）》（以下简称《基础指标》）。现印发给你们，并将有关事项通知如下：

一、各财产保险公司应加强理赔系统建设，不断提高车险理赔数据质量

一是对照《基础指标》中的数据规范，做好理赔系统升级改造，不断完善系统功能，提高理赔基础数据的真实性、准确性和完整性。财产保险公司向监管部门报送或对外发布机动车保险理赔方面的统计指标，应遵守《基础指标》的相关规定。

二是加强对机动车保险理赔基础指标的日常监测，根据指标所反映出的问题，改进机动车保险理赔管理工作，不断提升机动车保险理赔服务质量。

二、各保监局、保险行业协会应加强理赔服务监督，积极探索车险理赔评价机制

一是加强对本地区各财产保险机构机动车保险理赔管理和服务质量的监管，积极探索向社会公众发布理赔评价结果等工作机制，督促财产保险公司不断提升机动车理赔管理和服务质量。

二是结合本地区机动车保险理赔监管工作实践，加强对《基础指标》建设和使用的研究，提出丰富、完善《基础指标》的意见建议，不断增强机动车保险理赔基础指标的科学性和适用性，提高机动车保险理赔管理和服务评价的合理性和有效性。

各单位在使用《基础指标》过程中如有问题，请及时向我会财产保险监管部反馈。

本通知自印发之日起实施。

附：机动车保险理赔基础指标第1号（试行）（略）

中国保监会关于印发《深化商业车险条款费率管理制度改革试点工作方案》的通知

（保监产险〔2015〕24号　2015年3月20日）

各保监局、各财产保险公司、中国保险行业协会：

为落实全国保险监管工作会议精神，根据《中国保监会关于深化商业车险条款费率管理制度改革的意见》相关工作安排，我会研究制定了《深化商业车险条款费率管理制度改革试点工作方案》（以下简称《方案》），现印发给你们，请认真贯彻执行。各单位应高度重视、积极落实《方案》有关要求，确保商业车险条款费率管理制度改革稳步推进。

关于商业车险改革试点工作的其他规范性文件与《方案》不符的，以《方案》为准。

深化商业车险条款费率管理制度改革试点工作方案

根据《中国保监会关于深化商业车险条款费率管理制度改革的意见》及相关法律法规要求，制定《深化商业车险条款费率管理制度改革试点工作方案》（以下简称《方案》）。

一、工作目标

贯彻落实《中国保监会关于深化商业车险条款费率管理制度改革的意见》，明确任务分工，细化工作职责，确定试点地区及改革步骤，确保商业车险条款费率管理制度改革（以下简称“商业车险改革”）顺利开展。

二、工作任务

（一）中国保险行业协会

1. 拟定商业车险行业示范条款

（1）修订商业车险示范条款。根据社会经济环境和社会公众需求的变化，进一步对2012版示范条款进行修订、完善，理顺示范条款结构，修改易引发争议的文字，扩大保险保障范围，提高行业示范条款的标准化、通俗化水平。

（2）完善商业车险示范条款体系。丰富商业车险保障层次，在综合型示范条款基础上，进一步增加不同保障范围的商业车险示范条款，满足社会公众多样化的保险需求。

（3）完善商业车险配套单证。拟订与商业车险示范条款配套的投保单、免责事项说明书、保险单、保险卡等单证参考样本，提高行业承保工作的标准化、规范化程度。

（4）建立商业车险典型案例库。根据消费者在商业车险诉讼、投诉中集中反映的问题，对示范条款进行动态修订和完善。

2. 拟订商业车险保费行业基准

根据非寿险精算原理，按照保险费率与标的风险、经营成本相匹配的原则，商业车险费率厘定标准公式为：

保费 = 基准保费 × 费率调整系数。

其中，基准保费 = 基准纯风险保费/（1 – 附加费用率）。

中国保险行业协会应组织行业力量，推进车型标准数据库等行业基础设施建设，建立商业车险基准纯风险保费和主要费率调整系数等行业参考保费基准的测算、发布、调整机制，为行业提高费率厘定工作的科学性、合理性、准确性提供支持。

（1）测算商业车险行业基准纯风险保费，逐步从地区、车型、使用年限、使用性质等不同维度准确反映被保险机动车的行业平均赔付水平。

（2）研究商业车险保费与以往年度保险赔款记录、交通违法记录等重要影响因素的相关关系，制定行业无赔款优待系数、交通违法系数等费率调整参考方案。

（3）根据全行业商业车险经营数据，对商业车险行业参考保费基准进行动态调整。

3. 建立商业车险创新型条款评估和保护机制

中国保险行业协会应建立商业车险创新型条款评估专家库，设立商业车险创新型条款审核委员会，建立科学合理的商业车险创新型条款评估机制，对财产保险公司自主开发条款的创新性、合法性、合理性进行行业评估。探索建立商业车险创新型条款保护机制，对商业车险创新型产品给予一定期间的保护。

（二）财产保险公司

1. 自主确定商业车险条款

财产保险公司可以选择使用商业车险行业示范条款或自主开发商业车险创新型条款。同一财产保险公司可以同时使用示范条款和创新型条款。

2. 科学厘定商业车险费率

财产保险公司应根据非寿险精算原理，依据基准纯风险保费和附加费用率测算本公司商业车险基准保费。同时，制定科学合理的费率调整系数表，根据本公司承保标的风险水平与行业平均风险水平之间的差异，以及个别业务经营成本与本公司平均经营成本之间的差异，制定费率调整系数具体使用规则，通过费率调整系数对基准保费进行调整，合理厘定被保险机动车的实际费率。

（1）自主测算商业车险基准附加费用率。财产保险公司原则上应根据本公司最近三年商业车险实际费用水平，测算本公司商业车险保费的附加费用率。基于阶段性的市场经营策略，也可参考行业平均费用水平测算本公司商业车险保费附加费用率。

（2）财产保险公司选择使用商业车险示范条款的，可分别在［－15%，＋15%］范围内，自主制定“核保系数”和“渠道系数”费率调整方案。中国保监会将根据保险市场发展水平，不断扩大财产保险公司费率调整自主权。超过中国保监会规定自主调整范围的，应单独向中国保监会报批。

（3）财产保险公司厘定商业车险费率方案后，应对本公司车险保费充足度和定价风险进行评估，并测算该定价方案对本公司综合成本率和偿付能力的影响。

3. 依法报批商业车险条款费率

财产保险公司应按照《保险法》、《财产保险公司保险条款和保险费率管理规定》及相关法律法规要求，遵循公平合理、科学审慎原则拟订商业车险条款费率，杜绝频繁调整条款费率损害保险消费者权益，破坏保险市场合理秩序。除精算预期与经营实际发生重大偏差等原因外，原则上财产保险公司调整商业车险条款费率的频率不高于半年一次。

财产保险公司应将拟使用的商业车险条款费率报中国保监会审核。报送条款费率申请时，应当提交下列材料：

（1）申请文件；

（2）审批表一式两份；

（3）商业车险条款文本，财产保险公司选择使用商业车险行业示范条款的，应在申请文件中进行说明，不需报送示范条款全文；

（4）商业车险费率和精算责任人签署的费率精算报告；

（5）商业车险条款和费率的说明材料，包括条款和费率的主要特点、市场风险、经营风险分析，财产保险公司选择使用商业车险行业示范条款的，不需报送相关具体分析内容；

（6）法律责任人和精算责任人声明书；

（7）财产保险公司自主开发商业车险创新型条款的，除应当提交上述规定的（1）–（6）项材料之外，还应当提交中国保险行业协会出具的条款创新性评估报告，并对该创新型条款与行业示范条款的区别进行对比说明。

4. 建立商业车险条款费率监测调整机制

财产保险公司应建立健全商业车险费率监测调整机制，动态监测、分析费率精算假设与市场实际情况的偏离度。试点地区相关财产保险机构后期实际发生的车险综合赔付率、综合费用率、综合成本率等主要经营指标较前期车险费率精算报告中假设的预期综合赔付率、预期综合费用率、预期综合成本率等指标发生重大偏离，尤其是车险综合成本率上升幅度超过本财产保险机构综合成本率前三个年度相应期间平均同比变动幅度（取绝对值计算）时，应及时对商业车险费率进行调整，并重新向中国保监会报批。

三、工作步骤

（一）试点准备阶段

1. 中国保险行业协会、财产保险公司根据中国保监会统一部署，分别成立相关工作组，拟订本单位商业车险改革具体工作方案，细化任务、落实责任。

2. 中国保险行业协会拟定和发布商业车险行业示范条款、配套单证及行业保费基准；财产保险公司选择使用行业示范条款或开发创新型条款，厘定本公司商业车险费率。

3. 财产保险公司开展业务人员培训、业务流程改造、信息系统调试、业务单证印刷等工作，确保改革后平稳、顺利向客户提供商业车险承保理赔服务。

（二）试点实施阶段

黑龙江、山东、青岛、广西、陕西、重庆等六个地区为商业车险改革试点地区。

1. 自2015年4月1日起，经营商业车险业务的财产保险公司可按照本《方案》要求，向中国保监会申报商业车险条款费率，并执行相关监管规定。

2. 中国保监会组织对试点地区财产保险机构逐一开展现场验收，验收内容包括公司制度建设、流程改造、系统调试、人员培训等是否符合改革试点相关要求，对于未通过现场验收的公司应限期整改直至符合要求。

3. 经中国保监会批准，试点地区财产保险机构可使用新的商业车险条款费率。原商业车险条款费率停止使用。

（三）试点推广阶段

总结商业车险改革试点经验，修订完善商业车险改革方案并适时推广。

四、监督管理

（一）中国保监会

1. 加强对财产保险公司商业车险条款费率拟订的监管。至少每半年对各财产保险公司试点地区保险机构商业车险费率进行一次回溯分析。相关财产保险机构后期实际发生的车险综合赔付率、综合费用率、综合成本率等主要经营指标较前期车险费率精算报告中假设的预期综合赔付率、预期综合费用率、预期综合成本率等指标发生重大偏离，尤其是车险综合成本率上升幅度超过本财产保险机构综合成本率前三个年度相应期间平均同比变动幅度（取绝对值计算），且未主动向中国保监会申请调整的，由保险监督管理机构责令停止使用，限期修改；情节严重的，可以在一定期限内禁止申报新的商业车险费率。

2. 加强对财产保险公司商业车险条款费率使用的监管。加大非现场和现场检查力度，对未按照规定申请批准商业车险条款费率的、未按照规定使用经批准的商业车险条款费率的，依法进行严厉查处。

3. 加强对财产保险公司偿付能力的监管。强化偿付能力刚性约束，将偿付能力不足的财产保险公司列为重点监管对象并采取相应的监管措施。

（二）保监局

1. 对当地财产保险机构商业车险改革情况进行指导、监督和检查，并将有关情况向中国保监会报告。

2. 持续开展非现场监管。密切关注并跟踪分析辖区内财产保险市场发展情况、商业车险条款费率执行情况、理赔服务情况和竞争秩序情况，测算各财产保险机构相关监管指标与当地市场整体水平的偏离度。在非现场监管中应重点关注：

（1）商业车险理赔服务质量、诉讼率、投诉率等指标及其变动情况；

（2）改革启动后车险综合成本率显著高于当地市场平均水平，且车险原保险保费收入增长率超过当地市场平均水平的财产保险机构情况；

（3）改革启动后车险综合成本率同比或环比大幅上升，且车险原保险保费收入增长率同比或环比提高的财产保险机构情况。

3. 加大现场检查力度。根据非现场监管分析结果选择现场检查重点对象，遏制商业车险违法违规行为，防止不正当竞争。现场检查时应重点关注下列行为：

（1）未按照规定申请批准商业车险条款费率的；

（2）未按照规定使用经批准的商业车险条款费率的；

（3）未按规定履行条款费率提示和说明义务，不明确解释不同类型条款保障范围差异，单纯比较附加费用率、个别费用浮动系数等费率构成要素，使用全险全赔等不全面、不准确、不真实概念误导消费者投保的；

（4）代替投保人在投保单、告知书等资料上签名的；

（5）通过虚假广告、虚假宣传、诋毁同业公司、给予或承诺给予投保人或被保险人保险合同以外的其他利益等形式进行不正当竞争的；

（6）以排挤竞争对手为目的，低于成本销售商业车险的；

（7）商业车险财务业务数据不真实的；

（8）商业车险理赔服务质量下降，存在拖赔、惜赔、无理拒赔行为的。

五、工作要求

（一）统一思想，加强领导

深化商业车险改革工作是《国务院关于加快发展现代保险服务业的若干意见》中的一项重要工作，是国务院推进保险业改革创新，全面提升行业发展水平的重大决策。各单位应成立由主要负责人牵头，各相关部门共同参加的商业车险条款费率管理制度改革领导小组和工作组，科学决策，积极落实，确保改革试点工作顺利推进。

（二）认真部署，有序推进

各单位要按照中国保监会《关于深化商业车险条款费率管理制度改革的意见》和本《方案》要求，结合本地区、本系统实际，有步骤、有重点，合理推进改革试点工作。财产保险公司应精心组织，合理安排，抽调法律、精算、业务、财务、信息、客服等相关部门精干力量，组建工作小组，明确职责分工，充分考虑改革实施中可能出现的风险和问题，审慎制定具有指导性、实效性、可操作性的改革实施方案和应急方案，切实防范定价风险、偿付能力风险和其他经营管理风险。

（三）总结经验，完善政策

各单位要组织开展商业车险改革的政策宣导，做好试点地区商业车险改革的解释说明工作，普及保险知识，提升消费者保险意识，为改革创造良好环境。

各单位要按照商业车险改革的整体工作部署，对改革试点效果进行跟踪评估和研究分析，深入剖析典型案例和问题，认真总结试点过程中好的经验做法，积极提出完善商业车险改革措施的意见建议，为商业车险改革全面实施奠定基础。

中国保监会关于印发《农业保险承保理赔管理暂行办法》的通知

（保监发〔2015〕31号　2015年3月17日）

各保监局、中国保险行业协会、中国保险信息技术管理有限责任公司、各财产保险公司、中国财产再保险有限责任公司：

为进一步贯彻落实《农业保险条例》，规范农业保险承保理赔业务管理，切实维护参保农户利益，确保国家强农惠农富农政策有效落实。经会签财政部、农业部，我会制定了《农业保险承保理赔管理暂行办法》，现印发给你们，请遵照执行。

农业保险承保理赔管理暂行办法

第一章　总　则

第一条　为规范农业保险承保理赔业务管理，切实维护参保农户利益，防范农业保险经营风险，保障农业保险持续健康发展，根据《中华人民共和国保险法》、《农业保险条例》等相关法律法规，制定本办法。

第二条　本办法适用于种植业保险和养殖业保险业务。价格保险和指数保险等创新型业务、以及森林保险业务另行规定。

第二章　承保管理

第一节　投　保

第三条　保险公司应严格履行明确说明义务，在投保单、保险单上作出足以引起投保人注意的提示，并向投保人说明投保险种的保险责任、责任免除、合同双方权利义务、理赔标准和方式等条款重要内容。由农业生产经营组织或村民委员会组织农户投保的，可组织投保人、被保险人集中召开宣传说明会，现场发放投保险种的保险条款，讲解保险条款中的重点内容。

第四条　保险公司和组织投保的单位应确保农户的知情权和自主权，不得欺骗误导农户投保，不得以不正当手段强迫农户投保或限制农户投保。

保险公司及其工作人员不得向投保人、被保险人承诺给予保险合同约定以外的保险费回扣或者其他利益。

第五条　保险公司应准确完整记录投保信息。投保信息应至少包括：

（一）客户信息。投保人和被保险人姓名或者组织名称、身份证号码或组织机构代码、联系方式、居住地址；

（二）保险标的信息。保险标的数量、地块或村组位置（种植业）、养殖地点和标识信息（养殖业）；

（三）其他信息。投保险种、保费金额、保险费率、自缴保费、保险金额、保险期间。

上述信息应在业务系统中设置为必录项，确保投保信息规范、完整、准确。

第二节 承 保

第六条 保险公司应根据保险标的风险状况和分布情况，采用全检或者抽查的方式查验标的，核查保险标的位置、数量、权属和风险状况。条件允许的，保险公司应从当地农业、国土资源、财政等部门或相关机构取得保险标的有关信息，以核对承保信息的真实性。

承保种植业保险，应查验被保险人土地承包经营权证书或土地承包经营租赁合同。被保险人确实无法提供的，应由相关主管部门出具证明材料。承保养殖业保险，应查验保险标的存栏数量、防灾防疫、标识佩戴等情况。被保险人为规模养殖场的，应查验经营许可资料。

保险公司应对标的查验情况进行拍摄，影像应能反映查验人员、查验日期、承保标的特征和规模，确保影像资料清晰、完整、未经任何修改，并上传至业务系统作为核保的必要内容。

第七条 农业生产经营组织或村民委员会组织农户投保的，应制作分户投保清单，详细列明被保险人及保险标的信息。投保清单在农业生产经营组织或者村民委员会核对并盖章确认后，保险公司应以适当方式在村级或农业生产经营组织公共区域进行不少于3天的公示。如农户提出异议，应在调查确认后据实调整。确认无误后，应将投保分户清单录入业务系统。

第三节 核 保

第八条 保险公司应在业务系统中注明投保人身份，严格审核保险标的权属，不得将对保险标的不具有保险利益的组织或个人确认为被保险人。

保险公司应确认由投保人或被保险人本人在承保业务单证（包括分户投保清单）上签字或盖章。特殊情形可以由投保人或被保险人直系亲属代为办理，同时注明其与被保险人的关系。

第九条 保险公司应加强核保管理，合理设置核保权限，由省级分公司或总公司集中核保。对投保清单、保险标的权属及数量、实地验标、承保公示等关键要素进行严格审核，不符合规定要求和缺少相关内容的，不得核保通过。

第十条 保险公司应加强批改管理，对于重要承保信息的批改，应由省级分公司或总公司审批。

第四节 收费出单

第十一条 保险公司应在确认收到农户自缴保费后，方可出具保险单。保险单或保险凭证应发放到户。

第十二条 对享受国家财政补贴的险种，保险公司应按规定及时向有关部门提供承保信息，以便协调结算财政补贴资金。

第三章 理赔管理

第十三条 保险公司应以保障投保农户合法权益为出发点，贯彻“主动、迅速、科学、合理”的原则，重合同、守信用，做好理赔工作。

第一节 报 案

第十四条 保险公司应加强接报案管理，保持报案渠道畅通。农业保险报案应由省级分公司或总公司集中受理，报案信息应及时准确录入业务系统。对于省级以下分支机构或经办人员直接收到农户报案的，保险公司应引导或协助农户报案。对于超出报案时限的案件，应在业务系统中录入延迟报案的具体原因。

接到报案后，应及时生成报案号记录和分派查勘任务，并即时通知报案人后续工作安排。

第二节　查勘定损

第十五条　保险公司应在接到报案后 24 小时内进行现场查勘，因不可抗力或重大灾害等原因难以及时到达的，应及时与报案人联系并说明原因。

发生大面积种植业灾害，保险公司可依照相关农业技术规范抽取样本测定保险标的损失程度。鼓励保险公司委托农业技术等专业第三方机构协助制定查勘规范。

发生养殖业事故，保险公司应对死亡标的拍摄，并将其标识录入业务系统，保险公司业务系统应具备标识唯一性的审核、校验功能，出险标的耳号标识应在业务系统内自动注销。保险公司应配合相关主管部门督促养殖户依照国家规定对病死标的进行无害化处理，并将无害化处理作为理赔的前提条件，不能确认无害化处理的，不予赔偿。

第十六条　保险公司应对损失情况进行拍摄，查勘影像应能体现查勘人员、拍摄位置、拍摄日期、被保险人或其代理人、受损标的特征、规模或损失程度，确保影像资料清晰、完整、未经任何修改，并上传业务系统作为核赔的必要档案。

第十七条　查勘结束后，保险公司应及时缮制查勘报告。查勘报告要注明查勘时间和地点，并对标的受损情况、事故原因以及是否属于保险责任等方面提出明确意见。查勘报告应根据现场查勘的原始记录缮制，原始记录应由查勘人员和被保险人签字确认，不得遗失、补记和做任何修改。

第十八条　保险公司应及时核定损失。种植业保险发生保险事故造成绝收的，应在接到报案后 20 日内完成损失核定；发生保险事故造成部分损失的，应在农作物收获后 20 日内完成损失核定。养殖业保险应在接到报案后 3 日内完成损失核定。发生重大灾害、大范围疫情以及其他特殊情形除外。

对于损失核定需要较长时间的，保险公司应做好解释说明工作。

第十九条　保险公司应根据定损标准和规范科学定损，并做到定损结果确定到户。省级分公司或总公司应对原始定损结果进行抽查。

第二十条　保险公司应加强案件拒赔管理。对于不属于保险责任的，应在核定之日起 3 日内向被保险人发出拒赔通知书，并做好解释说明工作。查勘照片、查勘报告和拒赔通知书等理赔材料应上传业务系统管理。

第三节　立　案

第二十一条　保险公司应在确认保险责任后，及时立案。报案后超过 10 日尚未立案的，业务系统应强制自动立案。保险公司应逐案进行立案估损，并根据查勘定损情况及时调整估损金额。

第四节　理赔公示

第二十二条　农业生产经营组织、村民委员会等组织农户投保种植业保险的，保险公司应将查勘定损结果、理赔结果在村级或农业生产经营组织公共区域进行不少于 3 天的公示。保险公司应根据公示反馈结果制作分户理赔清单，列明被保险人姓名、身份证号、银行账号和赔款金额，由被保险人或其直系亲属签字确认。农户提出异议的，保险公司应进行调查核实后据实调整，并将结果反馈。

第五节　核　赔

第二十三条　保险公司应加强核赔管理，合理设置核赔权限。原则上，权限应集中至省级分公司或总公司。

第二十四条　保险公司应对查勘报告、损失清单、查勘影像、公示材料等关键要素进行严格审核，重点核实赔案的真实性和定损结果的合理性。

第六节 赔款支付

第二十五条 属于保险责任的，保险公司应在与被保险人达成赔偿协议后 10 日内支付赔款。农业保险合同对赔偿保险金的期限有约定的，保险公司应当按照约定履行赔偿保险金义务。

第二十六条 农业保险赔款原则上应通过转账方式支付到被保险人银行账户，并留存有效支付凭证。财务支付的收款人名称应与被保险人一致。

第四章 协办业务管理

第二十七条 保险公司应加强自身能力建设，自主经营，自设网点。在基层服务网点不健全的区域，可以委托基层财政、农业等机构协助办理农业保险业务。

第二十八条 保险公司委托基层财政、农业等机构协助办理农业保险业务的，应按照公平、自主自愿的原则，与协办机构签订书面合同，明确双方权利义务，并由协办机构指派相关人员具体办理农业保险业务。保险公司应将每年确定的协办机构和人员名单报所在地区保险监管部门备案。

第二十九条 保险公司应定期对协办人员开展培训，包括国家政策、监管要求、经办流程、人员责任等。

第三十条 协办业务双方应按照公平、公正、按劳取酬的原则，合理确定工作费用，并建立工作费用激励约束机制。保险公司应加强工作费用管理，确保工作费用仅用于协助办理农业保险业务，不得挪作他用。工作费用应通过转账方式支付。

除工作费用外，保险公司不得给予或承诺给予协办机构、协办人员合同约定以外的回扣或其他利益。

第三十一条 保险公司应加强对协办业务的管理，确保其规范运作。要制定协办业务管理办法，加强对协办业务的指导和管理。应当将协办业务的合规性列为公司内部审计的重点，发现问题及时处理、纠正。

各地保监局应结合本地实际情况，确定保险公司可以委托第三方机构协办的业务种类、业务比例及对协办业务的抽查比例等。

第五章 内控管理

第三十二条 保险公司应建立客户回访制度。被保险人为规模经营主体的，应实现全部回访，其他被保险人应抽取一定比例回访。承保环节重点回访核实保险标的权属和数量、自缴保费、告知义务履行以及承保公示等情况。理赔环节重点回访核实受灾品种、损失情况、查勘定损过程、赔款支付、理赔公示等情况。保险公司应详细记录回访时间、地点、对象和回访结果等内容，并留存回访录音或走访记录等资料备查。

第三十三条 保险公司应建立投诉处理制度。农户投诉农业保险相关事项的，保险公司应及时受理、认真调查，在规定时限内做出答复。

第三十四条 保险公司应建立农业保险分级审核制度，根据承保、理赔涉及的数量和金额合理确定审核权限，留存审核手续，落实各层级、各环节的管理责任。

第三十五条 保险公司应建立农业保险内部稽核制度，根据《农业保险条例》、有关监管规定以及公司内控制度，定期对分支机构农业保险业务进行核查，并将核查结果及时报告保险监管部门。

第三十六条 保险公司应建立档案管理制度。承保档案应包括投保单、保险单、实地查验影像、公示影像、保费发票或收据等资料。理赔档案应包括出险通知书或索赔申请书、查勘报告、查勘影像、公示影像、赔款支付证明等资料。公示影像资料应能够反映拍摄日期、地点和公示内容。上述资料应及时归档、集中管理、妥善保管。

第三十七条　保险公司应加强防灾防损工作，根据农业灾害特点，因地制宜地开展预警、防灾、减损等工作，提高农业抵御风险的能力。

第三十八条　保险公司应加强信息管理系统建设，实现农业保险全流程系统管理，承保、理赔、再保险和财务系统应无缝对接。信息管理系统应能够实时监控承保理赔情况，具备数据管理和统计分析功能。

第三十九条　保险公司应加强服务能力建设，建立分支机构服务能力标准，完善基层服务网络，提高业务人员素质，确保服务能力和业务规模相匹配。

第六章　附　则

第四十条　保险公司应根据本办法制定公司农业保险承保理赔业务管理实施细则，并报保监会备案。

第四十一条　农业互助保险组织参照执行。

第四十二条　本办法未作规定的，适用《保险法》、《农业保险条例》中的经营规则和监督管理的有关规定。

第四十三条　本办法自 2015 年 4 月 1 日起施行，实施期限为三年。《关于加强农业保险承保管理工作的通知》（保监产险〔2011〕455 号）和《关于加强农业保险理赔管理工作的通知》（保监发〔2012〕6 号）同时废止。

中国保监会关于商业车险改革试点地区条款费率适用有关问题的通知

（保监产险〔2015〕47 号 2015 年 4 月 29 日）

黑龙江、山东、广西、重庆、陕西、青岛保监局，各财产保险公司，中国保险行业协会：

《中国保监会关于深化商业车险条款费率管理制度改革的意见》（保监发〔2015〕18 号，以下简称《意见》）和《中国保监会关于印发〈深化商业车险条款费率管理制度改革试点工作方案〉的通知》（保监产险〔2015〕24 号，以下简称《通知》）印发以来，各保监局、各财产保险公司和中国保险行业协会高度重视，积极落实商业车险条款费率管理制度改革政策要求。为深入推进改革相关工作，各财产保险公司应于 2015 年 6 月 1 日前，停止使用黑龙江、山东、广西、重庆、陕西、青岛等六个保监局所辖地区现行商业车险条款、费率，并按照《意见》和《通知》规定，及时拟订、报批新商业车险条款和费率。

中国保监会关于加强保险公司再保险关联交易信息披露工作的通知

（保监发〔2015〕44号　2015年4月17日）

各保险公司：

为加强对保险公司再保险关联交易的监管，防范再保险经营风险，现就加强再保险关联交易信息披露工作的有关事项通知如下：

一、保险公司与关联企业从事再保险交易应遵循合规、诚信、公允的原则。

二、保险公司应加强对再保险关联交易的内部管理和风险控制，并做好相关信息统计工作。

三、保险公司应于每季度结束后的30日内，将当年累计至该季度的《保险公司与关联企业再保险交易统计表1－比例再保险》和《保险公司与关联企业再保险交易统计表2－非比例再保险》（详见附件）通过保监会电子文件传输系统（正式公文）报送至保监会财产保险监管部。

四、本通知自发布之日起实施，《中国保监会关于外资保险公司与其关联企业从事再保险交易有关问题的通知》（保监发〔2014〕19号）和《关于启用中国保监会外资保险公司再保险关联交易登记系统的通知》（保监厅函〔2010〕579号）同时废止。

附件：1. 保险公司与关联企业再保险交易统计表1－比例再保险（略）

2. 保险公司与关联企业再保险交易统计表2－非比例再保险（略）

中国保监会关于加强互联网平台保证保险业务管理的通知

（保监产险〔2016〕6号　2016年1月19日）

各财产保险公司：

为加强互联网信贷平台（以下简称互联网平台）保证保险业务管理，促进互联网平台保证保险业务持续健康发展，现就有关事项通知如下：

一、本通知所称互联网平台保证保险业务是指保险公司以互联网信贷平台为中介，为平台上的借款人（即投保人）和出借人（即被保险人）双方提供保证保险服务的业务。保险公司从事互联网平台保证保险业务应当以保护保险消费者权益为宗旨，遵循公平公正、诚实守信原则。

二、保险公司开展互联网平台保证保险业务应当遵守偿付能力监管要求。保险公司经营互联网平台保证保险业务时，应当充分考虑“偿二代”监管制度对该类业务的资本约束，确保该业务的整体规模与公司资本实力相匹配。

三、保险公司应当严格选择互联网平台。保险公司不得与存在提供增信服务、设立资金池、非法集资等损害国家利益和社会公众利益行为的互联网平台开展合作，并在与互联网平台签订的协议中，明确合作互联网平台不得存在上述禁止行为。

四、保险公司应当严格审核投保人资质。保险公司应当了解投保人的资金流向、财务状况、历史信用记录、还款来源、偿债能力等信息，并结合自身业务发展和资产规模情况，选择信誉良好的优质客户，审慎开展业务。

五、保险公司应当明确合作互联网平台的信息披露义务。在保险公司与互联网平台签署的协议中，应当明确互联网平台不得采取扩大保险责任等方式开展误导性宣传。应当明确互联网平台上的相关业务界面包含对应的保险条款（或链接），且需出借人、借款人阅知确认，确保借贷双方充分知悉该互联网平台合作的保险公司及保险条款信息。

六、保险公司应当加强互联网平台保证保险产品管理。对适用于互联网平台上的保证保险条款，应对投保人、被保险人的类型予以明晰，对保险条款中的免除责任作醒目提示，不得损害投保人、被保险人的权益。

七、保险公司应当建立严格的风险管控机制。保险公司应当坚持小额分散的发展模式，对同一投保人单笔借款和累计借款应当分别设定承保限额。保险公司应当建立健全风险审核机制，通过内部独立信用调查、委托第三方风险评估机构等方式开展风险审核工作。

八、保险公司应当加强信息系统管控。保险公司应当完善核心业务系统，与合作的互联网平台及合作的金融机构实现信息系统有效对接，加强互联网平台上信息发布情况、业务资金流向、借款人风险和信用状况等数据信息的跟踪监测。

九、保险公司应当定期开展互联网平台保证保险业务风险排查和压力测试，并根据风险排查和压力测试结果，完善应急预案，做好应急准备。

十、保险公司应当妥善处置突发性事件，及时化解风险，避免发生群体性、区域性事件。同时，应当加强舆论引导，做好正面宣传。

十一、保险公司应当加强内控管理制度建设，建立完善的风控管理制度和规范的操作流程，并于2016年3月15日前将相关风控管理制度报送保监会。

十二、保险公司应当建立互联网平台保证保险业务经营情况季度报送制度，自2016年1月1日起，每季度后15个自然日内将统计表（详见附件）通过保监会电子文件传输系统报送信息栏目报送至财产保险监管部。尚未开展互联网平台保证保险业务的保险公司应按上述报送途径，以公文形式按季度报至财产保险监管部，并在开展此类业务后，按季度上报统计表。

联系人：葛亚莉

联系电话：010－66286526

附件：1. 互联网平台保证保险分地区承保情况季度统计表（略）

2. 互联网平台保证保险分项管理经营情况季度统计表

附件 2

互联网平台保证保险分项管理经营情况季度统计表

保险公司： 联系人/手机：

	原保费收入（万元）	保险金额（万元）	被保险人数量	保单数量
债务端资产项目类型	—	—	—	—
个人消费类借款				
个人经营类借款				
个人购车借款				
个人购房按揭借款				
个人其他类型借款				
国有大中型企业借款				
民营大中型企业借款				
小微企业借款				
合计				

中国保监会关于开展财产保险公司备案产品自主注册改革的通知

（保监发〔2016〕18号　2016年2月25日）

各财产保险公司、中国保险行业协会、中国保险信息技术管理有限责任公司：

为进一步改革完善财产保险公司产品管理制度，推进产品市场化进程，增强产品创新能力，提高产品监管效率，我会决定开展财产保险公司备案产品自主注册改革（以下简称自主注册改革）。现就有关事项通知如下：

一、总体要求

（一）指导思想。深入贯彻落实《国务院关于加快发展现代保险服务业的若干意见》，以鼓励财产保险创新和提高服务能力为出发点，以坚持财产保险产品市场化改革为方向，按照保监会关于深化保险业改革的总体要求和战略部署，稳步推进自主注册改革各项工作。

（二）基本原则。

1. 简政放权，放管结合。认真落实国务院简政放权和改革创新的要求，充分发挥市场在保险资源配置中的决定性作用，按照“放开前端、管住后端”的监管思路，推进财产保险产品管理市场化进程。

2. 多方参与，责任明确。发挥保险监管部门、行业协会、保险公司、社会公众等各主体的积极性，形成监管指导、协会自律、市场主体注册、社会公众监督的整体架构。坚持谁注册、谁负责的原则，督促公司加强产品内控管理。

3. 信息披露，公开透明。已注册产品信息向社会公开，增强产品透明度。发挥社会公众监督作用，保护保险消费者合法权益。

（三）改革目标。建立健全财产保险公司备案产品监管制度体系，深化产品监管体制改革，创新备案产品管理方式，强化产品管控，提高监管效率。鼓励财产保险公司产品创新，释放和激发行业创新活力，促进行业发展方式转变和结构调整，为行业健康发展提供持续动力。

二、主要任务

按照简政放权、放管结合、优化服务的要求，调整和优化现有备案产品管理流程。同时，全面加强财险产品管控，形成产品信息公开、监管抽查检查、行业自律约束、公司自我管控的产品管理体系。

（一）改革现有产品管理流程。将财产保险公司备案类产品（农业保险除外）向保监会备案，转变为公司在行业协会建立的财产保险公司备案产品自主注册平台（以下简称注册平台）进行自主、在线、实时产品注册。注册平台对提交的注册材料进行自动审核，材料完整的实时予以注册，产品注册完成后方可使用。中国保险行业协会负责及时将已注册产品通过电子报备系统向保监会集中备案，公司无需再向保监会报送备案材料。

（二）实行注册产品公开制度。已注册产品及时向社会公开，接受社会各方监督。财产保险公司可联网实时查询产品注册进程和已注册产品情况。社会公众和保险消费者可以在线实时查询已注册产品信息。各级保险监管部门可实时查询正在注册和已注册产品情况，对可能存在的问题提前介入，及时予以监管指导。

（三）建立监管抽查和产品退出机制。监管部门定期或不定期抽取一定比例注册产品进行全面审查，重点对产品条款合法合规性、产品费率科学性等进行审查。对于抽查和日常监管中发现的问题，依法进行监管处罚，对不合格产品予以强制退出。

（四）完善行业自律约束机制。中国保险行业协会要组织专家学者或行业力量，对社会关注度高、市场反映集中、保险消费者意见多的重点产品进行研究和评估，并将有关评估结果反馈财产保险公司，督促其改进完善自身产品，必要时可将评估结果报告监管部门。同时，中国保险行业协会要组织行业力量拟定重点险种示范条款、纯风险损失率标准，供各公司参考使用；拟定财产保险公司保险产品开发指引，规范公司产品开发行为。

（五）强化公司产品自我管控。各财产保险公司要根据市场情况、保险消费者反映和新闻媒体报道等，密切跟踪、及时评估本公司条款特别是新开发条款的合法合规性和适应性，并进行动态调整。要根据历史经验数据、经营情况和准备金提取等实际情况，每年对保险费率进行合理性评估验证。要每年对所有在售保险产品进行评估，对有问题的及时改正，对不适应的及时修订。

三、时间安排

（一）平台搭建及制度建设。2016 年 5 月底前完成自主注册改革总体规划和工作方案，启动相关规章制度修订工作。完成注册平台需求调研，初步搭建注册平台及产品数据库，并进行系统测试。起草自主注册改革实施规则和操作流程等配套制度。

（二）联调测试及试运行。2016 年 7 月底前完成注册平台及数据库建设，进行联调测试，启动系统试运行。建设产品注册客服体系，建立注册平台应急处理机制和应急预案，完成各项自主注册改革配套制度建设。

（三）改革正式实施。待完成上述工作，改革各项措施具备实施条件后，正式实施自主注册改革。正式实施时间另行通知。

四、工作要求

（一）高度重视，加强领导。推进自主注册改革是深入贯彻落实《国务院关于加快发展现代保险服务业的若干意见》精神，推进市场化改革的重要举措，对鼓励市场创新，转变监管方式，提升监管效率具有重要意义。各单位要高度重视自主注册改革工作，加强组织领导，成立由单位负责人牵头的工作组，指定责任部门和人员，按要求扎实有序做好各项工作。

（二）统筹协调，形成合力。各单位应当紧密合作，协调配合，合力推进自主注册改革工作顺利实施、取得实效。中国保险行业协会要成立专门工作组，按照改革要求和数据标准，建设注册平台及产品数据库，并拟定注册流程等配套机制。各财产保险公司要按要求配合做好注册平台开发等各项工作，要切实承担产品开发、使用、管理的主体责任，加强对自身保险产品的合法合规管理。中国保险信息技术管理有限责任公司要积极参与和支持自主注册改革和注册平台建设，与中国保险行业协会共同做好财产保险备案产品注册信息共享工作，为改革提供数据基础和技术支持。

（三）加强研究，不断完善。各单位在自主注册改革过程中要注意总结，特别是对遇到的新情况、新问题，要组织力量进行认真研究，迅速采取有效措施加以解决，并及时将有关情况报告中国保监会，确保改革顺利实施，为不断完善我国财产保险产品管理体制打下坚实基础。

中国保监会关于商业车险条款费率管理制度改革试点全国推广有关问题的通知

（保监产险〔2016〕113 号 2016 年 6 月 27 日）

各财产保险公司，北京、河北、山西、辽宁、上海、江苏、浙江、福建、江西、海南、贵州、云南、西藏、甘肃、深圳、大连、宁波、厦门保监局：

自 2015 年 6 月 1 日以来，商业车险条款费率管理制度改革试点工作已在黑龙江等十八个地区实施并取得积极成效。经研究，我会决定将商业车险改革试点推广到全国范围，现将有关工作通知如下：

一、2016 年 7 月 1 日前，各财产保险公司应停止使用北京、河北、山西、辽宁、上海、江苏、浙江、福建、江西、海南、贵州、云南、西藏、甘肃、深圳、大连、宁波、厦门等 18 家保监局所辖地区原商业车险条款、费率，并及时启用经我会批准的新商业车险条款、费率。

二、各财产保险公司应建立健全商业车险条款费率监测调整机制，动态监测、分析费率精算假设与实际经营情况的偏离度，防止车险主要经营指标的实际值较费率精算报告中的预期值发生重大偏离。

三、各单位应按照《中国保监会关于深化商业车险条款费率管理制度改革的意见》（保监发〔2015〕18 号）和《中国保监会关于印发〈深化商业车险条款费率管理制度改革试点工作方案〉的通知》（保监产险〔2015〕24 号）要求，做好商业车险改革相关工作，确保改革试点平稳有序推进。

三、人身保险类

中国保监会关于规范人身保险公司赠送保险有关行为的通知

（保监发〔2015〕12 号 2015 年 1 月 23 日）

各人身保险公司：

为规范人身保险公司赠送保险的行为，维护人身保险市场的正常秩序，保护保险消费者的合法权益，现就人身保险公司赠送保险的有关问题通知如下：

一、赠送保险是指保险人在订立保险合同时，免除投保人支付保险费的义务，或者代替投保人履行支付保险费的义务。人身保险公司可以以促销或者公益事业为目的赠送人身保险，但不得赠送财产保险。

二、人身保险公司赠送的人身保险产品仅限于意外伤害保险和健康保险，且保险期间不能超过 1 年。对每人每次赠送保险的纯风险保费不能超过 100 元，以公益事业为目的的赠送保险不受此金额限制。

三、人身保险公司赠送的人身保险产品应当符合《人身保险公司保险条款和保险费率管理办法》的有关规定。

四、人身保险公司赠送人身保险时，投保人对被保险人应当具有保险利益；赠送的人身保险为以死亡为给付保险金条件的，应经被保险人同意并认可保险金额；被保险人为未成年人的，死亡给付的保险金额应符合有关监管规定。

五、人身保险公司应向投保人出具纸质或电子保险单，赠送团体人身保险产品的，应向被保险人出具纸质或电子保险凭证。

六、人身保险公司赠送人身保险对应的保费，根据会计准则不应确认为保费收入，但应按照监管规定计提责任准备金，同时将赔款计入赔付成本。

七、人身保险公司应当将赠送的人身保险视同正常销售的保险产品进行管理，认真做好客户服务、保全和理赔工作；其中赠送的意外伤害保险要符合《人身意外伤害保险业务经营标准》的有关要求。

八、人身保险公司总公司应加强对赠送保险行为的管控，赠送保险行为要经过总公司的批准。严禁以赠送保险为由，变相开展违法违规业务或进行不正当竞争。

本通知自 2015 年 4 月 1 日起施行，《关于规范寿险公司赠送保险有关行为的通知》（保监发〔2005〕98 号）同时废止。

中国保监会关于促进团体保险健康发展有关问题的通知

（保监发〔2015〕14 号 2015 年 1 月 29 日）

各保险公司：

为规范保险公司团体保险业务经营行为，保护投保人和被保险人的合法权益，促进团体保险业务持续健康发展，现就有关问题通知如下：

一、本通知所称团体保险是指投保人为特定团体成员投保，由保险公司以一份保险合同提供保险保障的人身保险。

前款所称特定团体是指法人、非法人组织以及其他不以购买保险为目的而组成的团体。特定团体属于法人或非法人组织的，投保人应为该法人或非法人组织；特定团体属于其他不以购买保险为目的而组成的团体的，投保人可以是特定团体中的自然人。

团体保险的被保险人在合同签发时不得少于 3 人，特定团体成员的配偶、子女、父母可以作为被保险人。

二、团体保险应当使用经审批或者备案的保险条款和保险费率。保险公司以批单、批注或者补充协议形式进行变更的，应当由总公司统一批准和管理。

保险公司以批单、批注或者补充协议形式对保险期间超过 1 年的团体保险进行变更并且改变其保险费率、保险责任和定价方法的，应按照《人身保险公司保险条款和保险费率管理办法》的有关要求进行审批或变更备案。

保险公司以批单、批注或者补充协议形式对保险期间不超过 1 年的团体保险进行变更的，不需要将保险条款和保险费率重新报送审批或备案，但应当在年度产品总结报告中进行专题报告，报告应包括下列内容：

（一）保险条款和保险费率变更情况；

（二）保费总额、保险金额总额以及赔付情况；

（三）责任准备金提取状况；

（四）对偿付能力的影响；

（五）中国保监会规定的其他内容。

三、保险公司承保团体保险合同，应要求投保人提供被保险人同意为其投保团体保险合同的有效证明和被保险人名单，但下列特殊情形除外：

（一）政府作为投保人为城镇职工、城镇居民、新农合参保人群、计生家庭和老年人等特殊群体投保的具有公益性质的团体保险；

（二）投保时因客观原因无法确定被保险人，或承保后被保险人变动频繁，但是可以通过客观条件明确区分被保险人的团体保险，如建筑工程意外险、乘客意外伤害保险和游客意外伤害保险等；

（三）被保险人所属特定团体属于国家保密单位，或被保险人身份信息属于国家秘密的。

适用上述特殊情形承保团体保险必须经保险公司总公司审核同意，并每季度向承保机构所在地保监局报告。

四、保险公司应当及时向被保险人签发保险凭证，投保人和被保险人未要求提供纸质保险凭证的，可以提供电子保险凭证，同时应向被保险人提供网络、电话和柜面等保险凭证查询渠道；符合本通知第三条规定的特殊情形的，可以不向被保险人签发保险凭证。

保险凭证应当载明保险期间、保险责任范围和被保险人在该团体保险合同项下享有的各项权利，以及被保险人和受益人的基本信息（包括姓名、性别、身份证件类型和号码、联系方式）。

五、团体保险的退保金应当通过银行等资金支付系统转账至原交款账户，但下列特殊情形除外：

（一）投保人原交款账户销户或原交款账户存在异常状态导致无法转账成功的，经投保人或者承继投保人权利的人提供有效证明文件，退保金可以通过银行转账至其指定账户，该指定账户应属于投保人或者承继投保人权利的人；

（二）投保人收入和支出账户不一致的，经投保人提供有效证明文件，退保金可以通过银行转账至投保人指定账户，该指定账户应属于投保人；

（三）投保人为党政机关、事业单位且根据有关规定应将退保金转账至财政或国库账户的，或者按照仲裁结果或法院判决应将退保金转账至仲裁机构或法院指定账户的；

（四）投保人没有银行账户或以现金形式缴纳保费的；

（五）经投保人提供有效证明文件，被保险人个人缴纳的保费可以退还给被保险人。

六、团体保险的被保险人可以包括同一团体在不同省、自治区或者直辖市的成员，但承保的保险机构应当设立在下列地区之一所在的省、自治区或者直辖市内：

（一）投保人的注册地或者住所所在地；

（二）投保人主要营业场所所在地；

（三）承保时 50% 以上被保险人住所所在地；

（四）承保时 50% 以上保费缴纳来源所在地。

本通知自下发之日起施行，《关于规范团体保险经营行为有关问题的通知》（保监发〔2005〕62 号）同时废止。本通知内容与其他规定不一致的，以本通知内容为准。

中国保监会关于万能型人身保险费率政策改革有关事项的通知

（保监发〔2015〕19号 2015年2月3日）

各人身保险公司：

为进一步发挥市场在保险资源配置中的决定性作用，建立符合社会主义市场经济规律的人身保险费率形成机制，推动保险公司经营管理和保险监管的创新，切实保护保险消费者合法权益，促进人身保险业持续稳定健康发展，我会决定实施万能保险费率政策改革。现将有关事项通知如下：

一、本通知所附之《万能保险精算规定》（以下简称《规定》）自2015年2月16日起实施。

二、自《规定》实施之日起，《关于印发投资连结保险、万能保险精算规定的通知》（保监寿险〔2007〕335号）之《万能保险精算规定》废止。

三、自《规定》实施之日起，万能型人身保险的最低保证利率由保险公司按照审慎原则自行决定。

四、自《规定》实施之日起，万能型人身保险的评估利率上限为年复利3.5%。

五、自《规定》实施之日起，保险公司开发万能型人身保险最低保证利率不高于中国保监会规定的评估利率上限的，应按照《人身保险公司保险条款和保险费率管理办法》（保监会令2011年第3号）的有关规定报送中国保监会备案。保险公司开发万能型人身保险最低保证利率高于中国保监会规定的评估利率上限的，应报送中国保监会审批。

六、自《规定》实施之日起，各公司应按照《规定》开发万能型人身保险产品，新开发的产品应按照《规定》要求设立万能单独账户、公布结算利率和提取准备金。

七、本《规定》实施之日前，各公司已审批或备案的万能型人身保险产品，应于2015年7月1日前完成业务衔接工作：

（一）与《规定》不符的应停止使用，或按照《规定》修改后重新报送审批或备案；

（二）对于有效保单，应按照《规定》要求进行万能单独账户管理、公布结算利率和提取准备金。

2015年7月1日后，不符合本规定的万能型人身保险产品不得销售。

附件：万能保险精算规定

万能保险精算规定

第一部分 适用范围

一、本规定适用于个人万能保险和团体万能保险。

第二部分 风险保额

二、除本条第二款规定情形外，对于投保时被保险人的年龄满18周岁的，个人万能保险在保单签发时的死亡风险保额不低于保单账户价值的20%。

年金保险的死亡风险保额可以为零。团体万能保险的死亡风险保额可以为零。

死亡风险保额是指有效保额减去保单账户价值。其中有效保额是指被保险人因疾病和意外等身故时，保险公司支付的死亡保险金额。

三、万能保险可以提供死亡保险责任以外的其他保险责任。

第三部分　万能账户及结算利率

四、万能保险应当提供最低保证利率，最低保证利率不得为负。保险期间内各年度最低保证利率数值应一致，不得改变。

五、保险公司应为万能保险设立一个或多个单独账户。

万能单独账户的资产应当单独管理，应当能够提供资产价值、对应保单账户价值、结算利率和资产负债表等信息，满足保险公司对该万能单独账户进行管理和保单利益结算的要求。

六、保险公司应当根据万能单独账户资产的实际投资状况确定结算利率。结算利率不得低于最低保证利率。

七、保险公司可以为万能单独账户设立特别储备，用于未来结算。特别储备不得为负，并且只能来自于实际投资收益与结算利息之差的积累。

八、保险公司应当定期检视万能单独账户的资产价值，以确保其不低于对应保单账户价值。

季度末出现万能单独账户的资产价值小于对应保单账户价值的，保险公司应采取以下措施：

（一）下季度内每一次公布的年化结算利率不得超过本季度内年化结算利率；

（二）应当在15个工作日之内向万能单独账户注资补足差额，注资资金只能来自于公司自有资金。

在其他情况下，保险公司不得以任何形式注资。

九、在同一万能单独账户管理的保单，应采用同一结算利率。

十、下列情形可以采用不同的结算利率或不同的最低保证利率：

（一）不同的万能保险产品；

（二）不同的团体万能保险客户；

（三）不同时段售出的万能保险业务。

按照前款要求，不同的结算利率的万能保单应在不同的万能单独账户中管理。

第四部分　费用的收取

十一、万能保险可以并且仅可以收取以下几种费用：

（一）初始费用，即保险费进入万能账户之前扣除的费用。

（二）死亡风险保险费，即保单死亡风险保额的保障成本。

风险保险费应通过扣减保单账户价值的方式收取，其计算方法为死亡风险保额乘以死亡风险保险费费率。

保险公司可以通过扣减保单账户价值的方式收取其他保险责任的风险保险费。

（三）保单管理费，即为维护保险合同向投保人或被保险人收取的管理费用。

保单管理费应当是一个不受保单账户价值变动影响的固定金额，在保单首年度与续年度可以不同。保险公司不得以保单账户价值一定比例的形式收取保单管理费。

对于团体万能保险，保险公司可以在对投保人收取保单管理费的基础上，对每一被保险人收取固定金额形式的保单管理费。

（四）手续费，保险公司可在提供部分领取等服务时收取，用于支付相关的管理费用。

（五）退保费用，即保单退保或部分领取时保险公司收取的费用，用以弥补尚未摊销的保单获取成本。

十二、期交保险费形式的万能保险的保险费由基本保险费和额外保险费构成。

基本保险费不得高于人民币 10000 元。对于投保年龄在 18 周岁至 60 周岁的被保险人，基本保险费不得高于保险金额除以 20。此处保险金额是指保单签发时的死亡保险金额。

保险公司对同一投保人并同一被保险人销售有多张同一产品的万能保单的，所有有效保单的基本保险费之和不得高于人民币 10000 元。

期交保险费高于基本保险费的部分为额外保险费。

十三、基本保险费初始费用的比例不得超过下表所示的上限。投保人暂缓支付保险费的，以后每次支付保险费时，其中基本保险费的初始费用上限应当参照该保险费原属保单年度的上限。

保单年度	初始费用上限
第一年	50%
第二年	25%
第三年	15%
第四、五年	10%
以后各年	5%

十四、额外保险费初始费用比例的上限为 5%。

十五、期交保险费保单追加保险费的初始费用比例的上限为 3%。

十六、趸交保险费形式的万能保险初始费用的比例不得超过下表所示的上限：

保险费	初始费用上限
人民币 50000 元及以下部分	5%
人民币 50000 元以上部分	3%

趸交保险费保单追加保险费的初始费用比例的上限为 3%。

十七、团体万能保险保险费的初始费用比例的上限为 5%。

十八、万能保险的初始费用不得以减少保单账户价值的形式扣除。

十九、保险公司收取的退保费用不得高于保单账户价值或者部分领取部分对应的保单账户价值的以下比例：

保单年度	退保费用比例上限
第一年	5%
第二年	4%
第三年	3%
第四年	2%
第五年	1%
第六年及以后	0%

保单账户价值和现金价值（即保单账户价值与退保费用之间的差额）应当同时列示在利益演示表上。

二十、万能保险应当保证各项费用收取的最高水平。若不保证，应在合同条款中约定变更收费水平的方法。

保险公司不得通过费用水平调整弥补过去的费用损失。

二十一、保险公司应当在保险合同中约定死亡风险保险费费率的最高水平。

非标准体保险合同的死亡风险保险费应由保险公司根据普遍认可的精算原则确定，不适用本条第一款的规定。

二十二、对于团体万能保险，保险公司可以在备案或审批的费用基础上，在本规定的范围内进行合理调整。

第五部分　持续奖金

二十三、万能保险可以提供持续奖金。持续奖金是保险公司对持续有效的保单或持续交费的保单，满足合同约定条件时给予的奖金。保险公司应当在保险合同和产品说明书上明确说明持续奖金发放的条件及金额。

二十四、保险公司应在产品精算报告中对有关持续奖金的设计、发放、准备金的计提方法以及对公司财务的影响等进行阐述。

第六部分　现金价值与责任准备金

二十五、现金价值指保单账户价值与退保费用之间的差额。

二十六、责任准备金由账户准备金、最低保证利率准备金和其他保单利益准备金三部分构成。

（一）账户准备金等于评估日的保单账户价值。

（二）最低保证利率准备金

为体现最低保证利率带来的额外成本，保险公司应当计提最低保证利率准备金。

预期在未来每个时间段内，因为市场波动，万能单独账户投资收益可能不足以满足最低保证利率的结算利息要求而带来的额外成本：

$$C_t = k_t \times AV_t \times m;$$

$$k_t = \max\text{（最低保证利率}-\text{压力利率，}0\text{）}$$

其中：

C_t为 t 时刻的额外成本。

k_t为 t 时刻在压力利率情景下预计的收益率缺口。

压力利率为评估利率 -0.5%，指压力利率情景下预计的投资收益率水平。

AV_t为 t 时刻预计的保单账户价值。

m 指该时间段占 1 年的比例。

最低保证利率准备金为各时间段额外成本按照评估利率贴现至评估日的现值之和，额外成本的计算时间为每期期初。

（三）其他保单利益准备金。

为确保未来对保单利息支出及保单账户之外的各项支出有足够的支付能力，保险公司应参照下述现金流折现方法计算其他保单利益准备金：

1. 预期在未来的每个时间段内，保单账户以外的现金流（包括所有保证和非保证保单利益的现金流）。

需要考虑的现金流包括但不局限于：保单账户以外的理赔、营业费用、持续奖金。需要考虑的现金流不包括利差收入。

2. 若预期的净现金流在未来的某些时间点为负值，则从最远的负值点（n）往回，按如下递推公式计算：

$$V_{n-1} = -PV_{n-1}(CF_n)$$

$$V_{n-t} = \max(0, PV_{n-t}(V_{n-t+1}) - PV_{n-t}(CF_{n-t+1}))$$

其中：

V_t为 t 时刻的非账户准备金，t=0，1…，n-1。

CF_t为［t-1，t］时间段内的净现金流，t=1，2...，n。

PV_t（）为相应项目在 t 时刻的精算现值，贴现率为评估利率。

3. 万能保险评估日的结算利率高于未来 1 年的可预测投资收益率与最低保证利率之较大者的，保险公司还应当按如下公式增加计提相应的其他保单利益准备金。

$$AV_0 \times \max(i_0 - j_0, 0) \times \min(1, \text{剩余保险期间天数}/365)$$

其中：

AV_0为评估日的实际保单账户价值。

i_0为截止评估日的结算利率。

j_0为截止评估日万能单独账户投资组合中固定收益类及其他具有明确存续到期时间、按照预定的利率和形式偿付利息和本金等特征的资产的投资收益率，并与最低保证利率取较大者。

二十七、责任准备金计算要求

（一）预测现金流时，未来每个时间段最长为 1 年。

（二）评估利率由中国保监会指定并公布。

（三）计算责任准备金时需要预计未来万能保单账户价值的，应根据万能单独账户资产预测投资收益率和已公布的结算利率合理预测未来结算利率。预测的结算利率不得低于最低保证利率，且不得低于评估利率-1%。

（四）保险公司应遵循普遍认可的精算原则选取其他精算假设，可以与公司内含价值假设保持一致。

（五）保险公司出于谨慎原则，可以采用不同于上述的方法和假设，但计算结果不能小于上述方法、假设所得结果。

（六）责任准备金应逐单计算。但是，若保险公司认为将具有相似特征的保单分组计算的结果与逐单计算的结果无实质性差异，也可采用分组方法计算。

中国保监会关于规范投资连结保险投资账户有关事项的通知

（保监发〔2015〕32号　2015年3月27日）

各人身保险公司：

为规范投资连结保险投资账户的设立、变更、合并、分立、关闭、清算等事项，保护保险消费者利益，现将有关事项通知如下：

一、本通知所称投资连结保险是指包含保险保障功能并至少在一个投资账户拥有一定资产价值的人身保险产品。本通知所称投资连结保险投资账户（以下简称投资账户）是指保险公司为投资连结保险产品设立的、资产单独管理的资金账户。投资账户应划分为等额单位，单位价格由单位数量及投资账户中资产或资产组合的市场价值决定。

二、投资账户可以连结一个及以上投资连结保险产品。投资连结保险产品至少连结一个投资账户。保险公司在投资连结保险产品报送中国保监会审批或备案前，应完成投资账户的设立。

三、投资连结保险产品投保人有权利选择投资账户。保单账户价值应当根据该保单在每一投资账户中占有的单位数量及其单位价格确定。投资账户产生的全部投资净损益归投保人所有，投资风险完全由投保人承担。

四、投资账户的资产配置范围包括流动性资产、固定收益类资产、上市权益类资产、基础设施投资计划、不动产相关金融产品、其他金融资产，同时应符合下列条件：

（一）符合中国保监会资金运用相关监管规定；

（二）具有合理的估值方法，以满足投资账户高频次估值的需要；

（三）具有公开交易市场或虽不具有公开交易市场但具有稳定收益预期。

流动性资产、固定收益类资产、上市权益类资产、基础设施投资计划、不动产相关金融产品、其他金融资产的分类和定义遵照中国保监会资金运用相关监管规定。

五、投资账户应具有明确的投资策略、资产配置范围和比例限制、业绩比较基准。

六、保险公司应加强投资账户的流动性管理，确保投资账户能够满足流动性需要。对于投资账户的流动性管理应符合以下要求：

（一）流动性资产的投资余额不得低于账户价值的5%；

（二）基础设施投资计划、不动产相关金融产品、其他金融资产的投资余额不得超过账户价值的75%，其中单一项目的投资余额不得超过账户价值的50%；

（三）针对投资账户特点建立相应的流动性管理方案。

投资账户建立初期、10个工作日内赎回比例超过账户价值10%时、投资账户清算期间，投资账户可以突破上述有关流动性管理的比例限制，但应在30个工作日内调整至规定范围内。

七、投资账户资产实行单独管理，独立核算。对于投资账户的独立性，应符合以下要求：

（一）具有满足投资账户单独管理、独立核算要求的投资管理系统和会计核算系统；

（二）投资账户与保险公司管理的其他资产之间、投资账户之间，不得存在债权债务关系，也不得承担连带责任；

（三）投资账户与保险公司的其他资产之间、投资账户之间，不得发生买卖、交易、财产转移和利益输送行为。投资账户建立初期，为建立该账户而发生的现金转移，不受此限制；

（四）投资账户的管理人员不得自营或者代人经营与该投资账户同类的业务，不得从事任何损害该投资账户利益的活动，不得与该投资账户进行交易；

（五）投资账户的资产应全部进行托管。资产托管机构的市场准入、资格条件、服务范围等应符合相关监管规定。

八、投资账户应具有明确的估值方法。估值方法应符合以下要求：

（一）符合会计准则的相关规定；

（二）对于存在公开市场的投资资产，应采用公允价值进行估值；对于没有公开市场的投资资产，应采用合理的估值方法，能够全面反映资产的收益和风险特点；

（三）投资账户应至少每周确定一次单位价格。

九、投资账户的设立、变更、分立等事项，应当符合本通知及相关监管规定的要求。保险公司在设立、变更、分立投资账户时，公司应符合下列条件：

（一）上季度末分类监管评价结果为 A 类公司或 B 类公司；

（二）最近一年未发生重大违法违规行为；

（三）中国保监会要求的其他条件。

十、保险公司应在不迟于投资账户设立、变更、合并、分立、关闭、清算等事项发生后 10 个工作日向中国保监会报告。报告时，保险公司应提供以下材料：

（一）投资账户设立、变更、合并、分立、关闭、清算等事项说明；

（二）账户说明书，应包含账户特征与投资策略、资产配置范围及投资比例限制、业绩比较基准、账户估值方法、流动性管理方案、主要投资风险、资产托管情况、账户独立性与防范利益输送说明等；

（三）合规声明书，应包含投资账户设立、变更、合并、分立、关闭、清算和账户管理符合监管规定、保证投资账户独立、不进行利益输送等内容。合规声明书由合规负责人、财务负责人、总精算师和分管投资的高级管理人员签字，并承担相应的合规责任；

（四）账户变更应提供变更内容及变更依据；

（五）账户合并、分立、关闭、清算应提供相关方案；

（六）中国保监会要求的其他材料。

十一、保险公司应加强投资账户的信息披露。投资账户的信息披露应符合以下要求：

（一）保险公司应在投资账户设立后 10 个工作日内在公司网站或中国保监会认可的公众媒体上披露账户说明书和合规声明书；

（二）对于变更、合并、分立、关闭、清算等重大事项，保险公司应在实施前 20 个工作日在公司网站或中国保监会认可的公众媒体上将变更内容或合并、分立、关闭、清算的实施方案进行公告，并以合适方式告知所有投保人，同时做好客户解释和服务工作；

（三）投资账户的配置资产包含基础设施投资计划、不动产相关金融产品、其他金融资产的，保险公司在销售相关投资连结保险产品时，应向投保人主动披露拟投资的基础设施投资计划、不动产相关金融产品、其他金融资产的投资比例、估值方法、基础资产、主要投资风险等信息；

（四）其他信息披露事项遵照相关监管规定执行。

十二、投资账户每年应至少进行一次外部审计，主要审核投资账户的独立性和合规性。外部审计报告应在报告出具后 30 个工作日内在公司网站上对外披露。

十三、保险公司违反本通知，或侵犯投保人合法权益的，中国保监会将依据有关规定予以处罚，并追究相关人员责任。

十四、本通知自 2015 年 4 月 1 日起执行。本通知执行前中国保监会颁布的通知与本通知不符的，以本通知为准。自本通知执行之日起，《关于下发〈分红保险管理暂行办法〉、〈投资连结保险管理暂行办法〉的通知》（保监发〔2000〕26 号）之《投资连结保险管理暂行办法》废止。

十五、保险公司已设立的配置资产包含基础设施投资计划、不动产相关金融产品、其他金融资产的投资账户与本通知不符的，应做好衔接工作。2015 年 10 月 1 日起，不得向该类投资账户转入资金。

中国保监会关于加强人身保险费率政策改革产品管理有关事项的通知

（保监寿险〔2015〕136号　2015年7月31日）

各人身保险公司：

为深入推进人身保险产品费率政策改革，做好费率政策改革产品管理工作，促进人身保险市场持续稳定健康发展，现将有关事项通知如下：

一、本通知所称费率政策改革审批产品是指根据中国保监会人身保险费率政策改革相关规定，需要报送中国保监会审批的普通型、分红型和万能型人身保险产品。

二、保险公司开发费率政策改革审批产品的，应按照《人身保险公司保险条款和保险费率管理办法》（保监会令2011年第3号）的有关规定报送中国保监会审批，同时应满足以下要求：

（一）公司最近两个季度末偿付能力充足率处于充足Ⅱ类。保险公司偿付能力充足率低于充足Ⅱ类时，应立即停止销售费率政策改革审批产品。

（二）公司最近3年未受到监管部门重大行政处罚。

（三）公司没有因涉嫌违法违规行为正在被监管部门调查，或者正处于风险处置、整顿或接管期间。

（四）产品预定利率和最低保证利率由保险公司按照可持续性原则审慎确定，应不超过公司过去5年平均投资收益率。对于开业时间不满5年的公司，其开业之前的投资收益率采用保险行业投资收益率。同时，公司应该说明产品拟配置资产组合的预期投资收益能够支持产品最低保证成本及相关费用等支出；对于分红保险产品，公司还应考虑未来红利分配的影响。

本通知所指的投资收益率为财务收益率（财务收益率＝（投资收益＋公允价值变动损益＋其他收益－资产减值损失）/资金运用平均余额＊100%[1]），公司过去5年各年度的投资收益率应经过外部审计或监管部门认可。

（五）产品在报送中国保监会审批时应提供经董事会审议通过的书面决议。对于境外保险公司的分公司，产品在报送中国保监会审批时应提供经管理层审议通过的书面决议。

三、在收到保险公司报送的费率政策改革审批产品相关材料后，中国保监会根据产品监管和费率政策改革的有关规定及本通知第二条之规定对相关产品进行审核。

四、保险公司报送普通型、分红型和万能型人身保险条款和保险费率审批或者备案，如果产品预定利率或最低保证利率超过2.5%的，除按照《人身保险公司保险条款和保险费率管理办法》提交有关材料外，还应提交《费率政策改革产品信息表》（见附件）。

五、保险公司总经理、总精算师、法律责任人、合规负责人等相关管理人员应切实履行审核责任，确保向中国保监会报送的产品审批材料真实有效，不存在虚假记载和陈述等。

六、本通知自发布之日起执行。中国保监会此前下发的有关规定与本通知内容不符的，以本通知为准。

附件：费率政策改革产品信息表

---

〔1〕 投资收益、公允价值变动损益、其他收益、资产减值损失、资金运用平均余额等统计指标的定义及具体要求参见《中国保监会关于印发〈保险公司资金运用统计制度〉的通知》（保监发〔2010〕86号）。

附件

费率政策改革产品信息表

<table>
<tr><td colspan="2">公司名称</td><td colspan="4"></td></tr>
<tr><td colspan="2">险种名称</td><td colspan="4"></td></tr>
<tr><td colspan="2">险种类别</td><td colspan="4"></td></tr>
<tr><td colspan="2">销售渠道</td><td colspan="4"></td></tr>
<tr><td colspan="2">报送日期</td><td colspan="4"></td></tr>
<tr><td colspan="2">保险责任</td><td colspan="4"></td></tr>
<tr><td colspan="2">责任免除</td><td colspan="4"></td></tr>
<tr><td colspan="2">预定利率/最低保证利率#</td><td colspan="4"></td></tr>
<tr><td colspan="2">预定死亡率</td><td colspan="4"></td></tr>
<tr><td colspan="2">预定附加费用率</td><td colspan="4"></td></tr>
<tr><td colspan="2">现金价值示例
40 岁男性，
趸交、期交各 1 例</td><td colspan="4"></td></tr>
<tr><td colspan="2">拟采取的销售政策</td><td colspan="4"></td></tr>
<tr><td colspan="2">过去 5 年的公司投资收益率和
行业投资收益率</td><td colspan="4"></td></tr>
<tr><td colspan="2" rowspan="2">偿付能力充足率#</td><td>上 2 个季度末</td><td>上个季度末</td><td>本季度末预测</td><td>下季度末预测</td></tr>
<tr><td></td><td></td><td></td><td></td></tr>
<tr><td colspan="2">业务规划及对偿付能力的影响</td><td colspan="4"></td></tr>
<tr><td rowspan="2">签字栏#</td><td>总经理</td><td colspan="2"></td><td>总精算师</td><td></td></tr>
<tr><td>法律责任人</td><td colspan="2"></td><td>合规负责人</td><td></td></tr>
</table>

注：1. 预定利率适用于普通型和分红型人身保险产品，最低保证利率适用于万能型人身保险产品。

2. 在中国风险导向偿付能力体系（简称“偿二代”）实施过渡期内，填报现行偿付能力体系下的“偿付能力充足率”；在“偿二代”实施过渡期结束后，填报“综合偿付能力充足率”和“核心偿付能力充足率”。

3. 签字栏内容应包括打印姓名和本人签字。

中国保监会关于印发《个人税收优惠型健康保险业务管理暂行办法》的通知

（保监发〔2015〕82号　2015年8月10日）

各保监局，各人身保险公司：

为贯彻落实财政部、国家税务总局、保监会《关于开展商业健康保险个人所得税政策试点工作的通知》（财税〔2015〕56号）精神，促进个人税收优惠型健康保险业务健康发展，保护被保险人的合法权益，我会研究制定了《个人税收优惠型健康保险业务管理暂行办法》。现予印发，请遵照执行。

个人税收优惠型健康保险业务管理暂行办法

第一章　总　则

第一条　为促进个人税收优惠型健康保险（以下简称“个人税优健康保险”）健康发展，维护各方当事人的合法权益，根据《中华人民共和国保险法》、《财政部、国家税务总局、保监会关于开展商业健康保险个人所得税政策试点工作的通知》（财税〔2015〕56号）等法律、行政法规和有关规定，特制定本办法。

第二条　本办法所称个人税优健康保险是指在试点地区个人购买符合本办法规定的商业健康保险。

第三条　本办法所称保险公司是指人身保险公司及其分支机构。

第四条　保险公司经营个人税优健康保险业务，适用本办法。

第二章　经营要求

第五条　保险公司经营个人税优健康保险应当具备以下条件：

（一）满足保险公司偿付能力管理规定，上一年度末和最近季度末的偿付能力充足率均不低于150%；

（二）最近三年内未受到重大行政处罚；

（三）除专业健康保险公司外，其他人身保险公司应设立健康保险事业部；

（四）具备相对独立的健康保险信息管理系统，并与商业健康保险信息平台对接；

（五）配备专业人员队伍，健康保险事业部具有健康保险业务从业经历的人员比例不低于50%，具有医学背景的人员比例不低于30%；

（六）中国保监会规定的其他条件。

第六条　中国保监会根据本办法，公布并及时更新符合第五条要求的保险公司总公司名单。

第三章　产品管理

第七条　个人税优健康保险产品设计应遵循保障为主、合理定价、微利经营原则。

第八条　保险公司应按照长期健康保险要求经营个人税优健康保险，不得因被保险人既往病史拒保，并保证续保。

第九条 个人税优健康保险产品采取万能险方式，包含医疗保险和个人账户积累两项责任。

医疗保险应当与基本医保、补充医疗保险相衔接，用于补偿被保险人在经基本医保、补充医疗保险补偿后自负的医疗费用。被保险人的医疗费用不得重复报销。

个人账户积累仅可用于退休后购买商业健康保险和个人自负医疗费用支出。

第十条 医疗保险的保险金额不得低于20万元人民币。对首次带病投保的，可以适当降低保险金额。

医疗保险不得设置免赔额。

被保险人符合保险合同约定的医疗费用的自付比例不得高于10%。

第十一条 医疗保险简单赔付率不得低于80%。医疗保险简单赔付率低于80%的，差额部分返还到所有被保险人的个人账户。

第十二条 保险公司不得对个人账户收取初始费用等管理费用。

第十三条 保险公司开发的个人税优健康保险产品，应当标注“个人税优健康保险”字样，报中国保监会审批。

第四章 业务管理

第十四条 保险公司应对投保人身份和纳税情况进行验证，符合条件方可承保。

第十五条 保险公司在确认收到投保人缴纳的保费后，应向其开具个人税优健康保险专用单证，用于个人所得税税前抵扣。

第十六条 保险公司不得提供个人税优健康保险的保单贷款服务。

第十七条 保险公司不得强制或变相要求投保人或被保险人变换保险公司，也不得从其他保险公司恶意抢夺客户。

第十八条 保险公司不得以财务再保险的方式分散个人税优健康保险业务风险。

第十九条 保险公司不得误导公众，不得减少保障范围，不得强制搭售其他商业保险产品。

第二十条 保险公司应当加强对个人税优健康保险业务销售人员的培训与管理，提高其职业道德和业务素质，不得引导或纵容销售人员进行违背诚信原则的活动。

第二十一条 保险公司应采取适当方式，每季度至少一次向投保人提供投保信息、保单状态、账户信息、交费次数、交费金额、万能账户价值和收益等信息资料，并提供相应的查询服务，切实维护好被保险人的合法权益。

第二十二条 保险公司应与医疗机构加强合作，依据诊疗规范和临床路径等标准或规定，通过医疗巡查、驻点驻院、抽查病历等方式，做好对医疗行为的监督管理。

第二十三条 保险公司应严格按照当地有关政策规定及保险合同约定对被保险人的医疗费用进行审核给付，及时将发现的冒名就医、挂床住院、过度医疗等违规问题报告投保人和政府有关部门。

第五章 财务管理

第二十四条 保险公司应对个人税优健康保险业务进行单独核算。

第二十五条 保险公司应加强个人税优健康保险的资金管理，按照收支两条线的要求，严格资金的划拨和使用。

第二十六条 保险公司应当单独归集个人税优健康保险的保费收入、赔付支出、经营管理费用、盈亏，单独出具个人税优健康保险业务的利润表、费用明细表及报告。

第二十七条 保险公司应按照费用分摊的相关监管规定，合理认定费用归属对象，据实归集和分摊，不得挤占其他业务的成本，不得把其他业务的成本分摊至个人税优健康保险业务。

第二十八条　保险公司应据实列支经营个人税优健康保险业务所发生的销售费用、管理费用及其他运营费用，不断加强对费用的控制力度，切实提高费用管理水平，降低业务经营成本。

第六章　信息系统管理

第二十九条　中国保监会组织开发全行业统一的商业健康保险信息平台，该平台应具有以下功能：

（一）支持个人税优健康保险业务的承保、理赔、转移等；

（二）可以向保险监管部门报送相关统计数据；

（三）支持税务部门对保单的真实性及税优使用额度进行检验；

（四）可以为投保人提供自助式的保单信息及账户信息查询服务；

（五）中国保监会规定的其他功能。

第三十条　保险公司应加强对健康保险信息系统的管理和维护，建立并执行严格的保密制度，严格用户权限管理，切实保护被保险人信息安全。

第三十一条　保险公司应加大对个人税优健康保险业务数据的积累和分析。

第三十二条　保险公司应按照保险监管部门要求，按时上报个人税优健康保险业务经营情况及相关的信息和数据。

第七章　信息披露

第三十三条　保险公司应当按照中国保监会的有关规定对个人税优健康保险经营情况进行信息披露。

第三十四条　保险公司应当定期向社会公众公布个人税优健康保险的保障责任、服务内容、服务承诺、咨询投诉方式、理赔流程及联系方式，切实维护好被保险人的合法权益，接受社会监督。

第三十五条　保险公司应当根据中国保监会的要求公布个人税优健康保险万能账户利息率。

第三十六条　保险公司提供的信息披露材料，应当由总公司统一管理。保险公司须对所披露材料的真实性、完整性负责。

第八章　监督管理

第三十七条　保险监管部门对保险公司实行业务监管。保险公司应当按有关要求适时向商业健康保险信息平台传送相关信息。

第三十八条　个人税优健康保险业务经营情况应当接受当地财政、税务、审计等政府部门和社会公众的监督，公开透明运行。

第三十九条　保险公司开展个人税优健康保险业务存在违法违规行为的，保险监管部门依《中华人民共和国保险法》及保监会有关规定给予行政处罚。

第四十条　保险公司依法解散、被依法撤销、被依法宣告破产的，应当根据《中华人民共和国保险法》及其他有关法律对个人税优健康保险业务进行清算。

第九章　附　则

第四十一条　本办法规定的重大行政处罚，是指保险公司受到下列行政处罚：

（一）单次罚款金额在150万元人民币以上（含150万元）的；

（二）限制业务范围的；

（三）责令停止接受新业务一年以上（含一年）的；

（四）责令停业整顿的；

（五）计划单列市分公司或者省级分公司被吊销业务许可证的；

（六）董事长、总经理被撤销任职资格或者行业禁入的；

（七）中国保监会规定的其他重大行政处罚。

第四十二条　商业健康保险信息平台是指由中国保险信息技术管理有限责任公司负责开发的全行业统一的信息平台。

第四十三条　非纳税人群购买税优健康保险产品由保险公司自行决定。

第四十四条　本办法由中国保监会负责解释。

第四十五条　本办法自印发之日起施行。

中国保监会关于印发《养老保障管理业务管理办法》的通知

（保监发〔2015〕73号　2015年7月30日）

各养老保险公司：

为促进保险业积极参与多层次养老保障体系建设，推动养老保障管理业务持续健康发展，保护养老保障管理业务活动当事人的合法权益，我会制定了《养老保障管理业务管理办法》，现予印发，请遵照执行。

养老保障管理业务管理办法

第一章　总　则

第一条　为规范养老保险公司养老保障管理业务经营行为，保护养老保障管理业务活动当事人的合法权益，促进保险业积极参与多层次养老保障体系建设，根据《中华人民共和国保险法》等法律法规，制定本办法。

第二条　本办法所称养老保险公司，是指经中国保险监督管理委员会（以下简称中国保监会）批准设立并依法登记注册的商业养老保险公司。

第三条　本办法所称养老保障管理业务，是指养老保险公司作为管理人，接受政府机关、企事业单位及其他社会组织等团体委托人和个人委托人的委托，为其提供养老保障以及与养老保障相关的资金管理服务，包括方案设计、受托管理、账户管理、投资管理、待遇支付、薪酬递延、福利计划、留才激励等服务事项。

第四条　养老保险公司开展养老保障管理业务，应当遵守法律、行政法规和中国保监会等监管机构的规定，遵循自愿、公平、诚实信用原则，不得损害客户的合法权益和社会公共利益。

第五条　养老保险公司开展养老保障管理业务，应当充分了解委托人的需求，遵循风险匹配原则，充分发挥养老保险公司在受托管理、账户管理、投资管理、风险管理和年金给付等方面的综合优势，向委托人提供合适的产品和服务。

第六条　中国保监会依据法律、行政法规和本办法的规定，对养老保险公司开展养老保障管理业务进行监督管理。中国保监会派出机构在中国保监会授权范围内履行监管职责。

第二章　业务规范

第七条　养老保险公司开展养老保障管理业务，应当具备完善的公司治理结构、健全的内部控制制度、科学的投资决策体系以及规范的业务操作流程。

第八条　养老保险公司开展养老保障管理业务，可以在全国范围内展业，但应当具备与展业活动相适应的客户服务能力。

第九条　养老保险公司开展个人养老保障管理业务，应当具备企业年金业务或者保险业务两年以上经营经验。

第十条　养老保险公司开展养老保障管理业务，应当要求委托人以真实身份参与养老保障管理业务并承诺委托资金的来源、用途符合法律法规规定。承诺方式包括书面承诺或网络实名确认等。委托人未做承诺，或者养老保险公司明知委托人身份不真实、委托资金来源或者用途不合法，养老保险公司不得为其办理养老保障管理业务。

第十一条 养老保险公司开展养老保障管理业务，可以采取下列形式：

（一）为单一团体委托人办理单一型养老保障管理业务；

（二）为多个团体委托人办理集合型养老保障管理业务；

（三）为多个个人委托人办理集合型养老保障管理业务。

养老保险公司采取形式（一）开展养老保障管理业务的，受托管理的委托人资金初始金额不得低于5000万元人民币；采取形式（三）开展养老保障管理业务的，封闭式投资组合受托管理的个人委托人资金初始金额不得低于1万元人民币。

第十二条 养老保险公司开展团体养老保障管理业务，应当要求团体委托人提供下列材料：

（一）经董事会决议、职工代表大会或其他决策程序通过的养老保障管理方案，或有关政府部门对养老保障方案的批复、核准文件；

（二）所有受益人名单和身份信息。

如团体养老保障管理业务只有个人缴费，无团体缴费的，上述材料（一）可免于提供。

养老保险公司开展个人养老保障管理业务，应当要求个人委托人提供下列材料：

（一）个人身份信息；

（二）个人资金账户信息。

第十三条 养老保险公司开展养老保障管理业务，应当依照法律、行政法规和本办法的规定，与委托人签订受托管理合同，就双方的权利、义务和相关事宜做出明确约定。受托管理合同应当包括下列基本事项：

（一）委托人资金的缴费规则；

（二）投资范围、投资限制和投资比例；

（三）投资策略和管理期限；

（四）委托人资金的管理方式和管理权限；

（五）各类风险揭示；

（六）委托人账户信息的提供及查询方式；

（七）当事人的权利与义务；

（八）管理费用的计算方法和支付方式；

（九）其他服务内容及其费用的提取、支付方式；

（十）合同解除和终止的条件、程序及客户资产的清算返还事宜；

（十一）违约责任和纠纷的解决方式；

（十二）中国保监会规定的其他事项。

第十四条 养老保险公司开展养老保障管理业务，应当履行下列职责：

（一）建立、维护委托人和受益人账户信息，并向委托人和受益人提供账户查询服务；

（二）制定基金投资策略并进行投资管理；

（三）定期估值并与资产托管人核对；

（四）监督基金管理情况；

（五）计算并办理待遇支付；

（六）定期编制并向委托人提供养老保障管理报告；

（七）妥善保存养老保障管理业务有关记录；

（八）国家规定和合同约定的其他职责。

第十五条 养老保险公司可以自行开展养老保障管理业务的各项工作，也可以委托其他合格金融机构承担部分管理人职责，但应当对其承接的养老保障管理业务承担最终责任。

养老保险公司委托其他合格金融机构承担部分管理人职责的，应当与选聘的金融机构签订委托管理合同，明确约定各方的权利、义务和相关事宜。

第十六条　养老保险公司开展的养老保障管理业务，不需计提保险责任准备金。

第十七条　养老保险公司开发的养老保障管理产品，应当在销售前向中国保监会备案。

产品备案材料包括以下文件：

（一）《养老保障管理产品备案报送材料清单表》，加盖公司公章；

（二）养老保障管理产品合同文本；

（三）投资组合说明书；

（四）总精算师声明书；

（五）法律责任人声明书；

（六）产品可行性报告；

（七）财务管理办法；

（八）业务管理办法；

（九）投资风险提示函；

（十）中国保监会规定的其他材料。

第十八条　养老保障管理产品主要内容发生变更的，养老保险公司应当在销售前向中国保监会备案。

发生下列情形之一的，属于产品主要内容变更：

（一）产品名称变更；

（二）管理人变更；

（三）管理费费率上调；

（四）主要投资政策变更；

（五）中国保监会规定的其他情形。

产品变更备案材料包括以下文件：

（一）变更备案报送材料清单表，加盖公司公章；

（二）变更原因、主要变更内容的对比说明；

（三）产品变更涉及的文本（包括合同文本、投资组合说明书等）；

（四）总精算师声明书；

（五）法律责任人声明书；

（六）中国保监会规定的其他材料。

第十九条　团体养老保障管理产品名称应符合以下格式：养老保险公司名称 + 说明性文字 + 单一型或集合型 + 团体养老保障管理产品，个人养老保障管理产品名称应符合以下格式：养老保险公司名称 + 说明性文字 + 个人养老保障管理产品。其中，养老保险公司名称可以用全称或简称；说明性文字由各养老保险公司自定，字数不得超过 10 个。

第二十条　养老保险公司开展养老保障管理业务，应当以养老保障管理产品名义开设产品层银行资金账户和组合层银行资金账户、资产类账户。其中，为单一委托人办理养老保障管理业务，开设的产品层银行资金账户名称应包含养老保障管理产品名称，组合层银行资金账户、资产类账户名称应包含养老保障管理产品名称、投资组合名称；为多个委托人办理集合养老保障管理业务，开设的产品层银行资金账户名称应包含养老保障管理产品名称，组合层银行资金账户、资产类账户名称应包含养老保障管理产品名称和投资组合名称。

第二十一条　养老保险公司开展养老保障管理业务，应当对每个养老保障管理产品建立独立的养老保障管理基金。对养老保障管理基金的管理应当遵循专户管理、账户隔离和独立核算的原则，确保养老保障管理基金独立于任何为基金管理提供服务的自然人、法人或其他组织的固有财产及其管理的其他财产。

专户管理是指对每个养老保障管理基金开设专门的银行资金账户和资产类账户进行管理。

账户隔离是指养老保障管理基金的银行资金账户和资产类账户应当与养老保险公司自身的及其管理的任何银行资金账户和资产类账户实现完全的独立分离，不得存在债权债务关系，也不得承担连带责任；不得发生买卖、交易、财产转移和利益输送行为，仅在投资账户建立初期，为建立该账户而发生的现金转移，可不受此限制。

独立核算是指对每个养老保障管理基金单独进行会计账务处理，并提供资产负债表和利润表等财务报表。

第二十二条 养老保障管理基金应当实行第三方托管制度。养老保险公司应当委托独立的资产托管人并签订资产托管合同，明确约定各方的权利、义务和相关事宜。

资产托管人的资格、职责、选择等有关事项比照中国保监会资产托管的有关规定执行。

第二十三条 养老保障管理基金托管人应当根据本办法和资产托管合同向相关机构申请开立资产类账户，依据基金管理人的委托授权书以及资产托管合同开立资金账户，并通知基金管理人。

第二十四条 养老保障管理基金采用完全积累账户制管理。养老保障管理基金投资运营所得收益，全额计入养老保障管理基金的各类账户。

第二十五条 养老保险公司可以为团体委托人设置公共账户，用以记录委托人缴费及其投资收益等账户信息。如存在个人受益人的，可以分别为受益人设立个人账户；个人账户下可以分设团体缴费账户和个人缴费账户，分别记录团体缴费和个人缴费的缴费明细及其投资收益等账务信息。

第二十六条 养老保险公司为个人受益人设立个人账户的，应当与委托人明确约定权益归属原则和领取支付条件，其中对于个人受益人本人缴费部分的权益，应当全额计入个人缴费账户。

委托人为团体客户的，个人受益人离职后，其个人账户可以在原养老保障管理基金管理人设置的保留账户继续管理。

第二十七条 养老保险公司开展养老保障管理业务，应当根据管理合同约定收取管理费用。管理费用可以包括以下项目：

（一）初始费。初始费是养老保险公司受托管理资金进入基金管理专户时一次性扣除的管理成本。初始费按照当期缴费总额的一定比例收取。

（二）管理费。管理费是养老保险公司为养老保障管理基金提供受托管理、账户管理、投资管理、待遇支付等服务的运营成本。管理费每年按照当年养老保障管理基金净值的一定比例收取，或根据管理形式及服务类型采取定额收费的形式收取。

（三）托管费。托管费是资产托管人为养老保障管理基金提供基金托管服务的运营成本。托管费每年按照当年养老保障管理基金净值的一定比例收取，或根据管理形式及服务类型采取定额收费的形式收取。

（四）解约费。委托人提前解除养老保障委托管理合同的，养老保险公司可以按照解除合同时养老保障管理基金净值的一定比例一次性收取解约费。养老保险公司应根据合同存续期限设置递减的解约费比例。

养老保险公司为个人受益人设立个人账户的，个人受益人提前退出的，应当通过委托人提出退出申请，养老保险公司可以按照受益人个人账户净值的比例一次性收取解约费。养老保险公司应根据个人账户的存续期设置递减的解约费比例。

（五）投资转换费。投资转换费是养老保险公司为养老保障管理基金提供投资转换服务的运营成本。投资转换费按照投资转换基金净值的一定比例收取，或采取定额收费的形式收取。

第二十八条 养老保障管理业务团体委托人提前解除合同时，养老保险公司应当要求其提供已通知受益人解约事宜的有效证明，并按照委托人要求与权益归属原则处理养老保障管理基金。

养老保障管理业务个人委托人提前解除合同时，养老保险公司应当在扣除解约费后，以银行转账方式将个人委托人资金余额划拨至个人委托人本人的银行资金账户。

第二十九条 养老保险公司和资产托管人应当按照有关法律、行政法规的规定保存资产管理业务的会计账册，并妥善保存有关的合同、协议、交易记录等文件、资料。

第三十条　养老保险公司应当通过公司网站或指定网站向个人委托人披露个人养老保障管理产品信息，并保证所披露信息的真实性、准确性和完整性。应向个人委托人披露的个人养老保障管理产品信息包括：

（一）募集公告、养老保障管理合同；

（二）组合募集情况；

（三）组合资产净值、份额净值；

（四）投资方向；

（五）应予披露的其他信息。

封闭式投资组合上述披露事项（三）可免于提供。

第三十一条　养老保险公司应当于每年度结束后60日内，向团体委托人提供上一年度的养老保障管理报告，并向受益人提供年度对账单以及个人权益信息查询等服务。

第三十二条　养老保险公司应当于每年度结束后60日内，在公司网站上披露养老保障管理业务的基本信息，包括基金规模、基金数目、基金收益率等，但需要保密的客户信息除外。

第三十三条　养老保险公司应当加强养老保障管理业务销售人员管理，销售人员应满足以下要求：

（一）充分了解并自觉遵守养老保障管理业务相关法律法规；

（二）熟悉养老保障管理产品特性以及向委托人提供咨询意见所涉及的其他金融产品的特性，并对有关产品市场有所认识和理解；

（三）具备相关监管部门要求的行业资格。

第三十四条　养老保险公司通过互联网渠道销售养老保障管理产品，应当参照中国保监会互联网保险监管规定中关于网络平台建设、信息披露、第三方合作协议签署、交易信息管理、客户服务管理、业务数据安全管理、客户信息安全管理、应急处置等方面的相关规定执行。

第三章　投资管理

第三十五条　养老保障管理基金投资范围比照中国保监会保险资金运用相关监管规定执行。

第三十六条　养老保障管理基金投资账户的资产配置范围包括流动性资产、固定收益类资产、上市权益类资产、基础设施投资计划、不动产相关金融产品、其他金融资产。流动性资产、固定收益类资产、上市权益类资产、基础设施投资计划、不动产相关金融产品、其他金融资产的分类和定义遵照中国保监会资金运用相关监管规定。

第三十七条　养老保障管理基金可由养老保险公司自行投资管理，也可委托给符合条件的投资管理人进行投资管理。

投资管理人是指在中国境内依法设立的，符合中国保监会规定的保险资产管理公司、证券公司、证券资产管理公司、证券投资基金管理公司及其子公司等专业投资管理机构。

第三十八条　养老保障管理产品设立的投资组合类型，包括开放式投资组合和封闭式投资组合。

开放式投资组合是指基金份额总额不固定，基金份额可以在养老保障管理合同约定的时间和场所缴费或者领取；封闭式投资组合是指基金份额总额在养老保障管理合同约定的封闭期限内固定不变，基金份额不得提前申请领取。

第三十九条　养老保险公司应当加强养老保障管理产品投资账户的流动性管理，确保投资账户能够满足流动性需要。其中，对于开放式投资组合的流动性管理应当符合以下要求：

（一）流动性资产的投资余额不得低于投资组合价值的5%；

（二）基础设施投资计划、不动产相关金融产品、其他金融资产的投资余额不得超过投资组合价值的

75%，其中单一项目的投资余额不得超过投资组合价值的50%；

（三）针对投资组合特点建立相应的流动性管理方案。

投资组合建立初期、10个工作日内赎回比例超过投资组合价值10%时、投资组合清算期间，投资组合可以突破上述有关流动性管理的比例限制，但应在30个工作日内调整至规定范围内。

第四十条 养老保险公司设立封闭式投资组合，应当在投资组合说明书中明示“封闭式”，并在产品或募集公告中明示封闭期限及投资方向。

第四十一条 养老保险公司设立的封闭式投资组合应当满足产品与投资资产配置独立性、期限结构匹配性要求。

第四十二条 封闭式投资组合投资另类金融产品的，养老保险公司在销售时，应当向购买客户主动披露拟投资的另类金融产品的投资品种、基础资产、投资比例、估值方法、流动性管理策略、主要投资风险等。

另类金融产品是指传统的存款、股票、债券、证券投资基金等之外的金融产品。

第四章 风险控制

第四十三条 养老保险公司开展养老保障管理业务，应当建立相应的风险管理体系，并将养老保障管理业务的风险管理纳入养老保险公司全面风险管理体系之中。养老保障管理业务风险管理体系应覆盖市场风险、信用风险、流动性风险、操作风险、战略风险、声誉风险等各类风险，并就相关风险制定有效的管控措施。

第四十四条 在向委托人推介养老保障管理产品时，养老保险公司应当充分了解委托人的风险偏好、风险认知能力和风险承受能力，合理评估委托人的财务状况，并根据所了解的委托人的情况推荐合适的产品供委托人自主选择。

第四十五条 在与委托人签订受托管理合同时，养老保险公司应当向委托人提供投资风险提示函，充分揭示投资风险，包括市场风险、信用风险、流动性风险、操作风险及其他风险，以及上述风险的含义、特征、可能引起的后果，并要求委托人对投资风险提示函内容进行确认。确认方式包括书面确认或网络实名验证确认等。

第四十六条 养老保险公司应当向客户如实披露其投资管理能力和历史业绩等情况。养老保险公司向客户做出投资收益预测，必须恪守诚信原则，提供充分合理的依据；并以书面方式或在销售网站该产品销售界面显著位置特别声明，所述预测结果仅供客户参考，不构成养老保险公司对客户的承诺。

第四十七条 养老保险公司应当合理控制短期个人养老保障管理产品业务规模，年度新增业务规模应与公司的资本实力相匹配。

短期个人养老保障管理产品是指产品期限在三年以内（含三年），销售给个人客户的养老保障管理产品。

经营商业保险业务的养老保险公司，受托管理的封闭式短期个人养老保障管理业务的年度新增规模不得超过公司上一年度末偿付能力溢额的10倍；不经营商业保险业务的养老保险公司，受托管理的封闭式短期个人养老保障管理业务的年度新增规模不得超过公司上一年度末公司净资产的10倍。

第四十八条 养老保险公司开展个人养老保障管理业务，应对发行的每一期产品按管理费收入10%的比例计提风险准备金，计提总额达到养老保险公司上年度管理个人养老保障管理业务总规模的1%时，不再计提。计提的风险准备金专门用于赔偿因投资管理机构违法违规、违反受托管理合同、未尽责履职等原因给养老保障基金财产或受益人造成的损失。

风险准备金应当存放在养老保险公司或其委托的投资管理人在资产托管人处开立的专用存款账户。

养老保险公司可以对已提取的风险准备金进行自主投资管理或委托投资管理人投资，风险准备金可投资于银行存款、国债、中央银行票据、中央企业债券、中央级金融机构发行的金融债券等高流动性、低风险的金融产品。投资管理产生的投资收益，应当纳入风险准备金管理。

第四十九条　养老保险公司及其从业人员开展养老保障管理业务，不得有以下行为：

（一）以虚假、片面、误导、夸大的方式宣传推介养老保障管理产品；

（二）向客户做出保证其资金本金不受损失或者承担损失的承诺；

（三）以欺骗、隐瞒或诱导等方式销售养老保障管理产品；

（四）挪用、侵占客户资金；

（五）将养老保障管理业务与其他业务混合操作；

（六）以转移养老保障管理基金投资收益或者亏损为目的，在不同的投资组合之间进行买卖，损害客户的利益；

（七）利用所管理的养老保障管理基金谋取不正当利益；

（八）不公平地对待养老保障管理基金，损害客户的利益；

（九）从事内幕交易及其他不正当交易行为；

（十）法律、行政法规和中国保监会等监管机构规定禁止的其他行为。

第五十条　养老保险公司自身不得对养老保障管理基金的投资收益承担任何形式的保证责任，不得在管理合同和产品设计中列入投资收益保证条款。

第五十一条　养老保险公司可以为养老保障管理基金的保值增值向第三方合格机构购买风险买断合同，相应的费用可以列入基金的运营成本。养老保险公司不得对担保机构提供任何形式的反担保。

第三方合格机构应当满足以下条件：

（一）注册资本不低于 5 亿元人民币；

（二）上一年度经审计的净资产不低于 20 亿元人民币；

（三）为养老保障管理基金承担风险买断合同的总金额不超过上一年度经审计的净资产的 10 倍；

（四）最近三年未受过重大处罚；

（五）中国保监会规定的其他条件。

养老保险公司为养老保障管理基金购买风险买断合同的，应当在受托管理合同或投资风险提示函中向委托人充分揭示购买风险买断合同后养老保障管理基金仍然存在投资损失的风险。

第五十二条　养老保险公司应当依法采取预防、监控措施，建立健全客户身份识别制度、大额交易和可疑交易报告制度，全面履行反洗钱义务。

第五十三条　发生以下情形之一的，养老保险公司应当选择会计师事务所对养老保障管理业务进行外部审计，相应的审计费用可以列入基金的运营成本。

（一）养老保障管理基金投资运作满三个会计年度时；

（二）养老保障管理基金管理人职责终止时；

（三）国家规定的其他情形。

养老保险公司应当自收到外部审计机构出具的审计报告之日起的 30 日内向委托人提交审计报告。

同一家会计师事务所连续审计三次的，应当予以更换。

第五章　监督管理

第五十四条　开展养老保障管理业务的养老保险公司，应当在每年 3 月 31 日之前向中国保监会提交养老保障管理业务专题报告。专题报告包括以下内容：

（一）管理合同签订及履行情况；

（二）基金运作及投资收益情况；

（三）资产托管及投资监督情况；

（四）管理费用收取情况；

（五）风险准备金的提取、投资管理、使用、年末结余等情况；

（六）中国保监会要求的其他事项。

第五十五条 养老保险公司按照本办法有关规定和合同约定发生外部审计的，应当自收到外部审计机构出具的审计报告之日起的30日内向中国保监会报送审计报告。

第五十六条 中国保监会及其派出机构对养老保险公司、资产托管人、投资管理人开展养老保障管理业务的情况，进行定期或者不定期的检查，养老保险公司、资产托管人、投资管理人应当予以配合。

第五十七条 养老保险公司及其从业人员违反本办法的，由中国保监会依照法律、行政法规进行处罚；法律、行政法规没有规定的，由中国保监会责令改正；涉嫌犯罪的，依法移交司法机关追究刑事责任。

第六章　附　则

第五十八条 本办法由中国保监会负责解释。

第五十九条 养老金管理公司开展养老保障管理业务，应遵守本办法规定。

第六十条 本办法自下发之日起施行。《养老保障管理业务管理暂行办法》（保监发〔2013〕43号）同时废止。

中国保监会关于父母为其未成年子女投保以死亡为给付保险金条件人身保险有关问题的通知

（保监发〔2015〕90 号　2015 年 9 月 14 日）

各保险公司：

为保护未成年人的合法权益，根据《中华人民共和国保险法》第三十三条规定，现就规范父母作为投保人为其未成年子女投保以死亡为给付保险金条件人身保险的有关问题通知如下：

一、对于父母为其未成年子女投保的人身保险，在被保险人成年之前，各保险合同约定的被保险人死亡给付的保险金额总和、被保险人死亡时各保险公司实际给付的保险金总和按以下限额执行：

（一）对于被保险人不满 10 周岁的，不得超过人民币 20 万元。

（二）对于被保险人已满 10 周岁但未满 18 周岁的，不得超过人民币 50 万元。

二、对于投保人为其未成年子女投保以死亡为给付保险金条件的每一份保险合同，以下三项可以不计算在前款规定限额之中：

（一）投保人已交保险费或被保险人死亡时合同的现金价值；对于投资连结保险合同、万能保险合同，该项为投保人已交保险费或被保险人死亡时合同的账户价值。

（二）合同约定的航空意外死亡保险金额。此处航空意外死亡保险金额是指航空意外伤害保险合同约定的死亡保险金额，或其他人身保险合同约定的航空意外身故责任对应的死亡保险金额。

（三）合同约定的重大自然灾害意外死亡保险金额。此处重大自然灾害意外死亡保险金额是指重大自然灾害意外伤害保险合同约定的死亡保险金额，或其他人身保险合同约定的重大自然灾害意外身故责任对应的死亡保险金额。

三、保险公司在订立保险合同前，应向投保人说明父母为其未成年子女投保以死亡为给付保险金条件人身保险的有关政策规定，询问并记录其未成年子女在本公司及其他保险公司已经参保的以死亡为给付保险金条件人身保险的有关情况。各保险合同约定的被保险人死亡给付的保险金额总和已经达到限额的，保险公司不得超过限额继续承保；尚未达到限额的，保险公司可以就差额部分进行承保，保险公司应在保险合同中载明差额部分的计算过程。

四、保险公司应在保险合同中明确约定因未成年人死亡给付的保险金额，不得以批单、批注（包括特别约定）等方式改变保险责任或超过本通知规定的限额进行承保。

五、保险公司应积极引导投保人树立正确的保险理念，在注重自身保险保障的基础上，为未成年人购买切合实际的人身保险产品。

六、保险公司应进一步完善未成年人人身保险的有关业务流程，强化投保、核保等环节的风险管控，在防范道德风险的同时，为未成年人提供更加丰富多样的保险保障，保护未成年人合法权益。

七、本通知自 2016 年 1 月 1 日起执行。中国保监会《关于父母为其未成年子女投保以死亡为给付保险金条件人身保险有关问题的通知》（保监发〔2010〕95 号）自本通知执行之日起废止。

中国保监会关于推进分红型人身保险费率政策改革有关事项的通知

（保监发〔2015〕93号　2015年9月25日）

各人身保险公司：

为进一步发挥市场在保险资源配置中的决定性作用，建立符合社会主义市场经济规律的人身保险费率形成机制，推动保险公司经营管理和保险监管的创新，切实保护保险消费者合法权益，促进人身保险业持续稳定健康发展，按照稳中求进的指导方针，我会决定推进分红型人身保险费率政策改革。现将有关事项通知如下：

一、自本通知实施之日起，分红型人身保险的预定利率由保险公司按照审慎原则自行决定。分红型人身保险未到期责任准备金的评估利率为定价利率和3.0%的较小者。

二、自本通知实施之日起，保险公司应按照《人身保险公司保险条款和保险费率管理办法》（保监会令2011年第3号）有关规定，对于开发的分红型人身保险产品预定利率不高于3.5%的，报送中国保监会备案；预定利率高于3.5%的，报送中国保监会审批。

三、保险公司用于分红保险利益演示的低、中、高档的利差水平分别不得高于0、4.5%减去产品预定利率、6%减去产品预定利率。

保险公司应当在分红保险产品说明书中用醒目字体标明保单的红利水平是不保证的，在某些年度红利可能为零。

对于保险公司在售的分红保险产品，如果连续3年实际分红水平达不到中档红利演示水平的，保险公司必须下调相关产品的中、高档红利演示水平，下调后的中档红利演示水平不得高于公司近3年实际平均分红水平。

保险公司新开发分红保险产品时，应根据公司历史投资回报率经验和对未来的合理预期，按照审慎原则确定各档红利演示水平。

四、保险公司应加强分红保险产品的信息披露工作，进一步增强产品透明性。鼓励保险公司逐步向客户披露分红保险产品的费用收取等情况，加深客户理解。

五、中国风险导向偿付能力体系（以下称偿二代）实施过渡期内，保险公司应按照《分红保险精算规定》（以下简称《规定》，详见附件），提取现行偿付能力体系下的分红保险法定责任准备金。偿二代所使用的准备金按照偿二代监管规则计算。

六、自本通知实施之日起，各公司新开发的分红保险产品应按照《规定》要求执行。

各公司在本通知实施之日前已审批或备案的分红保险产品，可以继续销售。

七、自本通知实施之日起，《关于下发〈分红保险管理暂行办法〉、〈投资连结管理暂行办法〉的通知》（保监发〔2000〕26号）及《关于印发人身保险新型产品精算规定的通知》（保监发〔2003〕67号）废止。

八、本通知自2015年10月1日起实施。有关规定与本通知不一致的，以本通知为准。

附件：分红保险精算规定

附件

分红保险精算规定

第一部分　总　则

一、本规定所称分红保险，是指保险公司将其实际经营成果产生的盈余，按一定比例向保单持有人进行分配的人身保险产品。

二、本规定适用于个人分红保险和团体分红保险。

三、分红保险可以采取终身寿险、两全保险或年金保险的形式。保险公司不得将其他产品形式设计为分红保险。

第二部分　保险金额

四、对于投保时被保险人的年龄满 18 周岁的，个人分红终身寿险、个人分红两全保险在保单签发时或保险责任等待期结束时的死亡保险金额不得低于已交保费的 120%。

死亡保险责任至少应当包括疾病身故保障责任和意外身故保障责任。

第三部分　保险费

五、保险公司厘定保险费，应当符合一般精算原理，采用公平、合理的定价假设。

六、保险费应当根据预定利率、预定发生率、预定附加费用率等要素采用换算表方法进行计算。

（一）预定利率

保险公司在厘定保险费时，应根据公司历史投资回报率经验和对未来的合理预期及产品特性按照审慎原则确定预定利率。

（二）预定发生率

保险公司在厘定保险费时，应以公司实际经验数据和行业公开发布的经验发生率表为基础，同时考虑未来的趋势和风险变化，按照审慎原则确定预定发生率。

（三）预定附加费用率

保险公司在厘定保险费时，应以公司实际经验数据为基础，按照审慎原则确定预定附加费用率。

各保单年度的预定附加费用率由保险公司自主设定，但平均附加费用率不得超过下表规定的上限。平均附加费用率是指保单各期预定附加费用精算现值之和占保单毛保费精算现值之和的比例。

个人分红型人寿保险和年金保险平均附加费用率上限		
交费方式	两全保险、年金保险	终身寿险
分期	16%	30%
趸交	8%	18%

团体分红型人寿保险和年金保险平均附加费用率上限		
交费方式	年金保险	终身寿险
分期	10%	15%
趸交	5%	8%

七、保险公司应当对定价假设相关参数进行定期回顾与分析，并根据公司实际经验及时调整相关参数。

八、保险公司在产品定价时应进行利润测试。

第四部分　保单最低现金价值

九、保单年度末保单价值准备金

保单年度末保单价值准备金指为计算保单年度末保单最低现金价值，按照本条所述计算基础和计算方法算得的准备金数值。

（一）计算基础

1. 发生率采用险种报备时厘定保险费所使用的预定发生率；

2. 个人分红保险的附加费用率采用下表规定的数值进行计算：

<table>
<tr><th colspan="3">保单年度 / 类别</th><th>第一年</th><th>第二年</th><th>第三年</th><th>以后各年</th></tr>
<tr><td colspan="2" rowspan="2">趸交</td><td>终身寿险</td><td>18%</td><td>—</td><td>—</td><td>—</td></tr>
<tr><td>年金保险、两全保险</td><td>8%</td><td>—</td><td>—</td><td>—</td></tr>
<tr><td rowspan="6">期交</td><td rowspan="2">交费期为 10 年以下</td><td>终身寿险</td><td>55%</td><td>35%</td><td>25%</td><td>20%</td></tr>
<tr><td>年金保险、两全保险</td><td>30%</td><td>20%</td><td>15%</td><td>12%</td></tr>
<tr><td rowspan="2">交费期为 10 年至 19 年</td><td>终身寿险</td><td>65%</td><td>40%</td><td>30%</td><td>25%</td></tr>
<tr><td>年金保险、两全保险</td><td>40%</td><td>25%</td><td>15%</td><td>12%</td></tr>
<tr><td rowspan="2">交费期为 20 年及以上</td><td>终身寿险</td><td>70%</td><td>45%</td><td>35%</td><td>25%</td></tr>
<tr><td>年金保险、两全保险</td><td>45%</td><td>25%</td><td>15%</td><td>12%</td></tr>
</table>

团体分红保险的附加费用率由公司自主确定。

3. 利率采用下表规定的数值进行计算：

保险期间为 10 年及以下	预定利率 +1.0%
保险期间为 10 年以上	预定利率 +1.5%

（二）计算方法

1. 根据该保单的保险责任和各保单年度净保费按上述计算基础采用“未来法”计算。对确实不能用“未来法”计算的，可以采用“过去法”计算。

2. 保单各保单年度净保费为该保单年度的毛保费扣除附加费用。其中，毛保费是指按保单年度末保单价值准备金的计算基础重新计算的保险费，附加费用为毛保费乘以上表中规定的附加费用率。

（三）保单年度末保单价值准备金不包括该保单在保单年度末的生存给付金额。

十、保单年度末保单最低现金价值

保单年度末保单最低现金价值是保险公司确定保单现金价值最低标准，其计算公式为：

$$MCV = r \times \max(PVR, 0)$$

系数 r 按下列公式计算：

$$r = k + \frac{t \times (1-k)}{\min(20, n)}, \quad t < \min(20, n)$$

$$r = 1, \quad t >= \min(20, n)$$

其中，

MCV 为保单年度末保单最低现金价值；

PVR 为保单年度末保单价值准备金；

n 为保单交费期间（趸交保费时，n = 1）；

t 为已经过保单年度，t = 1，2，…；

参数 k 的取值按如下标准：

k 值		
	两全保险、年金保险	终身寿险
期交个人业务	0.9	0.8
期交团体业务	0.95	0.85
趸交个人业务	1	1
趸交团体业务	1	1

十一、保单年度末保单现金价值

保险公司可以按本规定所确定的保单年度末保单最低现金价值作为保单年度末保单现金价值，也可以按其他合理的计算基础和方法确定保单现金价值，但要保证其数值不低于按本规定所确定的保单年度末保单最低现金价值。

对于采用增额红利分配方式的分红保险，除计算基本保额现金价值外，还需计算每单位增额红利现金价值。其数值应不低于按照第九条及第十条所述的计算基础和计算方法算得的现金价值数值。

十二、保单年度中保单现金价值根据保单年度末保单现金价值按合理的方法确定。

第五部分　账户管理和盈余分配

十三、保险公司应为分红保险业务设立一个或多个单独账户，单独账户应单独管理、独立核算。

十四、保险公司应在分红产品的产品说明书中明确其红利来源，并依据红利来源确定分红保险账户中权益共同属于保单持有人和股东双方的盈余。

保险公司在确定上述盈余时应采用本规定第六部分规定的责任准备金或产品的毛保费定价基础准备金。同一分红保险账户所采用的准备金基础应具有一致性，一经确立，不得随意变更。

十五、对于第十四条中所述盈余，保险公司应根据自身实际，采用盈余计算与分配表（见附件）中某一张报表的方法和口径进行计算。方法一经确立，不得随意变更。保险公司应在公司互联网站上信息披露的相关栏目中披露盈余计算方法。如果采用其它盈余计算方法，应说明其合理性。

十六、保险公司为各分红保险账户确定每一年度的可分配盈余时应当遵循普遍接受的精算原理，并符合可支撑性、可持续性原则，其中分配给保单持有人的比例不低于可分配盈余的70%。

十七、保险公司应对分红保险账户提取分红保险特别储备。

（一）分红保险特别储备是分红保险账户逐年累积的，其权益共同属于保单持有人和股东双方，用于平滑未来的分红水平。

（二）分红账户的分红保险特别储备等于该账户共同属于保单持有人和股东双方的盈余的累积值减去该账户已分配盈余的累积值。分红保险特别储备的计算方法应与十五条中盈余的计算方法保持一致。

十八、分红保险特别储备的规模应保持在合理的水平。保险公司在确定本期保单红利分配方案时，应测算本期分红后的分红账户分红保险特别储备的水平。

（一）本期分红后的分红账户分红保险特别储备的规模连续2年超过该账户准备金的15%的，超出的部分应作为当期可分配盈余予以释放。

（二）在红利计算和红利分配时，分红保险特别储备可以为负。本期分红后的分红账户分红保险特别储备为负并且规模超过该账户准备金的15%的，当期保单红利水平不得超过上期保单红利分配水平。

本条中所指准备金应与第十四条保持一致。本条中的相关时间期限自本规定实施之日起开始计算。

十九、红利分配方式

分红保险产品可以采用现金红利方式或增额红利方式分配盈余。

（一）现金红利

现金红利分配方式包括现金领取、抵交保费、累积生息以及购买交清保额等形式。

（二）增额红利

增额红利分配方式指每年以增加保额的方式分配红利，增加的保额作为红利一旦公布，则不得取消。

采用增额红利分配方式的保险公司可在合同终止时以现金方式给付终了红利。

二十、红利计算方法

（一）采用现金红利分配方式的保险公司应根据贡献法计算红利。

1. 以利差、死差、费差三种利源项目为例，每张保单对应的可分配盈余计算公式为：

$$C = (V_0 + P)(i' - i) + (q - q')(S - V_1) + (GP - P - e')(1 + i')$$

其中，

C指该张保单对可分配盈余的贡献；

V_0指本保单年度期初准备金，其中不包括该时点的生存给付金金额；

V_1指本保单年度期末准备金；

P指按准备金评估基础计算的本保单年度净保费；

i'指公司计算可分配盈余使用的利率参数；

i指准备金评估利率；

q'指公司计算可分配盈余使用的死亡率参数；

q指准备金评估死亡率；

S指该张保单本保单年度末死亡保险金；

GP指该张保单本保单年度保险费；

e'指公司计算可分配盈余使用的费用支出参数。

本公式使用的准备金应与第十四条保持一致。

保险公司采用贡献法计算可分配盈余时，可以根据产品说明书中明确的利源项目，减少或增加上述公式所包括的利源项目。

2. 保险公司应按照下列公式计算每张保单实际分配的红利：

$$C \times R$$

其中，C 指该张保单对可分配盈余的贡献，R 为保险公司确定的不低于 70% 的比例。

（二）采用增额红利分配方式的保险公司应当根据下列要求计算增额红利和终了红利。

1. 增额红利成本应当按照评估基础计算，每张保单增额红利成本的计算公式为：

$$RB_t \times A_t$$

其中，RB_t 为该保单在 t 时刻分配到的增额红利；A_t 为按照评估基础计算的在 t 时刻购买原保单责任的趸交净保费。

2. 终了红利的计算应当按照每张保单对分红保险特别储备的贡献确定：

保险公司可根据产品特性对所有分红保单分组，计算各组的资产份额，并利用各组的资产份额和准备金，划分各组对应的分红保险特别储备，即：

每组对应的分红保险特别储备份额 = 每组的资产份额减每组的准备金

每张保单享有的终了红利应当与该保单对应的分红保险特别储备份额中将分配给保单持有人的比例大体相当。

二十一、保险公司分红账户的盈余分配，应当由外部审计机构予以审计。

第六部分　责任准备金

二十二、会计年度末保单未到期责任准备金应当用“未来法”逐单计算。对确实不能用“未来法”逐单计算的，可以采用“过去法”逐单计算。

二十三、未到期责任准备金的计算基础

（一）评估利率不得高于下面两项规定的最低值：

1. 中国保监会公布的未到期责任准备金评估利率；

2. 该险种厘定保险费所使用的预定利率。

（二）评估死亡率

评估死亡率采用《中国人寿保险业经验生命表（2000—2003）》所提供的数据。

保险公司应根据产品特征，对同一产品的全部保单整体考虑，按照审慎性原则在非养老金业务表和养老金业务表之间选择采用较为保守的评估死亡率。

二十四、未到期责任准备金的计算方法

（一）未到期责任准备金的计算采用修正法：

1. 修正净保费的确定

（1）修正后首年净保费 α 按下列公式计算：

$$\alpha = P^{NL} - EA$$

其中，P^{NL} 为根据评估基础确定的交费期间均衡净保费，EA 为费用扣除额。

如果 α 的计算结果小于根据评估基础计算的首年自然净保费，则 α 取自然净保费。

（2）修正后续年净保费 β 按下列公式和未到期责任准备金计算基础计算：

$\alpha + \beta$ 在交费期初的精算现值 = P^{NL} 在交费期初的精算现值

2. 费用扣除额不得高于基本死亡保险金额的 3.5%。

3. 根据上述未到期责任准备金计算基础（即评估基础）和修正方法计算修正准备金。

（二）如果按修正方法计算的续年评估均衡净保费高于毛保费，还应计提保费不足准备金。保费不足准备金为保单在未来的交费期间内，评估净保费与毛保费之差在保单年度末按评估基础计算的精算现值。

（三）保险公司采用增额红利分配方式的，计算未到期责任准备金时，保险责任应包括已公布的增额红利部分，但不包括未来增额红利和终了红利。

（四）保单年度末保单未到期责任准备金为上述修正准备金与保费不足准备金之和。

（五）会计年度末未到期责任准备金的计算，应当根据所对应的上一保单年度末的保单未到期责任准备金，扣除保单在上一保单年度末的生存给付金额后和该保单年度末保单未到期责任准备金进行插值计算，并加上未到期评估净保费（如果评估净保费大于毛保费，则为未到期毛保费）。会计年度末未到期责任准备金不得低于会计年度末保单现金价值。

（六）会计年度末保单未到期责任准备金数额是会计年度末保单责任准备金计提的最低标准。保险公司可采用其他合理的计算基础和评估方法计算会计年度末保单责任准备金，但要保证其数值不低于按本规定所确定的会计年度末未到期责任准备金。

二十五、未决赔款准备金

人寿保险保单在会计年度末应计提已发生已报案未决赔款准备金和已发生未报案未决赔款准备金，参照短期意外伤害保险的相关规定执行。

附件：分红保险盈余计算与分配表

附件

××××账户分红保险盈余计算与分配表（格式一）

	****年度	****年度
一、营业收入		
保费收入（减：分出保费）		
投资收益		
公允价值变动损益		
其他收入		
二、营业支出		
退保金		
赔付支出（减：摊回赔付支出）		
提取分红保险准备金（减：摊回准备金）		
营业税金及附加		
手续费及佣金支出		
业务及管理费（减：摊回分保费用）		
资产减值损失		
其他支出		
三、本期业务盈余		
——本期股东专属盈余		
——本期分红账户共有盈余		
四、转回分红保险特别储备		
五、上一年度红利派发差异调整		
——保户保单红利调整		
——股东保单红利调整		
六、本期分红前共有盈余		
七、本期可分配盈余		
——本期保户保单红利		
——本期股东保单红利		
八、本期分红后的分红保险特别储备		
九、分红保险准备金余额		
十、分红保险特别储备余额与分红保险准备金余额的比值		

××××账户分红保险盈余计算与分配表（格式二）

	****年度	****年度
一、营业收入		
保费收入（减：分出保费）		
投资收益		
公允价值变动损益		
可供出售金融资产公允价值变动		
其他收入		
二、营业支出		
退保金		
赔付支出（减：摊回赔付支出）		
提取分红保险准备金（减：摊回准备金）		
营业税金及附加		
手续费及佣金支出		
业务及管理费（减：摊回分保费用）		
资产减值损失		
其他支出		
三、本期综合盈余		
——本期股东专属综合盈余		
——本期分红账户共有综合盈余		
四、转回分红保险特别储备		
五、上一年度红利派发差异调整		
——保户保单红利调整		
——股东保单红利调整		
六、本期分红前共有综合盈余		
七、本期可分配盈余		
——本期保户保单红利		
——本期股东保单红利		
八、本期分红后的分红保险特别储备		
九、分红保险准备金余额		
十、分红保险特别储备余额与分红保险准备金余额的比值		

××××账户分红保险盈余计算与分配表（格式三）

	****年度	****年度
一、本期分红账户共有盈余		
——利差		
——死差		
——费差		
——其他差		
二、转回分红保险特别储备		
三、上一年度红利派发差异调整		
——保户保单红利调整		
——股东保单红利调整		
四、本期分红前共有盈余		
五、本期可分配盈余		
——本期保户保单红利		
——本期股东保单红利		
六、本期分红后的分红保险特别储备		
七、分红保险准备金余额		
八、分红保险特别储备余额与分红保险准备金余额的比值		

××××账户分红保险盈余计算与分配表（格式四）

	＊＊＊＊年度	＊＊＊＊年度
一、本期分红账户共有综合盈余		
——利差		
——死差		
——费差		
——其他差		
二、转回分红保险特别储备		
三、上一年度红利派发差异调整		
——保户保单红利调整		
——股东保单红利调整		
四、本期分红前共有综合盈余		
五、本期可分配盈余		
——本期保户保单红利		
——本期股东保单红利		
六、本期分红后的分红保险特别储备		
七、分红保险准备金余额		
八、分红保险特别储备余额与分红保险准备金余额的比值		

附注：

1. 格式一和格式三采用损益表口径填报，格式二和格式四采用资产负债表口径填报。
2. 各保险公司可以根据自己实际情况，将本期业务盈余划分为本期股东专属盈余和本期分红账户共有盈余两部分。
3. 本期股东专属盈余是指年度盈余中权益完全属于股东的部分，它不参与面向保单持有人的红利分配。
4. 本期分红账户共有盈余是指年度盈余中权益共同属于保单持有人和股东双方的部分，其定义应与《分红保险精算规定》第十四条保持一致。
5. 综合盈余是指在损益表口径的盈余基础上考虑了可供出售金融资产公允价值变动的盈余。
6. 转回分红保险特别储备填报上一年度分红保险特别储备余额。
7. 上一年度红利派发差异调整是指对上一年度公司宣告的保单红利与实际派发（增加保额等）红利之间的差异部分，应该转回并重新参与未来保单红利分配所做的调整。
8. 本期分红前共有盈余等于本期分红账户共有盈余，加转回分红保险特别储备，加上一年度红利派发调整。
9. 本期可分配盈余等于本期保户保单红利，加上本期股东保单红利。
10. 本期分红后的分红保险特别储备等于本期分红前共有盈余，减去本期可分配盈余。
11. 分红保险准备金余额科目中所指准备金应与《分红保险精算规定》第十四条保持一致。

中国保监会办公厅关于开展个人税收优惠型健康保险业务有关事项的通知

（保监厅发〔2016〕1号　2016年1月4日）

各保监局，中国保险信息技术管理有限责任公司，各人身保险公司：

为推动商业健康保险个人所得税政策试点工作顺利实施，根据《财政部　国家税务总局保监会关于开展商业健康保险个人所得税政策试点工作的通知》（财税〔2015〕56号）、《财政部国家税务总局　保监会关于实施商业健康保险个人所得税政策试点的通知》（财税〔2015〕126号）、《中国保监会关于印发〈个人税收优惠型健康保险业务管理暂行办法〉的通知》（保监发〔2015〕82号）的相关规定，现将有关事项通知如下：

一、各保险公司应高度重视商业健康保险个人所得税政策试点工作，充分认识试点工作的重要意义。拟参与试点的保险公司要加大支持力度，完善业务流程，加强内部管理，做到开好头、起好步，确保试点工作健康、可持续推进。

二、拟开展个人税收优惠型健康保险业务的保险公司的健康保险信息管理系统应与中国保险信息技术管理有限责任公司（以下简称中国保信）开发的商业健康保险信息平台对接，并由中国保信测试、验收后出具验收合格证明材料。

三、拟开展个人税收优惠型健康保险业务的保险公司应根据相关规定，向中国保监会报送开展个人税收优惠型健康保险业务的报告，并附中国保信出具的验收合格证明材料，报告内容应当真实、准确、有据可查。中国保监会将根据相关规定公布并及时更新符合开展个人税收优惠型健康保险业务条件要求的保险公司总公司名单。

四、进入名单的保险公司应切实承担主体责任，严格按照财税〔2015〕126号中的产品指引框架和示范条款，根据公司自身经营管理能力开发个人税收优惠型健康保险产品，并按规定程序上报中国保监会审批。

五、开展个人税收优惠型健康保险业务的保险公司应加强业务管理，确保被保险人信息准确，做到“一人一单一码”，即一个被保险人对应一份保险合同和一个税优识别码。

六、开展个人税收优惠型健康保险业务的保险公司应向被保险人提供专用投保单证和保险合同，并将税优识别码标注在保险合同正文首页的右上角，做到标识明显、容易识别。

七、保险公司开展个人税收优惠型健康保险业务必须征得被保险人本人同意。

八、保险公司应加强对个人税收优惠型健康保险业务的宣传管理，宣传的形式、内容及有关政策解读应严格符合相关文件要求，不得有任何夸大成分，不得进行炒作。

九、中国保信应保证商业健康保险信息平台平稳运行，并确保个人税收优惠型健康保险合同的税优识别码具有唯一性。

十、各保监局应按照相关文件要求，积极协调地方财政、税务部门，解决试点过程中可能出现的新问题，确保试点顺利开展。

十一、各保监局应加强对个人税收优惠型健康保险业务的监管，一旦发现违法违规行为，应立即予以纠正，对于情节严重、产生恶劣影响的辖内保险公司分支机构应责令其不得开展个人税收优惠型健康保险业务。

十二、各保监局、各保险公司在推进商业健康保险个人所得税政策试点期间如发现新问题、新情况，请及时向中国保监会人身保险监管部报告。

十三、本通知自印发之日起施行。

中国保监会关于规范中短存续期人身保险产品有关事项的通知

（保监发〔2016〕22号 2016年3月7日）

各人身保险公司：

为防范风险，促进中短存续期人身保险产品（以下简称中短存续期产品）健康发展，现就有关事项通知如下：

一、本通知所称中短存续期产品是指前4个保单年度中任一保单年度末保单现金价值（账户价值）与累计生存保险金之和超过累计所缴保费，且预期该产品60%以上的保单存续时间不满5年的人身保险产品。投资连结保险产品、变额年金保险产品除外。

二、保险公司总精算师应基于公司经验分析、产品设计目的、销售渠道特点、退保扣费、服务质量等因素综合审慎评估中短存续期产品的预期存续时间，并向董事会或管理层提交相关报告，董事会或管理层需对报告进行审议。

预期存续时间的评估与产品实际经营情况有明显偏差的，中国保监会将依法追究保险公司和总精算师的相关责任。

三、保险公司销售中短存续期产品的，应保持综合偿付能力充足率不低于100%且核心偿付能力充足率不低于50%。保险公司综合偿付能力充足率低于100%或核心偿付能力充足率低于50%时，应立即停止销售中短存续期产品。

四、保险公司将中短存续期产品报送中国保监会审批或备案前，应经董事会审议通过并形成书面决议，书面决议中应列明年度中短存续期产品计划销售额度和预计费差损额度。保险公司应在中短存续期产品报送中国保监会审批或备案时一并提交由董事长及总精算师签字确认的上述书面决议。

五、分红型、万能型产品形态的中短存续期产品，如有区别于其他产品的投资策略、分红策略或结算利率策略，保险公司应设立相应的分红子账户或万能子账户，单独核算，保证核算清晰、公平。

万能型保险的各项费用收取水平应在保险条款中予以明确。

六、保险公司董事长和总精算师应切实加强对中短存续期产品的资本管控和业务规划等工作，应根据公司资本实力等因素合理确定中短存续期产品的保费规模。保险公司中短存续期产品的年度保费收入应控制在本条所要求的限额以内。

（一）自2016年1月1日起，保险公司中短存续期产品年度保费收入应控制在公司最近季度末投入资本和净资产较大者的2倍以内。

（二）对2015年度中短存续期产品保费收入高于当年投入资本和净资产较大者2倍的保险公司，自2016年1月1日起给予公司5年的过渡期。过渡期内，保险公司的中短存续期产品年度保费收入应当控制在基准额以内。

基准额＝最近季度末投入资本和净资产较大者×2＋（1－0.2t）×（2015年度中短存续期产品保费收入－2015年末投入资本和净资产较大者×2），t＝年度－2015，年度范围为2016年至2020年。

（三）保险公司所销售的预期60%以上的保单存续时间在1年以上（含1年）3年以下（不含3年）的中短存续期产品的年度保费收入，2016年应控制在总体限额的90%以内，2017年应控制在总体限额的70%以内，2018年及以后应控制在总体限额的50%以内。

本条中，投入资本指的是保险公司所有者投入的货币资金，等于实收资本（或股本）和资本（或股本）

溢价所形成的资本公积之和；净资产指的是根据会计准则计算出的公司净资产。保费收入采用业务口径确认，即保险公司签发保险合同、收取保险费的，均确认为保费收入。

七、本通知实施之日时，保险公司中短存续期产品保费收入已超过第六条限额的，保险公司应立即停止销售中短存续期产品，并向中国保监会报告，同时在 3 个月内通过增资等方式，确保中短存续期产品保费规模重新满足第六条限额要求。保险公司不能在限期内采取有效措施的，中国保监会将对其采取停止开展新业务等监管措施。

本通知实施之日后，保险公司中短存续期产品保费收入超出第六条限额时，保险公司应立即停止销售中短存续期产品，并向中国保监会报告。中国保监会将对其采取停止开展新业务等监管措施。保险公司未及时采取措施或上报的，中国保监会将依法追究董事长、总精算师等相关人员的责任。

八、保险公司应加强资产负债匹配管理，合理确定中短存续期产品负债久期，切实防范资产负债错配风险。

自本通知实施之日起，保险公司不得开发和销售预期 60% 以上的保单存续时间不满 1 年（不含 1 年）的中短存续期产品。

九、保险公司应加强对中短存续期产品的风险管理，切实防范利差损风险、现金流风险和偿付能力风险。

十、自 2016 年 1 季度起，保险公司应于每季度结束后 20 日内通过电子公文传输系统报送《中短存续期产品情况报告》（报告以 PDF 格式、附表以 Excel 格式报送）。报告具体内容包括：

（一）中短存续期产品信息表（见附件）；

（二）中短存续期产品名录调整说明；

（三）中短存续期产品销售、核算合规性的说明。

保险公司应定期对已销售的产品进行回顾，检验是否符合中短存续期产品的定义，相应调整中短存续期产品的名录，并专项说明。

十一、自本通知实施之日起，《中国保监会关于规范高现金价值产品有关事项的通知》（保监发〔2014〕12 号）废止。

十二、本通知自 2016 年 3 月 21 日起实施。

附件：保监发 22 号附件 . xlsx

附件

中短存续期产品信息表

填报单位：________　　　　填报季度：____年____季度　　　　单位：万元

产品名称	设计类型	预期存续期限	定价附加费用率	佣金/手续费率	当期保费收入	累计保费收入	当期退保金	累计退保金	本季度末投入资本	本季度末净资产	本季度末基准额	中短存续期产品保费收入超过限额部分的金额	本季度末综合偿付能力充足率	本季度末核心偿付能力充足率	预期存续期限1（含）到3（不含）年期产品占比
合计	—	—	—												

填报人：________　　　　复核：________

注：1. 设计类型指分红型、万能型或普通型。

2. 预期存续期限，应反映该产品60%以上保单自签发之日起的预期存续时间，结果取值为0.5年的整数倍。

3. 当期指本季度，累计指本会计年度内。

4. 本季度末投入资本指的是保险公司所有者投入的货币资金，等于实收资本（或股本）和资本（或股本）溢价所形成的资本公积之和。

5. 净资产指的是根据会计准则计算出的公司净资产。

中国保监会关于延长老年人住房反向抵押养老保险试点期间并扩大试点范围的通知

（保监发〔2016〕55 号　2016 年 7 月 4 日）

各保监局、各人身保险公司：

为贯彻落实《国务院关于加快发展养老服务业的若干意见》（国发〔2013〕35 号）、《国务院关于加快发展现代保险服务业的若干意见》（国发〔2014〕29 号）有关要求，进一步促进老年人住房反向抵押养老保险业务发展，深化商业养老保险供给侧改革，为老年人增加养老选择，我会决定延长老年人住房反向抵押养老保险试点期间，并扩大试点范围。现将有关事项通知如下：

一、老年人住房反向抵押养老保险试点期间延长至 2018 年 6 月 30 日。

二、老年人住房反向抵押养老保险试点范围扩大至各直辖市、省会城市（自治区首府）、计划单列市，以及江苏省、浙江省、山东省和广东省的部分地级市。上述四省中，每省开展试点的地级市原则上不超过 3 个。各地保监局应结合实际，遵循自愿参与原则，向我会报备后开展试点。

三、试点期间，除上述事项外，对开展老年人住房反向抵押养老保险的监管要求适用《中国保监会关于开展老年人住房反向抵押养老保险试点的指导意见》（保监发〔2014〕53 号）的规定。

中国保监会关于进一步完善人身保险精算制度有关事项的通知

（保监发〔2016〕76号　2016年9月2日）

各人身保险公司：

为进一步完善人身保险精算制度，发挥保险保障功能，维护保险消费者合法权益，促进人身保险行业持续健康发展，现将有关事项通知如下：

一、保险公司应着力提升保险产品的风险保障水平，保险金额应满足以下要求：

保险公司开发销售的个人定期寿险、个人两全保险、个人终身寿险和个人护理保险产品，死亡保险金额或护理责任保险金额与累计已交保费或账户价值的比例应符合以下要求：

到达年龄	比例下限
18－40周岁	160%
41－60周岁	140%
61周岁以上	120%

其中，到达年龄指的是被保险人原始投保年龄，加上当时保单年度数，再减去1后所得到的年龄。

死亡保险责任至少应当包括疾病身故保障责任和意外身故保障责任。

二、保险公司应根据精算原理、产品实际销售和管理成本及公司自身经营实际，合理确定人身保险产品预定附加费用、风险保费、初始费用、退保费用等各项费用的收取。自本通知实施之日起，对于利润测试结果显示新业务价值为负的新产品，中国保监会将不接受其审批与备案。如利润测试主要假设与实际经营结果发生重大偏差，中国保监会将依法追究总精算师责任。

三、保险公司应根据自身经营实际、市场利率水平、投资市场变化等情况，科学合理地进行产品定价，并根据外部市场的变化及时调整。

自本通知实施之日起，万能保险责任准备金的评估利率上限调整为年复利3%。

自本通知实施之日起，保险公司应当按照有关规定，将新开发的预定利率或最低保证利率不高于评估利率上限的人身保险产品报送中国保监会备案，将新开发的预定利率或最低保证利率高于评估利率上限的人身保险产品报送中国保监会审批。

四、保险公司提供保单贷款服务的，保单贷款比例不得高于保单现金价值或账户价值的80%。保险公司不得接受投保人使用信用卡支付具有现金价值的人身保险保费以及对保单贷款进行还款。

五、各公司应严格执行《中国保监会关于规范中短存续期人身保险产品有关事项的通知》（保监发〔2016〕22号）有关规定，按照实质重于形式的原则和相关认定标准做好产品预期存续时间的评估工作。

（一）自2017年1月1日起，对于投资连结保险产品、变额年金保险产品，应按照中短存续期产品的定义要求进行评估和报告。

（二）自2017年1月1日起，保险公司不得将终身寿险、年金保险、护理保险设计成中短存续期产品。

（三）自2017年1月1日起，对于附加万能保险和附加投资连结保险等附加险产品，应单独评估该产品的预期存续时间，并判断其是否属于中短存续期产品。

（四）对于预期存续时间的评估与产品实际经营情况有明显偏差且未及时进行修正的，或者中短存续期产品数据瞒报、少报、漏报的，中国保监会将依法追究公司总精算师的相关责任。

六、保险公司董事长和总精算师应切实加强对中短存续期产品的资本管控和业务规划等工作，应根据公司资本实力等因素合理确定中短存续期产品的保费规模。保险公司中短存续期产品的年度保费收入应控制在本条所要求的限额以内。

（一）自2016年1月1日起，保险公司中短存续期产品年度保费收入应控制在公司最近季度末投入资本和净资产较大者的2倍以内。

（二）对2015年度中短存续期产品保费收入高于当年投入资本和净资产较大者2倍的保险公司，自2016年1月1日起给予公司5年的过渡期。过渡期内，保险公司的中短存续期产品年度保费收入应当控制在基准额以内。

基准额＝最近季度末投入资本和净资产较大者×2＋（1－0.2t）×（2015年度中短存续期产品保费收入－2015年末投入资本和净资产较大者×2），t＝年度－2015，年度范围为2016年至2020年。

（三）保险公司所销售的预期60%以上的保单存续时间在1年以上（含1年）3年以下（不含3年）的中短存续期产品的年度保费收入，2016年应控制在总体限额的90%以内，2017年应控制在总体限额的70%以内，2018年及以后应控制在总体限额的50%以内。

（四）自2019年1月1日起，保险公司中短存续期产品年度规模保费收入占当年总规模保费收入的比重不得超过50%；自2020年1月1日起，保险公司中短存续期产品年度规模保费收入占当年总规模保费收入的比重不得超过40%；自2021年1月1日起，保险公司中短存续期产品年度规模保费收入占当年总规模保费收入的比重不得超过30%。

（五）对中短存续期产品违反限额要求的保险公司，中国保监会将按规定要求，对相关公司采取停止部分或全部新业务等监管措施。

七、保险公司总精算师作为公司产品精算管理的第一责任人，应严格按照监管规定和精算原理要求，切实履行责任。保险公司应建立产品定价回溯机制，总精算师应定期对产品定价假设合理性进行评估，对产品定价发生率或退保率与实际经营结果发生重大偏差的，要及时向中国保监会报告并进行说明，对于主观或故意原因导致的，中国保监会将依法追究总精算师责任。

若保险公司出现利差损、偿付能力、现金流等方面重大风险，或产品精算方面出现重大违法违规行为，总精算师应及时向中国保监会报告。未及时报告的，中国保监会将依法追究总精算师责任。

八、本通知自发布之日起实施。对于不符合本通知要求的保险产品，应当在2017年4月1日前全部停售。中国保监会此前印发的有关规定与本通知不符的，以本通知为准。

中国保监会关于强化人身保险产品监管工作的通知

（保监寿险〔2016〕199 号　2016 年 9 月 2 日）

各人身保险公司：

为做好新形势下人身保险产品监管工作，充分发挥市场配置资源的作用，提高人身保险产品核心竞争力，防范人身保险产品风险，推进人身保险供给侧结构性改革，现就有关事项通知如下：

一、中国保监会对人身保险产品实行事后备案和事后抽查管理。保险公司开发设计的人身保险产品，除明确要求需事前审批的外，均实行事后备案，即在产品销售之后的 10 日内向中国保监会备案。

中国保监会在收到保险公司产品备案材料后即反馈产品收文回执（备案材料清单表）。保险公司收到产品收文回执，仅代表相关备案材料报送齐全。中国保监会将根据监管职责，依法对已收到产品进行事后抽查。

二、中国保监会建立人身保险产品退出机制。中国保监会经抽查发现并认定保险公司备案产品存在违法违规情形的，将责令保险公司停止使用违规产品、公开披露产品停售信息。

保险公司应当加强对备案产品的经营管理，对于消费者认可度不高、销量不佳的产品，应当主动退出市场；对在实际经营过程中发现产品存在违法违规或不公平、不合理等情形的，应当主动退出市场，并向中国保监会报告。

三、中国保监会建立人身保险产品问责机制。保险公司对备案产品负有主体责任。保险公司总经理对产品开发管理负有领导责任，并对向中国保监会报送产品备案报告审核、签发负有直接责任；保险公司总精算师对产品负有精算审核职责，并对产品设计分类和费率厘定的合理性、充足性、适当性和公平性等负有直接责任；保险公司法律责任人对产品负有法律审核职责，并对条款的公平性、合理性、合规性，条款表述的准确性、严谨性负有直接责任。

保险公司有下列行为之一的，中国保监会将视情节轻重自违规行为认定日起 3 个月至 1 年内禁止保险公司申报新的产品，并视情节轻重对保险公司总经理、总精算师、法律责任人等相关责任人进行约谈、通报，依法予以警告、撤销相关人员任职资格等：

（一）保险公司备案产品违反法律法规或者中国保监会其他规定的；

（二）保险公司未按照规定使用经批准或者备案保险产品的；

（三）中国保监会认定的其他行为。

四、保险公司应当建立人身保险产品回溯机制。保险公司应当成立由产品精算、财务、销售、投资等相关负责人组成的，由总经理担任组长的产品开发管理工作组。每年就备案产品的结构特点、合规情况、经营情况、产品退出情况和产品费率厘定所使用的定价利率、发生率、费用率（含初始费用、管理费等）、退保率、投资收益率等精算假设与实际经营情况进行回溯，形成回溯报告并经董事会审议后，通过产品年度总结报告提交中国保监会备查。

对保险公司产品回溯工作中存在以下问题的，中国保监会将要求保险公司限期整改；逾期未整改的，将依法对保险公司采取约谈、通报、一定期限内禁止申报新的产品等监管措施：

（一）保险公司未对年度累计规模保费收入少于 100 万、且年度累计销售件数少于 5000 件的备案个人产品进行主动停售的，产品使用未满一年的除外；

（二）保险公司未及时主动发现并报告备案产品存在违法违规或不公平、不合理情形的；

（三）保险公司未跟踪和分析产品经营情况、未开展费率厘定与执行的过程监测与自查、未对发现的问题及时进行调整的；

（四）中国保监会认定的其他问题。

五、保险公司应当建立人身保险产品信息披露机制。保险公司在向中国保监会报送产品备案的同时，应当主动通过公司官网或行业协会平台对除涉及国家秘密、商业秘密和个人隐私外的产品备案材料进行披露。保险公司对因涉及商业秘密不予披露的产品备案材料，应当有充分的认定依据和完善的保密措施。

六、保险公司应当加强人身保险新型产品销售管理。保险公司应当严格规范人身保险新型产品销售行为，加强客户真实性管理，确保客户信息的真实性、完整性。保险公司在宣传、销售人身保险新型产品时应当严格遵守《人身保险新型产品信息披露管理办法》，在演示保单利益时，应当按照高、中、低三档演示新型产品未来的利益给付，并不得存在以下行为：

（一）保险公司承诺除保证利益以外的其他收益，或与客户或代理机构（包括银行、邮政、保险代理公司等各类机构）签订收益保证协议；

（二）保险公司使用“利息”“预期收益”等词语宣传产品；

（三）保险公司未严格按照产品条款宣传产品的保险期限；

（四）保险公司通过互联网渠道在未设立分支机构的地区销售人身保险新型产品；

（五）保险公司参加互联网竞价排名销售活动。

七、保险公司应当加强对万能型保险的经营管理。保险公司对万能型保险要建立单独核算制度，单独管理万能账户。保险公司应当根据万能账户单独资产的实际投资状况科学合理地确定万能型保险实际结算利率。当万能账户的实际投资收益率连续三个月小于实际结算利率且特别储备不能弥补其差额时，当月实际结算利率应当不高于最低保证利率与实际投资收益率的较大者。

本通知所指的投资收益率为财务收益率（财务收益率 =（投资收益 + 公允价值变动损益 + 其他收益 - 资产减值损失）/资金运用平均余额 * 100%〔1〕）。

八、本通知自发布之日起实施。本通知发布后，新报送审批或备案的保险产品需严格遵照本通知要求执行，对已经审批或备案的产品，保险公司需在 2017 年 4 月 1 日前完成自查和整改。

〔1〕 投资收益、公允价值变动损益、其他收益、资产减值损失、资金运用平均余额等统计指标的定义及具体要求参见《中国保监会关于印发〈保险公司资金运用统计制度〉的通知》（保监发〔2010〕86 号）。

中国保监会关于印发《保险公司城乡居民大病保险投标管理暂行办法》等制度的通知

（保监发〔2016〕86号 2016年10月9日）

各保监局、各保险公司：

为贯彻落实《国务院办公厅关于全面实施城乡居民大病保险的意见》（国办发〔2015〕57号）精神，促进城乡居民大病保险业务健康开展，规范大病保险市场秩序，保护参保城乡居民的合法权益，我会研究制定了《保险公司城乡居民大病保险投标管理暂行办法》《保险公司城乡居民大病保险业务服务基本规范（试行）》《保险公司城乡居民大病保险财务管理暂行办法》《保险公司城乡居民大病保险风险调节管理暂行办法》《保险公司城乡居民大病保险市场退出管理暂行办法》等监管制度，现予印发，请遵照执行。

保险公司城乡居民大病保险投标管理暂行办法

第一章 总 则

第一条 为规范保险公司城乡居民大病保险（以下简称大病保险）业务投标行为，有效防范风险，实现大病保险业务健康有序发展，根据《中华人民共和国保险法》、《中华人民共和国招标投标法》、《中华人民共和国政府采购法》和《国务院办公厅关于全面实施城乡居民大病保险的意见》等，制定本办法。

第二条 保险公司在中华人民共和国境内进行大病保险业务投标，或以其它方式参与大病保险政府采购，适用本办法。

如无特别指明，本办法所称保险公司，包括保险公司及其分支机构。

第二章 投标资格

第三条 中国保监会和各地保监局公布并及时更新具有大病保险经营资质的保险公司总公司、省级分公司（含计划单列市分公司、总公司直管的分公司，下同）名单。

具备大病保险经营资质的保险公司，可作为投标人参加大病保险投标。

第四条 经负责招标的地方政府部门同意，两个以上的保险公司可以组成投标联合体，以一个投标人的身份投标。

联合体各方均应当具备大病保险经营资质和承担招标项目的相应能力。联合体各方应明确承办服务中各公司的服务区域、参保人群和有关责任义务。

第五条 在一个大病保险统筹地区内，同一保险集团公司投标开展大病保险业务的子公司不得超过一家，同一集团不同子公司组成单个投标联合体的除外。

第六条 保险公司原则上应以总公司或总公司授权的地市级以上分支机构作为投标人参加大病保险

投标。

第七条　参加大病保险投标的保险公司应具有在大病保险统筹地区提供便捷和高效的服务的能力。

第三章　投标流程管理

第八条　保险公司应当按照预投标、投标、中标、合同签订等环节依次向当地保监局报告投标情况，报告应及时、准确、真实。

以联合体形式投标的，由主承保人向当地保监局报告。

报告应由保险公司省级分公司统一报送。

第九条　参加大病保险投标的保险公司应在投标 7 个工作日之前向当地保监局进行报告，内容应当包括招标项目名称、招标人、招标文件、投标时间、投标机构基本情况等。

保险公司应在开标后向当地保监局报备投标文件副本和总公司出具的精算意见书、法律意见书及授权书。如有投标业务答疑的，须在答疑结束后 2 个工作日内报送答疑文件。

保险公司中标后须在 2 个工作日内向当地保监局报告中标结果。

第十条　保险公司中标后，应按照招投标文件规定，与投保人签订大病保险合作协议。大病保险合作协议的期限原则上不低于三年，大病保险合同内容可每年商谈确定一次。

大病保险合作协议及合同签署后，应在一个月内向当地保监局报送协议及合同副本。

第十一条　对于流标、废标后招标方重新进行招标或二次遴选的项目，视同新的招标业务，保险公司应按照本办法相关规定履行报告手续。

第四章　投标风险管理

第十二条　保险公司应按照招标文件的要求编制投标文件，对招标文件提出的要求和条件作出实质性响应。

投标文件应根据招标人提供的基本医保历史经验数据及提出的管理服务要求，科学评估承保风险和管理服务成本，合理确定保险费、保险金额、起付金额、给付比例，同时包括大病保障对象、保障期限、责任范围、除外责任、结算方式、盈亏调节机制、合同内容的动态调整方式以及医疗管理、服务标准和措施等内容。

对于不提供经验数据或数据不全无法测算的招标项目、给定价格明显亏损的招标项目、无风险调节机制的招标项目、要求中标后支付手续费用或佣金、中标服务费、咨询费等的项目，保险公司不得参与投标。

第十三条　保险公司在参与大病保险业务投标时，须使用已向中国保监会报备的大病保险专属条款，不得在投标文件中出现与专属条款相悖的内容。

第十四条　保险公司总公司对分支机构参加大病保险投标行为负有管控责任。保险公司分支机构的投标文件须报经总公司审核同意，并取得总公司的授权书。

总公司产品定价部门须对投标文件出具经过审慎测算的精算意见书，精算意见书至少应当包含测算依据、数据分析、测算结果、报价意见等。

总公司法律部门须对投标文件出具经过严格审核的法律意见书。

第十五条　保险公司不得相互串通投标报价，不得以低于总公司精算意见书的最低报价竞标，不得以他人名义投标或者以其他方式弄虚作假，不得妨碍其他投标人的公平竞争，损害招标人或者其他投标人的合法权益。

保险公司不得与招标人串通投标，损害国家利益、社会公共利益或者他人的合法权益，不得泄露招标人提供的参保人员信息。

保险公司不得以向招标人或者评标委员会成员行贿或者其他不正当竞争手段谋取中标。

保险公司不得承诺以任何形式向任何单位或个人支付手续费用或佣金、中标服务费、咨询费等；不得承诺给予保险合同约定以外的回扣或者其他利益。

第五章　监督管理

第十六条　保险监管机构对保险公司大病保险投标行为实施监督，依法查处保险公司在投标过程中的违法行为。

第十七条　保监局对辖区内保险公司大病保险投标行为实施全过程跟踪监管。对投标价格明显低于行业平均水平、承保条件不合理，存在重大亏损风险的，保监局要进行综合评估，及时采取监管措施防止恶性竞争，维护公平竞争的市场秩序，维护参保群众的合法权益。

第六章　附　则

第十八条　本办法由中国保监会负责解释。

第十九条　本办法自发布之日起实施，实施期限暂定为3年。

保险公司城乡居民大病保险业务服务基本规范（试行）

第一章　总　则

第一条　为规范保险公司城乡居民大病保险（以下简称大病保险）服务工作，保护参保群众合法权益，提升大病保险的专业化服务能力，根据《中华人民共和国保险法》、《国务院办公厅关于全面实施城乡居民大病保险的意见》等，制定本规范。

第二条　保险公司承办大病保险业务，在服务能力建设、大病保险方案设计、赔付核查、支付结算、客户服务、医疗行为监管、档案管理等方面应当符合本规范的要求。

如无特别指明，本办法所称保险公司，包括保险公司及其分支机构。

第二章　服务能力建设

第三条　保险公司承办大病保险，应完善组织架构，健全规章制度，加强人员配备，提升专业经营和服务水平。

第四条　保险公司应本着便民、高效原则，在统筹地区内按政府有关部门要求，根据被保险人居住、就医分布情况等，配合基本医保经办机构设立大病保险服务网点，做好大病保险服务工作。

第五条　大病保险服务网点应配备具有明确标示的独立柜台或专职服务人员，应具备政策宣传、业务咨询、“一站式”结算、信息查询、投诉受理等服务能力，为投保人和被保险人提供便捷服务。

第六条　保险公司可以通过以下方式设立服务网点：

（一）保险监管部门批准设立的保险公司分支机构；

（二）保险公司与基本医保经办机构合作建立的联合办公网点；

（三）同一保险集团内部通过资源整合，提供代理服务的保险公司分支机构；

（四）经地方政府同意的其他形式。

在统筹地区内，原则上大病保险服务网点设置应与基本医保服务网点相匹配，在每个县（市、区）行政区划内至少设置1个服务网点。具体应以与当地政府有关部门签署的协议为准。

第七条　保险公司应根据大病保险项目的服务和管理需要，配置大病保险专属服务队伍。每个地市服务队伍中具备医学相关专业背景的专职工作人员应不少于2名。

第八条　保险公司应建立大病保险专属服务队伍的学习培训和考核制度，保证服务人员每年接受政策理论和业务技能培训累计不少于40小时，并记入培训档案。应建立以投保人和被保险人满意度为核心的大病保险服务评价体系和内部责任追究制度，不断提高服务人员综合素质和业务能力。

第九条　保险公司应开发专门的大病保险信息系统。信息系统应具备信息采集与变更、支付结算、信息查询、统计分析等功能，并实现与财务系统数据的自动流转，确保业务数据与财务数据一致。

保险公司应加强信息系统的管理和维护，建立并执行严格的保密制度，严格用户权限管理，切实保护被保险人信息安全。

保险公司应积极开发医疗费用审核系统，不断提高运用信息技术手段监控医疗费用支出的能力。

第十条　保险公司应与政府有关部门加强沟通，在政府支持下，实现大病保险信息系统与基本医保信息系统、医疗机构信息系统及医疗救助信息系统的对接，实现被保险人信息和医疗行为、医疗费用信息的互联互通，包括被保险人姓名、性别、出生日期、医保卡或社会保障号码、证件类型、有效身份证件号码、联系方式、医院名称、疾病代码、诊疗信息、医疗费用明细（包括医疗总费用、政策范围内药品及诊疗费用、个人自付费用）等。

在基本医保与定点医疗机构实现系统对接的地区，承办大病保险的机构原则上应在承办之日起六个月内实现大病保险信息系统与基本医保系统的对接，提供“一站式”结算服务。

第三章　大病保险数据管理

第十一条　保险公司应根据当地基本医保部门提供的近3年或可以满足精算要求的历史经验数据，科学测算城乡居民大病保险保障方案。

第十二条　保险公司应合理计提大病保险业务准备金，逐月跟踪大病保险赔付情况，判断大病保险赔付率趋势，根据大病保险实际经营情况不断改进大病保险的费率、准备金等的测算方法和工具，以提高测算的科学性和有效性，确保大病保险长期、稳定、健康发展。

第十三条　保险公司应建立大病保险业务数据库，积累承保、理赔数据，为费率测算和调整、准备金评估以及经营管理打好基础。对于赔付率过高或过低的地区应及时进行风险提示。

第十四条　保险公司应按照保险监管部门要求，按时上报大病保险业务经营情况及相关的信息和数据。

第四章　结算服务

第十五条　保险公司应根据结算方式不同，向被保险人提供“一站式”结算服务。

（一）出院即时结算。在基本医保与定点医疗机构实现系统对接的地区，经基本医保经办机构授权后，保险公司开发相应的结算系统，通过与基本医保系统对接，完成与基本医保经办机构、定点医疗机构的信息交换和数据共享，实现出院时大病医疗费用和基本医疗费用等保障项目的即时结算。

（二）网点同步结算。因转诊就医、案情复杂或基本医保与定点医疗机构未实现系统对接等原因，客观上无法实现出院即时结算的，应按照基本医保管理模式，通过与基本医保经办机构合作建立联合办公网点和机制，实现基本医保与大病保险同步即时结算。

第十六条 保险公司借助自身机构和信息网络，对跨统筹区域就医、无法实现出院即时结算的被保险人提供异地就医、异地结算等服务。

第十七条 对于因处于系统调试对接阶段或其它特殊情况尚未实现“一站式”结算的，参保人向保险公司申请理赔时，保险公司应以书面形式一次性告知需要提供的理赔资料，并在理赔资料齐全后及时做出核定；情形复杂的，应当在30日内做出核定；做出核定结论后，应当及时通知申请人确认，申请人无异议并提供本人银行帐号后，应当在10日内完成支付。

对于在服务网点直接向参保人赔付的，应符合《中华人民共和国保险法》有关规定，并对领取人进行身份核实确认。参保人对赔付有异议的，保险公司应做好宣传和解释工作。

第十八条 保险公司可以探索建立大病保险理赔回访制度。在赔付义务履行后15日内，可通过电话、短信等多种形式对参保人进行回访，并记录回访情况。保险公司应当在参保人或者其近亲属获得赔款时向其告知保险公司可能进行电话回访。

回访应包括以下内容：

（一）确认参保人身份（确认参保人的姓名，有效的基本医保参保证件或身份证件号码）；

（二）确认参保人所住医院以及住院期间实际住院花费及自付部分金额，是否收到大病保险赔付资金；

（三）询问参保人对保险公司大病保险服务满意程度及对保险服务的意见和建议。

第五章 客户服务

第十九条 保险公司可通过服务网点、网络、定点医疗机构等渠道协同政府相关部门做好大病保险政策宣传工作，向社会公众公布大病保险的保障责任、服务内容、服务承诺、咨询投诉方式、理赔流程及联系方式，切实维护好参保人的合法权益，接受社会监督。

保险公司在宣传大病保险时不得误导公众，不得减少或夸大保险责任，不得强制搭售其他商业保险产品。

第二十条 保险公司应建立完善的大病保险业务投诉处理机制。对于事实清楚、争议情况简单的投诉，保险公司应自受理之日起7个工作日内做出处理决定，对于情况复杂的投诉，应当自受理之日起30日内做出处理决定。

保险公司对投诉人的答复应在客观详尽调查后以书面方式做出。经投诉人同意，也可采取电话、电子邮件等方式答复，并应向投诉人确认其收到答复。采用电话答复方式的应当录音，书面及电子邮件答复的需打印纸质档案。

第二十一条 保险公司应在验证大病保险被保险人身份信息真实后，为其提供大病保险合同信息、调查信息、大病保险补偿状态及补偿金额等信息查询服务。经当地基本医保主管部门授权，保险公司也可提供基本医疗赔付信息、医院结算状态的查询服务。

第二十二条 保险公司应不断提升专业服务水平，探索为被保险人提供健康档案管理、风险评估、健康干预等服务，努力提高大病保险参保人的健康水平，降低疾病发生率。

第六章 医疗风险管控

第二十三条 保险公司应加强与当地政府相关部门的沟通协调，在卫生行政或基本医保主管部门的支持下，建立大病保险医疗核查制度，协助制定大病保险医疗服务评价考核标准，建立大病保险定点医疗机构评审机制，配合做好医疗行为监管。

第二十四条　保险公司应当在卫生行政或基本医保主管部门授权或联合工作模式下，结合大病保险业务的特殊性，通过医疗巡查、驻院监督、病案评估及优化支付方式等措施，积极有效开展合理的医疗费用管控。

第二十五条　保险公司在大病保险赔付过程中，应按照当地有关政策规定及保险合同约定，在卫生行政部门等授权下，对医疗行为的真实性和合规性进行审核，剔除虚假就医、挂床住院、违规医疗等费用；并可对医疗行为的合理性和适当性向医疗机构或卫生行政等部门提出建议。

第二十六条　保险公司应积极参加各地支付方式改革，对医疗费用进行分析，向政府有关部门提出完善大病保险方案的意见建议，并通过医疗评价等方式引导医疗机构和医生改进医疗服务，降低医疗费用，防范医疗资源浪费和过度医疗。

第二十七条　保险公司可通过自身机构、网络，实施跨统筹地区、跨省（区、市）的异地医疗核查，加大风险管控力度。

第七章　档案管理

第二十八条　保险公司应依据有关档案管理法律法规做好大病保险档案管理。赔付档案采取纸质与电子档案相结合，实行“一案一档”方式保存，应建立赔案号和参保人信息等索引方式以便于查阅。

第二十九条　保险公司应加强大病保险档案保密及日常管理工作，无关人员不得进入档案库，防止业务档案被盗、丢失、撕页、裁剪和涂改。

第八章　服务评价

第三十条　保险公司应当根据本标准的要求制定具体落实措施，形成服务质量监督机制。保险公司应采取年度考核、日常检查和随时抽查相结合的办法对分支机构开展服务考核工作。

第三十一条　保险行业协会应建立以投保人和参保人满意度为核心的大病保险服务测评体系，测评体系应具备定性、定量两方面标准，涵盖基础管理、理赔质量和效率、信息查询等内容。

第九章　附　则

第三十二条　本规范自发布之日起施行，实施期限暂定为3年。

保险公司城乡居民大病保险
财务管理暂行办法

第一章　总　则

第一条　为规范保险公司承办城乡居民大病保险（以下简称大病保险）财务管理工作，确保大病保险资金安全，根据《保险法》、《会计法》、《国务院办公厅关于全面实施城乡居民大病保险的意见》、《企业会计准则》等制定本办法。

第二条 保险公司应遵循“权责发生制”原则，按企业会计准则进行核算，完整、真实、准确地记录、报告大病保险业务经营情况。

第三条 保险公司应当对大病保险进行单独核算，单独识别和汇总相关的保费收入、赔付支出、费用支出等损益项目，反映每个大病保险项目的经营结果。

第二章 资金管理

第四条 保险公司大病保险业务资金管理的总体原则是收支分离、安全高效。

第五条 保险公司经营大病保险业务，应遵循“收支两条线”的原则，设立独立的大病保险业务收入账户和赔付支出账户，严格按照账户用途和类型划拨和使用资金。

大病保险业务账户不得用于大病保险业务之外的其它用途。

第六条 保险公司开设大病保险业务账户应由总公司审批。

保险公司原则上应在省级或地市级公司开设独立的大病保险业务收入账户和赔付支出账户，当地政府另有要求的除外。

第七条 保险公司应按照收付费管理相关要求，实行大病保险业务非现金给付，确保大病保险资金安全。

第八条 保险公司应建立大病保险保费收入上划和赔款支出下拨机制，确保大病保险资金的安全，提高大病保险资金运用效率。

第九条 大病保险项目可按实际现金流量结余为基础分摊投资收益，但应留足备付金确保及时进行理赔服务。

第三章 会计核算

第十条 保险公司在大病合同初始确认日，应当进行风险测试，判断是否承担重大保险风险，进而在会计处理上确定属于受托管理合同还是保险合同。

第一节 受托管理合同的会计处理

第十一条 保险公司应当按照大病保险业务合同的实质判断合同性质，无论合同是否设立风险调节机制，若保险公司不承担重大保险风险的，应当按照受托管理合同进行核算。

第十二条 保险公司对受托管理合同进行会计核算时，应按照资金来源确认应收、应付款项。

第十三条 保险公司原则上不得为受托管理合同垫付资金。对于特殊情况下发生垫付资金的，应将垫付金额计入“其他应收款”。实际收到大病保险业务资金时，相应冲减“其他应收款”。

第十四条 保险公司取得的大病保险业务受托管理资金应当计入代理业务负债，从受托管理资金支付相关给付应当冲减代理业务负债。

第十五条 受托管理合同约定受托管理资金产生的利息收入全部归属于受托管理资金的，该利息收入应当直接计入代理业务负债。受托管理合同单独约定了保险公司应支付受托管理资金结算利率的，产生的结算利息支出应计入其他业务支出。

第十六条 保险公司应按照合同约定的管理费金额确认其他业务收入，并相应增加保险公司的其他应收款。实际收到管理费时，相应冲减其他应收款。

若管理费约定不明确的，保险公司应按合理方法予以确认，最高不得超过约定费用率及利润率上限。

第十七条 保险公司与投保人协商设立风险调节机制的，实际收到的投保人划转的大病风险调节基金，或实际向投保人划转的大病风调节基金，也应计入本期代理业务负债。

第二节 保险合同的会计处理

第十八条 保险公司应当每年与投保人协商厘定保险费率，并按照保费收入确认原则予以合理确认。对于尚未收到保费资金的部分，确认为应收保费。

第十九条 大病保险合同约定考核保费的，保险公司应当按照保费收入确认原则判断是否应当记入当期保费收入。最终确定金额与估计金额的差异，应当记入确定期间的保费收入。

第二十条 保险公司应当按照合同约定对风险调节机制进行会计处理，如需返还保费，应当冲减当期保费收入；如可收取追加保费，应当确认为当期保费收入。保险公司至少应在年末对应收取或应返还的风险调节基金进行预估，并及时确认应收应付款项。

保险公司应当在保费收入科目下设立“大病保险超额结余返还”、“大病保险亏损补贴”等明细科目核算大病保险风险调节支出与收入。

第二十一条 大病保险合同不得提取长期险责任准备金。

第二十二条 对保险期间为自然年度的大病保险合同，保险公司年末不计提未到期责任准备金。

第二十三条 保险公司应在报告期末对未了赔付责任计提已发生已报告未决赔款准备金、已发生未报告未决赔款准备金和理赔费用准备金。评估准备金时应充分考虑大病保险项目的个性化特征，同时结合与政府约定的理赔规则进行调整。

第二十四条 保险公司应按保监会要求对未决赔款准备金定期进行回溯检验。通过比较重新评估结果与原评估结果的差异，分析前期准备金评估的假设、方法与流程的合理性，以此发现问题并在后续会计期间的准备金评估中进行修正。保险公司准备金提取出现重大偏差的，要严肃追究相关人员责任。

第四章 费用管理

第二十五条 大病保险经营管理费用按照费用属性分为专属费用和共同费用。

第二十六条 专属费用是指专门为大病保险发生的，能够直接归属为大病保险的费用，主要包括：大病保险专职工作人员的相关费用、大病专用资产折旧、租赁费等；专门为大病保险业务发生的会议、差旅、培训等日常经营费用；大病保险专用信息系统建设及维护费用等。

第二十七条 共同费用是指与大病保险业务直接相关，但不能全部归属于大病保险业务的费用。共同费用的类型主要包括：兼职大病保险工作人员的薪酬及福利；资产占用费含办公职场租赁及相关费用、车辆及电子设备耗材等相关费用；大病保险相关的信息系统建设维护费用等。

第二十八条 大病保险业务相关的固定资产及无形资产应当按照预期使用年限计提折旧或摊销，不得一次性计入当期损益。

第二十九条 保险公司总公司及省级机构高管人员薪酬福利等不得纳入专属费用和共同费用。

第三十条 承办大病保险业务的保险公司不得以任何形式向任何单位或个人支付手续费或佣金等；不得给予或者承诺给予合同约定以外的回扣或者其他利益。

第三十一条 大病保险业务不得产生业务招待费和礼品费用。

第五章 报表报送和监督检查

第三十二条 保险公司应在每个会计年度结束后 4 个月内，向保监会报告大病保险财务经营结果，包括大病保险利润表、费用明细表等。

保险公司省级分公司应在每个大病保险项目保单年度结束后 3 个月内，向当地保监局报告项目的财务情况。

第三十三条 保险公司应建立大病保险内部监督检查机制，每个大病保险项目应在协议期内至少进行一次专项财务检查。

第三十四条 保险公司应积极配合政府相关部门对大病保险业务的监督检查。

第三十五条 保险公司应按政府相关部门要求，向社会公布大病保险实际运行情况，以供社会监督。

第三十六条 保险公司应按照会计和档案法规建立和完善大病保险各项资料的归档制度，完整留存大病保险经营管理各项核算凭证、账册、报表。

第六章 附 则

第三十七条 本办法由中国保监会负责解释。

第三十八条 本办法自发布之日起施行，实施期限暂定为 3 年。

保险公司城乡居民大病保险风险调节管理暂行办法

第一章 总 则

第一条 为促进城乡居民大病保险（以下简称大病保险）业务健康可持续发展，根据《国务院办公厅关于全面实施城乡居民大病保险的意见》等，制定本办法。

第二条 本办法所称大病保险风险调节，是指保险公司与当地政府相关部门协商建立动态风险调节机制，采取合理方式，对大病保险经营期间的超额结余和政策性亏损等情况进行风险调节，确保大病保险业务可持续发展。

如无特别指明，本办法所称保险公司，包括保险公司及其分支机构。

第三条 大病保险风险调节应遵循收支平衡、保本微利原则。

第二章 风险调节情形

第四条 保险公司应在与当地政府相关部门协商确定合理的大病保险赔付率、费用加利润率基础上，通过对保险期间的超额结余和政策性亏损等情况进行风险调节，实现大病保险经营收支平衡、保本微利。其中：

赔付率 = 大病保险赔付/大病保险保费 × 100%

费用加利润率 = （大病保险运营成本 + 合理利润）/大病保险保费 × 100%

第五条 本办法所称超额结余是指保险公司支付大病保险赔付支出（含未决赔款准备金）、扣除必要的营运成本和合理利润以后的结余，即超额结余 = 大病保险保费 − 大病保险赔付支出 − 大病保险营运成本 − 合理利润。

大病保险合作协议对超额结余认定方法有特别约定的，按合作协议确定。

第六条 本办法所称政策性亏损是指因定价不准确、基本医保政策调整或其他政策性因素导致的大病保险亏损，包括：

（一）大病保险由招标方单方定价，由于历史医疗数据缺失、定价假设与测算参数不准确等原因导致招标定价偏低而引起的亏损。

（二）在执行大病保险合作协议过程中，由于基本医疗保险政策、基本医疗保险药品目录、基本医疗保险诊疗项目目录、基本医疗保险医疗服务设施范围、大病保险合规药品诊疗目录及服务设施范围等相关政策调整，导致大病保险赔付支出和运营成本增加而形成的亏损。

（三）在执行大病保险合作协议中，出现地震、洪水等自然灾害或重大公共卫生事件，造成大病保险赔付支出增加而形成的亏损。

（四）经与当地政府相关部门协商认定为政策性亏损的其他情况。

第三章　风险调节机制设计

第七条　保险公司应向当地政府相关部门获取当地基本医疗历史数据和相关参数，包括近三年诊疗数据、基本医保参保率、住院率、人均医疗费用增长情况等，并根据历史数据和相关参数合理设计风险调节办法。

第八条　保险公司与当地政府相关部门签署的大病保险合作协议，应明确风险调节的启动条件与调节实现方式。本办法第七条所述历史数据和相关参数，应作为合作协议正文或附件内容予以明确。

第九条　保险公司应密切关注和评估大病保险相关政策变化、定价假设与参数变化等对经营结果的影响，并向投保人和当地保监局反馈相关情况。

第四章　风险调节实现

第十条　大病保险每一保险期间结束后，保险公司应根据大病保险实际经营结果、医保政策调整和医疗费用变化情况，依据大病保险合作协议与当地政府相关部门协商调整下一保险期间的保险责任、保险费率等，并对保险期间的超额结余和政策性亏损等情况进行风险调节。

第十一条　大病保险每一保险期间结束后，经保险公司与当地政府相关部门双方确认存在超额结余的，应返还基本医保基金，或按照政府相关部门和保险公司协商的其他方式处理。

第十二条　大病保险每一保险期间结束后，经保险公司与当地政府相关部门双方确认存在政策性亏损的，由当地政府相关部门给予保险公司政策性补贴或按照政府相关部门和保险公司协商的其他方式处理。

第十三条　保险公司与当地政府相关部门共同建立风险调节基金的，大病保险合作期满后，若风险调节基金结余为正，结余部分应返还基本医保基金；若结余为负，由当地政府相关部门给予保险公司政策性补贴。

第十四条　保险公司承办大病保险出现超额结余向基本医保基金返还时，必须按照相关规定进行账务处理，不得以虚开发票套取费用、减人退费等形式进行返还，不得将返还的结余资金转入除基本医保基金以外的其它账户。

第五章　附　则

第十五条　本办法自发布之日起施行，实施期限暂定为3年。

保险公司城乡居民大病保险市场退出管理暂行办法

第一条 为加强城乡居民大病保险（以下简称大病保险）退出管理，规范保险公司退出大病保险业务的行为，维护参保群众合法权益，完善大病保险制度体系，根据《中华人民共和国保险法》和《国务院办公厅关于全面实施城乡居民大病保险的意见》等，制定本办法。

第二条 本办法适用于承办大病保险的保险公司根据保险监管要求退出大病保险业务的行为。

如无特别指明，本办法所称保险公司，包括保险公司总公司及其分支机构。

第三条 保险公司退出大病保险业务应当遵循保护被保险人合法权益、尊重合同、平稳过渡的原则。

第四条 中国保监会负责保险公司总公司退出大病保险业务的监督和管理。

保监局负责辖区内保险公司分支机构退出大病保险业务的监督和管理。

第五条 除专业健康险公司外，保险公司有下列情形之一的，保险监管机构暂不再将该总公司及其分支机构列入大病保险资质名单：

（一）注册资本低于人民币 20 亿元且净资产低于人民币 50 亿元；

（二）核心偿付能力充足率低于 50%，或综合偿付能力充足率低于 100%。

第六条 保险公司总公司有下列情形之一的，保险监管机构三年内不再将该总公司及其分支机构列入资质名单：

（一）因大病保险业务受到行政处罚的，或者一年内其省级分公司（含计划单列市分公司、总公司直管的分公司，下同）大病保险业务受到行政处罚达到 3 家次以上的；

（二）一年内有 3 家次以上省级分公司不再被列入资质名单的；

（三）大病保险投标文件违反有关法律、法规和监管规定的；

（四）在大病保险投标过程中弄虚作假，相互串通投标报价，恶意压价竞争，妨碍其他投标人的公平竞争，损害招标人或者其他投标人的合法权益，以向招标人、评标委员会成员行贿或者其他不正当竞争手段谋取中标，泄露招标人提供的参保人员信息；或者指使、同意其分支机构的上述行为；

（五）承办大病保险过程中，以任何形式向任何单位或个人支付手续费或佣金、中标服务费、咨询费等；给予或者承诺给予保险合同约定以外的回扣或者其他利益；或者同意、指使其分支机构的上述行为；

（六）发生专职服务队伍严重不足、理赔服务质量低下、泄露被保险人信息或其他严重影响大病保险业务正常经营的重大情况；

（七）在大病保险合同期间内单方中途退出。

第七条 保险公司省级分公司有下列情形之一的，保监局三年内不再将其列入大病保险资质名单：

（一）因大病保险业务受到行政处罚的或者一年内其分支机构因大病保险业务受到行政处罚达到 3 家次以上的；

（二）出现本办法第六条第（三）项至第（七）项的情形。

第八条 保险公司在暂不被列入大病保险资质名单期间，不得承办新的大病保险项目。

第九条 正在经营具体大病保险项目的保险公司出现第六条第（三）至（六）项规定，或者因该项目受到行政处罚的，保险监管机构可令其在当前保险年度结束后退出该项目且三年内不得承办该项目。

第十条 已中标大病保险项目但还未签订保险协议的保险公司，由于其总公司或省级分公司出现本办法第六条第（三）、（四）项所列情形，当地保监局可责令该保险公司不得与招标方签订保险协议，三年内不得承办大病保险，保监局可协助当地政府有关部门重新进行招标或按原招标结果由其他公司递补。

第十一条 经营大病保险项目期间，因保险公司原因无法继续经营或继续经营将对大病保险业务造成严重后果时，当地保监局协商政府有关部门后，应及时指定其他保险公司予以代管，并要求原保险公司在当前保险年度结束后退出该项目，且三年内不得承办该项目。

第十二条　有关大病保险资质名单变动的情况，各保险公司可在保监会及保监局网站上查询；保险监管部门要求保险公司在保单年度末退出大病保险项目的决定，应当以书面通知形式作出，并同时函告与该保险公司签订大病保险协议的当地政府有关部门。

第十三条　保监会或保监局要求保险公司退出大病保险项目的，应协助当地政府有关部门选择其他有资质的保险公司承接原大病保险合作协议。

第十四条　保险公司应按大病保险合作协议履行相应责任义务，不得拖赔、惜赔或降低服务质量，在合作协议期间结束时，应配合新承办的保险公司做好交接工作，做好材料、信息移交，保费结算、服务对接等工作，形成相关记录或报告，并经各方签署确认。

第十五条　保险公司承办大病保险业务，除本办法规定外，不得单方退出。

大病保险合同双方协议解除保险合同不适用本办法。但保险公司应根据合同相关约定做好退出衔接工作，严禁损害被保险人合法权益。

第十六条　保险公司与当地政府有关部门签订大病保险合同时，可将本办法规定的退出情形作为解除协议的适用条款，约定退出的具体流程，并在退出时遵照执行。

第十七条　本办法自发布之日起施行，实施期限暂定为 3 年。

中国保监会关于废止《关于印发〈人身保险内含价值报告编制指引〉的通知》的通知

（保监发〔2016〕98 号　2016 年 11 月 22 日）

中国精算师协会、各人身保险公司：

为进一步简政放权，发挥行业组织自律作用，完善人身保险公司价值评估制度，现将有关事项通知如下：

一、《关于印发〈人身保险内含价值报告编制指引〉的通知》（保监发〔2005〕83 号）自本通知发布之日起废止。

二、中国精算师协会作为行业自律性组织，应遵循以下原则编制人身保险内含价值评估标准：

（一）要夯实“保险姓保”的行业价值根基。鼓励长期保障型业务发展，反映奖优惩劣的政策引导效果，优化人身保险业供给结构，推动行业持续健康发展。

（二）要注重技术细节。提高内含价值评估标准的可操作性和行业内各公司的横向可比性，更好地满足新形势下人身保险公司内部决策和外部监管的需要。

（三）要灵活应对行业发展中出现的新情况，并不断调整完善。内含价值评估标准既要符合国际市场普遍认可的原理、定义，也要在实施过程中充分考虑国内市场在产品、技术和公司管理等方面的发展特点。

三、各人身保险公司要以此为契机，加快业务结构调整，重点发展长期保障型产品，提高服务经济社会发展和公司自身抵御风险的能力，适应宏观经济形势变化，实现长期可持续发展。

四、资金运用类

中国保监会关于保险资产管理产品风险责任人有关事项的通知

（保监发〔2015〕24号　2015年2月25日）

各保险资产管理公司、养老保险公司：

为加强保险资产管理产品风险管理，落实保险资产管理产品业务风险责任，根据《关于保险机构投资风险责任人有关事项的通知》（保监发〔2013〕28号，以下简称《通知》）相关规定，现就有关事项通知如下：

一、保险资产管理公司按照《关于保险资产管理公司开展资产管理产品业务试点有关问题的通知》（保监资金〔2013〕124号）开展有关保险资产管理产品业务，应当明确2名符合条件的保险资产管理产品风险责任人（以下简称风险责任人）。

二、风险责任人包括行政责任人和专业责任人，其责任内容、资质条件、履职和培训要求、信息报告和处罚事项等参照《通知》的规定执行，其中，行政责任人可由《通知》中明确的行政责任人兼任。

三、保险资产管理公司应将风险责任人相关信息报告中国保监会，报告的内容和格式见本通知附件。

四、养老保险公司等其他保险资金受托管理人开展保险资产管理产品业务，参照本通知要求执行。

五、本通知自发布之日起施行。

附件：关于报送保险资产管理产品风险责任人的报告

附件

［公司名称］关于报送保险资产管理产品风险责任人的报告

中国保监会：

根据《中国保监会关于保险资产管理公司开展资产管理产品业务试点有关问题的通知》和《中国保监会关于保险资产管理产品风险责任人有关事项的通知》等规定，现将我公司保险资产管理产品风险责任人有关情况报告如下：

确定我公司［职务（董事长或总经理）］［姓名］为保险资产管理产品业务的行政责任人，对保险资产管理产品涉及的各项具体业务的合法合规性承担主要责任；确定我公司［职务（高级管理人员）］［姓名］为保险资产管理产品业务的专业责任人，对保险资产管理产品涉及的各项具体业务的有效性及业务风险揭示的充分性和及时性承担主要责任。

［专业责任人姓名］具有［职称］。［行政责任人姓名］和［专业责任人姓名］具备保险机构投资风险责任人的相应资质条件。我公司风险责任人将按照监管规定，在任职期间内，每年参加相关风险责任培训学习。

我公司风险责任人如有调整变化，将在10个工作日内报告中国保监会。

特此报告。

中国保监会关于调整保险资金境外投资有关政策的通知

（保监发〔2015〕33 号　2015 年 3 月 27 日）

各保险集团（控股）公司、保险公司、保险资产管理公司：

为加强保险资金境外投资监管，进一步扩大保险资产的国际配置空间，优化配置结构，防范资金运用风险，同时为适应相关保险业务外汇管理政策的变化，我会决定调整保险资金境外投资相关规定，并就有关事项通知如下：

一、对保险集团（控股）公司、保险公司（以下简称保险机构）开展境外投资的专业人员数量和资质的要求，调整为应当配备至少 2 名境外投资风险责任人，风险责任人包括行政责任人和专业责任人，其责任内容、资质条件、履职和培训要求、信息报告和处罚事项等参照《关于保险机构投资风险责任人有关事项的通知》（保监发〔2013〕28 号）及相关规定执行。

二、保险资产管理公司、保险机构或保险资产管理公司在香港设立的资产管理机构受托管理集团内保险机构的保险资金开展境外投资时，投资市场由香港市场扩展至《保险资金境外投资管理暂行办法实施细则》（保监发〔2012〕93 号，以下简称《细则》）附件 1 所列的国家或者地区金融市场。

三、保险资金投资境外政府债券、政府支持性债券、国际金融组织债券、公司债券和可转换债券等固定收益类产品时，计价货币不限于国际主要流通货币，应具备的信用评级由“发行人和债项均获得国际公认评级机构 BBB 级或者相当于 BBB 级以上的评级”调整为“债项获得国际公认评级机构 BBB－级或者相当于 BBB－级以上的评级”。

四、保险机构投资境外的股票由《细则》附件 1 所列国家或者地区证券交易所主板市场挂牌交易的股票扩展为上述主板市场和香港创业板市场挂牌交易的股票。

五、保险机构申请境外投资委托人资格应当具备的“具有经营外汇业务许可证”条件，调整为“具有经营外汇保险业务的相关资格”；申请境外投资委托人资格需要提交的“经营外汇业务许可证复印件”相关材料，调整为“经营外汇保险业务的相关证明材料”。

六、保险资产管理公司的自有资金开展境外投资参照《保险资金境外投资管理暂行办法》《细则》和本通知的相关规定执行。

七、本通知自发布之日起施行。

中国保监会关于印发《保险公司资金运用信息披露准则第2号：风险责任人》的通知

（保监发〔2015〕42号　2015年4月10日）

各保险集团（控股）公司、保险公司、保险资产管理公司：

为规范保险公司资金运用风险责任人的信息披露行为，防范投资风险，中国保监会制定了《保险公司资金运用信息披露准则第2号：风险责任人》。现印发给你们，请遵照执行。

保险公司资金运用信息披露准则
第2号：风险责任人

第一条　为规范保险公司资金运用风险责任人的信息披露行为，防范投资风险，根据《保险公司信息披露管理办法》《关于保险机构投资风险责任人有关事项的通知》《关于加强和改进保险机构投资管理能力建设有关事项的通知》及相关规定，制定本准则。

第二条　本准则所称风险责任人，是指按照《关于保险机构投资风险责任人有关事项的通知》明确的行政责任人和专业责任人。

第三条　保险公司开展下列资金运用活动，应当公开披露风险责任人的相关信息：

（一）备案投资能力；

（二）转移投资能力；

（三）投资集合资金信托计划；

（四）开展境外投资；

（五）变更风险责任人；

（六）基于审慎监管原则要求确定其他风险责任人。

第四条　保险公司应当按照相关格式要求披露下列信息：

（一）风险责任人的基本信息披露公告；

（二）公司确定风险责任人的文件；

（三）公司法人代表签署的风险责任人符合监管要求的承诺函；

（四）风险责任人签署的职责知晓函；

（五）中国保监会认为应当披露的其他信息。

第五条　保险公司开展资金运用活动需要确定风险责任人的，应当在提交相关书面报告的同时，按照规定的内容和格式，在保险公司网站和中国保险行业协会网站披露相关信息。

第六条　保险公司按照本准则规定披露的风险责任人信息，应当真实、准确、完整、规范，不得存在虚假记载、误导性陈述或重大遗漏。

第七条　保险公司已经确定的风险责任人，保险公司应当在本通知发布之日起一个月内，通过指定信息平台披露相关信息。

第八条　保险资产管理机构发生本准则有关情形，以及保险资产管理机构开展有关保险资产管理产品业务，参照适用本准则。

第九条　本准则由中国保监会负责解释，自发布之日起施行。

附件：1. ［公司名称］关于［投资业务］风险责任人的基本信息披露公告
2. ［公司名称］关于报送［投资业务］风险责任人的报告
3. 承诺函
4. 行政责任人和专业责任人职责知晓函

附件 1

［公司名称］关于［投资业务］风险责任人的基本信息披露公告

根据中国保监会《保险公司资金运用信息披露准则第 2 号：风险责任人》及相关规定，现将［投资业务］风险责任人的有关信息披露如下：

一、风险责任人的基本情况

（一）风险责任人姓名，性别，年龄，职务，学历，学位，入司时间，所在部门，专业资质，专业技术职务等；

（二）有无受金融监管机构及工商和税务等部门行政处罚或撤销任职资格的历史情况。

二、风险责任人最近 10 年的主要工作经历

（一）风险责任人职务及任职起止日期；

（二）有无社会兼职情况。

三、专业责任人的专业资质

（一）列举专业责任人的专业资质；

（二）有无担任其他投资业务专业责任人。

四、中国保监会认为应当披露的其他信息

我公司承诺：对本公告所披露信息的真实性、准确性、完整性和合规性负责，愿意接受有关方面监督。对本公告所披露信息如有异议，可以于本公告发布之日起 10 个工作日内，向中国保监会保险资金运用监管部反映。

附件 2

［公司名称］关于报送［投资业务］风险责任人的报告

中国保险监督管理委员会：

根据《关于加强和改进保险机构投资管理能力建设有关事项的通知》、《关于保险机构投资风险责任人有关事项的通知》、《关于保险资产管理产品风险责任人有关事项的通知》及相关规定，现将我公司［投资业务］风险责任人有关情况报告如下：

确定我公司［职务（董事长或总经理）］［姓名］为［投资业务］的行政责任人；确定我公司［职务（高级管理人员）］［姓名］为［投资业务］的专业责任人。

［专业责任人姓名］具有［职称］。［行政责任人姓名］和［专业责任人姓名］具备保险机构投资风险责任人的相应资质条件。我公司风险责任人将按照监管规定，在任职期间内，每年参加相关风险责任培训学习。

我公司风险责任人如有调整变化，将在 10 个工作日内报告中国保监会。

特此报告。

附件 3

承诺函

中国保险监督管理委员会：

本人承诺，我公司行政责任人[姓名] 与专业责任人[姓名] 资质条件符合《关于保险机构投资风险责任人有关事项的通知》及有关规定，信息披露有关材料均真实、准确、完整、合规，不存在任何虚假记载、误导性陈述和重大遗漏。

公司法定代表人：

日期：

附件 4

行政责任人职责知晓函

中国保险监督管理委员会：

经公司确认，本人[姓名]，是[公司名称]的[投资业务]行政责任人。

根据《关于保险机构投资风险责任人有关事项的通知》及相关规定，行政责任人应当切实履行法律法规和公司章程规定的职责，建立健全治理结构和内控制度，明确授权体系，对投资能力和具体投资业务的合法合规性承担主要责任，不得直接干预专业责任人对具体投资业务的风险和价值判断，不得影响公司风险管理体系的正常运行。

我已知晓上述职责，将严格按照国家和监管机构的有关规定，加强投资能力建设，完善内部控制，规范投资运作，切实保障被保险人利益。

行政责任人（签字）：

年　　月　　日

专业责任人职责知晓函

中国保险监督管理委员会：

经公司确认，本人[姓名]，是[公司名称] 的[投资业务] 专业责任人。

根据《关于保险机构投资风险责任人有关事项的通知》及相关规定，专业责任人是投资业务风险的初始把关者，也是初始责任人，对投资能力的有效性、具体投资业务风险揭示的及时性和充分性承担主要责任，不得故意提供存在重大遗漏、虚假信息和误导性陈述的投资意见，不得故意对可能出现的风险作不恰当的表述。

我已知晓上述职责，将严格按照国家和监管机构的有关规定，加强投资能力建设，完善内部控制，规范投资运作，切实保障被保险人利益。

专业责任人（签字）：

年　　月　　日

中国保监会关于提高保险资金投资蓝筹股票监管比例有关事项的通知

（保监发〔2015〕64 号　2015 年 7 月 8 日）

各保险集团（控股）公司、保险公司、保险资产管理公司：

为优化保险资产配置结构，促进资本市场长期稳定健康发展，根据《保险资金运用管理暂行办法》等规定，现就保险资金投资蓝筹股票有关事项通知如下：

一、符合下列条件的保险公司，经报我会备案，投资单一蓝筹股票的余额占上季度末总资产的监管比例上限由 5% 调整为 10%；投资权益类资产的余额占上季度末总资产比例达到 30% 的，可进一步增持蓝筹股票，增持后权益类资产余额不高于上季度末总资产的 40%。

（一）上季度末偿付能力充足率不低于 120%；

（二）投资蓝筹股票的余额不低于股票投资余额的 60%。

二、适度提高保险资金投资蓝筹股票的资产认可比例，具体标准由我会另行制定。

三、保险资金投资的蓝筹股票，应当符合保险资金权益投资相关规定，在境内主板发行上市，市值不低于 200 亿元人民币，且具有较高的现金分红比例和稳定的股息率。

四、保险公司应当根据资产负债管理需要及市场变化，加强权益类资产风险监测，定期开展压力测试，确保偿付能力等符合监管规定。

五、保险公司根据本通知调整有关投资比例的，应当在每季度结束后 15 个工作日内向我会报告投资情况。

六、本通知自发布之日起执行。保险资金投资其他权益类资产，仍执行现行有关规定。

五、财会类

中国保监会关于印发《保险公司偿付能力报告编报规则——问题解答第25号：中国铁路发展基金股份有限公司的优先股》的通知

（保监发〔2015〕1号　2015年1月4日）

各保险集团（控股）公司，各保险公司，各保险资产管理公司：

为加强偿付能力监管，完善投资资产认可标准，我会制定了《保险公司偿付能力报告编报规则——问题解答第25号：中国铁路发展基金股份有限公司的优先股》。现予印发，请遵照执行。

保险公司偿付能力报告编报规则——问题解答第25号：中国铁路发展基金股份有限公司的优先股

问：保险公司购买的中国铁路发展基金股份有限公司（以下简称“铁路基金公司”）的优先股，在偿付能力报告中如何认可和列报？

答：保险公司投资购买的中国铁路发展基金股份有限公司根据《国务院关于铁路发展基金设立方案的批复》（国函〔2014〕52号）、《国家发展改革委、财政部、交通运输部关于印发〈铁路发展基金管理办法〉的通知》（发改基础〔2014〕1433号）发行的优先股，为认可资产，以账面价值作为其认可价值。

保险公司编制偿付能力报告时，应将铁路基金公司的优先股在认可资产表“其他投资资产”项目列示，并在“明细表IA-1：投资资产”、“明细表IA-12：其他投资资产”填列相关信息。

中国保监会关于印发《保险公司偿付能力监管规则（1—17 号）》的通知

（保监发〔2015〕22 号　2015 年 2 月 13 日）

各保监局，各保险集团（控股）公司、保险公司、保险资产管理公司：

为完善我国保险监管体系，改进和加强偿付能力监管，深化保险业市场化改革，转变行业增长方式，更好地保护保险消费者权益，保监会于 2012 年启动了“中国风险导向偿付能力体系”（以下称偿二代）建设工作，现将研制完成的偿二代全部主干技术标准共 17 项监管规则（见附件）予以发布。

附件：保险公司偿付能力监管规则（1－17 号）（略）

中国保监会关于印发《保险公司资本保证金管理办法》的通知

（保监发〔2015〕37 号　2015 年 4 月 3 日）

各保险公司：

为进一步加强对保险公司资本保证金的监管，保护投保人利益，维护保险市场的平稳、健康发展，根据《国务院关于取消和调整一批行政审批项目等事项的决定》（国发〔2015〕11 号）的精神，我会对原《保险公司资本保证金管理办法》进行了修订。现将修订后的《保险公司资本保证金管理办法》印发给你们，请遵照执行。

保险公司资本保证金管理办法

第一章　总　则

第一条　为加强对保险公司资本保证金的管理，维护保险市场平稳、健康发展，根据《中华人民共和国保险法》（以下简称《保险法》），制定本办法。

第二条　本办法所称保险公司，是指经保险监督管理机构批准设立，并依法登记注册的商业保险公司。

第三条　本办法所称资本保证金，是指根据《保险法》的规定，保险公司成立后按照其注册资本总额的 20% 提取的，除保险公司清算时用于清偿债务外不得动用的资金。

第四条　中国保险监督管理委员会（以下简称“中国保监会”）依法对保险公司资本保证金进行监督管理，保险公司提存、处置资本保证金等行为应符合本办法规定。

第五条　保险公司应遵循“足额、安全、稳定”的原则提存资本保证金。

第二章　存　放

第六条　保险公司应当选择两家（含）以上商业银行作为资本保证金的存放银行。存放银行应符合以下条件：

（一）国有商业银行、股份制商业银行、邮政储蓄银行和城市商业银行；

（二）上年末净资产不少于 200 亿元人民币；

（三）上年末资本充足率、不良资产率符合银行业监管部门有关规定；

（四）具有完善的公司治理结构、内部稽核监控制度和风险控制制度；

（五）与本公司不具有关联方关系；

（六）最近两年无重大违法违规记录。

第七条　保险公司应将资本保证金存放在保险公司法人机构住所地、直辖市、计划单列市或省会城市的指定银行。

第八条　保险公司应当开立独立银行账户存放资本保证金。

第九条　资本保证金存款存放期间，如存放银行不符合本办法规定，或者存在可能对资本保证金的安全存放具有重大不利影响的事项（如，因发生重大违法违规事件受到监管部门处罚、资本充足率不足等），保险公司应及时向中国保监会报告，并将资本保证金存款转存至符合规定的银行。

第十条　保险公司应在中国保监会批准开业后 30 个工作日或批准增加注册资本（营运资金）后 30 个工作日内，将资本保证金按时足额存入符合中国保监会规定的银行。

第十一条　保险公司可以以下形式存放资本保证金：

（一）定期存款；

（二）大额协议存款；

（三）中国保监会批准的其他形式。

第十二条　资本保证金存款存期不得短于一年。

第十三条　每笔资本保证金存款的金额不得低于人民币 1000 万元（或等额外币）。保险公司增加注册资本（营运资金）低于人民币 5000 万元（或等额外币）的，按实际增资金额的 20% 一笔提存资本保证金。

第十四条　保险公司应密切关注外币资本保证金存款的汇率波动。因汇率波动造成资本保证金总额（折合人民币）连续 20 个工作日低于法定要求的保险公司，应自下一个工作日起 5 个工作日内，按实际差额一笔提存资本保证金并办理相关事后备案手续。

第十五条　保险公司提存资本保证金，应与拟存放银行的总行或一级分行签订《资本保证金存款协议》。合同有效期内，双方不得擅自撤销协议。

第十六条　保险公司应要求存放银行对资本保证金存单进行背书："本存款为资本保证金存款，不得用于质押融资。在存放期限内，存款银行不得同意存款人变更存款的性质、将存款本金转出本存款银行以及其他对本存款的处置要求。存款银行未尽审查义务的，应当在被动用的资本保证金额度内对保险公司的债务承担连带责任。"

第三章　备　案

第十七条　保险公司对资本保证金的以下处置行为，应在资本保证金存妥后 10 个工作日内向中国保监会事后备案：

（一）开业或增资提存资本保证金；

（二）到期在原存放银行续存；

（三）到期转存其他银行，包括在同一银行所属分支机构之间转存；

（四）到期变更存款性质；

（五）提前支取，仅限于清算时动用资本保证金偿还债务，或注册资本（营运资金）减少时部分支取资本保证金；

（六）其他动用和处置资本保证金的行为。

第十八条　保险公司开业或增资提存保证金存款、到期在原存放银行续存的，应向中国保监会提交以下备案资料：

（一）资本保证金存款备案文件；

（二）保险公司资本保证金备案表（一式两份）；

（三）《资本保证金存款协议》原件一份；

（四）资本保证金存单复印件以及存单背书复印件；

（五）中国保监会要求报送的其他材料。

第十九条　保险公司资本保证金存款到期转存其他银行或到期变更存款性质的，除向中国保监会提交第十八条备案资料外，还需提供以下资料：

（一）保险公司资本保证金处置情况表；

（二）原《资本保证金存款协议》复印件；

（三）原资本保证金存款存单复印件及存单背书复印件；

（四）中国保监会要求报送的其他资料。

第二十条　保险公司提前支取资本保证金，仅限于清算时使用资本保证金偿还债务，或注册资本（营运资金）减少时部分支取资本保证金的，除向中国保监会提交第十九条相关备案资料外，还需提供中国保监会批准保险公司清算文件或减资文件。

第二十一条　备案资料不符合要求的，保险公司应在收到中国保监会通知之日起10个工作日内，重新提交备案资料。

第二十二条　未经中国保监会事后备案的，不认定为资本保证金存款。

第四章　监　管

第二十三条　除清算时用于清偿债务或资本保证金存放银行不符合本办法规定外，保险公司不得动用资本保证金。

第二十四条　在存放期限内，保险公司不得变更资本保证金存款的性质。

第二十五条　资本保证金存款不得用于质押融资。

第二十六条　未按照本办法规定提存、处置资本保证金的，中国保监会将依法进行处罚。

第五章　附　则

第二十七条　经营保险业务的保险控股公司和保险集团公司资本保证金的管理，适用本办法。

第二十八条　本办法由中国保监会负责解释。

第二十九条　本办法自发布之日起实施，《关于印发〈保险公司资本保证金管理办法〉的通知》（保监发〔2011〕39号）同时废止。

附件：1. 资本保证金存款协议（基本条款示例）

2. 保险公司资本保证金备案表

3. 保险公司资本保证金处置情况表

附件1

资本保证金存款协议（基本条款示例）

甲方：中国____银行上海分行

地址：上海浦东大道____号

乙方：____人寿保险股份有限公司

地址：上海浦东新区____路____号

根据《中华人民共和国保险法》和《保险公司资本保证金管理办法》，本着平等互利、恪守信用的原则，经双方协商一致，签订本协议：

一、乙方的资本保证金人民币____元，以____年期定期存款的形式存放在中国××银行××分行××支行。甲方向乙方出具定期存单。

二、资本保证金的定期存款起息日为 20 ____年____月____日。

三、资本保证金定期存款的计息方式为每____付息一次，利率为____，付息日为____。

四、本存款不得用于质押融资。

五、本存款为资本保证金存款，在存放期限内，甲方不得同意乙方变更存款的性质、将存款本金转出甲方以及其他对本存款的处置要求。甲方未尽审查义务的，应当在被动用的资本保证金额度内对乙方的债务承担连带责任。

六、甲、乙双方如因本合同发生争议，按照中华人民共和国法律法规解决，并将结果报送中国保险监督管理委员会。

七、本协议未经中国保险监督管理委员会备案的，甲乙双方可以协商解除。

八、本协议一式____份，甲乙双方各执____份，一份报中国保险监督管理委员会备案。

甲方：中国____银行上海分行（盖章）
法定代表人（或授权委托人）：（签字）
日期：____年____月____日

乙方：____人寿保险股份有限公司（盖章）
法定代表人（或授权委托人）：（签字）
日期：____年____月____日

附件 2

保险公司资本保证金备案表
（一式两份）

公司名称：		
联系人：　　　　　　　　　　电话：		
报送材料清单	份数	审核结果
1. 公司备案文件（包括：存放银行的有关指标、备案事由等） 备案文号：________		
2. 资本保证金备案表（一式两份）		
3.《资本保证金存款协议》原件一份		
4. 资本保证金存单复印件以及存单背书复印件		
5. 其他材料（包括但不限于：增资批准文件、外汇业务批准文件。）		
到期转存其他银行、变更存款性质或提前支取资本保证金存款的，还需报送以下材料		
6. 保险公司资本保证金处置情况表		
7. 原《资本保证金存款协议》复印件		

（续表）

报送材料清单	份数	审核结果
8. 原资本保证金存单复印件以及存单背书复印件		
机构负责人签字并加盖公章	保监会财务会计部受理时间及印章	
年　月　日	年　月　日	

附件 3

保险公司资本保证金处置情况表

日期：　　　　　　　　　　　　　　机构印章：

<table>
<tr><td colspan="8">一、公司基本情况</td></tr>
<tr><td colspan="2">公司名称</td><td colspan="2"></td><td colspan="2"></td><td colspan="2"></td></tr>
<tr><td colspan="2">开业时间</td><td colspan="2"></td><td colspan="2">组织形式</td><td colspan="2"></td></tr>
<tr><td colspan="2">注册资本</td><td colspan="2"></td><td colspan="2">资本保证金</td><td colspan="2"></td></tr>
<tr><td colspan="2">法定代表人</td><td colspan="2"></td><td colspan="2"></td><td colspan="2"></td></tr>
<tr><td colspan="2">公司联系人</td><td colspan="2"></td><td colspan="2">联系电话</td><td colspan="2"></td></tr>
<tr><td colspan="2">公司部门负责人</td><td colspan="2"></td><td colspan="2">联系电话</td><td colspan="2"></td></tr>
<tr><td colspan="8">二、存放银行基本指标（________年末）</td></tr>
<tr><td colspan="2"></td><td colspan="2">名称</td><td colspan="2">净资产</td><td>资本充足率</td><td>不良资产率</td></tr>
<tr><td colspan="2">原存放银行</td><td colspan="2"></td><td colspan="2"></td><td></td><td></td></tr>
<tr><td colspan="2">拟存放银行</td><td colspan="2"></td><td colspan="2"></td><td></td><td></td></tr>
<tr><td colspan="8">三、到期变更存款性质</td></tr>
<tr><td rowspan="6">原存放银行</td><td rowspan="2"></td><td rowspan="2">金额及币种</td><td rowspan="2"></td><td>存期</td><td></td><td rowspan="2">利率</td><td rowspan="2"></td></tr>
<tr><td>起讫日期</td><td></td></tr>
<tr><td rowspan="2"></td><td rowspan="2">金额及币种</td><td rowspan="2"></td><td>存期</td><td></td><td rowspan="2">利率</td><td rowspan="2"></td></tr>
<tr><td>起讫日期</td><td></td></tr>
<tr><td rowspan="2"></td><td rowspan="2">金额及币种</td><td rowspan="2"></td><td>存期</td><td></td><td rowspan="2">利率</td><td rowspan="2"></td></tr>
<tr><td>起讫日期</td><td></td></tr>
<tr><td colspan="2">变更存款性质原因</td><td colspan="6"></td></tr>
</table>

（续表）

<table>
<tr><td colspan="8">四、改变存放银行</td></tr>
<tr><td rowspan="6">原存放银行</td><td rowspan="2"></td><td rowspan="2">金额及币种</td><td rowspan="2"></td><td>存期</td><td></td><td rowspan="2">利率</td><td rowspan="2"></td></tr>
<tr><td>起讫日期</td><td></td></tr>
<tr><td rowspan="2"></td><td rowspan="2">金额及币种</td><td rowspan="2"></td><td>存期</td><td></td><td rowspan="2">利率</td><td rowspan="2"></td></tr>
<tr><td>起讫日期</td><td></td></tr>
<tr><td rowspan="2"></td><td rowspan="2">金额及币种</td><td rowspan="2"></td><td>存期</td><td></td><td rowspan="2">利率</td><td rowspan="2"></td></tr>
<tr><td>起讫日期</td><td></td></tr>
<tr><td rowspan="6">拟存放银行</td><td rowspan="2"></td><td rowspan="2">金额及币种</td><td rowspan="2"></td><td>存期</td><td></td><td rowspan="2">利率</td><td rowspan="2"></td></tr>
<tr><td>起讫日期</td><td></td></tr>
<tr><td rowspan="2"></td><td rowspan="2">金额及币种</td><td rowspan="2"></td><td>存期</td><td></td><td rowspan="2">利率</td><td rowspan="2"></td></tr>
<tr><td>起讫日期</td><td></td></tr>
<tr><td rowspan="2"></td><td rowspan="2">金额及币种</td><td rowspan="2"></td><td>存期</td><td></td><td rowspan="2">利率</td><td rowspan="2"></td></tr>
<tr><td>起讫日期</td><td></td></tr>
<tr><td colspan="8">五、公司清算时清偿债务</td></tr>
<tr><td colspan="4">批准清算的文件名称及文号</td><td colspan="2"></td><td>批准时间</td><td></td></tr>
<tr><td colspan="4">清算机构负责人</td><td colspan="2"></td><td>联系电话</td><td></td></tr>
<tr><td colspan="4">拟动用资本保证金用于清偿债务的数额</td><td colspan="4"></td></tr>
<tr><td rowspan="6">原存放银行</td><td rowspan="2"></td><td rowspan="2">金额及币种</td><td rowspan="2"></td><td>存期</td><td></td><td rowspan="2">利率</td><td rowspan="2"></td></tr>
<tr><td>起讫日期</td><td></td></tr>
<tr><td rowspan="2"></td><td rowspan="2">金额及币种</td><td rowspan="2"></td><td>存期</td><td></td><td rowspan="2">利率</td><td rowspan="2"></td></tr>
<tr><td>起讫日期</td><td></td></tr>
<tr><td rowspan="2"></td><td rowspan="2">金额及币种</td><td rowspan="2"></td><td>存期</td><td></td><td rowspan="2">利率</td><td rowspan="2"></td></tr>
<tr><td>起讫日期</td><td></td></tr>
<tr><td colspan="8">六、注册资本减少时部分支取保证金</td></tr>
<tr><td colspan="4">批准减资的文件名称及文号</td><td colspan="2"></td><td>批准时间</td><td></td></tr>
<tr><td colspan="4">支取资本保证金数额</td><td colspan="4"></td></tr>
<tr><td rowspan="6">原存放银行</td><td rowspan="2"></td><td rowspan="2">金额及币种</td><td rowspan="2"></td><td>存期</td><td></td><td rowspan="2">利率</td><td rowspan="2"></td></tr>
<tr><td>起讫日期</td><td></td></tr>
<tr><td rowspan="2"></td><td rowspan="2">金额及币种</td><td rowspan="2"></td><td>存期</td><td></td><td rowspan="2">利率</td><td rowspan="2"></td></tr>
<tr><td>起讫日期</td><td></td></tr>
<tr><td rowspan="2"></td><td rowspan="2">金额及币种</td><td rowspan="2"></td><td>存期</td><td></td><td rowspan="2">利率</td><td rowspan="2"></td></tr>
<tr><td>起讫日期</td><td></td></tr>
</table>

备注：此表格一、二项为必填内容，三至六项根据报备内容填写。

中国保监会关于在偿二代过渡期内开展保险公司偿付能力风险管理能力试评估有关事项的通知

（保监财会〔2015〕125 号　2015 年 7 月 15 日）

各保险公司，各保监局：

2015 年 2 月 13 日，保监会发布了中国风险导向的偿付能力体系（简称偿二代）的 17 项监管规则，保险业进入偿二代过渡期。为保证行业顺利切换到偿二代，引导保险公司完善偿付能力风险管理体系，根据《保险公司偿付能力监管规则第 11 号：偿付能力风险管理要求与评估》（简称 11 号规则）和《中国保监会关于中国风险导向偿付能力体系实施过渡期有关事项的通知》（保监财会〔2015〕15 号），保监会决定开展偿二代过渡期内保险公司偿付能力风险管理能力试评估工作。现将有关事项通知如下：

一、评估目的

偿二代过渡期内，保险公司偿付能力风险管理试评估工作的主要目的如下：一是督促保险公司落实 11 号规则有关要求，完善风险管理体系，提高风险管理能力；二是评价保险公司的风险管理能力，分析行业风险管理状况；三是探索建立有效的监管评估模式和机制，为偿二代正式实施做好准备。

过渡期内，保险公司不计算控制风险最低资本，试评估结果不作为保险公司计算控制风险最低资本的依据。偿二代正式实施后的偿付能力风险管理评估方案另行发布。

二、评估范围

评估对象为财产保险公司、人身保险公司和再保险公司。评估内容为保险公司的偿付能力风险管理能力，具体包括：偿付能力风险管理的基础与环境、偿付能力风险管理的目标与工具、保险风险管理能力、市场风险管理能力、信用风险管理能力、操作风险管理能力、战略风险管理能力、声誉风险管理能力、流动性风险管理能力。

三、评估方式

本次试评估采取“保险公司自评估”和“监管机构抽样评估”相结合的方式，即各公司对偿付能力风险管理进行自评估，在此基础上，保监会选取部分公司进行复核评估。

四、组织领导

（一）评估工作由保监会财务会计部负责组织，保险公司按照相关要求开展自评估，保监局根据保监会的委托对被抽取的保险公司实施复核评估。

（二）保险公司自评估工作由公司偿二代试运行领导小组牵头，首席风险官（或履行相同职责的高级管理人员，下同）负责具体评估工作。

（三）监管辖区内有保险公司法人机构总部的保监局负责实施复核评估。

五、评估程序

（一）培训准备（7 月）

保监会将于 7 月召开“保险公司偿付能力风险管理评估工作部署培训班”，明确此次试评估的目的、意义和有关要求，对保险公司和相关保监局进行工作部署、规则讲解和技能培训。

各保险公司和相关保监局应对偿付能力风险管理评估工作进行动员部署，传达保监会的工作要求，明确评估的工作任务和工作目标，组织相关部门和人员认真学习研究 11 号规则，充分理解偿付能力风险管理评估工作的精神实质和具体要求。

在学习理解 11 号规则等相关要求的基础上，保险公司应制定完整、可行的自评估方案。至少应包括以下内容：

1. 自评估工作牵头部门和相关部门的职责分工，以及各项工作的责任人；

2. 自评估工作的目标、原则、程序、方法，包括复核、审议机制；

3. 总体和分项工作的时间进度安排。

（二）保险公司自评估（8 月—9 月）

保险公司应当对照《保险公司偿付能力风险管理能力评估表》（见附件），全面细致、实事求是地对公司偿付能力风险管理的基础与环境、偿付能力风险管理的目标与工具、保险风险管理能力、市场风险管理能力、信用风险管理能力、操作风险管理能力、战略风险管理能力、声誉风险管理能力、流动性风险管理能力开展自评估，并撰写自评估报告。

1. 认真、客观填报《保险公司偿付能力风险管理能力评估表》，准确计算、填写每个评估项目的“评估结果”和“得分”，并认真、详细填写“评分依据”。填写评分依据时，应列明相关文件名称等信息以证明“制度健全性”的得分依据，应说明公司对相关文件的实际遵循情况等信息以证明“遵循有效性”的得分依据。在评估过程中，对于《保险公司偿付能力监管规则第 13 号：偿付能力信息公开披露》等在过渡期内暂不执行的内容，保险公司应按照“不适用”项目进行填报。

评估人员及其所在部门负责人应在其负责填写的评估表的首页签字确认，承担相应的责任。

2. 自评估工作结束后，撰写《偿付能力风险管理能力自评估报告》，说明自评估工作组织开展情况，分析总结自身偿付能力风险管理状况，提出切实有效的改进计划，明确改进时间和进度安排等。

3.《偿付能力风险管理能力自评估报告》和《保险公司偿付能力风险管理能力评估表》应经首席风险官批准后，提交公司偿二代试运行领导小组审议。

4. 保险公司应于 9 月 30 日之前将偿二代试运行领导小组审议通过的《偿付能力风险管理能力自评估报告》（Word 版和 PDF 版）和《保险公司偿付能力风险管理能力评估表》（Excel 版）通过电子公文传输系统报送信息栏目报至保监会财务会计部。以上两份报告应当由公司偿二代试运行领导小组组长和首席风险官签字，并加盖公司印章。

（三）监管部门抽样复评（10 月—11 月）

1. 分析和抽样。保监会在对公司自评估情况进行汇总分析的基础上，选取部分保险公司进行监管复核评估。抽样比例原则上不低于公司总数的 15%，并将覆盖产险、寿险、再保险、中资、外资等各类型公司。

2. 组建复评小组。此次抽样复评工作由保监会委托被评估公司所在辖区的保监局实施。被委托的保监局应成立由局领导担任组长、成员不少于 5 人的评估小组，并在规定的时间内将名单报保监会。

3. 培训准备。保监会组织对评估小组的培训，讲解 11 号规则的评估原则、方法、流程和其他工作要求，研究讨论评估工作方案。

4. 现场评估。各评估小组应在保监会规定的时间内完成对被评估公司的复核评估工作，并于 11 月 30 日之前将评估报告通过电子公文传输系统报送信息栏目报至保监会财务会计部。评估报告包括评估工作的总体情况、评估方法和程序、评估结果、对评估对象的偿付能力风险管理能力的分析、复评结果与自评估结果的差异分析、监管建议等内容。

（四）总结和反馈（12 月—2016 年 1 月）

保监会组织保险公司和评估小组对试评估工作进行总结，研究完善评估方法和评估标准，在此基础上，研究建立偿二代正式实施后的监管评估模式和机制。

2016 年 1 月底之前，保监会将试评估结果的总体情况通报各保险公司，将抽样复评结果一对一通报保险公司。

对于偿付能力风险管理能力较差的保险公司，保监会将要求其提交改进偿付能力风险管理体系的计划；对于自评估结果与监管部门抽样复评结果存在重大差异的保险公司，保监会将责令保险公司进行整改。

六、评估要求

（一）保险公司应当加强组织领导，真实准确评估，不断完善自身风险管理体系。偿付能力风险管理涉及保险公司经营管理的各个环节，保险公司偿二代试运行领导小组应当按照保监会的部署，切实加强组织领导，组织风险管理等相关部门，认真、细致、客观的完成自评估工作，并以此次试评估工作为契机，认真梳理偿付能力风险管理制度、机制，寻找差距和问题，完善风险管理体系，提高风险管理能力。

保险公司应当严格按照有关要求，真实、准确地评估自身偿付能力风险管理状况。在评估过程中，不得有弄虚作假和主观臆断的行为。

（二）保监局应当积极参与，建立长效工作机制。偿付能力风险管理评估是偿二代下监管部门的一项重要监管工作，是保监局承担的一项重要的偿付能力监管工作职责，是今后的一项长期性、日常性工作。各保监局应当高度重视，积极开展偿二代的业务培训，研究建立偿付能力风险管理评估的长效工作机制，切实履行好偿付能力监管职责。

联系人：张翔（保监会财务会计部）
电话：010－66286778
邮箱：xiang_ zhang@ circ. gov. cn

附件：保险公司偿付能力风险管理能力评估表（略）

关于印发《中国保险保障基金有限责任公司业务监管办法》的通知

（保监厅发〔2015〕79 号 2015 年 12 月 14 日）

中国保险保障基金有限责任公司：

为进一步完善保险保障基金管理机制，保护投保人利益，防范风险，维护保险市场平稳健康发展，我会对《中国保险保障基金有限责任公司业务监管暂行办法》（保监厅发〔2009〕51 号）进行了修订。现予印发，请遵照执行。

中国保险保障基金有限责任公司业务监管办法

第一章 总 则

第一条 为加强对中国保险保障基金有限责任公司（以下简称“保障基金公司”）的业务监管，维护保险保障基金筹集、管理、运作的安全、有效，根据《中华人民共和国保险法》、《保险保障基金管理办法》（以下简称“《管理办法》”）等法律、法规、规章，制定本办法。

第二条 中国保险监督管理委员会（以下简称“保监会”）依法履行以下职责：

（一）对保障基金公司的业务和保险保障基金的筹集、管理、运作进行监管；

（二）制定对保障基金公司的业务监管办法；

（三）制定对保险保障基金筹集、管理、运作的监管办法；

（四）保监会依法履行的其他职责。

第三条 保监会财务会计部负责保障基金公司的日常监管，依法对保障基金公司的业务和保险保障基金的筹集、管理、运作进行监管。

第二章 保障基金公司业务监管

第四条 保障基金公司应建立健全内部管理制度体系，并根据公司发展和业务需要制定基金筹集、财务管理、资产管理、风险监测、风险处置等管理制度，报保监会备案。

第五条 保障基金公司应当按照独立制衡、全面控制、适时适用、责任追究的原则，完善公司治理结构，建立岗位责任制和科学的运行管理机制。

第六条 保障基金公司应建立健全资金运用风险控制体系，确保资金运用的合法合规、内部规章制度的有效执行及执行情况的监督检查；确保业务记录、财务记录及其他信息的安全、可靠；确保资金运用管理人员具备足够的专业能力、风险控制意识和职业道德操守。

第七条 保障基金公司召开董事会，应提前 10 个工作日将董事会提案报保监会。如决定召开临时董事会，应提前 3 个工作日将董事会提案报保监会。保监会派员列席保障基金公司董事会。

保障基金公司应于董事会做出决议后 3 个工作日内将有关决议报保监会备案。

第八条　保障基金公司应在报财政部门批准前，将年度预算方案和预算调整方案征求保监会意见。

保障基金公司应将预决算批复报保监会备案。

第九条　保障基金公司应当按照综合性、客观性、发展性原则，对保险保障基金的筹集、管理、运作拟定业绩考评制度及公司的绩效薪酬管理制度，报保监会核准。

保障基金公司应定期开展业绩考评，并将考评结果报送保监会。

第十条　保监会可以直接或委托中介机构对保障基金公司进行检查和审计，保障基金公司应积极配合，提供真实、完整的财务、业务资料。

第十一条　保障基金公司应采取公开招标或邀请招标的方式聘请提供审计、资产评估等服务的会计师事务所、资产评估事务所、法律顾问等中介机构，并将相关协议报保监会备案。解聘相关中介机构的，应当说明理由，并向保监会报告。

第三章　保险保障基金的筹集和管理

第十二条　保障基金公司应加强保险保障基金的筹集管理，确保保险公司及时、足额缴纳保险保障基金，并在完成保障基金汇算清缴后，向保险公司出具合法的收款凭证。

第十三条　保障基金公司应为财产保险保障基金（以下简称“财险基金”）和人身保险保障基金（以下简称“人身险基金”）各开立一个基本账户，专门用于保险保障基金的收缴和资金划拨。

保障基金公司如变更基本账户，应报保监会核准。

第十四条　除基本账户以及为办理固定期限存款而开立的活期存款账户外，保障基金公司不得开立其他活期存款账户存放保险保障基金。

除固定期限存款到期续存外，保障基金公司应通过基本账户进行资金划拨。

第十五条　保障基金公司不得擅自对保险公司缴纳保险保障基金的范围、金额、期限、方式等进行调整。

第十六条　如保险公司出现上述第十五条中需要调整的情形，保障基金公司应在收到保险公司申请后5个工作日内向保监会申请核准。

保障基金公司如发现保险公司有关指标达到恢复缴纳的标准，应及时报保监会，并通知保险公司恢复缴纳。

第十七条　保障基金公司认定保险公司存在延期缴纳、不足额缴纳等违规行为，应及时报保监会并提出相应的处理建议。

第十八条　保障基金公司应单独核算各保险公司的保险保障基金余额，并定期与银行、保险公司等核对保险保障基金的缴纳明细和余额等信息。

第十九条　保障基金公司应定期计算财险基金和人身险基金的投资收益，并按照保监会核准的分摊办法将投资收益、费用支出和基金使用额在人身保险公司和财产保险公司间进行分摊。

第四章　保险保障基金的资产管理

第二十条　保险保障基金的资金运用应当遵循安全性、流动性和收益性原则，在确保资产安全的前提下实现保值增值。

第二十一条　保障基金公司应制定保险保障基金年度和季度资金运用计划，并将年度、季度资金运用计划和临时调整方案报保监会备案。

第二十二条 保险保障基金不得投资于有下列情形之一的中央企业债券、中央级金融机构发行的金融债券：

（一）经保监会认可的信用评级机构评级在 AA 级以下的；

（二）具有次级债务属性的；

（三）保监会规定的其他情形。

第二十三条 保障基金公司应选择符合下列条件的国有商业银行、股份制商业银行、邮政储蓄银行和城市商业银行作为固定期限存款银行：

（一）净资产不少于 200 亿元人民币，上年末资本充足率、不良资产率符合银行业监管部门的有关规定；

（二）具有完善的内部稽核监控制度和风险控制制度；

（三）最近两年无重大违法违规记录；

（四）保监会规定的其他条件。

第二十四条 保险保障基金新选定的固定期限存款银行，应向保监会申请核准；在已存款银行内新开立账户，应在开户后 3 个工作日内报保监会备案。

第二十五条 除经保监会核准外，单笔固定期限存款不得超过财险基金或人身险基金年初余额的 10%（含）；单一银行内各类存款的余额合计不得超过财险基金或人身险基金年初余额的 20%。

第二十六条 财险基金和人身险基金的资金运用应符合以下比例要求：

（一）固定期限存款余额不得低于基金上月末余额的 60%；

（二）委托投资的金额不得超过基金上月末余额的 20%；

（三）包括委托投资部分在内的中央企业债券、中央级金融机构发行的金融债券账面余额合计不得超过基金上月末余额的 20%，其中，同一期单品种债券的持有量不得超过该期单品种债券发行额的 15% 或基金上月末余额的 2%；

财险基金和人身险基金的资金运用应分别以各自的基金余额为基数计算有关比例。

第二十七条 保障基金公司开展委托资产管理业务，应当遵循公平、公正、公开的原则，依法制定包括投资管理机构、托管机构的资质标准、委托投资风险控制、委托投资业务流程等在内的保险保障基金委托投资管理办法，并报保监会备案。

第二十八条 保障基金公司应依法采取公开招标或邀请招标的形式选择委托投资管理机构和托管机构，并在与投资管理机构、托管机构签订协议后 5 个工作日内，将协议等有关文件报保监会备案。

第二十九条 投资管理机构、托管机构有下列情形之一的，保障基金公司应当予以更换：

（一）违反协议情节严重的；

（二）被依法取消有关业务资格的；

（三）依法解散、撤销、破产或者被接管的；

（四）投资管理机构与托管机构存在相互投资或持股关系，或受同一实际控制人控制等情形；

（五）国家规定和有关协议约定的其他情形。

第三十条 除协议存款外，银行存款不得进行委托管理。

通过委托办理协议存款，存款银行、存款比例等均须遵守本办法相关规定。

第三十一条 除本办法规定外，保险保障基金的其他资金运用形式，应报保监会核准。

第五章 保险保障基金的风险监测与处置

第三十二条 保障基金公司在开展风险监测工作中，发现保险公司经营管理中出现可能危及保单持有人和保险行业的重大风险时，应及时报保监会，并提出监管处置建议。

第三十三条　保障基金公司应当与保监会建立风险处置沟通合作机制，参与处置审议工作、参与保监会对存在重大风险隐患公司的专项检查等工作。

第三十四条　保障基金公司应按照国务院批准的风险处置方案和使用办法，向保单持有人、保单受让公司等个人和机构提供救助或者参与保险行业风险处置工作，并及时将进展情况报保监会。

第六章　信息报送

第三十五条　保障基金公司的财务报告及其他有关报告、报表、文件和资料必须如实记录有关事项，不得有虚假记载、误导性陈述和重大遗漏。

第三十六条　保障基金公司应按照以下要求报送信息：

（一）每月结束后5个工作日内，向保监会报送上月保险保障基金的筹集、运用和使用信息，包括反映当月存款明细变化的保险保障基金报表和月度报告、投资管理人变动情况等；

（二）每年1月31日前，向保监会报送当年年度工作计划（草案）；

（三）每年5月31日前，向保监会报送经审计的上年度保险保障基金和保障基金公司的财务报告和注册会计师出具的管理建议书。

（四）每年6月30日前，向各保险公司披露保障基金公司年度工作报告和保险保障基金年度财务报告；

（五）保监会认为需要报送的其他信息。

第三十七条　保障基金公司应于获知下列事项后2个工作日内，向保监会报告：

（一）保险保障基金发生重大损失；

（二）接受有关部门检查；

（三）发生法律诉讼；

（四）受托投资管理机构等受到监管部门的处罚；

（五）托管机构发生的影响保险保障基金资金安全的重大违法违规事件；

（六）保监会认为需要报告的其他事项。

第七章　法律责任

第三十八条　保监会认为关键岗位工作人员的专业胜任能力、职业操守等不符合资金运用、风险控制等的要求，可责令保障基金公司调整其工作岗位。

第三十九条　保监会认为中介机构的独立性、专业胜任能力等不符合有关业务要求，可责令保障基金公司予以更换。

第四十条　保监会可向保障基金公司的高级管理人员进行质询，要求其就公司的业务活动和风险管理的重大事项做出说明。

第四十一条　对不符合本办法要求的开户银行，保监会可要求更换；对未经核准而开立的银行账户，保监会可要求关闭。

第四十二条　对保障基金公司在开展经营活动中不符合本办法要求的，保监会可要求保障基金公司限期整改，并及时报告整改情况。

第八章　附　则

第四十三条　除有特别说明外，本办法对资金筹集、管理、运作的有关规定专指保险保障基金。

第四十四条　保障基金公司应参照保险保障基金的资金运用范围、管理要求等开展自有资金运用。

第四十五条　本办法由保监会财务会计部负责解释。

第四十六条　本办法自发布之日起施行，中国保监会 2009 年 7 月 7 日发布的《中国保险保障基金有限责任公司业务监管暂行办法》（保监厅发〔2009〕51 号）同时废止。

中国保监会关于正式实施中国风险导向的偿付能力体系有关事项的通知

各保险集团（控股）公司、保险公司、保险资产管理公司，各保监局：

2015 年 2 月，保监会发布中国风险导向的偿付能力体系（以下简称偿二代），保险业进入偿二代过渡期。根据过渡期试运行情况，经国务院同意，保监会决定正式实施偿二代，自 2016 年 1 月 1 日起施行《保险公司偿付能力监管规则（第 1 号－第 17 号）》。现将有关事项通知如下：

一、偿二代 17 项监管规则的实施要求

（一）关于定量资本要求。

保险公司应当按照偿二代监管规则 1 号－9 号的要求评估实际资本和最低资本，计算核心偿付能力充足率和综合偿付能力充足率，并开展压力测试。

1. 关于《保险公司偿付能力监管规则第 1 号：实际资本》第二十二条所得税准备的确认和计量标准，明确如下：

保险公司成立以来任意连续三年的应纳税所得额为正的，应当确认所得税准备；只有当充分的证据显示其应纳税所得额持续为正的趋势发生根本性、长期性的逆转，方可终止确认所得税准备。

所得税准备以财务报表寿险合同负债的剩余边际金额的 10% 作为其认可价值。

2. 《保险公司偿付能力监管规则第 3 号：寿险合同负债评估》第十九条关于寿险合同负债计量所采用的折现率曲线的具体参数见附件 1。

3. 《保险公司偿付能力监管规则第 4 号：保险风险最低资本（非寿险业务）》第五章关于保险公司计量巨灾风险最低资本所采用的情景损失因子表和最低资本计算模板见附件 2。

4. 《保险公司偿付能力监管规则第 7 号：市场风险最低资本》第十六条关于人身保险公司计量利率风险最低资本所采用的基础情景和不利情景见附件 3。

5. 《保险公司偿付能力监管规则第 8 号：信用风险最低资本》第二十九条和第三十条关于境内再保险分入人交易对手违约风险的基础因子由保监会每季度发布。

6. 《保险公司偿付能力监管规则第 9 号：压力测试》第三章关于保险公司的必测压力情景见附件 4。

（二）关于定性监管要求。

保险公司应当按照偿二代监管规则第 10 号－第 12 号的要求，建立健全自身的偿付能力风险管理体系，加强各类风险的识别、评估与管理。保监会通过偿二代风险综合评级（IRR）、偿付能力风险管理要求与评估（SARMRA）、监管分析与检查等工具，对保险公司风险进行定性监管。

1. 根据《保险公司偿付能力监管规则第 10 号：风险综合评级（分类监管）》，保监会自 2016 年 1 季度起对保险公司开展偿二代风险综合评级。关于偿二代风险综合评级的具体评价标准和组织实施，保监会将另行发文通知。

2. 保监会将于 2016 年 4—10 月组织各保监局对保险公司开展偿付能力风险管理能力的监管评估。保险公司应当自 2016 年 4 季度偿付能力报告编报起，计量控制风险最低资本，前 3 个季度不计量控制风险最低资本。

3. 《保险公司偿付能力监管规则第 12 号：流动性风险》中现金流压力测试和流动性覆盖率计算所采用的不利情景见附件 5。

（三）关于市场约束机制。

1. 保险公司应当按照《保险公司偿付能力监管规则第 13 号：偿付能力信息公开披露》的要求，每季度通过官方网站披露偿付能力季度报告摘要，并在承保、投标、增资、股权变更、债券发行等日常活动中，向保险消费者、股东、债权人等相关方说明偿付能力、风险综合评级等信息。

2. 根据《保险公司偿付能力监管规则第 14 号：偿付能力信息交流》，保监会将定期发布偿付能力监管工作信息，逐步建立与保险消费者、保险公司股东、信用评级机构、行业分析师、新闻媒体等相关方之间的持续、双向、互动的偿付能力信息交流机制，强化偿二代市场约束机制。

3. 保监会鼓励保险公司主动聘请信用评级机构，并公开披露评级结果。保险公司聘请信用评级机构应当符合《保险公司偿付能力监管规则第 15 号：保险公司信用评级》有关要求，并向保监会书面报告。

（四）关于保险集团。

保险集团应当按照《保险公司偿付能力监管规则第 17 号：保险集团》的要求，评估整个集团的实际资本和最低资本，计算核心偿付能力充足率和综合偿付能力充足率，不断完善偿付能力风险管理的制度和流程，提升风险管理能力。

二、偿二代偿付能力报告编报

自 2016 年 1 季度起，保险公司应当编报偿二代偿付能力报告，不再按照现行偿付能力监管制度（以下简称偿一代）编报偿付能力报告。

（一）编报范围。保险公司和保险集团应当按照偿二代监管规则编制偿付能力报告，仅经营受托型业务的养老保险公司不编制偿付能力报告。

（二）报送时间。

保险公司应当按照《保险公司偿付能力监管规则第 9 号：压力测试》《保险公司偿付能力监管规则第 16 号：偿付能力报告》的要求，于每季度结束后 12 日内报送上一季度的偿付能力季度快报，每季度结束后 25 日内报送上一季度的偿付能力季度报告，每年 4 月 30 日前报送上一年度第 4 季度偿付能力报告的审计报告，每年 5 月 31 日前报送经独立第三方机构审核的压力测试报告。

保险集团应当按照《保险公司偿付能力监管规则第 17 号：保险集团》的要求，每年 5 月 31 日前报送经审计的上一年度偿付能力报告，每年 9 月 15 日前报送半年度偿付能力报告。

（三）报送方式。

1. 纸质报告一份。

2. 通过保监会偿二代监管信息系统报送上述报告的电子文本，具体报送要求另行通知。保险公司偿付能力季度报告、压力测试报告的 EXCEL 样表分别见附件 6、附件 7。

三、对保险公司的实施要求

（一）强化组织保障。保险公司董事会对偿二代的实施承担最终责任，管理层具体负责偿二代实施的组织工作。保险公司应当在偿二代过渡期试运行领导小组的基础上，成立由董事长或总经理牵头，财务、精算、风险管理、投资、业务和信息技术等相关部门组成的偿二代实施领导小组，负责推进偿二代实施工作。

（二）明确职责分工。保险公司应当建立健全偿付能力风险管理的组织架构，明确董事会、管理层和相关部门的职责与权限，建立相关的业绩考核评价机制，共同推动公司提升风险管理能力。

（三）健全内控流程。保险公司应当建立健全偿付能力管理、评估、报告和披露等内控流程，明确公司内部偿付能力管理要求，准确评估公司偿付能力状况，依法合规编报偿付能力报告，按时披露偿付能力相关信息，确保将偿二代的各项要求落到公司经营管理的各个环节。

（四）提高信息化水平。保险公司应当建立并不断完善偿付能力相关的信息系统，将偿二代的监管要求和内控流程固化到信息系统中，提高偿付能力管理、评估、报告和披露的自动化水平，提升偿付能力管理的效率和效果。

四、新旧政策衔接

（一）与过渡期的衔接。保险公司应当按照《关于中国风险导向偿付能力体系实施过渡期有关事项的通知》（保监财会〔2015〕15 号）的要求，报送 2015 年 4 季度偿二代偿付能力报告和 2015 年偿二代压力测试报告；保险集团应当报送2015年偿二代年度偿付能力报告。保险公司、保险集团公司可根据自身实际，决定上述报告是否经审计或由独立第三方机构审核。

（二）与偿一代的衔接。保险公司应当按照偿一代的要求，报送2015年的年度偿付能力报告，不需编报偿一代下的动态偿付能力测试报告。

偿一代下的保险公司偿付能力报告编报规则及问题解答、《关于编报季度偿付能力报告有关事项的通知》（保监发〔2007〕15号）、《关于编报年度偿付能力报告有关事项的通知》（保监发〔2008〕12号）、《关于编报保险集团偿付能力报告有关事项的通知》（保监发〔2008〕55号）、《关于实施保险公司分类监管有关事项的通知》（保监发〔2008〕120号）、《关于动态偿付能力测试有关事项的通知》（保监发〔2011〕3号）自2016年1月1日起废止。

各公司在偿二代实施过程中如有政策理解和报告编制等方面的问题，请及时向保监会财务会计部反映。

联系人：祝春光　张翔

电话：010－66286617　66286778

附件：1. 寿险合同负债评估的折现率曲线

2. 巨灾风险情景损失因子表和最低资本计算模板

3. 人身保险公司利率风险基础情景和不利情景曲线生成器

4. 压力测试必测压力情景

5. 现金流压力测试和流动性覆盖率的不利情景

6. 保险公司偿付能力季度报告EXCEL样表

7. 保险公司压力测试报告EXCEL样表

中国保监会

2016年1月25日

附件1

寿险合同负债评估折现率曲线

根据《保险公司偿付能力监管规则第3号：寿险合同负债评估》第十九条规定，计算现金流现值所采用的折现率曲线由基础利率曲线加综合溢价形成，具体计算方法如下：

一、基础利率曲线由以下三段组成：

$$\begin{cases} \text{750天移动平均国债收益率曲线} & 0<t\leqslant 20 \\ \text{终极利率过渡曲线} & 20<t\leqslant 40 \\ 4.5\% & t>40 \end{cases}$$

二、终极利率过渡曲线采用二次插值方法计算得到。

（一）第一次插值的计算公式为：

$$r_t = r_{20} + (4.5\% - r_{20}) \times (t-20) / (40-20)$$

其中：

t为年度；

r_t为在t年度第一次插值的数值。

（二）第二次插值的计算公式为：

$$R_t = r_t \times (t-20) / (40-20) + r_t^* \times (40-t) / (40-20)$$

其中：

t 为年度；

r_t为在 t 年度第一次插值的数值；

r_t^* 为在 t 年度 750 天移动平均国债收益率曲线的数值；

R_t为在 t 年度终极利率过渡曲线的数值。

三、寿险合同负债折现率曲线具体标准见《附件 3：人身保险公司利率风险基础情景和不利情景曲线生成器》。

附件 2（略）

附件 3（略）

附件 4

压力测试必测压力情景

第一部分 财产保险公司必测压力情景

一、概述

压力情景测试中，保险公司应预测未来测试期间压力情景下的认可资产和认可负债，计算未来各预测期间的实际资本、最低资本和偿付能力充足率。

二、必测压力情景一——宏观经济风险情景

该情景旨在反映宏观经济形势恶化对保险公司偿付能力结果的影响。

当金融市场大幅震荡，需要评估关键市场变量发生突变对保险公司偿付能力状况及对风险承受能力的影响。

具体情景设置为：

宏观经济环境在报告年度后未来一个会计年度末发生较大幅度短期波动，利率上升、股市下跌、信用利差上涨、房地产市场波动、投资资产违约率上升，影响保险公司的认可资产和最低资本，该情景假设在基本情景中同时发生以下情况：

（一）无风险利率曲线上升 50bp

该假设变动会导致固定收益类资产价值的下降。具体涉及的资产类别同《保险公司偿付能力监管规则第 7 号：市场风险最低资本》规定中利率风险覆盖的各资产类型。

压力情景应用于基本情景下预测年度末对应资产的账面价值，根据对应资产的修正久期乘以利率曲线的变动值得到账面价值的下跌幅度，并体现在固定收益类资产的公允价值变动中，其中交易性金融资产的公允价值变动计入投资收益中。修正久期可以根据报告年度末对应资产类别的修正久期进行合理估计。

（二）权益类资产下跌 15%

该假设变动会导致权益类资产账面价值下降。具体涉及的资产类别同《保险公司偿付能力监管规则第 7 号：市场风险最低资本》规定中权益价格风险覆盖的各资产类型。

压力情景应用于基本情景下预测年度末对应资产的账面价值，并体现在权益资产的公允价值变动中，其中交易性金融资产的公允价值变动计入投资收益中。

（三）利差扩大 100bp

该假设变动会导致固定收益类资产账面价值下降。具体覆盖的资产类别同《保险公司偿付能力监管规则第 8 号：信用风险最低资本》规定中利差风险覆盖的各资产类型。

压力情景应用于基本情景下预测年度末对应资产的账面价值。根据对应资产的修正久期乘以利差变动值得到账面价值的下跌金额，并体现在固定收益类资产的公允价值变动中，其中交易性金融资产的公允价值变动计入投资收益中。修正久期可以根据报告年度末对应资产类别的修正久期进行合理估计。

（四）投资性房地产价格下跌 20%

该假设变动会导致投资性房地产的资产账面价值下降。具体涉及的资产类别同《保险公司偿付能力监管规则第 7 号：市场风险最低资本》规定中投资性房地产风险覆盖的各资产类型。

压力情景应用于基本情景下预测年度末对应资产的账面价值。对于按公允价值计价的上述资产，根据对应资产的账面价值乘以房地产下跌水平，得到预测年度末压力情景下对应资产的账面价值。

对于按历史成本计价的上述资产，保险公司应将减值的影响反映在实际资本中。

（五）交易对手违约情景

认可资产的信用评级低于 AA 级或无评级的项目中，假设交易对手违约风险暴露前三大的交易对手发生违约，产生相当于其对应资产账面价值 30% 的损失。

该假设变动会导致该类资产的账面价值下降。具体涉及的资产类别同《保险公司偿付能力监管规则第 8 号：信用风险最低资本》第十六条规定中交易对手违约风险所涉及的项目。压力情景可用评估时点实际认可资产中的相应资产违约所产生的损失占所有涉及交易对手违约风险的资产账面价值的占比，乘以基本情景下预测年度末相应资产的账面价值，得到预测年度末压力情景下对应资产的账面价值。

三、必测压力情景二——保险风险情景

该情景旨在反映承保业务变化对保险公司经营结果的影响。该情景既包括产品定价不足等因素，导致保险公司出现非预期的损失；也包括保险公司业务规模增长影响偿付能力充足性的风险。

假定保险公司的综合成本率相比基本情景发生一定程度的恶化，同时，未来新业务计划的完成情况超出预期，对保险公司保费风险最低资本、准备金风险最低资本以及实际资本等造成影响。该情景假设同时发生以下情况：

（一）保费增长率假设，开业满三年的公司为基本情景的 130%，开业未满三年的公司为基本情景的 150%。

（二）测试期间会计年度的赔付率和费用率，开业满三年的公司分别为基本情景的 106%，开业未满三年的公司分别为基本情景的 110%。

第二部分　人身保险公司必测压力情景

一、概述

保险公司应预测未来各测试期间压力情景下的认可资产和认可负债，计算未来各预测期间的实际资本、最低资本和偿付能力充足率。

在压力情景下，保险公司可以考虑保险业务的损失吸收效应。

二、必测压力情景一——宏观经济风险情景

当金融市场大幅震荡，需要评估关键市场变量发生突变对保险公司偿付能力状况及对风险承受能力的影响。

具体情景设置为：

宏观经济环境在报告年度后未来一个会计年度末发生较大幅度短期波动，利率上升、股市下跌、信用利差上涨、房地产市场波动、投资资产违约率上升，影响保险公司的认可资产和最低资本。该情景假设准备金评估假设保持不变，但基本情景中同时发生以下情况：

（一）无风险利率曲线上浮 50bp

该假设变动会导致固定收益类资产价值的下降。具体涉及的资产类别同《保险公司偿付能力监管规则第 7 号：市场风险最低资本》规定中利率风险覆盖的各资产类型。

（二）权益类资产下跌 15%

该假设变动会导致权益类资产账面价值下降。具体涉及的资产类别同《保险公司偿付能力监管规则第 7 号：市场风险最低资本》规定中权益价格风险覆盖的各资产类型。压力情景应用于基本情景下预测年度末对应资产的账面价值，并体现在权益资产的公允价值变动中。

（三）利差扩大 100bp

该假设变动会导致固定收益类资产账面价值下降。具体覆盖的资产类别同《保险公司偿付能力监管规则第 8 号：信用风险最低资本》规定中利差风险覆盖的各资产类型。

压力情景应用于基本情景下预测年度末对应资产的账面价值。根据对应资产的修正久期乘以利差变动值得到账面价值的下跌金额，并体现在固定收益类资产的公允价值变动中，其中交易性金融资产的公允价值变动计入投资收益中。修正久期可以根据报告年度末对应资产类别的修正久期进行合理估计。

（四）投资性房地产价格下跌 20%

该假设变动会导致投资性房地产的资产账面价值下降。具体涉及的资产类别同《保险公司偿付能力监管规则第 7 号：市场风险最低资本》规定中投资性房地产风险覆盖的各资产类型。

压力情景应用于基本情景下预测年度末对应资产的账面价值。对于按公允价值计价的上述资产，根据对应资产的账面价值乘以房地产下跌水平，得到预测年度末压力情景下对应资产的账面价值。

对于按历史成本计价的上述资产，保险公司应将减值的影响反映在实际资本中。

（五）交易对手违约情景

认可资产的信用评级低于 AA 级或无评级的项目中，假设交易对手违约风险暴露前三大的交易对手发生违约，产生相当于其对应资产账面价值 30% 的损失。

该假设变动会导致该类资产的账面价值下降。具体涉及的资产类别同《保险公司偿付能力监管规则第 8 号：信用风险最低资本》第十六条规定中交易对手违约风险所涉及的项目。压力情景可用评估时点实际认可资产中的相应资产违约所产生的损失占所有涉及交易对手违约风险的资产账面价值的占比，乘以基本情景下预测年度末相应资产的账面价值，从而得到预测年度末压力情景下对应资产的账面价值。

三、必测压力情景二——保险风险情景

该情景旨在反映承保业务变化对保险公司经营结果的影响。

该情景假定保险公司评估日后 12 个月内存量保单的退保率相对最优假设恶化，财务口径费用相比基本情景增加，同时，新业务计划的完成情况和预期有较大偏差。该情景假设准备金评估假设保持不变，但基本情景同时发生以下情况：

（一）退保率假设为基本情景的 120%。

（二）财务口径费用假设，Ⅰ类公司为基本情景的 105%，Ⅱ类公司为基本情景的 110%。

（三）新业务保费增长率假设为基本情景的 130% 或 70%。保险公司应以偿付能力充足率较小为原则确定新业务保费增长率假设变动的方向，并在压力测试报告的附注中说明最终选取的情景。

其中，公司分类按照《保险公司偿付能力监管规则第 11 号：偿付能力风险管理要求与评估》中的要求确定。

四、必测压力情景三——利率风险情景

该情景旨在反映当利率曲线出现变化，导致寿险公司适用于资产评估的利率曲线与适用于负债评估的折现率曲线出现变动方向不一致，出现保险公司认可资产价值下降，准备金认可价值上升，净资产出现严重下跌的风险。

该情景假定报告年度后未来一个会计年度末的利率曲线出现重大不利变化，具体的适用资产评估的利率曲线和准备金折现率曲线按照如下方法得到：

（一）评估资产的即期利率曲线和评估准备金的750天移动平均国债即期收益率曲线发生下表所示比率的变动：

期限	资产利率增加的比率	准备金750天移动平均国债收益率变化的比率
1	82%	-12%
2	57%	-11%
3	41%	-10%
4	33%	-9%
5	30%	-8%
6	27%	-7%
7	23%	-7%
8	21%	-6%
9	17%	-6%
10	14%	-6%
11	13%	-6%
12	11%	-5%
13	9%	-5%
14	7%	-4%
15	5%	-4%
16	5%	-4%
17	5%	-4%
18	5%	-4%
19	4%	-4%
20	4%	-3%
21	4%	-3%
22	4%	-3%
23	4%	-3%
24	4%	-3%
25	4%	-3%
26	4%	-3%
27	4%	-3%

（续表）

期限	资产利率增加的比率	准备金 750 天移动平均国债收益率变化的比率
28	4%	-3%
29	4%	-3%
30	4%	-3%
31	4%	-3%
32	4%	-3%
33	4%	-3%
34	4%	-3%
35	4%	-3%
36	4%	-3%
37	4%	-3%
38	4%	-3%
39	4%	-3%
40	4%	-3%
41	4%	0%
42	4%	0%
43	4%	0%
44	4%	0%
45	4%	0%
46	4%	0%
47	4%	0%
48	4%	0%
49	4%	0%
50	4%	0%
50 +	0%	0%

（二）按照《附件 3：人身保险公司利率风险基础情景和不利情景曲线生成器》对不同产品加入溢价。

（三）计算得到资产的远期利率曲线和用于评估准备金的 750 天移动平均国债收益率远期利率曲线。

（四）按照《附件 3：人身保险公司利率风险基础情景和不利情景曲线生成器》推导得到压力情景的资产利率曲线和准备金折现率曲线。

附件 5

现金流压力测试和流动性覆盖率的不利情景

保险公司应当按照下列不利情景进行现金流压力测试和计算流动性覆盖率：

一、财产保险公司

（一）压力情景一：签单保费较去年同期下降 80%；

（二）压力情景二：预测期内到期的固定收益类资产 20% 无法收回本息。固定收益类资产包括定期存款、协议存款、债券、资产证券化产品等（下同）。

二、人身保险公司

（一）压力情景一：签单保费较去年同期下降 80%，同时退保率假设为基本情景的 2 倍（但退保率绝对值不超过 100%）；

（二）压力情景二：预测期内到期的固定收益类资产 20% 无法收回本息。

三、再保险公司

（一）压力情景一：发生巨灾事件，导致预测期内分保赔付的现金流出较基本情景增长 50%；

（二）压力情景二：预测期内到期的固定收益类资产 20% 无法收回本息。

附件 6

CR21－交易对手违约风险－保单质押贷款

行次	账户类别	认可价值	应收利息	风险暴露	基础因子 RF0	最低资本
1	传统险（不含高利率保单）					
2	分红险					
3	万能险					
4	高利率保单					
5	其他险					
	合计	—	—	—	—	—

填报说明：

1. 如各明细项内容超过现有的行数，请采用复制整行—插入复制行的方式添加行数
2. 保单质押贷款按账户类别合并填报

附件 7（略）

六、统计与信息化类

中国保监会关于印发《老年人住房反向抵押养老保险试点统计制度》的通知

（保监发〔2015〕2号 2015年1月4日）

各保险公司：

为贯彻落实《国务院关于加快发展养老服务业的若干意见》（国发〔2013〕35号）精神，全面掌握老年人住房反向抵押养老保险试点业务开办情况，科学制定相关政策措施，我会研究制定了《老年人住房反向抵押养老保险试点统计制度》。现予印发，请遵照执行。

各保险公司要严格按照本制度规定的指标、口径及要求报送统计数据，确保统计数据真实、准确、完整和及时。

本制度自2015年3月1日起实施。未开展老年人住房反向抵押养老保险试点业务的保险公司无需报送。

老年人住房反向抵押养老保险试点统计制度

一、总说明

（一）统计内容

老年人住房反向抵押养老保险试点统计制度的统计内容包括住房抵押情况和养老保险情况。住房抵押情况主要包括房产类型、房屋面积、土地到期时间、房产估值、贷款本金、贷款利息等统计指标。养老保险情况主要包括合同生效时间、产品类型、保单状态、被保险人年龄、原保险保费收入、养老金领取金额等统计指标。

保险公司应按本制度要求对上述内容进行逐单统计。

（二）报送单位

开展老年人住房反向抵押养老保险试点业务的保险公司总公司。

（三）报送方式及测试要求

具体报送方式及测试要求，另行发文通知。

（四）报送频度

老年人住房反向抵押养老保险试点统计报表的报送频度为月报。各试点保险公司应于下一个月的前12个自然日内报送报表，遇国庆、春节等法定长假可顺延3个自然日。

二、填报口径

1. 老年人住房反向抵押养老保险：指保险公司依照《关于开展老年人住房反向抵押养老保险试点的指导意见》（以下简称：《指导意见》）开办的将住房抵押与终身养老年金保险相结合的创新型商业养老保险业务，即拥有房屋完全产权的老年人，将其房产抵押给保险公司，继续拥有房屋占有、使用、收益和经抵押权人同意的处置权，并按照约定条件领取养老金直至身故；老年人身故后，保险公司获得抵押房产处置权，处置所得将优先用于偿付养老保险相关费用。

2. 保单号：指确定保单唯一性的编码，在不同期间上报的统计表中，同一保单必须使用同一编码。

3. 合同生效时间：指保险合同开始生效的时间，包括年、月、日三个要素，格式为八位数字，例如20140630。

4. 是否期内新增：指本保单是否为本期新承保业务，在下拉框中选择是或否。

5. 试点城市：《指导意见》暂定的试点城市为北京、上海、广州、武汉，在下拉框中选择保单所在城市。

6. 产品类型：《指导意见》中产品类型分为参与型、非参与型，在下拉框中选择其一。

7. 报告期期末保单状态：指有效、失效（退保）、失效（已理赔）、失效（其它）四种保单状态，在下拉框中选择其一。

8. 被保险人类型：指夫妻双人、男性一人、女性一人、其它四种类型，在下拉框中选择其一。

9. 男性被保险人年龄与女性被保险人年龄：当被保险人类型为夫妻双人时，男女被保险人年龄均需填写；当被保险人类型为男性一人或女性一人时，需要填报对应性别被保险人的年龄，另一性别的被保险人年龄填“－”；当为其它时，男女被保险人年龄均填“－”。

10. 原保险保费收入：指年初至报告期末累计确认的原保险保费收入。

11. 养老金月领金额：指养老保险保单上载明的被保险人月领养老金初始金额。

12. 已领养老金：指年初至报告期末，保险公司累计向被保险人发放的养老金金额之和。

13. 房产建筑面积：指被保险人抵押房产的建筑面积。

14. 房产类型：指住宅商品房、其它两种类型，在下拉框中选择其一。

15. 土地到期时间：指被保险人抵押房产的土地使用到期时间。比如，2050 年。

16. 房产估值：指保险公司对被保险人抵押房产最近一次的评估估值。

17. 预计贷款总额：指预计在被保险人生命期内发放给被保险人贷款的本金之和，包括以养老金形式直接发放给被保险人的贷款、抵交养老险保费的贷款等以各种形式产生并计入贷款本金余额的贷款。

18. 贷款本金余额：指截至报告期末累计发放并计息的贷款本金之和，包括但不限于以养老金形式直接发放给被保险人的贷款、抵交养老险保费的贷款等。

19. 当前贷款利率：指报告期末正在执行的贷款计息利率。

20. 贷款利息余额：指报告期末贷款本金计息累计产生的贷款利息之和。

21. 贷款减值准备：指报告期末财务上已计提的贷款减值准备。

附表：老年人住房反向抵押养老保险试点业务统计表

附表

老年人住房反向抵押养老保险试点业务统计表

报送单位：

报表时期：

序号	养老保险情况												住房抵押情况								
	保单号	合同生效时间	是否期内新增	试点城市	产品类型	报告期期末保单状态	被保险人类型	男性被保险人年龄（周岁）	女性被保险人年龄（周岁）	原保险保费收入（万元）	养老金月领金额（元）	已领养老金（元）	房产建筑面积（平方米）	房产类型	土地到期时间（年）	房产估值（万元）	预计贷款总额（万元）	贷款本金余额（万元）	当前贷款利率（%）	贷款利息余额（万元）	贷款减值准备（万元）

注：是否期内新增、试点城市、产品类型、期末保单状态、被保险人类型、房产类型等指标须选择下拉框填报。

中国保监会关于印发《商业车险改革统计制度（试行）》的通知

（保监发〔2015〕54 号　2015 年 6 月 18 日）

各财产保险公司：

为贯彻落实《中国保监会关于深化商业车险条款费率管理制度改革的意见》（保监发〔2015〕18 号）及《中国保监会关于印发〈深化商业车险条款费率管理制度改革试点工作方案〉的通知》（保监产险〔2015〕24 号）精神，及时掌握商业车险改革后财产保险公司经营情况和车险市场发展状况，我会研究制定了《商业车险改革统计制度（试行）》，现予印发，请遵照执行。

各财产保险公司要严格按照本制度规定的指标、口径及要求报送统计数据，确保统计数据真实、准确、完整和及时。

本制度自 2015 年 7 月 1 日起实施，各公司从 7 月开始报送 6 月数据。

财产保险监管部联系人：彭勇 010－66286710

创新系统管理员：孙思 010－66286832

创新系统技术服务：刘文立 010－66286110

范晋琨 010－66288379

商业车险改革统计制度（试行）

一、总说明

（一）统计内容

商业车险改革统计制度（试行）包括 6 张报表（详见附表）。其中，表 1 商业车险示范条款分险种监管财务报表、表 2 商业车险创新型条款分险种监管财务报表，分别统计财产保险公司使用行业示范条款和使用自主开发的创新型条款经营商业车险业务的财务指标，具体包括总公司和各地区两个层级商业车险改革后已赚保费、保险业务支出等指标。表 3 商业车险改革业务数据监测表，统计内容包括总公司和各地区两个层级商业车险改革后商业车险业务的承保数量、基准保费、签单保费、商业车险折扣率、理赔案件数量、投诉及诉讼情况等统计指标。表 4 商业车险理赔基础指标统计表，统计商业车险改革后总公司和各地区两个层级新保车辆的理赔情况。表 5 商业车险历史同期分险种监管财务报表、表 6 商业车险历史同期业务数据监测表，统计 2014 年 6 月 1 日—2015 年 5 月 31 日期间各月财产保险公司总公司和各地区两个层级经营商业车险业务的历史财务指标和业务指标。

除非特别说明，上述总公司层级各指标统计范围仅包括在执行商业车险条款费率管理新制度的地区开展的业务。

（二）报送单位

执行商业车险条款费率管理新制度的财产保险总公司。

未执行商业车险条款费率管理新制度的财产保险总公司无需报送。

（三）报送频度

表1、表2、表3和表4报送频度为月报。相关财产保险总公司应于月后12个自然日内报送报表，遇国庆、春节等法定长假可顺延3个自然日。

表5和表6为一次性报表。相关财产保险总公司在第一次报送表1、表2、表3和表4时一次性报送表5、表6所要求数据。

各表均报送统计期间的累计数，统计期间有发生值的填写，如部分地区未开展业务，则该地区报表要进行零报送。2015年，统计期间为2015年6月1日至报告日；2016年1月1日后，统计期间为当年1月1日至报告日。

（四）报送方式及测试要求

商业车险改革统计报表通过“中国保监会保险创新业务统计信息系统”（以下简称创新系统）报送。

创新系统访问地址为：http：//10.254.1.67（初次登陆请填写“新用户注册登记表”申请用户名和密码）。

各财产保险总公司收到本文后，应及时向创新系统管理员申请创新系统登录用户名和初始密码。各公司在初次登录系统时务必对初始密码进行修改。

创新系统的操作手册和培训视频等帮助文档可在登录创新系统后下载。

2015年6月23日至7月5日期间，各公司可登录创新系统，对商业车险改革统计制度所要求的数据报送进行系统测试。从7月6日开始，相关公司可向创新系统报送商业车险改革后的正式统计数据。

二、填报口径

（一）财务报表

表1、表2和表5中，已赚保费、原保险保费收入等指标的填报口径，参照“中国保险统计信息系统”中《财产保险公司分险种监管财务报表》对应科目的口径进行填报。

（二）业务报表

1. 商业车险承保辆数：承保商业车险的机动车数量。

2. 机动车承保辆数：承保交强险的机动车数量。

3. 基准保费=基准纯风险保费/（1-附加费用率）。

4. 签单保费：签单时间在统计期间内的商业车险保费。

5. 商业车险自主核保系数平均值 $=(\sum$ 基准保费 $*$ NCD $*$ 自主核保系数$)/(\sum$ 基准保费 $*$ NCD$)$。

6. 商业车险自主渠道系数平均值 $=(\sum$ 基准保费 $*$ NCD $*$ 自主渠道系数$)/(\sum$ 基准保费 $*$ NCD$)$。

7. 商业车险整体折扣率——新车折扣率：起保日期距行驶证上初始登记时间不足一年且第一次投保的机动车的整体折扣率。

8. 商业车险整体折扣率——转保保单折扣率：起保日期距行驶证上初始登记时间超过一年且上年未在本公司投保，当年在本公司投保的机动车的整体折扣率。

9. 商业车险整体折扣率——续保保单折扣率：上年在本公司投保当年仍在本公司投保的机动车的整体折扣率。

10. 商业车险整体折扣率——整体折扣率：所有投保商业车险保单的整体折扣率。

11. 自主调整系数底线值保单数量占比——新车中自主调整系数底线值保单数量占比：承保的新车中，自主核保系数与自主渠道系数均使用了最低值的保单数量，占所有承保新车保单的比例。

12. 自主调整系数底线值保单数量占比——整体占比：自主核保系数与自主渠道系数均使用了最低值的保单数量，占所有保单的比例。

13. 理赔案件数：统计期间商业车险立案件数。

14. 商业车险涉及人伤案件数：统计期间商业车险理赔结案案件中，涉及人伤的案件。结案的时间节点以财务系统已点击支付为准。

15. 商业车险人伤案件金额：统计期间商业车险理赔案件涉及人伤的结案案件中，医疗费用及死亡伤残赔款金额之和。

16. 公司接到车险投诉件数：统计期间车险（含交强险）投诉案件数量。

17. 车险诉讼案件：统计期间车险（含交强险）诉讼案件数量，包括受害人起诉被保险人时将保险公司作为共同被告的情形。

18. 表 3、表 6 中“总公司全国合计”是指财产保险公司全国车险业务数据，包括实施改革地区与未实施改革地区。

19. 表 4 的各项指标参照《机动车保险理赔基础指标第 1 号（试行）》（保监发〔2015〕27 号）的相关要求。

三、填报表式

详见附表。

附表：1. 商业车险示范条款分险种监管财务报表
2. 商业车险创新型条款分险种监管财务报表
3. 商业车险改革业务数据监测表（略）
4. 商业车险理赔基础指标统计表（略）
5. 商业车险历史同期分险种监管财务报表（略）
6. 商业车险历史同期业务数据监测表（略）

附表 1

商业车险示范条款分险种监管财务报表

填报单位：　　　　报告期：　　年　　月　　计量单位：元

项目	行号	行业示范条款																		行业示范条款合计					
		基本型						综合型						全面型											
		车损险	商业三者险	车上人员责任险	盗抢险	附加险小计	合计	车损险	商业三者险	车上人员责任险	盗抢险	附加险小计	合计	车损险	商业三者险	车上人员责任险	盗抢险	附加险小计	合计	车损险	商业三者险	车上人员责任险	盗抢险	附加险小计	合计
列号	—	01	02	03	04	05	06	07	08	09	10	11	12	13	14	15	16	17	18	19	20	21	22	23	24
一、已赚保费	01																								
1. 原保险保费收入	02																								
2. 分保费收入	03																								
减：分出保费	04																								
提取未到期责任准备金	05																								
二、保险业务支出	06																								
1. 赔付支出—赔款支出	07																								
2. 赔付支出—分保赔款支出	08																								
减：摊回赔付支出	09																								
3. 提取未决赔款准备金	10																								
其中：已发生未报告	11																								
理赔费用	12																								

（续表）

项目	行号	行业示范条款																		行业示范条款合计					
		基本型						综合型						全面型											
		车损险	商业三者险	车上人员责任险	盗抢险	附加险小计	合计	车损险	商业三者险	车上人员责任险	盗抢险	附加险小计	合计	车损险	商业三者险	车上人员责任险	盗抢险	附加险小计	合计	车损险	商业三者险	车上人员责任险	盗抢险	附加险小计	合计
减：摊回未决赔款准备金	13																								
其中：摊回已发生未报告	14																								
摊回理赔费用	15																								
4. 分保费用	16																								
5. 营业税金及附加	17																								
6. 手续费及佣金支出—手续费支出	18																								
7. 业务及管理费	19																								
其中：提取保险保障基金	20																								
减：摊回分保费用	21																								
三、承保利润	22																								

注1：逻辑校验关系

1. 行：22＝01－06
2. 行：01＝02＋03－04－05
3. 行：06＝07＋08－09＋10－13＋16＋17＋18＋19－21
4. 行：10≥11
5. 行：10≥12
6. 行：19≥20
7. 列：24＝06＋12＋18
8. 列：19＝01＋07＋13
9. 列：20＝02＋08＋14
10. 列：21＝03＋09＋15
11. 列：22＝04＋10＋16
12. 列：23＝05＋11＋17
13. 列：06＝01＋02＋03＋04＋05
14. 列：12＝07＋08＋09＋10＋11
15. 列：18＝13＋14＋15＋16＋17
16. 列：24＝19＋20＋21＋22＋23

注2：填报口径说明，公司填报的数据均为报送统计期间的累计数。

2015 年以 6 月 1 日作为统计开始时间，从 2016 年 1 月以后的统计期均以每年的 1 月 1 日作为统计开始时间

报送统计期	统计开始时间	统计结束时间
2015 年 6 月	2015/6/1	2015/6/30
2015 年 7 月	2015/6/1	2015/7/31
…	…	…
2015 年 12 月	2015/6/1	2015/12/31
2016 年 1 月	2016/1/1	2016/1/31
…	…	…
2016 年 6 月	2016/1/1	2016/6/31

附表 2

商业车险创新型条款分险种监管财务报表

填报单位：　　　　　　　　　　　　　　　　　　　　计量单位：元

项目	行号	创新条款 1	创新条款 2	创新条款 3	……	合计
列号	—	01	02	03	04	05
一、已赚保费	01					
1. 原保险保费收入	02					
2. 分保费收入	03					
减：分出保费	04					
提取未到期责任准备金	05					
二、保险业务支出	06					
1. 赔付支出—赔款支出	07					
2. 赔付支出—分保赔款支出	08					
减：摊回赔付支出	09					
3. 提取未决赔款准备金	10					
其中：已发生未报告	11					
理赔费用	12					
减：摊回未决赔款准备金	13					
其中：摊回已发生未报告	14					
摊回理赔费用	15					

（续表）

项目	行号	创新条款 1	创新条款 2	创新条款 3	……	合计
4. 分保费用	16					
5. 营业税金及附加	17					
6. 手续费及佣金支出—手续费支出	18					
7. 业务及管理费	19					
其中：提取保险保障基金	20					
减：摊回分保费用	21					
三、承保利润	22					

注 1：逻辑校验关系

1. 行：22 =01 -06　2. 行：01 =02 +03 -04 -05　3. 行：06 =07 +08 -09 +10 -13 +16 +17 +18 +19 -21

4. 行：10≥11　5. 行：10≥12　6. 行：19≥20　7. 列：05 =01 +02 +03 +04

注 2：填报口径说明，公司填报的数据均为报送统计期间的累计数。

2015 年以 6 月 1 日作为统计开始时间，从 2016 年 1 月以后的统计期均以每年的 1 月 1 日作为统计开始时间

报送统计期	统计开始时间	统计结束时间
2015 年 6 月	2015/6/1	2015/6/30
2015 年 7 月	2015/6/1	2015/7/31
…	…	…
2015 年 12 月	2015/6/1	2015/12/31
2016 年 1 月	2016/1/1	2016/1/31
…	…	…
2016 年 6 月	2016/1/1	2016/6/31

关于发布《保险基础数据模型（JR/T 0048—2015）》行业标准的通知

（保监发〔2015〕72 号　2015 年 7 月 24 日）

机关各部门，各保监局，培训中心，各保险公司、保险资产管理公司、保险中介机构，中国保险行业协会、中国保险学会、中国精算师协会，中国保险资产管理业协会，中国保险保障基金有限责任公司、中国保险信息技术管理有限责任公司：

全国金融标准化技术委员会保险分技术委员会（以下简称保标委）制定了《保险基础数据模型》（标准编号为 JR/T 0048—2015），并通过了审查，按照《全国金融标准化技术委员会保险分技术委员会章程》，现予以发布，请遵照执行。

联系人：陈鑫　张玥明

电话：010－66286963　66286711

电子邮件：biaozhun@ iachina. cn

关于发布《保险机构投诉处理规范（JR/T 0127—2015）》行业标准的通知

（保监发〔2015〕70 号 2015 年 7 月 24 日）

机关各部门，各保监局，培训中心，各保险公司、保险资产管理公司、保险中介机构，中国保险行业协会、中国保险学会、中国精算师协会，中国保险资产管理业协会，中国保险保障基金有限责任公司、中国保险信息技术管理有限责任公司：

全国金融标准化技术委员会保险分技术委员会（以下简称保标委）制定了《保险机构投诉处理规范》（标准编号为 JR/T 0127—2015），并通过了审查，按照《全国金融标准化技术委员会保险分技术委员会章程》，现予以发布，请遵照执行。

联系人：陈鑫 张玥明

电话：010 - 66286963 66286711

电子邮件：biaozhun@ iachina. cn

关于发布《保险基础数据元目录（JR/T 0033—2015）》行业标准的通知

（保监发〔2015〕71号　2015年7月24日）

机关各部门，各保监局，培训中心，各保险公司、保险资产管理公司、保险中介机构，中国保险行业协会、中国保险学会、中国精算师协会、中国保险资产管理业协会，中国保险保障基金有限责任公司、中国保险信息技术管理有限责任公司：

全国金融标准化技术委员会保险分技术委员会（以下简称保标委）制定了《保险基础数据元目录》（标准编号为JR/T 0033—2015），并通过了审查，按照《全国金融标准化技术委员会保险分技术委员会章程》，现予以发布，请遵照执行。

联系人：陈鑫　张玥明

电话：010－66286963　66286711

电子邮件：biaozhun@iachina.cn

关于发布《农业保险数据规范（JR/T 0128—2015）》行业标准的通知

（保监发〔2015〕77 号　2015 年 7 月 31 日）

机关各部门，各保监局，培训中心，各保险公司、保险资产管理公司、保险中介机构，中国保险行业协会、中国保险学会、中国精算师协会，中国保险资产管理业协会，中国保险保障基金有限责任公司、中国保险信息技术管理有限责任公司：

全国金融标准化技术委员会保险分技术委员会（以下简称保标委）制定了《农业保险数据规范》（标准编号为 JR/T 0128—2015），并通过了审查，按照《全国金融标准化技术委员会保险分技术委员会章程》，现予以发布，请遵照执行。

联系人：陈鑫　张玥明

电话：010 - 66286963　66286711

电子邮件：biaozhun@ iachina. cn

中国保监会关于印发《保险机构企业年金业务统计制度》的通知

（保监发〔2015〕104号　2015年11月17日）

各人身险公司、保险资产管理公司：

为全面反映保险机构企业年金业务情况，满足对保险机构企业年金业务的监管需求，我会对《养老保险公司企业年金业务统计制度（试行）》进行了修订，制定了《保险机构企业年金业务统计制度》，现印发给你们，请遵照执行。

本制度自2016年1月1日起施行，开展企业年金业务的保险机构从2016年4月开始按本制度要求报送一季度数据。2015年年度数据仍需按原要求报送。《养老保险公司企业年金业务统计制度（试行）》自本制度施行之日起废止。

业务联系人：朴雅琳010－66286568

创新系统管理员：孙思010－66286832

创新系统技术服务：刘文立010－66286110

翟保兴010－66288379

保险机构企业年金业务统计制度

一、总体说明

（一）统计内容

本制度的统计内容主要是保险机构根据《企业年金试行办法》和《企业年金基金管理办法》开展的信托型企业年金业务统计，统计范围包括企业年金受托管理业务、账户管理业务和投资管理业务等方面。此外，统计内容还包括保险机构开展的养老保障及其他委托管理业务。

保险机构企业年金业务统计制度具体包括13张报表。其中，表1至表12为企业年金业务统计报表，表13为养老保障及其他委托管理业务统计报表。具体填报内容如下：

表1：受托管理业务参与企业及人员统计表（按计划类型），主要反映不同类型计划的数量、受托管理业务参与企业、参与计划员工及其变动情况。

表2：受托管理业务缴费统计表（按计划类型），主要反映不同计划类型受托管理业务的首年缴费和后续缴费情况（不考虑投资收益、待遇支付、转移支出等资产变动因素）。

表3：受托管理业务参与企业及人员统计表（按地区），主要反映受托管理业务参与企业及人员的地区分布情况。

表4：受托管理业务缴费统计表（按地区），主要反映受托管理业务缴费的地区分布情况（不考虑投资收益、待遇支付、转移支出等资产变动因素）。

表5：受托管理业务参与企业及人员统计表（按行业），主要反映受托管理业务参与企业及人员的行业分布情况。

表6：受托管理业务缴费统计表（按行业），主要反映受托管理业务缴费的行业分布情况（不考虑投资

收益、待遇支付、转移支出等资产变动因素）。

表 7：受托管理业务统计表（按参与企业控股类型），主要反映受托管理业务在不同控股类型参与企业的分布情况。

表 8：账户管理业务统计表，主要反映账户管理业务企业及个人账户变动情况，包括企业账户数、个人账户数及本期待遇支付。

表 9：投资管理业务统计表，主要反映不同类型计划投资管理业务的组合及缴费情况。

表 10：管理费收入统计表，主要反映不同类型计划受托管理费收入、账户管理费收入和投资管理费收入情况。

表 11：管理资产统计表，主要反映不同类型计划受托管理资产、投资管理资产情况。

表 12：投资收益统计表，主要反映不同类型计划投资管理业务收益情况。

表 13：养老保障及其他委托管理业务统计表，主要反映除企业年金业务外，具有委托管理性质的养老保障管理业务及其他委托管理业务。

（二）报送单位

根据《企业年金试行办法》和《企业年金基金管理办法》开展信托型企业年金业务的保险机构总公司，包括养老保险公司、除养老保险公司以外的人身保险公司及保险资产管理公司，向我会报送上述报表。

未开展企业年金业务的保险机构无需报送。

（三）报送频度和报送时间

保险机构企业年金业务统计报表报送频度为季报。保险机构应于季后 15 个自然日内报送报表，遇国庆、春节等法定长假可顺延 3 个自然日。

（四）报送方式

保险机构企业年金业务统计报表通过“中国保监会保险创新业务统计信息系统”（以下简称创新系统）报送。

创新系统访问地址：http：//10. 254. 1. 67。创新系统的操作手册和培训视频等帮助文档可在登录创新系统后下载。

（五）测试要求

自 2016 年 3 月 1 日至 3 月 15 日，已开展企业年金业务的保险机构可登录创新系统进行数据测试。

（六）报送要求

各有关保险机构要高度重视企业年金业务统计工作，协调处理好托管人、账户管理人和投资管理人等机构的工作，确保上报数据的真实性、准确性、完整性和及时性。

各有关保险机构要加强对企业年金业务经营状况的分析研究，按季度撰写企业年金业务预计利润以及其他重要事项说明，连同电子报表一并报送保监会。

二、填报口径

1. 计划类型：指企业年金计划的类型，分为单一计划、集合计划和其他计划。其中，单一计划指仅为一个委托人提供受托管理服务的企业年金计划；集合计划指同时为多个委托人提供受托管理服务的企业年金计划；其他计划指不属于单一计划或集合计划的企业年金计划，包括过渡计划等。

2. 计划数：指已获得企业年金计划确认函、建立个人账户、资金归集到受托财产托管账户的企业年金计划累计数。其中，年初数，指年初已获得企业年金计划确认函、建立个人账户、资金归集到受托财产托管账户的企业年金计划累计数；期末数，指截至报告期期末已获得企业年金计划确认函、建立个人账户、资金归集到受托财产托管账户的企业年金计划累计数。

3. 企业数：指已获得企业年金计划确认函、建立个人账户、资金归集到受托财产托管账户的企业累计数，按法人数填列。其中，年初数，指年初已获得企业年金计划确认函、建立个人账户、资金归集到受托财产托管账户的企业累计数；期末数，指截至报告期期末已获得企业年金计划确认函、建立个人账户、资金归集到受托财产托管账户的企业累计数。

4. 参加计划员工数：指参加企业年金计划，且首次缴费已到受托财产托管账户的企业员工数。其中，年初数，指年初参加企业年金计划，且首次缴费已到受托财产托管账户的企业员工数；期末数，指截至报告期期末参加企业年金计划，且首次缴费已到受托财产托管账户的企业员工数。

5. 首年缴费：指本年新增企业首个会计年度已缴纳到受托财产托管账户的缴费金额合计值。

6. 续期缴费：指除首年缴费以外，企业已缴纳到受托财产托管账户的后续缴费金额合计值。

7. 缴费合计：指企业已缴纳到受托财产托管账户的缴费金额合计值，包括首年缴费与续期缴费。

8. 地区：企业数、参加计划员工数和缴费等项目的地区归属，以委托人的注册地为准。委托人的注册地为境外地区的，归属于其他地区。辽宁、浙江、福建、山东和广东的数据分别不含大连、宁波、厦门、青岛和深圳。

9. 行业：企业数、参加计划员工数和缴费等项目归属的行业分类标准，参见《国民经济行业分类（GB/T 4754－2011）》。

10. 参与企业控股类型：分为国有控股、集体控股、私人控股、港澳台商控股、外商控股及其他。具体分类标准参见《国家统计局印发〈关于统计上对公有和非公有控股经济的分类办法〉的通知》（国统字〔2005〕79 号）。

11. 企业账户数：指已获得企业年金计划确认函并在企业年金账户管理系统正式建账的企业累计数。

12. 个人账户数：指已获得企业年金计划确认函并在企业年金账户管理系统正式建账的个人账户数。

13. 本期待遇支付：指报告期内符合企业年金待遇领取条件的实际支付情况，下设领取人数和领取金额两个指标。

14. 领取人数：领取人数分为一次性和分期两类。一次性，指报告期内一次性实际支付的符合企业年金待遇领取条件的个人账户累计数；分期，指报告期内分期实际支付的符合企业年金待遇领取条件的个人账户数。分期，只统计发生首次支付的账户个数，多次支付的不重复计算。

15. 领取金额：领取金额分为一次性和分期两类。一次性，指报告期内一次性实际支付的符合企业年金待遇领取条件的金额累计数；分期，指报告期内分期实际支付的符合企业年金待遇领取条件的金额累计数。

16. 投资组合数：指保险机构实际投资运作的企业年金基金投资组合累计数。

17. 投资管理业务缴费：指保险机构接受企业年金委托方委托，进行投资管理的资金流入总体规模。

18. 受托管理费收入：根据受托合同约定从企业年金基金财产中扣除并实际计提的受托管理费金额。

19. 账户管理费收入：指根据账户管理合同约定缴纳并实际计提的账户管理费金额。

20. 投资管理费收入：指根据投资管理合同约定从企业年金基金财产中扣除并实际计提的投资管理费金额（含风险准备金）。

21. 受托管理资产余额：指保险机构受托管理企业年金基金财产净值。

22. 自留投资管理资产余额：指受托管理资产中公司留存由自己进行投资管理的那部分企业年金基金财产净值。

23. 投资管理资产余额：指保险机构投资管理的全部（含自留部分）企业年金基金财产净值。

24. 投资收益：指根据会计准则确认、并按投资管理资产会计账目上记录的全部“投资收益”科目和“利息收入”科目的对应余额之和。

25. 公允价值变动损益：指按照估值日确定的投资管理资产的公允价值与期初（或年初）账面价值的差额。

26. 其他收益：指除“投资收益”及“公允价值变动损益”外的资金运用收益余额，不扣除费用部分。

27. 投资管理资产平均余额：指年初至报告期期末的各月末投资管理资产账面余额的算术平均数，如：1 月投资管理资产平均余额 =（去年年末投资管理资产余额 +1 月末投资管理资产余额）/2，2 月投资管理资产平均余额 =（去年年末投资管理资产余额 +1 月末投资管理资产余额 +2 月末投资管理资产余额）/3，依次类推。

28. 养老保障管理业务：根据我会制定的养老保障管理业务管理办法，指养老保险公司作为管理人，接受政府机关、企事业单位及其他社会组织等团体客户和个人客户的委托，提供养老保障以及与养老保障相关的资金管理服务，包括方案设计、薪酬递延、福利计划、账户管理、投资管理、待遇支付等服务事项。

29. 其他委托管理业务：指保险机构经营的除企业年金、养老保障管理业务以外的委托管理业务，如第三方资金委托管理（含政策性业务）以及外部投资管理人或外部受托人配置的养老金产品等业务。

三、填报表式（见附件）

附件：保险机构企业年金业务统计制度填报表式

表 13 养老保障及其他委托管理业务统计表

填报单位：　　　　单位：万元

分类	缴费合计		资产余额	
	本期	本年累计	年初数	期末数
养老保障管理业务				
其他委托管理业务				
合计				

中国保监会关于印发《大病保险统计制度》的通知

（保监发〔2015〕105 号　2015 年 11 月 18 日）

各保险公司，各保监局：

为贯彻落实《国务院办公厅关于全面实施城乡居民大病保险的意见》（国办发〔2015〕57 号）精神，满足新形势下对保险公司大病保险业务的监管需要，我会对原《大病保险统计制度（试行）》进行了修订和完善，研究制定了《大病保险统计制度》。现予印发，请遵照执行。

开展大病保险业务的保险公司要高度重视大病保险统计报表填报工作，严格按照本制度规定的指标、口径及要求报送统计数据，确保大病保险统计数据真实、准确和完整。

本制度自 2016 年 1 月 1 日起施行，开展大病保险业务的保险公司从 2016 年 4 月开始按本制度要求报送一季度数据。2015 年年度数据仍需按原要求报送。《中国保监会关于印发〈大病保险统计制度（试行）〉的通知》（保监发〔2013〕77 号）自本制度施行之日起废止。

人身保险监管部联系人：张俊兴 010 - 66286211

创新系统管理员：孙思 010 - 66286832

创新系统技术服务：刘文立 010 - 66286110

翟保兴 010 - 66288379

大病保险统计制度

一、总说明

（一）统计内容

大病保险统计制度包括 3 张报表（见附表）。其中，表 1 为保险公司大病保险项目统计表，包括大病分类、统筹层级、开办范围、期末有效承保人数、原保险保费收入、应收保费、赔付支出、赔付人次和赔付人数等统计指标。表 2 为保险公司大病保险项目利润表，主要反映大病保险项目经营损益情况。表 3 为行政区划代码表。

（二）报送单位

开展大病保险业务的保险公司总公司以项目为统计对象向我会报送表 1 和表 2。表 3 为填报表 1 和表 2 的参考辅助表。

（三）报送方式

开展大病保险业务的保险公司总公司通过“中国保监会保险创新业务统计信息系统”，向我会报送大病保险统计数据。系统访问地址为：http：//10. 254. 1. 67。

创新系统的操作手册和培训视频等帮助文档可在登录创新系统后下载。

（四）报送频度

大病保险统计制度的报送频度为季报。开展大病保险业务的保险公司应于季后 12 个自然日内报送相关统计数据，遇国庆、春节等法定长假可顺延 3 个自然日。

二、填报口径

1. 大病保险：指为提高城乡居民医疗保障水平，在基本医疗保障的基础上，对城乡居民患大病发生的高额医疗费用给予进一步保障的一项制度性安排。本制度适用于保险公司依照《国务院办公厅关于全面实施城乡居民大病保险的意见》（国办发〔2015〕57 号）《关于开展城乡居民大病保险工作的指导意见》（发改社会〔2012〕2605 号）和《保险公司城乡居民大病保险业务管理暂行办法》（保监发〔2013〕19 号）开办的大病保险业务。大病保险业务应具备以下特征：第一，保费来源于基本医保基金；第二，由符合经营资质的商业保险公司以大病保险专属产品承保；第三，本制度涉及的大病保险统计指标以签署大病保险业务协议为准。

2. 大病保险项目：各地大病保险如实行统一招标、统一保费标准、统一与保险公司（可为一家或数家保险公司）签署协议，则视为一个大病保险项目。

3. 项目名称：按与政府相关部门签署的大病保险协议中的项目名称填报。

4、是否新增：指所填报大病保险项目是否是报告期中新增加的项目，如是则填“是”，否则填“否”。

5. 大病保险分类：包括城镇居民、新农合、城乡居民、城镇职工和其他。请在统计报表下拉框中选择其一填列，选择“其他”时，应在备注中说明。

6. 统筹层级：包括省级、地市级、区县级统筹。请在统计报表下拉框中选择填列。

7. 开办范围：各项目按“表 3 行政区划代码表”查询填列，今后如遇行政区划调整，以民政部官方网站最新发布的区划代码为准。项目为省级统筹的，填写开办省份对应的区划代码；项目为地市级统筹，填写开办地市对应的区划代码；项目为区县级统筹，填写开办区县对应的区划代码。

8. 人均筹资标准：指保险公司签订的大病保险合作协议中约定的人均筹资水平。

9. 起付线：指保险公司签订的大病保险合作协议中约定的起付标准，即大病保险资金支付参保人所发生合规医疗费用计算起点。

10. 封顶线：指保险公司签订的大病保险合作协议中约定的大病保险资金支付参保人所发生合规医疗费用的最高限额。

11. 报销比例：指保险公司签订的大病保险合作协议中约定的大病保险资金对参保人所发生合规医疗费用给予报销的比例。

12. 协议参保人数：指保险公司签订的大病保险合作协议中约定的参保人数。

13. 赔付人次：指统计期内保险公司累计发生的大病保险已决赔付人次。

14. 赔付人数：指统计期内保险公司累计发生的大病保险已决赔付人数。

15. 共同开办：指一个统筹区域内由多家保险公司开办大病保险业务。对于共同开办业务，各保险公司一般是按照行政区划开办大病保险业务，应分别填报各自的业务信息。

16. 共保：指两个或两个以上保险人使用同一保险合同，对同一保险标的共同承保，并共同签发保单。对于共保业务，由主承保人报送表 1 及表 2。

17. 业务及管理费包括大病保险业务专属费用和分摊的共同费用，费用认定及分摊标准遵照大病保险相关监管规定执行。如大病保险资金未上划总公司统一运用，则分摊的投资收益指标填报利息收入。

18. 政策性亏损补贴：指由于基本医保政策调整等政策性原因给保险公司带来亏损时，基本医保基金向保险公司分摊的补贴。

19. 超额结余返还：指保险公司承办大病保险出现超过合同约定的结余，向基本医保基金返还的资金。

其他未做特别说明的统计指标填报口径参照现行保险统计制度执行。

项目数、开办地市数、开办县区数、期末有效承保人数、应收保费为报告期末时点数。原保险保费收入、赔付支出、赔付人次、赔付人数和大病保险利润表统计指标为时期数，填报年初至报告期累计数。项目数、开办地市数、开办县区数的统计单位为个，期末有效承保人数、赔付人次和赔付人数的统计单位为万人，原保险保费收入、赔付支出、应收保费和大病保险利润表统计指标的统计单位为万元，小数点后保留2位。

附表：1. 保险公司大病保险项目统计表

2. 保险公司大病保险项目利润表

3. 行政区划代码表

附表 1

保险公司大病保险项目统计表

报送单位：　　　　　　　　　　填报时间：　　年　　月

序号	项目名称	是否新增	大病分类	统筹层级	开办范围				人均筹资标准（元）	起付线（元）	封顶线（元）	报销比例（%）	协议参保人数（万人）	期末有效承保人数（万人）	原保险保费收入（万元）	应收保费（万元）	实际发生赔付			备注
					区划代码	开办省份	开办地市	开办区县									赔付支出（万元）	赔付人次（万人次）	赔付人数（万人）	
1																				
2																				
3																				
4																				
5																				
6																				
7																				
8																				
9																				
……																				

填报说明：

1. 本表按公司开办的大病保险业务逐个项目填报。当项目数较多时，可复制插入行。
2. 大病分类包括：城镇居民、新农合、城乡居民、城镇职工和其他。请在下拉框中选择填列，选“其他”时，应在备注中说明。
3. 统筹层级包括：省级、地市级、区县级统筹，请在下拉框中选择填列。
4. 开办范围：只需填写“区划代码”，可按“表 3 行政区划代码表”查询填列。
   如为省级统筹，填写开办省份对应的“区划代码”；
   如为地市级统筹，填写开办地市对应的”区划代码”；
   如为区县级统筹，填写开办区县对应的区划代码”。
5. 筹资标准、起付线、封顶线和报销比例等 4 个指标为文本格式，如一个大病保险项目中上述指标为分段设计，则需在相应单元格中逐类填报。
6. 表格中灰色区域为非填写区。

附表 2

保险公司大病保险项目利润表

报送单位：　　　　　　　　　　　　填报时间：　　年　　月

序号	项目名称	大病分类	统筹层级	开办范围				已赚保费	原保险保费收入	分保费收入	分出保费	提取未到期责任准备金	保险业务支出	赔付支出	摊回赔付支出	提取未决赔款准备金	摊回未决赔款准备金	分保费用	业务及管理费	摊回分保费用	政策性亏损补贴	超额结余返还
				区划代码	开办省份	开办地市	开办区县															
								（1 =2 +3 －4 －5）	2	3	4	5	（6 =7 －8 +9 －10 +11 +12 －13）	7	8	9	10	11	12	13	14	15
1																						
2																						
3																						
4																						
5																						
6																						
7																						
8																						
9																						
……																						

填报说明：

中国保监会关于印发《养老年金保险业务统计制度》的通知

（保监发〔2015〕108 号 2015 年 11 月 20 日）

各保险集团（控股）公司、保险公司：

为全面反映养老年金保险业务情况，满足对养老年金保险业务的监管需求，我会制定了《养老年金保险业务统计制度》，现印发给你们，请遵照执行。

本制度自 2016 年 1 月 1 日起施行，各保险集团（控股）公司、保险公司从 2016 年 4 月开始按本制度要求报送一季度数据。

执行过程中如有问题，请及时与我会统计信息部联系。

业务联系人：朴雅琳 010－66286568

系统联系人：屠晓东 010－66288379

传真：010－66288110

养老年金保险业务统计制度

一、总体说明

（一）统计内容

本制度的统计内容主要是各人身保险公司开展的养老年金保险业务。根据《人身保险公司保险条款和保险费率管理办法》（保监会令 2011 年第 3 号），养老年金保险是指以养老保障为目的的年金保险。养老年金保险应当符合两个条件：一是保险合同约定给付被保险人生存保险金的年龄不得小于国家规定的退休年龄；二是相邻两次给付的时间间隔不得超过一年。

其他人身保险转换为养老年金保险的，自转换之日（保险合同变更之日）起纳入养老年金保险进行统计。

此外，新增统计指标中还包含了报告期末被保险人为 60 岁及以上老年人的健康险和意外伤害险相关指标。

（二）报送单位

各保险公司（含集团、控股公司，下同）。

（三）报送方式

各保险公司应按照“全科目、大集中、一级报三级”的方式，通过中国保险统计信息系统，向我会报送养老年金保险业务统计指标。

（四）报送频度和报送层级

各保险公司应按照附件标注的报送频度和报送层级，分别向中国保险统计信息系统报送季报、半年报和年报统计指标。

（五）测试要求

自 2016 年 3 月 1 日至 3 月 30 日，各保险公司可登陆中国保险统计信息系统测试库，对养老年金保险业务统计指标等进行数据测试。中国保险统计信息系统测试库地址如下：

http：//10.254.1.1：7003/circweb/

（六）报送要求

1. 各保险公司应充分重视新增统计信息的报送工作，及时修改中国保险统计信息系统的对接系统。

2. 各保险公司应严格按照本制度规定，真实、准确、完整、及时地报送相关统计信息。

3. 本制度未特别说明的事项，按现行统计规定执行。

二、填报口径

1. “寿险责任准备金－普通寿险－年金保险－其中：养老年金”，指产品设计类型为普通型的人身保险中，养老年金保险的寿险责任准备金。该指标为a26040024“寿险责任准备金－普通寿险－年金保险”的其中项。

2. “寿险责任准备金－普通寿险－年金保险－个人－其中：养老年金”，指产品设计类型为普通型的人身保险中，个人类养老年金保险的寿险责任准备金。该指标为a26040025“寿险责任准备金－普通寿险－年金保险－个人”的其中项。

3. “寿险责任准备金－普通寿险－年金保险－团体－其中：养老年金”，指产品设计类型为普通型的人身保险中，团体类养老年金保险的寿险责任准备金。该指标为a26040028“寿险责任准备金－普通寿险－年金保险－团体”的其中项。

4. “寿险责任准备金－分红寿险－年金保险－其中：养老年金”，指产品设计类型为分红型的人身保险中，养老年金保险的寿险责任准备金。该指标为a26040053“寿险责任准备金－分红寿险－年金保险”的其中项。

5. “寿险责任准备金－分红寿险－年金保险－个人－其中：养老年金”，指产品设计类型为分红型的人身保险中，个人类养老年金保险的寿险责任准备金。该指标为a26040054“寿险责任准备金－分红寿险－年金保险－个人”的其中项。

6. “寿险责任准备金－分红寿险－年金保险－团体－其中：养老年金”，指产品设计类型为分红型的人身保险中，团体类养老年金保险的寿险责任准备金。该指标为a26040057“寿险责任准备金－分红寿险－年金保险－团体”的其中项。

7. “寿险责任准备金－投资连结保险－年金保险－其中：养老年金”，指产品设计类型为投资连结型的人身保险中，养老年金保险的寿险责任准备金。该指标为a26040067“寿险责任准备金－投资连结保险－年金保险”的其中项。

8. “寿险责任准备金－投资连结保险－年金保险－个人－其中：养老年金”，指产品设计类型为投资连结型的人身保险中，个人类养老年金保险的寿险责任准备金。该指标为a26040070“寿险责任准备金－投资连结保险－年金保险－个人”的其中项。

9. “寿险责任准备金－投资连结保险－年金保险－团体－其中：养老年金”，指产品设计类型为投资连结型的人身保险中，团体类养老年金保险的寿险责任准备金。该指标为a26040073“寿险责任准备金－投资连结保险－年金保险－团体”的其中项。

10. “寿险责任准备金－万能保险－年金保险－其中：养老年金”，指产品设计类型为万能型的人身保险中，养老年金保险的寿险责任准备金。该指标为a26040083“寿险责任准备金－万能保险－年金保险”的其中项。

11. “寿险责任准备金－万能保险－年金保险－个人－其中：养老年金”，指产品设计类型为万能型的人身保险中，个人类养老年金保险的寿险责任准备金。该指标为a26040086“寿险责任准备金－万能保险－年金保险－个人”的其中项。

12. “寿险责任准备金－万能保险－年金保险－团体－其中：养老年金”，指产品设计类型为万能型的人身保险中，团体类养老年金保险的寿险责任准备金。该指标为a26040089“寿险责任准备金－万能保险－年金保险－团体”的其中项。

13. “原保险保费收入－寿险－普通寿险－年金保险－其中：养老年金”，指产品设计类型为普通型的人身保险中，养老年金保险的原保险保费收入。该指标为 a60320070“原保险保费收入－寿险－普通寿险－年金保险”的其中项。

14. “原保险保费收入－寿险－普通寿险－年金保险－个人－其中：养老年金”，指产品设计类型为普通型的人身保险中，个人类养老年金保险的原保险保费收入。该指标为 a60320071“原保险保费收入－寿险－普通寿险－年金保险－个人”的其中项。

15. “原保险保费收入－寿险－普通寿险－年金保险－个人－新单保费－其中：养老年金”，指产品设计类型为普通型的人身保险中，个人类养老年金保险的新单原保险保费收入。该指标为 a60320072“原保险保费收入－寿险－普通寿险－年金保险－个人－新单保费”的其中项。

16. “原保险保费收入－寿险－普通寿险－年金保险－个人－新单保费－其中：新单趸交－其中：养老年金”，指产品设计类型为普通型的人身保险，个人类养老年金保险新单趸交的原保险保费收入。该指标为 a60320073“原保险保费收入－寿险－普通寿险－年金保险－个人－新单保费－其中：新单趸交”的其中项。

17. “原保险保费收入－寿险－普通寿险－年金保险－团体－其中：养老年金”，指产品设计类型为普通型的人身保险中，团体类养老年金保险的原保险保费收入。该指标为 a60320075“原保险保费收入－寿险－普通寿险－年金保险－团体”的其中项。

18. “原保险保费收入－寿险－普通寿险－年金保险－团体－新单保费－其中：养老年金”，指产品设计类型为普通型的人身保险中，团体类养老年金保险的新单原保险保费收入。该指标为 a60320076“原保险保费收入－寿险－普通寿险－年金保险－团体－新单保费”的其中项。

19. “原保险保费收入－寿险－普通寿险－年金保险－团体－新单保费－其中：新单趸交－其中：养老年金”，指产品设计类型为普通型的人身保险中，团体类养老年金保险新单趸交的原保险保费收入。该指标为 a60320077“原保险保费收入－寿险－普通寿险－年金保险－团体－新单保费－其中：新单趸交”的其中项。

20. “原保险保费收入－寿险－分红寿险－年金保险－其中：养老年金”，指产品设计类型为分红型的人身保险中，养老年金保险的原保险保费收入。该指标为 a60320110“原保险保费收入－寿险－分红寿险－年金保险”的其中项。

21. “原保险保费收入－寿险－分红寿险－年金保险－个人－其中：养老年金”，指产品设计类型为分红型的人身保险中，个人类养老年金保险的原保险保费收入。该指标为 a60320111“原保险保费收入－寿险－分红寿险－年金保险－个人”的其中项。

22. “原保险保费收入－寿险－分红寿险－年金保险－个人－新单保费－其中：养老年金”，指产品设计类型为分红型的人身保险中，个人类养老年金保险的新单原保险保费收入。该指标为 a60320112“原保险保费收入－寿险－分红寿险－年金保险－个人－新单保费”的其中项。

23. “原保险保费收入－寿险－分红寿险－年金保险－个人－新单保费－其中：新单趸交－其中：养老年金”，指产品设计类型为分红型的人身保险中，个人类养老年金保险新单趸交的原保险保费收入。该指标为 a60320113“原保险保费收入－寿险－分红寿险－年金保险－个人－新单保费－其中：新单趸交”的其中项。

24. “原保险保费收入－寿险－分红寿险－年金保险－团体－其中：养老年金”，指产品设计类型为分红型的人身保险中，团体类养老年金保险的原保险保费收入。该指标为 a60320115“原保险保费收入－寿险－分红寿险－年金保险－团体”的其中项。

25. “原保险保费收入－寿险－分红寿险－年金保险－团体－新单保费－其中：养老年金”，指产品设计类型为分红型的人身保险中，团体类养老年金保险的新单原保险保费收入。该指标为 a60320116“原保险保费收入－寿险－分红寿险－年金保险－团体－新单保费”的其中项。

26. “原保险保费收入－寿险－分红寿险－年金保险－团体－新单保费－其中：新单趸交－其中：养老

年金”，指产品设计类型为分红型的人身保险中，团体类养老年金保险新单趸交的原保险保费收入。该指标为 a60320117“原保险保费收入－寿险－分红寿险－年金保险－团体－新单保费－其中：新单趸交”的其中项。

27.“原保险保费收入－寿险－投资连结保险－年金保险－其中：养老年金”，指产品设计类型为投资连结型的人身保险中，养老年金保险的原保险保费收入。该指标为 a60320131“原保险保费收入－寿险－投资连结保险－年金保险”的其中项。

28.“原保险保费收入－寿险－投资连结保险－年金保险－个人－其中：养老年金”，指产品设计类型为投资连结型的人身保险中，个人类养老年金保险的原保险保费收入。该指标为 a60320132“原保险保费收入－寿险－投资连结保险－年金保险－个人”的其中项。

29.“原保险保费收入－寿险－投资连结保险－年金保险－个人－新单保费－其中：养老年金”，指产品设计类型为投资连结型的人身保险中，个人类养老年金保险的新单原保险保费收入。该指标为 a60320133“原保险保费收入－寿险－投资连结保险－年金保险－个人－新单保费”的其中项。

30.“原保险保费收入－寿险－投资连结保险－年金保险－个人－新单保费－其中：新单趸交－其中：养老年金”，指产品设计类型为投资连结型的人身保险，个人类养老年金保险新单趸交的原保险保费收入。该指标为 a60320134“原保险保费收入－寿险－投资连结保险－年金保险－个人－新单保费－其中：新单趸交”的其中项。

31.“原保险保费收入－寿险－投资连结保险－年金保险－团体－其中：养老年金”，指产品设计类型为投资连结型的人身保险中，团体类养老年金保险的原保险保费收入。该指标为 a60320136“原保险保费收入－寿险－投资连结保险－年金保险－团体”的其中项。

32.“原保险保费收入－寿险－投资连结保险－年金保险－团体－新单保费－其中：养老年金”，指产品设计类型为投资连结型的人身保险中，团体类养老年金保险的新单原保险保费收入。该指标为 a60320137“原保险保费收入－寿险－投资连结保险－年金保险－团体－新单保费”的其中项。

33.“原保险保费收入－寿险－投资连结保险－年金保险－团体－新单保费－其中：新单趸交－其中：养老年金”，指产品设计类型为投资连结型的人身保险中，团体类养老年金保险新单趸交的原保险保费收入。该指标为 a60320138“原保险保费收入－寿险－投资连结保险－年金保险－团体－新单保费－其中：新单趸交”的其中项。

34.“原保险保费收入－寿险－万能保险－年金保险－其中：养老年金”，指产品设计类型为万能型的人身保险中，养老年金保险的原保险保费收入。该指标为 a60320152“原保险保费收入－寿险－万能保险－年金保险”的其中项。

35.“原保险保费收入－寿险－万能保险－年金保险－个人－其中：养老年金”，指产品设计类型为万能型的人身保险中，个人类养老年金保险的原保险保费收入。该指标为 a60320153“原保险保费收入－寿险－万能保险－年金保险－个人”的其中项。

36.“原保险保费收入－寿险－万能保险－年金保险－个人－新单保费－其中：养老年金”，指产品设计类型为万能型的人身保险中，个人类养老年金保险的新单原保险保费收入。该指标为 a60320154“原保险保费收入－寿险－万能保险－年金保险－个人－新单保费”的其中项。

37.“原保险保费收入－寿险－万能保险－年金保险－个人－新单保费－其中：新单趸交－其中：养老年金”，指产品设计类型为万能型的人身保险，个人类养老年金保险新单趸交的原保险保费收入。该指标为 a60320155“原保险保费收入－寿险－万能保险－年金保险－个人－新单保费－其中：新单趸交”的其中项。

38.“原保险保费收入－寿险－万能保险－年金保险－团体－其中：养老年金”，指产品设计类型为万能型的人身保险中，团体类养老年金保险的原保险保费收入。该指标为 a60320157“原保险保费收入－寿险－万能保险－年金保险－团体”的其中项。

39.“原保险保费收入－寿险－万能保险－年金保险－团体－新单保费－其中：养老年金”，指产品设计类型为万能型的人身保险中，团体类养老年金保险的新单原保险保费收入。该指标为 a60320158“原保险保费收入－寿险－万能保险－年金保险－团体－新单保费”的其中项。

40.“原保险保费收入－寿险－万能保险－年金保险－团体－新单保费－其中：新单趸交－其中：养老年金”，指产品设计类型为万能型的人身保险中，团体类养老年金保险新单趸交的原保险保费收入。该指标为 a60320159“原保险保费收入－寿险－万能保险－年金保险－团体－新单保费－其中：新单趸交”的其中项。

41.“赔付支出－死伤医疗给付－寿险－普通寿险－年金保险－其中：养老年金”，指产品设计类型为普通型的人身保险中，养老年金保险的死伤医疗给付。该指标为 a65110082“赔付支出－死伤医疗给付－寿险－普通寿险－年金保险”的其中项。

42.“赔付支出－死伤医疗给付－寿险－普通寿险－年金保险－个人－其中：养老年金”，指产品设计类型为普通型的人身保险中，个人类养老年金保险的死伤医疗给付。该指标为 a65110083“赔付支出－死伤医疗给付－寿险－普通寿险－年金保险－个人”的其中项。

43.“赔付支出－死伤医疗给付－寿险－普通寿险－年金保险－团体－其中：养老年金”，指产品设计类型为普通型的人身保险中，团体类养老年金保险的死伤医疗给付。该指标为 a65110084“赔付支出－死伤医疗给付－寿险－普通寿险－年金保险－团体”的其中项。

44.“赔付支出－死伤医疗给付－寿险－分红寿险－年金保险－其中：养老年金”，指产品设计类型为分红型的人身保险中，养老年金保险的死伤医疗给付。该指标为 a65110095“赔付支出－死伤医疗给付－寿险－分红寿险－年金保险”的其中项。

45.“赔付支出－死伤医疗给付－寿险－分红寿险－年金保险－个人－其中：养老年金”，指产品设计类型为分红型的人身保险中，个人类养老年金保险的死伤医疗给付。该指标为 a65110096“赔付支出－死伤医疗给付－寿险－分红寿险－年金保险－个人”的其中项。

46.“赔付支出－死伤医疗给付－寿险－分红寿险－年金保险－团体－其中：养老年金”，指产品设计类型为分红型的人身保险中，团体类养老年金保险的死伤医疗给付。该指标为 a65110097“赔付支出－死伤医疗给付－寿险－普通寿险－年金保险－团体”的其中项。

47.“赔付支出－死伤医疗给付－寿险－投资连结保险－年金保险－其中：养老年金”，指产品设计类型为投资连结型的人身保险中，养老年金保险的死伤医疗给付。该指标为 a65110101“赔付支出－死伤医疗给付－寿险－投资连结保险－年金保险”的其中项。

48.“赔付支出－死伤医疗给付－寿险－投资连结保险－年金保险－个人－其中：养老年金”，指产品设计类型为投资连结型的人身保险中，个人类养老年金保险的死伤医疗给付。该指标为 a65110102“赔付支出－死伤医疗给付－寿险－投资连结保险－年金保险－个人”的其中项。

49.“赔付支出－死伤医疗给付－寿险－投资连结保险－年金保险－团体－其中：养老年金”，指产品设计类型为投资连结型的人身保险中，团体类养老年金保险的死伤医疗给付。该指标为 a65110103“赔付支出－死伤医疗给付－寿险－投资连结保险－年金保险－团体”的其中项。

50.“赔付支出－死伤医疗给付－寿险－万能保险－年金保险－其中：养老年金”，指产品设计类型为万能型的人身保险中，养老年金保险的死伤医疗给付。该指标为 a65110107“赔付支出－死伤医疗给付－寿险－万能保险－年金保险”的其中项。

51.“赔付支出－死伤医疗给付－寿险－万能保险－年金保险－个人－其中：养老年金”，指产品设计类型为万能型的人身保险中，个人类养老年金保险的死伤医疗给付。该指标为 a65110108“赔付支出－死伤医疗给付－寿险－万能保险－年金保险－个人”的其中项。

52.“赔付支出－死伤医疗给付－寿险－万能保险－年金保险－团体－其中：养老年金”，指产品设计类型为万能型的人身保险中，团体类养老年金保险的死伤医疗给付。该指标为 a65110109“赔付支出－死伤医疗给付－寿险－万能保险－年金保险－团体”的其中项。

53. “赔付支出－满期给付－寿险－普通寿险－年金保险－其中：养老年金”，指产品设计类型为普通型的人身保险中，养老年金保险的满期给付。该指标为 a65110136“赔付支出－满期给付－寿险－普通寿险－年金保险”的其中项。

54. “赔付支出－满期给付－寿险－普通保险－年金保险－个人－其中：养老年金”，指产品设计类型为普通型的人身保险中，个人类养老年金保险的满期给付。该指标为 a65110137“赔付支出－满期给付－寿险－普通保险－年金保险－个人”的其中项。

55. “赔付支出－满期给付－寿险－普通保险－年金保险－团体－其中：养老年金”，指产品设计类型为普通型的人身保险中，团体类养老年金保险的满期给付。该指标为 a65110138“赔付支出－满期给付－寿险－普通保险－年金保险－团体”的其中项。

56. “赔付支出－满期给付－寿险－分红寿险－年金保险－其中：养老年金”，指产品设计类型为分红型的人身保险中，养老年金保险的满期给付。该指标为 a65110152“赔付支出－满期给付－寿险－分红寿险－年金保险”的其中项。

57. “赔付支出－满期给付－寿险－分红寿险－年金保险－个人－其中：养老年金”，指产品设计类型为分红型的人身保险中，个人类养老年金保险的满期给付。该指标为 a65110153“赔付支出－满期给付－寿险－分红寿险－年金保险－个人”的其中项。

58. “赔付支出－满期给付－寿险－分红寿险－年金保险－团体－其中：养老年金”，指产品设计类型为分红型的人身保险中，团体类养老年金保险的满期给付。该指标为 a65110154“赔付支出－满期给付－寿险－分红寿险－年金保险－团体”的其中项。

59. “赔付支出－满期给付－寿险－投资连结保险－年金保险－其中：养老年金”，指产品设计类型为投资连结型的人身保险中，养老年金保险的满期给付。该指标为 a65110161“赔付支出－满期给付－寿险－投资连结保险－年金保险”的其中项。

60. “赔付支出－满期给付－寿险－投资连结保险－年金保险－个人－其中：养老年金”，指产品设计类型为投资连结型的人身保险中，个人类养老年金保险的满期给付。该指标为 a65110162“赔付支出－满期给付－寿险－投资连结保险－年金保险－个人”的其中项。

61. “赔付支出－满期给付－寿险－投资连结保险－年金保险－团体－其中：养老年金”，指产品设计类型为投资连结型的人身保险中，团体类养老年金保险的满期给付。该指标为 a65110163“赔付支出－满期给付－寿险－投资连结保险－年金保险－团体”的其中项。

62. “赔付支出－满期给付－寿险－万能保险－年金保险－其中：养老年金”，指产品设计类型为万能型的人身保险中，养老年金保险的满期给付。该指标为 a65110170“赔付支出－满期给付－寿险－万能保险－年金保险”的其中项。

63. “赔付支出－满期给付－寿险－万能保险－年金保险－个人－其中：养老年金”，指产品设计类型为万能型的人身保险中，个人类养老年金保险的满期给付。该指标为 a65110171“赔付支出－满期给付－寿险－万能保险－年金保险－个人”的其中项。

64. “赔付支出－满期给付－寿险－万能保险－年金保险－团体－其中：养老年金”，指产品设计类型为万能型的人身保险中，团体类养老年金保险的满期给付。该指标为 a65110172“赔付支出－满期给付－寿险－万能保险－年金保险－团体”的其中项。

65. “赔付支出－年金给付－普通寿险－年金保险－其中：养老年金”，指产品设计类型为普通型的人身保险中，养老年金保险的年金给付。该指标为 a65110196“赔付支出－年金给付－普通寿险－年金保险”的其中项。

66. “赔付支出－年金给付－普通寿险－年金保险－个人－其中：养老年金”，指产品设计类型为普通型的人身保险中，个人类养老年金保险的年金给付。该指标为 a65110197“赔付支出－年金给付－普通寿险－年金保险－个人”的其中项。

67. “赔付支出 - 年金给付 - 普通寿险 - 年金保险 - 团体 - 其中：养老年金”，指产品设计类型为普通型的人身保险中，团体类养老年金保险的年金给付。该指标为 a65110198“赔付支出 - 年金给付 - 普通寿险 - 年金保险 - 团体”的其中项。

68. “赔付支出 - 年金给付 - 分红寿险 - 年金保险 - 其中：养老年金”，指产品设计类型为分红型的人身保险中，养老年金保险的年金给付。该指标为 a65110206“赔付支出 - 年金给付 - 分红寿险 - 年金保险”的其中项。

69. “赔付支出 - 年金给付 - 分红寿险 - 年金保险 - 个人 - 其中：养老年金”，指产品设计类型为分红型的人身保险中，个人类养老年金保险的年金给付。该指标为 a65110207“赔付支出 - 年金给付 - 分红寿险 - 年金保险 - 个人”的其中项。

70. “赔付支出 - 年金给付 - 分红寿险 - 年金保险 - 团体 - 其中：养老年金”，指产品设计类型为分红型的人身保险中，团体类养老年金保险的年金给付。该指标为 a65110208“赔付支出 - 年金给付 - 分红寿险 - 年金保险 - 团体”的其中项。

71. “赔付支出 - 年金给付 - 投资连结保险 - 年金保险 - 其中：养老年金”，指产品设计类型为投资连结型的人身保险中，养老年金保险的年金给付。该指标为 a65110215“赔付支出 - 年金给付 - 投资连结保险 - 年金保险”的其中项。

72. “赔付支出 - 年金给付 - 投资连结保险 - 年金保险 - 个人 - 其中：养老年金”，指产品设计类型为投资连结型的人身保险中，个人类养老年金保险的年金给付。该指标为 a65110216“赔付支出 - 年金给付 - 投资连结保险 - 年金保险 - 个人”的其中项。

73. “赔付支出 - 年金给付 - 投资连结保险 - 年金保险 - 团体 - 其中：养老年金”，指产品设计类型为投资连结型的人身保险中，团体类养老年金保险的年金给付。该指标为 a65110217“赔付支出 - 年金给付 - 投资连结保险 - 年金保险 - 团体”的其中项。

74. “赔付支出 - 年金给付 - 万能保险 - 年金保险 - 其中：养老年金”，指产品设计类型为万能型的人身保险中，养老年金保险的年金给付。该指标为 a65110224“赔付支出 - 年金给付 - 万能保险 - 年金保险”的其中项。

75. “赔付支出 - 年金给付 - 万能保险 - 年金保险 - 个人 - 其中：养老年金”，指产品设计类型为万能型的人身保险中，个人类养老年金保险的年金给付。该指标为 a65110225“赔付支出 - 年金给付 - 万能保险 - 年金保险 - 个人”的其中项。

76. “赔付支出 - 年金给付 - 万能保险 - 年金保险 - 团体 - 其中：养老年金”，指产品设计类型为万能型的人身保险中，团体类养老年金保险的年金给付。该指标为 a65110226“赔付支出 - 年金给付 - 万能保险 - 年金保险 - 团体”的其中项。

77. “退保金 - 寿险 - 普通寿险 - 年金保险 - 其中：养老年金”，指产品设计类型为普通型的人身保险中，养老年金保险的退保金。该指标为 a65310013“退保金 - 寿险 - 普通寿险 - 年金保险”的其中项。

78. “退保金 - 寿险 - 普通寿险 - 年金保险 - 个人 - 其中：养老年金”，指产品设计类型为普通型的人身保险中，个人类养老年金保险的退保金。该指标为 a65310014“退保金 - 寿险 - 普通寿险 - 年金保险 - 个人”的其中项。

79. “退保金 - 寿险 - 普通寿险 - 年金保险 - 团体 - 其中：养老年金”，指产品设计类型为普通型的人身保险中，团体类养老年金保险的退保金。该指标为 a65310015“退保金 - 寿险 - 普通寿险 - 年金保险 - 团体”的其中项。

80. “退保金 - 寿险 - 分红寿险 - 年金保险 - 其中：养老年金”，指产品设计类型为分红型的人身保险中，养老年金保险的退保金。该指标为 a65310029“退保金 - 寿险 - 分红寿险 - 年金保险”的其中项。

81. “退保金 - 寿险 - 分红寿险 - 年金保险 - 个人 - 其中：养老年金”，指产品设计类型为分红型的人身保险中，个人类养老年金保险的退保金。该指标为 a65310030“退保金 - 寿险 - 分红寿险 - 年金保险 - 个人”的其中项。

82.“退保金－寿险－分红寿险－年金保险－团体－其中：养老年金”，指产品设计类型为分红型的人身保险中，团体类养老年金保险的退保金。该指标为 a65310031“退保金－寿险－分红寿险－年金保险－团体”的其中项。

83.“退保金－寿险－投资连结保险－年金保险－其中：养老年金”，指产品设计类型为投资连结型的人身保险中，养老年金保险的退保金。该指标为 a65310038“退保金－寿险－投资连结保险－年金保险”的其中项。

84.“退保金－寿险－投资连结保险－年金保险－个人－其中：养老年金”，指产品设计类型为投资连结型的人身保险中，个人类养老年金保险的退保金。该指标为 a65310039“退保金－寿险－投资连结保险－年金保险－个人”的其中项。

85.“退保金－寿险－投资连结保险－年金保险－团体－其中：养老年金”，指产品设计类型为投资连结型的人身保险中，团体类养老年金保险的退保金。该指标为 a65310040“退保金－寿险－投资连结保险－年金保险－团体”的其中项。

86.“退保金－寿险－万能保险－年金保险－其中：养老年金”，指产品设计类型为万能型的人身保险中，养老年金保险的退保金。该指标为 a65310047“退保金－寿险－万能保险－年金保险”的其中项。

87.“退保金－寿险－万能保险－年金保险－个人－其中：养老年金”，指产品设计类型为万能型的人身保险中，个人类养老年金保险的退保金。该指标为 a65310048“退保金－寿险－万能保险－年金保险－个人”的其中项。

88.“退保金－寿险－万能保险－年金保险－团体－其中：养老年金”，指产品设计类型为万能型的人身保险中，团体类养老年金保险的退保金。该指标为 a65310049“退保金－寿险－万能保险－年金保险－团体”的其中项。

89.“期末有效承保人次－寿险－普通寿险－年金保险－其中：养老年金”，指产品设计类型为普通型的人身保险中，养老年金保险的期末有效承保人次。该指标为 61120099“期末有效承保人次－寿险－普通寿险－年金保险”的其中项。

90.“期末有效承保人次－寿险－普通寿险－年金保险－个人－其中：养老年金”，指产品设计类型为普通型的人身保险中，个人类养老年金保险的期末有效承保人次。该指标为 61120100“期末有效承保人次－寿险－普通寿险－年金保险－个人”的其中项。

91.“期末有效承保人次－寿险－普通寿险－年金保险－团体－其中：养老年金”，指产品设计类型为普通型的人身保险中，团体类养老年金保险的期末有效承保人次。该指标为 61120101“期末有效承保人次－寿险－普通寿险－年金保险－团体”的其中项。

92.“期末有效承保人次－寿险－分红寿险－年金保险－其中：养老年金”，指产品设计类型为分红型的人身保险中，养老年金保险的期末有效承保人次。该指标为 61120112“期末有效承保人次－寿险－分红寿险－年金保险”的其中项。

93.“期末有效承保人次－寿险－分红寿险－年金保险－个人－其中：养老年金”，指产品设计类型为分红型的人身保险中，个人类养老年金保险的期末有效承保人次。该指标为 61120113“期末有效承保人次－寿险－分红寿险－年金保险－个人”的其中项。

94.“期末有效承保人次－寿险－分红寿险－年金保险－团体－其中：养老年金”，指产品设计类型为分红型的人身保险中，团体类养老年金保险的期末有效承保人次。该指标为 61120114“期末有效承保人次－寿险－分红寿险－年金保险－团体”的其中项。

95.“期末有效承保人次－寿险－投资连结保险－其中：年金保险－其中：养老年金”，指产品设计类型为投资连结型的人身保险中，养老年金保险的期末有效承保人次。该指标为 61120116“期末有效承保人次－寿险－投资连结保险－其中：年金保险”的其中项。

96. “期末有效承保人次 - 寿险 - 投资连结保险 - 其中：年金保险 - 个人 - 其中：养老年金”，指产品设计类型为投资连结型的人身保险中，个人类养老年金保险的期末有效承保人次。该指标为 61120116“期末有效承保人次 - 寿险 - 投资连结保险 - 其中：年金保险”的其中项。

97. “期末有效承保人次 - 寿险 - 投资连结保险 - 其中：年金保险 - 团体 - 其中：养老年金”，指产品设计类型为投资连结型的人身保险中，团体类养老年金保险的期末有效承保人次。该指标为 61120116“期末有效承保人次 - 寿险 - 投资连结保险 - 其中：年金保险”的其中项。

98. “期末有效承保人次 - 寿险 - 万能保险 - 其中：年金保险 - 其中：养老年金”，指产品设计类型为万能型的人身保险中，养老年金保险的期末有效承保人次。该指标为 61120118“期末有效承保人次 - 寿险 - 万能保险 - 其中：年金保险”的其中项。

99. “期末有效承保人次 - 寿险 - 万能保险 - 其中：年金保险 - 个人 - 其中：养老年金”，指产品设计类型为万能型的人身保险中，个人类养老年金保险的期末有效承保人次。该指标为 61120118“期末有效承保人次 - 寿险 - 万能保险 - 其中：年金保险”的其中项。

100. “期末有效承保人次 - 寿险 - 万能保险 - 其中：年金保险 - 团体 - 其中：养老年金”，指产品设计类型为万能型的人身保险中，团体类养老年金保险的期末有效承保人次。该指标为 61120118“期末有效承保人次 - 寿险 - 万能保险 - 其中：年金保险”的其中项。

101. “期末有效保单件数 - 寿险 - 普通寿险 - 年金保险 - 其中：养老年金”，指产品设计类型为普通型的人身保险中，养老年金保险的期末有效保单件数。该指标为 61140099“期末有效保单件数 - 寿险 - 普通寿险 - 年金保险”的其中项。

102. “期末有效保单件数 - 寿险 - 普通寿险 - 年金保险 - 其中：养老年金 - 其中：新单件数”，指产品设计类型为普通型的人身保险中，养老年金保险期末有效保单的新单件数。该指标为“期末有效保单件数 - 寿险 - 普通寿险 - 年金保险 - 其中：养老年金”的其中项。

103. “期末有效保单件数 - 寿险 - 普通寿险 - 年金保险 - 个人 - 其中：养老年金”，指产品设计类型为普通型的人身保险中，个人类养老年金保险的期末有效保单件数。该指标为 61140100“期末有效保单件数 - 寿险 - 普通寿险 - 年金保险 - 个人”的其中项。

104. “期末有效保单件数 - 寿险 - 普通寿险 - 年金保险 - 团体 - 其中：养老年金”，指产品设计类型为普通型的人身保险中，团体类养老年金保险的期末有效保单件数。该指标为 61140101“期末有效保单件数 - 寿险 - 普通寿险 - 年金保险 - 团体”的其中项。

105. “期末有效保单件数 - 寿险 - 分红寿险 - 年金保险 - 其中：养老年金”，指产品设计类型为分红型的人身保险中，养老年金保险的期末有效保单件数。该指标为 61140112“期末有效保单件数 - 寿险 - 分红寿险 - 年金保险”的其中项。

106. “期末有效保单件数 - 寿险 - 分红寿险 - 年金保险 - 其中：养老年金 - 其中：新单件数”，指产品设计类型为分红型的人身保险中，养老年金保险期末有效保单的新单件数。该指标为“期末有效保单件数 - 寿险 - 分红寿险 - 年金保险 - 其中：养老年金”的其中项。

107. “期末有效保单件数 - 寿险 - 分红寿险 - 年金保险 - 个人 - 其中：养老年金”，指产品设计类型为分红型的人身保险中，个人类养老年金保险的期末有效保单件数。该指标为 61140113“期末有效保单件数 - 寿险 - 分红寿险 - 年金保险 - 个人”的其中项。

108. “期末有效保单件数 - 寿险 - 分红寿险 - 年金保险 - 团体 - 其中：养老年金”，指产品设计类型为分红型的人身保险中，团体类养老年金保险的期末有效保单件数。该指标为 61140114“期末有效保单件数 - 寿险 - 分红寿险 - 年金保险 - 团体”的其中项。

109. “期末有效保单件数 - 寿险 - 投资连结保险 - 其中：年金保险 - 其中：养老年金”，指产品设计类型为投资连结型的人身保险中，养老年金保险的期末有效保单件数。该指标为 61140116“期末有效保单件数 - 寿险 - 投资连结保险 - 其中：年金保险”的其中项。

110. “期末有效保单件数－寿险－投资连结保险－其中：年金保险－其中：养老年金－其中：新单件数”，指产品设计类型为投资连结型的人身保险中，养老年金保险期末有效保单的新单件数。该指标为“期末有效保单件数－寿险－投资连结保险－其中：年金保险－其中：养老年金”的其中项。

111. “期末有效保单件数－寿险－投资连结保险－其中：年金保险－个人－其中：养老年金”，指产品设计类型为投资连结型的人身保险中，个人类养老年金保险的期末有效保单件数。该指标为61140116“期末有效保单件数－寿险－投资连结保险－其中：年金保险”的其中项。

112. “期末有效保单件数－寿险－投资连结保险－其中：年金保险－团体－其中：养老年金”，指产品设计类型为投资连结型的人身保险中，团体类养老年金保险的期末有效保单件数。该指标为61140116“期末有效保单件数－寿险－投资连结保险－其中：年金保险”的其中项。

113. “期末有效保单件数－寿险－万能保险－其中：年金保险－其中：养老年金”，指产品设计类型为万能型的人身保险中，养老年金保险的期末有效保单件数。该指标为61140118“期末有效保单件数－寿险－万能保险－其中：年金保险”的其中项。

114. “期末有效保单件数－寿险－万能保险－其中：年金保险－其中：养老年金－其中：新单件数”，指产品设计类型为万能型的人身保险中，养老年金保险期末有效保单的新单件数。该指标为“期末有效保单件数－寿险－万能保险－其中：年金保险－其中：养老年金”的其中项。

115. “期末有效保单件数－寿险－万能保险－其中：年金保险－个人－其中：养老年金”，指产品设计类型为万能型的人身保险中，个人类养老年金保险的期末有效保单件数。该指标为61140118“期末有效保单件数－寿险－万能保险－其中：年金保险”的其中项。

116. “期末有效保单件数－寿险－万能保险－其中：年金保险－团体－其中：养老年金”，指产品设计类型为万能型的人身保险中，团体类养老年金保险的期末有效保单件数。该指标为61140118“期末有效保单件数－寿险－万能保险－其中：年金保险”的其中项。

117. “在售产品数量－寿险－普通寿险－年金保险－其中：养老年金”，指产品设计类型为普通型的人身保险中，养老年金保险的在售产品数量。该指标为61170013“在售产品数量－寿险－普通寿险－年金保险”的其中项。

118. “在售产品数量－寿险－普通寿险－年金保险－个人－其中：养老年金”，指产品设计类型为普通型的人身保险中，个人类养老年金保险的在售产品数量。该指标为61170014“在售产品数量－寿险－普通寿险－年金保险－个人”的其中项。

119. “在售产品数量－寿险－普通寿险－年金保险－团体－其中：养老年金”，指产品设计类型为普通型的人身保险中，团体类养老年金保险的在售产品数量。该指标为61170015“在售产品数量－寿险－普通寿险－年金保险－团体”的其中项。

120. “在售产品数量－寿险－分红寿险－年金保险－其中：养老年金”，指产品设计类型为分红型的人身保险中，养老年金保险的在售产品数量。该指标为61170028“在售产品数量－寿险－分红寿险－年金保险”的其中项。

121. “在售产品数量－寿险－分红寿险－年金保险－个人－其中：养老年金”，指产品设计类型为分红型的人身保险中，个人类养老年金保险的在售产品数量。该指标为61170026“在售产品数量－寿险－分红寿险－年金保险－个人”的其中项。

122. “在售产品数量－寿险－分红寿险－年金保险－团体－其中：养老年金”，指产品设计类型为分红型的人身保险中，团体类养老年金保险的在售产品数量。该指标为61170027“在售产品数量－寿险－分红寿险－年金保险－团体”的其中项。

123. “在售产品数量－寿险－投资连结保险－其中：年金保险－其中：养老年金”，指产品设计类型为投资连结型的人身保险中，养老年金保险的在售产品数量。该指标为61170030“在售产品数量－寿险－投资连结保险－其中：年金保险”的其中项。

124. “在售产品数量－寿险－投资连结保险－其中：年金保险－个人－其中：养老年金”，指产品设计类型为投资连结型的人身保险中，个人类养老年金保险的在售产品数量。该指标为 61170030“在售产品数量－寿险－投资连结保险－其中：年金保险”的其中项。

125. “在售产品数量－寿险－投资连结保险－其中：年金保险－团体－其中：养老年金”，指产品设计类型为投资连结型的人身保险中，团体类养老年金保险的在售产品数量。该指标为 61170030“在售产品数量－寿险－投资连结保险－其中：年金保险”的其中项。

126. “在售产品数量－寿险－万能保险－其中：年金保险－其中：养老年金”，指产品设计类型为万能型的人身保险中，养老年金保险的在售产品数量。该指标为 61170032“在售产品数量－寿险－万能保险－其中：年金保险”的其中项。

127. “在售产品数量－寿险－万能保险－其中：年金保险－个人－其中：养老年金”，指产品设计类型为万能型的人身保险中，个人类养老年金保险的在售产品数量。该指标为 61170032“在售产品数量－寿险－万能保险－其中：年金保险”的其中项。

128. “在售产品数量－寿险－万能保险－其中：年金保险－团体－其中：养老年金”，指产品设计类型为万能型的人身保险中，团体类养老年金保险的在售产品数量。该指标为 61170032“在售产品数量－寿险－万能保险－其中：年金保险”的其中项。

129. “保户投资款本年新增交费－寿险－普通寿险－其中：养老年金”，指产品设计类型为普通型的人身保险中，养老年金保险的保户投资款本年新增交费。该指标为 61720003“保户投资款本年新增交费－寿险－普通寿险”的其中项。

130. “保户投资款本年新增交费－寿险－分红寿险－其中：养老年金”，指产品设计类型为分红型的人身保险中，养老年金保险的保户投资款本年新增交费。该指标为 61720004“保户投资款本年新增交费－寿险－分红寿险”的其中项。

131. “保户投资款本年新增交费－寿险－万能保险－其中：养老年金”，指产品设计类型为万能型的人身保险中，养老年金保险的保户投资款本年新增交费。该指标为 61720005“保户投资款本年新增交费－寿险－万能保险”的其中项。

132. “原保险保费收入－健康险－其中：60 岁及以上老年人”，指健康险原保险保费收入中，被保险人截至报告期末的年龄为 60 岁及以上老年人的原保险保费收入。该指标为 a60320182“原保险保费收入－健康险”的其中项。

133. “原保险保费收入－健康险－长期－个人－护理保险－其中：60 岁及以上老年人”，指长期个人护理保险原保险保费收入中，被保险人截至报告期末的年龄为 60 岁及以上老年人的原保险保费收入。该指标为 a60320208“原保险保费收入－健康险－长期－个人－护理保险”的其中项。

134. “原保险保费收入－健康险－长期－团体－护理保险－其中：60 岁及以上老年人”，指长期团体护理保险原保险保费收入中，被保险人截至报告期末的年龄为 60 岁及以上老年人的原保险保费收入。该指标为 a60320217“原保险保费收入－健康险－长期－团体－护理保险”的其中项。

135. “原保险保费收入－意外伤害险－其中：60 岁及以上老年人”，指意外伤害险原保险保费收入中，被保险人截至报告期末的年龄为 60 岁及以上老年人的原保险保费收入。该指标为 a60320171“原保险保费收入－意外伤害险”的其中项。

136. “本年累计新增承保人次－健康险－其中：60 岁及以上老年人”，指健康险本年累计新增承保人次中，被保险人截至报告期末的年龄为 60 岁及以上老年人的人次。该指标为 61110058“本年累计新增承保人次－健康险”的其中项。

137. “本年累计新增承保人次－健康险－长期－个人－护理保险－其中：60 岁及以上老年人”，指长期个人护理保险本年累计新增承保人次中，被保险人截至报告期末的年龄为 60 岁及以上老年人的人次。该指标为 61110078“本年累计新增承保人次－健康险－长期－个人－护理保险”的其中项。

138. “本年累计新增承保人次－健康险－长期－团体－护理保险－其中：60 岁及以上老年人”，指长期团体护理保险本年累计新增承保人次中，被保险人截至报告期末的年龄为 60 岁及以上老年人的人次。该指标为 61110084“本年累计新增承保人次－健康险－长期－团体－护理保险”的其中项。

139. “本年累计新增承保人次－意外伤害险－其中：60 岁及以上老年人”，指意外伤害险本年累计新增承保人次中，被保险人截至报告期末的年龄为 60 岁及以上老年人的人次。该指标为 61110085“本年累计新增承保人次－意外伤害险”的其中项。

140. “期末有效承保人次－健康险－其中：60 岁及以上老年人”，指健康险期末有效承保人次中，被保险人截至报告期末的年龄为 60 岁及以上老年人的人次。该指标为 61120058“期末有效承保人次－健康险”的其中项。

141. “期末有效承保人次－健康险－长期－个人－护理保险－其中：60 岁及以上老年人”，指长期个人护理保险期末有效承保人次中，被保险人截至报告期末的年龄为 60 岁及以上老年人的人次。该指标为 61120078“期末有效承保人次－健康险－长期－个人－护理保险”的其中项。

142. “期末有效承保人次－健康险－长期－团体－护理保险－其中：60 岁及以上老年人”，指长期团体护理保险期末有效承保人次中，被保险人截至报告期末的年龄为 60 岁及以上老年人的人次。该指标为 61120084“期末有效承保人次－健康险－长期－团体－护理保险”的其中项。

143. “期末有效承保人次－意外伤害险－其中：60 岁及以上老年人”，指意外伤害险期末有效承保人次中，被保险人截至报告期末的年龄为 60 岁及以上老年人的人次。该指标为 61120085“期末有效承保人次－意外伤害险”的其中项。

144. “本年累计新增承保保单件数－健康险－其中：60 岁及以上老年人”，指健康险本年累计新增承保保单件数中，被保险人截至报告期末的年龄为 60 岁及以上老年人的保单件数。该指标为 61130058“本年累计新增承保保单件数－健康险”的其中项。截至报告期末，团体健康险保单的任意一名被保险人年龄达到 60 岁及以上，该保单即作为一件保单计入这一指标，下同。

145. “本年累计新增承保保单件数－健康险－长期－个人－护理保险－其中：60 岁及以上老年人”，指长期个人护理保险本年累计新增承保保单件数中，被保险人截至报告期末的年龄为 60 岁及以上老年人的保单件数。该指标为 61130078“本年累计新增承保保单件数－健康险－长期－个人－护理保险”的其中项。

146. “本年累计新增承保保单件数－健康险－长期－团体－护理保险－其中：60 岁及以上老年人”，指长期团体护理保险本年累计新增承保保单件数中，被保险人截至报告期末的年龄为 60 岁及以上老年人的保单件数。该指标为 61130084“本年累计新增承保保单件数－健康险－长期－团体－护理保险”的其中项。

147. “本年累计新增承保保单件数－意外伤害险－其中：60 岁及以上老年人”，指意外伤害险本年累计新增承保保单件数中，被保险人截至报告期末的年龄为 60 岁及以上老年人的保单建设。该指标为 61130085“本年累计新增承保保单件数－意外伤害险”的其中项。

148. “期末有效保单件数－健康险－其中：60 岁及以上老年人”，指健康险期末有效保单件数中，被保险人截至报告期末的年龄为 60 岁及以上老年人的保单件数。该指标为 61140058“期末有效保单件数－健康险”的其中项。

149. “期末有效保单件数－健康险－长期－个人－护理保险－其中：60 岁及以上老年人”，指长期个人护理保险期末有效保单件数中，被保险人截至报告期末的年龄为 60 岁及以上老年人的保单件数。该指标为 61140078“期末有效保单件数－健康险－长期－个人－护理保险”的其中项。

150. “期末有效保单件数－健康险－长期－团体－护理保险－其中：60 岁及以上老年人”，指长期团体护理保险期末有效保单件数中，被保险人截至报告期末的年龄为 60 岁及以上老年人的保单件数。该指标为 61140084“期末有效保单件数－健康险－长期－团体－护理保险”的其中项。

151. “期末有效保单件数－意外伤害险－其中：60 岁及以上老年人”，指意外伤害险期末有效保单件数中，被保险人截至报告期末的年龄为 60 岁及以上老年人的保单件数。该指标为 61140085“期末有效保单件

数 - 意外伤害险”的其中项。

三、养老年金保险业务统计指标及校验关系（见附件）

附件：1. 新增与养老年金保险业务相关的统计指标

2. 养老年金保险业务统计指标校验关系

附件1

新增与养老年金保险业务相关的统计指标

指标代码	指标名称	指标类型	报送公司					报送频率						总分校验	指标校验	时期时点类型	送层级（默认至3级）
a26040092	寿险责任准备金－普通寿险－年金保险－其中:养老年金	负债		寿	再					季	半年	年			9	1	
a26040093	寿险责任准备金－普通寿险－年金保险－个人－其中:养老年金	负债		寿	再					季	半年	年			9	1	
a26040094	寿险责任准备金－普通寿险－年金保险－团体－其中:养老年金	负债		寿	再					季	半年	年			9	1	
a26040095	寿险责任准备金－分红寿险－年金保险－其中:养老年金	负债		寿	再					季	半年	年			9	1	
a26040096	寿险责任准备金－分红寿险－年金保险－个人－其中:养老年金	负债		寿	再					季	半年	年			9	1	
a26040097	寿险责任准备金－分红寿险－年金保险－团体－其中:养老年金	负债		寿	再					季	半年	年			9	1	
a26040098	寿险责任准备金－投资连结保险－年金保险－其中:养老年金	负债		寿	再					季	半年	年			9	1	
a26040099	寿险责任准备金－投资连结保险－年金保险－个人－其中:养老年金	负债		寿	再					季	半年	年			9	1	
a26040100	寿险责任准备金－投资连结保险－年金保险－团体－其中:养老年金	负债		寿	再					季	半年	年			9	1	
a26040101	寿险责任准备金－万能保险－年金保险－其中:养老年金	负债		寿	再					季	半年	年			9	1	
a26040102	寿险责任准备金－万能保险－年金保险－个人－其中:养老年金	负债		寿	再					季	半年	年			9	1	
a26040103	寿险责任准备金－万能保险－年金保险－团体－其中:养老年金	负债		寿	再					季	半年	年			9	1	
a60321693	原保险保费收入－寿险－普通寿险－年金保险－其中:养老年金	损益		寿						季	半年	年		1	1	2	
a60321694	原保险保费收入－寿险－普通寿险－年金保险－个人－其中:养老年金	损益		寿						季	半年	年		1	1	2	
a60321695	原保险保费收入－寿险－普通寿险－年金保险－个人－新单保费－其中:养老年金	损益		寿						季	半年	年		1	9	2	

（续表）

指标代码	指标名称	指标类型	报送公司					报送频率						总分校验	指标校验	时期时点类型	送层级(默认至3级)
a60321696	原保险保费收入－寿险－普通寿险－年金保险－个人－新单保费－其中:新单趸交－其中:养老年金	损益		寿						季	半年	年		1	9	2	
a60321697	原保险保费收入－寿险－普通寿险－年金保险－团体－其中:养老年金	损益		寿						季	半年	年		1	1	2	
a60321698	原保险保费收入－寿险－普通寿险－年金保险－团体－新单保费－其中:养老年金	损益		寿						季	半年	年		1	9	2	
a60321699	原保险保费收入－寿险－普通寿险－年金保险－团体－新单保费－其中:新单趸交－其中:养老年金	损益		寿						季	半年	年		1	9	2	
a60321700	原保险保费收入－寿险－分红寿险－年金保险－其中:养老年金	损益		寿						季	半年	年		1	1	2	
a60321701	原保险保费收入－寿险－分红寿险－年金保险－个人－其中:养老年金	损益		寿						季	半年	年		1	1	2	
a60321702	原保险保费收入－寿险－分红寿险－年金保险－个人－新单保费－其中:养老年金	损益		寿						季	半年	年		1	9	2	
a60321703	原保险保费收入－寿险－分红寿险－年金保险－个人－新单保费－其中:新单趸交－其中:养老年金	损益		寿						季	半年	年		1	9	2	
a60321704	原保险保费收入－寿险－分红寿险－年金保险－团体－其中:养老年金	损益		寿						季	半年	年		1	1	2	
a60321705	原保险保费收入－寿险－分红寿险－年金保险－团体－新单保费－其中:养老年金	损益		寿						季	半年	年		1	9	2	
a60321706	原保险保费收入－寿险－分红寿险－年金保险－团体－新单保费－其中:新单趸交－其中:养老年金	损益		寿						季	半年	年		1	9	2	
a60321707	原保险保费收入－寿险－投资连结保险－年金保险－其中:养老年金	损益		寿						季	半年	年		1	1	2	
a60321708	原保险保费收入－寿险－投资连结保险－年金保险－个人－其中:养老年金	损益		寿						季	半年	年		1	1	2	

（续表）

指标代码	指标名称	指标类型	报送公司					报送频率						总分校验	指标校验	时期时点类型	送层级（默认至3级）
a60321709	原保险保费收入－寿险－投资连结保险－年金保险－个人－新单保费－其中:养老年金	损益		寿						季	半年	年		1	9	2	
a60321710	原保险保费收入－寿险－投资连结保险－年金保险－个人－新单保费－其中:新单趸交－其中:养老年金	损益		寿						季	半年	年		1	9	2	
a60321711	原保险保费收入－寿险－投资连结保险－年金保险－团体－其中:养老年金	损益		寿						季	半年	年		1	1	2	
a60321712	原保险保费收入－寿险－投资连结保险－年金保险－团体－新单保费－其中:养老年金	损益		寿						季	半年	年		1	9	2	
a60321713	原保险保费收入－寿险－投资连结保险－年金保险－团体－新单保费－其中:新单趸交－其中:养老年金	损益		寿						季	半年	年		1	9	2	
a60321714	原保险保费收入－寿险－万能保险－年金保险－其中:养老年金	损益		寿						季	半年	年		1	1	2	
a60321715	原保险保费收入－寿险－万能保险－年金保险－个人－其中:养老年金	损益		寿						季	半年	年		1	1	2	
a60321716	原保险保费收入－寿险－万能保险－年金保险－个人－新单保费－其中:养老年金	损益		寿						季	半年	年		1	9	2	
a60321717	原保险保费收入－寿险－万能保险－年金保险－个人－新单保费－其中:新单趸交－其中:养老年金	损益		寿						季	半年	年		1	9	2	
a60321718	原保险保费收入－寿险－万能保险－年金保险－团体－其中:养老年金	损益		寿						季	半年	年		1	1	2	
a60321719	原保险保费收入－寿险－万能保险－年金保险－团体－新单保费－其中:养老年金	损益		寿						季	半年	年		1	9	2	
a60321720	原保险保费收入－寿险－万能保险－年金保险－团体－新单保费－其中:新单趸交－其中:养老年金	损益		寿						季	半年	年		1	9	2	
a65110727	赔付支出－死伤医疗给付－寿险－普通寿险－年金保险－其中:养老年金	损益		寿						季	半年	年		1	1	2	

（续表）

指标代码	指标名称	指标类型	报送公司					报送频率						总分校验	指标校验	时期时点类型	送层级（默认至3级）
a65110728	赔付支出－死伤医疗给付－寿险－普通寿险－年金保险－个人－其中:养老年金	损益		寿						季	半年	年		1	1	2	
a65110729	赔付支出－死伤医疗给付－寿险－普通寿险－年金保险－团体－其中:养老年金	损益		寿						季	半年	年		1	1	2	
a65110730	赔付支出－死伤医疗给付－寿险－分红寿险－年金保险－其中:养老年金	损益		寿						季	半年	年		1	1	2	
a65110731	赔付支出－死伤医疗给付－寿险－分红寿险－年金保险－个人－其中:养老年金	损益		寿						季	半年	年		1	1	2	
a65110732	赔付支出－死伤医疗给付－寿险－分红寿险－年金保险－团体－其中:养老年金	损益		寿						季	半年	年		1	1	2	
a65110733	赔付支出－死伤医疗给付－寿险－投资连结保险－年金保险－其中:养老年金	损益		寿						季	半年	年		1	1	2	
a65110734	赔付支出－死伤医疗给付－寿险－投资连结保险－年金保险－个人－其中:养老年金	损益		寿						季	半年	年		1	1	2	
a65110735	赔付支出－死伤医疗给付－寿险－投资连结保险－年金保险－团体－其中:养老年金	损益		寿						季	半年	年		1	1	2	
a65110736	赔付支出－死伤医疗给付－寿险－万能保险－年金保险－其中:养老年金	损益		寿						季	半年	年		1	1	2	
a65110737	赔付支出－死伤医疗给付－寿险－万能保险－年金保险－个人－其中:养老年金	损益		寿						季	半年	年		1	1	2	
a65110738	赔付支出－死伤医疗给付－寿险－万能保险－年金保险－团体－其中:养老年金	损益		寿						季	半年	年		1	1	2	
a65110739	赔付支出－满期给付－寿险－普通寿险－年金保险－其中:养老年金	损益		寿						季	半年	年		1	1	2	
a65110740	赔付支出－满期给付－寿险－普通寿险－年金保险－个人－其中:养老年金	损益		寿						季	半年	年		1	1	2	
a65110741	赔付支出－满期给付－寿险－普通寿险－年金保险－团体－其中:养老年金	损益		寿						季	半年	年		1	1	2	
a65110742	赔付支出－满期给付－寿险－分红寿险－年金保险－其中:养老年金	损益		寿						季	半年	年		1	1	2	
a65110743	赔付支出－满期给付－寿险－分红寿险－年金保险－个人－其中:养老年金	损益		寿						季	半年	年		1	1	2	
a65110744	赔付支出－满期给付－寿险－分红寿险－年金保险－团体－其中:养老年金	损益		寿						季	半年	年		1	1	2	

（续表）

指标代码	指标名称	指标类型	报送公司					报送频率						总分校验	指标校验	时期时点类型	送层级(默认至3级)
a65110745	赔付支出－满期给付－寿险－投资连结保险－年金保险－其中:养老年金	损益		寿						季	半年	年		1	1	2	
a65110746	赔付支出－满期给付－寿险－投资连结保险－年金保险－个人－其中:养老年金	损益		寿						季	半年	年		1	1	2	
a65110747	赔付支出－满期给付－寿险－投资连结保险－年金保险－团体－其中:养老年金	损益		寿						季	半年	年		1	1	2	
a65110748	赔付支出－满期给付－寿险－万能保险－年金保险－其中:养老年金	损益		寿						季	半年	年		1	1	2	
a65110749	赔付支出－满期给付－寿险－万能保险－年金保险－个人－其中:养老年金	损益		寿						季	半年	年		1	1	2	
a65110750	赔付支出－满期给付－寿险－万能保险－年金保险－团体－其中:养老年金	损益		寿						季	半年	年		1	1	2	
a65110751	赔付支出－年金给付－普通寿险－年金保险－其中:养老年金	损益		寿						季	半年	年		1	1	2	
a65110752	赔付支出－年金给付－普通寿险－年金保险－个人－其中:养老年金	损益		寿						季	半年	年		1	1	2	
a65110753	赔付支出－年金给付－普通寿险－年金保险－团体－其中:养老年金	损益		寿						季	半年	年		1	1	2	
a65110754	赔付支出－年金给付－分红寿险－年金保险－其中:养老年金	损益		寿						季	半年	年		1	1	2	
a65110755	赔付支出－年金给付－分红寿险－年金保险－个人－其中:养老年金	损益		寿						季	半年	年		1	1	2	
a65110756	赔付支出－年金给付－分红寿险－年金保险－团体－其中:养老年金	损益		寿						季	半年	年		1	1	2	
a65110757	赔付支出－年金给付－投资连结保险－年金保险－其中:养老年金	损益		寿						季	半年	年		1	1	2	
a65110758	赔付支出－年金给付－投资连结保险－年金保险－个人－其中:养老年金	损益		寿						季	半年	年		1	1	2	
a65110759	赔付支出－年金给付－投资连结保险－年金保险－团体－其中:养老年金	损益		寿						季	半年	年		1	1	2	
a65110760	赔付支出－年金给付－万能保险－年金保险－其中:养老年金	损益		寿						季	半年	年		1	1	2	
a65110761	赔付支出－年金给付－万能保险－年金保险－个人－其中:养老年金	损益		寿						季	半年	年		1	1	2	

（续表）

指标代码	指标名称	指标类型	报送公司					报送频率						总分校验	指标校验	时期时点类型	送层级（默认至3级）
a65110762	赔付支出－年金给付－万能保险－年金保险－团体－其中:养老年金	损益		寿						季	半年	年		1	1	2	
a65310073	退保金－寿险－普通寿险－年金保险－其中:养老年金	损益		寿						季	半年	年		1	1	2	
a65310074	退保金－寿险－普通寿险－年金保险－个人－其中:养老年金	损益		寿						季	半年	年		1	1	2	
a65310075	退保金－寿险－普通寿险－年金保险－团体－其中:养老年金	损益		寿						季	半年	年		1	1	2	
a65310076	退保金－寿险－分红寿险－年金保险－其中:养老年金	损益		寿						季	半年	年		1	1	2	
a65310077	退保金－寿险－分红寿险－年金保险－个人－其中:养老年金	损益		寿						季	半年	年		1	1	2	
a65310078	退保金－寿险－分红寿险－年金保险－团体－其中:养老年金	损益		寿						季	半年	年		1	1	2	
a65310079	退保金－寿险－投资连结保险－年金保险－其中:养老年金	损益		寿						季	半年	年		1	1	2	
a65310080	退保金－寿险－投资连结保险－年金保险－个人－其中:养老年金	损益		寿						季	半年	年		1	1	2	
a65310081	退保金－寿险－投资连结保险－年金保险－团体－其中:养老年金	损益		寿						季	半年	年		1	1	2	
a65310082	退保金－寿险－万能保险－年金保险－其中:养老年金	损益		寿						季	半年	年		1	1	2	
a65310083	退保金－寿险－万能保险－年金保险－个人－其中:养老年金	损益		寿						季	半年	年		1	1	2	
a65310084	退保金－寿险－万能保险－年金保险－团体－其中:养老年金	损益		寿						季	半年	年		1	1	2	
61120157	期末有效承保人次－寿险－普通寿险－年金保险－其中:养老年金	统计		寿		集				季	半年	年			9	1	
61120158	期末有效承保人次－寿险－普通寿险－年金保险－个人－其中:养老年金	统计		寿		集				季	半年	年			9	1	
61120159	期末有效承保人次－寿险－普通寿险－年金保险－团体－其中:养老年金	统计		寿		集				季	半年	年			9	1	
61120160	期末有效承保人次－寿险－分红寿险－年金保险－其中:养老年金	统计		寿		集				季	半年	年			9	1	

（续表）

指标代码	指标名称	指标类型	报送公司				报送频率						总分校验	指标校验	时期时点类型	送层级（默认至3级）
61120161	期末有效承保人次－寿险－分红寿险－年金保险－个人－其中:养老年金	统计		寿		集			季	半年	年			9	1	
61120162	期末有效承保人次－寿险－分红寿险－年金保险－团体－其中:养老年金	统计		寿		集			季	半年	年			9	1	
61120163	期末有效承保人次－寿险－投资连结保险－其中:年金保险－其中:养老年金	统计		寿		集			季	半年	年			9	1	
61120164	期末有效承保人次－寿险－投资连结保险－其中:年金保险－个人－其中:养老年金	统计		寿		集			季	半年	年			9	1	
61120165	期末有效承保人次－寿险－投资连结保险－其中:年金保险－团体－其中:养老年金	统计		寿		集			季	半年	年			9	1	
61120166	期末有效承保人次－寿险－万能保险－其中:年金保险－其中:养老年金	统计		寿		集			季	半年	年			9	1	
61120167	期末有效承保人次－寿险－万能保险－其中:年金保险－个人－其中:养老年金	统计		寿		集			季	半年	年			9	1	
61120168	期末有效承保人次－寿险－万能保险－其中:年金保险－团体－其中:养老年金	统计		寿		集			季	半年	年			9	1	
61140157	期末有效保单件数－寿险－普通寿险－年金保险－其中:养老年金	统计		寿		集			季	半年	年			9	1	
61140158	期末有效保单件数－寿险－普通寿险－年金保险－其中:养老年金－其中:新单件数	统计		寿		集			季	半年	年			9	1	
61140159	期末有效保单件数－寿险－普通寿险－年金保险－个人－其中:养老年金	统计		寿		集			季	半年	年			9	1	
61140160	期末有效保单件数－寿险－普通寿险－年金保险－团体－其中:养老年金	统计		寿		集			季	半年	年			9	1	
61140161	期末有效保单件数－寿险－分红寿险－年金保险－其中:养老年金	统计		寿		集			季	半年	年			9	1	
61140162	期末有效保单件数－寿险－分红寿险－年金保险－其中:养老年金－其中:新单件数	统计		寿		集			季	半年	年			9	1	
61140163	期末有效保单件数－寿险－分红寿险－年金保险－个人－其中:养老年金	统计		寿		集			季	半年	年			9	1	
61140164	期末有效保单件数－寿险－分红寿险－年金保险－团体－其中:养老年金	统计		寿		集			季	半年	年			9	1	
61140165	期末有效保单件数－寿险－投资连结保险－其中:年金保险－其中:养老年金	统计		寿		集			季	半年	年			9	1	

（续表）

指标代码	指标名称	指标类型	报送公司					报送频率						总分校验	指标校验	时期时点类型	送层级（默认至3级）
61140166	期末有效保单件数－寿险－投资连结保险－其中:年金保险－其中:养老年金－其中:新单件数	统计		寿		集				季	半年	年			9	1	
61140167	期末有效保单件数－寿险－投资连结保险－其中:年金保险－个人－其中:养老年金	统计		寿		集				季	半年	年			9	1	
61140168	期末有效保单件数－寿险－投资连结保险－其中:年金保险－团体－其中:养老年金	统计		寿		集				季	半年	年			9	1	
61140169	期末有效保单件数－寿险－万能保险－其中:年金保险－其中:养老年金	统计		寿		集				季	半年	年			9	1	
61140170	期末有效保单件数－寿险－万能保险－其中:年金保险－其中:养老年金－其中:新单件数	统计		寿		集				季	半年	年			9	1	
61140171	期末有效保单件数－寿险－万能保险－其中:年金保险－个人－其中:养老年金	统计		寿		集				季	半年	年			9	1	
61140172	期末有效保单件数－寿险－万能保险－其中:年金保险－团体－其中:养老年金	统计		寿		集				季	半年	年			9	1	
61170078	在售产品数量－寿险－普通寿险－年金保险－其中:养老年金	统计		寿		集				季	半年	年			9	1	
61170079	在售产品数量－寿险－普通寿险－年金保险－个人－其中:养老年金	统计		寿		集				季	半年	年			9	1	
61170080	在售产品数量－寿险－普通寿险－年金保险－团体－其中:养老年金	统计		寿		集				季	半年	年			9	1	
61170081	在售产品数量－寿险－分红寿险－年金保险－其中:养老年金	统计		寿		集				季	半年	年			9	1	
61170082	在售产品数量－寿险－分红寿险－年金保险－个人－其中:养老年金	统计		寿		集				季	半年	年			9	1	
61170083	在售产品数量－寿险－分红寿险－年金保险－团体－其中:养老年金	统计		寿		集				季	半年	年			9	1	
61170084	在售产品数量－寿险－投资连结保险－其中:年金保险－其中:养老年金	统计		寿		集				季	半年	年			9	1	
61170085	在售产品数量－寿险－投资连结保险－其中:年金保险－个人－其中:养老年金	统计		寿		集				季	半年	年			9	1	

（续表）

指标代码	指标名称	指标类型	报送公司					报送频率						总分校验	指标校验	时期时点类型	送层级（默认至3级）
61170086	在售产品数量－寿险－投资连结保险－其中:年金保险－团体－其中:养老年金	统计		寿		集				季	半年	年			9	1	
61170087	在售产品数量－寿险－万能保险－其中:年金保险－其中:养老年金	统计		寿		集				季	半年	年			9	1	
61170088	在售产品数量－寿险－万能保险－其中:年金保险－个人－其中:养老年金	统计		寿		集				季	半年	年			9	1	
61170089	在售产品数量－寿险－万能保险－其中:年金保险－团体－其中:养老年金	统计		寿		集				季	半年	年			9	1	
61720008	保户投资款本年新增交费－寿险－普通寿险－其中:养老年金	统计		寿						季	半年	年			9	1	
61720009	保户投资款本年新增交费－寿险－分红寿险－其中:养老年金	统计		寿						季	半年	年			9	1	
61720010	保户投资款本年新增交费－寿险－万能保险－其中:养老年金	统计		寿						季	半年	年			9	1	
a60321721	原保险保费收入－健康险－其中:60岁及以上老年人	损益	产	寿		集				季	半年	年		1	9	2	
a60321722	原保险保费收入－健康险－长期－个人－护理保险－其中:60岁及以上老年人	损益		寿						季	半年	年		1	9	2	
a60321723	原保险保费收入－健康险－长期－团体－护理保险－其中:60岁及以上老年人	损益		寿						季	半年	年		1	9	2	
a60321724	原保险保费收入－意外伤害险－其中:60岁及以上老年人	损益	产	寿		集				季	半年	年		1	9	2	
61110136	本年累计新增承保人次－健康险－其中:60岁及以上老年人	统计	产	寿		集				季	半年	年			9	2	
61110137	本年累计新增承保人次－健康险－长期－个人－护理保险－其中:60岁及以上老年人	统计		寿		集				季	半年	年			9	2	
61110138	本年累计新增承保人次－健康险－长期－团体－护理保险－其中:60岁及以上老年人	统计		寿		集				季	半年	年			9	2	
61110139	本年累计新增承保人次－意外伤害险－其中:60岁及以上老年人	统计		寿		集				季	半年	年			9	2	
61120169	期末有效承保人次－健康险－其中:60岁及以上老年人	统计	产	寿		集				季	半年	年			9	1	
61120170	期末有效承保人次－健康险－长期－个人－护理保险－其中:60岁及以上老年人	统计		寿		集				季	半年	年			9	1	

（续表）

指标代码	指标名称	指标类型	报送公司					报送频率						总分校验	指标校验	时期时点类型	送层级（默认至3级）
61120171	期末有效承保人次－健康险－长期－团体－护理保险－其中:60 岁及以上老年人	统计		寿		集				季	半年	年			9	1	
61120172	期末有效承保人次－意外伤害险－其中:60 岁及以上老年人	统计		寿		集				季	半年	年			9	1	
61130145	本年累计新增承保保单件数－健康险－其中:60 岁及以上老年人	统计	产	寿		集				季	半年	年			9	2	
61130146	本年累计新增承保保单件数－健康险－长期－个人－护理保险－其中:60 岁及以上老年人	统计		寿		集				季	半年	年			9	2	
61130147	本年累计新增承保保单件数－健康险－长期－团体－护理保险－其中:60 岁及以上老年人	统计		寿		集				季	半年	年			9	2	
61130148	本年累计新增承保保单件数－意外伤害险－其中:60 岁及以上老年人	统计		寿		集				季	半年	年			9	2	
61140173	期末有效保单件数－健康险－其中:60 岁及以上老年人	统计	产	寿		集				季	半年	年			9	1	
61140174	期末有效保单件数－健康险－长期－个人－护理保险－其中:60 岁及以上老年人	统计		寿		集				季	半年	年			9	1	
61140175	期末有效保单件数－健康险－长期－团体－护理保险－其中:60 岁及以上老年人	统计		寿		集				季	半年	年			9	1	
61140176	期末有效保单件数－意外伤害险－其中:60 岁及以上老年人	统计		寿		集				季	半年	年			9	1	

附件 2

养老年金保险业务统计指标校验关系

a60321693 = a60321694 + a60321697	[原保险保费收入－寿险－普通寿险－年金保险－其中:养老年金]=[原保险保费收入－寿险－普通寿险－年金保险－个人－其中:养老年金]+[原保险保费收入－寿险－普通寿险－年金保险－团体－其中:养老年金]
a60321700 = a60321701 + a60321704	[原保险保费收入－寿险－分红寿险－年金保险－其中:养老年金]=[原保险保费收入－寿险－分红寿险－年金保险－个人－其中:养老年金]+[原保险保费收入－寿险－分红寿险－年金保险－团体－其中:养老年金]
a60321707 = a60321708 + a60321711	[原保险保费收入－寿险－投资连结保险－年金保险－其中:养老年金]=[原保险保费收入－寿险－投资连结保险－年金保险－个人－其中:养老年金]+[原保险保费收入－寿险－投资连结保险－年金保险－团体－其中:养老年金]
a60321714 = a60321715 + a60321718	[原保险保费收入－寿险－万能保险－年金保险－其中:养老年金]=[原保险保费收入－寿险－万能保险－年金保险－个人－其中:养老年金]+[原保险保费收入－寿险－万能保险－年金保险－团体－其中:养老年金]
a65110727 = a65110728 + a65110729	[赔付支出－死伤医疗给付－寿险－普通寿险－年金保险－其中:养老年金]=[赔付支出－死伤医疗给付－寿险－普通寿险－年金保险－个人－其中:养老年金]+[赔付支出－死伤医疗给付－寿险－普通寿险－年金保险－团体－其中:养老年金]
a65110730 = a65110731 + a65110732	[赔付支出－死伤医疗给付－寿险－分红寿险－年金保险－其中:养老年金]=[赔付支出－死伤医疗给付－寿险－分红寿险－年金保险－个人－其中:养老年金]+[赔付支出－死伤医疗给付－寿险－分红寿险－年金保险－团体－其中:养老年金]
a65110733 = a65110734 + a65110735	[赔付支出－死伤医疗给付－寿险－投资连结保险－年金保险－其中:养老年金]=[赔付支出－死伤医疗给付－寿险－投资连结保险－年金保险－个人－其中:养老年金]+[赔付支出－死伤医疗给付－寿险－投资连结保险－年金保险－团体－其中:养老年金]
a65110736 = a65110737 + a65110738	[赔付支出－死伤医疗给付－寿险－万能保险－年金保险－其中:养老年金]=[赔付支出－死伤医疗给付－寿险－万能保险－年金保险－个人－其中:养老年金]+[赔付支出－死伤医疗给付－寿险－万能保险－年金保险－团体－其中:养老年金]
a65110739 = a65110740 + a65110741	[赔付支出－满期给付－寿险－普通寿险－年金保险－其中:养老年金]=[赔付支出－满期给付－寿险－普通寿险－年金保险－个人－其中:养老年金]+[赔付支出－满期给付－寿险－普通寿险－年金保险－团体－其中:养老年金]
a65110742 = a65110743 + a65110744	[赔付支出－满期给付－寿险－分红寿险－年金保险－其中:养老年金]=[赔付支出－满期给付－寿险－分红寿险－年金保险－个人－其中:养老年金]+[赔付支出－满期给付－寿险－分红寿险－年金保险－团体－其中:养老年金]

（续表）

a65110745 = a65110746 + a65110747	[赔付支出 - 满期给付 - 寿险 - 投资连结保险 - 年金保险 - 其中:养老年金] = [赔付支出 - 满期给付 - 寿险 - 投资连结保险 - 年金保险 - 个人 - 其中:养老年金] + [赔付支出 - 满期给付 - 寿险 - 投资连结保险 - 年金保险 - 团体 - 其中:养老年金]
a65110748 = a65110749 + a65110750	[赔付支出 - 满期给付 - 寿险 - 万能保险 - 年金保险 - 其中:养老年金] = [赔付支出 - 满期给付 - 寿险 - 万能保险 - 年金保险 - 个人 - 其中:养老年金] + [赔付支出 - 满期给付 - 寿险 - 万能保险 - 年金保险 - 团体 - 其中:养老年金]
a65110751 = a65110752 + a65110753	[赔付支出 - 年金给付 - 寿险 - 普通寿险 - 年金保险 - 其中:养老年金] = [赔付支出 - 年金给付 - 寿险 - 普通寿险 - 年金保险 - 个人 - 其中:养老年金] + [赔付支出 - 年金给付 - 寿险 - 普通寿险 - 年金保险 - 团体 - 其中:养老年金]
a65110754 = a65110755 + a65110756	[赔付支出 - 年金给付 - 寿险 - 分红寿险 - 年金保险 - 其中:养老年金] = [赔付支出 - 年金给付 - 寿险 - 分红寿险 - 年金保险 - 个人 - 其中:养老年金] + [赔付支出 - 年金给付 - 寿险 - 分红寿险 - 年金保险 - 团体 - 其中:养老年金]
a65110757 = a65110758 + a65110759	[赔付支出 - 年金给付 - 寿险 - 投资连结保险 - 年金保险 - 其中:养老年金] = [赔付支出 - 年金给付 - 寿险 - 投资连结保险 - 年金保险 - 个人 - 其中:养老年金] + [赔付支出 - 年金给付 - 寿险 - 投资连结保险 - 年金保险 - 团体 - 其中:养老年金]
a65110760 = a65110761 + a65110762	[赔付支出 - 年金给付 - 寿险 - 万能保险 - 年金保险 - 其中:养老年金] = [赔付支出 - 年金给付 - 寿险 - 万能保险 - 年金保险 - 个人 - 其中:养老年金] + [赔付支出 - 年金给付 - 寿险 - 万能保险 - 年金保险 - 团体 - 其中:养老年金]
a65310073 = a65310074 + a65310075	[退保金 - 寿险 - 普通寿险 - 年金保险 - 其中:养老年金] = [退保金 - 寿险 - 普通寿险 - 年金保险 - 个人 - 其中:养老年金] + [退保金 - 寿险 - 普通寿险 - 年金保险 - 团体 - 其中:养老年金]
a65310076 = a65310077 + a65310078	[退保金 - 寿险 - 分红寿险 - 年金保险 - 其中:养老年金] = [退保金 - 寿险 - 分红寿险 - 年金保险 - 个人 - 其中:养老年金] + [退保金 - 寿险 - 分红寿险 - 年金保险 - 团体 - 其中:养老年金]
a65310079 = a65310080 + a65310081	[退保金 - 寿险 - 投资连结保险 - 年金保险 - 其中:养老年金] = [退保金 - 寿险 - 投资连结保险 - 年金保险 - 个人 - 其中:养老年金] + [退保金 - 寿险 - 投资连结保险 - 年金保险 - 团体 - 其中:养老年金]
a65310082 = a65310083 + a65310084	[退保金 - 寿险 - 万能保险 - 年金保险 - 其中:养老年金] = [退保金 - 寿险 - 万能保险 - 年金保险 - 个人 - 其中:养老年金] + [退保金 - 寿险 - 万能保险 - 年金保险 - 团体 - 其中:养老年金]

中国保监会关于发布《保险术语（JR/T 0032—2015》行业标准的通知

（保监发〔2015〕125 号　2015 年 12 月 24 日）

机关各部门，各保监局，中国保险行业协会、中国保险学会、中国精算师协会、中国保险资产管理业协会，中国保险保障基金有限责任公司、中国保险信息技术管理有限责任公司，各保险公司、保险资产管理公司，各保险专业中介机构：

全国金融标准化技术委员会保险分技术委员会制定了《保险术语》（标准编号为 JR/T 0032—2015），并通过了审查。按照《全国金融标准化技术委员会保险分技术委员会章程》，现予以发布，请遵照执行。

联系人：陈鑫　张玥明
电话：010－66286963　66286298
电子邮件：biaozhun@ iachina. cn

（请各保监局代转给辖区内的保险专业中介机构）

中国保监会关于印发《保险业功能服务指标体系》的通知

（保监发〔2015〕129 号 2015 年 12 月 30 日）

机关各部门、各保监局、培训中心：

为贯彻落实《国务院关于加快发展现代保险服务业的若干意见》（国发〔2014〕29 号）精神，全面反映保险业服务经济社会发展的能力，科学计量和系统评估保险业在服务经济发展和社会管理中所做的贡献，为促进行业持续健康发展提供数据支撑，我会研究制定了《保险业功能服务指标体系》，现印发给你们。我会将定期开展保险业功能服务指标测算，按年度发布全国保险业功能服务情况报告。同时，鼓励各保监局结合地方经济社会发展实际，灵活运用保险业功能服务指标体系开展相关分析研究。

各保监局在指标体系使用过程中如有意见和建议，请及时反馈至我会统计信息部。

联系人：孙思 肖云
联系电话：（010）66286832 66286096

附件：1. 保险业功能服务指标体系结构及指标
2. 保险业功能服务指标体系指标说明

附件 1

保险业功能服务指标体系结构及指标

<table>
<tr><th>基本功能</th><th>服务领域</th><th colspan="2">统计指标</th></tr>
<tr><td rowspan="26">经济补偿</td><td rowspan="12">一般风险保障</td><td rowspan="7">核心指标</td><td>保险业承担风险总额</td></tr>
<tr><td>原保险保费收入</td></tr>
<tr><td>赔付支出</td></tr>
<tr><td>财产险保险金额</td></tr>
<tr><td>保险准备金</td></tr>
<tr><td>期末有效承保人次</td></tr>
<tr><td>人均持有长期保单件数</td></tr>
<tr><td rowspan="5">参考备用指标</td><td>保单件数</td></tr>
<tr><td>保险产品数量</td></tr>
<tr><td>财产险保险金额与 GDP 比值</td></tr>
<tr><td>人均保险金额</td></tr>
<tr><td>直保公司分出保费</td></tr>
<tr><td rowspan="5">服务防灾减灾</td><td rowspan="2">核心指标</td><td>保险赔付与灾害损失比值</td></tr>
<tr><td>巨灾保险准备金</td></tr>
<tr><td rowspan="3">参考备用指标</td><td>预付赔付款</td></tr>
<tr><td>防灾防损费</td></tr>
<tr><td>重大灾害事故主要险种的赔付支出</td></tr>
<tr><td rowspan="9">服务农业保障</td><td rowspan="7">核心指标</td><td>农业保险参保农户户次</td></tr>
<tr><td>农业保险受益户次</td></tr>
<tr><td>农业保险承保覆盖率</td></tr>
<tr><td>农业种植险承保面积</td></tr>
<tr><td>农业种植险承保森林面积</td></tr>
<tr><td>农业养殖险承保生猪、育肥猪、能繁母猪头数</td></tr>
<tr><td>农业保险大灾准备金</td></tr>
<tr><td rowspan="2">参考备用指标</td><td>地方特色农业保险承保数量</td></tr>
<tr><td>政策型农险财政补贴资金保障比率</td></tr>
</table>

（续表）

基本功能	服务领域	统计指标	
资金融通	完善现代金融	核心指标	保险深度
			保险密度
			保险业总资产
			保险业净资产
			保险业资金运用余额
			保险机构数量
			保险业对外关联度
			保户质押贷款余额
			债券投资余额
			股票投资余额
			基金投资余额
			间接基础设施投资余额
			保险资金杠杆系数
			保户投资款本年新增交费
			投连险独立账户本年新增交费
			保户储金及投资款净增加额
			出口信用保险金额
			信用保证保险承保的小微企业保险金额
			信用保证保险承保的小微企业数量
			外资保险机构数量
			保险业境外机构资产总额
		参考备用指标	投融资参与度
			投资性房地产余额
			长期股权投资余额
			出口信用保险承保企业数量
社会管理	完善社会保障	核心指标	大病保险参保人数
			健康保障委托管理资金
			健康保障委托管理补偿金额
			企业年金受托管理资产
			企业年金受托管理企业数
			企业年金受托管理职工人数

（续表）

基本功能	服务领域	统计指标	
社会管理	完善社会保障	核心指标	企业年金投资管理资产
			年金保险期末有效承保人次
			养老年金保险期末有效承保人次
			保险养老社区服务人次
			住房反向抵押养老保险件数
		参考备用指标	大病保险开办项目数
			健康保障委托管理补偿人次
			健康服务人数
			年金保险期末有效保单件数
			保险养老社区投资规模
			小额人身保险业务承保人数
	参与社会管理	核心指标	交强险赔付件数
			交强险垫付金额
			保险业代收车船税金额
			机动车承保率
			责任保险承保数量
		参考备用指标	汽车投保率
			交强险立案件数
			道路交通事故社会救助基金
			交强险垫付件数
			科技保险投保企业数
			科技保险保险金额
			首台（套）重大技术装备保险承保数量
			首台（套）重大技术装备保险承保金额

（续表）

基本功能	服务领域	统计指标	
价值创造	创造经济价值	核心指标	保险业增加值
			保险业利润总额
			保险业税收
			保险业亿元保费投诉率
			保险业支付职工薪酬
			保险业支付营销员佣金
			车险平均结案周期
			车险结案率
		参考备用指标	保险业增加值占金融业增加值比重
			税收占比
			资产税费率
			万元保费净现金流
	创造社会价值	核心指标	保险业期末营销员人数
			保险业期末职工人数
			社会捐赠金额
		参考备用指标	行业慈善基金总额

附件 2

保险业功能服务指标体系指标说明

核心指标

序号	分类	指标名称	数据来源	指标计算公式	指标频度	全国/地区
1	一般风险保障	保险业承担风险总额	中国保险统计信息系统，保险业承担风险总额 = 财产险公司保险金额 + 人身险公司期末有效保险金额（61090005 + 61160059）	财产险公司保险金额 + 人身险公司保险金额	季度	全国/地区
2	一般风险保障	原保险保费收入	中国保险统计信息系统，“原保险保费收入”（a60320001）。可根据使用需要选择分险种的明细原保险保费收入指标。		月度	全国/地区
3	一般风险保障	赔付支出	中国保险统计信息系统，“赔付支出”（a65110001）。可根据使用需要选择分险种的明细赔付支出指标。		月度	全国/地区
4	一般风险保障	财产险保险金额	中国保险统计信息系统，“保险金额”（61090005）		季度	全国/地区
5	一般风险保障	保险准备金	中国保险统计信息系统，（保险准备金 = a26030001 + a26010001 + a26040001 + a26050001 + a22930001 + a22290001）	未决赔款准备金 + 未到期责任准备金 + 寿险责任准备金 + 长期健康险责任准备金 + 保险保障基金 + 卫星发射保险基金	月度	全国/地区
6	一般风险保障	期末有效承保人次	中国保险统计信息系统，“期末有效承保人次”（61120005）		月度	全国/地区
7	一般风险保障	人均持有长期保单件数	“长期保险保单件数”来自中国保险统计信息系统，长期保险保单件数 = 普通寿险期末有效保单件数 + 分红寿险期末有效保单件数 + 万能寿险期末有	长期保单件数/常住人口数	年度	全国/地区

（续表）

序号	分类	指标名称	数据来源	指标计算公式	指标频度	全国/地区
7			效保单件数+投连寿险期末有效保单件数+长期健康险期末有效保单件数（61140001+61140102+61140117+61140115+61140072）。“常住人口”来自政府统计部门。			
8	服务防灾减灾	保险赔付与灾害损失比值	“重大灾害保险公司赔付金额”来自保险公司不定期上报；“重大灾害造成的经济损失数据”来自国家及地方有关部门公布的数据	重大灾害保险赔付金额占重大灾害经济损失的比率	不定期	全国/地区
9	服务防灾减灾	巨灾保险准备金	中国保险统计信息系统		季度	全国
10	服务农业保障	农业保险参保农户户次	中国保险统计信息系统，“参保农户户次－农业保险”（61460002）		月度	全国/地区
11	服务农业保障	农业保险受益户次	中国保险统计信息系统，“受益农户户次－农业保险”（61480002）		月度	全国/地区
12	服务农业保障	农业保险承保覆盖率	“承保面积”和“牲畜承保数量”来自中国保险统计信息系统；“农作物播种面积”和“牲畜存栏数量”来源于农业部统计资料	农作物承保面积/农作物播种面积或牲畜承保数量/牲畜存栏量	年度	全国/地区
13	服务农业保障	农业种植险承保面积	中国保险统计信息系统，“承保数量－农业保险－种植险”（61450003）及明细科目	农业种植险承保的各种农作物面积	月度	全国/地区
14	服务农业保障	农业种植险承保森林面积	中国保险统计信息系统，“承保数量－农业保险－种植险－林木”（61450109）		月度	全国/地区
15	服务农业保障	农业养殖险承保生猪、育肥猪、能繁母猪头数	中国保险统计信息系统，“承保数量－农业保险－养殖险－小牲畜险－猪”（61450148），“承保数量－农业保险－养殖险－小牲畜险－猪－其中：育肥猪”（61450154），“承保数量－农业保险－养殖险－小牲畜险－猪－其中：能繁母猪”（61450151）		月度	全国/地区

（续表）

序号	分类	指标名称	数据来源	指标计算公式	指标频度	全国/地区
16	服务农业保障	农业保险大灾准备金	中国保险统计信息系统		季度	全国/地区
17	完善现代金融	保险深度	中国保险统计信息系统、《中国统计年鉴》。	原保险保费收入/GDP	年度	全国/地区
18	完善现代金融	保险密度	中国保险统计信息系统、《中国统计年鉴》。	原保险保费收入/常住人口数	年度	全国/地区
19	完善现代金融	保险业总资产	中国保险统计信息系统，“资产总额”（a19990001）		月度	全国
20	完善现代金融	保险业净资产	中国保险统计信息系统，“所有者权益”（a49990001）		月度	全国
21	完善现代金融	保险业资金运用余额	中国保险统计信息系统，保险资金运用统计制度统计指标口径	保险业资金运用余额 = 银行存款 + 债券 + 证券投资基金 + 买入返售金融资产 + 股票（股权）+ 金融衍生工具 + 贷款 + 投资性房地产 + 拆借资金 + 其他投资	月度	全国
22	完善现代金融	保险机构数量	保险机构与高管人员管理系统		季度	全国/地区
23	完善现代金融	保险业对外关联度	中国保险统计信息系统，对外关联度 =（a60330047 + a65410047）÷（a60320001 + a60330047）	（境外分入保费 + 境外分出保费）/（原保险保费收入 + 境外分入保费）	月度	全国
24	完善现代金融	保户质押贷款余额	中国保险统计信息系统，“贷款 - 保户质押贷款”（a13030002）		月度	全国/地区
25	完善现代金融	债券投资余额	中国保险统计信息系统，保险资金运用统计制度统计指标口径		月度	全国
26	完善现代金融	股票投资余额	中国保险统计信息系统，保险资金运用统计制度统计指标口径		月度	全国

（续表）

序号	分类	指标名称	数据来源	指标计算公式	指标频度	全国/地区
27	完善现代金融	基金投资余额	中国保险统计信息系统，保险资金运用统计制度统计指标口径		月度	全国
28	完善现代金融	间接基础设施投资余额	中国保险统计信息系统，保险资金运用统计制度统计指标口径		月度	全国
29	完善现代金融	保险资金杠杆系数	中国保险统计信息系统，“资产合计”（a19990001）、“所有者权益合计”（a49990001）	保险机构总资产/所有者权益	月度	全国
30	完善现代金融	保户投资款本年新增交费	中国保险统计信息系统，“保户投资款本年新增交费”（61720001）		月度	全国/地区
31	完善现代金融	投连险独立账户本年新增交费	中国保险统计信息系统，“投连险独立账户本年新增交费”（61740001）		月度	全国/地区
32	完善现代金融	保户储金及投资款净增加额	中国保险统计信息系统，“保户储金及投资款净增加额”（a70030001）		月度	全国/地区
33	完善现代金融	出口信用保险金额	保险公司报送		季度	全国/地区
34	完善现代金融	信用保证保险承保的小微企业保险金额	保险公司报送		季度	全国/地区
35	完善现代金融	信用保证保险承保的小微企业数量	保险公司报送		季度	全国/地区
36	完善现代金融	外资保险机构数量	保险机构与高管人员管理系统		季度	全国/地区
37	完善现代金融	保险业境外机构资产总额	保险业境外机构经营情况调查表汇总		季度	全国
38	完善社会保障	大病保险参保人数	保险创新业务统计信息系统		季度	全国/地区

（续表）

序号	分类	指标名称	数据来源	指标计算公式	指标频度	全国/地区
39	完善社会保障	健康保障委托管理资金	中国保险统计信息系统，“委托管理资金余额－健康保障委托管理业务”（b61750001）或“本年累计新增委托管理资金－健康保障委托管理业务”（b61740001）		季度	全国/地区
40	完善社会保障	健康保障委托管理补偿金额	中国保险统计信息系统，“补偿金额－健康保障委托管理业务”（b61770001）		季度	全国/地区
41	完善社会保障	企业年金受托管理资产	保险创新业务统计信息系统		季度	全国/地区
42	完善社会保障	企业年金受托管理企业数	保险创新业务统计信息系统		季度	全国/地区
43	完善社会保障	企业年金受托管理职工人数	保险创新业务统计信息系统		季度	全国/地区
44	完善社会保障	企业年金投资管理资产	保险创新业务统计信息系统		季度	全国/地区
45	完善社会保障	年金保险期末有效承保人次	中国保险统计信息系统，年金保险期末有效承保人次＝“期末有效承保人次－寿险－普通寿险－年金保险”＋“期末有效承保人次－寿险－分红寿险－年金保险”＋“期末有效承保人次－寿险－投资连结保险－其中：年金保险”＋“期末有效承保人次－寿险－万能保险－其中：年金保险”（年金保险期末有效承保人次＝61120099＋61120112＋61120116＋61120118）		季度	全国/地区
46	完善社会保障	养老年金保险期末有效承保人次	中国保险统计信息系统		季度	全国/地区

（续表）

序号	分类	指标名称	数据来源	指标计算公式	指标频度	全国/地区
47	完善社会保障	保险养老社区服务人次	创新业务统计信息系统		季度	全国
48	完善社会保障	保险机构提供住房反向抵押养老保险件数	创新业务统计信息系统		季度	全国/地区
49	参与社会管理	交强险赔付件数	中国保险统计信息系统，“已决赔付件数－机动车辆保险－交强险”（61100031）		月度	全国/地区
50	参与社会管理	交强险垫付金额	中国保险统计信息系统，交强险垫付金额＝“已决赔款－机动车辆保险－交强险－医疗费用－其中：垫付金额”＋“未决赔款－机动车辆保险－交强险－医疗费用－其中：垫付金额”（交强险垫付金额＝61010155＋61020153）		月度	全国/地区
51	参与社会管理	保险业代收车船税金额	中国保险统计信息系统，“本年代收车船税额”（61760001）		季度	全国/地区
52	参与社会管理	机动车承保率	“承保机动车数量”来自中国保险统计信息系统，为“承保辆数－交强险”（61040008）和“交强险－短期险数量”（61040065）的差额；“登记使用机动车数量”来自交管部门	承保机动车数量/登记使用机动车数量	年度	全国/地区
53	参与社会管理	责任保险承保数量	中国保险统计信息系统，“签单数量－责任保险”（61030017）。可根据使用需要选择医疗责任险、安全生产责任险、环境污染责任先、校园安全责任险等明细险种承保数量。		月度	全国/地区
54	创造经济价值	保险业增加值	来自政府统计部门	劳动者报酬＋生产税净额＋固定资产折旧＋营业盈余	季度	全国/地区

（续表）

序号	分类	指标名称	数据来源	指标计算公式	指标频度	全国/地区
55	创造经济价值	保险业利润总额	中国保险统计信息系统，“利润总额”（a43990043）		月度	全国
56	创造经济价值	保险业税收	中国保险统计信息系统，保险业税收 = a64030001 + a66010133 + a66010134 + a66010135 + a66010136 + a68010001	营业税金及附加 + 营业费用中的税金 + 所得税	月度	全国/地区
57	创造经济价值	保险业亿元保费投诉率	“监管部门收到的有效投诉件数量”来自保监会及派出机构；“原保险保费收入”来自中国保险统计信息系统	监管部门收到的有效投诉件数量/原保险保费收入	季度	全国/地区
58	创造经济价值	保险业支付职工薪酬	中国保险统计信息系统，“业务及管理费 – 职工工资及福利费”（a66010100）		月度	全国/地区
59	创造经济价值	保险业支付营销员佣金	中国保险统计信息系统，“手续费及佣金支出 – 佣金”（a64210163）		月度	全国/地区
60	创造经济价值	车险平均结案周期	车险信息平台	案均报案支付周期 = $\sum$［全案支付时间 – 报案时间］正常结案数量	年度	全国/地区
61	创造经济价值	车险结案率	车险信息平台	结案率 = 当期已决数量/当期立案赔案数量	年度	全国/地区
62	创造社会价值	保险业期末营销员人数	中国保险统计信息系统		季度	全国/地区
63	创造社会价值	保险业期末职工人数	中国保险统计信息系统		季度	全国/地区
64	创造社会价值	社会捐赠金额	中国保险统计信息系统，“营业外支出 – 公益性捐赠支出”（a67110005）		月度	全国/地区

参考备用指标

序号	分类	指标名称	数据来源	指标计算公式	指标频度	全国/地区
1	一般风险保障	保单件数	中国保险统计信息系统，人身险公司使用科目“期末有效承保单件数”（61140005）；财产险公司使用科目“签单数量”（61030005）		月度	全国/地区
2	一般风险保障	保险产品数量	中国保险统计信息系统，“在售产品数量”（61170001）		月度	全国
3	一般风险保障	财产险保险金额与GDP比值	“财产险业务保险金额”来自中国保险统计信息系统；GDP来自政府统计部门。财产险业务保险金额 = 保险金额合计 - 意外险保险金额 - 健康险保险金额（财产险保险金额 = 61090005 - 61090029 - 61090028）	财产险业务保险金额/GDP	季度	全国/地区
4	一般风险保障	人均保险金额	“人身险业务保险金额”来自中国保险统计信息系统；“常住人口”来自政府统计部门。人身险保险金额 = 人身险公司期末有效保险金额 + 财产险公司意外险保险金额 + 财产险公司健康险保险金额（人身险保险金额 = 61160059 + 61090029 + 61090028）	人身险业务保险金额/常住人口数	年度	全国/地区
5	一般风险保障	直保公司分出保费	中国保险统计信息系统，“分出保费（统计） - 境外”（61220066）；“分出保费（统计）—境内”（61220028）		季度	全国
6	服务防灾减灾	预付赔付款	中国保险统计信息系统，“预付赔付款”（a11230001）		月度	全国/地区
7	服务防灾减灾	防灾防损费	中国保险统计信息系统，“业务及管理费 - 防预费”（a66010137）		月度	全国/地区
8	服务防灾减灾	重大灾害事故主要险种的赔付支出	来自保险公司不定期上报		不定期	全国/地区

（续表）

序号	分类	指标名称	数据来源	指标计算公式	指标频度	全国/地区
9	服务农业保障	地方特色农业保险承保数量	中国保险统计信息系统，“农业保险承保数量”明细指标（一级科目为6145）。各保监局可结合当地实际灵活使用分险种明细指标。		月度	全国/地区
10	服务农业保障	政策型农险财政补贴资金保障比率	中国保险统计信息系统，“保险金额－农业保险－种植险－政策性”（61090098），“保险金额－农业保险－养殖险－政策性”（61090222），“原保险保费收入－农业保险－种植险－政策性”（a60320395），“原保险保费收入－农业保险－养殖险－政策性”（a60321039）	政策型农险保险金额/政策型农险保费收入	年度	全国/地区
11	完善现代金融	投融资参与度	“可运用资金”来自中国保险统计信息系统；“全社会融资总额”来自政府部门	投融资参与度＝新增可运用资金/当年全社会融资总额。其中：新增可运用资金＝保险业可运用保险资金的当期增加额	年度	全国
12	完善现代金融	投资性房地产余额	中国保险统计信息系统，“投资性房地产”（a15210001）		月度	全国
13	完善现代金融	长期股权投资余额	中国保险统计信息系统，“长期股权投资”（a15110001）		月度	全国
14	完善现代金融	出口信用保险承保企业数量	保险公司报送		季度	全国/地区
15	完善社会保障	大病保险开办项目数	保险创新业务统计信息系统		季度	全国/地区
16	完善社会保障	健康保障委托管理补偿人次	中国保险统计信息系统，“补偿人次－健康保障委托管理业务”（b61760001）		季度	全国/地区
17	完善社会保障	健康服务人数	中国保险统计信息系统，“参加健康服务人数”（61710001）		季度	全国/地区

（续表）

序号	分类	指标名称	数据来源	指标计算公式	指标频度	全国/地区
18	完善社会保障	年金保险期末有效保单件数	中国保险统计信息系统,年金保险期末有效保单件数 =“期末有效保单件数 - 寿险 - 普通寿险 - 年金保险”+“期末有效保单件数 - 寿险 - 分红寿险 - 年金保险”+“期末有效保单件数 - 寿险 - 投资连结保险 - 其中:年金保险”+“期末有效保单件数 - 寿险 - 万能保险 - 其中:年金保险”(年保险期末有效保单件数 =61140099 +61140112 +61140116 +61140118)		季度	全国/地区
19	完善社会保障	保险养老社区投资规模	保险创新业务统计信息系统		季度	全国
20	完善社会保障	小额人身保险业务承保人数	保险公司报送		季度	全国/地区
21	参与社会管理	汽车投保率	“承保汽车数量”为中国保险统计信息系统科目“承保辆数 - 交强险”(61040008)减去摩托车、拖拉机、挂车和短期险数量得到;“登记使用汽车数量”来自交管部门	承保汽车数量/登记使用汽车数量	年度	全国/地区
22	参与社会管理	交强险立案件数	中国保险统计信息系统,“立案件数”(61440001)		年度	全国/地区
23	参与社会管理	道路交通事故社会救助基金	中国保险统计信息系统,“救助基金 - 机动车辆保险 - 交强险”(a64320001)		月度	全国/地区
24	参与社会管理	交强险垫付件数	中国保险统计信息系统,“垫付案件数量 - 机动车辆保险 - 交强险”(61390001)		月度	全国/地区
25	参与社会管理	科技保险投保企业数	保险公司报送		季度	全国/地区
26	参与社会管理	科技保险保险金额	保险公司报送		季度	全国/地区

（续表）

序号	分类	指标名称	数据来源	指标计算公式	指标频度	全国/地区
27	参与社会管理	首台（套）重大技术装备保险承保数量	保险公司报送		季度	全国/地区
28	参与社会管理	首台（套）重大技术装备保险承保金额	保险公司报送		季度	全国/地区
29	创造经济价值	保险业增加值占金融业增加值比重	数据来自统计部门	保险业增加值/金融业增加值	季度	全国/地区
30	创造经济价值	税收占比	“保险业税收”来自中国保险统计信息系统，国税、地税数据来自相关部门统计	保险业税收（营业税金及附加＋营业费用中的税金＋所得税）/（国税＋地税）	年度	全国
31	创造经济价值	资产税费率	中国保险统计信息系统	保险业税收/总资产	月度	全国
32	创造经济价值	万元保费净现金流	中国保险统计信息系统，万元保费净现金流＝经营活动现金净流入÷原保险保费收入（万元保费净现金流＝96000166÷a60320001）	保险公司经营活动净现金流＊10000/当期原保险保费收入	月度	全国
33	创造社会价值	行业慈善基金总额	保险公司报送		季度	全国

中国保监会关于印发《责任保险统计制度（试行）》的通知

（保监发〔2016〕8 号　2016 年 1 月 21 日）

各财产保险公司：

为进一步加强责任保险监管，完善责任保险数据统计，我会研究制定了《责任保险统计制度（试行）》，现予印发，请遵照执行。

各财产保险公司应严格按照本制度规定的指标、口径及要求报送统计数据，确保统计数据真实、准确、完整和及时。

本制度从 2016 年 5 月 1 日起正式实施。各财产保险公司应于 2016 年 5 月开始报送 2016 年 4 月报表。

统计工作联系人：葛士桂 010 – 66286239

创新系统管理员：孙思 010 – 66286832

创新系统技术服务：刘文立 010 – 66286110

屠晓东 010 – 66288379

责任保险统计制度
（试行）

一、总说明

（一）统计内容。

责任保险是指以被保险人对第三者依法应负的赔偿责任为保险标的的保险。

责任保险统计制度（试行）包括 2 张报表（详见附表）。具体包括：表 1 责任保险分险种监管财务报表、表 2 责任保险分险种监管业务报表。

本制度的统计内容不影响各公司向中国保险统计信息系统（以下简称统信系统）的数据报送。

（二）报送单位。

各财产保险总公司。

（三）报送频度及时间。

各表报送频度为月报。各财产保险总公司应于月后 15 个自然日内报送报表，遇国庆、春节等法定长假可顺延 3 个自然日。

（四）报送方式。

责任保险统计报表通过中国保监会保险创新业务统计信息系统（以下简称创新系统，访问地址：http：//10. 254. 1. 67）报送。各财产保险总公司应于 2016 年 3 月前完成本公司业务系统、财务系统改造工作，以满足本统计报表的数据需求。

（五）测试要求。

2016 年 4 月 1 日 – 10 日，各财产保险总公司应登录创新系统进行数据测试，4 月 15 日前试报送 2016 年 3 月报表，并妥善解决测试过程中出现的业务、技术问题。测试完毕，创新系统将清空所有测试数据。

（六）报送要求。

各财产保险总公司应于2016年5月开始报送2016年4月报表。统计数据为自当年1月1日起的累计值，如：2016年4月签单保费为2016年1－4月的累计值。如部分险种未开展业务，则该险种数据报表应进行零报送。

各表统计数据应当与统信系统数据保持一致。其中，雇主责任类合计统计数据、公众责任类合计统计数据、职业责任类合计统计数据、产品责任类合计统计数据、其他责任保险合计统计数据、责任保险合计统计数据应当与统信系统对应项目的统计数据一致，道路客运承运人责任保险产品、道路危险货物承运人责任保险产品、水路客运承运人责任保险产品统计数据总和应当与统信系统承运人责任险统计数据一致。各表仅统计各财产保险总公司按责任保险备案的产品数据。

（七）历史数据补报安排。

各财产保险公司应按照本通知要求，补报2016年1－3月的统计表历史数据，补报时间为2016年5月16日－5月31日。

二、填报口径

（一）部分险种释义。

特种设备安全责任保险产品：承保电梯、吊装等特种设备造成第三者人身伤亡和财产损失，依法应由被保险人承担的经济赔偿责任。

侵犯专利权责任保险产品：承保被保险人非因故意侵犯他人专利权，依法应由被保险人承担的经济赔偿责任。

产品质量安全责任保险产品：承保生产者、销售者依法应当承担的修理、更换、退货责任，以及生产者、销售者因产品存在缺陷造成人身损害及其他财产损失依法应当承担的赔偿责任（含产品质量责任保险）。

建筑工程质量保险产品：承保保险合同中载明的建筑物在正常使用条件下，因潜在缺陷发生质量事故造成建筑物的损坏，依法应由被保险人承担的经济赔偿责任。

首台（套）重大技术装备保险产品：承保被保险人制造销售的首台（套）重大技术装备因质量缺陷，导致装备自身损坏或人身伤亡、其他财产损失，依法应由被保险人承担的修理、更换、退货及损害赔偿等经济责任。

诉讼财产保全责任保险产品：承保被保险人向人民法院申请诉讼财产保全，因申请错误造成被申请人直接经济损失，依法应由被保险人承担的经济赔偿责任。

退货运费保险产品：承保网购行为中发生退货的运费支出。

账户支付安全保险产品：承保因支付账户或密码及其他安全工具被盗取、冒用等原因造成的账户资金损失。

专利执行保险产品：承保第三方未取得授权而首次实施保单列明的专利，被保险人获取证据、提起诉讼或仲裁发生的必要的、合理的调查费、公证费、交通费、住宿费、伙食补助费等。

（二）统计口径。

承保企业数量：保险公司在一定时期内签发的保险单中载明的承保的企业数量总和，其中法人机构按一家计算。

承保人数：保险公司在一定时期内签发的保险单中载明的承保的雇员、学生、医务人员、董监事高管等自然人数总和。

承保项目、设备数量：保险公司在一定时期内签发的保险单中载明的承保的项目（如建筑工程质量保险承保的房屋数量）、设备（如特种设备第三者责任险、首台（套）重大技术装备保险等承保的设备数量）、案件（如诉讼财产保全责任险承保的诉讼案件数量）、专利（如专利执行保险承保的专利数量）等数量总和。

承保车辆、轮船数量：保险公司在一定时期内签发的保险单中载明的承保的车辆或轮船数量总和。

被保险人受益数量：在统计期内已立案且已结案的赔案中，直接受益的被保险人受益人次的总和。

受害第三者受益数量：责任保险的被保险人给第三者造成损害，在统计期内已立案且已结案的赔案中直接受益的受害第三者受益人次的总和。

共保业务中的签单数量、已决赔款件数、未决赔款件数、承保企业数量、承保人数、承保项目、设备数量、承保车辆、轮船数量、被保险人受益数量、受害第三者受益数量九个指标，仅由首席承保方统计，其他保险公司无须统计。

其他未做特别说明的统计指标填报口径参照现行保险统计制度执行。

责任保险费用分摊方法应按照《保险公司费用分摊指引》（保监发〔2006〕90 号）的规定执行。

三、填报表式

详见附表。

附表：1. 责任保险分险种监管财务报表（略）

2. 责任保险分险种监管业务报表

附表 2

责任保险分险种监管业务报表

填报单位：　　　　　　　　　　　　报告期：　　年　　月　　　　　　　　　　　　单位：元、个

			雇主责任类					公众责任类																		职业责任类						产品责任类						其他责任保险									责任保险合计
			雇主责任保险产品	安全生产责任保险产品	补充工伤责任保险产品	其他雇主类责任保险产品	合计	公众责任保险产品	火灾公众责任保险产品	自然灾害公众责任保险产品	道路客运承运人责任保险产品	道路危险货物承运人责任保险产品	水路客运承运人责任保险产品	环境污染责任保险产品	物流责任保险产品	校园方责任保险产品	职业院校实习责任保险产品	食品安全责任保险产品	养老服务机构责任保险产品	供电责任保险产品	旅行社责任保险产品	特种设备安全责任保险产品	侵犯专利权责任保险产品	其他公众类责任保险产品	合计	医疗责任保险产品	会计师事务所执业责任保险产品	董监事高管责任保险产品	建筑工程设计责任保险产品	其他职业类责任保险产品	合计	产品质量安全责任保险产品	建筑工程质量保险产品	首台（套）重大技术装备保险产品	产品召回保险产品	其他产品责任类责任保险产品	合计	产品延长保修保险产品	机动车延长保修保险产品	诉讼财产保全责任保险产品	航空延误保险产品	退货运费保险产品	账户支付安全保险产品	专利执行保险产品	其他产品	合计	
		—	01	02	03	04	05	06	07	08	09	10	11	12	13	14	15	16	17	18	19	20	21	22	23	24	25	26	27	28	29	30	31	32	33	34	35	36	37	38	39	40	41	42	43	44	45
业务统计	1. 签单数量	01					—																		—						—						—									—	—
	2. 保险金额或责任限额	02					—																		—						—						—									—	—
	3. 保单保费	03					—																		—						—						—									—	—
	4. 签单保费	04					—																		—						—						—									—	—
	5. 已决赔付件数	05					—																		—						—						—									—	—
	6. 未决赔付件数	06					—																		—						—						—									—	—
	7. 已决赔款	07					—																		—						—						—									—	—
	8. 未决赔款	08					—																		—						—						—									—	—

（续表）

		雇主责任类					公众责任类																		职业责任类						产品责任类						其他责任保险									责任保险合计
		雇主责任保险产品	安全生产责任保险产品	补充工伤责任保险产品	其他雇主类责任保险产品	合计	公众责任保险产品	火灾公众责任保险产品	自然灾害公众责任保险产品	道路客运承运人责任保险产品	道路危险货物承运人责任保险产品	水路客运承运人责任保险产品	环境污染责任保险产品	物流责任保险产品	校园方责任保险产品	职业院校实习责任保险产品	食品安全责任保险产品	养老服务机构责任保险产品	供电责任保险产品	旅行社责任保险产品	特种设备安全责任保险产品	侵犯专利权责任保险产品	其他公众类责任保险产品	合计	医疗责任保险产品	会计师事务所执业责任保险产品	董监事高管责任保险产品	建筑工程设计责任保险产品	其他职业类责任保险产品	合计	产品质量安全责任保险产品	建筑工程质量保险产品	首台（套）重大技术装备保险产品	产品召回保险产品	其他产品责任类责任保险产品	合计	产品延长保修保险产品	机动车延长保修保险产品	诉讼财产保全责任保险产品	航空延误保险产品	退货运费保险产品	账户支付安全保险产品	专利执行保险产品	其他产品	合计	
	—	01	02	03	04	05	06	07	08	09	10	11	12	13	14	15	16	17	18	19	20	21	22	23	24	25	26	27	28	29	30	31	32	33	34	35	36	37	38	39	40	41	42	43	44	45
签单保费业务来源 直接业务	09					—																		—						—						—									—	—
间接业务 1. 代理业务	10					—																		—						—						—									—	—
个人代理业务	11					—																		—						—						—									—	—
兼业代理业务	12					—																		—						—						—									—	—
专业代理业务	13					—																		—						—						—									—	—
其中：直属代理机构业务	14					—																		—						—						—									—	—
2. 经纪业务	15					—																		—						—						—									—	—
其中：直属经纪公司业务	16					—																		—						—						—									—	—
小计	17	—	—	—	—	—	—	—	—	—	—	—	—	—	—	—	—	—	—	—	—	—	—	—	—	—	—	—	—	—	—	—	—	—	—	—	—	—	—	—	—	—	—	—	—	—

（续表）

		行次	雇主责任类：雇主责任保险产品	雇主责任类：安全生产责任保险产品	雇主责任类：补充工伤责任保险产品	雇主责任类：其他雇主类责任保险产品	雇主责任类：合计	公众责任类：公众责任保险产品	公众责任类：火灾公众责任保险产品	公众责任类：自然灾害公众责任保险产品	公众责任类：道路客运承运人责任保险产品	公众责任类：道路危险货物承运人责任保险产品	公众责任类：水路客运承运人责任保险产品	公众责任类：环境污染责任保险产品	公众责任类：物流责任保险产品	公众责任类：校园方责任保险产品	公众责任类：职业院校实习责任保险产品
		—	01	02	03	04	05	06	07	08	09	10	11	12	13	14	15
投保家数	承保企业数量	18					—										
投保家数	承保人数	19					—	NA		NA		NA					NA
投保家数	承保项目、设备数量	20	NA	NA				—	NA						—		
投保家数	承保车辆、轮船数量	21	NA	NA				NA	NA	NA	NA	—					
受益情况	被保险人受益数量	22					—										
受益情况	受害第三者受益数量	23					—										

		行次	公众责任类：食品安全责任保险产品	公众责任类：养老服务机构责任保险产品	公众责任类：供电责任保险产品	公众责任类：旅行社责任保险产品	公众责任类：特种设备安全责任保险产品	公众责任类：侵犯专利权责任保险产品	公众责任类：其他公众类责任保险产品	公众责任类：合计	职业责任类：医疗责任保险产品	职业责任类：会计师事务所执业责任保险产品	职业责任类：董监事高管责任保险产品	职业责任类：建筑工程设计责任保险产品	职业责任类：其他职业类责任保险产品	职业责任类：合计	产品责任类：产品质量安全责任保险产品
		—	16	17	18	19	20	21	22	23	24	25	26	27	28	29	30
投保家数	承保企业数量	18								—						—	
投保家数	承保人数	19		NA		—						—	NA	NA			
投保家数	承保项目、设备数量	20							—	—							
投保家数	承保车辆、轮船数量	21															
受益情况	被保险人受益数量	22								—						—	
受益情况	受害第三者受益数量	23								—						—	

		行次	产品责任类：建筑工程质量保险产品	产品责任类：首台（套）重大技术装备保险产品	产品责任类：产品召回保险产品	产品责任类：其他产品责任类责任保险产品	产品责任类：合计	其他责任保险：产品延长保修保险产品	其他责任保险：机动车延长保修保险产品	其他责任保险：诉讼财产保全责任保险产品	其他责任保险：航空延误保险产品	其他责任保险：退货运费保险产品	其他责任保险：账户支付安全保险产品	其他责任保险：专利执行保险产品	其他责任保险：其他产品	其他责任保险：合计	责任保险合计
		—	31	32	33	34	35	36	37	38	39	40	41	42	43	44	45
投保家数	承保企业数量	18					—									—	—
投保家数	承保人数	19	NA		—	—											
投保家数	承保项目、设备数量	20															
投保家数	承保车辆、轮船数量	21															
受益情况	被保险人受益数量	22					—									—	—
受益情况	受害第三者受益数量	23					—									—	—

中国保监会关于印发《新增保险功能服务统计指标》的通知

（保监发〔2016〕20 号　2016 年 3 月 1 日）

各保险公司：

为配合《保险业功能服务指标体系》（保监发〔2015〕129 号）实施，我会对现行保险统计制度进行了修订，新增了部分统计指标。现予印发，请遵照执行。

联系人：孙思　肖云

联系电话：（010）66286832　66286096

一、填报口径

1. 农业保险大灾准备金：指保险公司在经营农业保险过程中，为增强风险抵御能力、应对农业大灾风险专门计提的准备金。填报口径按照《财政部关于印发〈农业保险大灾风险准备金管理办法〉的通知》（财金〔2013〕129 号）执行。

2. 巨灾保险准备金：指保险公司在经营巨灾保险业务过程中，为增强风险抵御能力、应对巨灾损失而专门计提的准备金。

3. 小微企业：填报口径按照《国家统计局关于印发统计上大中小微型企业划分办法的通知》（国统字〔2011〕75 号）和《中国人民银行中国银行业监督管理委员会中国证券监督管理委员会中国保险监督管理委员会国家统计局关于印发〈金融业企业划型标准规定〉的通知》（银发〔2015〕309 号）执行。

4. 出口信用保险：指以在出口过程中因进口商方面的商业风险或进口国方面的政治风险而遭受经济损失为保险标的的信用保险。

5. 小额人身保险：指保险公司面向低收入群体提供的人身保险产品的总称。填报口径按照《关于印发〈全面推广小额人身保险方案〉的通知》（保监发〔2012〕53 号）执行。

6. 科技保险：指以与科技企业技术创新和生产经营活动相关的有形或无形财产、科技企业从业人员的身体或生命、科技企业对第三方应承担的经济赔偿责任以及创新活动的预期成果为保险标的的保险。填报口径按照我会与科技部确定的科技保险试点政策和《关于进一步做好科技保险有关工作的通知》（保监发〔2010〕31 号）执行。

7. 首台（套）重大技术装备保险：指以列入工业和信息化部《首台（套）重大技术装备推广应用目录》的装备产品为保险标的的保险。填报口径按照《财政部　工业和信息化部　保监会关于开展首台（套）重大技术装备保险补偿机制试点工作的通知》（财建〔2015〕19 号）和《中国保监会关于开展首台（套）重大技术装备保险试点工作的指导意见》（保监发〔2015〕15 号）等文件执行。

8. 行业慈善基金总额：指保险公司发起设立的慈善专项基金规模，按基金期末余额口径填报。

二、报送单位

各保险公司（含集团、控股公司，下同）。

三、报送方式

各保险公司应按照“全科目、大集中、一级报三级”的方式，通过中国保险统计信息系统，向我会报送保险功能服务统计指标。

四、报送频度和报送层级

本通知涉及的统计指标报送频度为季报。各保险公司应于季后 12 个自然日内报送相关统计数据，遇国庆、春节等法定长假可顺延 3 个自然日。报送层级参见附件。

五、实施时间

本通知自 2016 年 7 月 1 日起实施，各保险公司从 7 月份开始报送二季度数据。

六、报送要求

1. 各保险公司应充分重视新增统计信息的报送工作，协调有关部门，及时修改中国保险统计信息系统的对接系统。

2. 各保险公司应严格按照本通知规定，真实、准确、完整、及时地报送相关统计信息。

3. 本通知未特别说明的事项，按现行统计规定执行。

附件：新增统计指标列表

附件

新增统计指标列表

指标代码	指标名称	指标类型	报送公司					报送频率						总分校验	指标校验	时期时点类型	报送层级（默认至 3 级）
a26010170	未决赔款准备金－其中：农业保险大灾准备金	负债	产			集				季	半年	年			9	1	
a26010171	未决赔款准备金－其中：巨灾保险准备金	负债	产			集				季	半年	年			9	1	
a60321701	原保险保费收入－保证保险－其中：小微企业保证保险	损益	产			集				季	半年	年			9	2	
a60321702	原保险保费收入－信用保险－其中：小微企业信用保险	损益	产			集				季	半年	年			9	2	
a60321703	原保险保费收入－信用保险－其中：出口信用保险	损益	产			集				季	半年	年			9	2	
a60321704	原保险保费收入－其中：科技保险	损益	产			集				季	半年	年			9	2	
a60321705	原保险保费收入－其中：首台（套）重大技术装备保险	损益	产			集				季	半年	年			9	2	
a60321706	原保险保费收入－其中：小额人身保险业务	损益	产	寿		集				季	半年	年			9	2	
61090350	保险金额－保证保险－其中：小微企业保证保险	统计	产			集				季	半年	年			9	2	
61090351	保险金额－信用保险－其中：小微企业信用保险	统计	产			集				季	半年	年			9	2	
61090352	保险金额－信用保险－其中：出口信用保险	统计	产			集				季	半年	年			9	2	
61090353	保险金额－其中：科技保险	统计	产			集				季	半年	年			9	2	
61090354	保险金额－其中：首台（套）重大技术装备保险	统计	产			集				季	半年	年			9	2	

（续表）

指标代码	指标名称	指标类型	报送公司					报送频率						总分校验	指标校验	时期时点类型	报送层级（默认至3级）
61450200	承保数量－保证保险－其中：小微企业保证保险	统计	产			集				季	半年	年			9	2	
61450201	承保数量－信用保险－其中：小微企业信用保险	统计	产			集				季	半年	年			9	2	
61450202	承保数量－信用保险－其中：出口信用保险	统计	产			集				季	半年	年			9	2	
61450203	承保数量－其中：科技保险	统计	产			集				季	半年	年			9	2	
61450204	承保数量－其中：首台（套）重大技术装备保险	统计	产			集				季	半年	年			9	2	
61140184	期末有效承保人次－其中：小额人身保险业务	统计	产	寿		集				季	半年	年			9	1	
61140185	行业慈善基金总额	统计	产	寿		集				季	半年	年				1	

中国保险监督管理委员会、中国人民银行关于发布《银行保险业务人寿保险数据交换规范》行业标准的通知

（保监发〔2016〕24 号 2016 年 3 月 16 日）

机关各部门，各保监局，培训中心，中国保险保障基金有限责任公司、中国保险信息技术管理有限责任公司、中国保险报业股份有限公司、中保投资有限责任公司、上海保险交易所筹备组，中国保险行业协会、中国保险学会、中国精算师协会、中国保险资产管理业协会，各保险公司、各保险资产管理公司、各保险中介机构；中国人民银行上海总部，各分行、营业管理部、省会（首府）城市中心支行、副省级城市中心支行，国家开发银行，各政策性银行、国有商业银行、股份制商业银行，中国邮政储蓄银行：

全国金融标准化技术委员会保险分技术委员会制定了《银行保险业务人寿保险数据交换规范》（JR/T 0031—2016）行业标准，并通过了审查。按照《全国金融标准化技术委员会章程》和《全国金融标准化技术委员会保险分技术委员会章程》，现予以发布，请遵照执行。

中国人民银行联系人：曲维民

电话：010－66194552

中国保监会联系人：吕晓莉 张玥明

电话：010－66286106 66286298

电子邮件：biaozhun@ iachina. cn

中国保险监督管理委员会、中国人民银行关于发布《银行保险业务财产保险数据交换规范》行业标准的通知

（保监发〔2016〕25号　2016年3月16日）

机关各部门，各保监局，培训中心，中国保险保障基金有限责任公司、中国保险信息技术管理有限责任公司、中国保险报业股份有限公司、中保投资有限责任公司、上海保险交易所筹备组，中国保险行业协会、中国保险学会、中国精算师协会、中国保险资产管理业协会，各保险公司、各保险资产管理公司、各保险中介机构；中国人民银行上海总部，各分行、营业管理部、省会（首府）城市中心支行、副省级城市中心支行，国家开发银行，各政策性银行、国有商业银行、股份制商业银行，中国邮政储蓄银行：

全国金融标准化技术委员会保险分技术委员会制定了《银行保险业务财产保险数据交换规范》(JR/T 0037—2016)行业标准，并通过了审查。按照《全国金融标准化技术委员会章程》和《全国金融标准化技术委员会保险分技术委员会章程》，现予以发布，请遵照执行。

中国人民银行联系人：曲维民
电话：010－66194552
中国保监会联系人：吕晓莉　张玥明
电话：010－66286106　66286298
电子邮件：biaozhun@ iachina. cn

中国保监会关于印发《保险集团并表监管统计制度》的通知

（保监发〔2016〕29 号　2016 年 4 月 7 日）

各保险集团（控股）公司：

为全面掌握保险集团（控股）公司的经营管理情况，满足保险集团风险监管的需求，我会制定了《保险集团并表监管统计制度》。现印发给你们，请遵照执行。

本制度自 2016 年 7 月 1 日起施行，各保险集团（控股）公司从 2016 年 7 月开始按本制度要求报送二季度报表。

执行过程中如有问题，请及时与我会统计信息部联系。

业务联系人：朴雅琳 010－66286568

创新系统管理员：孙思 010－66286832

创新系统技术服务：刘文立 010－66286110

屠晓东 010－66288379

保险集团并表监管统计制度

一、总体说明

（一）统计内容。

本制度根据《保险集团公司管理办法（试行）》、《保险集团并表监管指引》等规章制度制定，统计内容主要是保险集团的整体风险状况，包括保险集团规模、并表财务状况、股权结构、业务类型、风险集中度、重大内部交易、系统性风险以及偿付能力等并表风险相关内容。

本制度包括 7 张统计表。其中，表 1 和表 2 为保险集团合并财务报表，表 3 至表 7 为保险集团并表风险统计报表。

表 1 表 2：保险集团合并财务报表，合并范围按照现行《企业会计准则》以控制为基础确定，包括总公司、全部子公司及结构化主体等。结构化主体是指在确定其控制方时没有将表决权或类似权力作为决定因素而设计的主体，包括证券化工具、资产支持融资、部分投资基金等。

表 3：保险集团并表风险监测表，主要反映集团整体的财务、资本、复杂程度等风险状况。

表 4：保险集团业务分部情况表，主要反映集团保险业、非保险金融业以及非金融业的业务规模占比以及利润贡献情况。

表 5：保险集团重大内部交易统计表，主要反映保险集团公司与子公司，以及子公司之间的重大内部交易情况。

表 6：保险集团主要交易对手方及风险敞口统计表，主要反映保险集团外部交易对手方的集中度情况。

表 7：保险集团并表监管成员公司信息表，主要反映保险集团并表监管范围内成员公司的基本信息。

此外，各集团公司每年上报经审计的保险集团合并财务报表（表 1 和表 2）时，应当通过上传附件形式一并报送集团股权树形结构图。

（二）报送单位。

各保险集团（控股）公司总公司（以下简称各集团公司）负责向我会报送上述报表。

（三）报送频度。

本制度统计报表的报送频度为季报。各集团公司应于季后25个自然日内报送报表，遇国庆、春节等法定长假可顺延3个自然日。

此外，各集团公司还应于每年5月31日前，报送经审计的保险集团合并财务报表（表1和表2）。

（四）实施时间。

本制度从2016年7月1日起正式实施。各集团公司应从2016年7月开始报送2016年第2季度报表。

（五）报送方式及测试要求。

本制度统计报表通过“中国保监会保险创新业务统计信息系统”（以下简称创新系统）报送。

创新系统访问地址：http：//10.254.1.67。

自2016年6月1日至6月15日，各集团公司可登录创新系统进行数据测试。

（六）报送要求。

各集团公司要高度重视保险集团并表监管统计工作，确保上报数据的真实性、准确性、完整性和及时性。

各集团公司要加强对集团并表风险状况的分析研究，按季度撰写异动数据或其他重要事项说明，连同电子报表一并报送保监会。

二、填报口径

1. 总资产：保险集团合并财务报表资产合计金额。

2. 总负债：保险集团合并财务报表负债合计金额。

3. 营业收入：保险集团合并财务报表营业收入总额。

4. 境外营业收入：保险集团营业收入中来源地为境外的营业收入部分。

5. 表外资产：未在集团合并资产负债表中体现的，保险集团代表客户持有和投资的资产。

6. 表外负债：集团财务报告附注中披露的合并资产负债表外的、保险集团需承担的义务，包括债务担保、金融担保、承诺事项等。

7. 保险业：保险集团公司、保险公司和保险资产管理公司。

8. 非保险金融业：银行、信托公司、证券公司、基金公司、期货公司和金融租赁公司。

9. 非金融业：除保险业及非保险金融业以外的公司和实体。

10. 保险业分部资产：保险集团中保险业公司的资产合计。

11. 非保险金融业分部资产：保险集团中非保险金融企业公司的资产合计。

12. 非金融业分部资产：保险集团中除保险业及非保险金融业以外的公司和实体的资产合计。

13. 保险业分部收入：保险集团中保险业公司的营业收入合计。

14. 非保险金融业分部收入：保险集团中非保险金融企业公司的营业收入合计。

15. 非金融业分部收入：保险集团中非金融类公司或实体的营业收入合计。

16. 重大内部交易：是指保险集团成员公司（法律实体）之间发生的包括资产、资金、服务等资源、劳务或义务转移的行为，并且交易金额占保险集团上一年度末净资产的1%以上并超过500万元。

17. 交易类型：保险集团内部交易类型包括资本投资、相互担保、资产转让、外包服务等。其中，资本投资是指保险集团成员公司之间相互持股和认购次级债的内部交易；外包服务是指一家成员公司将资金运用、财务核算等委托给其他成员公司的内部交易。

18. 主要外部交易对手方：保险集团前十大外部交易对手方，排名按资产风险暴露的金额由高到低排列。交易对手方中不包括主权国家及主权国家担保的法律实体。

19. 主要外部交易对手方风险敞口：保险集团暴露于前十大外部交易对手方的资产风险，包括存款类金融资产及债权类金融资产，风险敞口为资产期末账面余额。

存款类金融资产包括但不限于货币资金、定期存款、结算备付金、拆出资金、存出保证金及存出资本保证金。

债权类金融资产包括但不限于金融债、企业债等。

20. 在其他金融机构的存放和拆借：保险集团合并资产负债表中货币资金、结算备付金、拆出资金和定期存款的总和。

21. 持有其他金融机构发行的债券：保险集团持有金融机构发行的债券的账面价值。

22. 对其他金融机构的权益投资：保险集团对其他金融机构的权益投资的账面价值，包含股权、股权基金以及对金融机构权益的投资。

23. 债券发行：保险集团合并财务报表中应付债券科目的余额。

24. 其他金融机构的存放和拆借：保险集团合并资产负债表中短期借款、向中央银行借款、银行同业及其他金融机构存放款项以及拆入资金的总和。

25. 衍生金融资产：保险集团合并资产负债表中衍生金融资产科目的余额。

26. 衍生金融负债：保险集团合并资产负债表中衍生金融负债科目的余额。

27. 最低资本：保险集团最低资本由量化风险最低资本、控制风险最低资本以及附加资本构成。计算方法具体参见《保险公司偿付能力监管规则第 17 号：保险集团》。

28. 核心资本：保险集团在持续经营状态下和破产清算状态下均可以吸收损失的资本。核心资本分为核心一级资本和核心二级资本。计算方法具体参见《保险公司偿付能力监管规则第 1 号：实际资本》。

29. 实际资本：保险控股型集团应当采用合并报表法评估实际资本，即以集团合并财务报表为基础，计算保险集团的实际资本。具体计算方法参见《保险公司偿付能力监管规则第 17 号：保险集团》。

三、填报表式（见附件）

附件：《保险集团并表监管统计制度》填报表式

附件：保监发 29 号附件 . xlsx

附件

《保险集团并表监管统计制度》填报表式

表1　保险集团合并资产负债表

编制单位：　　　　　　　　　　　年　　月　　日　　　　　　　　　　单位：万元

资产	期末余额	年初余额	负债和所有者权益（或股东权益）	期末余额	年初余额
货币资金			短期借款		
结算备付金			向中央银行借款		
拆出资金			银行同业及其他金融机构存放款项		
以公允价值计量且其变动计入当期损益的金融资产			拆入资金		
衍生金融资产			以公允价值计量且其变动计入当期损益的金融负债		
买入返售金融资产			衍生金融负债		
应收利息			卖出回购金融资产款		
应收保费			吸收存款		
应收账款			代理买卖证券款		
应收分保账款			应付账款		
应收分保合同准备金			预收款项		
长期应收款			预收保费		
保户质押贷款			应付手续费及佣金		
发放贷款及垫款			应付分保账款		
定期存款			应付职工薪酬		
可供出售金融资产			应交税费		
持有至到期投资			应付利息		
应收款项类投资			应付赔付款		
长期股权投资			应付保单红利		
商誉			保户储金及投资款		
存出资本保证金			保险合同准备金		
投资性房地产			长期借款		
固定资产			应付债券		

（续表）

资产	期末余额	年初余额	负债和所有者权益（或股东权益）	期末余额	年初余额
无形资产			递延所得税负债		
递延所得税资产			其他负债		
其他资产			独立账户负债		
独立账户资产			负债合计		
			所有者权益（股东权益）：		
			股本		
			资本公积		
			盈余公积		
			一般风险准备		
			未分配利润		
			归属于母公司所有者权益（股东权益）合计		
			少数股东权益		
资产合计			负债和所有者权益（股东权益）合计		

中国保监会关于发布《保险公司参与社会医疗保险服务数据交换规范（JR/T 0147—2016）》行业标准的通知

（保监发〔2016〕70号　2016年8月10日）

机关各部门，各保监局，培训中心，中国保险保障基金有限责任公司、中国保险信息技术管理有限责任公司、中保投资有限责任公司、上海保险交易所股份有限公司、中国保险报业股份有限公司，中国保险行业协会、中国保险学会、中国精算师协会、中国保险资产管理业协会，各保险公司、保险资产管理公司、保险专业中介机构：

全国金融标准化技术委员会保险分技术委员会制定了《保险公司参与社会医疗保险服务数据交换规范（JR/T 0147—2016）》行业标准，并通过了审查。按照《全国金融标准化技术委员会章程》和《全国金融标准化技术委员会保险分技术委员会章程》，现予以发布，请遵照执行。

联系人：吕晓莉、张玥明
联系电话：010－66286106、010－66286298
电子邮件：biaozhun@iachina.cn

中国保监会关于印发《中国保险业标准化“十三五”规划》的通知

（保监发〔2016〕73 号 2016 年 8 月 16 日）

机关各部门，各保监局，培训中心，中国保险保障基金有限责任公司、中国保险信息技术管理有限责任公司、中保投资有限责任公司、上海保险交易所股份有限公司，中国保险年鉴社，中国保险报业股份有限公司，中国保险行业协会、中国保险学会、中国精算师协会、中国保险资产管理业协会，各保险集团（控股）公司、保险公司、保险资产管理公司：

为深入推进保险业标准化改革，确保“十三五”期间保险标准化工作的有序推进，全国金融标准化技术委员会保险分技术委员会制定了《中国保险业标准化“十三五”规划》（以下简称《规划》）。按照《全国金融标准化技术委员会保险分技术委员会章程》规定，现将《规划》印发你们，请遵照执行。

中国保险业标准化“十三五”规划

前言

标准是经济活动和社会发展的技术支撑，是国家治理体系和治理能力现代化的基础性制度。进入 21 世纪以来，我国保险业标准化事业快速发展，标准体系初步形成，应用范围不断扩大，水平持续提升，影响力逐步显现，保险业标准化意识普遍提高。

全面开展保险业标准化工作，深入推进保险业标准化改革，是保险业深入贯彻落实《国务院关于印发深化标准化工作改革方案的通知》（国发〔2015〕13 号）《国务院关于加快发展现代保险服务业的若干意见》（国发〔2014〕29 号，以下简称“新国十条”）精神的重要举措。做好保险业标准化工作有利于保险业提升国际竞争力、助推业务创新、加强风险管理、保护消费者权益、提升信息化水平。

“十二五”期间，保险业标准化工作紧密结合保险业改革发展的总体目标，以保险业改革发展中面临的标准化、规范化需求为导向，持续完善标准体系，推出一批标准成果，强化标准宣贯推广，逐步扩大了保险标准的影响力，标准化工作已成为保险业破解发展难题、防范化解风险、规范保险市场、保护消费者权益的有力武器。

“十三五”是加快构建现代保险服务业的关键时期，也是深化保险业标准化工作改革的关键时期。保险业标准化工作必须根据构建现代保险服务业的要求，进一步适应“十三五”保险市场发展需要、改革管理体制、改进工作机制、完善标准体系，在促进保险业提质增效升级方面发挥更大作用。为此，制定本规划。

一、现状与挑战

（一）“十二五”标准化工作回顾。

“十二五”时期是我国保险业发展变化最大、综合实力提升最快的时期，是改革创新全面突破、基础建设明显加强的时期，是服务能力显著增强、行业地位和影响力大幅提高的时期，保险业标准化工作牢牢把握保险业稳中求进的发展基调，按照“总体规划、突出重点、急用先行”的原则，在中国保监会的领导下，在全国金融标准化技术委员会保险分技术委员会（以下简称保标委）的组织和推动下，在各保险机构大力支持和积极参与下，科学谋划、多措并举，各项工作稳步推进，整体建设卓有成效。

完善保险标准体系，标准建设稳步推进。行业标准建设重点由“十一五”期间主要关注技术标准逐步转变为业务、管理标准与技术标准并重，标准成果从各个层面、各个领域服务于保险业的快速、健康、规范发展。保险行业标准数量大幅增加，标准体系日趋完善。“十二五”期间，由保标委组织起草，中国保监会正式发布的金融行业标准 11 项，其中新制定 5 项，修订 6 项。截止到 2016 年 5 月，共制修订行业标准 31 项（次），其中，制定标准 23 项，修订标准 8 项（次）。标准覆盖了保险业务、客户服务、信息技术、数据交换等诸多领域，初步构建了一套符合中国保险业发展需要的保险标准体系。

专栏 1　已发布保险行业标准列表
1. 银行保险业务人寿保险数据交换规范（JR/T 0031—2016
2. 保险术语（JR/T 0032—2015）
3. 保险基础数据元目录（JR/T 0033—2015）
4. 保险业务代码集（JR/T 0034—2015）
5. 保险行业机构代码编码规范（JR/T 0035—2007）
6. 再保险数据交换规范（JR/T 0036—2007）
7. 银行保险业务财产保险数据交换规范（JR/T 0037—2016）
8. 保险标准化工作指南（JR/T 0038—2007）
9. 保险公司统计分析指标体系规范（JR/T 0047—2009）
10. 保险基础数据模型（JR/T 0048—2015）
11. 寿险公司柜面服务规范（JR/T 0049—2009）
12. 寿险单证（JR/T 0050—2009）
13. 产险单证（JR/T 0051—2009）
14. 机动车保险数据交换规范（JR/T 0053—2009）
15. 巨灾保险数据交换规范（JR/T 0054—2009）
16. 保险信息安全风险评估指标体系规范（JR/T 0058—2010）
17. 保险业 IT 服务管理基本规范（JR/T 0074—2012）
18. 医保数据交换规范（JR/T 0075—2012）
19. 保险业信息系统运行维护工作规范（JR/T 0079—2013）
20. 石油石化行业巨灾保险数据采集规范（JR/T 0080—2013）
21. 人身保险伤残评定标准及代码（JR/T 0083—2013）
22. 保险机构投诉处理规范（JR/T 0127—2015）
23. 农业保险数据规范（JR/T 0128—2015）

推动保险业标准化改革发展，启动团体标准试点工作。积极落实国务院关于印发深化标准化工作改革方案，制定并印发了《中国保监会关于印发〈深化保险标准化改革方案〉的通知》（保监发〔2016〕15 号）。支持推动中国保险行业协会（以下简称中保协）申报国家首批团体标准试点单位，并成功获批。

健全标准化工作机制，扩大标准化工作影响力。不断加强标准化管理制度建设，制定并印发了多项工作细则，创新完善了工作机制。建立保险业标准化信息服务平台，通过门户网站实现行业标准化信息发布、会员管理等各项功能，有效提升了保险业标准化工作效率。加大保险业标准化工作的宣传力度。积极与国内外标准化相关机构开展交流，建立交流联络机制。

强化保险标准培训，打造标准化建设专业队伍。启动专家咨询委员会和保险业标准化人才库的建立，为保险标准编制和评审充实了技术力量。制定标准化人才培训方案，大力开展专项培训辅导工作，为标准编写、标准审查和标准应用实施奠定了基础。

（二）“十三五”标准化工作面临的形势与挑战。

“十三五”时期是全面建成小康社会的决胜阶段，也是加快发展现代保险业的关键时期。从加快发展现代保险服务业以及国家标准化战略对保险业标准化工作的要求来看，保险业标准化工作还面临诸多挑战。一是标准供给侧改革有待加强。保险业新业务、新产品层出不穷，新的业务运营模式和管理方式不断涌现，都需要保险业标准化工作作为支撑。二是标准体系有待完善，结构有待优化调整。当前标准化工作仍面临技术类标准多、业务及管理类标准少，政府主导标准多、市场自主制定标准少，行业内标准多、跨行业和跨领域标准少等问题，标准体系需要进一步优化。三是标准宣贯、推广实施力度需要加强。标准化工作存在“重建设、轻实施”的现象，标准贯彻落实措施不多，相关配套政策措施有待建立。四是标准化人才培养及储备不足，难以有效支撑标准化工作的可持续开展。行业从事标准化工作的人员偏少，尚未建立起有效的标准化人才培养机制。五是标准化工作机制有待完善，管理效能有待提升。存在标准制定周期长、市场作用发挥不够等问题。

二、指导思想、基本原则及发展目标

（一）指导思想。

全面贯彻落实党的十八大和十八届二中、三中、四中、五中全会精神，按照《中华人民共和国国民经济和社会发展第十三个五年规划纲要》和“新国十条”等文件的有关要求，紧紧围绕加快发展现代保险服务业，深化保险业标准化改革，完善保险标准体系，改进标准化管理体制和工作机制，强化标准的实施与监督，更好发挥标准化在加快现代保险服务业和参与国家社会公共管理中的基础性、战略性作用，为保险业创新发展、协调发展、绿色发展、开放发展、共享发展提供标准支撑。

（二）基本原则。

坚持政府引导、市场驱动。发挥市场在标准化工作资源配置中的决定性作用，激发市场主体活力和市场需求。培育发展团体标准，放开搞活企业标准。

坚持服务大局、立足长远。保险业标准化工作要与协调推进“四个全面”战略布局紧密结合，结合我国保险业发展实际，研究把握经济发展新常态，有计划、有步骤地推进保险业标准化工作。

坚持创新驱动、战略导向。深刻认识产业高度交叉融合对保险业标准化建设提出的新要求，深刻认识新技术运用对行业发展带来的新机遇新挑战，支持新技术在保险领域的创新应用。

坚持统筹推进、突出重点。确保政府主导的标准与市场自主制定的标准和谐共存、互为补充。促进国家标准、行业标准与团体标准、企业标准统筹协调发展，进一步激发市场活力和创新意识，构建更加合理的保险标准体系。

（三）发展目标。

到 2020 年，基本形成完善的适应现代保险服务业发展要求且具有中国特色的保险标准体系，标准化工作成为促进行业规范、创新、可持续发展的重要保障，成为提升行业整体竞争力的重要手段，基本形成市场规范有标可循、公众利益有标可保、创新驱动有标引领、转型升级有标支撑的新局面，推动中国保险业由保险大国向保险强国转变。

建立起政府主导制定的标准与市场自主制定的标准协同发展、协调配套的新型保险标准管理体系；健全统一协调、运行高效、政府与市场共治的保险业标准化工作体制；构建“监管引导、市场驱动、社会参与、协同推进”的保险业标准化工作新格局；不断优化完善保险标准体系，保证标准基本供给；培育发展团体标准，满足市场需要；搞活保险企业标准，提升市场竞争力；加大标准化人才队伍建设，确保可持续发展；借鉴国外经验，提高保险标准国际化水平；强化标准的推广实施与监督，有效支撑现代保险服务业的构建。

三、主要任务和重点工作

（一）推进新型保险业标准体系建设。

深化保险业标准化工作改革，围绕市场在资源配置中起决定性作用和更好发挥政府作用，把政府单一供给的现行标准体系，转变为由政府主导制定的标准和市场自主制定的标准共同构成的新型标准体系。着力解决标准体系不完善、管理体制不顺畅、与加快发展现代保险服务业不相适应的问题，改进标准化管理体制和工作机制。

加强保标委对标准化改革发展的统一领导。加强对保险业国家标准、行业标准与团体标准、企业标准的统一协调；加强与国标委和金标委的沟通协调，努力提升保标委在标准化领域的影响力；加强与公安、交通、医疗、社保、气象、地理等保险关联行业标准化组织间的沟通合作，推动跨行业、跨领域标准的制定和实施。

试点、培育、发展保险团体标准，满足市场需要。根据行业发展需求与技术创新趋势，建立更加符合市场需求、业务领域广、服务范围宽的多层次标准体系，制定一批满足市场需求、快速响应技术创新的团体标准。

搞活保险企业标准，提升市场竞争力。鼓励企业在积极采用现有保险国家标准、行业标准的基础上，根据自身发展和业务需要，自主制定、实施企业标准。鼓励企业制定高于保险业国家标准、行业标准、团体标准，具有竞争力的企业标准。

专栏2 深化标准化工作改革实施计划表
2016年 完成团体标准试点。积极推进落实由中保协承担的保险团体标准试点工作。
2017年 1. 推动企业标准化。启动保险企业标准自我声明公开和监督制度试点工作，鼓励推动保险企业积极开展企业标准化工作。 2. 完善标准化信息平台。完善保险业标准化信息对外发布、交流、共享平台。 3. 建设标准化专家库和核心人才库。提高标准化工作人员的理论实践水平，加快建设标准化专家库和核心人才库，强化标准化工作专家咨询组的效能。
2018年 1. 培育发展团体标准。培育更多有影响力的行业组织开展团体标准制定，出台一批满足市场和创新需要的团体标准。 2. 发展企业标准。建立完善并全面实施保险企业产品和服务类标准自我声明公开和监督制度。 3. 建立标准化人才培养实验室。与科研机构共同研究合作，开展保险业标准化基础理论研究与应用研究，培育各领域标准编制与规划的专项人才。 4. 构建标准服务支撑体系。构建标准服务支撑体系，为市场主体提供标准化工作的指导、咨询、评估、认证等服务。
2019年 1. 建立市场标准向政府标准的转化机制。进一步明晰行业标准与团体标准的制定范围，厘清各类标准间的关系，建立团体标准上升转化为行业标准的机制和通道。 2. 完善标准化工作保障。通过改革标准管理体系及运行机制、构建保险业标准服务平台、建立保险业标准化工作人才培养机制，完善保险业标准化工作保障体系。
2020年 1. 建成新型保险标准体系。形成科学合理的保险标准体系，全面支持保险产品、服务、管理、信息化、创新等市场活动的开展。 2. 繁荣市场标准。市场主导制定的团体标准、企业标准发展较为成熟，能够更好地满足保险行业市场竞争、创新发展的需求。

（二）完善标准化工作机制。

完善标准制定程序。制定保险标准化工作管理指引、标准化项目管理办法，优化标准审批流程，落实标准复审要求，缩短标准制定周期，加快标准更新速度。广泛听取各方意见，提高标准制定工作的公开性和透明度，保证标准技术指标的科学性和公正性。

健全标准实施推进机制。发布重要标准，要同步出台标准实施方案和释义，组织好标准推广实施工作。规范标准解释权限管理，健全标准解释机制。推进并规范标准化试点示范，提高试点示范项目的质量和效益。

建立标准实施监督机制。推进以行政管理和行政执法为主要形式的强制性国家标准的严格执行。建立保险行业标准监督、检查、评估工作机制；建立以团体自律和政府必要规范为主要形式的团体标准监督机制，发挥市场对团体标准的优胜劣汰作用；建立企业产品和服务标准自我声明公开的监督机制。

推动国际交流合作。鼓励保险业社会组织和企业积极参与国际标准化活动；加大国际保险标准跟踪、评估和转化力度；加强与国际标准化组织交流，学习借鉴国内外成熟经验。

专栏 3　完善标准化工作机制工作表
1. 完善保标委制度建设。优化标准立项和审批程序。加强标准制定和实施后评估，开展标准实施效果评价。 2. 建立行业标准实施效果评价机制。鼓励先进、带动后进，推动标准在实际应用中取得实效。 3. 建立标准实施监督机制。推进以行政管理和行政执法为主要形式的强制性国家标准的执行、推进行业标准监督、检查、评估工作机制。 4. 建立企业标准评价体系。对企业公开的标准开展比对和评价，并将评价结果作为企业产品服务质量和信用的重要内容。 5. 完善国际交流合作机制。鼓励保险业社会组织和企业积极参与国际标准化活动，加大国际保险标准跟踪，加强与国际标准化组织交流。

（三）优化标准体系、扩大标准供给。

优化和完善保险标准体系。对“十二五”保险标准体系进一步优化和完善，由基础类、业务类、信息交换类、信息技术类 4 大类、14 个子类标准调整为基础类、业务类、管理类、信息技术类、数据类及其他类 6 大类、23 个子类标准，使现行保险业标准框架更加科学、充实，更符合标准化工作发展方向。

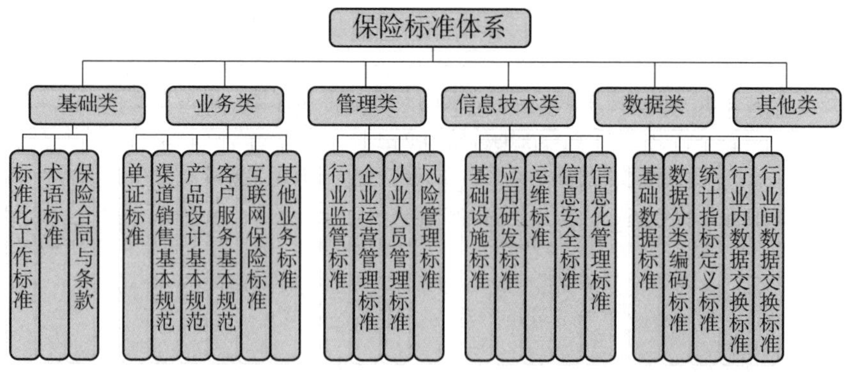

扩大新技术领域标准供给。针对新技术在保险业的应用，制定配套标准，促进新技术应用的推广。制定车联网基础数据元目录，对车联网数据采集和分析活动所涉及的基础数据元的标识、名称、说明等内容进行规范；制定保险电子签名技术应用规范，规范保险电子签名平台建设应遵循的基本原则、主要功能、设计及安全要求；制定基于遥感技术的农业保险精确承保和快速理赔标准，规范遥感技术在农业保险承保和理赔中的应用，包括农作物面积、灾情快速评估、灾情精确评估等标准；制定保险移动应用信息安全基本标准，对保险移动应用建设时所应满足的信息安全提出基本要求。

加强公司经营管理标准制定。加强健康保险等业务领域的标准供给，制定商业健康保险相关数据标准，包括商业健康保险疾病代码、保险手术代码标准，强化标准保障作用；建立保险营销服务机构及保险产品命名规范，对保险公司各级营销服务机构以及各类保险产品的命名进行规范，提高规范程度，维护行业形象；开展信息披露等相关标准的制定，对保险公司披露信息的原则、程序、方式、内容、时效性、准确性、一致性及所承担的责任等进行规定，形成行业统一的信息披露基本规范。

加大信息化及基础设施标准建设。持续加强保险信息化相关标准建设，重点开展数据中心建设、网络建设、移动应用信息安全、灾备与应急预案、信息化绩效评价等相关标准的制定等；加快开展行业信息共享平台等重大项目所需标准的研究制定，形成相应的标准支撑。制定保单要素信息系列标准，规范行业信息平台登记的各具体险种的保单要素信息标准。

此外，根据“十三五”期间保险行业发展及标准化工作的实际需要，可随时补充制修订相关标准。

专栏4　已启动保险行业标准列表
1. 保险信息安全等级保护规范（制定）
2. 保险电子商务平台建设基本规范（制定，拟报国标）
3. 保险业车型识别编码规则（制定，拟报国标）
4. 保险业 IT 审计规范（制定）
5. 保险行业企业财产保险标的分类标准（制定）
6. 环境污染责任保险风险评估指引（制定）
7. 社保数据交换规范（制定）
8. 机动车保险数据交换规范（修订）
9. 产险单证（修订）
10. 寿险单证（修订）
11. 再保险数据交换规范（修订）
12. 保险术语（行标上升为国标）

专栏5　待启动保险行业标准列表
2016 年 1. 车联网基础数据元目录 2. 保险电子签名技术应用规范 3. 基于遥感技术的农业保险精确承保和快速理赔标准 4. 人身保险伤残评定标准及代码（上升为国标） 5. 医保数据交换规范（待修订）

专栏 5　待启动保险行业标准列表
2017 年 1. 保单要素信息标准（系列标准 1） 2. 保险公司网络建设基本规范 3. 保险信息系统上线运行基本要求 4. 保险统计信息分类标准
2018 年 1. 保单要素信息标准（系列标准 2） 2. 商业健康保险疾病代码 3. 商业健康保险手术代码 4. 保险业信息系统灾难恢复管理规范 5. 保险业信息系统应急预案编制基本规范 6. 保险移动应用信息安全基本要求
2019 年 1. 保单要素信息标准（系列标准 3） 2. 保险公司数据中心建设基本规范 3. 行业信息共享平台数据交换规范 4. 保险征信基本术语（修订保险术语） 5. 保险公司信息披露基本规范
2020 年 1. 保险业信息化绩效评价指标体系规范 2. 保险营销服务机构命名规范 3. 保险产品命名基本规范

四、保障措施

（一）强化组织领导，明确职责分工。

保监会机关各部门要从各自业务条线出发，积极提出监管业务标准需求，推动标准贯彻落实，各派出机构要统筹做好辖区标准化贯彻落实、督促检查工作；保标委负责组织保险业国家标准和行业标准的制（修）订等工作；各保险机构、保险专业中介机构要发挥好市场主体作用，积极承担和参与保险标准制（修）订工作，切实加强保险标准应用实施。行业各信息化基础设施建设运营单位要大力推动标准落地实施，促进信息共享。中国保险行业协会等社会组织要积极开展团体标准试点等工作，承接做好市场主导类标准制定任务。

（二）加强沟通协调，推动协同发展。

加强标准化工作与保险监管工作的互动。一方面标准化工作要为规范性监管政策的制定做好充分预研；另一方面监管政策要推动标准化成果得以有效推广实施。加强与质检总局、国标委、中国标准院等单位的沟通协调，在行业标准建设、团体标准建设等方面积极寻求指导和帮助。积极参与金标委的工作，鼓励更多保险机构成为金标委委员单位。

（三）加大宣传力度，提升服务能力。

开展标准技术内容和编制方法咨询，为企业实施标准提供解决方案，指导企业正确、有效执行标准。加强标准化服务能力建设，鼓励社会资金参与标准化服务机构发展。通过多种渠道大力宣传保险业标准化方针政策、先进典型和突出成果，扩大保险业标准化影响力。加大保标委网站的推广力度，将保标委网站打造成保险业标准化知识普及、精细管理、有效服务的网络利器。

（四）着眼发展需要，注重人才培养。

研究制定有针对性的保险业标准化人才培养政策，逐步建立保险业标准化人才培养机制。培养跨行业、跨领域、懂业务的标准化业务骨干，提高标准化工作人员的理论实践水平，加快建设标准化专家库和核心人才库，强化标准化工作专家咨询组的效能。加强对保标委委员、联络员的标准化专业培训，完善评价激励机制，促进工作开展。与科研机构共同研究合作，开展保险业标准化基础理论研究与应用研究，培育各领域标准编制与规划的专项人才。

中国保监会关于发布《保险公司参与社会医疗保险服务数据交换规范（JR/T 0147—2016）》行业标准的通知

（保监发〔2016〕70 号 2016 年 8 月 10 日）

机关各部门，各保监局，培训中心，中国保险保障基金有限责任公司、中国保险信息技术管理有限责任公司、中保投资有限责任公司、上海保险交易所股份有限公司、中国保险报业股份有限公司，中国保险行业协会、中国保险学会、中国精算师协会、中国保险资产管理业协会，各保险公司、保险资产管理公司、保险专业中介机构：

全国金融标准化技术委员会保险分技术委员会制定了《保险公司参与社会医疗保险服务数据交换规范（JR/T 0147—2016）》行业标准，并通过了审查。按照《全国金融标准化技术委员会章程》和《全国金融标准化技术委员会保险分技术委员会章程》，现予以发布，请遵照执行。

联系人：吕晓莉、张玥明

联系电话：010－66286106、010－66286298

电子邮件：biaozhun@ iachina. cn

中国保监会关于发布《再保险数据交换规范（JR/T 0036—2016）》行业标准的通知

（保监发〔2016〕99号　2016年11月21日）

机关各部门，各保监局，培训中心、服务中心，中国保险保障基金有限责任公司、中国保险信息技术管理有限责任公司、中保投资有限责任公司、上海保险交易所股份有限公司、中国保险报业股份有限公司，中国保险行业协会、中国保险学会、中国精算师协会、中国保险资产管理业协会，各保险公司、保险资产管理公司、保险专业中介机构：

全国金融标准化技术委员会保险分技术委员会对《再保险数据交换规范（JR/T 0036—2007）》进行修订，制定了《再保险数据交换规范（JR/T 0036—2016）》行业标准，并通过了审查。按照《全国金融标准化技术委员会保险分技术委员会章程》，现予以发布，请遵照执行。原标准自修订后标准发布之日起同时废止。

七、中介类

中国保监会关于深化保险中介市场改革的意见

（保监发〔2015〕91号　2015年9月17日）

机关各部门，各保监局，培训中心，中国保险行业协会，中国保险学会，中国精算师协会，中国保险资产管理业协会，中国保险保障基金有限责任公司，中国保险信息技术管理有限责任公司，各保险公司，各保险中介机构：

保险中介是保险交易活动的重要桥梁和纽带，经过多年发展，我国保险中介市场已经成为保险市场重要组成部分，在销售保险产品、改进保险服务、提高市场效率、普及保险知识等方面发挥了重要作用，促进了保险市场的健康快速发展。但总体看，保险中介市场尚处于发展的初级阶段，与加快发展现代保险服务业的要求和广大保险消费者的期待相比，还存在一定差距。为进一步促进保险中介市场健康规范发展，现就保险中介市场改革提出如下意见。

一、指导思想、总体目标和基本原则

（一）指导思想和总体目标。

全面贯彻党的十八大和十八届二中、三中、四中全会精神，落实《国务院关于加快发展现代保险服务业的若干意见》（国发〔2014〕29号）战略部署和保监会深化保险业改革的总体要求，放开放活前端，管住管好后端，健全支持鼓励行业创新变革的体制机制；培育一批具有专业特色和国际竞争力的龙头型保险中介机构，发展一大批小微型、社区化、门店化经营的区域性专业代理机构，形成一个自主创业、自我负责、体现大众创业、万众创新精神的独立个人代理人群体；建成功能定位清晰、准入退出顺畅、要素流动有序的保险中介市场体系；形成主体管控有效、行政监管有力、行业自律充分、社会监督到位的四位一体保险中介监管体系，促进保险中介更好发挥对保险业的支持支撑作用，服务保险业又好又快发展。

（二）基本原则。

一是简政放权，放管结合。全面落实中央深化改革精神，尊重市场经济规律，加快转变政府职能，该放的大胆放、放到位、放到底，把经营自主权还给市场；该管的大胆管、管到位、管到底，不折不扣履行监管职责。

二是统筹谋划，分步实施。加强顶层设计，着眼长远发展，增强改革工作的系统性、整体性、协同性；分清轻重缓急，着力解决当前主要问题和矛盾，制定实施的路线图和时间表，渐次推进。

三是支持试点，鼓励创新。积极鼓励有条件的地区和单位先行先试和创新变革，不断总结推广改革成功经验和做法。

二、主要任务

（一）着力完善准入退出管理，建立多层次服务体系。

清晰功能定位。坚持保险中介在保险交易活动中接受当事人委托、在保险合同缔结履行各环节提供服务、取得报酬的基本职能定位。坚持保险中介在保险市场上发挥畅通信息、降低成本、促进效率的重要功能。坚持发展多层次、多成分、多形式的保险中介市场体系。

改进准入管理。对专业中介机构，实行先照后证的准入程序，降低注册资本标准，实行公估机构注册资本认缴制；推行专业代理机构许可证分类制度，区分全国性和区域性机构两种类型，建立相应准入要求；适时推进专业代理和公估机构对外开放，扩大外资经纪机构经营范围。对兼业代理机构，坚持商业企业性、窗口便利性、业务兼营性和主业相关性准入标准，实施行业准入清单和代理险种目录，实行法人机构申报资格、法人机构持证、营业网点统一登记制度。对个人代理人，完善执业登记制度。

加强退出管理。完善保险中介机构市场退出标准与程序，逐步形成机构自主退出和监管强制退出有机结合的退出机制。丰富市场退出政策工具，开展经营连续性审查，规范许可证到期换发审查，强化退出标准硬约束，加强执法查处，实现应退尽退，限劣扶优。

（二）着力鼓励推动变革创新，提升中介服务能力。

支持专业中介机构创新发展。鼓励专业中介机构提升专业技术能力，在风险定价、产品开发、防灾防损、风险顾问、损失评估、理赔服务、反保险欺诈调查等方面主动作为，提供增值服务。鼓励专业中介机构走差异化发展之路，专业从事再保险经纪、人身险经纪、车险公估等业务。鼓励专业中介机构积极服务国家“走出去”战略，为“一带一路”和海外项目提供风险管理与保险安排服务。支持专业中介机构在境外设立机构。

鼓励保险销售多元化。鼓励保险公司有序发展交叉销售、电话销售、互联网销售等保险销售新渠道新模式。鼓励专业中介机构探索“互联网＋保险中介”的有效形式，借助互联网开发形成新的业务平台。按照线上线下监管一致性原则，规范电子商务平台等互联网企业开展保险中介服务行为。

推进独立个人代理人制度。坚持以有利于个人代理人职业规划、有利于保险业务发展、有利于有效监管为原则，支持保险公司和保监局大胆先行先试，探索鼓励现有优秀个人代理人自主创业、独立发展。鼓励保险公司积极改革现行个人代理人模式，缩减管理团队层级，完善以业务品质为导向的佣金制度和考核机制。

推动市场要素有序流动。鼓励专业中介机构兼并重组。支持专业中介机构通过资本市场募集资金和交易股权。允许专业中介机构在风险可控前提下，探索管理层股权、期权和员工持股计划等激励机制。

（三）着力强化自我管控，促进行业提质升级。

强化专业中介机构治理内控。以全国性机构为重点，制定机构治理和内控指引，建立结构完整、责权明确、运转有效的公司治理体系，完善业务、财务内控制度。强化法人机构和高级管理人员管理责任。

强化兼业代理机构保险业务管理。建立兼业代理机构代理保险业务的内控制度和管控机制指引，明确法人的主体责任，实行书面合规承诺和合规责任人制度。

强化保险公司中介业务管理。明晰保险公司落实中介业务管控责任的监管标准和要求，推动保险公司自上而下完善管控中介业务的组织架构和规章制度。加强保单基础信息真实性监管，推动保险公司规范保单内容与格式，在保单上真实完整反映业务渠道信息。逐步实行中介费用集中支付。

强化机构信息化建设。研究提出保险中介机构经营管理信息化标准要求，推动保险中介机构与保险公司业务、财务管理系统对接和数据自动校验，加强保险公司中介业务全流程信息系统管控。

（四）着力加强监督管理，全面提升行政效能。

加强非现场监管。完善专业中介机构信息登记与报告制度，建立兼业代理机构保险业务数据报送制度，加强中介市场风险监测。改进分类监管，完善指标体系。实行保险中介机构代收保费账户和佣金账户登记备案制度。全面推行专业中介机构和兼业代理机构缴纳保证金和投保职业责任保险制度。推动建立专门的相互保险组织，专业负责保险中介行业的职业责任保险保障和风险防范。

改进现场检查。加快建立检查对象和检查人员随机抽取的“双随机”现场检查制度，开展定期综合检查、不定期专项检查和临时监管巡查。

提升监管手段。运用大数据、云计算等技术手段，开发运用新型监管信息平台，形成监管部门、保险公司、中介机构、从业人员的有效对接，在平台上实现机构人员统一、交易实时清晰、监管及时有效、服务公开透明。

完善监管制度。完善法规制度体系，全面修订监管规章，清理规范性文件，尽快建立以《保险法》为基础、以部门规章为主体、以规范性文件为补充的保险中介监管法规制度体系，构建保险中介市场发展与监管的长效机制。

强化监管机制。全面落实属地监管，各保监局对辖区内保险中介机构、人员和保险中介业务全面履行监管职责。全面加强系统联动，以保险中介机构法人所在地保监局为枢纽，健全监管信息通报共享制度，加强重大监管行动协作。

（五）着力加强组织建设，注重行业自律作用。

支持发展保险中介行业组织。尽快推动成立中国保险中介行业协会，鼓励有条件、有意愿的地区根据当地实际和市场需要，成立地方性保险中介行业组织。

支持行业组织发挥作用。建立分类分层次的从业人员测试制度，开展继续教育与培训，完善全行业统一的执业登记体系。构建保险中介机构服务评价体系和独立个人代理人综合评级制度，健全完善保险中介机构和从业人员诚信记录及失信惩戒机制。

推动行业组织搭建平台。建立重大风险项目和行业人才信息平台，开发专业中介机构股权登记转让系统。

（六）着力加强信息披露，发挥社会监督效力。

强化机构信息披露义务。建立健全保险中介机构基本信息定期披露和重大信息不定期披露制度，加强产品销售、理赔服务等各环节的信息披露。强化保险中介从业人员从业过程中的信息告知义务。建立经纪机构佣金收取方式和比例向客户公开制度。

完善监管信息披露制度。建立多元化的信息披露渠道和平台，加大机构概况、行业信息、行政许可、行政处罚等监管政务信息的对外披露力度，方便社会公众查询，发挥社会监督作用。

三、保障措施

（一）加强组织领导。深化保险中介市场改革工作，涉及监管理念转变和市场机制调整，与保险业市场化改革、保险市场运行机制变革紧密相联，各单位要加强统筹，有重点、有步骤、有秩序地抓好落实和推进工作。保监会成立保险中介市场改革工作领导小组。领导小组由保监会党委委员、副主席黄洪担任组长，成员包括办公厅、财险部、人身险部、中介部、国际部、法规部、统信部、稽查局等部门的主要负责人。各保监局应根据本地区情况，成立由主要负责人牵头的相应工作机构。

（二）加强内部协作。保监会有关部门和各保监局要从大局出发，以高度的责任感、使命感和改革创新精神，切实履行职责，加强协调配合，财产险、人身险、保险中介领域改革要紧密结合，合力推进深化保险中介市场改革工作，确保改革顺利实施、取得实效。

（三）密切外部协调。严格与党中央、国务院确定的商事制度改革、行政审批制度改革的方向和要求保持一致，密切关注工商、税务等部门在商事制度、税收制度等方面的改革举措及进程，积极加强沟通协调，努力争取和谐顺畅的外部政策环境。

（四）加强宣传引导。保监会有关部门和各保监局要高度重视改革举措的宣传舆论工作，及时做好政策解读，正确引导行业预期，最大限度凝聚行业共识，形成行业改革合力，共同推进保险中介市场改革工作。

中国保监会关于修改《中国保监会关于严格规范非保险金融产品销售的通知》的通知

（保监发〔2015〕100 号　2015 年 10 月 24 日）

各保监局，各保险公司，各保险专业中介机构：

为了切实防范化解风险，现对《中国保监会关于严格规范非保险金融产品销售的通知》（保监发〔2014〕90 号）作出如下修改（修改后全文见附件）：

一、将全文中的“保险销售（经纪）从业人员”替换为“从业人员”。

二、将第一部分“销售资格和业务规范”第（一）条修改为：

“保险公司、保险专业中介机构及其从业人员不得销售非保险金融产品，经相关金融监管部门审批的非保险金融产品除外。

“本通知中的从业人员包括保险公司、保险专业中介机构中与其签订劳动合同、代理合同等的所有从事销售活动的人员。”

三、将第一部分“销售资格和业务规范”第（二）条修改为：

“保险公司、保险专业中介机构及其从业人员销售符合本通知要求的非保险金融产品前，必须符合相应的资质要求。”

四、将第一部分“销售资格和业务规范”第（六）条修改为：

“保险公司、保险专业中介机构对其从业人员违反本通知要求销售非保险金融产品的行为，要依法承担相应的法律责任和管理责任。

“保险公司、保险专业中介机构应当切实加强对从业人员的管理，要求其不得从事违反本通知要求的行为，并加强教育、督查、纠正、惩处，确保其销售行为依法合规。”

五、在第一部分“销售资格和业务规范”第（六）条与第（七）条之间新增一条：

“保险公司、保险专业中介机构通过互联网销售非保险金融产品，应当符合本通知要求。

“保险公司、保险专业中介机构与第三方网络平台合作开展业务的，应当与第三方网络平台上其他产品和服务的销售行为实行严格隔离，并在醒目位置提示消费者注意区分不同的责任主体。”

六、将第三部分“保监局切实担负监管责任”第（十四）条修改为：

“（十五）各保监局要切实履行日常监管属地责任。要综合采取现场和非现场检查等手段，加强保险市场销售行为的监管。发现违法违规行为的，要立即责令改正，强化处罚力度，提高处罚实效，坚持对机构和人员的双罚制，依法严查重处。

“各保监局要切实履行风险处置属地责任。一旦辖区内保险业出现非保险金融产品引发的风险，要敢于担当，快速反应，第一时间控制局面，有序化解矛盾，防止发生严重影响保险业和社会稳定的群体性、突发性事件。

“如果由于保监局日常监管不力，发生特别重大风险事件，或者风险处置失当，导致事态恶化、造成恶劣影响的，要对保监局相关人员依照有关规定实行问责，同时需要追究纪律责任的，依照有关规定给予党纪政纪处分。”

本通知自发布之日起实施。

附件：中国保监会关于严格规范非保险金融产品销售的通知

附件

中国保监会关于严格规范非保险金融产品销售的通知

各保监局，各保险公司，各保险专业中介机构：

近年来，一些保险公司、保险专业中介机构及其从业人员向客户直接推介销售包括第三方理财产品在内的非保险金融产品，或者以介绍客户等方式间接从事相关销售活动，在满足客户多层次金融需求的同时，也暴露出销售行为不规范、金融风险交叉传递等问题，有的甚至已经构成金融诈骗和非法集资。为严格规范非保险金融产品销售，现就有关事项通知如下：

一、销售资格和业务规范

（一）保险公司、保险专业中介机构及其从业人员不得销售非保险金融产品，经相关金融监管部门审批的非保险金融产品除外。

本通知中的从业人员包括保险公司、保险专业中介机构中与其签订劳动合同、代理合同等的所有从事销售活动的人员。

（二）保险公司、保险专业中介机构及其从业人员销售符合本通知要求的非保险金融产品前，必须符合相应的资质要求。

（三）保险公司、保险专业中介机构应当对分支机构销售非保险金融产品进行统一授权和集中管理，禁止分支机构擅自销售非保险金融产品。

（四）保险公司、保险专业中介机构销售非保险金融产品，应当向客户进行充分的信息披露和风险提示，不得采取违背客户意愿搭售产品的方式销售非保险金融产品，不得向客户销售超出其需求和风险承受能力的非保险金融产品。

（五）保险公司、保险专业中介机构应当就非保险金融产品销售建立专门的业务台账，实行单独核算，将相关资金与自有资金、保险资金等进行有效隔离，并妥善保管与销售活动有关的各种文件、资料。

（六）保险公司、保险专业中介机构对其从业人员违反本通知要求销售非保险金融产品的行为，要依法承担相应的法律责任和管理责任。

保险公司、保险专业中介机构应当切实加强对从业人员的管理，要求其不得从事违反本通知要求的行为，并加强教育、督查、纠正、惩处，确保其销售行为依法合规。

（七）保险公司、保险专业中介机构通过互联网销售非保险金融产品，应当符合本通知要求。

保险公司、保险专业中介机构与第三方网络平台合作开展业务的，应当与第三方网络平台上其他产品和服务的销售行为实行严格隔离，并在醒目位置提示消费者注意区分不同的责任主体。

（八）保险公司、保险专业中介机构应当在销售非保险金融产品前10个工作日内，向参与销售的机构所在地保监局提交下列材料：

1. 非保险金融产品经相关金融监管部门批准的证明材料。

2. 相关规定对非保险金融产品有销售资质要求的，取得销售资质的证明材料。

3. 拟开展销售活动的机构和人员的基本信息。

4. 保监局要求提交的其他材料。

二、集中力量排查风险，做好规范和处置工作

（九）各保险公司、保险专业中介机构要严格按照保险中介市场清理整顿工作要求和本通知精神，采取抽查基层机构、访谈从业人员和客户等多种方式，持续深入排查销售非保险金融产品风险，确保不留死角。

（十）保险公司、保险专业中介机构要对排查出的非保险金融产品分类规范和处置：符合本通知要求的，可以依法合规销售；涉嫌非法集资的，要立即停止销售，及时报告，有效处置风险；不符合本通知要

求、暂未发现风险苗头的，要停止销售，处理好善后事宜，消除风险隐患。

（十一）各保监局要严格督促销售非保险金融产品的市场主体做好规范和处置工作。一旦发现因产品发行单位违约、销售误导引发群体性事件等风险，要与相关金融监管部门、地方人民政府等紧密协作，督促保险公司、保险专业中介机构及其从业人员依法承担责任，确保处置工作有效，守住保险业不发生系统性、区域性风险的底线。

三、保监局切实担负监管责任

（十二）各保监局要根据国家有关“谁批设机构谁负责风险处置”以及处置非法集资工作由省级人民政府负总责的原则，加强与相关部门的沟通协调，完善非保险金融产品监管协调机制，做好职责范围内的监管工作。

（十三）各保监局要建立健全非保险金融产品销售风险预警机制，坚持定期检查和不定期抽查相结合，完善应急预案，确保风险早发现、早预警、早报告、早处置。

（十四）各保监局要督促保险公司、保险专业中介机构切实承担销售非保险金融产品风险管控的主体责任。对排查不认真不彻底、导致发生风险的，或者发现和处置风险不及时不到位、酿成重大风险事件的，保监局要依法严格追究相关机构及其高级管理人员的责任。

（十五）各保监局要切实履行日常监管属地责任。要综合采取现场和非现场检查等手段，加强保险市场销售行为的监管。发现违法违规行为的，要立即责令改正，强化处罚力度，提高处罚实效，坚持对机构和人员的双罚制，依法严查重处。

各保监局要切实履行风险处置属地责任。一旦辖区内保险业出现非保险金融产品引发的风险，要敢于担当，快速反应，第一时间控制局面，有序化解矛盾，防止发生严重影响保险业和社会稳定的群体性、突发性事件。

如果由于保监局日常监管不力，发生特别重大风险事件，或者风险处置失当，导致事态恶化、造成恶劣影响的，要对保监局相关人员依照有关规定实行问责，同时需要追究纪律责任的，依照有关规定给予党纪政纪处分。

关于银行类保险兼业代理机构行政许可有关事项的通知

（保监中介〔2016〕44号　2016年4月25日）

各保监局：

为贯彻落实《中国保监会关于深化保险中介市场改革的意见》（保监发〔2015〕91号），根据《中华人民共和国保险法》等法律法规，现就银行类保险兼业代理机构（以下简称银行类机构）行政许可有关事项通知如下：

一、本通知所指银行类机构，是指经保险监管机构批准兼营保险代理业务的银行（含农村信用社）。

二、银行类机构实行法人机构申请保险兼业代理资格、法人机构持证、营业网点统一登记制度。银行类机构的法人机构（以下简称法人机构）取得保险兼业代理业务许可证（以下简称许可证）后，其分支机构可凭法人机构的授权开展保险兼业代理业务。

三、申请保险兼业代理资格的法人机构，应具备下列条件：

（一）具有经银行业监管机构批准的金融业务经营资格；

（二）主业经营情况良好，最近三年无重大违法违规记录；

（三）具有敞开式店面、网点等便民服务的营业场所；

（四）具备必要的软硬件设施，业务信息系统与保险公司对接，业务、财务数据可独立于主营业务单独查询统计；

（五）已建立保险代理业务管理制度和机制，并具备相应的专业管理能力；

（六）配备符合条件的保险代理业务责任人；

（七）中国保监会规定的其他条件。

四、自2016年6月1日起，法人机构可以通过中国保监会指定的信息系统向注册地保监局新申请保险兼业代理业务资格（申请材料详见附件1和附件2）。保监局依据法律法规及本通知要求审核保险兼业代理业务资格申请，对符合条件的法人机构颁发许可证。

五、法人机构未取得许可证、分支机构持有许可证的银行类机构，应当于2016年7月29日前，由法人机构按照首次申请保险兼业代理资格的要求，向注册地保监局申请保险兼业代理资格。法人机构在取得许可证后，应当将所有分支机构许可证交回发证保监局，并按要求在指定信息系统进行登记。

法人机构已持有许可证且在有效期内的银行类机构，应当于2016年7月29日前，按要求在指定信息系统进行登记，并将所有分支机构许可证交回发证保监局。

六、许可证有效期为三年。法人机构应当在许可证有效期届满30日前，向发证保监局申请延续。延续许可证的申请条件参照本通知第三条规定执行。

七、银行类机构的分支机构应当将法人机构许可证复印件置于营业场所显著位置。

八、保险兼业代理业务范围超出注册地保监局辖区的银行类机构，应当在开展业务的每个保监局辖区指定一家负责机构（以下简称辖区负责机构），相关职责包括：

（一）获取法人机构授权开展保险兼业代理业务10个工作日内，通过指定信息系统向当地保监局报告基本信息；

（二）辖内开展保险兼业代理业务的分支机构变更名称、营业场所、保险代理业务负责人，以及增加分支机构代理保险业务、撤销合并有关分支机构的，应当自事项发生之日起5个工作日内，通过指定信息系统报告当地保监局；

（三）建立保险销售从业人员管理档案，组织保险销售人员定期接受法律法规、职业操守、专业知识等相关培训教育；

（四）对辖内分支机构保险兼业代理业务进行日常监督，每年至少进行一次保险兼业代理业务合规检查。

九、法人机构及辖区负责机构均应指定一名保险代理业务责任人。该责任人应当品行良好，熟悉保险法律、行政法规，具有履行代理业务管理能力，且原则上应当是分管保险业务的机构班子成员。

十、法人机构及辖区负责机构应当在每个季度结束后 10 个工作日内，通过指定信息系统向当地保监局报送保险兼业代理业务数据（表格详见附件 3）。

十一、银行类机构从事保险销售的人员应当品行良好，具有保险销售所需的专业能力，并依中国保监会相关规定办理执业登记。具体登记方式由中国保监会另行通知。

十二、法人机构终止保险兼业代理业务的，应向注册地保监局报告，并提交下列材料：

（一）保险兼业代理业务终止申请书；

（二）保险兼业代理业务许可证原件。

十三、法人机构有下列情形之一的，保险监管机构依法办理许可证注销手续，并予以公告：

（一）许可证有效期届满未按规定延续的；

（二）出现破产、解散等机构终止事项的；

（三）许可被撤销、撤回或者许可证被依法吊销的；

（四）法律、行政法规以及中国保监会规定的其他情形。

被注销许可证的法人机构应当及时将许可证交回发证保监局。

十四、法人机构收到许可证、因许可证登记事项发生变更而领取新许可证、许可证遗失的，应按照保险监管机构有关规定进行公告。

十五、拟开展相互代理保险业务的保险公司参照银行类机构管理。一家财产保险公司在一个会计年度内只能代理一家人身保险公司业务。一家人身保险公司在一个会计年度内只能代理一家财产保险公司业务。

保险集团内各保险子公司间开展保险代理业务的，代理保险公司家数可以多于一家。

十六、对银行类机构以外的保险兼业代理机构行政许可及管理相关事项，中国保监会将另行规定。

十七、各保监局要积极稳妥推进保险兼业代理机构行政许可改革工作，确保新旧制度平稳衔接。要主动解决和处置改革中发现的问题和风险，并及时报告中国保监会。

请各保监局将本通知内容传达至辖内各相关单位。

联系人：王鸿兴

联系电话：010－66286977

电子邮箱：hongxing_ wang@ circ. gov. cn

附件：1. 银行类机构保险兼业代理业务申请材料清单

2. 保险兼业代理业务资格申请表

3. 保险兼业代理机构代理保险业务情况统计表

附件 1

银行类机构保险兼业代理业务申请材料清单

申请保险兼业代理资格的银行类法人机构，应向注册地保监局提交下列材料：

1. 《保险兼业代理业务资格申请表》（详见附件 2）；
2. 金融机构经营许可证及工商营业执照副本复印件；
3. 近三年违法违规行为情况的说明（机构成立不满三年的，提供自成立之日起的情况说明）；
4. 符合通知规定条件的营业场所、软硬件设施及管理制度等情况说明和有关证明材料；
5. 中国保监会要求的其他材料。

附件 2

保险兼业代理业务资格申请表

<table>
<tr><td>申请机构名称</td><td colspan="4"></td></tr>
<tr><td>注册资本</td><td colspan="2"></td><td>统一社会信用代码或工商营业执照注册号</td><td></td></tr>
<tr><td>工商注册时间</td><td colspan="2"></td><td>法定代表人</td><td></td></tr>
<tr><td>保险业务责任人</td><td colspan="2"></td><td>联系方式</td><td></td></tr>
<tr><td>住所地址</td><td colspan="2"></td><td></td><td></td></tr>
<tr><td>办公电话/传真</td><td colspan="2"></td><td>电子邮箱</td><td></td></tr>
<tr><td colspan="2">已设分支机构数量</td><td></td><td>员工总人数</td><td></td></tr>
<tr><td rowspan="4">拟合作保险公司基本情况</td><td>代理业务责任人姓名</td><td>职务</td><td>联系方式</td><td>公司名称</td></tr>
<tr><td></td><td></td><td></td><td></td></tr>
<tr><td></td><td></td><td></td><td></td></tr>
<tr><td></td><td></td><td></td><td></td></tr>
<tr><td colspan="3">拟开展保险兼业代理业务的地区（省、自治区、直辖市、计划单列市）</td><td colspan="2"></td></tr>
<tr><td colspan="3">是否代收保险费（若代收保险费，请在下栏填写代收保费账户的相关信息）</td><td colspan="2"></td></tr>
<tr><td colspan="3">代收保费账户开户银行及账号</td><td colspan="2"></td></tr>
<tr><td colspan="3">佣金收取账户开户银行及账号</td><td colspan="2"></td></tr>
<tr><td colspan="3">代理险种</td><td colspan="2"></td></tr>
<tr><td colspan="3">真实性声明</td><td colspan="2">郑重声明，呈交的所有材料均属实，如有虚假或隐瞒，承担相应法律责任。
年　　月　　日（机构盖章）</td></tr>
</table>

附件 3

保险兼业代理机构代理保险业务情况统计表

货币单位：万元

填报机构名称：　　下辖分支机构数量（个）：　　其中：省级：　　市级：

保险产品	项目	保单（件）		代理保费收入		佣金收入	
		本期	累计	本期	累计	本期	累计
财产保险	企业财产保险						
	家庭财产保险						
	机动车辆保险						
	货物运输保险						
	船舶保险						
	工程保险						
	责任保险						
	农业保险						
	信用保险						
	保证保险						
	特殊风险保险						
	意外伤害保险						
	健康保险						
	其他						
	小计						
人身保险	人寿保险						
	年金保险						
	意外伤害保险						
	健康保险						
	小计						
	合计						

填报人：　　联系电话：　　填报时间：

填表说明：1. 累计数按照会计年度累计。

2. 此表中的合计项为财产保险与人身保险数据合计。

3. 法人机构统计数据包括下属各分支机构相关业务，省级分支机构统计数据包含辖内各分支网点相关业务。

4. 代理保费收入统计口径为实收保费（签单口径），佣金收入包含续期佣金。

5. 统计数据保留小数点后 2 位。

八、稽查类

中国保监会关于印发车险反欺诈数据规范的通知

（保监稽查〔2015〕242 号　2015 年 12 月 25 日）

机关各部门、各保监局、各财产保险公司、中国保险行业协会、中国保险信息技术管理有限责任公司：

为推动保险业运用信息技术防范保险欺诈风险，提高车险反欺诈信息数据的规范性、准确性和完备性，我会制定了车险反欺诈数据规范，包括《车险反欺诈数据元》和《车险反欺诈代码集》。现予以印发，并就有关要求通知如下，请遵照执行。

一、高度重视。规范车险反欺诈数据采集工作，对于提高行业车险反欺诈信息化水平、提升车险反欺诈信息系统效能、防范和化解保险欺诈风险具有重要意义。各单位要深刻认识此项工作的重要性和必要性，加强组织领导，加大资源投入，认真落实相关工作要求。

二、健全机制。各财产保险公司应当按照车险反欺诈数据规范的要求，尽快健全相关工作制度、流程标准和信息系统，明确职责分工，组织开展相关业务培训，及时、准确采集并向全国车险信息平台填报相关数据。车险反欺诈数据字段的具体录入要求和实施时间，以中国保险信息技术管理有限责任公司下发的接口规范为准。

三、强化监督。各财产保险公司应强化数据质量管理，将数据质量与公司内部考核相挂钩，加强考核监督，责任落实到人，确保填报数据的真实有效。中国保险信息技术管理有限责任公司负责全国车险信息平台反欺诈数据报送质量的日常监督，定期发布情况通报，保监会将对数据报送存在问题的公司采取监管措施。

四、加强指导。中国保险行业协会应有效发挥反欺诈专业委员会的组织协调作用，加强对会员公司落实车险反欺诈数据规范的业务指导，同时采取多种形式支持地方保险行业协会开展相关工作。

各单位在实施中如遇到问题，请及时向中国保监会稽查局报告。

联系人：涂伟
联系电话：010－66288238
电子邮件：fanqizha@ circ. gov. cn

附件：车险反欺诈代码集 . docx
　　　车险反欺诈数据元 . docx

车险反欺诈代码集

中国保险监督管理委员会 发布

目　录

1. 车主性质代码

说明：车主性质的标识代码。
表示：n1
编码方法：采用 1 位数字表示，从 1 开始。

代码	名称
1	个人
2	机关
3	企业

2. 证件类型代码

说明：证件类型的标识代码。
表示：n2
编码方法：采用 2 位数字表示，从 01 开始。

代码	名称
01	居民身份证
02	居民户口薄
03	驾驶证
04	军官证
05	士兵证
06	军官离退休证
07	中国护照
08	异常身份证
41	港澳通行证
42	台湾通行证
43	回乡证
51	外国护照
52	旅行证
53	居留证件
71	组织机构代码证
72	税务登记证
73	营业执照
99	其他证件

3. 是否单车事故

说明：是否为单车事故的标识代码。
表示：n1
编码方法：采用1位数字表示，从1开始。

代码	名称
1	是
0	否

4. 是否包含人伤

说明：事故中是否有人员伤亡的标识代码。
表示：n1
编码方法：采用1位数字表示，从1开始。

代码	名称
1	是
0	否

5. 是否包含财损

说明：事故中是否有财产损失的标识代码。
表示：n1
编码方法：采用1位数字表示，从1开始。

代码	名称
1	是
0	否

6. 出险车辆号牌种类

说明：出险车辆号牌种类的标识代码。
表示：n2
编码方法：采用2位数字表示，从01开始。

代码	名称	说明
01	大型汽车号牌	黄底黑字（含 02 式号牌部分）
02	小型汽车号牌	蓝底白字（含 02 式号牌部分）
03	使馆汽车号牌	黑底白字、红“使”字
04	领馆汽车号牌	黑底白字、红“领”字
05	境外汽车号牌	黑底白/红字
06	外籍汽车号牌	黑底白字
07	两、三轮摩托车号牌	黄底黑字
08	轻便摩托车号牌	蓝底白字
09	使馆摩托车号牌	黑底白字、红“使”字
10	领馆摩托车号牌	黑底白字、红“领”字
11	境外摩托车号牌	黑底白字
12	外籍摩托车	黑底白字
13	农用运输车号牌	黄底黑字黑框线，已按《中华人民共和国道路交通安全法》取消农用运输车，不再发放
14	拖拉机号牌	黄底黑字
15	挂车号牌	黄底黑字黑框线
16	教练汽车号牌	黄底黑字黑框线
17	教练摩托车号牌	黑底黑字黑框线
18	试验汽车号牌	
19	试验摩托车号牌	
20	临时入境汽车号牌	白底红字黑“临时入境”
21	临时入境摩托车号牌	白底红字黑“临时入境”
22	临时行驶车号牌	白底黑字黑框线
23	警用汽车号牌	
24	警用摩托车号牌	
31	武警号牌	
32	军队号牌	
99	其他号牌	

7. 车辆损失部位

说明：保险事故发生后，车辆损失部位。
表示：n2

编码方法：采用 2 位数字表示，从 01 开始。

代码	名称
01	前
02	后
03	左
04	右
05	顶
06	底
07	左前
08	左后
09	左中
10	右前
11	右后
12	右中

8. 是否全损

说明：全损包括实际全损或推定全损。车辆实际全损和推定全损以各保险公司内部定义为准。
表示：n1
编码方法：采用 1 位数字表示，从 1 开始。

代码	名称
1	是
0	否

9. 是否火自爆

说明：出险车辆是否为火灾/爆炸/自燃。
表示：n1
编码方法：采用 1 位数字表示，从 1 开始。

代码	名称
1	是
0	否

10. 是否水淹

说明：出险车辆是否为水淹情形。

表示：n1

编码方法：采用 1 位数字表示，从 1 开始

代码	名称
1	是
0	否

11. 水淹等级

说明：评定水淹程度的等级。

表示：n1

编码方法：采用 1 位数字表示。

代码	名称	说明
1	水淹 1 级	乘员仓进水，而水面在驾驶员座椅坐垫以下
2	水淹 2 级	乘员仓进水，水面在驾驶员座椅坐垫以上，仪表工作台以下
3	水淹 3 级	乘员仓进水，水面在仪表工作台以上，顶棚以下
4	水淹 4 级	水面超过车顶，汽车被淹没顶部

12. 伤情类别

说明：保险事故伤亡人员受伤情况的类别代码。

表示：n1

编码方法：采用 1 位数字表示。

代码	名称	说明
1	简易人伤	因道路交通事故致伤者损伤轻微，不涉及伤残和死亡。
2	伤残	因道路交通事故损伤所致的人体残废。包括：精神的、生理功能的和解剖结构的异常及其导致的生活、工作和社会活动能力不同程度丧失。
3	死亡	因道路交通事故损伤致死。

13. 伤残程度

说明：保险事故伤亡人员的伤残程度代码。
表示：n2
编码方法：采用2位数字表示。

代码	名称	说明（划分依据）
01	伤残1级	a. 日常生活完全不能自理； b. 意识消失； c. 各种活动均受到限制而卧床； d. 社会交往完全丧失。
02	伤残2级	a. 日常生活需要随时有人帮助； b. 仅限于床上或椅上的活动； c. 不能工作； d. 社会交往极度困难。
03	伤残3级	a. 不能完全独立生活，需经常有人监护； b. 仅限于室内的活动； c. 明显职业受限； d. 社会交往困难。
04	伤残4级	a. 日常生活能力严重受限，间或需要帮助； b. 仅限于居住范围内的活动； c. 职业种类受限； d. 社会交往严重受限。
05	伤残5级	a. 日常生活能力部分受限，需要指导； b. 仅限于就近的活动； c. 需要明显减轻工作； d. 社会交往贫乏。
06	伤残6级	a. 日常生活能力部分受限，但能部分代偿，部分日常生活需要帮助； b. 各种活动降低； c. 不能胜任原工作； d. 社会交往狭窄。
07	伤残7级	a. 日常生活有关的活动能力严重受限； b. 短暂活动不受限，长时间活动受限； c. 不能从事复杂工作； d. 社会交往能力降低。

（续表）

代码	名称	说明（划分依据）
08	伤残 8 级	a. 日常生活有关的活动能力部分受限； b. 远距离活动受限； c. 能从事复杂工作，但效率明显降低； d. 社会交往受约束。
09	伤残 9 级	a. 日常活动能力大部分受限； b. 工作和学习能力下降； c. 社会交往能力部分受限。
10	伤残 10 级	a. 日常活动能力轻度受限； b. 工作和学习能力有所下降； c. 社会交往能力轻度受限。

14. 欺诈标志

说明：用于采集、统计分析保险公司发现的欺诈线索，对赔案进行零结。

表示：n1

编码方法：采用 1 位数字表示。

代码	名称	说明
1	欺诈放弃索赔	涉嫌欺诈，被保险人主动放弃索赔
2	欺诈拒绝赔付	涉嫌欺诈，保险公司拒绝赔付
3	疑似欺诈	保险公司认为赔案有欺诈嫌疑，但未能成功拒赔或减赔的。

15. 欺诈类型

说明：欺诈类型代码。

表示：n2

编码方法：采用 2 位数字表示。

代码	名称	说明
01	碰撞痕迹不符	
02	重复索赔	
03	故意制造事故	
04	旧件拼凑案件	
05	事故后逃逸	
06	行驶证/临牌不符	

（续表）

代码	名称	说明
07	驾驶资质不符	
08	伪造事故证明材料	
09	伪造损失类单据	
10	车辆使用性质不符	
11	酒驾换驾	包含饮酒换驾和醉酒换驾
12	无证换驾	
13	毒驾换驾	
14	酒后驾驶	包含饮酒驾驶与醉酒驾驶
15	吸毒后驾驶	
16	无证驾驶	
17	其他换驾	
18	带伤投保	
19	倒签单	
20	非承保标的	

16. 人员属性

说明：人员属性的标识代码。

表示：n1

编码方法：采用 1 位数字表示，从 1 开始。

代码	名称	说明
1	本车驾驶员	出险时的车辆驾驶员
2	车外人员	
3	本车乘客	

车险反欺诈数据元

中国保险监督管理委员会　发布

目　录

1. 车款名称 CarName

说明：能够标识车型款式、同一系列车型。
表示：c. . 200
同义词：
值域：
业务应用领域：财产保险
数据元性质：应用数据元
表示词类型：名称描述
主题：车辆
备注：交强险新增设且必传

2. 保单号 PolicyNo

说明：保险人在签发保单时按照相应出单规则印制在保单上的编号。
表示：an. . 50
同义词：
值域：
业务应用领域：通用
数据元性质：基本数据元
表示词类型：号码
主题：合同
备注：交强险由非必传调整为必传

3. 车主名称 VehicleOwnerName

说明：对机动车具有全部财产利益的人。
表示：c. . 60
同义词：
值域：
业务应用领域：财产保险
数据元性质：应用数据元
表示词类型：名称描述
主题：其他
备注：交强险由非必传调整为必传

4. 车主性质代码 VehicleOwnerNature

说明：车主性质的标识代码。
表示：n1
同义词：

值域：参见《反欺诈涉及字段调整 - 代码集》
业务应用领域：财产保险
数据元性质：应用数据元
表示词类型：代码
主题：其他
备注：交强险由非必传调整为必传

5. 证件类型代码 CredentialCode

说明：证件类型的标识代码。
表示：n2
同义词：
值域：参见《反欺诈涉及字段调整 - 代码集》
业务应用领域：通用
数据元性质：应用数据元
表示词类型：代码
主题：其他
备注：交强险由非必传调整为必传

6. 证件号码 CredentialNo

说明：有效证件的识别代码。
表示：an. . 20
同义词：
值域：
业务应用领域：通用
数据元性质：应用数据元
表示词类型：号码
主题：其他
备注：交强险由非必传调整为必传

7. 投保人名称 ApplicantName

说明：与保险人订立保险合同，并按照保险合同负有支付保险费义务的人。
表示：c. . 60
同义词：
值域：
业务应用领域：通用
数据元性质：应用数据元
表示词类型：名称描述
主题：其他
备注：交强险由非必传调整为必传

8. 被保险人名称 InsuredName

说明：其财产或者人身受保险合同保障，享有保险金请求权的人。
表示：c..60
同义词：
值域：
业务应用领域：通用
数据元性质：应用数据元
表示词类型：名称描述
主题：其他
备注：交强险由非必传调整为必传

9. 批改日期 EndorsementDate

说明：保单发生批改的日期。
表示：d
同义词：
值域：
业务应用领域：通用
数据元性质：应用数据元
表示词类型：日期时间型
主题：合同
备注：交强险新增设且必传

10. 批改生效日期 EffectiveTime

说明：保险人在保险单或者其他保险凭证上附贴的证明保险合同变更事项的文件的生效日期。表示：d
同义词：
值域：
业务应用领域：通用
数据元性质：应用数据元
表示词类型：日期时间型
主题：合同
备注：交强险调整，精确到分钟

11. 报案电话号码 ReportPhoneNo

说明：报案人向保险公司报案的电话号码。
表示：n..20
同义词：
值域：

业务应用领域：通用
数据元性质：应用数据元
表示词类型：号码
主题：理赔
备注：交强险、商业险新增设且必传

12. 是否单车事故 IsSingleAccident

说明：是否为单车事故的标识代码。
表示：n1
同义词：
值域：参见《反欺诈涉及字段调整 - 代码集》
业务应用领域：财产保险
数据元性质：应用数据元
表示词类型：代码
主题：理赔
备注：交强险新增设且必传

13. 是否包含人伤 IsPersonInjured

说明：事故中是否有人员伤亡的标识代码。
表示：n1
同义词：
值域：参见《反欺诈涉及字段调整 - 代码集》
业务应用领域：通用
数据元性质：应用数据元
表示词类型：代码
主题：理赔
备注：交强险、商业险新增设且必传

14. 是否包含财损 IsProtectLoss

说明：事故中是否有财产损失的标识代码。
表示：n1
同义词：
值域：参见《反欺诈涉及字段调整 - 代码集》
业务应用领域：通用
数据元性质：应用数据元
表示词类型：代码
主题：理赔
备注：交强险、商业险新增设且必传

15. 出险车辆号牌号码 LicensePlateNo

说明：保险事故发生后，出险车辆的号牌号码。
表示：an. . 15
同义词：
值域：
业务应用领域：财产保险
数据元性质：应用数据元
表示词类型：号码
主题：理赔
备注：交强险查勘登记环节，由非必传调整为条件必传

16. 出险车辆号牌种类代码 LicensePlateType

说明：保险事故发生后，出险车辆号牌种类的标识代码。
表示：n2
同义词：
值域：参见《反欺诈涉及字段调整 - 代码集》
业务应用领域：财产保险
数据元性质：应用数据元
表示词类型：代码
主题：理赔
备注：交强险查勘登记环节，由非必传调整为条件必传

17. 出险车辆 VIN 码 VIN

说明：出险车辆车架号码。
表示：an. . 17
同义词：
值域：
业务应用领域：财产保险
数据元性质：应用数据元
表示词类型：号码
主题：理赔
备注：交强险查勘登记环节，由非必传调整为条件必传

18. 出险车辆发动机号 EngineNo

说明：出险车辆发动机号码。
表示：an. . 50
同义词：

值域：
业务应用领域：财产保险
数据元性质：应用数据元
表示词类型：号码
主题：理赔
备注：

19. 出险车辆车辆型号 Model

说明：出险车辆的车辆型号。
表示：an..64
同义词：
值域：
业务应用领域：财产保险
数据元性质：应用数据元
表示词类型：号码
主题：理赔
备注：

20. 出险车辆驾驶员姓名 DriverName

说明：驾驶出险车辆的人员姓名。
表示：c..30
同义词：
值域：
业务应用领域：财产保险
数据元性质：应用数据元
表示词类型：名称描述
主题：理赔
备注：交强险查勘登记环节，由非必传调整为条件必传；交强险定核损登记环节，由非必传调整为必传

21. 出险车辆驾驶证号码 DriverLicenseNo

说明：驾驶出险车辆人员的驾驶证号码。
表示：an..20
同义词：
值域：
业务应用领域：财产保险
数据元性质：应用数据元
表示词类型：号码
主题：理赔
备注：交强险查勘登记环节，由非必传调整为条件必传；交强险定核损登记环节，由非必传调整为必传

22. 查勘人员姓名 CheckerName

说明：查勘人员的姓名。
表示：c..30
同义词：
值域：
业务应用领域：财产保险
数据元性质：应用数据元
表示词类型：名称描述
主题：理赔
备注：交强险、商业险由非必传调整为必传

23. 查勘人员身份证号码 CheckerCertiCode

说明：查勘人员的身份证号码。
表示：an..20
同义词：
值域：
业务应用领域：财产保险
数据元性质：应用数据元
表示词类型：号码
主题：理赔
备注：交强险新增设且必传，商业险由非必传调整为必传

24. 伤亡人员姓名 PersonName

说明：事故中伤亡人员的姓名。
表示：c..30
同义词：
值域：
业务应用领域：通用
数据元性质：应用数据元
表示词类型：名称描述
主题：理赔
备注：交强险、商业险新增设且必传

25. 伤亡人员证件类型 CertiType

说明：事故中伤亡人员的证件类型。
表示：n2
同义词：

值域：参见《反欺诈涉及字段调整 - 代码集》
业务应用领域：通用
数据元性质：应用数据元
表示词类型：代码
主题：理赔
备注：交强险、商业险新增设且必传

26. 伤亡人员证件号码 CertiCode

说明：事故中伤亡人员的证件号码。
表示：an..20
同义词：
值域：
业务应用领域：通用
数据元性质：应用数据元
表示词类型：号码
主题：理赔
备注：交强险、商业险新增设且必传

27. 核损总金额 UnderTotalDefLoss

说明：核损总金额等于损失列表（车、财、人）核损金额之和。
表示：n..14，n2
同义词：
值域：
业务应用领域：通用
数据元性质：应用数据元
表示词类型：货币
主题：理赔
备注：交强险、商业险新增设且必传

28. 核损金额 UnderDefLoss

说明：核损金额指纯损失金额，不乘以事故责任比例的金额。
表示：n..14，n2
同义词：
值域：
业务应用领域：通用
数据元性质：应用数据元
表示词类型：货币
主题：理赔
备注：

29. 车辆损失部位 LossPartData

说明：保险事故发生后，车辆损失部位。
表示：n2
同义词：
值域：参见《反欺诈涉及字段调整－代码集》
业务应用领域：财产保险
数据元性质：应用数据元
表示词类型：代码
主题：理赔
备注：交强险、商业险由非必传调整为必传

30. 是否全损 IsTotalLoss

说明：全损包括实际全损或推定全损。车辆实际全损和推定全损以各家保险公司内部定义为准。
表示：n1
同义词：
值域：参见《反欺诈涉及字段调整－代码集》
业务应用领域：财产保险
数据元性质：应用数据元
表示词类型：代码
主题：理赔
备注：商业险新增设且必传

31. 是否火自爆 IsHotSinceDetonation

说明：出险车辆是否为火灾/爆炸/自燃。
表示：n1
同义词：
值域：参见《反欺诈涉及字段调整－代码集》
业务应用领域：财产保险
数据元性质：应用数据元
表示词类型：代码
主题：理赔
备注：商业险新增设且必传

32. 是否水淹 IsWaterFlooded

说明：出险车辆是否为水淹情形。
表示：n1
同义词：

值域：参见《反欺诈涉及字段调整 - 代码集》
业务应用领域：财产保险
数据元性质：应用数据元
表示词类型：代码
主题：理赔
备注：商业险新增设且必传

33. 水淹等级 WaterFloodedLevel

说明：评定水淹程度的等级。
表示：n1
同义词：
值域：参见《反欺诈涉及字段调整 - 代码集》
业务应用领域：财产保险
数据元性质：应用数据元
表示词类型：代码
主题：理赔
备注：商业险新增设且条件必传

34. 定损人员姓名 EstimateName

说明：定损人员的姓名。
表示：c..30
同义词：
值域：
业务应用领域：财产保险
数据元性质：应用数据元
表示词类型：名称描述
主题：理赔
备注：交强险、商业险由非必传调整为必传

35. 定损人员身份证号码 EstimateCertiCode

说明：定损人员的身份证号码。
表示：an..20
同义词：
值域：
业务应用领域：财产保险
数据元性质：应用数据元
表示词类型：号码
主题：理赔
备注：交强险新增设且必传，商业险由非必传调整为必传

36. 核损人员身份证号码 UnderWriteCertiCode

说明：核损人员的身份证号码。
表示：an..20
同义词：
值域：
业务应用领域：财产保险
数据元性质：应用数据元
表示词类型：号码
主题：理赔
备注：交强险新增设且非必传

37. 修理机构名称 RepairFactoryName

说明：保险事故发生后，对有损失的车辆进行维修的机构名称。
表示：c..60
同义词：
值域：
业务应用领域：财产保险
数据元性质：应用数据元
表示词类型：名称描述
主题：理赔
备注：交强险、商业险由非必传调整为必传

38. 修理机构组织机构代码 RepairFactoryCertiCode

说明：修理机构的组织机构代码。
表示：an..60
同义词：
值域：
业务应用领域：财产保险
数据元性质：应用数据元
表示词类型：号码
主题：理赔
备注：

39. 死亡时间 DeathTime

说明：死亡时间，精确到日。
表示：d
同义词：

值域：
业务应用领域：财产保险
数据元性质：应用数据元
表示词类型：日期时间型
主题：理赔
备注：交强险、商业险新增设且条件必传

40. 伤情类别 InjuryType

说明：保险事故发生后，伤情类别代码。
表示：n2
同义词：
值域：参见《反欺诈涉及字段调整 - 代码集》
业务应用领域：财产保险
数据元性质：应用数据元
表示词类型：代码
主题：理赔
备注：交强险、商业险新增设且条件必传

41. 人伤跟踪人员姓名 IEstimateName

说明：专门负责人伤核损岗位的人员姓名。
表示：c..30
同义词：
值域：
业务应用领域：财产保险
数据元性质：应用数据元
表示词类型：名称描述
主题：理赔
备注：交强险、商业险新增设且条件必传

42. 人伤跟踪人员身份证号码 EstimateCertiCode

说明：专门负责人伤核损岗位的人员身份证号码。
表示：an..20
同义词：
值域：
业务应用领域：财产保险
数据元性质：应用数据元
表示词类型：号码
主题：理赔
备注：交强险新增设且必传，商业险由非必传调整为必传

43. 医疗审核人员身份证号码 UnderWriteCertiCode

说明：专门负责审核人伤情况的医务人员身份证号码。
表示：an..20
同义词：
值域：
业务应用领域：财产保险
数据元性质：应用数据元
表示词类型：号码
主题：理赔
备注：交强险新增设且非必传

44. 伤残程度 InjuryLevel

说明：保险事故发生后，伤残程度代码。
表示：n2
同义词：
值域：参见《反欺诈涉及字段调整 - 代码集》
业务应用领域：财产保险
数据元性质：应用数据元
表示词类型：代码
主题：理赔
备注：交强险、商业险新增设且必传

45. 治疗机构名称 HospitalName

说明：涉及人伤的保险事故，对人身伤亡进行治疗的机构名称。
表示：c..100
同义词：
值域：
业务应用领域：财产保险
数据元性质：应用数据元
表示词类型：名称描述
主题：理赔
备注：交强险、商业险由非必传调整为必传

46. 治疗机构组织机构代码 HospitalFactoryCertiCode

说明：涉及人伤的保险事故，对人身伤亡进行治疗的机构组织机构代码。
表示：an..60
同义词：

值域：
业务应用领域：财产保险
数据元性质：应用数据元
表示词类型：号码
主题：理赔
备注：交强险、商业险新增设且非必传

47. 伤残鉴定机构名称 DisabilityAppraisalInstitutionName

说明：涉及人伤的保险事故，对伤残情况进行鉴定的机构名称。
表示：c..100
同义词：
值域：
业务应用领域：财产保险
数据元性质：应用数据元
表示词类型：名称描述
主题：理赔
备注：交强险、商业险新增设且必传

48. 伤残鉴定机构组织机构代码 DisabilityAppraisalInstitutionCertiCode

说明：涉及人伤的保险事故，对伤残情况进行鉴定的机构组织机构代码。
表示：an..60
同义词：
值域：
业务应用领域：财产保险
数据元性质：应用数据元
表示词类型：号码
主题：理赔
备注：交强险、商业险新增设且非必传

49. 欺诈标志 FraudLogo

说明：用于采集、统计分析保险公司发现的欺诈线索，对赔案进行零结。
表示：n1
同义词：
值域：参见《反欺诈涉及字段调整 - 代码集》
业务应用领域：财产保险
数据元性质：应用数据元
表示词类型：代码
主题：理赔
备注：交强险、商业险新增设且条件必传

50. 欺诈类型 FraudType

说明：欺诈类型。
表示：n2
同义词：
值域：参见《反欺诈涉及字段调整－代码集》
业务应用领域：财产保险
数据元性质：应用数据元
表示词类型：代码
主题：理赔
备注：交强险、商业险新增设且条件必传

51. 欺诈挽回损失金额 FraudRecoverAmount

说明：识别欺诈后，保险公司挽回的金额。
表示：
同义词：
值域：
业务应用领域：财产保险
数据元性质：应用数据元
表示词类型：货币
主题：理赔
备注：交强险、商业险新增设且条件必传

52. 赔款收款账户名 AccountName

说明：接收赔款的收款帐户名。
表示：an..200
同义词：
值域：
业务应用领域：财产保险
数据元性质：应用数据元
表示词类型：名称描述
主题：理赔
备注：交强险、商业险由非必传调整为必传

53. 赔款收款身份证/组织机构代码 CentiCode

说明：赔款收款方为个人的身份证号码/赔款收款方为机构的组织机构代码。
表示：an..20
同义词：

值域：
业务应用领域：财产保险
数据元性质：应用数据元
表示词类型：号码
主题：理赔
备注：交强险、商业险由非必传调整为必传

54. 人员属性 PersonProperty

说明：人员属性的标识代码。
表示：n1
同义词：
值域：参见《反欺诈涉及字段调整 - 代码集》
业务应用领域：财产保险
数据元性质：应用数据元
表示词类型：代码
主题：理赔
备注：

中国保监会关于进一步做好保险业防范和处置非法集资工作的通知

（保监稽查〔2015〕263号　2015年12月29日）

各保监局，各保险集团（控股）公司、保险公司、保险资产管理公司：

为贯彻国务院关于防范和处置非法集资工作的指示精神，落实保险业防范和处置非法集资工作视频会有关要求，切实防范化解风险，现就进一步做好当前形势下保险业防范和处置非法集资工作通知如下：

一、各单位要高度重视防范和处置非法集资工作，提升防范和处置非法集资的责任意识。各保险机构（含下属各分支机构，下同）要切实承担人员管控、风险管控、监测预警、风险处置、系统防控的主体责任。各保监局要积极落实属地责任，加强辖内防范和处置非法集资工作的组织领导，督促公司落实主体责任；加强与当地党委政府的沟通，取得支持；加强对辖内保险机构非法集资防控工作的监督检查；有效处置风险，防止媒体不当炒作；加强对社会公众的非法集资风险宣传教育。

二、各单位要加强对防范和处置非法集资工作的组织领导。要成立防范和处置非法集资专项工作领导小组，明确工作目标、工作职责和工作流程，主要负责人要亲自担任组长，并指定专人具体负责此项工作。

三、各保险机构要将非法集资风险防控工作纳入全面风险管理体系，制定与业务种类、规模及性质相适应的非法集资风险管理制度。

四、各保险机构要加强非法集资风险监测预警。要建立包括资金监测、舆情监测、投诉监测、人员往来监测在内的系统性风险监测预警机制；要创新风险监测预警方法，主动运用互联网、大数据等信息科技手段加强非法集资风险识别预警。

五、各保险机构要建立常规排查与专项排查相结合的非法集资风险排查机制，风险排查包括但不限于以下方式：

（一）定期针对重点问题、重点机构、重点人员开展常规风险排查。针对主导型案件，重点排查公司单证印章管理、管理人员和销售人员个人借贷和资金往来情况；针对参与型案件，重点排查基层机构高管和销售人员社会兼职、代销第三方理财产品情况；针对被利用型案件，重点排查公司承保验标、保单批改和外部机构利用公司名义虚假宣传情况。

（二）各保险机构省级分公司范围内发生2起（含）以上同类同质非法集资案件或涉案金额超过100万的重大非法集资案件后，应及时启动专项风险排查，比照已发生案件，对该省级分公司及其下属分支机构的人员、业务、财务、资金及相关管理情况开展全面风险排查。

六、各保险机构要切实加强对从业人员和经营场所的管理。要通过正面宣传和警示教育，发动员工自觉防范风险；要建立内部举报奖励制度，强化正面激励；要强化职场管理，防范风险滋生。各保险集团公司要切实加强交叉销售业务管控，避免出现行业间风险防控漏洞。

七、各保险机构要坚持依法处置非法集资案件，积极配合有关部门做好以下工作：

（一）启动应急预案，迅速成立由主要负责人任组长的处置工作小组，明确职责分工，完善工作机制；

（二）深入开展排查，全面掌握基本案情、涉案金额和涉案人员，摸清风险底数；

（三）积极配合侦办，协调配合公安司法机关开展案件调查和侦办工作，必要时对涉案关键人员采取控制措施；

（四）协助管控资产，借助公安司法机关力量，做好涉案资产的查封、扣押、冻结等保全措施，防止涉案资产流失；

（五）积极维护稳定，妥善应对客户投诉，引导受害人合理合法表达有关诉求，切实防止发生群体性事件；

（六）强化舆论引导，加强舆情监测，既要积极引导舆论正面报道，又要防止负面炒作；

（七）及时报告总结，加强信息报送，确保沟通顺畅，防止类似问题重复出现。

八、各保监局要综合采取现场和非现场检查等手段，加强对保险市场销售行为的监管，要密切关注第三方理财、P2P 网络借贷等重点领域和新的风险点，要加强与各级政府部门的外部信息沟通，及时发现非法集资风险苗头，及时预警，及时报告。

九、各保监局在非法集资案件处置中要紧密依靠当地政府，与公安司法机关、宣传部门和其他有关部门积极协作，敢于担当，快速反应，组织指导和督促当地保险机构第一时间控制局面，有序化解矛盾，防止发生严重影响保险业和社会稳定的群体性、突发性和极端性事件。

十、各单位要切实做好非法集资案件的后续问责、整改、警示教育工作，完善风险防控的闭环管理。各保险机构在案件后续处置中要深入查明案发原因，厘清责任并确保责任追究到位，要针对内部管控和体制机制问题切实采取整改措施，并在公司内部开展警示教育。各保监局要通过监督检查、督办问责等方式推动保险机构严格执行问责整改制度，彻底消除风险隐患。

十一、各单位要定期对防范和处置非法集资工作进行归纳总结。每月要对发生的非法集资案件进行重点分析，深入了解案件特性及发案原因，制定整改措施；每季度要对辖内非法集资案件风险情况、防范和处置非法集资的管理制度执行情况和执行效果进行专项评估，主动查找制度缺陷和执行不足；每年要对防范和处置非法集资工作进行全面总结，提出下阶段工作计划。

十二、各单位近期应根据保险业防范和处置非法集资工作视频会的要求做好以下工作：

（一）各保监局应于 2015 年 12 月 31 日前，召开辖内保险中介机构防范和处置非法集资工作会，传达落实保险业防范和处置非法集资工作视频会的会议精神和工作要求。

（二）各保监局、各保险机构总公司应于 2015 年 12 月 31 日前，将防范和处置非法集资工作领导小组名单报送至保监会稽查局，各保险机构省级分公司应将领导小组名单报送至当地保监局。

（三）各单位应于 2016 年 1 月 15 日前，将本单位贯彻落实保险业防范和处置非法集资工作视频会工作部署的情况报送至保监会稽查局。

（四）各保险机构应于每年 6 月 30 日前，向保监会稽查局报送上一年度非法集资风险排查报告。

联系人及电话：杨智明 010－66288215　陈婕妤 010－66286017

第三部分

公 告

CIRC

中国保监会对信泰人寿、正德人寿、安邦人寿就客户信息真实性问题进行监管谈话

2015 年 02 月 15 日

2 月 10 日下午，针对信泰人寿、正德人寿、安邦人寿在贯彻落实《人身保险客户信息真实性管理暂行办法》中存在的突出问题，中国保监会人身保险监管部与 3 家公司相关负责人进行了监管谈话，通报了对 3 家公司客户信息真实性专项检查结果，要求 3 家公司高度重视，认真整改。一是清查补正，对于在 2014 年保监会客户信息真实性专项检查中发现的客户信息不真实保单，3 家公司应在 4 月 30 日之前完成清查补正工作；二是全面整改，对照《人身保险客户信息真实性管理暂行办法》要求，逐条梳理，完善流程，在全系统范围内进行全面整改。对于整改工作“走过场”、敷衍了事的公司，保监会将依法采取进一步监管措施。

关于公布保险违法行为举报渠道的公告

（保监公告〔2015〕3 号　2015 年 02 月 28 日）

为保障《保险违法行为举报处理工作办法》（保监会令［2015 年］1 号）顺利实施，畅通保险违法行为举报渠道，维护保险市场秩序，现将中国保险监督管理委员会保险违法行为举报渠道公告如下：

一、电话举报：中国保险监督管理委员会 12378 热线。

二、网上举报：中国保险监督管理委员会官方网站，网址 www. circ. gov. cn。

三、来信举报：北京市西城区金融大街 15 号中国保险监督管理委员会，邮编 100033。

四、来访举报：北京市西城区金融大街 15 号中国保险监督管理委员会。

各保监局保险违法行为举报渠道请查询其官方网站。

特此公告

关于规章规范性文件专项清理的公告

（保监公告〔2015〕4号　2015年04月30日）

根据国务院办公厅关于加快推进落实注册资本登记制度改革的要求，我会对规章规范性文件进行了专项清理。保险公估机构未列入暂不实行注册资本认缴登记制的范围，我会将根据规章规范性文件制定程序要求，及时完成《保险公估机构监管规定》（保监会令〔2009〕7号）、《关于贯彻落实〈保险专业代理机构监管规定〉、〈保险经纪机构监管规定〉、〈保险公估机构监管规定〉有关事宜的通知》（保监发〔2009〕130号）的修改工作。

中国保监会关于 2014 年机动车交通事故责任强制保险业务情况的公告

（保监公告〔2015〕8 号　2015 年 11 月 06 日）

根据《机动车交通事故责任强制保险条例》，现将 2014 年度机动车交通事故责任强制保险（以下简称“交强险”）业务情况予以公布。

2014 年会计年度结束后，中国人民财产保险股份有限公司等 50 家经营交强险业务的保险公司出具了经会计师事务所审计的交强险专题财务报告。中国保监会依法对保险公司交强险业务相关报告进行了审核。

经审计的各保险公司交强险汇总数据显示，2014 年 1 月 1 日至 2014 年 12 月 31 日，各经营交强险业务的保险公司共承保机动车 1.65 亿辆次，交强险保费收入 1418 亿元；赔付成本 983 亿元，增提未到期责任准备金 75 亿元，各项经营费用 407 亿元（含营业税 79 亿元，救助基金 21 亿元）。2014 年，交强险承保亏损 47 亿元，投资收益 63 亿元，经营盈利 16 亿元，当年实现盈亏基本平衡。

2014 年交强险业务详细情况和相关保险公司的交强险专题财务报告、精算报告，可以通过访问中国保险行业协会网站（http：//www. iachina. cn/）或经营交强险业务的保险公司网站查阅。

关于经营个人税收优惠型健康保险业务公司名单的公示

截至2016年2月14日，共有八家保险公司报送了开展个人税收优惠型健康保险业务报告。我会根据《中国保监会关于印发〈个人税收优惠型健康保险业务管理暂行办法〉的通知》（保监发〔2015〕82号）（以下简称“《通知》”）相关规定，对报告进行了认真核对，其中有三家保险公司符合《通知》中所列经营要求。按照“成熟一家，公布一家”的原则，现将经营个人税收优惠型健康保险业务公司名单（第一批）公示如下：中国人民健康保险股份有限公司、阳光人寿保险股份有限公司、泰康养老保险股份有限公司。进入名单的保险公司要严格按照相关规定，经营好个人税收优惠型健康保险业务。

下一步，我会一是将继续核对保险公司的个人税收优惠型健康保险业务报告，并及时更新经营个人税收优惠型健康保险业务的公司名单；二是将加强对个人税收优惠型健康保险业务的监管，保护消费者的合法权益，推动业务规范、有序开展。

中国保监会

2016年2月14日

关于经营个人税收优惠型健康保险业务公司名单（第二批）的公示

为推进个人税收优惠型健康保险业务试点规范运行，我会根据《中国保监会关于印发〈个人税收优惠型健康保险业务管理暂行办法〉的通知》（保监发〔2015〕82 号）（以下简称“《通知》”）相关规定，对已报送的开展个人税收优惠型健康保险业务报告进行了认真核对，共有九家保险公司符合《通知》中所列经营要求。按照“成熟一家，公布一家”的原则，现将经营个人税收优惠型健康保险业务公司名单（第二批）公示如下：中国人寿保险股份有限公司、中国太平洋人寿保险股份有限公司、中国平安人寿保险股份有限公司、新华人寿保险股份有限公司、太平人寿保险有限公司、建信人寿保险有限公司、中意人寿保险有限公司、太平养老保险股份有限公司、东吴人寿保险股份有限公司。进入名单的保险公司要严格按照相关规定，经营好个人税收优惠型健康保险业务。

下一步，我会一是将继续核对保险公司开展个人税收优惠型健康保险业务的报告，并及时更新经营个人税收优惠型健康保险业务的公司名单；二是将加强对个人税收优惠型健康保险产品及经营行为的监管，保护消费者的合法权益，推动业务规范、有序开展。

中国保监会

2016 年 3 月 3 日

关于经营个人税收优惠型健康保险业务公司名单（第三批）的公示

为推进个人税收优惠型健康保险业务试点规范运行，我会根据《中国保监会关于印发〈个人税收优惠型健康保险业务管理暂行办法〉的通知》（保监发〔2015〕82 号）（以下简称“《通知》”）相关规定，对已报送的开展个人税收优惠型健康保险业务报告进行了认真核对，共有四家保险公司符合《通知》中所列经营要求。按照“成熟一家，公布一家”的原则，现将经营个人税收优惠型健康保险业务公司名单（第三批）公示如下：合众人寿保险股份有限公司、中国人民人寿保险股份有限公司、利安人寿保险股份有限公司、上海人寿保险股份有限公司。进入名单的保险公司要严格按照相关规定，经营好个人税收优惠型健康保险业务。

下一步，我会一是将继续核对保险公司开展个人税收优惠型健康保险业务的报告，并及时更新经营个人税收优惠型健康保险业务的公司名单；二是将加强对个人税收优惠型健康保险产品及经营行为的监管，保护消费者的合法权益，推动业务规范、有序开展。

中国保监会

2016 年 7 月 25 日

中国保监会关于 2015 年机动车交通事故责任强制保险业务情况的公告

（保监公告〔2016〕17 号 2016 年 11 月 11 日）

根据《机动车交通事故责任强制保险条例》，现将 2015 年度机动车交通事故责任强制保险（以下简称“交强险”）业务情况予以公布。

2015 年会计年度结束后，中国人民财产保险股份有限公司等 60 家经营交强险业务的保险公司出具了经会计师事务所审计的交强险专题财务报告。中国保监会依法对保险公司交强险业务相关报告进行了审核。

经审计的各保险公司交强险汇总数据显示，2015 年 1 月 1 日至 2015 年 12 月 31 日，各经营交强险业务的保险公司共承保机动车 1.84 亿辆次，交强险保费收入 1571 亿元；赔付成本 1081 亿元，增提未到期责任准备金 72 亿元，各项经营费用 467 亿元（含营业税 88 亿元，救助基金 21 亿元）。2015 年，交强险承保亏损 49 亿元，投资收益 93 亿元，经营盈利 44 亿元。

2015 年交强险业务详细情况和相关保险公司的交强险专题财务报告、精算报告，可以通过访问中国保险行业协会网站（http：//www.iachina.cn/）或经营交强险业务的保险公司网站查阅。

中国保险监督管理委员会关于保险公估机构备案的公告

（保监公告〔2016〕19号 2016年11月28日）

《中华人民共和国资产评估法》（以下简称《资产评估法》将于2016年12月1日起施行。为落实法律要求，中国保险监督管理委员会（以下简称中国保监会）就保险公估机构备案有关事项公告如下：

一、自2016年12月1日起，中国保监会不再实施经营保险公估业务许可，保险公估机构应依法向中国保监会备案，未经备案的机构不得经营保险公估业务。保险公估机构可登录中国保监会官网，进入“保险中介监管信息系统”中“经营保险公估业务备案”模块，查阅有关备案要求并办理备案事宜，同时向机构工商注册登记所在地保监局提交书面备案申请材料。

二、根据《资产评估法》规定，保险公估机构备案应具有相应数量的评估师。我国之前没有组织保险公估师资格考试，只依法组织过保险公估从业人员资格考试，并发放了《保险公估从业人员资格证书》。为不影响申请人进行保险公估机构备案，中国保监会在保险公估师制度建立前，采取如下临时措施：保险公估机构申请备案，其自然人股东或合伙人、从业人员持有中国保监会颁发的有效《保险公估从业人员资格证书》的，可以代替《资产评估法》对评估师条件的相关要求，在备案时予以认可。

三、中国保监会将按照《资产评估法》要求，协调相关部门和单位，尽快制定保险公估师资格考试相关制度，保险公估师资格的取得，一律按新制度执行。

对保险公估机构备案如有疑问，可向中国保监会和各地保监局咨询。

关于经营个人税收优惠型健康保险业务公司名单（第四批）的公示

为推进个人税收优惠型健康保险业务试点规范运行，我会根据《中国保监会关于印发〈个人税收优惠型健康保险业务管理暂行办法〉的通知》（保监发〔2015〕82 号）（以下简称“《通知》”）相关规定，对已报送的开展个人税收优惠型健康保险业务报告进行了认真核对，共有七家保险公司符合《通知》中所列经营要求。按照“成熟一家，公布一家”的原则，现将经营个人税收优惠型健康保险业务公司名单（第四批）公示如下：光大永明人寿保险有限公司、民生人寿保险股份有限公司、农银人寿保险股份有限公司、昆仑健康保险股份有限公司、国华人寿保险股份有限公司、幸福人寿保险股份有限公司、德华安顾人寿保险有限公司。进入名单的保险公司要严格按照相关规定，经营好个人税收优惠型健康保险业务。

下一步，我会一是将继续核对保险公司开展个人税收优惠型健康保险业务的报告，并及时更新经营个人税收优惠型健康保险业务的公司名单；二是将加强对个人税收优惠型健康保险产品及经营行为的监管，保护消费者的合法权益，推动业务规范、有序开展。

中国保监会

2016 年 12 月 19 日

第四部分

批复、复函

CIRC

中国保监会关于锦泰财产保险股份有限公司在贵州省开展政策性特色农业保险试点工作的复函

（保监产险〔2015〕9号　2015年1月22日）

锦泰财产保险股份有限公司：

《锦泰财产保险股份有限公司关于在贵州省开办政策性特色农业保险业务的请示》（锦泰财〔2014〕218号）收悉。经研究，原则同意你公司在贵州省开展农产品目标价格保险试点工作。你公司要认真研究当地风险管理需求，因地制宜开发产品，提高服务水平，加强风险管控。试点中如有问题，请及时向保监会报告。

附录一

法律、行政法规

CIRC

中华人民共和国保险法（2015年修正）

（1995年6月30日第八届全国人民代表大会常务委员会第十四次会议通过根据2002年10月28日第九届全国人民代表大会常务委员会第三十次会议《关于修改〈中华人民共和国保险法〉的决定》第一次修正 2009年2月28日第十一届全国人民代表大会常务委员会第七次会议修订　根据2014年8月31日第十二届全国人民代表大会常务委员会第十次会议《关于修改〈中华人民共和国保险法〉等五部法律的决定》第二次修正　根据2015年4月24日第十二届全国人民代表大会常务委员会第十四次会议《关于修改〈中华人民共和国计量法〉等五部法律的决定》第三次修正）

目　录

第一章　总　则

第一条　为了规范保险活动，保护保险活动当事人的合法权益，加强对保险业的监督管理，维护社会经济秩序和社会公共利益，促进保险事业的健康发展，制定本法。

第二条　本法所称保险，是指投保人根据合同约定，向保险人支付保险费，保险人对于合同约定的可能发生的事故因其发生所造成的财产损失承担赔偿保险金责任，或者当被保险人死亡、伤残、疾病或者达到合同约定的年龄、期限等条件时承担给付保险金责任的商业保险行为。

第三条　在中华人民共和国境内从事保险活动，适用本法。

第四条　从事保险活动必须遵守法律、行政法规，尊重社会公德，不得损害社会公共利益。

第五条　保险活动当事人行使权利、履行义务应当遵循诚实信用原则。

第六条　保险业务由依照本法设立的保险公司以及法律、行政法规规定的其他保险组织经营，其他单位和个人不得经营保险业务。

第七条　在中华人民共和国境内的法人和其他组织需要办理境内保险的，应当向中华人民共和国境内的保险公司投保。

第八条　保险业和银行业、证券业、信托业实行分业经营、分业管理，保险公司与银行、证券、信托业务机构分别设立。国家另有规定的除外。

第九条 国务院保险监督管理机构依法对保险业实施监督管理。

国务院保险监督管理机构根据履行职责的需要设立派出机构。派出机构按照国务院保险监督管理机构的授权履行监督管理职责。

第二章 保险合同

第一节 一般规定

第十条 保险合同是投保人与保险人约定保险权利义务关系的协议。

投保人是指与保险人订立保险合同，并按照合同约定负有支付保险费义务的人。

保险人是指与投保人订立保险合同，并按照合同约定承担赔偿或者给付保险金责任的保险公司。

第十一条 订立保险合同，应当协商一致，遵循公平原则确定各方的权利和义务。

除法律、行政法规规定必须保险的外，保险合同自愿订立。

第十二条 人身保险的投保人在保险合同订立时，对被保险人应当具有保险利益。

财产保险的被保险人在保险事故发生时，对保险标的应当具有保险利益。

人身保险是以人的寿命和身体为保险标的的保险。

财产保险是以财产及其有关利益为保险标的的保险。

被保险人是指其财产或者人身受保险合同保障，享有保险金请求权的人。投保人可以为被保险人。

保险利益是指投保人或者被保险人对保险标的具有的法律上承认的利益。

第十三条 投保人提出保险要求，经保险人同意承保，保险合同成立。保险人应当及时向投保人签发保险单或者其他保险凭证。

保险单或者其他保险凭证应当载明当事人双方约定的合同内容。当事人也可以约定采用其他书面形式载明合同内容。

依法成立的保险合同，自成立时生效。投保人和保险人可以对合同的效力约定附条件或者附期限。

第十四条 保险合同成立后，投保人按照约定交付保险费，保险人按照约定的时间开始承担保险责任。

第十五条 除本法另有规定或者保险合同另有约定外，保险合同成立后，投保人可以解除合同，保险人不得解除合同。

第十六条 订立保险合同，保险人就保险标的或者被保险人的有关情况提出询问的，投保人应当如实告知。

投保人故意或者因重大过失未履行前款规定的如实告知义务，足以影响保险人决定是否同意承保或者提高保险费率的，保险人有权解除合同。

前款规定的合同解除权，自保险人知道有解除事由之日起，超过三十日不行使而消灭。自合同成立之日起超过二年的，保险人不得解除合同；发生保险事故的，保险人应当承担赔偿或者给付保险金的责任。

投保人故意不履行如实告知义务的，保险人对于合同解除前发生的保险事故，不承担赔偿或者给付保险金的责任，并不退还保险费。

投保人因重大过失未履行如实告知义务，对保险事故的发生有严重影响的，保险人对于合同解除前发生的保险事故，不承担赔偿或者给付保险金的责任，但应当退还保险费。

保险人在合同订立时已经知道投保人未如实告知的情况的，保险人不得解除合同；发生保险事故的，保险人应当承担赔偿或者给付保险金的责任。

保险事故是指保险合同约定的保险责任范围内的事故。

第十七条　订立保险合同，采用保险人提供的格式条款的，保险人向投保人提供的投保单应当附格式条款，保险人应当向投保人说明合同的内容。

对保险合同中免除保险人责任的条款，保险人在订立合同时应当在投保单、保险单或者其他保险凭证上作出足以引起投保人注意的提示，并对该条款的内容以书面或者口头形式向投保人作出明确说明；未作提示或者明确说明的，该条款不产生效力。

第十八条　保险合同应当包括下列事项：

（一）保险人的名称和住所；

（二）投保人、被保险人的姓名或者名称、住所，以及人身保险的受益人的姓名或者名称、住所；

（三）保险标的；

（四）保险责任和责任免除；

（五）保险期间和保险责任开始时间；

（六）保险金额；

（七）保险费以及支付办法；

（八）保险金赔偿或者给付办法；

（九）违约责任和争议处理；

（十）订立合同的年、月、日。

投保人和保险人可以约定与保险有关的其他事项。

受益人是指人身保险合同中由被保险人或者投保人指定的享有保险金请求权的人。投保人、被保险人可以为受益人。

保险金额是指保险人承担赔偿或者给付保险金责任的最高限额。

第十九条　采用保险人提供的格式条款订立的保险合同中的下列条款无效：

（一）免除保险人依法应承担的义务或者加重投保人、被保险人责任的；

（二）排除投保人、被保险人或者受益人依法享有的权利的。

第二十条　投保人和保险人可以协商变更合同内容。

变更保险合同的，应当由保险人在保险单或者其他保险凭证上批注或者附贴批单，或者由投保人和保险人订立变更的书面协议。

第二十一条　投保人、被保险人或者受益人知道保险事故发生后，应当及时通知保险人。故意或者因重大过失未及时通知，致使保险事故的性质、原因、损失程度等难以确定的，保险人对无法确定的部分，不承担赔偿或者给付保险金的责任，但保险人通过其他途径已经及时知道或者应当及时知道保险事故发生的除外。

第二十二条　保险事故发生后，按照保险合同请求保险人赔偿或者给付保险金时，投保人、被保险人或者受益人应当向保险人提供其所能提供的与确认保险事故的性质、原因、损失程度等有关的证明和资料。

保险人按照合同的约定，认为有关的证明和资料不完整的，应当及时一次性通知投保人、被保险人或者受益人补充提供。

第二十三条　保险人收到被保险人或者受益人的赔偿或者给付保险金的请求后，应当及时作出核定；情形复杂的，应当在三十日内作出核定，但合同另有约定的除外。保险人应当将核定结果通知被保险人或者受益人；对属于保险责任的，在与被保险人或者受益人达成赔偿或者给付保险金的协议后十日内，履行赔偿或者给付保险金义务。保险合同对赔偿或者给付保险金的期限有约定的，保险人应当按照约定履行赔偿或者给付保险金义务。

保险人未及时履行前款规定义务的，除支付保险金外，应当赔偿被保险人或者受益人因此受到的损失。

任何单位和个人不得非法干预保险人履行赔偿或者给付保险金的义务，也不得限制被保险人或者受益人取得保险金的权利。

第二十四条 保险人依照本法第二十三条的规定作出核定后，对不属于保险责任的，应当自作出核定之日起三日内向被保险人或者受益人发出拒绝赔偿或者拒绝给付保险金通知书，并说明理由。

第二十五条 保险人自收到赔偿或者给付保险金的请求和有关证明、资料之日起六十日内，对其赔偿或者给付保险金的数额不能确定的，应当根据已有证明和资料可以确定的数额先予支付；保险人最终确定赔偿或者给付保险金的数额后，应当支付相应的差额。

第二十六条 人寿保险以外的其他保险的被保险人或者受益人，向保险人请求赔偿或者给付保险金的诉讼时效期间为二年，自其知道或者应当知道保险事故发生之日起计算。

人寿保险的被保险人或者受益人向保险人请求给付保险金的诉讼时效期间为五年，自其知道或者应当知道保险事故发生之日起计算。

第二十七条 未发生保险事故，被保险人或者受益人谎称发生了保险事故，向保险人提出赔偿或者给付保险金请求的，保险人有权解除合同，并不退还保险费。

投保人、被保险人故意制造保险事故的，保险人有权解除合同，不承担赔偿或者给付保险金的责任；除本法第四十三条规定外，不退还保险费。

保险事故发生后，投保人、被保险人或者受益人以伪造、变造的有关证明、资料或者其他证据，编造虚假的事故原因或者夸大损失程度的，保险人对其虚报的部分不承担赔偿或者给付保险金的责任。

投保人、被保险人或者受益人有前三款规定行为之一，致使保险人支付保险金或者支出费用的，应当退回或者赔偿。

第二十八条 保险人将其承担的保险业务，以分保形式部分转移给其他保险人的，为再保险。

应再保险接受人的要求，再保险分出人应当将其自负责任及原保险的有关情况书面告知再保险接受人。

第二十九条 再保险接受人不得向原保险的投保人要求支付保险费。

原保险的被保险人或者受益人不得向再保险接受人提出赔偿或者给付保险金的请求。

再保险分出人不得以再保险接受人未履行再保险责任为由，拒绝履行或者迟延履行其原保险责任。

第三十条 采用保险人提供的格式条款订立的保险合同，保险人与投保人、被保险人或者受益人对合同条款有争议的，应当按照通常理解予以解释。对合同条款有两种以上解释的，人民法院或者仲裁机构应当作出有利于被保险人和受益人的解释。

第二节　人身保险合同

第三十一条 投保人对下列人员具有保险利益：

（一）本人；

（二）配偶、子女、父母；

（三）前项以外与投保人有抚养、赡养或者扶养关系的家庭其他成员、近亲属；

（四）与投保人有劳动关系的劳动者。

除前款规定外，被保险人同意投保人为其订立合同的，视为投保人对被保险人具有保险利益。

订立合同时，投保人对被保险人不具有保险利益的，合同无效。

第三十二条 投保人申报的被保险人年龄不真实，并且其真实年龄不符合合同约定的年龄限制的，保险人可以解除合同，并按照合同约定退还保险单的现金价值。保险人行使合同解除权，适用本法第十六条第三款、第六款的规定。

投保人申报的被保险人年龄不真实，致使投保人支付的保险费少于应付保险费的，保险人有权更正并要求投保人补交保险费，或者在给付保险金时按照实付保险费与应付保险费的比例支付。

投保人申报的被保险人年龄不真实，致使投保人支付的保险费多于应付保险费的，保险人应当将多收的保险费退还投保人。

第三十三条 投保人不得为无民事行为能力人投保以死亡为给付保险金条件的人身保险，保险人也不得承保。

父母为其未成年子女投保的人身保险，不受前款规定限制。但是，因被保险人死亡给付的保险金总和不得超过国务院保险监督管理机构规定的限额。

第三十四条　以死亡为给付保险金条件的合同，未经被保险人同意并认可保险金额的，合同无效。

按照以死亡为给付保险金条件的合同所签发的保险单，未经被保险人书面同意，不得转让或者质押。

父母为其未成年子女投保的人身保险，不受本条第一款规定限制。

第三十五条　投保人可以按照合同约定向保险人一次支付全部保险费或者分期支付保险费。

第三十六条　合同约定分期支付保险费，投保人支付首期保险费后，除合同另有约定外，投保人自保险人催告之日起超过三十日未支付当期保险费，或者超过约定的期限六十日未支付当期保险费的，合同效力中止，或者由保险人按照合同约定的条件减少保险金额。

被保险人在前款规定期限内发生保险事故的，保险人应当按照合同约定给付保险金，但可以扣减欠交的保险费。

第三十七条　合同效力依照本法第三十六条规定中止的，经保险人与投保人协商并达成协议，在投保人补交保险费后，合同效力恢复。但是，自合同效力中止之日起满二年双方未达成协议的，保险人有权解除合同。

保险人依照前款规定解除合同的，应当按照合同约定退还保险单的现金价值。

第三十八条　保险人对人寿保险的保险费，不得用诉讼方式要求投保人支付。

第三十九条　人身保险的受益人由被保险人或者投保人指定。

投保人指定受益人时须经被保险人同意。投保人为与其有劳动关系的劳动者投保人身保险，不得指定被保险人及其近亲属以外的人为受益人。

被保险人为无民事行为能力人或者限制民事行为能力人的，可以由其监护人指定受益人。

第四十条　被保险人或者投保人可以指定一人或者数人为受益人。

受益人为数人的，被保险人或者投保人可以确定受益顺序和受益份额；未确定受益份额的，受益人按照相等份额享有受益权。

第四十一条　被保险人或者投保人可以变更受益人并书面通知保险人。保险人收到变更受益人的书面通知后，应当在保险单或者其他保险凭证上批注或者附贴批单。

投保人变更受益人时须经被保险人同意。

第四十二条　被保险人死亡后，有下列情形之一的，保险金作为被保险人的遗产，由保险人依照《中华人民共和国继承法》的规定履行给付保险金的义务：

（一）没有指定受益人，或者受益人指定不明无法确定的；

（二）受益人先于被保险人死亡，没有其他受益人的；

（三）受益人依法丧失受益权或者放弃受益权，没有其他受益人的。

受益人与被保险人在同一事件中死亡，且不能确定死亡先后顺序的，推定受益人死亡在先。

第四十三条　投保人故意造成被保险人死亡、伤残或者疾病的，保险人不承担给付保险金的责任。投保人已交足二年以上保险费的，保险人应当按照合同约定向其他权利人退还保险单的现金价值。

受益人故意造成被保险人死亡、伤残、疾病的，或者故意杀害被保险人未遂的，该受益人丧失受益权。

第四十四条　以被保险人死亡为给付保险金条件的合同，自合同成立或者合同效力恢复之日起二年内，被保险人自杀的，保险人不承担给付保险金的责任，但被保险人自杀时为无民事行为能力人的除外。

保险人依照前款规定不承担给付保险金责任的，应当按照合同约定退还保险单的现金价值。

第四十五条　因被保险人故意犯罪或者抗拒依法采取的刑事强制措施导致其伤残或者死亡的，保险人不承担给付保险金的责任。投保人已交足二年以上保险费的，保险人应当按照合同约定退还保险单的现金价值。

第四十六条 被保险人因第三者的行为而发生死亡、伤残或者疾病等保险事故的，保险人向被保险人或者受益人给付保险金后，不享有向第三者追偿的权利，但被保险人或者受益人仍有权向第三者请求赔偿。

第四十七条 投保人解除合同的，保险人应当自收到解除合同通知之日起三十日内，按照合同约定退还保险单的现金价值。

第三节 财产保险合同

第四十八条 保险事故发生时，被保险人对保险标的不具有保险利益的，不得向保险人请求赔偿保险金。

第四十九条 保险标的转让的，保险标的的受让人承继被保险人的权利和义务。

保险标的转让的，被保险人或者受让人应当及时通知保险人，但货物运输保险合同和另有约定的合同除外。

因保险标的转让导致危险程度显著增加的，保险人自收到前款规定的通知之日起三十日内，可以按照合同约定增加保险费或者解除合同。保险人解除合同的，应当将已收取的保险费，按照合同约定扣除自保险责任开始之日起至合同解除之日止应收的部分后，退还投保人。

被保险人、受让人未履行本条第二款规定的通知义务的，因转让导致保险标的危险程度显著增加而发生的保险事故，保险人不承担赔偿保险金的责任。

第五十条 货物运输保险合同和运输工具航程保险合同，保险责任开始后，合同当事人不得解除合同。

第五十一条 被保险人应当遵守国家有关消防、安全、生产操作、劳动保护等方面的规定，维护保险标的的安全。

保险人可以按照合同约定对保险标的的安全状况进行检查，及时向投保人、被保险人提出消除不安全因素和隐患的书面建议。

投保人、被保险人未按照约定履行其对保险标的的安全应尽责任的，保险人有权要求增加保险费或者解除合同。

保险人为维护保险标的的安全，经被保险人同意，可以采取安全预防措施。

第五十二条 在合同有效期内，保险标的的危险程度显著增加的，被保险人应当按照合同约定及时通知保险人，保险人可以按照合同约定增加保险费或者解除合同。保险人解除合同的，应当将已收取的保险费，按照合同约定扣除自保险责任开始之日起至合同解除之日止应收的部分后，退还投保人。

被保险人未履行前款规定的通知义务的，因保险标的的危险程度显著增加而发生的保险事故，保险人不承担赔偿保险金的责任。

第五十三条 有下列情形之一的，除合同另有约定外，保险人应当降低保险费，并按日计算退还相应的保险费：

（一）据以确定保险费率的有关情况发生变化，保险标的的危险程度明显减少的；

（二）保险标的的保险价值明显减少的。

第五十四条 保险责任开始前，投保人要求解除合同的，应当按照合同约定向保险人支付手续费，保险人应当退还保险费。保险责任开始后，投保人要求解除合同的，保险人应当将已收取的保险费，按照合同约定扣除自保险责任开始之日起至合同解除之日止应收的部分后，退还投保人。

第五十五条 投保人和保险人约定保险标的的保险价值并在合同中载明的，保险标的发生损失时，以约定的保险价值为赔偿计算标准。

投保人和保险人未约定保险标的的保险价值的，保险标的发生损失时，以保险事故发生时保险标的的实际价值为赔偿计算标准。

保险金额不得超过保险价值。超过保险价值的，超过部分无效，保险人应当退还相应的保险费。

保险金额低于保险价值的，除合同另有约定外，保险人按照保险金额与保险价值的比例承担赔偿保险金的责任。

第五十六条　重复保险的投保人应当将重复保险的有关情况通知各保险人。

重复保险的各保险人赔偿保险金的总和不得超过保险价值。除合同另有约定外，各保险人按照其保险金额与保险金额总和的比例承担赔偿保险金的责任。

重复保险的投保人可以就保险金额总和超过保险价值的部分，请求各保险人按比例返还保险费。

重复保险是指投保人对同一保险标的、同一保险利益、同一保险事故分别与两个以上保险人订立保险合同，且保险金额总和超过保险价值的保险。

第五十七条　保险事故发生时，被保险人应当尽力采取必要的措施，防止或者减少损失。

保险事故发生后，被保险人为防止或者减少保险标的的损失所支付的必要的、合理的费用，由保险人承担；保险人所承担的费用数额在保险标的损失赔偿金额以外另行计算，最高不超过保险金额的数额。

第五十八条　保险标的发生部分损失的，自保险人赔偿之日起三十日内，投保人可以解除合同；除合同另有约定外，保险人也可以解除合同，但应当提前十五日通知投保人。

合同解除的，保险人应当将保险标的未受损失部分的保险费，按照合同约定扣除自保险责任开始之日起至合同解除之日止应收的部分后，退还投保人。

第五十九条　保险事故发生后，保险人已支付了全部保险金额，并且保险金额等于保险价值的，受损保险标的的全部权利归于保险人；保险金额低于保险价值的，保险人按照保险金额与保险价值的比例取得受损保险标的的部分权利。

第六十条　因第三者对保险标的的损害而造成保险事故的，保险人自向被保险人赔偿保险金之日起，在赔偿金额范围内代位行使被保险人对第三者请求赔偿的权利。

前款规定的保险事故发生后，被保险人已经从第三者取得损害赔偿的，保险人赔偿保险金时，可以相应扣减被保险人从第三者已取得的赔偿金额。

保险人依照本条第一款规定行使代位请求赔偿的权利，不影响被保险人就未取得赔偿的部分向第三者请求赔偿的权利。

第六十一条　保险事故发生后，保险人未赔偿保险金之前，被保险人放弃对第三者请求赔偿的权利的，保险人不承担赔偿保险金的责任。

保险人向被保险人赔偿保险金后，被保险人未经保险人同意放弃对第三者请求赔偿的权利的，该行为无效。

被保险人故意或者因重大过失致使保险人不能行使代位请求赔偿的权利的，保险人可以扣减或者要求返还相应的保险金。

第六十二条　除被保险人的家庭成员或者其组成人员故意造成本法第六十条第一款规定的保险事故外，保险人不得对被保险人的家庭成员或者其组成人员行使代位请求赔偿的权利。

第六十三条　保险人向第三者行使代位请求赔偿的权利时，被保险人应当向保险人提供必要的文件和所知道的有关情况。

第六十四条　保险人、被保险人为查明和确定保险事故的性质、原因和保险标的的损失程度所支付的必要的、合理的费用，由保险人承担。

第六十五条　保险人对责任保险的被保险人给第三者造成的损害，可以依照法律的规定或者合同的约定，直接向该第三者赔偿保险金。

责任保险的被保险人给第三者造成损害，被保险人对第三者应负的赔偿责任确定的，根据被保险人的请求，保险人应当直接向该第三者赔偿保险金。被保险人怠于请求的，第三者有权就其应获赔偿部分直接向保险人请求赔偿保险金。

责任保险的被保险人给第三者造成损害，被保险人未向该第三者赔偿的，保险人不得向被保险人赔偿保险金。

责任保险是指以被保险人对第三者依法应负的赔偿责任为保险标的的保险。

第六十六条 责任保险的被保险人因给第三者造成损害的保险事故而被提起仲裁或者诉讼的，被保险人支付的仲裁或者诉讼费用以及其他必要的、合理的费用，除合同另有约定外，由保险人承担。

第三章 保险公司

第六十七条 设立保险公司应当经国务院保险监督管理机构批准。

国务院保险监督管理机构审查保险公司的设立申请时，应当考虑保险业的发展和公平竞争的需要。

第六十八条 设立保险公司应当具备下列条件：

（一）主要股东具有持续盈利能力，信誉良好，最近三年内无重大违法违规记录，净资产不低于人民币二亿元；

（二）有符合本法和《中华人民共和国公司法》规定的章程；

（三）有符合本法规定的注册资本；

（四）有具备任职专业知识和业务工作经验的董事、监事和高级管理人员；

（五）有健全的组织机构和管理制度；

（六）有符合要求的营业场所和与经营业务有关的其他设施；

（七）法律、行政法规和国务院保险监督管理机构规定的其他条件。

第六十九条 设立保险公司，其注册资本的最低限额为人民币二亿元。

国务院保险监督管理机构根据保险公司的业务范围、经营规模，可以调整其注册资本的最低限额，但不得低于本条第一款规定的限额。

保险公司的注册资本必须为实缴货币资本。

第七十条 申请设立保险公司，应当向国务院保险监督管理机构提出书面申请，并提交下列材料：

（一）设立申请书，申请书应当载明拟设立的保险公司的名称、注册资本、业务范围等；

（二）可行性研究报告；

（三）筹建方案；

（四）投资人的营业执照或者其他背景资料，经会计师事务所审计的上一年度财务会计报告；

（五）投资人认可的筹备组负责人和拟任董事长、经理名单及本人认可证明；

（六）国务院保险监督管理机构规定的其他材料。

第七十一条 国务院保险监督管理机构应当对设立保险公司的申请进行审查，自受理之日起六个月内作出批准或者不批准筹建的决定，并书面通知申请人。决定不批准的，应当书面说明理由。

第七十二条 申请人应当自收到批准筹建通知之日起一年内完成筹建工作；筹建期间不得从事保险经营活动。

第七十三条 筹建工作完成后，申请人具备本法第六十八条规定的设立条件的，可以向国务院保险监督管理机构提出开业申请。

国务院保险监督管理机构应当自受理开业申请之日起六十日内，作出批准或者不批准开业的决定。决定批准的，颁发经营保险业务许可证；决定不批准的，应当书面通知申请人并说明理由。

第七十四条 保险公司在中华人民共和国境内设立分支机构，应当经保险监督管理机构批准。

保险公司分支机构不具有法人资格，其民事责任由保险公司承担。

第七十五条 保险公司申请设立分支机构，应当向保险监督管理机构提出书面申请，并提交下列材料：

（一）设立申请书；

（二）拟设机构三年业务发展规划和市场分析材料；

（三）拟任高级管理人员的简历及相关证明材料；

（四）国务院保险监督管理机构规定的其他材料。

第七十六条　保险监督管理机构应当对保险公司设立分支机构的申请进行审查，自受理之日起六十日内作出批准或者不批准的决定。决定批准的，颁发分支机构经营保险业务许可证；决定不批准的，应当书面通知申请人并说明理由。

第七十七条　经批准设立的保险公司及其分支机构，凭经营保险业务许可证向工商行政管理机关办理登记，领取营业执照。

第七十八条　保险公司及其分支机构自取得经营保险业务许可证之日起六个月内，无正当理由未向工商行政管理机关办理登记的，其经营保险业务许可证失效。

第七十九条　保险公司在中华人民共和国境外设立子公司、分支机构，应当经国务院保险监督管理机构批准。

第八十条　外国保险机构在中华人民共和国境内设立代表机构，应当经国务院保险监督管理机构批准。代表机构不得从事保险经营活动。

第八十一条　保险公司的董事、监事和高级管理人员，应当品行良好，熟悉与保险相关的法律、行政法规，具有履行职责所需的经营管理能力，并在任职前取得保险监督管理机构核准的任职资格。

保险公司高级管理人员的范围由国务院保险监督管理机构规定。

第八十二条　有《中华人民共和国公司法》第一百四十六条规定的情形或者下列情形之一的，不得担任保险公司的董事、监事、高级管理人员：

（一）因违法行为或者违纪行为被金融监督管理机构取消任职资格的金融机构的董事、监事、高级管理人员，自被取消任职资格之日起未逾五年的；

（二）因违法行为或者违纪行为被吊销执业资格的律师、注册会计师或者资产评估机构、验证机构等机构的专业人员，自被吊销执业资格之日起未逾五年的。

第八十三条　保险公司的董事、监事、高级管理人员执行公司职务时违反法律、行政法规或者公司章程的规定，给公司造成损失的，应当承担赔偿责任。

第八十四条　保险公司有下列情形之一的，应当经保险监督管理机构批准：

（一）变更名称；

（二）变更注册资本；

（三）变更公司或者分支机构的营业场所；

（四）撤销分支机构；

（五）公司分立或者合并；

（六）修改公司章程；

（七）变更出资额占有限责任公司资本总额百分之五以上的股东，或者变更持有股份有限公司股份百分之五以上的股东；

（八）国务院保险监督管理机构规定的其他情形。

第八十五条　保险公司应当聘用专业人员，建立精算报告制度和合规报告制度。

第八十六条　保险公司应当按照保险监督管理机构的规定，报送有关报告、报表、文件和资料。

保险公司的偿付能力报告、财务会计报告、精算报告、合规报告及其他有关报告、报表、文件和资料必须如实记录保险业务事项，不得有虚假记载、误导性陈述和重大遗漏。

第八十七条　保险公司应当按照国务院保险监督管理机构的规定妥善保管业务经营活动的完整账簿、原始凭证和有关资料。

前款规定的账簿、原始凭证和有关资料的保管期限，自保险合同终止之日起计算，保险期间在一年以下的不得少于五年，保险期间超过一年的不得少于十年。

第八十八条 保险公司聘请或者解聘会计师事务所、资产评估机构、资信评级机构等中介服务机构，应当向保险监督管理机构报告；解聘会计师事务所、资产评估机构、资信评级机构等中介服务机构，应当说明理由。

第八十九条 保险公司因分立、合并需要解散，或者股东会、股东大会决议解散，或者公司章程规定的解散事由出现，经国务院保险监督管理机构批准后解散。

经营有人寿保险业务的保险公司，除因分立、合并或者被依法撤销外，不得解散。

保险公司解散，应当依法成立清算组进行清算。

第九十条 保险公司有《中华人民共和国企业破产法》第二条规定情形的，经国务院保险监督管理机构同意，保险公司或者其债权人可以依法向人民法院申请重整、和解或者破产清算；国务院保险监督管理机构也可以依法向人民法院申请对该保险公司进行重整或者破产清算。

第九十一条 破产财产在优先清偿破产费用和共益债务后，按照下列顺序清偿：

（一）所欠职工工资和医疗、伤残补助、抚恤费用，所欠应当划入职工个人账户的基本养老保险、基本医疗保险费用，以及法律、行政法规规定应当支付给职工的补偿金；

（二）赔偿或者给付保险金；

（三）保险公司欠缴的除第（一）项规定以外的社会保险费用和所欠税款；

（四）普通破产债权。

破产财产不足以清偿同一顺序的清偿要求的，按照比例分配。

破产保险公司的董事、监事和高级管理人员的工资，按照该公司职工的平均工资计算。

第九十二条 经营有人寿保险业务的保险公司被依法撤销或者被依法宣告破产的，其持有的人寿保险合同及责任准备金，必须转让给其他经营有人寿保险业务的保险公司；不能同其他保险公司达成转让协议的，由国务院保险监督管理机构指定经营有人寿保险业务的保险公司接受转让。

转让或者由国务院保险监督管理机构指定接受转让前款规定的人寿保险合同及责任准备金的，应当维护被保险人、受益人的合法权益。

第九十三条 保险公司依法终止其业务活动，应当注销其经营保险业务许可证。

第九十四条 保险公司，除本法另有规定外，适用《中华人民共和国公司法》的规定。

第四章 保险经营规则

第九十五条 保险公司的业务范围：

（一）人身保险业务，包括人寿保险、健康保险、意外伤害保险等保险业务；

（二）财产保险业务，包括财产损失保险、责任保险、信用保险、保证保险等保险业务；

（三）国务院保险监督管理机构批准的与保险有关的其他业务。

保险人不得兼营人身保险业务和财产保险业务。但是，经营财产保险业务的保险公司经国务院保险监督管理机构批准，可以经营短期健康保险业务和意外伤害保险业务。

保险公司应当在国务院保险监督管理机构依法批准的业务范围内从事保险经营活动。

第九十六条 经国务院保险监督管理机构批准，保险公司可以经营本法第九十五条规定的保险业务的下列再保险业务：

（一）分出保险；

（二）分入保险。

第九十七条 保险公司应当按照其注册资本总额的百分之二十提取保证金，存入国务院保险监督管理机构指定的银行，除公司清算时用于清偿债务外，不得动用。

第九十八条 保险公司应当根据保障被保险人利益、保证偿付能力的原则，提取各项责任准备金。

保险公司提取和结转责任准备金的具体办法，由国务院保险监督管理机构制定。

第九十九条 保险公司应当依法提取公积金。

第一百条 保险公司应当缴纳保险保障基金。

保险保障基金应当集中管理，并在下列情形下统筹使用：

（一）在保险公司被撤销或者被宣告破产时，向投保人、被保险人或者受益人提供救济；

（二）在保险公司被撤销或者被宣告破产时，向依法接受其人寿保险合同的保险公司提供救济；

（三）国务院规定的其他情形。

保险保障基金筹集、管理和使用的具体办法，由国务院制定。

第一百零一条 保险公司应当具有与其业务规模和风险程度相适应的最低偿付能力。保险公司的认可资产减去认可负债的差额不得低于国务院保险监督管理机构规定的数额；低于规定数额的，应当按照国务院保险监督管理机构的要求采取相应措施达到规定的数额。

第一百零二条 经营财产保险业务的保险公司当年自留保险费，不得超过其实有资本金加公积金总和的四倍。

第一百零三条 保险公司对每一危险单位，即对一次保险事故可能造成的最大损失范围所承担的责任，不得超过其实有资本金加公积金总和的百分之十；超过的部分应当办理再保险。

保险公司对危险单位的划分应当符合国务院保险监督管理机构的规定。

第一百零四条 保险公司对危险单位的划分方法和巨灾风险安排方案，应当报国务院保险监督管理机构备案。

第一百零五条 保险公司应当按照国务院保险监督管理机构的规定办理再保险，并审慎选择再保险接受人。

第一百零六条 保险公司的资金运用必须稳健，遵循安全性原则。

保险公司的资金运用限于下列形式：

（一）银行存款；

（二）买卖债券、股票、证券投资基金份额等有价证券；

（三）投资不动产；

（四）国务院规定的其他资金运用形式。

保险公司资金运用的具体管理办法，由国务院保险监督管理机构依照前两款的规定制定。

第一百零七条 经国务院保险监督管理机构会同国务院证券监督管理机构批准，保险公司可以设立保险资产管理公司。

保险资产管理公司从事证券投资活动，应当遵守《中华人民共和国证券法》等法律、行政法规的规定。

保险资产管理公司的管理办法，由国务院保险监督管理机构会同国务院有关部门制定。

第一百零八条 保险公司应当按照国务院保险监督管理机构的规定，建立对关联交易的管理和信息披露制度。

第一百零九条 保险公司的控股股东、实际控制人、董事、监事、高级管理人员不得利用关联交易损害公司的利益。

第一百一十条 保险公司应当按照国务院保险监督管理机构的规定，真实、准确、完整地披露财务会计报告、风险管理状况、保险产品经营情况等重大事项。

第一百一十一条 保险公司从事保险销售的人员应当品行良好，具有保险销售所需的专业能力。保险销售人员的行为规范和管理办法，由国务院保险监督管理机构规定。

第一百一十二条 保险公司应当建立保险代理人登记管理制度，加强对保险代理人的培训和管理，不得唆使、诱导保险代理人进行违背诚信义务的活动。

第一百一十三条 保险公司及其分支机构应当依法使用经营保险业务许可证，不得转让、出租、出借经营保险业务许可证。

第一百一十四条 保险公司应当按照国务院保险监督管理机构的规定，公平、合理拟订保险条款和保险费率，不得损害投保人、被保险人和受益人的合法权益。

保险公司应当按照合同约定和本法规定，及时履行赔偿或者给付保险金义务。

第一百一十五条 保险公司开展业务，应当遵循公平竞争的原则，不得从事不正当竞争。

第一百一十六条 保险公司及其工作人员在保险业务活动中不得有下列行为：

（一）欺骗投保人、被保险人或者受益人；

（二）对投保人隐瞒与保险合同有关的重要情况；

（三）阻碍投保人履行本法规定的如实告知义务，或者诱导其不履行本法规定的如实告知义务；

（四）给予或者承诺给予投保人、被保险人、受益人保险合同约定以外的保险费回扣或者其他利益；

（五）拒不依法履行保险合同约定的赔偿或者给付保险金义务；

（六）故意编造未曾发生的保险事故、虚构保险合同或者故意夸大已经发生的保险事故的损失程度进行虚假理赔，骗取保险金或者牟取其他不正当利益；

（七）挪用、截留、侵占保险费；

（八）委托未取得合法资格的机构从事保险销售活动；

（九）利用开展保险业务为其他机构或者个人牟取不正当利益；

（十）利用保险代理人、保险经纪人或者保险评估机构，从事以虚构保险中介业务或者编造退保等方式套取费用等违法活动；

（十一）以捏造、散布虚假事实等方式损害竞争对手的商业信誉，或者以其他不正当竞争行为扰乱保险市场秩序；

（十二）泄露在业务活动中知悉的投保人、被保险人的商业秘密；

（十三）违反法律、行政法规和国务院保险监督管理机构规定的其他行为。

第五章 保险代理人和保险经纪人

第一百一十七条 保险代理人是根据保险人的委托，向保险人收取佣金，并在保险人授权的范围内代为办理保险业务的机构或者个人。

保险代理机构包括专门从事保险代理业务的保险专业代理机构和兼营保险代理业务的保险兼业代理机构。

第一百一十八条 保险经纪人是基于投保人的利益，为投保人与保险人订立保险合同提供中介服务，并依法收取佣金的机构。

第一百一十九条 保险代理机构、保险经纪人应当具备国务院保险监督管理机构规定的条件，取得保险监督管理机构颁发的经营保险代理业务许可证、保险经纪业务许可证。

第一百二十条 以公司形式设立保险专业代理机构、保险经纪人，其注册资本最低限额适用《中华人民共和国公司法》的规定。

国务院保险监督管理机构根据保险专业代理机构、保险经纪人的业务范围和经营规模，可以调整其注册资本的最低限额，但不得低于《中华人民共和国公司法》规定的限额。

保险专业代理机构、保险经纪人的注册资本或者出资额必须为实缴货币资本。

第一百二十一条 保险专业代理机构、保险经纪人的高级管理人员，应当品行良好，熟悉保险法律、行政法规，具有履行职责所需的经营管理能力，并在任职前取得保险监督管理机构核准的任职资格。

第一百二十二条 个人保险代理人、保险代理机构的代理从业人员、保险经纪人的经纪从业人员，应当品行良好，具有从事保险代理业务或者保险经纪业务所需的专业能力。

第一百二十三条 保险代理机构、保险经纪人应当有自己的经营场所，设立专门账簿记载保险代理业务、经纪业务的收支情况。

第一百二十四条 保险代理机构、保险经纪人应当按照国务院保险监督管理机构的规定缴存保证金或者投保职业责任保险。

第一百二十五条 个人保险代理人在代为办理人寿保险业务时，不得同时接受两个以上保险人的委托。

第一百二十六条 保险人委托保险代理人代为办理保险业务，应当与保险代理人签订委托代理协议，依法约定双方的权利和义务。

第一百二十七条 保险代理人根据保险人的授权代为办理保险业务的行为，由保险人承担责任。

保险代理人没有代理权、超越代理权或者代理权终止后以保险人名义订立合同，使投保人有理由相信其有代理权的，该代理行为有效。保险人可以依法追究越权的保险代理人的责任。

第一百二十八条 保险经纪人因过错给投保人、被保险人造成损失的，依法承担赔偿责任。

第一百二十九条 保险活动当事人可以委托保险公估机构等依法设立的独立评估机构或者具有相关专业知识的人员，对保险事故进行评估和鉴定。

接受委托对保险事故进行评估和鉴定的机构和人员，应当依法、独立、客观、公正地进行评估和鉴定，任何单位和个人不得干涉。

前款规定的机构和人员，因故意或者过失给保险人或者被保险人造成损失的，依法承担赔偿责任。

第一百三十条 保险佣金只限于向保险代理人、保险经纪人支付，不得向其他人支付。

第一百三十一条 保险代理人、保险经纪人及其从业人员在办理保险业务活动中不得有下列行为：

（一）欺骗保险人、投保人、被保险人或者受益人；

（二）隐瞒与保险合同有关的重要情况；

（三）阻碍投保人履行本法规定的如实告知义务，或者诱导其不履行本法规定的如实告知义务；

（四）给予或者承诺给予投保人、被保险人或者受益人保险合同约定以外的利益；

（五）利用行政权力、职务或者职业便利以及其他不正当手段强迫、引诱或者限制投保人订立保险合同；

（六）伪造、擅自变更保险合同，或者为保险合同当事人提供虚假证明材料；

（七）挪用、截留、侵占保险费或者保险金；

（八）利用业务便利为其他机构或者个人牟取不正当利益；

（九）串通投保人、被保险人或者受益人，骗取保险金；

（十）泄露在业务活动中知悉的保险人、投保人、被保险人的商业秘密。

第一百三十二条 本法第八十六条第一款、第一百一十三条的规定，适用于保险代理机构和保险经纪人。

第六章 保险业监督管理

第一百三十三条 保险监督管理机构依照本法和国务院规定的职责，遵循依法、公开、公正的原则，对保险业实施监督管理，维护保险市场秩序，保护投保人、被保险人和受益人的合法权益。

第一百三十四条 国务院保险监督管理机构依照法律、行政法规制定并发布有关保险业监督管理的规章。

第一百三十五条 关系社会公众利益的保险险种、依法实行强制保险的险种和新开发的人寿保险险种等的保险条款和保险费率，应当报国务院保险监督管理机构批准。国务院保险监督管理机构审批时，应当遵循保护社会公众利益和防止不正当竞争的原则。其他保险险种的保险条款和保险费率，应当报保险监督管理机构备案。

保险条款和保险费率审批、备案的具体办法，由国务院保险监督管理机构依照前款规定制定。

第一百三十六条 保险公司使用的保险条款和保险费率违反法律、行政法规或者国务院保险监督管理机构的有关规定的，由保险监督管理机构责令停止使用，限期修改；情节严重的，可以在一定期限内禁止申报新的保险条款和保险费率。

第一百三十七条 国务院保险监督管理机构应当建立健全保险公司偿付能力监管体系，对保险公司的偿付能力实施监控。

第一百三十八条 对偿付能力不足的保险公司，国务院保险监督管理机构应当将其列为重点监管对象，并可以根据具体情况采取下列措施：

（一）责令增加资本金、办理再保险；

（二）限制业务范围；

（三）限制向股东分红；

（四）限制固定资产购置或者经营费用规模；

（五）限制资金运用的形式、比例；

（六）限制增设分支机构；

（七）责令拍卖不良资产、转让保险业务；

（八）限制董事、监事、高级管理人员的薪酬水平；

（九）限制商业性广告；

（十）责令停止接受新业务。

第一百三十九条 保险公司未依照本法规定提取或者结转各项责任准备金，或者未依照本法规定办理再保险，或者严重违反本法关于资金运用的规定的，由保险监督管理机构责令限期改正，并可以责令调整负责人及有关管理人员。

第一百四十条 保险监督管理机构依照本法第一百三十九条的规定作出限期改正的决定后，保险公司逾期未改正的，国务院保险监督管理机构可以决定选派保险专业人员和指定该保险公司的有关人员组成整顿组，对公司进行整顿。

整顿决定应当载明被整顿公司的名称、整顿理由、整顿组成员和整顿期限，并予以公告。

第一百四十一条 整顿组有权监督被整顿保险公司的日常业务。被整顿公司的负责人及有关管理人员应当在整顿组的监督下行使职权。

第一百四十二条 整顿过程中，被整顿保险公司的原有业务继续进行。但是，国务院保险监督管理机构可以责令被整顿公司停止部分原有业务、停止接受新业务，调整资金运用。

第一百四十三条 被整顿保险公司经整顿已纠正其违反本法规定的行为，恢复正常经营状况的，由整顿组提出报告，经国务院保险监督管理机构批准，结束整顿，并由国务院保险监督管理机构予以公告。

第一百四十四条 保险公司有下列情形之一的，国务院保险监督管理机构可以对其实行接管：

（一）公司的偿付能力严重不足的；

（二）违反本法规定，损害社会公共利益，可能严重危及或者已经严重危及公司的偿付能力的。

被接管的保险公司的债权债务关系不因接管而变化。

第一百四十五条 接管组的组成和接管的实施办法，由国务院保险监督管理机构决定，并予以公告。

第一百四十六条 接管期限届满，国务院保险监督管理机构可以决定延长接管期限，但接管期限最长不得超过二年。

第一百四十七条 接管期限届满，被接管的保险公司已恢复正常经营能力的，由国务院保险监督管理机构决定终止接管，并予以公告。

第一百四十八条 被整顿、被接管的保险公司有《中华人民共和国企业破产法》第二条规定情形的，国务院保险监督管理机构可以依法向人民法院申请对该保险公司进行重整或者破产清算。

第一百四十九条 保险公司因违法经营被依法吊销经营保险业务许可证的，或者偿付能力低于国务院保险监督管理机构规定标准，不予撤销将严重危害保险市场秩序、损害公共利益的，由国务院保险监督管理机构予以撤销并公告，依法及时组织清算组进行清算。

第一百五十条 国务院保险监督管理机构有权要求保险公司股东、实际控制人在指定的期限内提供有关信息和资料。

第一百五十一条 保险公司的股东利用关联交易严重损害公司利益，危及公司偿付能力的，由国务院保险监督管理机构责令改正。在按照要求改正前，国务院保险监督管理机构可以限制其股东权利；拒不改正的，可以责令其转让所持的保险公司股权。

第一百五十二条 保险监督管理机构根据履行监督管理职责的需要，可以与保险公司董事、监事和高级管理人员进行监督管理谈话，要求其就公司的业务活动和风险管理的重大事项作出说明。

第一百五十三条 保险公司在整顿、接管、撤销清算期间，或者出现重大风险时，国务院保险监督管理机构可以对该公司直接负责的董事、监事、高级管理人员和其他直接责任人员采取以下措施：

（一）通知出境管理机关依法阻止其出境；

（二）申请司法机关禁止其转移、转让或者以其他方式处分财产，或者在财产上设定其他权利。

第一百五十四条 保险监督管理机构依法履行职责，可以采取下列措施：

（一）对保险公司、保险代理人、保险经纪人、保险资产管理公司、外国保险机构的代表机构进行现场检查；

（二）进入涉嫌违法行为发生场所调查取证；

（三）询问当事人及与被调查事件有关的单位和个人，要求其对与被调查事件有关的事项作出说明；

（四）查阅、复制与被调查事件有关的财产权登记等资料；

（五）查阅、复制保险公司、保险代理人、保险经纪人、保险资产管理公司、外国保险机构的代表机构以及与被调查事件有关的单位和个人的财务会计资料及其他相关文件和资料；对可能被转移、隐匿或者毁损的文件和资料予以封存；

（六）查询涉嫌违法经营的保险公司、保险代理人、保险经纪人、保险资产管理公司、外国保险机构的代表机构以及与涉嫌违法事项有关的单位和个人的银行账户；

（七）对有证据证明已经或者可能转移、隐匿违法资金等涉案财产或者隐匿、伪造、毁损重要证据的，经保险监督管理机构主要负责人批准，申请人民法院予以冻结或者查封。

保险监督管理机构采取前款第（一）项、第（二）项、第（五）项措施的，应当经保险监督管理机构负责人批准；采取第（六）项措施的，应当经国务院保险监督管理机构负责人批准。

保险监督管理机构依法进行监督检查或者调查，其监督检查、调查的人员不得少于二人，并应当出示合法证件和监督检查、调查通知书；监督检查、调查的人员少于二人或者未出示合法证件和监督检查、调查通知书的，被检查、调查的单位和个人有权拒绝。

第一百五十五条 保险监督管理机构依法履行职责，被检查、调查的单位和个人应当配合。

第一百五十六条 保险监督管理机构工作人员应当忠于职守，依法办事，公正廉洁，不得利用职务便利牟取不正当利益，不得泄露所知悉的有关单位和个人的商业秘密。

第一百五十七条 国务院保险监督管理机构应当与中国人民银行、国务院其他金融监督管理机构建立监督管理信息共享机制。

保险监督管理机构依法履行职责，进行监督检查、调查时，有关部门应当予以配合。

第七章 法律责任

第一百五十八条 违反本法规定，擅自设立保险公司、保险资产管理公司或者非法经营商业保险业务的，由保险监督管理机构予以取缔，没收违法所得，并处违法所得一倍以上五倍以下的罚款；没有违法所得或者违法所得不足二十万元的，处二十万元以上一百万元以下的罚款。

第一百五十九条 违反本法规定，擅自设立保险专业代理机构、保险经纪人，或者未取得经营保险代理业务许可证、保险经纪业务许可证从事保险代理业务、保险经纪业务的，由保险监督管理机构予以取缔，没收违法所得，并处违法所得一倍以上五倍以下的罚款；没有违法所得或者违法所得不足五万元的，处五万元以上三十万元以下的罚款。

第一百六十条 保险公司违反本法规定，超出批准的业务范围经营的，由保险监督管理机构责令限期改正，没收违法所得，并处违法所得一倍以上五倍以下的罚款；没有违法所得或者违法所得不足十万元的，处十万元以上五十万元以下的罚款。逾期不改正或者造成严重后果的，责令停业整顿或者吊销业务许可证。

第一百六十一条 保险公司有本法第一百一十六条规定行为之一的，由保险监督管理机构责令改正，处五万元以上三十万元以下的罚款；情节严重的，限制其业务范围、责令停止接受新业务或者吊销业务许可证。

第一百六十二条 保险公司违反本法第八十四条规定的，由保险监督管理机构责令改正，处一万元以上十万元以下的罚款。

第一百六十三条 保险公司违反本法规定，有下列行为之一的，由保险监督管理机构责令改正，处五万元以上三十万元以下的罚款：

（一）超额承保，情节严重的；

（二）为无民事行为能力人承保以死亡为给付保险金条件的保险的。

第一百六十四条 违反本法规定，有下列行为之一的，由保险监督管理机构责令改正，处五万元以上三十万元以下的罚款；情节严重的，可以限制其业务范围、责令停止接受新业务或者吊销业务许可证：

（一）未按照规定提存保证金或者违反规定动用保证金的；

（二）未按照规定提取或者结转各项责任准备金的；

（三）未按照规定缴纳保险保障基金或者提取公积金的；

（四）未按照规定办理再保险的；

（五）未按照规定运用保险公司资金的；

（六）未经批准设立分支机构的；

（七）未按照规定申请批准保险条款、保险费率的。

第一百六十五条 保险代理机构、保险经纪人有本法第一百三十一条规定行为之一的，由保险监督管理机构责令改正，处五万元以上三十万元以下的罚款；情节严重的，吊销业务许可证。

第一百六十六条 保险代理机构、保险经纪人违反本法规定，有下列行为之一的，由保险监督管理机构责令改正，处二万元以上十万元以下的罚款；情节严重的，责令停业整顿或者吊销业务许可证：

（一）未按照规定缴存保证金或者投保职业责任保险的；

（二）未按照规定设立专门账簿记载业务收支情况的。

第一百六十七条 违反本法规定，聘任不具有任职资格的人员的，由保险监督管理机构责令改正，处二万元以上十万元以下的罚款。

第一百六十八条 违反本法规定，转让、出租、出借业务许可证的，由保险监督管理机构处一万元以上十万元以下的罚款；情节严重的，责令停业整顿或者吊销业务许可证。

第一百六十九条 违反本法规定，有下列行为之一的，由保险监督管理机构责令限期改正；逾期不改正的，处一万元以上十万元以下的罚款：

（一）未按照规定报送或者保管报告、报表、文件、资料的，或者未按照规定提供有关信息、资料的；

（二）未按照规定报送保险条款、保险费率备案的；

（三）未按照规定披露信息的。

第一百七十条 违反本法规定，有下列行为之一的，由保险监督管理机构责令改正，处十万元以上五十万元以下的罚款；情节严重的，可以限制其业务范围、责令停止接受新业务或者吊销业务许可证：

（一）编制或者提供虚假的报告、报表、文件、资料的；

（二）拒绝或者妨碍依法监督检查的；

（三）未按照规定使用经批准或者备案的保险条款、保险费率的。

第一百七十一条 保险公司、保险资产管理公司、保险专业代理机构、保险经纪人违反本法规定的，保险监督管理机构除分别依照本法第一百六十条至第一百七十条的规定对该单位给予处罚外，对其直接负责的主管人员和其他直接责任人员给予警告，并处一万元以上十万元以下的罚款；情节严重的，撤销任职资格。

第一百七十二条 个人保险代理人违反本法规定的，由保险监督管理机构给予警告，可以并处二万元以下的罚款；情节严重的，处二万元以上十万元以下的罚款。

第一百七十三条 外国保险机构未经国务院保险监督管理机构批准，擅自在中华人民共和国境内设立代表机构的，由国务院保险监督管理机构予以取缔，处五万元以上三十万元以下的罚款。

外国保险机构在中华人民共和国境内设立的代表机构从事保险经营活动的，由保险监督管理机构责令改正，没收违法所得，并处违法所得一倍以上五倍以下的罚款；没有违法所得或者违法所得不足二十万元的，处二十万元以上一百万元以下的罚款；对其首席代表可以责令撤换；情节严重的，撤销其代表机构。

第一百七十四条 投保人、被保险人或者受益人有下列行为之一，进行保险诈骗活动，尚不构成犯罪的，依法给予行政处罚：

（一）投保人故意虚构保险标的，骗取保险金的；

（二）编造未曾发生的保险事故，或者编造虚假的事故原因或者夸大损失程度，骗取保险金的；

（三）故意造成保险事故，骗取保险金的。

保险事故的鉴定人、评估人、证明人故意提供虚假的证明文件，为投保人、被保险人或者受益人进行保险诈骗提供条件的，依照前款规定给予处罚。

第一百七十五条 违反本法规定，给他人造成损害的，依法承担民事责任。

第一百七十六条 拒绝、阻碍保险监督管理机构及其工作人员依法行使监督检查、调查职权，未使用暴力、威胁方法的，依法给予治安管理处罚。

第一百七十七条 违反法律、行政法规的规定，情节严重的，国务院保险监督管理机构可以禁止有关责任人员一定期限直至终身进入保险业。

第一百七十八条 保险监督管理机构从事监督管理工作的人员有下列情形之一的，依法给予处分：

（一）违反规定批准机构的设立的；

（二）违反规定进行保险条款、保险费率审批的；

（三）违反规定进行现场检查的；

（四）违反规定查询账户或者冻结资金的；

（五）泄露其知悉的有关单位和个人的商业秘密的；

（六）违反规定实施行政处罚的；

（七）滥用职权、玩忽职守的其他行为。

第一百七十九条 违反本法规定，构成犯罪的，依法追究刑事责任。

第八章　附　则

第一百八十条　保险公司应当加入保险行业协会。保险代理人、保险经纪人、保险公估机构可以加入保险行业协会。

保险行业协会是保险业的自律性组织，是社会团体法人。

第一百八十一条　保险公司以外的其他依法设立的保险组织经营的商业保险业务，适用本法。

第一百八十二条　海上保险适用《中华人民共和国海商法》的有关规定；《中华人民共和国海商法》未规定的，适用本法的有关规定。

第一百八十三条　中外合资保险公司、外资独资保险公司、外国保险公司分公司适用本法规定；法律、行政法规另有规定的，适用其规定。

第一百八十四条　国家支持发展为农业生产服务的保险事业。农业保险由法律、行政法规另行规定。

强制保险，法律、行政法规另有规定的，适用其规定。

第一百八十五条　本法自 2009 年 10 月 1 日起施行。

全国人民代表大会常务委员会关于修改《中华人民共和国保险法》等五部法律的决定（节录）

（2014 年 8 月 31 日第十二届全国人民代表大会常务委员会第十次会议通过）

第十二届全国人民代表大会常务委员会第十次会议决定：

一、对《中华人民共和国保险法》作出修改

（一）将第八十二条中的“有《中华人民共和国公司法》第一百四十七条规定的情形”修改为“有《中华人民共和国公司法》第一百四十六条规定的情形”。

（二）将第八十五条修改为：“保险公司应当聘用专业人员，建立精算报告制度和合规报告制度。”

……

本决定自公布之日起施行。

《中华人民共和国保险法》、《中华人民共和国证券法》、《中华人民共和国注册会计师法》、《中华人民共和国政府采购法》、《中华人民共和国气象法》根据本决定作相应修改，重新公布。

全国人民代表大会常务委员会关于修改《中华人民共和国计量法》等五部法律的决定（节录）

（2015 年 4 月 24 日第十二届全国人民代表大会常务委员会第十四次会议通过）

第十二届全国人民代表大会常务委员会第十四次会议决定，对下列法律中有关行政审批、工商登记前置审批或者价格管理的规定作出修改：

……

三、对《中华人民共和国保险法》作出修改

（一）删去第七十九条中的“代表机构”。

（二）将第一百一十一条修改为：“保险公司从事保险销售的人员应当品行良好，具有保险销售所需的专业能力。保险销售人员的行为规范和管理办法，由国务院保险监督管理机构规定。”

（三）删去第一百一十六条第八项中的“或者个人”。

（四）删去第一百一十九条第二款、第三款。

（五）将第一百二十二条修改为：“个人保险代理人、保险代理机构的代理从业人员、保险经纪人的经纪从业人员，应当品行良好，具有从事保险代理业务或者保险经纪业务所需的专业能力。”

（六）删去第一百二十四条中的“未经保险监督管理机构批准，保险代理机构、保险经纪人不得动用保证金。”

（七）删去第一百三十条中的“具有合法资格的”。

（八）删去第一百三十二条。

（九）将第一百六十五条改为第一百六十四条，并删去第六项中的“或者代表机构”。

（十）删去第一百六十八条。

（十一）将第一百六十九条改为第一百六十七条，并删去其中的“从业资格”。

（十二）将第一百七十三条改为第一百七十一条，修改为：“保险公司、保险资产管理公司、保险专业代理机构、保险经纪人违反本法规定的，保险监督管理机构除分别依照本法第一百六十条至第一百七十条的规定对该单位给予处罚外，对其直接负责的主管人员和其他直接责任人员给予警告，并处一万元以上十万元以下的罚款；情节严重的，撤销任职资格。”

（十三）将第一百七十四条改为第一百七十二条，并删去第一款中的“并可以吊销其资格证书”和第二款。

……

本决定自公布之日起施行。

《中华人民共和国计量法》、《中华人民共和国烟草专卖法》、《中华人民共和国保险法》、《中华人民共和国民用航空法》、《中华人民共和国畜牧法》根据本决定作相应修改，重新公布。

附录二

相关部委规范性文件

CIRC

中国人民银行、中国保险监督管理委员会关于保险公司发行资本补充债券有关事宜的公告

（2015 年第 3 号 2015 年 1 月）

为规范保险公司发行资本补充债券行为，促进保险公司提高偿付能力，维护投资者合法权益，根据《中华人民共和国中国人民银行法》、《中华人民共和国保险法》、《全国银行间债券市场金融债券发行管理办法》（中国人民银行令〔2005〕第 1 号发布），现就保险公司发行资本补充债券有关事宜公告如下：

一、本公告所称保险公司是指，经中国保险监督管理委员会（以下简称中国保监会）批准，依法在中国境内设立的保险公司或保险集团（控股）公司法人。

二、本公告所称保险公司资本补充债券（以下简称资本补充债券）是指，保险公司发行的用于补充资本，发行期限在五年以上（含五年），清偿顺序列于保单责任和其他普通负债之后，先于保险公司股权资本的债券。

三、中国人民银行和中国保监会依法对资本补充债券进行监督管理。中国保监会负责对保险公司发行资本补充债券的资格进行核准，并对资本补充债券计入资本的方式进行监督管理；中国人民银行对资本补充债券在银行间债券市场的发行和交易进行监督管理。

四、保险公司申请公开发行资本补充债券，应当符合下列条件：

（一）具有良好的公司治理机制；

（二）连续经营超过三年；

（三）上年末经审计和最近一季度财务报告中净资产不低于人民币 10 亿元；

（四）偿付能力充足率不低于 100%；

（五）最近三年没有重大违法、违规行为；

（六）中国人民银行和中国保监会要求的其他条件。

五、保险公司发行资本补充债券，应当首先向中国保监会提出申请，并提交下列文件：

（一）资本补充债券发行申请报告；

（二）发行人公司章程或章程性文件规定的权力机构的书面同意文件；

（三）近三年经审计的财务报告、审计报告、最近一季度财务报告以及符合中国保监会编制要求的近三年经审计的偿付能力报表和最近一季度偿付能力报表。偿付能力报表包括偿付能力状况表、认可资产表、认可负债表、实际资本表和最低资本表（下同）；

（四）募集说明书；

（五）发行公告；

（六）资本补充债券可行性研究报告；

（七）承销团成员名单及相关业务开展情况介绍、承销协议；

（八）发行人关于本期债券偿债计划及保障措施的专项报告；

（九）信用评级机构出具的信用评级报告及有关持续跟踪评级安排的说明；

（十）发行人律师事务所出具的法律意见书；

（十一）发行人所属保险集团（控股）公司的资本补充整体规划；

（十二）中国保监会要求的其他材料。

采用担保方式发行的，还应当提供担保协议及担保资信情况说明。资本补充债券以协议承销方式发行的，主承销商还应当提交尽职调查报告。

六、保险公司应当在取得中国保监会同意后，向中国人民银行报送本公告第五条所列各项文件、中国保

监会同意资本补充债券发行的文件、《金融债券发行登记表》以及中国人民银行要求的其他材料。

必要时，中国人民银行可以商请中国保监会出具相关监管意见。

七、发行人公开发行资本补充债券，应当通过中国货币网和中国人民银行指定的其他机构网站公布当期发行文件。发行文件至少应当包括：

（一）中国保监会和中国人民银行同意债券发行的文件；

（二）发行公告；

（三）募集说明书；

（四）近三年经审计的财务报告、审计报告及最近一季度财务报告；

（五）信用评级报告和有关持续跟踪评级安排的说明；

（六）法律意见书；

（七）本期债券偿债计划及保障措施专项报告；

（八）符合中国保监会编制要求的近三年经审计的偿付能力报表及最近一季度偿付能力报表。

八、发行人应当在募集说明书和发行公告中进行风险提示，重点说明债券的偿债顺序和债券可能无法按期支付利息或本金等的风险。

九、资本补充债券存续期间，发行人应当公开披露如下信息：

（一）每年4月30日前，披露上年的年度报告、审计报告和经审计的偿付能力报表；

（二）每年8月31日前，披露当年上半年的半年度报告和偿付能力报表；

（三）每年4月30日和10月31日前，分别披露当年第一季度和第三季度的季度报告和偿付能力报表。

上述规定中“年度报告”、“半年度报告”和“季度报告”，应当包括报告期内发行人的经营情况说明、财务报告及涉及的重大诉讼事项等内容。

十、在资本补充债券存续期内，发行人发生可能影响其偿债能力的重大事件时，应当及时向中国人民银行和中国保监会报告，并向市场披露。

十一、资本补充债券在全国银行间债券市场发行与交易初始评级应当聘请两家具有评级资质的信用评级机构，进行持续信用评级。资本补充债券存续期间，信用评级机构应当定期和不定期对资本补充债券进行跟踪评级，每年发布一次跟踪评级报告，每季度发布一次跟踪评级信息。

鼓励采取多元化信用评级方式，支持对资本补充债券采用投资者付费模式进行信用评级。资本补充债券投资者应建立内部信用评级体系，加强对投资风险自主判断，减少对外部评级的依赖。

十二、发行人在确保资本补充债券赎回后偿付能力充足率不低于100%的情况下，可以对资本补充债券设定赎回权，赎回时间至少在资本补充债券发行满五年后。

十三、发行人按规定提前赎回资本补充债券或发生其他重大事件的，应当至少提前五个工作日报中国人民银行和中国保监会备案，并及时向市场披露。

十四、保险集团（控股）公司与其子公司之间不得相互认购资本补充债券；同一保险集团（控股）公司的子公司之间不得相互认购资本补充债券。

十五、保险公司持有其他保险公司的资本补充债券和符合中国保监会要求的次级定期债务的余额不得超过本公司净资产的20%，并按中国保监会的有关规定计提最低资本。

十六、保险公司发行的资本补充债券及符合中国保监会要求的次级定期债务之和不得超过净资产的100%。

十七、资本补充债券发行结束后，发行人应当在10个工作日内分别向中国人民银行和中国保监会报告发行情况。

十八、保险公司在补充资本时，应当同时将提高盈利能力、增加内部积累作为提高偿付能力的重要途径。

十九、本公告未尽事宜按照《全国银行间债券市场金融债券发行管理办法》、《全国银行间债券市场金融债券发行管理操作规程》（中国人民银行公告〔2009〕第6号公布）及银行间债券市场相关规定执行。

二十、本公告由中国人民银行、中国保监会负责解释。

二十一、本公告自公布之日起实施。

中国保监会、工业和信息化部、商务部、人民银行、银监会　关于大力发展信用保证保险服务和支持小微企业的指导意见

（保监发〔2015〕6 号　2015 年 1 月 8 日）

各省、自治区、直辖市、计划单列市及新疆生产建设兵团中小企业主管部门、商务主管部门，中国人民银行上海总部，各分行、营业管理部，各省会（首府）城市中心支行，各副省级城市中心支行，各银监局，各国有商业银行、股份制商业银行、邮政储蓄银行，各保监局，各财产保险公司：

小微企业是国民经济和社会发展的重要基础，在稳定增长、扩大就业、促进创新、繁荣市场和满足人民群众需求等方面发挥着极为重要的作用。为推动信用保证保险业务支持小微企业发展工作，运用保险特有的增信融资功能，支持实体经济发展，促进经济提质增效升级，现提出如下意见：

一、总体要求

（一）指导思想。贯彻落实《国务院关于加快发展现代保险服务业的若干意见》（国发〔2014〕29 号）和《国务院办公厅关于多措并举着力缓解企业融资成本高问题的指导意见》（国办发〔2014〕39 号）文件精神，以信用保证保险产品为载体，创新经营模式，营造良好发展环境，坚持改革创新，调动各方参与主体的积极性，发挥信用保证保险的融资增信功能，缓解小微企业融资难、融资贵问题。

（二）基本原则。坚持政府引导、政策支持的原则。发挥政府的引导作用，创造良好的政策环境，建立多部门协调机制支持小微企业发展。

坚持市场运作、鼓励创新的原则。发挥市场在资源配置中的决定性作用，坚持市场化运作，鼓励保险产品服务创新，提高服务质量。

坚持风险防范、稳健经营的原则。发挥保险业风险管理的优势，优化风险处置流程，提高风险处置能力，强化责任追究，守住风险底线，持续稳定地服务小微企业发展。

二、创新发展方式

（三）创新保险产品。鼓励保险公司与银行合作，针对小微企业的还贷方式，提供更灵活的贷款保证保险产品。鼓励保险公司针对自主品牌、自主知识产权、战略性新兴产业等小微企业，细化企业在经营借贷、贸易赊销、预付账款、合约履行等方面的风险，创新开发个性化、定制化的信用保证保险产品。发挥保险机构风险管理优势，探索开展融资性担保机构中小企业担保贷款保证保险业务，扩大保险业服务小微企业规模。

（四）创新经营模式。鼓励各地结合当地实际情况，积极探索以信用保险、贷款保证保险等保险产品为主要载体，“政府 + 银行 + 保险”多方参与、风险共担的合作经营模式。

鼓励各地在小微企业需求旺盛的地区先行试点，总结经验，完善机制，逐步推广。

（五）创新资金运用。鼓励保险公司发挥专业化投资及风险管控的优势，投资符合条件的小微企业专项债券及相关金融产品。鼓励保险资产管理机构探索设立夹层基金、并购基金、不动产基金等私募基金，支持小微企业、科技型企业等新兴产业、新兴业态发展。支持保险资金投资创业投资基金。

三、提高服务能力

（六）优化投保操作流程。支持保险公司运用云计算、大数据、移动互联网等新技术促进保险销售渠道和服务模式创新。保险公司要搭建便利的投保平台，优化承保操作流程，简化投保手续，为小微企业提供

“低门槛、低成本、易操作”的保险服务。

（七）提高理赔服务效率。保险公司要充分考虑小微企业资金“短、小、频、急”的特点，加快理赔进程，减轻小微企业在理赔过程中的资金压力；要建立小微企业理赔绿色通道，搭建理赔服务网络和平台，制定理赔服务手册，履行理赔服务承诺，提升理赔服务质量。

（八）拓宽增值服务项目。保险公司要加强对小微企业信用风险、经营风险的分析和研究。在发挥保险保障功能的基础上提供增值服务，鼓励保险公司通过风险数据的积累和整合，为小微企业提供市场分析、典型案例等专业咨询服务。

四、营造政策环境

（九）扩大金融机构网点，延伸金融服务小微企业的地区，拓宽服务范围。各银监局、保监局应积极协调地方政府，提供政策优惠措施，鼓励银行、保险等金融机构在商业自愿原则的基础上到金融服务薄弱地区有序设立分支机构。鼓励地方金融机构将经营网点从省会及大中型城市向县域和乡镇等小微企业集中的地区延伸。

（十）完善风险评估政策，合理确定授信额度，提高金融机构风险容忍度。鼓励保险公司对优质小微企业提高信用保险承保额度。鼓励银行细化小微企业的风险评估指标，提高优质小微企业的风险容忍度，对优质小微企业购买信用保险进行保单融资给予支持，发挥保单对贷款的增信作用。

（十一）充分运用中央和地方对小微企业信用保证保险支持政策，扩大保险覆盖面。保险公司要用好中央支持中小企业发展专项资金的奖励政策，积极拓展国内贸易信用保险业务，做好中小企业发展专项资金国内贸易信用保险奖励项目申报工作。鼓励地方政府建立小微企业信用保证保险基金，用于小微企业信用保证保险的保费补贴和贷款本金损失补贴。保险公司要用好各地政府贷款保证保险、出口信用保险的财政支持政策，向小微企业做好投保政策解读和宣导工作，扩大信用保险和贷款保证保险的覆盖面。

（十二）推动银保合作，共同分担和防范化解小微企业贷款风险。推动银行和保险公司合作，引入贷款保证保险机制，对购买贷款保证保险进行贷款的小微企业，引导银行合理确定贷款利率，提高审贷效率。加强银保双方在客户开发、信息共享、欠款追偿等多个环节紧密合作。完善银保双方信息系统配套建设，实现银保信息互通互联。强化银保双方在信息披露、贷后管理、业务培训等方面的合作，全面排查风险，防范虚假贸易融资和骗贷骗赔风险。

（十三）积极搭建小微企业信用信息共享平台，提升信息透明度。人民银行会同银监会、保监会、地方政府及相关部门推动小微企业信用体系建设，整合小微企业注册登记、生产经营、纳税缴费、劳动用工、用水用电等信息资料，建立信用信息共享平台，依法向征信机构开放。试点放开经营小微企业业务达到一定规模的保险公司接入人民银行征信系统，实现信息共享。

（十四）鼓励再保险公司为小微企业提供再保险支持。鼓励再保险公司加强对小微企业信用风险的研究，引进国外成熟产品，帮助保险公司完善产品开发和风险分散，提供承保、理赔、精算和风险管理等技术支持，扩大保险公司对小微企业的承保能力。

五、夯实基础建设

（十五）加强队伍建设。保险公司要建立专业化的风险评估、风险管理、风险处置队伍，培养对小微企业的财务数据、业务流水、经营管理等方面进行全面评估的专业人才，熟悉和了解小微企业经营特点，能准确识别小微企业整体经营状况及信用违约风险，提高信贷审核和承保理赔的质量，降低风险事故发生率。

（十六）加强信息化建设。保险公司要加强小微企业业务发展的信息化建设，建立和完善适用于评估小微企业信用风险的数据库和数据模型，为小微企业业务提供合理的定价基础，准确进行风险评估和管理。完善小微企业业务系统的应用能力，提高系统的安全性和稳定性。

（十七）加强风险防范。保险公司要建立完善的事前、事中、事后风险防范体系，形成以风险管理为核心的内在价值理念。加强精算技术在信用违约风险评估和定价中的应用，做好总体风险的平衡分散。根据历史、行业经验选定变量，建立风险预警机制，及时发现异常情形、调整承保策略。

六、注重协作监督

（十八）加强监督，规范管理。各保监局要加强对小微企业相关保险业务的监督管理，依法查处保险公司条款费率报行不一、非理性价格竞争等行为。打击欺瞒、误导和出险后惜赔、少赔、拖延不赔等侵害小微企业利益的行为。各银监局要监督辖区内的银行机构规范与保险公司的业务合作，加强内控管理，切实提高银保双方小微企业合作业务的质量。

（十九）加强组织领导，密切沟通协作。各部门要充分认识小微企业发展的重要性和紧迫性，建立务实高效的工作联系机制，加强部门间、地区间的协同联动，保持政策的一致性，切实将各项工作落到实处，取得实效。各保监局要加强与地方政府的沟通，会同当地有关部门，结合本地区发展实际，因地制宜地制定和细化各项政策措施，总结典型做法，完善各项制度，做好宣传，不断加强和改进对小微企业的金融支持和服务工作。

国务院食品安全办、食品药品监管总局、保监会　关于开展食品安全责任保险试点工作的指导意见

（食安办〔2015〕1 号　2015 年 1 月 21 日）

各省、自治区、直辖市食品安全办、食品药品监督管理局、保险监管局：

按照《国务院关于加强食品安全工作的决定》（国发〔2012〕20 号）、《国务院关于加快发展现代保险服务业的若干意见》（国发〔2014〕29 号）以及《国务院办公厅关于印发 2014 年食品安全重点工作安排的通知》（国办发〔2014〕20 号）精神要求，为鼓励地方开展食品安全责任保险试点工作，推动建立食品安全责任保险制度，充分发挥市场机制作用，完善食品安全社会治理体系，现提出以下意见：

一、充分认识开展食品安全责任保险试点工作的重要意义

本意见所称食品安全责任保险，是以被保险人对因其生产经营的食品存在缺陷造成第三者人身伤亡和财产损失时依法应负的经济赔偿责任为保险标的的保险。建立食品安全责任保险制度，是加快发展现代保险服务业的重要内容，是落实党中央、国务院关于全面深化改革、加强食品安全工作决策部署的重要体现，对保障和改善民生具有重要意义。开展食品安全责任保险试点，有利于完善社会治理体系，发挥保险化解矛盾纠纷的作用，用经济杠杆和多样化产品化解食品安全事件民事责任纠纷；有利于发挥保险的风险管理和经济补偿功能，提高食品安全事故预防和救助水平，保护消费者的合法权益；有利于食品生产经营企业转移风险，提高产品质量，促进经济提质增效升级；有利于加快政府职能转变，优化食品安全监管方式，协同解决食品安全问题，推进食品安全社会共治。

各地要充分认识食品安全责任保险的重要意义和积极作用，结合实际开展食品安全责任保险试点，充分发挥保险的风险控制和社会管理功能，探索建立政府、保险机构、企业、消费者多方参与、互动共赢的激励约束机制和风险防控机制，为全面推行食品安全责任保险制度积累经验。

二、明确开展食品安全责任保险试点工作的基本原则

（一）坚持政府引导、政策支持。充分认识食品安全责任保险具有社会公益性，关系国计民生，但目前尚处于基础薄弱的发展阶段的特点，大力创造低成本的政策环境，更好地发挥政府的引导作用。根据地方实际，给予必要的政策扶持，着力完善配套措施，增加投保吸引力，确保试点工作顺利开展。

（二）坚持市场运作、公平竞争。充分发挥市场在资源配置中的决定性作用，引进先进经营管理理念和技术手段，增强食品安全责任保险产品、服务、管理和技术创新能力，促进市场主体差异化竞争和个性化服务。转变发展方式，坚持规范经营，提高服务质量，减少同质低效竞争，维护保险消费者合法权益。

（三）坚持先行先试、分步推广。统筹兼顾，因地制宜，鼓励有条件的地区、行业、领域先行先试。注重总结经验，分步引导推广，以大中型企业和网络食品交易第三方平台为示范，积极引导其他小企业投保，适时扩大试点覆盖面，完善食品安全责任保险制度。

三、确定食品安全责任保险的试点范围

各地可根据地区食品产业特点和发展现状，着重在关系民生的重要领域、风险等级较高的行业，以及地方性法规、地方人民政府制定的规章或者规范性文件已明确的投保食品安全责任保险的企业，开展食品安全责任保险试点，总结经验，探索规律。

鼓励以下领域食品生产经营单位积极投保食品安全责任保险：食品生产加工环节的肉制品、食用油、酒类、保健食品、婴幼儿配方乳粉、液态奶、软饮料、糕点等企业；经营环节的集体用餐配送单位、餐饮连锁企业、学校食堂、网络食品交易第三方平台的入网食品经营单位等；当地特有的、属于食品安全事故高发的

行业和领域。

四、合理设计食品安全责任保险条款和保险费率

（一）明确责任范围。保险条款载明的保险责任赔偿范围应当包括：因被保险人提供的食品发生保险合同约定的食品安全问题，导致的第三方人身伤亡或者财产损失；投保企业或被保险人为减少损失而支出的必要而且合理的施救费用；依法应当由投保企业承担的事故鉴定、公证、诉讼等费用。

（二）确定责任限额。投保企业依据食品风险、发生食品安全问题后可能造成的损害范围、损失程度等因素，确定足以赔付食品安全损害的责任限额，并据此投保。食品药品监管部门可以会同保险监管部门根据行业特点、企业规模等因素，确定最低责任限额。鼓励大型食品生产经营企业投保较高的责任限额，充分转移意外风险。

（三）厘定保险费率。保险公司应综合考虑投保企业的行业种类、生产经营规模、历史损失等情况，积极配合有关部门开展食源性疾病（食物中毒）费用调查，按照风险损失原则，确定保险基础费率。建立费率浮动机制，将企业的安全管理评级、信用记录、行业风险差异、历史损失情况等纳入费率调整因子，充分发挥保险费率的杠杆调节作用，减少食品安全事故发生。

五、建立健全食品安全风险管理机制

（一）探索建立食品安全风险评级制度。食品药品监管部门要探索建立基于风险管理的企业分级分类监管模式。保险监管部门应当督促保险公司加强对投保企业的风险管理服务，强化现场勘查，充分发挥责任保险在事前风险预防、事中风险控制等方面的风险管理作用。将投保企业风险等级与参保情况、保险费率水平等挂钩，并运用责任限额、免赔额等手段促使食品企业加强质量管理。

（二）加强食品安全信用制度建设。食品药品监管部门要督促企业严格落实食品安全主体责任，做好事故预防、事故整改、事故处理以及事故应急预案等工作，不断建立健全信用记录。保险公司应积极查询企业信用记录，将其作为实施差别化保险费率的重要参考依据，对守信者实行优惠保险费率，对失信者相应提高保险费率。

（三）加强数据分析与共享。食品药品监管部门要加强食品安全事故的统计分析，根据需要依法提供监管信息。保险公司要加快建立风险数据库，逐步实现行业之间的数据共享，提升对食品安全的风险甄别水平和风险管理能力。支持保险公司因地制宜开发特色产品，积极运用网络、云计算、大数据、移动互联网等新技术促进食品安全责任保险销售渠道和服务模式创新。

六、完善食品安全责任保险理赔机制

（一）严格执行事故报告制度。投保企业发生食品安全损害事故后，应当立即按照相关规定对事故进行处置，防止事故扩大，并按规定向有关政府部门报告；应当及时通知保险公司，协助保险公司开展事故勘查和定损。保险公司在获知保险事故发生或接到事故报案后，应第一时间展开事故查勘与处理，积极参与事故救助。

（二）完善事故鉴定手续。保险公司应科学、合理设定食品安全损害事故鉴定流程和标准，明确事故鉴定报告和调查结论的认定程序。投保企业在索赔时，应按要求提交事故鉴定手续，以便保险公司在责任认定、赔偿处理时参考。

（三）切实提高理赔效率。保险公司对投保企业提出的索赔，要按照保险合同的约定，规范、及时地履行保险赔偿责任。对责任明确的重大保险事故，保险公司可直接对受害者先行赔付，或积极提供预付赔款，及时化解矛盾纠纷。保险监管部门应当引导保险公司优化理赔流程，提高理赔效率，提升理赔服务质量，使保险理赔更加快速、便捷。

七、加强食品安全责任保险试点工作的组织实施

（一）加强组织领导。开展试点工作的地区要高度重视，切实加强领导，成立由食品安全办、食品药品监管局、保险监管局等部门共同参加的领导小组，细化工作方案，明确责任分工，建立工作机制，发挥部门合力，推动工作落实到位。食品安全办要加大工作力度，及时协调解决试点工作中遇到的问题，确保食品安

全责任保险试点工作取得实效。

（二）强化激励约束措施。食品药品监管部门、保险监管部门应结合实际探索多种激励约束手段推动企业投保。将企业是否投保纳入企业信用记录和分级分类管理指标体系，并作为企业分级分类管理措施的重要参考。对按规定投保的企业，食品药品监管部门可会同有关部门，推动已投保企业优先获得行业专项支持和政府扶持政策的支持等。加大信息公开力度，及时公布企业投保情况。

（三）加强引导督促落实。加强食品安全法规、食品安全知识和保险案例宣传，发挥新闻媒体的正面宣传和引导作用，增强企业风险意识、责任意识和投保意识，提升群众法律意识、维权意识和索赔意识。按照属地管理原则，积极将食品安全责任保险试点工作开展情况纳入地方食品安全工作考核评价，推动将食品安全责任保险政策纳入地方性法规、行政规章或规范性文件。

（四）及时总结经验。及时并积极总结推广食品安全责任保险试点工作中的好经验、好做法，不断提升对食品安全责任保险的认识，摸索食品安全责任保险发展规律，健全保险管理制度和运行机制，为全面建立食品安全责任保险制度提供实践支撑和决策参考。

中国保监会、国家发展改革委关于印发《中国保险业信用体系建设规划（2015—2020年）》的通知

（保监发〔2015〕16号　2015年1月29日）

各保监局，各保险公司，各保险中介机构，各省、自治区、直辖市和新疆生产建设兵团发展改革委：

现将《中国保险业信用体系建设规划（2015—2020年）》印发给你们，请认真贯彻执行。

中国保险业信用体系建设规划（2015—2020年）

保险业是社会信用体系建设的重要领域。保险业信用体系是以法规制度和契约标准为依据、以信用记录和信用信息系统为基础、以树立和弘扬诚信文化理念为内在要求、以守信激励和失信惩戒为约束的行业治理机制。加强保险业信用体系建设是全面落实科学发展观、推动行业和经济社会可持续发展的重要基础，对营造优良信用环境，提升保险业发展质量和竞争力，促进经济社会发展和国家治理现代化具有重要意义。根据国务院《社会信用体系建设规划纲要（2014—2020年）》和《国务院关于加快发展现代保险服务业的若干意见》，制定本规划。规划期为2015—2020年。

一、基本现状和形势要求

（一）基本现状

近年来，保险业高度重视信用体系建设并取得积极进展和成效。实施了《保险从业人员行为准则》、《保险监管人员行为准则》、《保险营销员诚信记录管理办法》等监管规定和办法，保险业信用建设制度体系基本形成。建立了保险机构和高管人员管理系统、保险中介监管信息系统、全国车险信息共享平台、财产险承保理赔信息客户自助查询平台等监管信息系统，保险业信用记录共享平台初步搭建。综合治理销售误导和理赔难，系统整治和规范市场秩序，对违规失信行为保持高压态势，保险经营行为不断规范，行业形象和社会信誉明显好转。积极开展保险诚信教育，推动保险诚信文化建设，加强行业自律，广大从业人员和消费者的诚信意识不断增强。

然而，与经济社会发展特别是广大消费者的期待相比，保险业信用体系建设仍存在较大差距。主要是：行业信用信息系统建设滞后，统一的信用记录制度和平台尚未建立，信用信息共享机制有待加强；保险征信系统和信用服务体系尚未形成，守信激励和失信惩戒机制尚不健全，信用体系的市场治理功效有待发挥；保险诚信意识和信用水平偏低，销售误导、惜赔拖赔、弄虚作假、不正当竞争、骗保骗赔等不诚信现象依然存在。

（二）形势要求

保险是基于最大诚信的制度安排，诚信是保险业发展的基石。推进信用体系建设对加快发展现代保险服务业具有极其重要的现实意义和战略意义。

加快推进保险业信用体系建设是推动保险业持续健康发展的重要前提。保险业作为经营风险和信用的特殊行业，具有专业性、负债性和长期性，因而比其他行业更看重诚信，更强调契约精神。没有诚信，保险业就会丧失生存和发展的基础。加强保险业信用体系建设，可以减少或避免保险经营中的各种风险，促进保险业的可持续发展。

加快推进保险业信用体系建设是保护保险消费者合法权益的迫切需要。当前，保险业仍不同程度存在销

售误导、理赔难等不诚信问题，损害了消费者的合法权益，给保险业的形象和信誉造成不良影响。加强保险业信用体系建设，有助于将诚信贯穿到保险经营管理的全过程，为广大消费者提供全方位、高品质的保险服务。

加快推进保险业信用体系建设是推进保险监管现代化的内在要求。市场化、信息化是保险监管现代化的重要特征。然而，长期以来保险监管主要依靠行政手段，治标多、治本少，难以从根本上解决问题。加强保险业信用体系建设，可以使保险监管运用多种手段规范市场行为，提高保险监管的有效性。

二、总体思路与目标任务

（三）指导思想

深入贯彻党的十八大和十八届三中、四中全会精神，全面落实国务院《社会信用体系建设规划纲要（2014—2020 年）》和《国务院关于加快发展现代保险服务业的若干意见》各项要求，以建立健全保险业信用制度体系和标准体系、形成覆盖全行业的征信系统和信用服务体系为基础，以推进保险商务诚信、保险政务诚信为重点领域，以加强保险诚信文化建设、建立守信激励和失信惩戒机制为主要内容，以提高行业诚信意识和信用水平、改善保险市场环境为目的，在全行业形成守信光荣、失信可耻的浓厚氛围，使诚实守信成为保险监管机构、各类保险企业、保险从业人员和保险消费者的自觉行为规范。

（四）基本原则

政府推动，各方共建。充分发挥监管部门的组织引导和示范推动作用，加强信用制度、信用标准、信息平台和运行机制建设。注重发挥市场机制作用，鼓励和调动各种力量广泛参与、共同推进，形成全行业信用体系建设的合力。

健全制度，完善机制。建立健全保险业信用制度体系和标准体系，加强行业信用信息管理，规范信用服务体系发展，加快构建守信激励和失信惩戒机制，维护行业信用信息安全和信息主体权益。统筹安排，分步实施。针对保险业信用体系建设的长期性、系统性和复杂性，强化顶层设计，立足当前，着眼长远。

统筹安排各项措施，选择重点领域和典型地区开展行业信用建设示范，有计划、分步骤推进落实。

（五）目标任务

到 2020 年，保险业信用制度体系、信用评价基本规则和标准体系基本建立，保险业统一开放的信用信息系统和覆盖全行业的征信系统基本建成，保险信用服务体系比较完善，守信激励和失信惩戒机制全面发挥作用。保险服务明显改善，市场秩序显著好转，保险商务诚信、保险政务诚信建设取得明显进展，消费者和社会满意度大幅提高。行业诚信意识普遍增强，诚信文化建设扎实推进，保险信用环境明显改善。具体分阶段目标任务如下：

——2015 年：基础准备。加强保险信用体系组织建设，建立保险业信用体系建设联席会议制度。启动保险业信用信息数据库建设，初步建立保险业信用管理制度、评价体系和信用记录等相关标准体系。

——2016—2018 年：全面推进。保险业信用制度和标准体系进一步完善，信用信息的记录、存储、处理、管理和使用实现标准化和规范化，信用记录覆盖率力争达到 80%。保险业各类信用信息数据库和共享平台建设基本完成，行业内信用信息的互联互通和交换共享基本实现。

——2019—2020 年：完善充实。保险业信用信息的采集范围进一步扩大，信用记录覆盖率力争提高到 95%。依托国家统一的信用信息共享交换平台，与金融信用信息基础数据库及国家其他各类信用信息系统实现有机对接。征信系统和信用服务市场体系比较完善，守信激励和失信惩戒机制全面发挥作用。诚实守信成为广大从业人员的自觉行为，保险业发展的信用环境得到根本改善。

三、深入推进保险商务诚信建设提高商务诚信水平是保险业信用体系建设的重点。商务诚信是维护商务关系、降低经营成本、营造良好营商环境的基本前提，是保险经济活动高效开展的基础保障。

（六）推进产品开发诚信建设

根据需求科学开发产品。保险企业要密切关注、深入研究市场需求，根据市场需求及变化趋势开发保险产品，并推动保险产品的不断创新，为消费者提供真正需要的产品。开发设计产品遵循科学合理的设计流程，坚持保险利益原则，妥善处理创新与信用的关系，尊重社会公德，产品命名清晰明了，与保险责任紧密关联，杜绝借创新之名误导欺骗消费者。

进一步优化保险合同条款。深入推进保险合同条款的通俗化、简单化和标准化，做到条款公平合理、要素完整、表述严谨、言简意赅、通俗易懂，不损害社会公共利益，不侵害投保人、被保险人和受益人的合法权益。合理界定合同条款中的除外责任和保险责任，对条款中的免责部分要着重提示和明确说明，禁止利用特别约定突破条款约束进而侵犯消费者合法利益的行为。

规范保险企业价格行为。根据风险损失等定价原则和精算规定，科学厘定产品费率，保证产品定价的充足性、适当性和公平性，避免因产品定价出现偏差损害客户利益。加强保险企业的价格自律，规范和引导保险企业的价格行为，抑制虚抬价格或过低压价等竞争行为。

加强精算领域诚信管理。制定精算师执业行为准则和实务操作指南，加强精算师的自律管理，提高精算工作的公信力。建立健全精算工作制度，保证精算师履职的独立性和公正性。加强业务财务数据真实性的系统化治理，对虚假数据问题依法依规进行严厉处罚。

（七）推进保险销售诚信建设

规范广告宣传。建立健全保险企业和产品广告宣传管理制度，突出宣传品制作、传播环节各参与者责任，完善失信惩戒机制和严重失信淘汰机制。加大对虚假宣传、销售误导等违法失信行为的查处力度，对典型案件、重大案件予以曝光，增加相关企业的失信成本。加强保险电子商务的监督管理，严厉查处虚假广告、服务违约等欺诈行为。

规范保险销售合作模式。完善保险公司与保险中介机构的合作模式，确保双方能真正有效地依据商业合同履行职责和义务。健全代理佣金等中介服务费给付制度，在长期人身险、车险等业务领域推行回访后付佣制度。推动保险公司合作方的信用建设，规范业务流程，抑制虚假骗赔、扩大损失、虚构业务套取费用等失信行为。加强对保险销售人员的专业培训，提升销售人员的专业素质，夯实销售人员的专业基础。强化竞争秩序执法，明确自律公约范围，制止价格联盟、划定市场份额等涉嫌垄断行为。

加强保险销售管理。建立健全销售渠道管理、销售团队和人员管理及相关责任追究处罚制度，制定完善保险企业和从业人员销售行为规范，抑制制售假保单、混淆蒙骗、商业诋毁及电话、短信和新媒体扰民等违规失信行为。在保险展业过程中，客观评估保险标的和被保险人的风险状况，向客户推荐适宜的保险产品。规范展业工具和用语，提倡采用产品合同条款向客户进行产品推介。完善保险销售环节的风险提示制度，如实向消费者提示投保、理赔、投诉及争议解决等环节存在的风险及注意事项，维护保险消费者的知情权。

加强客户信息管理。建立健全客户信息管理、使用及泄露责任追究制度，规范客户信息采集、共享行为，确保客户信息的真实完整和开发利用的合法合规。

（八）推进保险服务诚信建设

完善服务规范及评价机制。完善行业统一的标准化服务规范和质量评价机制，定期对保险企业的服务状况和水平进行测评并公布结果。保险企业应结合自身情况制定相应的服务标准和监督机制，并严格实施。鼓励和支持各类保险服务创新，改进服务手段，促进服务升级。

加强服务诚信管理。在承保环节，严格核保验单，控制风险，并实施科学的单证管理，避免不必要的纠纷。在保全环节，根据客户申请和情况变化，及时做好提示提醒、变更维护、业务办理等保全服务。在理赔环节，遵循“主动、迅速、准确、合理”原则，在有效查勘、评估的基础上，按照事先约定的合同条款处理好每一笔赔案，并不断优化理赔机制和流程，提高理赔工作效率。

加强保险服务基础建设。保险企业应对保险服务的内容、流程及电话等进行公示，建立回访制度，并设置意见箱、意见薄或微信、微博、网站、手机客户端等沟通反馈渠道，方便客户提出意见。采取现场监督、内部监督、客户评价、投诉管理等措施，监督保险服务品质，提高保险服务质量。鼓励保险企业参与相关产业链整合，实现资源与信息数据共享，扩大保险服务的深度和广度。

（九）推进资金运用诚信建设

积极稳妥推动保险资金运用信用体系建设，加强对保险资金运用的信用风险评价，重点监测与防范信用风险对保险行业的交叉传递。推动保险资管企业构建信用管理机制和文化，提升防范保险资金运用风险能力。

四、加快推进保险政务诚信建设

保险政务诚信是保险业信用体系建设的关键。作为保险政务主体，保险监管机构的诚信水平对其他保险信用主体的诚信建设发挥着重要表率和导向作用。

（十）坚持依法行政

完善决策机制和程序。将依法行政贯穿于决策、执行、监督和服务的全过程。完善保险监管决策的议事规则和程序，提高保险监管决策的科学性。推行重大决策事项公示和听证制度，拓宽公众参与监管决策的渠道。

全面推进政务公开。在保护国家信息安全、商业秘密和个人隐私的前提下，依法公开各项监管制度、办事程序和监管工作中掌握的各种信用信息。畅通依申请公开渠道，重点抓好行政许可、行政处罚和行政强制及其他行政监管措施的公开公示，提高监管透明度。

加强权力制约和监督。健全权力运行制约和监督体系，确保决策权、执行权、监督权既相互制约又相互协调。完善行政监察、执法回避、特邀外部监督员制度，优化和规范行政执法流程，形成科学有效的内外部约束机制。

公平行使行政权力。积极营造公平竞争、统一高效的市场环境，对各类市场主体一视同仁，不得滥用行政权力包庇纵容部分市场主体的违法违规和失信行为。

（十一）发挥诚信建设示范作用

加强自身诚信建设。保险监管机构要切实贯彻落实“为民监管、依法公正、科学审慎、务实高效”的保险监管核心理念，以诚信施政带动全行业诚信意识的树立和诚信水平的提高。

率先使用信用信息和产品。保险监管机构要将保险经营主体的信用记录或信用报告作为实施行政审批、市场准入、资质审核等日常监管的重要参考，探索完善在行政管理事项中使用信用记录和信用报告的制度规范，并逐步纳入监管机构的重要工作日程。在政府采购、招标投标等行政管理事项中率先使用信用信息和产品，并鼓励保险企业积极开发信用保险产品，率先遵守信用规则和约束，发挥信用信息和产品对社会信用体系建设的基础支撑作用。

（十二）加快守信践诺体系建设

建立健全承诺考核制度。严格履行向行业和社会作出的承诺，把政务履约和守诺服务纳入监管工作绩效评价体系，把为消费者、行业和社会办实事的践诺情况作为评价监管机构信用水平的重要内容，推动各级监管机构逐步建立健全政务和行政承诺考核制度。

完善政务诚信约束和问责机制。加大监察、审计等部门对行政行为的监督和审计力度。畅通社会监督渠道，强化群众和舆论约束。全面落实党风廉政建设责任制，对重大政务失信行为及时启动问责机制。

五、加强保险业信用体系制度机制建设

（十三）构建守信激励和失信惩戒机制

加强对守信主体的奖励和激励。建立保险业“红名单”制度，加大对守信行为的表彰、宣传和支持力度。按规定对诚信企业和模范个人给予表彰，通过新闻媒体广泛宣传，营造守信光荣的舆论氛围。深化信用信息和信用产品的应用，对诚实守信的保险经营机构在监管审批上实行优先办理、简化程序等“绿色通道”支持激励政策，对诚实守信的保险从业人员在资质认定、职业发展上实行适当倾斜政策，对诚实守信的保险消费者通过价格机制等措施实施适度优惠政策。

加强对失信主体的约束和惩戒。健全失信惩戒制度，建立保险业“黑名单”制度和市场退出机制。在市场准入、资质认定、行政审批、政策扶持等方面实施信用分类分级监管，根据失信类别和程度使失信者受到惩戒。制定保险业信用基准性评价指标体系和评价方法，完善失信信息记录和披露制度，使失信者在保险市场交易中受到制约。制定和完善行业自律规则并监督会员遵守，对违规的失信者，按照情节轻重实行警告、通报批评、公开谴责等惩戒措施。完善社会舆论监督机制，发挥媒体曝光、群众评议等作用，通过社会道德谴责形成社会震慑力，约束保险信用主体的失信行为。

建立失信行为有奖举报制度。将保险行业诚信放在社会群体监督之中，加大对失信行为的约束、惩处力度。在保险监管机构、行业自律组织、保险企业设立举报电话、传真、邮箱等公开举报途径，欢迎社会各界对各类保险信用主体的失信行为予以举报。切实落实对举报人的奖励制度，保护举报人的合法权益。

推动建立跨部门信用联合奖惩机制。加强保险监管部门与其他政府部门、司法机关、社会组织、新闻媒体等的沟通协作，建立健全信用联合奖惩机制，使守信者处处受益、失信者寸步难行。

（十四）建立健全保险业信用制度和标准体系

推进保险业信用制度建设。加强保险企业的诚信管理制度建设，使诚信成为保险企业经营管理的基本准则。鼓励和支持保险企业设立信用管理岗，安排专人开展信用管理工作。鼓励和支持保险企业建立内部职工诚信考核与评价制度，构建完善的事前预防、事中管控和事后追责的信用风险管控机制。加强保险公司、保险中介公司等各类保险企业之间业务往来、账务处理、资金结付等环节的诚信制度建设，维系相互间良好的协作关系。建立健全保险业信用信息管理制度，明确信用信息记录主体责任，保证信用信息客观、完整、准确和及时更新。按照信用信息属性，结合保护个人隐私和商业秘密，依法推进信用信息分类管理。不断完善保险业信息披露管理制度，规范和扩大信息披露的内容、范围和频度，推动信用信息资源的有序开发利用。建立健全保险统计信用评价和统计从业人员信用档案制度，对统计失信行为进行通报和公开曝光。充分发挥各类行业组织的协调和监督作用，加强行业诚信自律制度建设。

加强保险业信用标准化建设。制定保险业统一信用信息采集标准和分类管理办法，统一信用信息目录，规范保险信用信息记录和系统运营行为。建立完善保险信用评价核心指标体系和标准，推动保险信用评级规范发展。

健全信用信息主体权益保护机制。充分发挥行政监管、行业自律和社会监督在信用信息主体权益保护中的作用，综合运用法律、经济和行政等手段，切实保护信用信息主体权益，加大对违法使用个人信息和侵害商业秘密行为查处力度。加强对信用信息主体引导教育，不断增强其维护自身合法权益的意识。

（十五）培育和规范信用服务市场

建立健全公共信用服务机构和社会信用服务机构互为补充、信用信息基础服务和增值服务相辅相成的多层次、全方位的保险信用服务组织体系。建立健全保险企业信用评级制度，鼓励信用服务机构开展保险信用评级。拓展保险信用服务产品的应用范围，加大保险信用服务产品在保险市场交易中的应用。明确保险监管信用信息的开放分类和基本目录，有序扩大保险监管信用信息对社会的开放，优化保险信用调查、信用评级和信用管理的发展环境。

六、加快推进保险业信用信息系统建设

（十六）加快保险业信用信息系统建设

加强保险业信用记录建设。以保险监管机构履行责任记录、依法行政记录、投诉记录等信用记录指标，各类保险企业的基本情况和经营情况、财务状况、合规记录、劳保记录、信用等级、履约记录、理赔记录、诉讼记录、社会责任实施记录等信用记录指标，从业人员的个人基本信息和表彰奖励记录、违法违规记录、投诉记录、纳税记录，保险消费者的基本信息和投保记录、理赔记录、违法违规记录、诉讼记录等信用记录指标为重点，完善行业信用记录制度和从业人员信用档案、消费者信用档案制度。

建立保险业信用信息数据库。推进保险业信用信息数据库建设，以数据标准化和应用标准化为原则，依托国家各项重大信息化工程，实现信用信息的电子化记录、存储和在线使用。加强保险监管机构、保险行业组织、各类保险企业、中国保险信息技术管理有限责任公司等在信用信息数据库建设和信用信息记录上的分工与协作，建立健全保险监管信用信息数据库、保险企业信用信息数据库、保险从业人员信用信息数据库和保险消费者信用信息数据库，逐步实现保险信用信息采集、记录全覆盖。整合行业内各种信用信息资源，建立统一的保险业信用信息平台。引进基于互联网的大数据信息源、公检法系统信息源和新闻媒体等社会性信息源，扩大和拓展保险信用信息的采集范围，提高对行业内外信用信息资源的整合力度。采取丰富数据维度、统一数据标准、增强数据时效、确保数据真实等措施提高信用数据质量，促进信用数据的有效开发利用。

（十七）加强保险征信系统建设

支持征信机构针对保险行业建立征信系统。征信机构开展保险征信业务，建立以各类保险企业、保险从业人员、保险消费者为对象的征信系统，依法采集、整理、保存、加工相关信用信息，并保障信用信息的准确性。

鼓励征信机构向社会提供有关保险的征信服务。征信机构要根据市场对保险信用服务需求对外提供相关征信服务，并推进信用服务产品创新。发挥市场激励机制作用，鼓励征信机构加强对已公开保险政务信用信息和非政务信用信息整合，建立面向不同对象的征信服务产品体系，满足社会多层次、多样化和专业化保险征信服务需求。

（十八）推进信用信息交换与共享

依托国家统一信用信息共享交换平台，加快实现与金融信用信息基础数据库和证券、信托等金融行业信用信息交换与共享，推动金融业统一征信平台建设。加快推进与工商管理、公安交警、司法机关、安全生产、医药卫生、社会保障等保险业务相关领域信用信息系统对接，尽早实现与业务相关领域信用信息交换与共享。推进与其他政府部门、非金融行业、社会组织及地方性信用信息系统互联互通和信用信息交换共享。探索与境外保险监管机构信用信息的对接与共享。对保险信用信息实施分类分级管理，确定查询权限，实施特殊查询需求特殊申请制度。

七、强化保险业诚信教育与诚信文化建设

保险业诚信教育与诚信文化建设是增强行业诚信自律、提升广大从业人员和消费者道德素养的重要途径，是构建保险业核心价值体系的重要内容。

（十九）加强从业人员诚信教育

加强保险从业人员诚信教育。持续开展对保险销售人员、服务人员、经纪人、公估人和企业管理人员的诚信教育和培训，将诚信知识纳入从业资格和任职资格考试范围。建立健全从业人员诚信考核制度，全面采集从业人员诚信记录，并依法接受社会公众和各类市场主体查询。建立从业人员失信行为“黑名单”制度，并向社会公开公布。将从业人员诚信记录与考核、定薪和职务晋升挂钩，完善企业内部诚信约束机制。

加强监管工作人员诚信教育。深入开展保险监管人员诚信守法和道德教育，加强法律知识和信用知识学习，提高监管人员的法律和诚信意识，建立一支守法守信、高效廉洁的监管队伍。

（二十）加强消费者诚信教育

引导保险消费者履行如实告知义务。加强保险法律法规宣传教育，提示消费者在购买保险时如实告知和填写保险标的或被保险人的有关情况，在投保财产保险时如有重复保险及时通知保险人，在保险理赔时提供真实且尽可能完整的证明材料。

引导保险消费者树立正确利益观。加强保险消费理念宣传教育，提高广大消费者在保险消费过程中的道德约束，防止和抑制出险后投保、重复理赔、虚构保险损失、扩大或夸大保险损失等欺诈行为发生，维护保险经营者的合法权益。

引导保险消费者在利益遭受侵害时依法维权。加强保险消费者维权教育，提醒消费者在进行保险投诉等维权时以客观事实为依据，不提供虚假信息或者捏造、歪曲事实，不诬告和陷害他人，遵守法律法规及相关规定，维护正常的公共秩序和投诉处理单位的办公秩序。

（二十一）普及诚信教育

以树立社会主义核心价值观、践行保险业核心价值理念为根本，将诚信教育贯穿保险职业道德和保险文化建设全过程。开展诚信评议活动，对诚信缺失、不讲信用现象进行分析评议，通过大量保险案例教育引导广大从业人员和消费者诚实守信。开展保险信用普及教育进学校、进机关、进企业、进社区、进村屯活动，并通过新闻媒体、互联网等途径宣传普及金融保险及信用知识。

（二十二）加强诚信文化建设

以诚信宣传为手段，以诚信教育为载体，大力倡导诚信道德规范，弘扬积极向善、诚实守信的传统文化和现代市场经济的契约精神，在全行业形成“守信用、担风险、重服务、合规范”的良好风尚。引导保险企业将诚信置于文化建设的核心位置，充分发挥管理者在文化建设中的引领示范效应，把诚信建设贯穿到企业经营管理的各环节。充分发挥电视、广播、报纸、网络等媒体的作用，对“红名单”和“黑名单”实行定期披露。组织开展“全国保险公众宣传日”、“保险业 3・15 诚信维权宣传”等大型活动，突出保险信用主题，营造诚信和谐的良好市场氛围。

八、建立实施支撑体系

（二十三）强化责任落实

保险监管机构、各类保险企业和行业组织要统一思想，将信用体系建设工作列入重要议事日程，加强信用体系建设工作的领导，设立专门机构或岗位。积极推进信用体系建设制度化工作，加强本单位信用管理办法和基础制度建设，完善保险信用体系建设长效机制。将信用体系建设工作作为目标责任考核、政绩或绩效考核的重要内容，定期对本单位的信用体系建设情况进行总结和评估，及时发现问题并提出改进措施。保险监管机构将定期对信用体系建设情况进行督导，对推进信用体系建设成绩突出的单位予以表彰，对推进不力、失信现象多发单位按规定实施行政问责。

（二十四）推动示范引导

广泛开展优秀服务标兵、优质服务窗口等诚信示范单位创建主题活动，树立讲诚信、重服务的行业风尚。强化诚信自律，继续引导保险企业面向社会开展诚信承诺，公开相关信息，自觉接受社会监督。聚焦重点领域，建立健全保险销售、保险经纪、保险公估等直接面向消费者的保险从业人员信用信息征集和管理办法，不断提高保险从业主体的诚信意识。支持高等院校、行业组织、研究机构、征信机构等针对保险业信用体系建设的重大理论和实践问题开展深入研究。

（二十五）加强协同配合

建立保险业信用体系建设联席会议制度，定期召开工作协调会议，加强对各单位信用建设工作的指导、督促和检查，并通报工作进展情况，及时研究解决行业信用体系建设中的重大问题。各单位要按照保险业信用体系建设工作的统一要求，建立完善工作机制，加强保险行业内各单位间的协同配合，形成工作合力。加强与国家和地方社会信用体系建设主管部门的沟通协作，主动融入社会信用体系建设的整体布局，通过信用信息的互认共享、联合应用，推动形成守信激励失信惩戒的联动机制。加强政府资金支持，保障保险信用基础设施建设顺利开展。

中国保监会、财政部、农业部　关于进一步完善中央财政保费补贴型农业保险产品条款拟订工作的通知

（保监发〔2015〕25 号　2015 年 2 月 15 日）

各保监局，各省、自治区、直辖市、计划单列市财政厅（局）、农业（农牧、畜牧兽医、渔业）厅（局、委、办），新疆生产建设兵团财务局，黑龙江省农垦总局，广东省农垦总局，中国储备粮管理总公司，中国农业发展集团总公司，各财产保险公司，中国保险行业协会：

为贯彻落实 2015 年中央一号文件有关精神，进一步保护投保农户合法权益，确保国家强农惠农富农政策落实效果，现就中央财政保费补贴型农业保险产品条款拟定有关事项通知如下：

一、保险公司拟订条款应遵循以下基本原则：

（一）依法合规、公开公正、公平合理；

（二）要素完备、通俗易懂、表述严谨；

（三）不侵害农民合法权益、不妨碍市场公平竞争、不影响行业健康发展。

二、保险公司应当在充分听取省、自治区、直辖市人民政府财政、农业、保险监管部门和农民代表意见的基础上，拟订条款。

三、保险责任应列明保险标的所在区域内的主要风险，切实保障投保农户的风险需求。其中：

种植业保险主险的保险责任包括但不限于暴雨、洪水（政府行蓄洪除外）、内涝、风灾、雹灾、冻灾、旱灾、地震等自然灾害，泥石流、山体滑坡等意外事故，以及病虫草鼠害等。

养殖业保险主险的保险责任包括但不限于主要疾病和疫病、自然灾害（暴雨、洪水（政府行蓄洪除外）、风灾、雷击、地震、冰雹、冻灾）、意外事故（泥石流、山体滑坡、火灾、爆炸、建筑物倒塌、空中运行物体坠落）、政府扑杀等。当发生高传染性疫病政府实施强制扑杀时，保险公司应对投保农户进行赔偿，并可从赔偿金额中相应扣减政府扑杀专项补贴金额。

四、保险金额应覆盖直接物化成本或饲养成本。鼓励各公司开发满足农业生产者特别是新型农业生产经营主体风险需求的多层次、高保障的保险产品。鼓励各级地方政府提供保费补贴。

五、种植业保险及能繁母猪、生猪、奶牛等按头（只）保险的大牲畜保险条款中不得设置绝对免赔。同时，要依据不同品种的风险状况及民政、农业部门的相关规定，科学合理地设置相对免赔。

六、种植业保险条款应根据农作物生长期间物化成本分布比例，科学合理设定不同生长期的赔偿标准。原则上，当发生全部损失时，三大口粮作物苗期赔偿标准不得低于保险金额的 40%。

七、种植业保险条款应明确全部损失标准。原则上，投保农作物损失率在 80%（含）以上应视为全部损失。

八、养殖业保险条款应将病死畜禽无害化处理作为保险理赔的前提条件，不能确认无害化处理的，保险公司不予赔偿。

九、保险公司不得主张对受损的保险标的残余价值的权利，农业保险合同另有约定的除外。

十、条款中不得有封顶赔付、平均赔付、协议赔付等约定。

十一、价格保险和指数保险等创新型产品、森林保险、相互制保险条款拟订事项另行规定。

十二、各公司要高度重视条款拟订工作，严格按照本通知要求，对已报备的条款进行全面清理，并于 2015 年 4 月 30 日前完成修订并重新报备。凡有不符合上述规定的产品，保险监管部门不予备案；情节严重的，依法予以处罚，并将相关情况通报财政部和农业部。

十三、本通知自下发之日起施行。

财政部、保监会　关于印发《会计师事务所职业责任保险暂行办法》的通知

（财会〔2015〕13号　2015年6月30日）

各省、自治区、直辖市财政厅（局），深圳市财政委员会，各保监局，各财产保险公司：

为规范会计师事务所职业责任保险投保行为，提高会计师事务所职业责任赔偿能力，促进会计师事务所可持续发展，根据《中华人民共和国注册会计师法》、《中华人民共和国保险法》和其他有关法律法规，财政部、保监会制定了《会计师事务所职业责任保险暂行办法》，现予印发，自2015年7月1日起施行。

附件：会计师事务所职业责任保险暂行办法

附件

会计师事务所职业责任保险暂行办法

第一章　总　则

第一条　为了规范会计师事务所职业责任保险投保行为，提高会计师事务所职业责任赔偿能力，促进会计师事务所可持续发展，根据《中华人民共和国注册会计师法》、《中华人民共和国保险法》和其他有关法律法规，制定本办法。

第二条　本办法所称会计师事务所职业责任保险（以下简称职业责任保险），是指会计师事务所及其合伙人、股东和其他执业人员因执业活动造成委托人或其他利害关系人经济损失，依法应当承担赔偿责任的保险。

会计师事务所及其合伙人、股东和其他执业人员的执业活动包括其依法开展的审计业务和其他非审计业务。

第三条　鼓励会计师事务所根据本所经营管理情况和发展需要投保职业责任保险。会计师事务所投保的职业责任保险累计赔偿限额达到本办法第九条或第十条规定的金额的，可以不再提取职业风险基金。已提取的职业风险基金的处理，按照有关法律法规的规定和会计师事务所合伙协议或公司章程的约定办理。

第二章　投　保

第四条　会计师事务所对本所投保职业责任保险实行统一管理。分所的职业责任保险，原则上由总所统一投保。

第五条　会计师事务所应当优先为本所的审计业务投保职业责任保险。

会计师事务所可以根据业务风险程度和自身发展需要为其他非审计业务投保职业责任保险。

第六条　职业责任保险包括主险和附加险。会计师事务所可以在投保主险的基础上，为本所投保账册文

件丢失险、首次投保追溯期扩展险等附加险。

第七条 保险公司应当建立市场化的职业责任保险费率浮动机制，根据会计师事务所风险情况及历史赔付记录进行保险费率浮动调整，促进会计师事务所加强质量控制和风险管理。

第八条 会计师事务所应当结合本所的业务范围、经营规模和风险管控能力等因素，与保险公司协商确定职业责任保险的累计赔偿限额。累计赔偿限额应当达到本办法第九条或第十条规定的金额。

前款所称累计赔偿限额，是指保险合同中载明的保险公司对保险责任范围内所有损失的最高赔偿金额。

第九条 从事上市公司、金融企业等高风险审计业务的会计师事务所，其累计赔偿限额不低于按以下两种方法计算得出的较高额：

（1）100 万元与合伙人人数的乘积（按投保时的人数计算）；

（2）5000 万元。

第十条 从事非上市公司、非金融企业审计业务的会计师事务所，其累计赔偿限额不低于按以下两种方法计算得出的较高额：

（1）会计师事务所最近一个年度的审计业务收入；

（2）50 万元与合伙人（股东）人数的乘积（按投保时的人数计算）。

第十一条 职业责任保险合同条款应当符合《中华人民共和国保险法》的规定，并应当包含下列各事项：

（一）保险责任包含会计师事务所及其合伙人、股东和其他执业人员执业活动中因非故意行为造成委托人或其他利害关系人的经济损失，依法应当承担的赔偿责任；

（二）保险期间为 1 年及以上；

（三）约定合理的追溯期或报告期；

（四）会计师事务所被提起仲裁或者诉讼的，仲裁或者诉讼费用以及其他必要的、合理的法律费用，除合同另有约定外，由保险公司承担。

第十二条 会计师事务所在投保时应当向保险公司提供必要的信息资料，如实告知经营情况和风险状况。

在保险合同有效期内，如果保险合同载明的重要事项发生变更，会计师事务所应当及时通知保险公司。

第十三条 保险公司应当向会计师事务所说明保险合同的条款内容，特别是责任免除条款。未作说明的，责任免除条款不产生效力。

第十四条 保险公司及其工作人员对会计师事务所提供的信息资料负有保密义务。

第三章 赔 偿

第十五条 会计师事务所发生本办法第二条规定的因执业活动造成委托人或其他利害关系人的经济损失，依法应当承担赔偿责任的情形的，保险公司应当根据保险合同的约定予以赔偿。

第十六条 保险公司应当严格履行保险合同义务，不得出现恶意拖赔、惜赔、无理拒赔等损害会计师事务所合法权益的行为。

第十七条 会计师事务所和保险公司对合同条款或赔偿事项有争议的，可以按照双方的约定申请仲裁，或者依法向人民法院提起诉讼。

采用保险公司提供的格式条款订立的保险合同，会计师事务所与保险公司对合同条款或赔偿事项有争议的，应当按照通常理解予以解释。有两种以上解释的，人民法院或者仲裁机构应当作出有利于会计师事务所的解释。

第十八条 省级财政部门、注册会计师协会可以会同省级保险监督管理部门、保险行业协会组织成立职业责任保险专家委员会，对履行保险合同可能产生的争议提供专家鉴定意见，供司法机关或有关方面参考。

第四章　监督检查

第十九条　会计师事务所应当在每年 5 月 31 日之前将职业责任保险保单复印件或者保险公司出具的该会计师事务所已投保职业责任保险的相关证明报所在地省级财政部门和注册会计师协会备案。

保险合同发生变更或解除的，会计师事务所应当将变更后的相关证明或新签订保险合同的相关证明报所在地省级财政部门和注册会计师协会备案。

第二十条　省级以上财政部门和注册会计师协会需要保险公司协助提供会计师事务所的投保、出险和理赔等必要信息的，保险公司应当提供。

第二十一条　省级以上财政部门和保险监督管理部门分别对会计师事务所和保险公司办理职业责任保险的情况进行监督检查，必要时可开展联合检查。

第五章　罚　则

第二十二条　会计师事务所违反本办法规定的，由省级以上财政部门责令限期改正，逾期未改正的，列为重点监管对象并予以公告，提请审计业务委托方、其他利害关系人和社会公众关注该会计师事务所的职业责任赔偿能力。

第二十三条　保险公司办理会计师事务所职业责任保险，违反有关保险条款和保险费率管理规定的，由保险监督管理部门依照《中华人民共和国保险法》和有关规定予以处罚。

第六章　附　则

第二十四条　本办法自 2015 年 7 月 1 日起施行。本办法施行后，此前有关规定与本办法不一致的，以本办法为准。

第二十五条　在本办法施行前已设立的会计师事务所，鼓励其在 5 年内尽快完成由提取职业风险基金向投保职业责任保险的过渡。

在本办法施行后新设立的会计师事务所，鼓励其优先采用投保职业责任保险的方式提高职业责任赔偿能力。

中国保监会、天津市人民政府　关于加强保险业服务天津自贸试验区建设和京津冀协同发展等重大国家战略的意见

（保监发〔2015〕65 号　2015 年 7 月 10 日）

各保险公司、保险资产管理公司，中国保险行业协会、中国保险学会，天津保监局，天津市各区县政府、各委办局、各有关单位：

为深入贯彻党的十八大和十八届三中、四中全会精神，主动适应经济发展新常态，全面落实党中央、国务院重大决策部署和重大国家战略实施，坚持改革统领，创新驱动，加快推动天津保险业发展，现提出以下意见。

一、总体要求

全面贯彻落实《国务院关于加快发展现代保险服务业的若干意见》（国发〔2014〕29 号）精神，围绕天津自贸试验区建设、京津冀协同发展、"一带一路"、自主创新示范区建设和滨海新区开发开放等国家战略，充分发挥保险的社会稳定器和经济助推器作用，通过完善现代金融服务体系，促进经济转型提质增效，通过创新社会治理方式，促进改善民计民生，努力建设保障全面、功能完善、安全稳健、诚信规范，具有较强服务能力、创新能力、区域辐射能力和国际竞争力，与经济社会发展需求相适应的现代保险服务体系。

二、创新保险体制机制，服务国际一流自贸试验区建设

依托天津海港、空港区位特点和优势，创新航运保险业务和模式，服务北方国际航运中心核心区建设。鼓励境内外航运保险和保险经纪等专业服务机构落户自贸试验区，加快设立航运保险协会。依托航空产业基地优势，大力开展飞机保险、航空运输保险等。结合自贸试验区特色，积极发展物流保险、平行进口汽车保险、跨境电子商务保险、海上工程保险等业务。支持发展融资租赁保险，引导租赁企业与保险机构加强合作，多渠道拓宽融资渠道来源。进一步加强保险市场建设，支持各类保险公司在自贸试验区设立专业保险机构。探索开展人民币跨境再保险业务，培育发展再保险市场，建立区域再保险中心。支持保险机构开展境外投资试点。

三、深化保险资金和业务改革，助推京津冀协同发展

建立保险资金需求项目发布平台。鼓励保险机构以股权、基金、债权等形式投资交通、地铁等重点项目，加快构建京津冀互联互通综合交通网络。支持保险机构以多种方式参与天津地下管网、垃圾处理、城市配电等基础设施建设，提高城市综合承载能力。围绕创新驱动，支持保险机构开展专利执行保险、专利侵权责任保险、专利质押贷款保险试点。鼓励开展与互联网金融发展相适应的保险产品、营销、服务以及交易方式创新，培育互联网保险新业态和新的交易平台。开展商业车险改革，提升车险费率厘定科学化水平。完善道路交通事故损害赔偿调处机制，鼓励发展治安保险、社区综合保险，提升城市治理水平。发展"绿色保险"，完善环境污染损害赔偿机制，服务京津冀生态文明建设。大力推进安全生产责任保险制度，鼓励矿山、金属冶炼、建筑施工和危险物品等生产经营单位投保安全生产责任保险。发挥政策和人才优势，吸引保险总部及培训、后援等专属机构落户，承接非首都核心功能。研究开展跨区域经营试点，促进京津冀保险市场要素优化配置。推动建立以财政支持为保障、以商业保险为平台、以多层次风险分担为机制的巨灾保险体系，积极开发巨灾指数保险，研究推行巨灾债券发行模式。主动适应现代农业发展新常态，积极探索"三农"保险新模式、新机制，开展互助合作保险，大力发展农村小额人身保险、农村小额信贷保险、农房保险、农机保险和种业保险等普惠保险业务。

四、加大支持“走出去”力度，护航“一带一路”战略

着力发挥出口信用保险促进外贸稳定增长和经济转型升级的功能，巩固天津外贸传统优势，加快培育竞争新优势。扩展短期出口信用保险功能，加大对自主品牌、自主知识产权、战略性新兴产业的支持力度，提升与“一带一路”沿线国家的经贸合作水平。扩大中长期出口信用保险覆盖面，增强交通运输、电力、电信、建筑等对外工程承包重点行业的竞争能力。加快发展境外投资保险，为天津企业海外投资、产品技术输出、承接国家“一带一路”重大工程建设提供综合保险服务。建立健全出口风险监测和管控体系，为出口企业提供全方位的风险咨询、资信调查、商账追收等服务。

五、丰富保险产品和服务，推动国家自主创新示范区建设

加大对科技保险支持力度，大力开发涉及技术转移、自主研发、专利技术、知识产权等领域的专属保险产品。推广国产首台首套装备的保险风险补偿机制，促进企业创新和科技成果产业化。搭建保险资金支持地方创新融资对接平台，支持保险机构投资小微企业专项债券、创业投资基金及相关金融产品。鼓励保险机构积极参与“互联网+”行动计划，支持设立互联网保险服务机构，推动移动互联网、云计算、大数据、物联网等与现代保险服务业结合。完善小微企业贷款保证保险风险补贴资金管理办法，深化政府、银行、保险三方共担风险的合作机制，着力缓解小微企业融资难问题。支持在天津设立科技、养老、健康、再保险等专业保险公司，支持建设自主创新示范区保险产业园。

六、构筑保险民生保障网，参与滨海新区综合配套改革

积极推进商业健康保险个人所得税政策试点工作，完善多层次的医疗保障体系。支持发展长期护理保险、疾病保险、失能收入损失保险等产品。发展与基本医疗保险有机衔接的商业健康保险，鼓励各类医疗机构与商业保险机构合作。支持保险机构运用股权投资、战略合作等方式，在滨海新区设立医疗机构和参与公立医院改制。支持天津纳入个人税收递延型商业养老保险试点范围。推动个人储蓄性养老保险、养老机构综合责任保险、企业年金等业务发展。支持保险机构为有条件的企业建立商业养老健康保障计划。研究探索独生子女家庭保障计划。支持符合条件的保险机构在天津投资养老设施和养老社区，促进保险服务业与养老服务业融合发展。

七、完善支持政策，优化保险业发展环境

推进简政放权放管结合职能转变，鼓励政府有关部门通过多种方式购买保险服务，降低公共服务运行成本。发挥政府的引导作用，通过立法推动、政策扶持、财政补贴等方式，进一步完善支持天津现代保险服务业改革创新的政策措施。探索建立保险业与社会保障、卫生医疗、交通管理等部门之间的信息交流共享机制。建立完善保险机构、从业人员信用档案和信用信息数据库，积极参与地方信用信息共享平台和金融业统一征信平台建设。加强保险监管与司法协作，推动保险纠纷诉讼与调解对接机制建设，打击保险领域违法犯罪活动，保护保险消费者权益。发挥高校资源禀赋优势，加强财务、精算、航运、核保核赔等专业人才培养，提升从业人员素质和水平。加强保险消费者教育，增强全社会的风险意识，培育成熟理性的保险市场。

八、加强组织实施

各有关方面要充分认识保险参与和服务重大国家战略的重要意义，把发展现代保险服务业放在落实重大国家战略的整体布局中统筹考虑，加强组织领导，强化沟通协调，形成工作合力，加强保险监管，防范化解风险。各相关部门要根据本意见要求，按照职责分工抓紧制定配套措施，确保各项政策落实到位。

国家发展改革委、中国保监会关于保险业支持重大工程建设有关事项的指导意见

（发改投资〔2015〕2179 号 2015 年 9 月 24 日）

各省、自治区、直辖市及计划单列市、新疆生产建设兵团发展改革委，各保监局，各保险机构：

为深入贯彻落实《国务院关于加快发展现代保险服务业的若干意见》（国发〔2014〕29 号）和《国务院关于创新重点领域投融资机制鼓励社会投资的指导意见》（国发〔2014〕60 号）精神，充分发挥保险资金长期投资和保险业风险保障的独特优势，支持重点工程建设，进一步加强保险业对经济增长和结构调整的支撑作用，助推实体经济发展，经商财政部、国土资源部同意，现提出以下意见：

一、加大长期资金支持

（一）鼓励投资重大工程建设项目债券。支持保险资金购买重大工程建设主体发行的企业债券、项目收益债券、专项债券等各类债券。探索实施重大工程建设主体向保险机构定向发行债券，提高债券发行效率，促进资金供求方的有效对接。

（二）发展重大工程建设投资基金。允许专业保险资产管理机构发起设立股权基金、夹层基金、并购基金、不动产基金等私募基金，支持基础设施、棚户区改造、城镇化建设等民生工程和重大工程。鼓励保险资金参股政府出资发起设立的各类投资基金。积极发挥中国保险投资基金作用，动员保险资金积极参与国家三大战略和重大工程实施。

（三）拓宽重大工程建设投资空间。鼓励保险资金通过债权投资计划、股权投资计划等方式，投资基础设施、民生工程等重大工程。在风险可控和依法合规的前提下，进一步拓宽保险资金投资基础设施项目和非重大股权的行业范围，丰富投资计划增信措施，创新交易结构。研究放宽保险公司投资重大工程建设的单一资产集中度比例，为重大工程建设提供长期稳定的资金支持。

（四）创新重大工程建设投资方式。鼓励保险资产管理机构发起设立资产支持计划，推动铁路、公路、机场等交通项目建设企业应收账款证券化，盘活存量资产，优化金融配置。探索保险资金参与重大工程银团贷款，降低融资成本。鼓励设立不动产、基础设施、养老等专业保险资产管理机构，支持保险资金进行养老、医疗、健康等相关领域的股权和不动产投资。

二、发挥风险保障功能

（五）大力发展工程保险。鼓励保险公司为重大工程建设相关的建筑工程、安装工程及各种机器设备提供风险保障，防范自然灾害和意外事故造成物质财产损失和第三者责任风险。支持保险公司发挥专业优势，为重大工程建设提供专业化风险管理建议，采取有效防灾减灾措施，降低风险事故发生率。

（六）研究建立巨灾保险制度。研究建立巨灾保险基金、巨灾再保险等制度，逐步形成财政支持下的多层次巨灾风险分散机制，加大对重大工程建设自然灾害的保障力度。

（七）加快发展再保险市场。推动发展区域性再保险中心，加大再保险产品和技术创新，增加再保险市场主体，提高再保险对农业、交通、能源、化工、水利、地铁、航空航天、核电等国家重大工程的大型风险、特殊风险的保险保障力度。强化再保险对我国海外企业的支持保障功能，支持国内企业“走出去”。

三、完善配套支持政策

（八）建立沟通协调机制。加强保险监管部门和项目投资主管部门的沟通协调和配合，促进保险资金与重大工程建设项目的有效衔接。探索通过保险资产交易平台发布重大工程建设项目信息，实现投资信息的公开、及时、准确发布。

（九）加强信用基础设施建设。推动有条件的保险机构接入金融信用信息基础数据库，构建信用信息共享机制，提升保险机构的风险甄别水平和风险管理能力，保障保险机构投资者合法权益，推进保险信用信息接入统一的信用信息共享交换平台。

（十）落实税收政策。对保险资金参与重大工程建设的符合规定的投资收益，按照现行税收法律法规给予税收优惠。

（十一）加强投资用地保障。各地要在土地利用总体规划中统筹考虑养老产业、健康服务业发展需要，合理安排保险机构投资养老服务设施、健康服务业用地供给。对保险机构依法投资重点工程在建设用地、不动产抵质押登记等方面给予支持。

四、加强风险管控

（十二）加强保险机构能力建设。保险机构参与重大工程建设投资，要按照市场化原则，综合考虑投资的风险和收益。搭建合理的组织架构和运作流程，加强专业团队建设，提升投资管理能力。建立健全风险监测、评估、预警体系，切实加强风险管控，维护保险资金安全。

（十三）提高属地化监管水平。各保监局要根据当地监管实际，研究、反映保险资金投资重大工程建设的新情况和新问题，协调、推动和落实保险资金支持重大工程建设的政策，加强对辖区内投资项目的风险监测，加快形成上下联动的资金运用监管工作机制。

（十四）做好各地统筹协调。各地发展改革委要结合本地实际，完善重大工程建设投融资机制，推动落实项目财政资金支持等措施，为保险资金支持重大工程建设创造条件。

中国保监会、财政部　关于印发《建立城乡居民住宅地震巨灾保险制度实施方案》的通知

（保监发〔2016〕39 号　2016 年 5 月 11 日）

各保监局，各省、自治区、直辖市、计划单列市财政厅（局），新疆生产建设兵团财务局，中国保险保障基金有限责任公司，中国保险信息技术管理有限责任公司，中国保险行业协会，各财产保险公司，各再保险公司：

为贯彻落实十八届三中全会精神和《国务院关于加快发展现代保险服务业的若干意见》（国发〔2014〕29 号），保监会、财政部会同相关部门制定了《建立城乡居民住宅地震巨灾保险制度实施方案》，现予印发，请认真组织实施。

建立城乡居民住宅地震巨灾保险制度实施方案

为贯彻落实十八届三中全会精神和《国务院关于加快发展现代保险服务业的若干意见》（国发〔2014〕29 号），保监会、财政部会同相关单位按照民生优先原则，选择地震灾害为主要灾因，以住宅这一城乡居民最重要的财产为保障对象，拟先行建立城乡居民住宅地震巨灾保险制度，在《地震巨灾保险条例》（以下简称《条例》）出台前开展实践探索。为保证制度顺利实施，制定本方案。

一、基本思路和实施原则

（一）基本思路。

统筹考虑现实需要和长远规划，以地震巨灾保险为突破口，开发城乡居民住宅地震巨灾保险产品，成立中国城乡居民住宅地震巨灾保险共同体（以下简称住宅地震共同体），在全国范围内推动城乡居民住宅地震巨灾保险制度，尽早惠及民生。

（二）实施原则。

坚持“政府推动、市场运作、保障民生”的原则。

1. 政府推动。更好地发挥政府的作用，为地震巨灾保险制度的建立和稳定运行营造良好的制度环境、法律环境和政策环境。筹划顶层设计，制定地震巨灾保险制度框架体系，研究相关立法，制定支持政策。

2. 市场运作。发挥市场在资源配置中的决定性作用，引导商业保险公司积极参与地震巨灾保险制度建设，提高全社会地震灾害风险管理水平。发挥商业保险公司在风险管理、专业技术、服务能力和营业网点等方面的优势，为地震巨灾保险提供承保理赔服务，利用保险产品的价格调节作用，通过风险定价和差别费率，引导社会提高建筑物抗震质量，运用国内外再保险市场和资本市场，有效分散风险。

3. 保障民生。满足人民群众地震灾害风险保障需求，为受灾地区提供经济补偿，加快恢复重建。通过科学设计保险产品，合理厘定保险费率，满足人民群众的基本保障需求，充分扩大保障覆盖人群，有效降低保障成本。

二、保障方案

（一）保障对象和责任。

以城乡居民住宅为保障对象，考虑到我国地理环境的多元化、地区灾害和城乡居民住宅的差异性，运行初期，结合各地区房屋实际情况，原则上以达到国家建筑质量要求（包括抗震设防标准）的建筑物本身及

室内附属设施为主，以破坏性地震振动及其引起的海啸、火灾、爆炸、地陷、泥石流及滑坡等次生灾害为主要保险责任。

（二）保险金额。

运行初期，结合我国居民住宅的总体结构情况、平均再建成本、灾后补偿救助水平等情况，按城乡有别确定保险金额，城镇居民住宅基本保额每户 5 万元，农村居民住宅基本保额每户 2 万元。每户可参考房屋市场价值，根据需要与保险公司协商确定保险金额。考虑到保险业发展水平，运行初期，保险金额最高不超过 100 万元，以后根据运行情况逐步提高，100 万元以上部分可由保险公司提供商业保险补充。家庭拥有多处住房的，以住房地址为依据视为每户，可投保多户。

（三）条款费率。

运行初期，以一款中国保险行业协会发布的适用于全国的城乡居民住宅地震保险示范条款为主，可单独作为主险或作为普通家财险的附加险。按照地区风险高低、建筑结构不同、城乡差别拟定差异化的保险费率，并适时调整。

（四）赔偿处理。

由于各地房屋市场价值与重置价值差异较大，运行初期，从简化操作、快速推广的角度出发，产品设计为定值保险。理赔时，以保险金额为准，参照国家地震局、民政部等制定的国家标准，结合各地已开展的农房保险实际做法进行定损，并根据破坏等级分档理赔：破坏等级在Ⅰ—Ⅱ级时，标的基本完好，不予赔偿；破坏等级为Ⅲ级（中等破坏）时，按照保险金额的 50% 确定损失；破坏等级为Ⅳ级（严重破坏）及Ⅴ级（毁坏）时，按照保险金额的 100% 确定损失。确定损失后，在保险金额范围内计算赔偿。

三、运行模式

采取“整合承保能力、准备金逐年滚存、损失合理分层”的运行模式。

（一）运行机制。

选择偿付能力充足、服务网点完善的保险公司作为地震巨灾保险经营主体，提供地震巨灾保险销售、承保及理赔等服务。保险公司通过销售地震巨灾保险产品，将保费集中，建立应对地震灾害的损失分层方案，分级负担地震风险。计提地震巨灾保险专项准备金，作为应对严重地震灾害的资金储备。

（二）损失分层。

将地震造成的城乡居民住宅损失，按照“风险共担、分级负担”的原则分担。损失分层方案设定总体限额，由投保人、保险公司、再保险公司、地震巨灾保险专项准备金、财政支持等构成分担主体。投保人是地震巨灾保险产品的购买者，以自留的方式承担小额度的第一层损失。经营地震巨灾保险的保险公司，承担地震巨灾保险自留保费所对应的第二层损失。参与地震巨灾保险再保险经营的再保险公司，承担地震巨灾保险分入保费对应的第三层损失。地震巨灾保险专项准备金按照相关部门的具体管理办法提取，以专项准备金余额为限，承担第四层损失。当发生重大地震灾害，损失超过前四层分担额度的情况下，由财政提供支持或通过巨灾债券等紧急资金安排承担第五层损失。在第五层财政支持和其他紧急资金安排无法全部到位的情况下，由国务院保险监督管理机构会同有关部门报请国务院批准，启动赔付比例回调机制，以前四层分担额度及已到位的财政支持和紧急资金总和为限，对地震巨灾保险合同实行比例赔付。

运行初期，以“总额控制、限额管理”为主要思路，一方面，将全国范围内可能遭遇的一次地震损失控制在一定额度内，确保保险公司、再保险公司和专项准备金可以逐层承担，另一方面，对地震高风险地区实行保险销售限额管理，避免遭遇特大地震灾害时，地震巨灾保险赔款超过以上各层可筹集到的资金总和。

（三）运行保障。

1. 住宅地震共同体。2015 年 4 月，45 家财产保险公司根据“自愿参与、风险共担”的原则发起成立住宅地震共同体。住宅地震共同体可以整合保险行业承保能力，搭建住宅地震共同体业务平台，开发标准化地震巨灾保险产品，建立统一的承保理赔服务标准，共同应对地震灾害，集中积累和管理灾害信息等。

2. 地震巨灾保险专项准备金。地震巨灾保险专项准备金是地震巨灾保险制度运行过程中，为增强风险抵御能力、应对重大灾害专门提取的专项准备金，行使跨期分散风险等职能。地震巨灾保险专项准备金按照保费收入一定比例计提，单独立账、逐年滚存，并由专门机构负责管理。地震巨灾保险专项准备金的提取、积累和使用，按照财政部门制定的具体管理办法执行。

四、实施步骤

结合当前实际，拟分步骤、分阶段实施，以《条例》出台为分界点，分为两个阶段：

（一）第一阶段。

《条例》出台前，面向城乡居民销售住宅地震巨灾保险产品。保险公司销售保险产品，承担保险责任，提供理赔服务。同时，研究建立地震巨灾保险专项准备金制度，允许保险公司提取专项准备金，实现跨年积累，并委托专门管理机构（如中国保险保障基金有限责任公司）设立专户管理。总结评估地震巨灾保险制度运行情况，测算次年保费规模，进一步完善地震巨灾保险制度的产品、服务和运行等。

这一阶段，鼓励地方政府通过农房保险等扩大地震风险保障覆盖面，与城乡居民住宅地震巨灾保险实现有效衔接。同时，研究推出适用现有农房保险、地方巨灾保险试点的地震巨灾保险产品，将以上业务逐步纳入我国巨灾保险制度建设。

（二）第二阶段。

《条例》出台后，完善地震巨灾保险制度的运行模式和组织架构。测算历史运营数据，优化损失分层方案，提高保障能力，在《条例》的指引下，不断完善城乡居民住宅地震巨灾保险制度运行模式。

五、保障措施

（一）加快地震巨灾保险立法进程。

对巨灾保险制度进行立法保障是世界各国确保巨灾保险制度各项措施落实的关键。巨灾保险制度的建立实施必须依靠完善的法律体系。需加快出台《条例》，为城乡居民住宅地震巨灾保险制度的实施提供法律保障。

（二）建立制度实施领导小组。

推进城乡居民住宅地震巨灾保险制度需要多部门合作，为加强沟通协调、统筹管理，由保监会、财政部牵头相关部门设立制度实施领导小组，办公室设在保监会财产保险监管部，具体负责推进制度落地实施。建立部门协调合作机制，加强沟通协调与配合，促进商业保险与社会保障有效衔接、保险服务与社会治理相互融合、商业机制与政府管理密切结合。建立信息共享机制，逐步实现地震等灾害数据共享，提升风险甄别水平和风险管理能力。

（三）制定专项准备金管理办法。

运行初期，由财政部门出台地震巨灾保险专项准备金管理办法，实现准备金跨期积累、跨区统筹。暂由中国保险保障基金有限责任公司设立专门账户代为管理。

（四）鼓励给予财政税收政策支持。

为提高民众购买产品的积极性，扩大城乡居民住宅地震巨灾保险覆盖面，实现分散风险和保障民生的重要作用，鼓励地方财政对民众购买城乡居民地震巨灾保险产品给予保费补贴，并按照国家税收法律法规的有关规定，对地震巨灾保险给予税收优惠。

（五）通过资源整合提高防灾减灾水平。

鼓励风险集中的地方政府出台地震巨灾保险制度的配套支持政策，积极探索各类提高地震巨灾保险覆盖面的有效模式，逐步扩大覆盖面。鼓励保险公司将自有服务体系与政府灾害救助体系有效衔接，借助政府相关体系资源提升保险行业查勘定损效率。建立巨灾保险数据库，提高建筑物和基础设施设防标准，强化事前风险预防和事中风险控制，进一步完善国家综合防灾减灾体系。同时，加强地震巨灾保险制度的宣传和教育，提高全社会利用保险机制分散风险的意识，增强全社会的风险管理能力。

中国保监会、国务院扶贫开发领导小组办公室关于做好保险业助推脱贫攻坚工作的意见

（保监发〔2016〕44号 2016年5月26日）

各保监局，各省（区、市）扶贫办（局）、新疆生产建设兵团扶贫办，中国保险保障基金有限责任公司、中国保险信息技术管理有限责任公司、中保投资有限责任公司、上海保险交易所股份有限公司、中国保险报业股份有限公司，中国保险行业协会、中国保险学会、中国精算师协会、中国保险资产管理业协会，各保险公司：

为贯彻落实《中共中央 国务院关于打赢脱贫攻坚战的决定》（中发〔2015〕34号）和中央扶贫开发工作会议精神，指导各级保险监管部门、扶贫部门和保险机构按照人民银行、保监会、扶贫办等7部门《关于金融助推脱贫攻坚的实施意见》（银发〔2016〕84号）的总体部署，充分发挥保险行业体制机制优势，履行扶贫开发社会责任，全面加强和提升保险业助推脱贫攻坚能力，助力“十三五”扶贫开发工作目标如期实现，现提出如下意见。

一、总体要求

（一）指导思想。

全面贯彻习近平总书记系列讲话精神，牢固树立和贯彻落实创新、协调、绿色、开放和共享的发展理念，深入学习领会党中央、国务院精准扶贫、精准脱贫基本方略的深刻内涵，增强打赢脱贫攻坚战的使命感紧迫感，以满足贫困地区日益增长的多元化保险需求为出发点，以脱贫攻坚重点人群和重点任务为核心，精准对接建档立卡贫困人口的保险需求，精准创设完善保险扶贫政策，精准完善支持措施，创新保险扶贫体制机制，举全行业之力，持续加大投入，为实现到2020年打赢脱贫攻坚战、全面建成小康社会提供有力的保险支撑。

（二）总体目标。

到2020年，基本建立与国家脱贫攻坚战相适应的保险服务体制机制，形成商业性、政策性、合作性等各类机构协调配合、共同参与的保险服务格局。努力实现贫困地区保险服务到村到户到人，对贫困人口“愿保尽保”，贫困地区保险深度、保险密度接近全国平均水平，贫困人口生产生活得到现代保险全方位保障。

（三）基本原则。

定向原则。定向发挥保险经济补偿功能，努力扩大保险覆盖面和渗透度，通过保险市场化机制放大补贴资金使用效益，为贫困户提供普惠的基本风险保障。定向发挥保险信用增信功能，通过农业保险保单质押和扶贫小额信贷保证保险等方式，低成本盘活农户资产。定向发挥保险资金融通功能，加大对贫困地区的投放，增强造血功能，推动贫困地区农业转型升级。

精准原则。把集中连片特困地区，老、少、边、穷地区，国家级和省级扶贫开发重点县，特别是建档立卡贫困村和贫困户作为保险支持重点，创设保险扶贫政策，搭建扶贫信息与保险业信息共享平台，开发针对性的扶贫保险产品，提供多层次的保险服务，确保对象精准、措施精准、服务精准、成效精准。

特惠原则。在普惠政策基础上，通过提高保障水平、降低保险费率、优化理赔条件和实施差异化监管等方式，突出对建档立卡贫困户的特惠政策和特惠措施，为建档立卡贫困人口提供优质便捷的保险服务，增强贫困人口抗风险能力，构筑贫困地区产业发展风险防范屏障。

创新原则。构建政府引导、政策支持、市场运作、协同推进的工作机制，综合运用财政补贴、扶贫资金、社会捐赠等多种方式，拓展贫困农户保费来源渠道，激发贫困农户保险意识与发展动力。针对贫困地区

与贫困农户不同致贫原因和脱贫需求，加强保险产品与服务创新，分类开发、量身定制保险产品与服务。创新保险资金支农融资方式，积极参与贫困地区生产生活建设。

二、精准对接脱贫攻坚多元化的保险需求

（四）精准对接农业保险服务需求。保险机构要认真研究致贫原因和脱贫需求，积极开发扶贫农业保险产品，满足贫困农户多样化、多层次的保险需求。要加大投入，不断扩大贫困地区农业保险覆盖面，提高农业保险保障水平。要立足贫困地区资源优势和产业特色，因地制宜开展特色优势农产品保险，积极开发推广目标价格保险、天气指数保险、设施农业保险。要面向能带动贫困人口发展生产的新型农业经营主体，开发多档次、高保障农业保险产品和组合型农业保险产品，探索开展覆盖农业产业链的保险业务，协助新型农业经营主体获得信贷支持。切实做好贫困地区农业保险服务，灾后赔付要从快从简、应赔快赔。对已确定的灾害，可在查勘定损结束前按预估损失的一定比例预付部分赔款，帮助贫困农户尽早恢复生产。中国农业保险再保险共同体要加大对贫困地区农业保险业务的再保险支持力度，支持直保公司扩大保险覆盖面和提高保障水平。

（五）精准对接健康保险服务需求。保险机构要发挥专业优势，不断改进大病保险服务水平，提高保障程度，缓解“因病致贫、因病返贫”现象。按照国家有关要求，研究探索大病保险向贫困人口予以倾斜。加强基本医保、大病保险、商业健康保险、医疗救助、疾病应急救助和社会慈善等衔接，提高贫困人口医疗费用实际报销比例。鼓励保险机构开发面向贫困人口的商业健康保险产品，参与医疗救助经办服务。

（六）精准对接民生保险服务需求。保险机构要针对建档立卡贫困人口，积极开发推广贫困户主要劳动力意外伤害、疾病和医疗等扶贫小额人身保险产品。重点开发针对留守儿童、留守妇女、留守老人、失独老人、残疾人等人群的保险产品，对农村外出务工人员开辟异地理赔绿色通道，为农村居民安居生活提供保障。进一步扩大农房保险覆盖面，不断提升保障水平。积极开展农村治安保险和自然灾害公众责任保险试点。探索保险服务扶贫人员队伍新模式，为各地政府、企事业单位驻村干部和扶贫挂职干部，高校毕业生“三支一扶”（支教、支农、支医和扶贫）提供保险保障。支持贫困地区开展巨灾保险试点。

（七）精准对接产业脱贫保险服务需求。积极发展扶贫小额信贷保证保险，为贫困户融资提供增信支持，增强贫困人口获取信贷资金发展生产的能力。探索推广“保险 + 银行 + 政府”的多方信贷风险分担补偿机制。支持有条件的地方设立政府风险补偿基金，对扶贫信贷保证保险给予保费补贴和风险补偿。鼓励通过农业保险保单质押、土地承包经营权抵押贷款保证保险、农房财产权抵押贷款保证保险等方式，拓宽保险增信路径，引导信贷资源投入。探索开展贫困农户土地流转收益保证保险，确保贫困农户土地流转收益。结合农村电商、乡村旅游、休闲农业等农业新业态，开发物流、仓储、农产品质量保证、互联网 + 等保险产品。创新保险资金运用方式，探索开展“农业保险 + 扶贫小额信贷保证保险 + 保险资金支农融资”业务试点，协助参保的贫困人口更便利地获得免担保、免抵押、优惠利率的小额资金。

（八）精准对接教育脱贫保险服务需求。积极开展针对贫困家庭大中学生的助学贷款保证保险，解决经济困难家庭学生就学困难问题。推动保险参与转移就业扶贫，优先吸纳贫困人口作为农业保险协保员。要对接集中连片特困地区的职业院校和技工学校，面向贫困家庭子女开展保险职业教育、销售技能培训和定向招聘，实现靠技能脱贫。

三、充分发挥保险机构助推脱贫攻坚主体作用

（九）完善多层次保险服务组织体系。保险机构要强化主体责任，将资源向贫困地区和贫困人群倾斜。要加大贫困地区分支机构网点建设，持续推进乡、村两级保险服务网点建设，努力实现网点乡镇全覆盖和服务行政村全覆盖。

（十）对贫困地区分支机构实行差异化考核。各保险机构总公司应根据贫困地区实际情况，科学设定绩效考核指标，对贫困地区分支机构实行差异化考核，引导贫困地区基层机构积极发展扶贫保险业务。对贫困地区分支机构因重大自然灾害或农产品价格剧烈波动导致的经营亏损，不得纳入绩效考核指标。

（十一）加强贫困地区保险技术支持及人才培养。各保险机构要大力推动贫困地区员工属地化，积极吸

纳贫困地区大学生就业，加快培育贫困地区保险人才。要努力改善贫困地区分支机构职工福利，为贫困地区培养留得下、稳得住的专业人才。鼓励各保险机构总公司每年选派业务能力较强、政治立场坚定的员工到贫困地区分支机构工作，并在查勘理赔技术、设备等方面给予支持。

（十二）鼓励保险资金向贫困地区基础设施和民生工程倾斜。保险机构要充分发挥保险资金长期投资的独特优势，按照风险可控、商业可持续原则，以债权、股权、资产支持计划等多种形式，积极参与贫困地区基础设施、重点产业和民生工程建设，积极支持可带动农户脱贫、吸引贫困农户就业的新型农业经营主体融资需求。支持保险机构参与各级政府建立的扶贫产业基金，鼓励保险机构加大对贫困地区发行地方政府债券置换存量债务的支持力度。

四、完善精准扶贫保险支持保障措施

（十三）鼓励通过多种方式购买保险服务。要充分认识保险服务脱贫攻坚的重要作用，把运用保险工具作为促进经济发展、转变政府职能、完善社会治理、保障改善民生的重要抓手。鼓励各地结合实际，积极探索运用保险风险管理功能及保险机构网络、专业技术等优势，通过市场化机制，以委托保险机构经办或直接购买保险产品和服务等方式，探索保险参与扶贫开发的新模式、新途径，降低公共服务运行成本。要加大组织推动力度，引导农村贫困人口参保续保。鼓励各类慈善机构和公益性社会组织为贫困人群捐赠保险。

（十四）加强保险与扶贫政策的协调配合。各地扶贫办应将保险纳入扶贫规划及政策体系，在政策指导、资金安排、工作协调、数据共享等方面支持保险机构开展工作。鼓励各地结合实际，对建档立卡贫困人口参加农业保险、扶贫小额信贷保证保险、扶贫小额人身保险、商业补充医疗保险和涉农保险给予保费补贴，提高扶贫资金使用效率。建立健全贫困地区风险分担和补偿机制，专项用于对建档立卡贫困户贷款保证保险及带动贫困人口就业的各类扶贫经济组织贷款保证保险风险补偿。

（十五）实施差异化监管。支持在贫困地区开展相互制保险试点。支持现有保险机构到革命老区、民族地区、边疆地区和连片特困地区下延机构和开办扶贫保险业务，对上述机构优先予以审批。严格控制贫困地区现有保险机构网点撤并。对投向贫困地区项目的保险资金运用产品，优先予以审批或备案。鼓励保险机构开发涵盖贫困农户生产生活全方位风险的“特惠保”等一揽子保险产品，并优先予以审批或备案。对保险公司开发的针对建档立卡贫困人口的农业保险、涉农保险产品和针对可带动农户脱贫、吸纳贫困农户就业的新型农业经营主体的保险产品，费率可在向监管部门报备费率的基础上下调 20% 。

（十六）健全保险行业参与机制。设立中国保险业产业扶贫投资基金，采取市场化运作方式，专项用于贫困地区资源开发、产业园区建设、新型城镇化发展等。设立中国保险业扶贫公益基金，实施保险业扶贫志愿者行动计划。鼓励保险机构下移扶贫重心，加大捐赠力度，自愿包村包户，对贫困农户生产生活教育实现风险防范全覆盖。

（十七）加强保险消费者教育。强化贫困地区保险消费者教育和权益保护，保障贫困地区保险消费者合法权益。根据贫困地区保险消费者需求特点，综合运用多种媒体、保险机构网点以及村镇、社区等公共宣传栏，有针对性地开展保险扶贫服务政策宣传，增进贫困地区和贫困人口对精准扶贫保险服务政策的了解，提高其保险意识和运用保险工具分散风险的能力。统筹安排针对扶贫干部的保险知识培训，由保监会提供相应的培训项目及师资等智力支持，不断提高各级干部运用保险的能力和水平。鼓励保险机构向贫困地区基层干部和贫困农户提供农业技术、风险管理以及现代保险知识培训，提高运用保险发展经济的意识和能力。

五、完善脱贫攻坚保险服务工作机制

（十八）强化组织统筹。各保监局、保险机构和保险业社团组织要把扶贫开发工作作为重大政治任务，采取切实措施，确保各项工作有序开展。各保监局要成立由主要负责人任组长的工作领导小组，统筹协调辖内保险机构，做好保险服务脱贫攻坚工作。各保监局和省级扶贫部门要建立工作联动机制，可根据本意见制定具体实施办法，加强政策互动、工作联动和信息共享，推动相关配套政策落实。

（十九）完善精准统计制度。建立脱贫攻坚保险服务专项统计监测制度，实现保险信息与建档立卡信息对接，及时动态跟踪监测各地、各保险机构工作进展，为政策评估提供数据支撑。各保监局和各保险机构要按照保监会和国务院扶贫办要求，及时、准确报送相关数据资料。

（二十）严格考核督查。建立脱贫攻坚保险服务专项评估制度，保监会、国务院扶贫办定期对各地、各保险机构脱贫攻坚保险服务工作进展及成效进行考评，通报考评结果，并将考评结果作为市场准入、高管资格和差异化监管的重要依据。

（二十一）加强总结宣传。及时梳理、总结精准扶贫保险服务工作中的典型经验、成功案例和工作成效，加强宣传推介和经验交流，营造有利脱贫攻坚保险服务工作的良好氛围。

最高人民法院、中国保险监督管理委员会关于全面推进保险纠纷诉讼与调解对接机制建设的意见

（法〔2016〕374 号　2016 年 11 月 4 日）

开展保险纠纷诉讼与调解对接（下称诉调对接）机制建设，是贯彻落实党的十八大和十八届三中、四中、五中、六中全会精神完善多元化纠纷解决机制推进社会治理现代化的重要举措。自 2012 年最高人民法院和中国保监会联合下发《关于在全国部分地区开展建立保险纠纷诉讼与调解对接机制试点工作的通知》（法〔2012〕307 号）以来，试点地区人民法院与保险监管机构加强协同运作，发挥预防和化解社会矛盾的积极作用，促进保险纠纷依法、公正、高效解决，有效维护各方当事人合法权益，圆满完成各项试点任务。为贯彻落实《中共中央关于全面推进依法治国若干重大问题的决定》（中发〔2014〕10 号）有关完善多元化纠纷解决机制精神及《最高人民法院关于人民法院进一步深化多元化纠纷解决机制改革的意见》（法发〔2016〕14 号），现就进一步推进保险纠纷诉调对接机制建设工作提出以下意见：

一、总体要求

（一）指导思想

全面贯彻党的十八大和十八届三中、四中、五中、六中全会精神，以邓小平理论、“三个代表”重要思想、科学发展观为指导，深入贯彻习近平总书记系列重要讲话精神，紧紧围绕协调推进“四个全面”战略布局和“五大发展理念”，切实落实党中央国务院关于完善矛盾纠纷多元化解机制的要求，充分发挥人民法院、保险监管机构、保险行业组织预防和化解社会矛盾纠纷的积极作用，依法、公正、高效化解保险纠纷，不断提高调解公信力，为保险纠纷当事人提供便捷、高效、低成本的纠纷解决途径。

（二）基本原则

一是坚持依法公正。保险纠纷诉调对接工作应当依法、公正进行，严格遵守法律、行政法规和司法解释规定的程序，不得损害当事人及其他利害关系人的合法权益，不得违反法律的基本原则，不得损害社会公共利益。二是坚持调解自愿。开展保险纠纷诉调对接工作必须充分尊重各方当事人意愿，不得强制调解，保障当事人依法行使自己的民事权利和诉讼权利。三是坚持高效便民。开展保险纠纷诉调对接工作应注重工作效率，根据纠纷的实际情况，灵活确定调解方式方法，充分运用信息化手段，尽可能方便当事人。

（三）目标任务

1. 建立完善的保险纠纷多元化解决机制，为保险纠纷当事人提供更多可选择的纠纷解决渠道，实现诉调对接工作制度健全，机制运转顺畅，调解组织管理规范，调解程序合法公正，调解队伍专业稳定，依法、公正、高效化解矛盾纠纷，切实保护各方当事人的合法权益。

2. 积极扩大开展地区范围。除前期试点地区继续开展诉调对接工作外，保险纠纷诉调对接工作扩展至所有直辖市和省会（自治区首府）城市。各省、自治区、直辖市高级人民法院和保险监管机构应本着积极稳妥的原则，适时将保险纠纷诉调对接机制扩展到有纠纷化解需求、工作基础较好的地区。

二、加强平台建设

（四）完善平台设置

开展地区法院要将保险纠纷诉调对接平台建设与诉讼服务中心建设结合起来，有条件的地区要积极设立保险纠纷调解室，供特邀调解组织、特邀调解员开展工作；要建立特邀调解组织名册、特邀调解员名册，向保险纠纷当事人提供完整、准确的调解组织和调解员信息，供当事人自愿选择。保险监管机构要结合辖区实际，指导当地保险行业协会建立健全保险纠纷调解组织，有条件的地区可以建立第三方保险纠纷调解组织，

推动调解组织的规范化、标准化。保险行业协会应将本地区保险纠纷调解组织、调解员名单报当地保监局、保监分局备案，并由保监局、保监分局提供给对接法院建立本辖区调解组织、调解员名册。

（五）规范调解组织建设

保险行业协会要制定调解组织管理制度，建立调解组织的评价机制；筹集并管理调解组织运行经费，制定经费使用规范及费用支付标准；指导调解组织制定并完善调解组织的调解规则、档案管理、报表统计等制度，加强调解组织软硬件建设，实现调解组织规范化、标准化。

（六）加强调解员队伍建设

调解组织要建立和完善调解员的遴选、认证、培训、考核、奖惩、退出等制度；挑选业务熟练、经验丰富的人员专职负责调解工作的组织和实施；组建调解专家库，组织相关专业人员为具体纠纷调解工作提供指导；将调解员培训纳入年度工作计划，提高调解员的职业道德、法律知识、保险知识和调解技能水平。开展地区法院要加强对调解员的指导，并通过观摩法庭审判、开展法律知识讲座等形式对调解员进行培训，促进保险纠纷诉调对接工作持续开展。

（七）积极推动建立“一站式”纠纷解决模式

开展地区法院和保险纠纷调解组织应积极推动引导交通事故纠纷处理、医疗纠纷处理等领域建立“一站式”纠纷解决模式，推进纠纷的快速处理，切实减轻当事人负担。

三、规范运作程序

（八）明确案件范围

开展地区法院要按照《最高人民法院关于建立健全诉讼与非诉讼相衔接的矛盾纠纷解决机制的若干意见》（法发〔2009〕45 号）和《最高人民法院关于人民法院进一步深化多元化纠纷解决机制改革的意见》的相关规定，有序开展保险纠纷诉调对接工作。保险纠纷诉调对接的案件范围为最高人民法院《民事案件案由规定》（法〔2011〕41 号）中规定的保险纠纷以及其他与保险有关的民商事纠纷。开展地区可视情况在上述纠纷案件范围内开展诉调对接工作。

（九）完善立案前委派调解对接流程

1. 诉前引导。在收到保险纠纷起诉状或者口头起诉之后、登记立案之前，人民法院立案部门应引导当事人选择调解方式解决纠纷。当事人同意进行诉前调解的，应填写《立案前（诉前）调解申请书》等并签字确认，或者由人民法院向当事人出具《立案前（诉前）调解建议书》、《立案前（诉前）调解确认书》等文件并由当事人签字确认。当事人明确表示不同意调解的，人民法院应当依法登记立案。

2. 委派调解。人民法院向保险纠纷调解组织发送立案前委派调解函及相关材料。

3. 组织调解。调解员根据调解程序依法开展调解工作。双方达成一致意见的，调解组织应制作调解协议书，由调解员和双方当事人签字确认；调解不成的，调解组织应及时函复人民法院，其中当事人申请立案的，人民法院应当依法登记立案。

4. 司法确认。当事人申请对调解协议进行司法确认的，人民法院应当根据《最高人民法院关于建立健全诉讼与非诉讼相衔接的矛盾纠纷解决机制的若干意见》、《最高人民法院关于人民法院进一步深化多元化纠纷解决机制改革的意见》以及民事诉讼法相关规定，及时对调解协议进行审查，依法确认调解协议的效力。

（十）完善立案后委托调解对接流程

1. 委托调解。保险纠纷已经登记立案的，开展地区法院根据案件情况，经双方当事人同意，可以委托保险纠纷调解组织调解。由人民法院出具委托调解函，写明委托法院和承办法官、双方当事人、案由及案情简介等，连同起诉书、答辩状、主要证据材料复印件及清单等材料移送调解组织。

2. 组织调解。调解员根据调解程序依法开展调解工作。双方达成一致意见的，由调解组织制作调解协议书，调解员和双方当事人签字确认。调解组织应将调解结果及相关文件及时书面报送委托法院，人民法院依法审查后出具民事调解书。调解不成的，保险纠纷案件应及时恢复审理。

（十一）严格调解时限

人民法院委派或者委托调解的保险纠纷案件，调解组织应当自接受案件之日起二十个工作日内调解完毕（不包含伤残鉴定、损失评估等时间）。经双方当事人同意，可以适当延长，但最长不得超过七个工作日。

四、健全工作机制

（十二）构建多层次的保险纠纷诉调对接沟通联系机制

开展地区法院、保险监管机构等相关方应当定期召开保险纠纷诉调对接联席会议，沟通工作情况，协调重大典型保险纠纷案件调解，推进保险纠纷诉调对接工作深入有效开展。开展地区法院、保险监管机构、保险纠纷调解组织应当加强日常性联系沟通，及时就保险纠纷诉调对接工作中遇到的具体问题进行协调，提高工作质量和效率。

（十三）建立保险纠纷诉调对接信息共享机制

开展地区法院、保险监管机构、保险纠纷调解组织应健全保险纠纷诉调对接工作信息和数据的统计汇总制度，并定期交流信息和数据。对审判工作中发现的保险纠纷共性问题，人民法院应向保险监管机构、保险行业协会发出司法建议。

（十四）建立疑难纠纷指导机制

保险纠纷调解组织可以就保险纠纷调解中遇到的疑难问题和涉及的法律适用问题向人民法院提出咨询，人民法院应及时予以指导和答复。

（十五）探索建立在线调解机制

开展地区法院和保险纠纷调解组织应积极发挥信息技术手段对诉调对接机制建设的支持作用，依托互联网探索建立保险纠纷在线调解模式，促进保险纠纷诉调对接机制的信息化发展。

五、强化措施保障

（十六）加强组织领导

开展地区法院、保险监管机构要加大对保险纠纷诉调对接工作的领导和指导力度，根据具体实际联合制定保险纠纷诉调对接工作细则。开展地区法院所在辖区的高级人民法院、中级人民法院应指导、督促辖区内的诉调对接工作，推动诉调对接工作顺利开展。开展地区法院应明确由一个庭室统一负责保险纠纷诉调对接工作的对外协调，各相关庭室要积极参与配合保险纠纷诉调对接工作，注重沟通协作。保险监管机构应加强对调解组织的指导和监督，鼓励保险公司建立调解权限动态授予、异地授权、及时应调、快速审批等机制，保障基层分支机构能够通过调解解决保险纠纷。保险行业协会应通过组织会员公司签订行业自律公约的形式督促保险公司各级机构积极参与调解并及时履行调解协议。开展地区法院、保险监管机构和保险行业协会可以对保险纠纷诉调对接工作中表现突出的集体和个人予以表彰和宣传。

（十七）保障经费来源

开展地区法院、保险监管机构要积极争取当地党委、政府对保险纠纷诉调对接工作的支持，将诉调对接工作纳入当地矛盾纠纷多元化解工作经费保障范围。鼓励保险行业协会依法采取增加专项会费或者根据各会员公司调解案件数量收取费用等方式落实诉调对接机制经费保障，确保诉调对接工作有效进行。

（十八）完善司法确认程序

经保险纠纷调解组织主持调解达成具有民事合同性质的调解协议，当事人可以向调解组织所在地基层人民法院或者人民法庭依法申请确认其效力。登记立案前委派给保险纠纷调解组织调解达成的协议，当事人申请司法确认的，由调解组织所在地或者委派调解的基层人民法院管辖。

六、加强政策引导与宣传教育

（十九）注重政策引导

开展地区法院、保险监管机构、保险行业协会要积极引导当事人通过调解解决矛盾纠纷。人民法院要向当事人告知保险纠纷诉调对接的相关情况。保险监管机构、保险行业协会应督促保险公司在投保提示、索赔告知书、投诉处理告知书及保险合同中添加通过调解方式解决纠纷的内容，保险监管机构应在投诉处理告知书中添加通过调解方式解决纠纷的内容。

（二十）重视宣传教育

开展地区法院、保险监管机构、保险行业协会要加大宣传力度。人民法院应将保险纠纷诉调对接纳入法律宣传活动体系，保险监管机构、保险行业协会应将保险纠纷诉调对接机制纳入消费者教育体系，提升保险纠纷当事人以及社会公众对保险纠纷诉调对接机制的知晓度和信任度，增进社会公众对诉调对接工作的参与度，形成有利于推进诉调对接工作的良好氛围。